日本語能力試験 N2に出る

マレーシア語・ミャンマー語・フィリピノ語 版

日本語単語
スピード マスター

**INTERMEDIATE
2500**

Perkataan Jepun Speed Master
ဂျပန်စကားလုံး အမြန် ဆုံး မာစတာ
Mabilis na Pag-aaral ng mga Salitang Hapon

倉品　さやか
Kurashina Sayaka

Jリサーチ出版

はじめに

「もっと単語を知っていたらいろいろ話せるのに」「問題集もしてみたけど、もっともっと単語を増やしたい！」……と思ったことはありませんか。

　この本は、シリーズ前編の『日本語単語スピードマスター BASIC 1800』、そして『日本語単語スピードマスター STANDARD2400』に続く、さらに一つ上のレベルの単語集で、関連語を含めて約2500の語を取り上げています。単語は、中級や中上級のテキスト、以前の日本語能力試験の出題基準、新しい日本語能力試験の問題集など、さまざまな資料を参考に、生活でどのように使われているかを考えて選びました。

　この本では、一つ一つの言葉をばらばらでなく、テーマごとに整理しながら覚えていきますので、興味のあるユニットから始めてください。それぞれの語についても、意味だけでなく、例文やよく使われる表現、関係のある言葉なども一緒に学べるようにしています。

　例文は、会話文を中心に、日常よく使われる表現を紹介しています。覚えたら、生活の中ですぐ役立つことでしょう。これらの例文が付属の音声に収められていますので、単語や表現を覚えながら、聞き取りや発音の練習もできます。電車の中や寝る前に使うのもいいでしょう。どんどん活用してください。たくさんの単語を取り上げたかったので、この本には練習問題はありませんが、赤いシートを使ってどれだけ覚えたか確認しながら勉強することもできます。覚えたら、単語の隣にある□にどんどんチェックを入れていきましょう。

　この本でたくさんの言葉を覚えて、たくさん日本語を話してください。

倉品さやか

この本の使い方
Bagaimana hendak menggunakan buku ini ／ ၁။ ဤစာအုပ်ကိုအသုံးပြုနည်း／ Paano gamitin itong libro

---

覚えておきたい基本語に □ をつけています。

Tanda □ diletakkan di sebelah kosa kata asas yang penting dan perlu dihafal ／ ၂။ အလွတ်ကျက်မှတ်စေလိုသည့်အခြေခံစကားလုံးကို
□ ဖြင့်ပြထားသည်။／ May □ ang mga basic na salitang dapat memoryahin.

⑬ □ 大気 (atmosfera／ လေထု／ atmosphere)

▶ **大気中には、さまざまな有害物質も含まれている。**

(Atmosfera mengandungi pelbagai bahan yang berbahaya. ／
လေထုထဲမှာ ဘေးဥပဒ်ဖြစ်စေတတ့်ြပ်တွေအမျိုးမျိုးပါရှိပါတယ်။／ Marami ring nakapipinsalang bagay na nasa atmosphere.)

▷ **大気汚染** pencemaran atmosfera／ လေထုညစ်ညမ်းမှု／ pollution sa atmosphere)

例文や熟語の例などを紹介します。

Contoh ayat, ungkapan, frasa dan lain-lain akan diperkenalkan. ／
၃။ ဥပမာဝါကျစာကြောင်းများနှင့်စကားလုံးအတွဲများကိုမှမှသာအနေနှင့်ရေးပေးထားသည်။／
Ituturo ang mga halimbawang sentence, phrases at iba pa.

▶は、音声が収録されています (▷は音声なし)。

Audio ▶ sedia dirakamkan. (Tiada audio ▷.) ／
၄။ ▶သည် အသံသွင်းထားသည် (▷သည် အသံသွင်းထားခြင်းမရှိ)／
Nakarekord ang ▶. (Walang voice recording ang ▷).

で示した言葉と同じグループの言葉などを紹介します。

Kosa kata yang bertanda ▭ akan diperkenalkan bersama kosa kata yang sama kumpulan. ／
၅။ ▭ ဖြင့်ပြထားတဲ့စကားလုံးနှင့် စုပ်စုတူစကားလုံး စသာဖြင့်ကိုရေးပေးထားသည်။／
Ituturo ang mga salitang may ▭ at mga salita sa parehong group.

同 同義語 sinonim, kata seerti ／ ၆။ အဓိပ္ပါယ်တူစကားလုံး／ Mga synonym
対 対義語 antonim, kata lawan ／ ၇။ ဆန့်ကျင်ဘက်စကားလုံး／ Mga antonym
話 会話で多い言い方 ungkapan perbualan yang sering digunakan ／
၈။ စကားပြောရာတွင်အသုံးများသောစကားလုံး／
Mga ekspresyong madalas gamitin sa pag-uusap
て ていねいな言い方 ungkapan bahasa sopan santun ／ ၉။ယဉ်ကျေးသောစကားလုံး／
Mga Magalang na Ekspresyon

➡ 音声ダウンロードの案内は、この本の一番最後にあります。

Cara memuat turun audio terdapat di hujung buku ini. ／
အသံ download လမ်းညွှန်သည်ဤစာအုပ်၏နောက်ဆုံးတွင်ရှိသည်။／
Ang mga tagubilin sa pag-download ng audio ay nasa pinakadulo ng librong ito.

もくじ Kandungan／မာတိကာ／Mga Nilalaman

PART 1

テーマ別で覚えよう、基本の言葉

き ほん こと ば

Kosa kata asas - menghafal mengikut tema

၁၁။ အကြောင်းအရာအလိုက်အလွတ်ကျက်မှတ်ကြပါစို့အခြေခံစကားလုံး

Basic na mga Salita - Pagmememorya ayon sa theme

★ 例文は会話 表現が中心で、短縮や変形など、話し言葉の特徴はそのままにしています。
Contoh ayat tertumpu pada frasa-frasa perbualan, frasa
pendek, struktur frasa yang berubah dan lain-lain, struktur
bahasa perbualan dikekalkan sebagaimana digunakan selalu. ／
၁၂။ဥပမာဝါကျအကြောင်းများသည်စကားပြောအသုံးနှုန်းကိုအဓိကထားပြီးအတိုကောက်နှင့်
ဝါကျပုံစံပြောင်းစသဖြင့်စကားပြောအင်္ဂါရပ်အတိုင်းရေးထားပေးသည်။／ Binigyang-diin sa
mga halimbawang sentence ang mga ekspresyong gamit sa pag-uusap. Ang mga
abbreviation, ekspresyon at iba pang katangian ng conversational Japanese ay
hinayaang tulad ng Japanese.

★ 表記については、漢字とひらがなを厳密に統一していません。
Berhubung dengan tulisan yang digunakan, tidak ada satu ketetapan, ada yang
ditulis dalam tulisan kanji dan ada pula yang ditulis dalam tulisan hiragana. ／
၁၃။ သင်္ကေတများနှင့်ပတ်သက်ပြီးခန်းဂျီးနှင့်ဟိရဂါနခန်းတို့ကိုတင်းကြပ်စွာပေါင်းစည်းမထားပါ။／
Hindi naging strikto ang standard sa spelling, kung nakasulat man sa Kanji o
Hiragana ang salita.

音声
DL
01

時間・時
じかん・とき
(Waktu, Masa／အချိန်၊ နာရီ／Oras)

---

❶ □ **かつて** (masa dahulu／တစ်ချိန်တုန်းက／noon)

▶ かつてはこの町も栄えていました。
　　まち　さか

(Bandar ini makmur suatu ketika dahulu.／တစ်ချိန်တုန်းကဒီမြို့လည်းစည်ပင်ဖွံ့ဖြိုးခဲ့တယ်။／Maunlad ang bayang ito noon.)

---

❷ □ **先ほど/先程** (tadi／ခုနက／kanina)　　て
　　さき　　さきほど

▶ 先ほど荷物が届きました。
　　にもつ　　とど

(Bungkusan sudah sampai tadi.／ခုနက ပစ္စည်းရောက်လာတယ်။／Dumating ang bagahe kanina.)

---

❸ □ **現在** (sekarang／အခု／ngayon)
　　げんざい

▶ 現在、日本は午後8時です。
　　　　　にほん　ごご　じ

(Masa Jepun sekarang adalah pukul 8 malam.／အခု၊ ဂျပန်မှာည 8 နာရီပါ။／Alas otso ng gabi ngayon sa Japan.)

❹ □ **過去** (masa lepas／အတိတ်／nakaraan)
　　かこ

❺ □ **未来** (masa akan datang／အနာဂတ်／kinabukasan)
　　みらい

---

❻ □ **ただ今** (sebentar tadi／အခုလေးတင်／ngayon)　　て
　　いま

▶ 〈電話〉佐藤はただ今席を外しております。
　　でんわ　さとう　　いませき　はず

(<Telefon> Encik Sato kini tidak ada di tempat duduknya.／
(ဖုန်း)ဆတိုစံဟာ အခုလေးတင် ခုံနေရာကနေထွက်သွားပါတယ်။／(Sa Telepono)Wala si Sato sa upuan niya ngayon.)

---

❼ □ **至急** (mendesak／အမြန်၊မြန်မြန်／kaagad, agad)
　　しきゅう

▶ 至急、お返事ください。／大至急、電話をください。
　　　　　へんじ　　だいしきゅう　でんわ

(Tolong balas secepat mungkin. / Tolong telefon saya secepat mungkin.／
အမြန်၊ အကြောင်းပြန်ပါ။／မြန်မြန် ဖုန်းဆက်ပါ။／Sumagot kayo kaagad./Tumawag kayo agad.)

---

❽ □ **今のところ** (pada ketika ini／အခုတော့／sa ngayon)
　　いま

▶ 今のところ、予定の変更はないようです。
　　いま　　　　よてい　へんこう

(Setakat ini, nampaknya tidak ada perubahan jadual.／အခုတော့၊ အစီအစဉ်ပြောင်းလဲတာမရှိပုံပဲ။／
Walang planong pagbabago sa ngayon.)

❾ □ 今にも (いま) (bila-bila masa sekarang／ချက်ချင်း／ sa anumang sandali)

▶ 今にも降り出しそう。早く帰ろう。(はや・かえ)

(Nampaknya hujan akan turun bila-bila masa. Mari kita pulang cepat-cepat.／
ချက်ချင်းရွာချတော့မလိုပဲ၊မြန်မြန်ပြန်ရအောင်။／ Mukhang uulan sa anumang sandali. Umuwi na tayo kaagad.)

❿ □ じき (に) (segera, tidak lama lagi／မကြာခင်(မှာ)／ kaagad, agad)

▶「まだ降ってるね」「じきにやむでしょう」(ふ)

("Masih hujan." "Akan berhenti sebentar lagi."／「ရွာနေသေးတယ်နော်」 「မကြာခင်တိတ်မှာပါ」／ "Umuulan
pa." "Titigil iyan agad.")

⓫ □ いよいよ (akhirnya／နောက်ဆုံးမှာတော့／ sa wakas)

▶ いよいよ明日で卒業ですね。(あした・そつぎょう)

(Akhirnya, kita akan berijazah esok.／နောက်ဆုံးမှာတော့ မနက်ဖြန်ဘွဲ့ရမယ်။／ Sa wakas, graduation na
bukas.)

⓬ □ 近頃 (ちかごろ) (masa kini／အခုအခုတလော／ sa panahong ito, sa ngayon)

▶ 近頃の若者は、そんなことも知らないのか。(わかもの)

(Adakah anak muda masa kini tidak tahu perkara seperti itu?／အခုလူငယ်တွေဟာ၊ အဲ့ဒါလည်းမသိကြဘူးလား။
／ Hindi ba iyan alam ng mga kabataan, sa panahong ito?)

⓭ □ 近々 (ちかぢか) (tidak lama lagi／မကြာခင်／ sa madaling panahon)

▶ これのチョコレート味が、近々発売されるそうです。(あじ・はつばい)

(Dengarnya perisa coklat (produk) ini akan dijual tidak lama lagi.／
ဒီအရသာနဲ့ချော့ကလက်ကိုမကြာခင်ရောင်းမယ်တဲ့။／ Ibebenta daw sa madaling panahon ang chocolate flavor.)

⓮ □ やがて (sebentar lagi／မကြာမီအတွင်း၊မကြာခင်၊／ kaagad, agad)

▶ 薬を飲んで寝ていれば、やがて熱も下がるでしょう。(くすり・の・ね・ねつ・さ)

(Demam akan turun sebentar lagi jika kamu makan ubat dan tidur.／
ဆေးသောက်ပြီးအိပ်လိုက်ရင်၊ မကြာခင်ကိုယ်ပူကျသွားမယ်။／ Kung iinom ka ng gamot at matutulog, bababa
agad ang lagnat mo.)

⓯ □ いずれ (lama-kelamaan／အချိန်တန်ရင်／ kalaunan)

▶ 真実はいずれ明らかになるだろう。
しんじつ　　　　　あき

(Kebenaran akan menjadi jelas lama-kelamaannya.／အမှန်တရားက အချိန်တန်ရင် ပေါ်လာလိမ့်မယ်။／
Malalaman din ang katotohanan kalaunan.)

音声
DL
02

⓰ □ そのうち(に) (kemudian nanti, kelak／တစ်နေ့နေ့(မှာ)／balang araw)

▶ そのうちまた会いましょう。
あ

(Kita akan berjumpa lagi kelak.／တစ်နေ့နေ့ တွေ့ကြသေးတာပေါ့။／Magkita uli tayo balang araw.)

⓱ □ いつまでも (selamanya／အမြဲတမ်း၊�’ဘယ်တော့မှ／kailanman, habang buhay)

▶ 日本での生活はいつまでも忘れません。
にっぽん　　　せいかつ　　　　　　　　　わす

(Saya tidak akan melupakan kehidupan saya di Jepun selamanya.／
ဂျပန်မှာနေထိုင်ခဲ့ရတာကို �’ဘယ်တော့မှ မမေ့ပါဘူး။／Hindi ko kailanman malilimutan ang buhay ko sa Japan.)

▶ いつまでも寝てないで、早く起きなさい。
ね　　　　　　　　はや　　お

(Jangan asyik tidur saja, bangun segera.／အမြဲတမ်းအိပ်မနေနဲ့၊ မြန်မြန်ထစမ်း။／Hindi ka maaaring matulog
habang buhay, kaya gumising ka at bumangon agad!)

⓲ □ 永久 (selama-lamanya／ထာဝရ／kailanman)
えいきゅう

▶ ここの海の美しさは永久に変わらないでほしい。
うみ　うつく　　　　　　　　　　か

(Saya harap keindahan laut di sini tidak akan berubah selama-lamanya.／
ဒီပင်လယ်ရဲ့လှပမှုကို ထာဝရမပြောင်းလဲစေချင်�’ဘူး။／Sana hindi kailanman magbago ang ganda ng dagat na ito.)

⓳ □ 四季 (empat musim／လေးရာသီ／apat na panahon)
し　き

▶ 四季の変化を楽しめるのが、ここの魅力です。
へんか　たの　　　　　　　　　　　み　りょく

(Apa yang menarik di sini adalah dapat menikmati perubahan empat musim.／
လေးရာသီရဲ့အပြောင်းအလဲကိုခံစားနှစ်သက်နိုင်တာက ဒီနေရာရဲ့ဆွဲဆောင်မှုပါ။／Ang kagandahan sa lugar na ito ay
ang makapag-enjoy ng pagbabago ng apat na panahon.)

⓴ □ 月日 (masa／လရက်／oras, panahon)
つき　ひ

▶ 月日が過ぎるのは、早いものですね。
はや

(Masa berlalu begitu cepat.／လရက် တွေကုန်လွန်တာမြန်လွန်းတယ်။／Mabilis talaga ang paglipas ng oras/
panahon.)

㉑ □ 年月 (bulan dan tahun／နှစ်လ／taon, buwan)
ねんげつ／としつき

▶ 薬の開発に、10年という長い年月がかかった。
くすり　かいはつ　　　　　　ねん　　　　　　なが

時間・時 1

家族 2

人 3

人と人 4

食べ物・料理 5

質量・家電・家庭用品 6

毎日の生活 7

交通・移動 8

建物・施設・部屋 9

読む・書く・聞く・話す 10

(Pembangunan ubat mengambil masa yang panjang, selama 10 tahun.／ ဆေးဝါးထုတ်လုပ်နိုင်ရန်10နှစ်ဆိုတဲ့ နှစ် လ များစွာရှည်ကြာခဲ့ပါတယ်။／ Umabot ng mga sampung taon para ma-develop itong gamot.)

㉒ □ 本日 (hari ini／ယနေ့／ngayon)
ほんじつ

▷ 〈宣伝〉本日のサービス品
せんでん

(<Promosi> Barang istimewa hari ini／(ကြော်ငြာ)ယနေ့ဆေးဖစ်စ်ကုန်ပစ္စည်း။／ (Isang ad) ang special ngayon)

㉓ □ 節目 (waktu peralihan／အလှည့်အပြောင်း／pagbabago sa buhay, dumaan sa pagbabago)
ふしめ

▷ 人生の節目、節目を迎える
じんせい　　　　　むか

(waktu peralihan hidup, mencapai titik peralihan／ ဘဝအလှည့်အပြောင်း အလှည့်အပြောင်းတစ်ခုကိုရောက်ရှိခြင်း／ pagbabago sa buhay, dumaan sa pagbabago)

㉔ □ 挨拶 (salam／နှုတ်ဆက်၊နှုတ်ခွန်းဆက်／pagbati) ※物事が始まるとき、変わるときの言葉や礼儀。
あいさつ　　　　　　　　　　　　　　　　　　　　　　　　　　ものごと　はじ　　　　　　か　　　　　ことば　れいぎ

▷ 開会の挨拶、就任の挨拶
かいかい　　　　しゅうにん

(salam ucapan pembukaan, salam ucapan menduduki jawatan／ ဖွင့်ပွဲနှုတ်ခွန်းဆက်၊ တာဝန်လက်ခံယူခြင်းနှုတ်ခွန်းဆက်／ paunang pagbati, inaugural address)

▶ 明日、ご挨拶に伺います。
あした　　　　　　うかが

(Saya akan melawat anda esok.／မနက်ဖြန်၊ နှုတ်ဆက်ဖို့လာရောက်တွေ့ဆုံပါမယ်။／ Dadalawin kita bukas.)

㉕ □ 区切り ((sampai) satu tahap, titik berhenti／အပိုင်းအခြား／katapusan, pahinga)
く　ぎ

㉖ □ 前の～ (sebelumnya／မတိုင်မီ～／bago ngayong araw)
まえ

▶ 前の日は早めに寝たほうがいいよ。
ひ　　はや　　　ね

(Lebih baik tidur awal hari sebelumnya.／အဲဒီနေ့မတိုင်မီနေ့မှာစောစောအိပ်ရင်ကောင်းမယ်။／ Mabuting matulog ka nang maaga bago iyong araw na iyon.)

▶ 前の年は海外に一度も行ってない。
とし　　かいがい　いちど　　い

(Saya tidak pernah ke luar negara pada tahun sebelumnya.／ အဲဒီမတိုင်မီနှစ်မှာပင်လယ်ရပ်ခြားကိုတစ်ခါမှမသွားခဲ့ဘူး။／ Hindi ako nangibang-bansa kahit isang beses bago ngayong taon.)

㉗ □ 前～ (dahulu, sebelumnya／မတိုင်မီ～၊ ပြီးခဲ့တဲ့～／bago)
ぜん

▷ 前日、前年、前回 ※「前週」「前月」とはいわない。
ぜんじつ ぜんねん ぜんかい　　　ぜんしゅう　　ぜんげつ

(hari sebelumnya, tahun sebelumnya, kali terakhir／ထိုနေ့မတိုင်မီနေ့၊ ပြီးခဲ့တဲ့နှစ်၊ ပြီးခဲ့တဲ့အကြိမ် ※「前週」「前月」「မတိုင်မီအပတ်」「မတိုင်မီလ」 လို့မပြောဘူး။／ bago ng araw na iyon, bago ng taong iyon, noon)

㉘ □ 翌年 (よくねん) (tahun yang berikutnya／နောက်တစ်နှစ်／susunod na taon)

▶ 大会の翌年には、彼はプロとして活躍を始めた。
(たいかい　　　　　　　　　　かれ　　　　　　　　　　　かつやく　はじ)

(Setahun selepas kejohanan itu, dia memulakan kerjaya profesionalnya.／
ပြိုင်ပွဲအပြီးနောက်တစ်နှစ်မှာ၊သူဟာကြေားစားအားကစားသမားအဖြစ်နဲ့စတင်အောင်မြင်ပြဲတယ်။／ Nagsimula siyang
maglaro bilang professional noong sumunod na taon pagkatapos ng labanan.)

㉙ □ 〜末 (〜まつ) (hujung／〜ကုန်／katapusan)

▷ 今月末、来週末、年末
(こんげつ　らいしゅう　ねん)

(hujung bulan ini, hujung minggu depan, hujung tahun／ဒီလကုန်၊နောက်အပတ်ကုန်၊နှစ်ကုန်／ katapusan ng
buwang ito, sa susunod na weekend, katapusan ng taon)

㉚ □ 半ば (なか) (pertengahan／လယ်၊အလယ်／kalagitnaan)

▷ 来週半ば、5月半ば
(らいしゅうなか　　がつなか)

(pertengahan minggu depan, pertengahan Mei／နောက်အပတ်အလယ်၊မေလလယ်／ kalagitnaan ng
susunod na linggo, kalagitnaan ng Mayo)

音声DL 03

㉛ □ 〜過ぎ (す) (selepas／〜ကျော်၊〜လွန်၊〜စွန်း／pasado)

▶ 帰りは7時過ぎになると思う。
(かえ　　　じ　す　　　　　　　おも)

(Saya fikir saya akan balik selepas pukul 7.／ပြန်ချိန်က၊7 နာရီကျော်ကျော်ဖြစ်လိမ့်မယ်လို့ထင်တယ်။／
Uuwi ako nang pasado alas siyete.)

▶ 今、2時5分過ぎです。
(いま　　じ　ふん　す)

(Sekarang adalah lima minit selepas pukul dua.／အခု၊2 နာရီ 5 မိနစ်စွန်းပြီ။／ Alas dos singko ngayon.)

㉜ □ 後(に) (のち) (selepas itu, kemudian／နောက်တော့(မှ)／pagkatapos)

▶ 後にその良さが認められ、広く使われるようになった。
(のち　　　よ　　　みと　　　　ひろ　つか)

(Kelebihannya disedari oleh orang ramai dan digunakan secara luas selepas itu.／
နောက်တော့မှအဲ့ကောင်းချက်က အသိအမှတ်ပြုခံရပြီး၊ကျယ်ကျယ်ပြန့်ပြန့်／ Pagkatapos makilala ang kabutihan
niyan, ginamit iyan nang malawakan.)

㉝ □ 直後 (ちょくご) (sejurus selepas／ပြီးနောက်ချက်ချင်း／pagkatapos na pagkatapos)

▶ 帰国した直後に、その知らせを聞きました。
(きこく　　　ちょくご　　　　　し　　　き)

(Sejurus selepas kembali ke tanah air, saya mendengar berita itu.／
နိုင်ငံပြန်ရောက်ပြီးနောက်ချက်ချင်း၊အသိပေးချက်ကိုကြားခဲ့ရပါတယ်။／ Pagkatapos na pagkatapos kong bumalik
ng bansa, narinig ko ang announcement.)

㉞ □ 以後 (bermula dari sekarang／နောက်၊နောင်／ mula ngayon)

▶ 申し訳ありませんでした。以後、気をつけます。
もう わけ い ご き

(Saya minta maaf. Saya akan berhati-hati mulai sekarang.／တောင်းပန်ပါတယ်။နောက်၊ သတိထားပါ့မယ်။／ Pasensiya na po. Mula ngayon, mag-iingat ako.)

㉟ □ 当日 (hari tersebut／ထိုနေ့／ sa araw na iyon)
とう じつ

▶ 大会当日は、正面玄関に9時に集合してください。
たいかい とうじつ しょうめんげんかん じ しゅうごう

(Sila berjumpa di pintu depan pada pukul 9 hari kejohanan.／
ပြိုင်ပွဲကျင်းပတဲ့နေ့၊ ရှေ့တံခါးပေါက်မှာ 9 နာရီမှာလူစုပါ။／ Sa araw ng convention, magtipon kayo nang alas nuwebe sa entrance.)

㊱ □ 当時 (ketika itu／အဲ့ဒီအချိန်／ sa panahong iyon)
とう じ

▶ ここが、当時、僕が住んでいた学生寮です。
とうじ ぼく す がくせいりょう

(Sini adalah asrama pelajar yang saya tinggal ketika itu.／
ဒီနေရာဟာ၊ အဲ့ဒီအချိန်၊ ကျွန်တော်နေခဲ့တဲ့ကျောင်းဆောင်ပါ။／ Ito ang tinirhan kong student dormitory, noong panahong iyon.)

㊲ □ 折 (semasa, (apabila ada) peluang／အခါ၊အတွင်း၊အချိန်အခါ／ noon, panahon)
おり

▶ 出張の折には大変お世話になりました。
しゅっちょう おり たいへん せ わ

(Terima kasih banyak atas bantuan anda semasa lawatan bisnes.／အလုပ်နဲ့ခရီးစဉ်အတွင်းအများကြီးကူညီခဲ့တဲ့အတွက်ကျေးဇူးတင်ပါတယ်။／ Maraming salamat sa tulong ninyo noong nag-business trip ako.)

▶ 転職のことは、折を見て親に話そうと思う。
てんしょく おり み おや はな おも

(Saya akan memberitahu ibu bapa saya mengenai pertukaran pekerjaan apabila ada peluang.／
အလုပ်ပြောင်းတဲ့အကြောင်းကို၊ အချိန်အခါကြည့်ပြီးမှမိဘတွေနဲ့စကားပြော တော့မယ်။／ Titingnan ko ang tamang panahon para sabihin ko sa mga magulang ko ang pagpapalit ko ng trabaho.)

㊳ □ チャンス (peluang／အခွင့်အလမ်း／ pagkakataon)

▷ チャンスをつかむ、チャンスを逃す
のが

(menangkap peluang, melepaskan peluang／အခွင့်အလမ်းကိုဆုပ်ကိုင်သည်၊ အခွင့်အလမ်းကိုလက်လွှတ်သည်／
samantalahin ang pagkakataon, pakawalan ang pagkakataon)

㊴ □ きっかけ (pencetus, pemangkin／အကြောင်းအရင်း／ pagkakataon)

▶ 友達に薦められて聞いたのがきっかけで、彼らのファンになりました。
ともだち すす き かれ

(Sebagai pencetus, selepas mendengar syor rakan, saya menjadi peminat mereka.／
သူငယ်ချင်းရဲ့အကြံပေးချက်ကိုနားထောင်ခဲ့တဲ့အခအကြောင်းအရင်းနဲ့သူတို့ရဲ့ပရိုတ်သတ်ဖြစ်ခဲ့တယ်။／ Nakinig ako sa kanila dahil sa rekomendasyon ng kaibigan ko, at naging tagahanga nila ako.)

㊵ □ 瞬間 (saat／လျှပ်တစ်ပျက်အခိုန်／sa sandali)
しゅんかん

▶ 車と車がぶつかった瞬間を見た。
くるま　　　　　　　　　　　み

(Saya terlihat saat kereta melanggar kereta.／ကားနဲ့ကားချင်းတိုက်တဲ့လျှပ်တစ်ပျက်အခိုန်ကိုတွေ့ခဲ့ရတယ်။／
Nakita ko iyong sandaling nagkabungguan ang dalawang kotse.)

㊶ □ 最中 (pada tengah-tengah／နေတုန်း／sa kalagitnaan)
さいちゅう

▶ 試験の最中に停電が起きた。
しけん　　　　　　ていでん　お

(Gangguan elektrik berlaku pada tengah-tengah ujian.／စာမေးပွဲစစ်နေတုန်းမီးပြတ်သွားတယ်။／Nagkaroon
ng blackout sa kalagitnaan ng test.)

㊷ □ 西暦 (kalender Barat／ခရစ်သက္ကရာစ်／Western calendar)
せいれき

㊸ □ 年代 ((tahun) -an／ခေတ်ကာလ／panahon)
ねんだい

▷ 70年代のロック (muzik rock 70-an／1970 ပြည့်နှစ်ခေတ်ကာလ Rock တေးဂီတ／rock noong
panahon ng 1970s)

㊹ □ 原始 (asli, primitif／မူလ၊ ရှေးဦး／sinauna)
げんし

▷ 原始的なやり方、原始人
てき　　　　かた　　げんじん

(cara primitif, manusia primitif／မူလလုပ်ကိုင်ပုံရှေးဦးလူ／sinaunang pamamaraan, sinaunang tao)

音声
DL
04

㊺ □ 近代 (moden／ခေတ်သစ်／pangkasalukuyan, makabago)
きんだい

▶ 近代の日本文学を研究しています。
きんだい　にほんぶんがく　けんきゅう

(Saya sedang membuat kajian sastera Jepun moden.／ခေတ်သစ်ဂျပန်ယဉ်ကျေးမှုကိုသုတေသနပြုနေသည်။／
Nagre-research ako tungkol sa pangkasalukuyang panitikan ng Japan.)

㊻ □ 日時 (tarikh dan masa／နေ့စွဲအခိုန်／araw at oras)
にちじ

▶ 日時と場所は、決まり次第、お知らせします。
にちじ　ばしょ　　きだい　　し

(Tarikh, masa dan lokasi akan diumumkan sebaik sahaja ditentukan.／
နေ့စွဲအခိုန်နဲ့နေရာကိုသတ်မှတ်ပြီးရင်အသိပေးပါမယ်။／Ipapaalam ko sa iyo kapag napagpasyahan na ang
araw, oras at lugar.)

㊼ □ **日中** (waktu siang／နေ့ပိုင်း／sa araw)
にっちゅう

▶ 日中は暖かいですが、夜は寒くなるでしょう。
あたた　　　　　　　　　　　よる　　さむ

(Panas pada waktu siang, tetapi sejuk pada waktu malam.／နေ့ပိုင်းမှာပူနွေးပေမဲ့ညမှာချမ်းအေးပါမယ်။／
Mainit sa araw, pero lumalamig sa gabi.)

㊽ □ **終日** (sepanjang hari／တစ်နေ့တာလုံး／buong araw)
しゅうじつ

▶ 店内は終日禁煙です。
てんない　　　きんえん

(Dilarang merokok dalam kedai sepanjang hari.／ဆိုင်အတွင်းမှာ တစ်နေ့တာလုံးဆေးလိပ်မသောက်ရပါဘူး။／
Bawal manigarilyo sa loob ng tindahan buong araw.)

㊾ □ **昼間** (waktu siang／နေ့လယ်ပိုင်း／sa araw)
ひるま

▶ 昼間は働いて、夜、学校に行っています。
ひるま　はたら　　　よる　がっこう　い

(Bekerja pada waktu siang dan pergi ke sekolah pada waktu malam.／
နေ့လယ်ပိုင်းမှာအလုပ်လုပ်ပြီးညမှာကျောင်းတက်ပါတယ်။／Nagtatrabaho ako sa araw at pumapasok ako sa
eskuwelahan sa gabi.)

㊿ □ **夜間** (waktu malam／ညပိုင်း／sa gabi)
やかん

▶ 夜間は、電気料金が割引になります。
やかん　　でんきりょうきん　わりびき

(Bil elektrik diberi diskaun pada waktu malam.／ညပိုင်းမှာလျှပ်စစ်ဓါတ်အားခဘ ရာခိုင်နှုန်းနဲ့လျှော့ပေးပါတယ်။／
Sa gabi, may discount ang bayad sa kuryente.)

51 □ **深夜** (tengah malam／ညဉ့်နက်သန်းခေါင်／gabing-gabi)
しんや

52 □ **夜が明ける** (terbit fajar／အရုဏ်တက်သည်／lumiliwanag)
よ　　あ

53 □ **夜明け** (subuh／အရုဏ်တက်ချိန်／madaling-araw)
よ　あ

54 □ **明け方** (waktu subuh／အရုဏ်ဦး／madaling-araw)
あ　がた

▶ 父が出かけたのは、明け方の5時頃です。
ちち　で　　　　　　あ　がた　　じごろ

(Ayah keluar dari rumah pada waktu subuh, kira-kira pukul 5 pagi.／
အဖေအပြင်ထွက်တာ အရုဏ်ဦး 5နာရီခန့်ဖြစ်ပါတယ်။／Umaalis ang tatay ng mga alas singko nang madaling-araw.)

❺❺ □ 元日 <ruby>元<rt>がん</rt>日<rt>じつ</rt></ruby> (hari tahun baru, 1 Januari／နှစ်ဆန်းတစ်ရက်နေ့／unang araw ng Enero)

※「1月1日」のこと。

❺❻ □ 祝日 <ruby>祝<rt>しゅく</rt>日<rt>じつ</rt></ruby> (hari cuti umum／အများပြည်သူပိတ်ရက်／piyesta opisyal)

※法律で定められた国の休みの日。

（※hari cuti nasional yang ditetapkan oleh undang-undang／
※ ဥပဒေအရသတ်မှတ်ထားတဲ့နိုင်ငံအားလပ်ရက်ပါ။／(piyesta opisyal na itinakda sa batas))

❺❼ □ 祭日 <ruby>祭<rt>さい</rt>日<rt>じつ</rt></ruby> (hari cuti／အခါကြီးရက်ကြီး／piyesta opisyal)

※神社などで伝統的な行事が行われる日。俗に、「祝日」のこと。

（※hari-hari di mana acara dan upacara tradisional diadakan di kuil, biasanya sama dengan hari cuti umum.／ ဂျင်းကျာနတ်ဘုရားကျောင်းစသည်တို့မှာရှိရာအခမ်းအနားကျင်းပတဲ့နေ့။ ပုံမှန်အားဖြင့် 「နေ့ထူးနေ့မြတ်」 ပါ။／ araw ng pagdiriwang ng mga tradisyonal na seremonya o selebrasyon na ginagawa sa shrine o temple. Karaniwan itong piyesta opisyal.)

❺❽ □ 上旬 <ruby>上<rt>じょう</rt>旬<rt>じゅん</rt></ruby> (awal (1～10 haribulan)／လဆန်းပိုင်း／simula)

▶ 8月上旬に発売の予定です。
<ruby>8<rt>がつ</rt>月<rt>じょう</rt>上旬<rt>はつ</rt>発<rt>ばい</rt>売<rt>よ</rt>予<rt>てい</rt>定</ruby>

（Hari penjualan dijadualkan pada awal Ogos.／
8 လပိုင်းလဆန်းပိုင်းမှာစတင်ရောင်းချရန်စီစဉ်ထားပါတယ်။／ Planong ibenta iyan sa simula ng Agosto.)

❺❾ □ 中旬 <ruby>中<rt>ちゅう</rt>旬<rt>じゅん</rt></ruby> (pertengahan (11～20 haribulan)／လလယ်ပိုင်း／kalagitnaan)

❻⓪ □ 下旬 <ruby>下<rt>げ</rt>旬<rt>じゅん</rt></ruby> (lewat (21～31 haribulan)／လကုန်ပိုင်း／katapusan)

❻❶ □ 暮れ <ruby>暮<rt>く</rt>れ</ruby> (hujung／～ကုန်ပိုင်း／katapusan)

▶ 毎年、暮れに実家に帰ります。
<ruby>毎<rt>まい</rt>年<rt>とし</rt>、暮れに実<rt>じっ</rt>家<rt>か</rt>に帰<rt>かえ</rt>ります。</ruby>

（Saya balik kampung pada hujung setiap tahun.／နှစ်စဉ်နှစ်ကုန်ပိုင်းမှာမိသားရပ်ထံပြန်ပါတယ်။／ Taun-taon, umuuwi ako sa prubinsiya tuwing katapusan ng taon.)

❻❷ □ 年中 <ruby>年<rt>ねん</rt>中<rt>じゅう</rt></ruby> (sepanjang tahun／တစ်နှစ်လုံး／buong taon)

▶ 弟は年中ジーパンをはいている。
<ruby>弟<rt>おとうと</rt></ruby>

（Adik lelaki memakai seluar jeans sepanjang tahun.／ညီလေးဟာ တစ်နှစ်လုံးဂျင်းဘောင်းဘီဝတ်ပါတယ်။／ Naka-jeans ang kapatid kong lalaki buong taon.)

63 □ **日頃**（ひごろ） (biasanya／အမြဲတမ်း／araw-araw, lagi)

▶ 日頃のお礼（れい）に、食事（しょくじ）でもおごらせてください。

(Izinkan saya belanja makan sebagai tanda mengucapkan terima kasih atas bantuan harian anda.／အမြဲတမ်းကျေးဇူးတင်တဲ့အတွက်၊ထမင်းကျွေးပါရစေ။／Hayaan mong iblow-out kita bilang pasasalamat sa ginagawa mo para sa akin araw-araw.)

64 □ **普段**（ふだん） (biasanya／သာမန်အားဖြင့်／karaniwan)

▶ 普段運動（うんどう）をしないから、ちょっと走（はし）るだけで息（いき）が切（き）れる。

(Saya biasanya tidak bersenam, sebab itu saya susah bernafas walaupun berlari sedikit sahaja.／သာမန်အားဖြင့်ကိုယ်လက်လှုပ်ရှားမှုမလုပ်လို့နည်းနည်းလေးပြေးတာနဲ့ မောဟိုက်တယ်။／Hindi ako karaniwang nag-eexercise, kaya madali akong hingalin kung tatakbo ako kahit kaunti lang.)

▷ 普段着（ぎ） (pakaian biasa／သာမန်အဝတ်အစား／pang-araw-araw na damit)

65 □ **臨時**（りんじ） (sementara／ယာယီ／pansamantala, temporary)

▷ 臨時休業（きゅうぎょう）、臨時バス

(tutup kedai sementara, bas sementara／လုပ်ငန်းယာယီပိတ်ထားသည်၊ ယာယီပြေးဆွဲဘတ်စ်ကား／pansamantalang pagsasara ng business, special bus)

66 □ **延長(する)**（えんちょう） (memanjangkan／တိုး(သည်)၊တိုးချဲ့(သည်)／pahabain, patagalin)

▶ 会議（かいぎ）を1時間（じかん）延長することにした。

(Kami memutuskan untuk memanjangkan mesyuarat selama satu jam.／အစည်းအဝေးကို 1 နာရီတိုးမည်။／Pinahaba namin nang isang oras ang miting.)

67 □ **年度**（ねんど） (tahun fiskal／ဘဏ္ဍာရေးနှစ်／fiscal year)

▶ うちの会社（かいしゃ）では、今月（こんげつ）から新（あたら）しい年度に変（か）わります。

(Syarikat kami akan memasuki tahun fiskal baru mulai bulan ini.／ကျွန်ုပ်တော်တို့ကုမ္ပဏီသည်၊ ယခုလမှစပြီးဘဏ္ဍာရေးနှစ်သစ်သို့ကူးပြောင်းပါ မည်။／Magsisimula ngayong buwan ang bagong fiscal year sa kompanya namin.)

▷ 今（こん）年度、来（らい）年度 (tahun fiskal ini, tahun fiskal depan／ယခုနှစ်ဘဏ္ဍာရေးနှစ်၊ နောက်နှစ်ဘဏ္ဍာရေးနှစ်／fiscal year ngayong taon, fiscal year sa isang taon)

家族
かぞく
(Keluarga／မိသားစု／Pamilya)

---

❶ □ 親 (ibu bapa／မိဘ／magulang)
おや

▶ 昔は親に心配ばかりかけていました。
むかし　　　　　　しんぱい

(Saya membimbangkan ibu bapa saya dulu.／ဟိုးအရင် ်တုန်းကမိဘကိုအမြဲတမ်းစိတ်ပူစေခဲ့တယ်။／
Noong araw, lagi akong nagbibigay ng problema sa mga magulang ko.)

▷ 親と子の関係
おや　こ　かんけい

(hubungan antara ibu bapa dan anak／မိဘနဲ့သားသမီးပတ်သက်မှု／ relasyon ng magulang at anak)

---

❷ □ 父親 (bapa, ayah／အဖေ၊ဖခင်／ tatay, ama)
ちちおや

▷ 父親の役割 (peranan ayah／ဖခင်ရဲ့တာဝန်／ papel na ginagampanan ng tatay)
やくわり

---

❸ □ 母親 (emak, ibu／အမေ၊မိခင်／ nanay, ina)
ははおや

▶ 彼は母親の愛情を知らずに育ったんです。
かれ　ははおや　あいじょう　し　そだ

(Dia dibesarkan tanpa mengetahui apa itu kasih sayang ibu.／
သူ့ကိုမိခင်ရဲ့ချစ်ခြင်းကိုမခံစားရဘဲကြီးပြင်းခဲ့တယ်။／ Lumaki siya nang hindi nalalaman ang pagmamahal ng
isang nanay.)

---

❹ □ 一家 (keluarga／မိသားစု၊အိမ်ထောင်စု／ isang pamilya)
いっか

▶ 林さん一家とは長い付き合いです。
はやし　　いっか　　なが　つ　あ

(Saya telah lama mengenali keluarga Encik Hayashi.／ဟာယရှိစံ မိသားစုနဲ့ခင်မင်ရင်းနှီးတာကြာပြီ။／
Matagal na naming kilala ang pamilya nina Mr. Hayashi.)

▶ こういう便利な物だったら、一家に一台はほしいね。
べんり　もの　　　　　　いっか　いちだい

(Sekiranya ada barang yang selesa seperti ini, saya berharap setiap keluarga memiliki satu.／
ဒီလိုအဆင်ပြေတဲ့ပစ္စည်းဖြစ်ရင်၊အိမ်ထောင်စုတစ်စုတွက်တစ်ခုလိုချင်တယ်။／ Kung ganitong ka-convenient ito,
magandang magkaroon nito ang bawat pamilya.)

---

❺ □ 嫁 (isteri, pengantin perempuan／ချွေးမ／ asawa)
よめ

▶ こんなきれいな人が息子のお嫁さんになってくれるなんて。
ひと　　むすこ　よめ

(Saya tidak pernah menyangka wanita cantik seperti dia akan bersetuju untuk menjadi menantu
saya (isteri anak saya).／ဒီလောက်ချောတဲ့သူကသားရဲ့ဇနီးအနေနဲ့ ချွေးမတော်ရမယ်ဆိုတာ။／ Hindi ko akalaing
magiging asawa ng anak ko ang ganito kagandang babae.)

時間・時間・時 1

家族 2

人 3

人と人 4

食べ物・料理 5

賓客・家庭用品 6

毎日の生活 7

交通・移動 8

建物・施設・部屋 9

読む・書く・聞く・話す 10

▷ 嫁に行く (い) ((perempuan) mengahwini (lelaki)／ချွေးမတော်မည်၊ (အမျိုးသမီးမှ)လက်ထပ်မည်／mag-aasawa)

---

❻ □ 花嫁 (はなよめ) (pengantin perempuan／သတို့သမီး／bride)

▶ 花嫁とご両親の三人で写真を撮りましょう。(はなよめ／りょうしん／さんにん／しゃしん／と)

(Mari bergambar bersama-sama tiga orang, pengantin perempuan dan ibu bapanya.／သတို့သမီးနှင့်မိဘနှစ်ပါးသုံးဦးယောက်တွတ်ပုံရိုက်ရအောင်။／Kunan natin ng retrato silang tatlo - ang bride at ang magulang niya.)

---

❼ □ 夫妻 (ふさい) (suami isteri／လင်မယား၊ ဇနီးမောင်နှံ／mag-asawa)

▶ 林夫妻は少し遅れてくるって言ってたよ。(はやし／すこ／おく／い)

(Encik dan puan (suami isteri) Hayashi mengatakan bahawa mereka akan datang lambat sedikit.／ဟာယရှိဇနီးမောင်နှံက နည်းနည်းနောက်ကျမယ်လို့ပြောတယ်။／Nagsabi ang mag-asawang Hayashi na medyo mahuhuli sila.)

---

❽ □ 夫人 (ふじん) (puan／ဇနီး၊ကြင်ရာတော်／misis, asawa)

▶ まり子夫人も一緒に来るそうです。(こ／いっしょ／く)

(Saya dengar bahawa Puan Mariko akan datang bersama.／မရိကို ကြင်ရာတော်လည်းအတူအလာမယ်လို့ဆိုပါတယ်။／Darating din daw ang misis niyang si Mariko.)

▷ 社長夫人、市長夫人 (しゃちょう／しちょう)

(isteri pengerusi syarikat, isteri datuk bandar／ဥက္ကဋ္ဌ့ရဲ့ဇနီး၊ မြို့ဝန်ရဲ့ဇနီး／misis ng presidente ng kompanya, misis ng city mayor)

---

❾ □ 奥様 (おくさま) (isteri／(အခြားသူ၏)ဇနီး／asawa, misis)

▶ これから社長の奥様がいらっしゃるそうです。(しゃちょう)

(Dengarnya isteri pengerusi syarikat datang sekarang.／အခုမကြာခင်မှာ ဥက္ကဋ္ဌ့ရဲ့ဇနီး ကြွလာတော့မယ်လို့ဆိုပါတယ်။／Darating na raw ang misis ng presidente ng kompanya.)

---

❿ □ 婚約(する) (こんやく) (bertunang／စေ့စပ်ကြောင်းလမ်း(သည်)／mag-engage)

▶ 「あの二人、婚約したみたいですね」「へえ、やっぱり結婚するんだ。式はいつ挙げるのかな?」(ふたり／けっこん／しき／あ)

("Nampaknya dua orang itu sudah bertunang." "Wah, jadi mereka akan berkahwin. Entah bila akan mengadakan majlis perkahwinan?"／အဲ့နှစ်ယောက်စေ့စပ်ကြောင်းလမ်းပြီးပုံရတယ်။ဟယ်၊ထင်တဲ့အတိုင်းလက်ထပ်ကြလိမ့်မယ်နော်။မင်္ဂလာဆောင်ပွဲဘယ်တော့လုပ်မလဲမသိဘူးနော်။／"Mukhang engaged na silang dalawa." "Magpapakasal pala sila! Kailan kaya ang kasal?")

⑪ □ **妊娠（する）** (mengandung／ကိုယ်ဝန်ရှိ(သည်)／ buntis (mabuntis))

⑫ □ **出産（する）** (melahirkan／မီးဖွား(သည်)／ manganak)

▶ 彼女は年内に出産する予定です。

(Dia akan bersalin tahun ini.／သူမဟာ ဒီနှစ်အတွင်းမှာမီးဖွားလိမ့်မယ်။／ Manganganak siya sa loob ng taong ito, ayon sa iskedyul.)

▷ **出産祝い** (hadiah kelahiran／မီးဖွားမင်္ဂလာ／ regalo sa batang ipinanganak)

⑬ □ **育児** (mengasuh, menjaga anak／ကလေးထိန်းခြင်း၊ ကလေးပြုစုပျိုးထောင်ခြင်း／ pag-aalaga ng bata, pagpapalaki ng bata)

▷ 育児休暇、育児に役立つ本、育児に疲れる

(cuti pengasuhan anak, buku yang berguna untuk pengasuhan anak, letih sebab penjagaan anak／ ကလေးထိန်းရန်ခွင့်၊ ကလေးပြုစုပျိုးထောင်ရေးအတွက်အသုံးဝင်စာအုပ်၊ကလေးပြုစုရတာပင်ပန်းတယ်／ bakasyon para mag-alaga ng bata, mga libro tungkol sa pagpapalaki ng bata, mapagod sa pag-aalaga ng bata)

⑭ □ **双子** (anak kembar／အမွှာပူး／ kambal)

⑮ □ **〜連れ** (bawa／〜ခေါ်လာ／ kasama)

▶ 動物園は、家族連れの客で賑わっていた。

(Zoo penuh sesak dengan pelawat yang membawa ahli keluarga mereka.／ တိရစ္ဆာန်ဥယျာဉ်ဟာ မိသားစုခေါ်လာတဲ့ဧည့်သည်တွေနဲ့စည်းကားခဲ့တယ်။／ Naging masaya sa zoo dahil sa mga taong bumisita, kasama ang pamilya nila.)

▷ **子供連れの客** (pelanggan yang membawa anak／ကလေးခေါ်လာတဲ့ဧည့်သည်／ bisitang kasama ang mga anak nila)

時間・時 1

家族 2

人 3

人と人 4

食べ物・料理 5

冷暖家電・家庭用品 6

毎日の生活 7

交通・移動 8

建物・施設・部屋 9

建物・施設・部屋 10

UNIT ❸

人
ひと
(Orang／လူ／ Mga Tao)

❶ □ **幼い** (kecil／ကလေး၊ကလေးငယ်／ bata)
おさな

▶ こんな幼い子に一人で留守番をさせるなんて、かわいそう。
こ　　ひとり　　る す ばん

(Kesian betul! Kanak-kanak kecil seperti itu ditinggalkan sendirian di rumah.／
ဒီလောက်ငယ်တဲ့ကလေးကိုတစ်ယောက်တည်းအိမ်စောင့်ခိုင်းတယ်တဲ့၊သနားစရာပါတယ်။／ Kawawa naman ang batang iniwang mag-isa lang sa bahay.)

❷ □ **坊ちゃん** (anak kecil／ကောင်လေး／ batang lalaki, anak na lalaki)
ぼっ

▶ 隣の坊ちゃん、春から小学生になるそうよ。
となり　　　　　はる　　しょうがくせい

(Anak lelaki rumah sebelah akan menjadi murid sekolah rendah mulai musim bunga.／
အိမ်နားကကောင်လေးဟာ၊ ဒီနွေဦးမှာမူလတန်းကျောင်းသားဖြစ်မယ်လို့ဆိုတယ်။／ Papasok na sa elementary school ang anak na lalaki ng kapitbahay namin.)

❸ □ **世代** (generasi／မျိုးဆက်／ henerasyon)
せ だい

▷ 若い世代、世代交代
わか　　　　　　こうたい

(generasi muda, pertukaran generasi／လူငယ်မျိုးဆက်၊ မျိုးဆက်အပြောင်းအလဲ／ henerasyon ng mga kabataan, pagbabago ng henerasyon)

❹ □ **成人** (dewasa／အရွယ်ရောက်သူ／ matanda)
せいじん

▷ 成人式 (upacara menjelang usia／အရွယ်ရောက်သူများအခမ်းအနား／ coming-of-age ceremony)
しき

❺ □ **未成年** (kanak-kanak di bawah umur／အရွယ်မရောက်သေးသူ／ menor de edad)
み せいねん

▶ 未成年にお酒を売ることは、法律で禁じられている。
み せいねん　　さけ　う　　　　　　　　ほうりつ　きん

(Menjual alkohol kepada kanak-kanak di bawah umur dilarang oleh undang-undang.／
အရွယ်မရောက်သေးသူအားအရက်ရောင်းခြင်းကိုဥပဒေအရတားမြစ်ထားသည်။／ Ipinagbabawal ng batas ang pagbebenta ng alak sa mga menor de edad.)

❻ □ **老人** (orang tua／လူအို／ matanda)
ろうじん

❼ □ 寿命（じゅみょう） (jangka hayat／သက်တမ်း／ haba ng buhay)

▷ 平均寿命（へいきん） (jangka hayat purata／ပျမ်းမျှသက်တမ်း／ average na haba ng buhay)

❽ □ 亡（な）くなる (mati／ကွယ်လွန်သည်／ mamatay)

▶ お世話（せわ）になった先生（せんせい）が亡くなったと聞（き）いて、びっくりした。

(Saya terkejut mendengar bahawa guru yang banyak menolong saya meninggal dunia.／ကျေးဇူးရှိတဲ့ဆရာကွယ်လွန်သွားတယ်လို့ကြားရပြီးအံ့သြသွားခဲ့ရတယ်။／ Nagulat ako nang malaman kong namatay ang titser na tumulong sa akin.)

❾ □ 亡（な）くす (kehilangan／ဆုံးသည်၊ဆုံးပါးသည်／ mamatayan)

▶ あの方（かた）は、去年（きょねん）、ご主人（しゅじん）を亡くしたそうです。

(Dengarnya dia kehilangan suaminya tahun lepas.／သူမရဲ့ခင်ပွန်းသည်ဟာ၊မနှစ်က၊ ဆုံးပါးသွားတယ်လို့ဆိုပါတယ်။／ Namatayan siya ng asawa noong isang taon.)

❿ □ 人生（じんせい） (kehidupan／ဘဝ／ buhay)

⓫ □ 本人（ほんにん） (orang itu sendiri／ကာယကံရှင်／ ang tao mismo)

▶ 本人に直接（ちょくせつ）聞（き）いてみます。

(Saya akan bertanya kepadanya secara langsung.／ကာယကံရှင်ကိုတိုက်ရိုက်မေးကြည့်မယ်။／ Tatanungin ko siya mismo.)

⓬ □ 自身（じしん） (sendiri／မိမိကိုယ်မိမိ၊ သူ့ကိုယ်သူ／ sarili)

▶ 彼（かれ）自身、自分（じぶん）がどんな仕事（しごと）をしたいのか、よくわかっていなかった。

(Dia tidak tahu apa jenis pekerjaan yang ingin dilakukannya sendiri.／သူ့ကိုယ်သူမိမိကဘယ်လိုလုပ်ချင်တယ်ဆိုတာကိုကောင်းကောင်းမသိခဲ့ဘူး။／ Hindi niya alam sa sarili niya, kung ano ang gusto niyang trabaho.)

⓭ □ 自（みずか）ら (diri sendiri／ကိုယ်တိုင်က／ ang tao mismo)

▶ 社長（しゃちょう）自ら新（あたら）しいプロジェクトの説明（せつめい）を始（はじ）めた。

(Pengerusi syarikat mula memberi penerangan projek baru diri sendiri.／ဥက္ကဋ္ဌကိုယ်တိုင်ကစီမံကိန်းသစ်ရှင်းလင်းချက်ကိုစတင်ရှင်းလင်းပါတယ်။／ Nagsimulang nagpaliwanag ang presidente mismo ng kompanya ng bagong project.)

時間・時 1

家族 2

人 3

人と人 4

食べ物・料理 5

家具・家電・家庭用品 6

毎日の生活 7

交通・移動 8

建物・施設・部屋 9

建物・施設・部屋 10

⓮ ☐ 者 (もの) (orang／လူ၊ပုဂ္ဂိုလ်၊~သူ／tao)

▶ すみません、先ほど(さき)お電話(でんわ)した者(もの)ですが……。

(Maafkan saya, saya adalah orang yang membuat panggilan tadi.／
ကျေးဇူးပြု၍ခင်ဗျား၊ အခုဏကဖုန်းဆက်ခဲ့သူပါ---／Excuse me, ako po ang taong tumawag kanina....)

▶ 強(つよ)い者(もの)が勝(か)つのではない。勝(か)った者(もの)が強(つよ)いのだ。

(Bukan orang yang kuat akan menang. Pemenanglah yang kuat.／
အားကောင်းသူက နိုင်တာမဟုတ်ပါဘူး။ နိုင်တဲ့သူကအားကောင်းတာပါ။／Hindi ang mga malalakas na tao ang
nananalo. Ang mga nananalong tao ang mga malalakas.)

⓯ ☐ 人物 (じんぶつ) (orang／လူ၊ပုဂ္ဂိုလ်／tao)

▶ 彼(かれ)は風景(ふうけい)を描(か)くことが多(おお)く、人物(じんぶつ)を描(か)くのは珍(めずら)しい。

(Dia sering melukis pemandangan, jarang sekali melukis orang.／
သူဟာရှုခင်းပန်းချီဆွဲတာများပြီး၊ လူပုဂ္ဂိုလ်ပုံပန်းချီဆွဲတာရှားပါတယ်။／Madalas siyang magdrowing ng mga
tanawin, at bihira siyang magdrowing ng mga tao.)

⓰ ☐ 美人 (びじん) (orang yang cantik／ချောသူ၊လှသူ／magandang babae)

⓱ ☐ 人込み (ひとごみ) (sesak／လူစုလူဝေး／maraming tao)

▶ 人込(ひとご)みは苦手(にがて)です。

(Saya tidak suka tempat yang sesak.／လူစုလူဝေးကိုမကြိုက်ဘူး／Hindi ko gusto ng maraming tao.)

⓲ ☐ 大衆 (たいしゅう) (umum, orang ramai／ပြည်သူလူထုအများပြည်သူ／pangmasa, popular)

▷ 大衆文化(たいしゅうぶんか)、大衆食堂(たいしゅうしょくどう)

(budaya umum, kantin orang ramai／ပြည်သူယဉ်ကျေးမှု၊ အများပြည်သူထမင်းစားဆောင်／popular na kultura,
kainang pangmasa)

人と人
ひと　　ひと

(Hubungan antara satu sama lain／လူလူချင်း／
Pakikipag-ugnayan)

---

❶ □ **目上** (atasan, tua／အထက်လူကြီး／ nakatatanda)
　　めうえ

▶ 目上の人には言葉使いに気をつけてください。
　ひと　　ことばづか　　き

(Sila berhati-hati dengan kata-kata anda terhadap orang tua.／
အထက်လူကြီးနဲ့စကားပြောရာတွင်စကားအသုံးအနှုန်းဆင်ခြင်ပါ။／ Mag-ingat ka sa mga salitang ginagamit mo sa mga nakatatanda.)

---

❷ □ **敬う** (hormat／လေးစားမှု／ gumalang, igalang)
　　うやま

▶ 相手を敬う気持ちが大切です。
　あいて　うやま　きも　　たいせつ

(Adalah penting untuk menghormati orang lain.／တစ်ဖက်သားအားလေးစားခြင်းသည်အရေးကြီးသည်။／
Mahalagang igalang mo ang kausap mo.)

---

❸ □ **恩** (ihsan, rahmat, berkat／ကျေးဇူး／ utang na loob)
　　おん

▶ 先生に受けた恩は一生 忘れません。
　せんせい　う　　おん　いっしょうわす

(Saya tidak akan melupakan ihsan daripada guru sepanjang hayat ini.／
ဆရာကျေးဇူးကိုတစ်သက်လုံးမမေ့ပါဘူး။／ Hindi ko makakalimutan ang utang na loob ko sa titser ko.)

---

❹ □ **気を遣う** (bersusah payah／ဂရုစိုက်သည်၊သတိထားသည်／ mag-ingat)
　　き　つか

▶「何かお飲みになりますか」「いえ、結構です。どうぞ気を使わないでください」
　なに　の　　　　　　　　　　　　けっこう　　　　　　　き　つか

("Hendak minum apa?" "Tidak, terima kasih. Jangan bersusah payah."／「တစ်ခုခုသောက်မလား」「ဟင့်အင်း၊ရပါတယ်။ဂရုမထားပါနဲ့။」
／ "Iinom ka ba?" "Hindi, salamat. Huwag mo akong alalahanin.")

---

❺ □ **気が合う** (bergaul dengan baik／စိတ်သဘောချင်းတူသည်／ magkasundo)
　　き　あ

▶ あの二人は気が合うんでしょうね。いつも一緒にいる。
　ふたり　き　あ　　　　　　　　　　いっしょ

(Saya rasa dua orang itu bergaul dengan baik. Mereka asyik bersama.／
ဟိုနှစ်ယောက်ကစိတ်သဘောချင်းတူပုံရတယ်နော်။အမြဲတမ်းအတူတူရှိနေတယ်။／ Nagkakasundo sila, ano? Lagi silang magkasama, eh.)

---

❻ □ **友** (kawan／သူငယ်ချင်း／ kaibigan)
　　とも

▶ 私にとって彼は、友であり、また、よきライバルでもあった。
　わたし　　　　かれ　　とも

(Bagi saya, dia adalah kawan dan juga pesaing yang baik.／
ကျွန်တော်အနေနဲ့သူဟာသူငယ်ချင်းလည်းဖြစ်တယ်၊ပြီးတော့ပြိုင်ဘက်ကောင်းလည်းဖြစ်တယ်။／ Para sa akin, kaibigan
ko siya at minsan, karibal din.)

時間・時 1

家族 2

人 3

人と人 4

食べ物・料理 5

賓客・家電・家庭用品 6

毎日の生活 7

交通・移動 8

建物・施設・部屋 9

読む・書く・聞く・話す

❼ □ 友情（ゆうじょう）(persahabatan／ခင်မင်ရင်းနှီးမှု／pagiging magkaibigan, pagkakaibigan)

▶ 今回のことで、二人の友情はさらに深まった。

（Disebabkan perkara kali ini, persahabatan dua orang itu menjadi lebih erat.／ဒီအကြိမ်ကြောင့်သူတို့နှစ်ယောက်ရဲ့ခင်မင်ရင်းနှီးမှုဟာပိုနက်ရှိုင်းသွားတယ်။／Dahil dito, naging mas malalim ang pagiging magkaibigan nila.)

❽ □ 友好（ゆうこう）(persahabatan／ချစ်ကြည်ရေး／pakikipagkaibigan, pagkakaibigan)

▶ 私の町は中国のある町と友好関係を結んでいる。

（Bandar saya telah menandatangani perjanjian persahabatan dengan sebuah bandar di China.／ကျွန်တော်တို့မြို့ဟာတရုတ်နိုင်ငံမှာရှိတဲ့မြို့တစ်မြို့နဲ့ချစ်ကြည်ရေးဆက်နွယ်မှုကိုချိတ်ဆက်ထားပါတယ်။／Nagkaroon ng treaty of friendship ang bayan namin at ang isang bayan sa China.)

❾ □ 付き合う（つきあう）(menemani／အတူလိုက်သည်၊ချစ်ကြိုက်သည်／samahan)

▶ スーツを買うのは初めてなので、兄に付き合ってもらった。

（Ini adalah kali pertama saya membeli baju kot, jadi saya meminta abang menemani saya.／အနောက်တိုင်းဝတ်စုံကိုဝယ်တာပထမဦးဆုံးအကြိမ်ဖြစ်တဲ့အတွက်ကိုအစ်ကိုကိုအတူလိုက်စေခဲ့တယ်။／Dahil unang beses kong bumili ng amerikana, sinamahan ako ng kuya ko.)

▶ あの二人は付き合っているらしい。

（Saya rasa mereka berada dalam hubungan lelaki dan perempuan.／ဟိုနှစ်ယောက်ဟာ ချစ်ကြိုက်နေပုံရတယ်။／Mukhang nagdedeyt silang dalawa.)

❿ □ 付き合い（つきあい）(bersosial／ဆက်ဆံရေး／pagsasama)

▷ 付き合いで飲みに行く

（pergi minum bersosial bersama rakan／ဆက်ဆံရေးအရ သောက်ဖို့သွားမယ်။／makipag-inuman)

⓫ □ 信用（する）（しんよう）(mempercayai／ယုံကြည်စိတ်ချသည်／magtiwala)

▷ 信用を得る、信用を失う

（memperoleh amanah, kehilangan amanah／ယုံကြည်မှုကိုရသည်၊ ယုံကြည်မှုဆုံးရှုံးသည်／pagkatiwalaan, mawalan ng tiwala)

▷ 信用を高める、信用を落とす

（meningkatkan kredibiliti, menurunkan kredibiliti／ယုံကြည်မှုမြှင့်မားစေသည်၊ ယုံကြည်မှုကျဆင်းစေသည်／mas pagkatiwalaan, mawalan ng tiwala)

⓬ □ 信頼（する）（しんらい）(mempercayai／ယုံကြည်အားထားသည်／magtiwala)

▷ 相手と信頼関係を築く

（menjalin hubungan kepercayaan dengan pihak lain／တစ်ဖက်သားနဲ့ယုံကြည်မှုဆက်ဆံရေးကိုတည်ဆောက်သည်။／magbuo ng isang relasyon ng pagtitiwala sa ibang tao)

⓭ □ 契約(する) ((menandatangani) kontrak／ပဋိညာဉ်(ချုပ်သည်)၊ စာချုပ်(ချုပ်သည်)／
けいやく magkaroon ng kontrata)

▶まだ正式には契約をしていない。
せいしき

(Saya belum menandatangani kontrak secara rasmi.／တရားဝင်စာချုပ်မချုပ်ရသေးပါဘူး။／Hindi pa opisyal
ang pagkakaroon namin ng kontrata.)

▷契約書 (kontrak／ပဋိညာဉ်စာချုပ်／kontrata)
しょ

⓮ □ 裏切る (mengkhianati／သစ္စာဖောက်သည်／maging traydor)
うらぎ

▶友達を裏切るようなことはしません。
ともだち

(Saya tidak akan mengkhianati rakan-rakan saya.／သူငယ်ချင်းအပေါ်သစ္စာဖောက်တာမျိုးမလုပ်ပါဘူး။／Hindi
ako magiging traydor sa mga kaibigan ko.)

音声
DL
08

⓯ □ 救う (menyelamatkan／ကယ်ဆယ်သည်／magligtas, iligtas)
すく

▶不幸な動物たちを救うのが、活動の目的です。
ふこう どうぶつ かつどう もくてき

(Tujuan aktiviti ini adalah untuk menyelamatkan haiwan yang tidak bernasib baik.／
သနားစရာဖြစ်နေတဲ့တိရစ္ဆာန်တွေကိုကယ်တာဟာၤလုပ်ရှားမှုရဲ့ရည်ရွယ်ချက်ပါ။／Ang magligtas ng mga kawawang
hayop ang layunin ng aktibidad na ito.)

⓰ □ 援助(する) (membantu, memberi sokongan／ထောက်ပံ့(သည်)၊ ပံ့ပိုး(သည်)／
えんじょ tumulong)

▶この店を始める時、親に少し援助してもらいました。
みせ はじ とき おや すこ えんじょ

(Ibu bapa memberi sedikit bantuan kepada saya semasa saya memulakan kedai ini.／
ဒီဆိုင်ကိုဖွင့်တဲ့အခါတုန်းကမိဘတွေရဲ့ပံ့ပိုးမှုကိုရယူခဲ့ရပါတယ်။／Tumulong nang kaunti ang mga magulang ko,
noong sinimulan ko ang tindahang ito.)

⓱ □ 励ます (memberi galakan, dorongan／အားပေးသည်／i-encourage)
はげ

▶周りのみんなに励まされて、今まで頑張ってこられた。
まわ いま がんば

(Dengan dorongan daripada orang sekeliling saya, saya dapat berusaha sehingga sekarang.／
မိမိရဲ့ဝန်းကျင်မှာရှိသူတွေရဲ့အားပေးမှုကြောင့်အခုထိကြိုးစားလာနိုင်ခဲ့ပါတယ်။／Nagsisikap ako hanggang ngayon,
dahil sa inencourage ako ng mga tao sa paligid ko.)

⓲ □ 慰める (menyenangkan, menenangkan／နှစ်သိမ့်အားပေးသည်／aliwin)
なぐさ

▶私が元気がないときは、彼女がいつも慰めてくれました。
わたし げんき かのじょ なぐさ

(Dia selalu menyenangkan saya apabila saya berasa sedih.／ကျွန်တော်စိတ်မရွှင်လန်းတဲ့အခါမှာၤသူမဟာအမြဲတမ်းနှစ်သိမ့်အားပေးပါတယ်။
／Kapag nalulungkot ako, lagi siyang naroroon para aliwin ako.)

⓳ □ おかげ (berterima kasih／ကျေးဇူး／salamat sa)

時間・時 1

家族 2

人 3

人と人 4

食べ物・料理 5

寝具・家電・家庭用品 6

毎日の生活 7

交通・移動 8

建物・施設・部屋 9

読む・書く・聞く・話す 10

▶ 今回優勝できたのは、コーチのおかげです。
こんかいゆうしょう

(Saya berjaya merangkul kejuaraan kali ini, terima kasih kepada jurulatih saya.／ဒီအကြိမ်အနိုင်ရတာဟာနည်းပြဆရာရဲ့ကျေးဇူးကြောင့်ပါ။／ Salamat sa coach ko at nanalo ako ngayon.)

⑳ □ お互い(に) (satu sama lain／နှစ်ဦးနှစ်ဖက်(မှာ)／ isa't isa)
たが

▶ お互いに納得するまで、よく話し合ってください。
なっとく はな あ

(Sila bincang dengan baik sehingga bersetuju antara satu sama lain.／နှစ်ဦးနှစ်ဖက်ကျေနပ်မှုသည်အထိကောင်းစွာဆွေးနွေးပါ။／ Mag-usap kayong mabuti hanggang sa magkasundo kayo.)

㉑ □ 助け合う (membantu satu sama lain／တစ်ဦးကိုတစ်ဦးကကူညီသည်／ magtulungan)
たす あ

▶ みんなで助け合って、生きていってほしい。
い

(Saya berharap semua orang dapat hidup saling bantu-membantu.／လူတိုင်းတစ်ဦးကိုတစ်ဦးကကူညီပါ။နေထိုင်ရပ်တည်စချောင်ပါတယ်။／ Sana mamuhay ang lahat nang nagtutulungan.)

㉒ □ 共同 (bersama／ပူးပေါင်း／ magkasama)
きょうどう

▶ 友達と会社を共同経営することにしました。
ともだち かいしゃ けいえい

(Saya membuat keputusan untuk berniaga bersama rakan.／သူငယ်ချင်းနဲ့ကုမ္ပဏီကိုပူးပေါင်းစီမံခန့်ခွဲပါမယ်။／ Nagpasya akong magkasama kami ng kaibigan kong mamamahala ng kompanya.)

㉓ □ 競う (bersaing／ပြိုင်သည်၊ယှဉ်ပြိုင်သည်／ magkumpitensiya, maglaban)
きそ

▷ 技を競う、美を競う
わざ び

(menyaingi kemahiran, menyaingi kecantikan／နည်းပညာယှဉ်ပြိုင်သည်၊ အလှအပကိုယှဉ်ပြိုင်သည်／ magkumpitensiya para sa kahusayan, magkumpitensiya para kagandahan)

㉔ □ 競争(する) (bersaing／ပြိုင်ဆိုင်(သည်)၊ ယှဉ်ပြိုင်(သည်)／ magkumpitensiya, maglaban)
きょうそう

▷ 企業間の競争 (persaingan antara syarikat-syarikat／ကုမ္ပဏီများအကြားပြိုင်ဆိုင်မှု／ kompetisyon ng mga kompanya)
き ぎょうかん きょうそう

㉕ □ 対立(する) (menentang／မညီမညွတ်ဖြစ်သည်／ salungatin, maglaban)
たいりつ

▶ バンドの方針について、メンバーの間で意見が対立している。
ほうしん あいだ いけん

(Ahli kumpulan muzik saling bertentangan pendapat mengenai polisi kumpulan.／တီးဝိုင်းရဲ့မူဝါဒနဲ့ပတ်သက်ပြီးအဖွဲ့ဝင်တွေကြားမှာမညီမညွတ်ဖြစ်နေတယ်။／ Nagkakasalungat ang opinyon ng mga band member tungkol sa plano ng banda sa hinaharap.)

㉖ □ 反抗(する) (menentang, memberontak／အန်တု(သည်)၊အာခံ(သည်)／magrebelde)

▶ うちの息子は何を言っても、すぐ反抗するんです。

(Anak lelaki saya selalu menentang segera, tidak kira apa yang saya katakan kepadanya.／ကျွန်တော့်သားကိုဘာကားပြောပြော၊ ချက်ချင်းအာခံတယ်။／Nagrerebelde agad ang anak ko sa kahit anong sabihin ko.)

㉗ □ 薦める (mengesyorkan／အကြံပေးသည်／irekomenda)

▶ 先生に薦められた本を買って読んでみた。

(Saya membeli dan membaca buku yang disyorkan oleh guru.／ဆရာအကြံပေးတဲ့စာအုပ်ကိုယ်ဖတ်ကြည့်ပါတယ်။／Binili ko at binasa ang librong inirekomenda ng titser ko.)

㉘ □ 誘う (menjemput, mengajak／ဖိတ်သည်၊ခေါ်သည်／yayain, imbitahin)

▶ 友達を映画に誘ったけど、断られた。

(Saya mengajak rakan pergi menonton wayang, tetapi ditolak.／သူငယ်ချင်းကိုရုပ်ရှင်ကြည့်ဖို့ခေါ်ပေမဲ့၊ ငြင်းပါတယ်။／Niyaya ko ang kaibigan kong manood ng sine, pero ayaw niya.)

㉙ □ 連れる (membawa／ခေါ်လာသည်၊ခေါ်သွားသည်／magsama)

▶ 友達も連れて行っていいですか。

(Bolehkah saya membawa rakan bersama?／သူငယ်ချင်းကိုခေါ်သွားလို့ရမလား။／Puwede bang magsama ng kaibigan?)

㉚ □ だます (menipu, memperdaya／လှည့်စားသည်／manloko, mandaya)

▶ 怪しい広告だなあ。だまされないように気をつけて。

(Iklan ini mencurigakan. Hati-hati agar tidak tertipu.／သံသယဖြစ်စရာကြော်ငြာပါ။အလှည့်စားမခံရအောင်လို့သတိထားပါ။／Nakakatakot naman iyang advertisement. Mag-ingat ka na hindi ka maloloko.)

㉛ □ 傷つける (melukakan／ထိခိုက်စေသည်／saktan)

▶ 私の余計な一言が、彼女を傷つけたみたいです。

(Saya rasa saya melukai perasaannya dengan sepatah kata yang berlebihan.／ကျွန်တော့်ရဲ့မလိုတဲ့စကားတစ်ခွန်းက သူမရဲ့စိတ်ကိုထိခိုက်စေပုံရတယ်။／Nasaktan ko yata ang damdamin niya sa mga walang saysay na sinabi ko.)

㉜ □ 詫(わ)びる (meminta maaf／တောင်းပန်သည်／humingi ng paumanhin)

▶ 丁寧(ていねい)に詫びたほうがいいと思(おも)うよ。

(Saya rasa anda harus meminta maaf dengan sopan.／အနူးအညွတ်တောင်းပန်ရင်ကောင်းမယ်ထင်တယ်။／Sa palagay ko, dapat kang humingi ng paumanhin nang maayos.)

▷ 詫び状(じょう)（＝お詫びの手紙(てがみ)）

(surat permintaan ampun／တောင်းပန်လွှာ(＝တောင်းပန်စာ)／letter of apology)

▶ ご迷惑(めいわく)をおかけしたことを深(ふか)くお詫び申(もう)し上(あ)げます。

(Kami sangat meminta maaf atas kesulitan yang ditimbulkan.／အဆင်မပြေဖြစ်စေခဲ့တာကိုအလေးအနက်တောင်းပန်ပါတယ်။／Humihingi po kami ng paumanin sa mga gulong idinulot namin sa inyo.)

㉝ □ 面会(めんかい)（する） (bertemu muka／တွေ့ဆုံ(သည်)／makipagkita)

▶ 知事(ちじ)との面会が許(ゆる)された。

(Perjumpaan dengan gabenor telah dibenarkan.／မြို့ဝန်နဲ့တွေ့ဆုံခွင့်ကျပါတယ်။／Pinayagan akong makipagkita sa gobernador.)

㉞ □ 見舞(みま)い (melawat pesakit／လူနာမေး／dumalaw, bumisita)

▶ 入院(にゅういん)している友達(ともだち)のお見舞いに行(い)った。

(Saya pergi melawat rakan saya yang dimasukkan ke hospital.／ဆေးရုံတက်နေတဲ့သူငယ်ချင်းဆီလူနာမေးသွားခဲ့ပါတယ်။／Dumalaw ako sa kaibigan kong nasa ospital.)

㉟ □ 集(あつ)まり (perhimpunan, perjumpaan／အစုအဝေး၊အစုံအရုံး／pagsasama-sama)

▶ 毎週(まいしゅう)金曜日(きんようび)は、サークルの集まりがあります。

(Setiap Jumaat ada perjumpaan kelab.／အပတ်စဉ်သောကြာနေ့တိုင်း၊ အပေါင်းအသင်းတွေရဲ့အစုအရုံးရှိပါတယ်။／Tuwing Biyernes, may pagsasama-sama ang club namin.)

㊱ □ 集会(しゅうかい) (perhimpunan／စုဝေးပွဲ／miting)

㊲ □ 会合(かいごう) (mesyuarat／စုပေါင်းတွေ့ဆုံသည်၊စည်းဝေးသည်／miting)

▶ ３つの大学(だいがく)の関係者(かんけいしゃ)が集(あつ)まって、会合が開(ひら)かれた。

(Mesyuarat diadakan di antara pegawai-pegawai dari tiga universiti.／တက္ကသိုလ် 3 ခုနဲ့ဆိုင်တဲ့ပုဂ္ဂိုလ်တွေစုရုံးပြီး၊စည်းဝေးပါတယ်။／Nagkaroon ng miting ang mga kinatawan ng tatlong unibersidad.)

㊳ □ 再会(さいかい)（する） (bertemu semula／ပြန်လည်တွေ့ဆုံ(သည်)／magkita uli)

▶ こんなところで高校時代(こうこうじだい)の友達(ともだち)と再会するとは思(おも)わなかった。

(Saya tidak sangka dapat bertemu semula dengan rakan sekolah menengah di tempat seperti ini.／ဒီလိုနေရာမှာအထက်တန်းကျောင်းသားဘဝတုန်းကသူငယ်ချင်းနဲ့ပြန်တွေ့ရမယ်ဆိုတာအတွေးမိခဲ့ဘူး။／Hindi ko akalaing magkikita uli kami ng kaibigan ko noong haiskul sa lugar na ito.)

㊲ ☐ **別れる** (berpisah／ကွဲသည်၊ ကွာသည်၊ ခွဲခွါသည်၊ ကွာရှင်းသည်၊ ပြတ်စဲသည်／ maghiwalay)
わか

▶ **友達と駅で別れて、私はバスに乗った。**
ともだち　えき　わか　　　　わたし　　　　　　　の

(Saya berpisah dengan rakan di stesen, dan menaiki bas selepas itu.／
သူငယ်ချင်းနဲ့ဘူတာရုံမှာခွဲခွါပြီး၊ ကျွန်တော်ကဘတ်စ်ကားစီးတယ်။／ Naghiwalay kami ng kaibigan ko sa train
station at sumakay ako ng bus.)

▶ **彼女と別れて１年も経つのにまだ忘れられない。**
かのじょ　わか　　　１ねん　た　　　　　　　　わす

(Sudah setahun sejak saya berpisah dengannya, tetapi saya masih tidak dapat melupakannya.／
သူနဲ့ကွဲခဲ့ပြီး 1 နှစ်ကြာပြီးတာတောင်မမေ့နိုင်သေးဘူး။／ Isang taon na ang nakaraan mula nang maghiwalay
kami ng girlfriend ko, pero hindi ko pa rin siya makalimutan.)

㊵ ☐ **愛情** (kasih sayang／ချစ်ခြင်းမေတ္တာ／ pagmamahal, pag-ibig)
あいじょう

▷ **子供に対する愛情、深い愛情**
こども　たい　　　あいじょう　ふか　あいじょう

(kasih sayang terhadap anak-anak, kasih sayang yang mendalam／
ကလေးအပေါ်ထားရှိတဲ့ချစ်ခြင်းမေတ္တာ၊ နက်ရှိုင်းတဲ့ချစ်ခြင်းမေတ္တာ／ pagmamahal sa anak, malalim na pag-ibig)

㊶ ☐ **かわいがる** (mengasihi／ချစ်မြတ်နိုးသည်／ magmahal, mahalin)

▶ **彼女はその猫をとてもかわいがっていました。**
かのじょ　　　　ねこ

(Dia sangat megasihi kucing itu.／သူမဟာအဲ့ဒီကြောင်ကို အလွန်ချစ်မြတ်နိုးတယ်။／ Talagang mahal na mahal
niya ang pusang iyan.)

㊷ ☐ **甘やかす** (memanjakan／အလိုလိုက်သည်／ palakihin sa layaw, mag-spoil)
あま

▶ **最近、子供を甘やかす親が増えている。**
さいきん　こども　あま　　　おや　ふ

(Kebelakangan ini, semakin ramai ibu bapa memanjakan anak-anak mereka.／
အခုတလောကကလေးကိုအလိုလိုက်တဲ့မိဘတွေတိုးလာနေတယ်။／ Kamakailan, dumadami ang mga magulang na
nagpapalaki ng mga anak nila sa layaw.)

㊸ ☐ **しつけ** (disiplin／သွန်သင်ဆုံးမမှု／ pagpapalaki)

▶ **うちの父親はしつけが厳しかったです。**
ちちおや　　　　　　きび

(Ayah saya bersikap tegas atas disiplin.／ကျွန်တော့်အဖေဟာ သွန်သင်ဆုံးမတာ တင်းကြပ်တယ်။／ Mahigpit
ang tatay ko sa pagpapalaki sa amin.)

㊹ ☐ **同級生** (rakan sekelas／တတန်းတည်းသား／ kaklase)
どうきゅうせい

㊺ ☐ **類クラスメート**（＝**同じクラスの人**）
おな　　　　　　ひと

㊻ ☐ **ルームメート** (rakan sebilik／အခန်းဖော်／ roommate, kasama sa kuwarto)

30

時間・時 1

家族 2

人 3

人と人 4

食べ物・料理 5

家具・家電・家庭用品 6

毎日の生活 7

交通・移動 8

建物・施設・部屋 9

読む・書く・聞く・話す 10

UNIT 5

音声 DL 10

食べ物・料理
た　もの　りょうり

(Makanan, Masakan／
စားစရာ၊ ဟင်း／ Pagkain)

---

❶ ☐ **食物**（しょくもつ）(makanan／စားစရာ／ pagkain)

▷ 食物アレルギー　(alahan makanan／အစားအစာ� တ်မတည့်ခြင်း／ allergy sa pagkain)

---

❷ ☐ **食糧**（しょくりょう）(bekalan makanan／ရိက္ခာၢစားနပ်ရိက္ခာ／ pagkain)

▶ 少しでも、食糧不足に苦しむ人たちを救いたい。
（すこ　　　　　しょくりょうぶそく　くる　　　ひと　　　　すく）

（Walaupun hanya sedikit, saya ingin menyelamatkan orang yang menderita kerana kekurangan
bekalan makanan.／စားနပ်ရိက္ခာမလုံလောက်ပဲဒုက္ခရောက်နေသူများကိုနည်းနည်းပဲဖြစ်ဖြစ်ကူ贝ပေးချင်တယ်။／
Gusto kong tumulong sa mga taong naghihirap, dahil sa kulang sila sa pagkain.)

---

❸ ☐ **果実**（かじつ）(buah／သစ်သီး／ prutas)

▷ 果実酒（しゅ）(arak buah-buahan／သစ်သီးဝိုင်／ fruit wine)

---

❹ ☐ **飯**（めし）(nasi／ထမင်း／ kanin, pagkain)

▶ 〈暗い話題など〉今、そんな話をするなよ。飯がまずくなる。
（くら　わだい　　　　いま　　　　　　はなし　　　　　　めし）

（<Topik yang menyedihkan, dll> Jangan bincang perkara itu sekarang. Nasi jadi tidak sedap.／
အခုအဲ့ဒီစကားကိုမပြောပါနဲ့၊ ထမင်းစားရတာအရသာပျက်တယ်။／ Huwag ninyong pag-usapan iyan.　Baka
mawalan kayo ng ganang kumain.)

---

❺ ☐ **餅**（もち）(pulut／ကောက်ညှင်း／ rice cake)

---

❻ ☐ **かび**（kulat／မှို(တက်)／ amag)

▶ あっ、このパン、かびが生えてる。
（は）

（Ah, roti ini berkulat.／အာၢ ဒီပေါင်မုန့် မှိုတက်နေတယ်／ Ay, inaamag na itong tinapay.)

---

❼ ☐ **スイカ**（tembikai／ဖရဲသီး／ pakwan)

---

❽ ☐ **アイスキャンディー**（loli ais／ရေခဲသကြားလုံး／ ice candy)

❾ □ 冷凍(れいとう)(する) (membekukan／အေးခဲ(စေသည်)／ i-freeze)

▷ 冷凍食品(しょくひん) (makanan sejuk beku／အေးခဲထားသောအစားအစာ／ frozen food)

❿ □ 自炊(じすい)(する) (memasak sendiri／မိမိကိုယ်တိုင်ချက်ပြုတ်(သည်)／ magluto para sa sarili)

▶ 一人(ひとり)暮(ぐ)らしをしてから自炊をするようになった。

(Setelah tinggal bersendirian, saya mula memasak sendiri.／
တစ်ယောက်တည်းနေကတည်းကမိမိကိုယ်တိုင်ချက်ပြုတ်စားလာတယ်။／ Nagsimula akong magluto para sa sarili ko, mula noong mamuhay akong mag-isa.)

⓫ □ まな板(いた) (papan pemotong／စဉ်းတီတုံး／ sangkalan)

⓬ □ 大(おお)さじ (sudu besar／လက်ဖက်ရည်ဇွန်းကြီး／ tablespoon)

▶ 〈料理(りょうり)〉さとうを大さじ１杯(いっぱい)入(い)れてください。

(<Memasak> Masukkan satu sudu besar gula.／
(ဟင်းလျာ၊ဟင်း) သကြားကိုလက်ဖက်ရည်ဇွန်းကြီးနဲ့ 1 ဇွန်းထည့်ပါ။／ (Pagluluto) Maglagay ka ng isang tablespoon na asukal.)

⓭ □ 小(こ)さじ (sudu teh／လက်ဖက်ရည်ဇွန်းသေး／ teaspoon)

⓮ □ 器(うつわ) (bekas／ပန်းကန်ခွက်ယောက်၊ဉာဏ်စွမ်း／ lalagyan)

▶ サラダを入(い)れる器がない。

(Tidak ada bekas untuk salad.／အသုပ်ထည့်ဖို့ပန်းကန်မရှိဘူး။／ Walang paglalagyang plato ang salad.)

▶ あの社長(しゃちょう)には、器の大(おお)きさを感(かん)じる。

(Saya benar-benar berasa pengerusi syarikat itu adalah seorang yang sangat berkebolehan.／
အဲဒီဥက္ကဌရဲ့ ကိုယ်စွမ်းဉာဏ်စွမ်းကြီးမားမှုကိုသိရှိခံစားရတယ်။／ Nararamdaman kong malaki ang kakayahan ng presidente ng kompanyang iyon.)

⓯ □ 丼(どんぶり) (mangkuk／ပန်းကန်လုံး／ bowl)

▶ 丼の中(なか)には、魚(さかな)や貝(かい)がたっぷりと入(はい)っていました。

(Terdapat banyak ikan dan kerang di dalam mangkuk.／
ပန်းကန်လုံးထဲမှာ၊ ငါးနဲ့ခရုတွေအများကြီးထည့်ထားတယ်။／ Maraming isda at shellfish sa loob ng bowl.)

▷ 牛丼(ぎゅうどん)、カツ丼(ブタのカツのどんぶり)

(Gyudon, Katsudon (hidangan nasi dengan daging babi goreng)／
ဂယူးဒုံး၊ကတ်ဆုဒုံး(ဝက်သားကြော်ထမင်းပန်းကန်လုံး)／ beef bowl, katsudon (breaded pork cutlet bowl))

時間・時 1

家族 2

人 3

人と人 4

食べ物・料理 5

家具・家電・家庭用品 6

毎日の生活 7

交通・移動 8

建物・施設・部屋 9

読む・書く・聞く・話す 10

⑯ ☐ **ストロー** (penyedut minuman／ကောက်ရိုး၊ အရည်စုပ်တံ／ straw)

⑰ ☐ **献立**（こんだて）(menu／မီနူး／ menu)

▶ 寮では、一か月の夕飯の献立が表になっています。
りょう　　　　いっ　げつ　ゆうはん　こんだて　　ひょう

（Di asrama, ada jadual menu untuk makan malam selama sebulan.／
အဆောင်မှာ၊တစ်လစာအတွက်ညစာမီးနူးကိုဖော်ပြထားပါတယ်။／ Sa dormitory namin, may listahan ng menu ng hapunan para sa isang buwan.)

⑱ ☐ **お代わり（する）**（か） (hendak (makan, minum) lagi／
နောက်ထပ်ယူ(သည်)၊နောက်ထပ်ဖြည့်(သည်)／ isa pa, second helping)

▶「コーヒーのお代わりは？」「じゃ、いただきます」

（"Nak kopi lagi?" "Ya, terima kasih."／「ကော်ဖီနောက်ထပ်ယူဦးမလား」 「အင်း၊ယူမယ်」 ／ "Gusto mo pa ba ng kape?" "Sige po."）

家具・家電・家庭用品
か ぐ　　か でん　　か ていようひん

Perabot, Peralatan rumah, Barang-barang rumah／အိမ်ထောင်ပရိဘောဂ၊အိမ်သုံးလျှပ်စစ်ပစ္စည်း၊အိမ်သုံးပစ္စည်း／ Muebles, , Appliance, Gamit sa Bahay)

---

❶ □ **引き出し** (laci／အံဆွဲ／ drawer)
ひ　だ

▶ はさみは、机の一番上の引き出しに入っています。
　　　　つくえ いちばんうえ　　　　ひ　だ　　　　はい

(Gunting ada di dalam laci meja yang paling atas.／ကတ်ကြေးကစားပွဲရဲ့အပေါ်ဆုံးအံဆွဲထဲမှာရှိတယ်။／
Nasa loob ng itaas na drawer ng desk ang gunting.)

---

❷ □ **たんす** (almari laci／ဗီရို၊အဝတ်ဗီရို／ kabinet)

▶ たんすの引き出しの奥から懐かしい服が出てきた。
　　　　　ひ　だ　　おく　　なつ　　　ふく　で

(Terjumpa pakaian nostalgia dalam belakang laci almari.／
ဗီရိုအံဆွဲအတွင်းကနေလွမ်းဆွတ်သတိရစရာအဝတ်ကထွက်ကလာတယ်။／ Maraming damit na may sentimental
value ang lumabas mula sa kaloob-looban ng kabinet.)

---

❸ □ **座布団** (kusyen Jepun／ဖုံ၊ ထိုင်ဖုံ／ Japanese cushion)
ざ　ぶ とん

---

❹ □ **電球** (mentol lampu／မီးလုံး／ bumbilya)
でん きゅう

▶ 電球が切れたから、買ってこないと。
でん きゅう　き　　　　か

(Saya perlu beli mentol lampu baru kerana ia terbakar.／မီးလုံးကျွမ်းသွားလို့မဝယ်လာလို့မဖြစ်ဘူး။／
Pundido na ang bumbilya, kaya kailangang bumili ng bago.)

---

❺ □ **蛍光灯** (lampu pendarfluor／မီးချောင်း／ fluorescent light)
けい こう とう

---

❻ □ **暖房** (pemanas／လေနွေးပေးစက်／ heater)　　　　　　　　　　　　　　反 **冷房**
だん ぼう　　　　　　　　　　　　　　　　　　　　　　　　　　　　　　れい ぼう

▶ その部屋は暖房があまり効いてなくて、寒かった。
　　　へ や　　だん ぼう　　　　き　　　　　　　さむ

(Bilik itu sejuk kerana pemanas tidak berapa berfungsi.／
အဲဒီအခန်းရဲ့ လေနွေးပေးစက်ကကောင်းကောင်းမနွေးလို့ချမ်းတယ်။／ Mahina ang heater sa kuwartong iyan, kaya
malamig.)

❼ □ ミシン （mesin jahit／လေအေးပေးစက်／ makina ）

▶ ここ、破(やぶ)れたんですか。じゃ、私(わたし)がミシンをかけてあげますよ。

（Bahagian ini terkoyak? Biar saya jahit dengan mesin jahit.／
ဒီနေရာၢ စုတ်ပြုနေသလား။။ ကိုင်း။ ကျွန်မ အပ်ချုပ်စက်နဲ့ချုပ်ပေးးမယ်။။／ Sira ba rito? Sige, tatahiin ko ito sa makina.）

❽ □ 炊飯器(すいはんき) （periuk nasi／ထမင်းပေါင်းအိုး／ rice cooker）

❾ □ ごみ袋(ぶくろ) （beg sampah／အမှိုက်အိတ်／ trash bag）

家族 2

人 3

人と人 4

食べ物・料理 5

家具・家電・家庭用品 6

毎日の生活 7

交通・移動 8

建物・施設・部屋 9

読む・書く・聞く・話す 10

毎日の生活
まいにち　せいかつ
(Kehidupan setiap hari／နေ့စဉ်နေထိုင်မှုဘဝ／Pang-araw-araw na Buhay)

❶ □ **起床(する)** （bangun／အိပ်ရာထ(သည်)／gumising）
き しょう

▶ 研修中は6時起床です。
けんしゅうちゅう　　じ

（Saya bangun pada pukul 6 semasa menjalankan latihan.／
သင်တန်းကာလအတွင်းမှာအိပ်ရာထချိန်ဟာ 6 နာရီပါ။／Gumigising ako ng alas sais noong nagte-training ako.）

❷ □ 対 **就寝(する)** （tidur／အိပ်ရာဝင်(သည်)／matulog）
しゅうしん

▶ 病院では就寝時間が決まっています。
びょういん　　しゅうしんじかん　　き

（Waktu tidur di hospital adalah tetap.／ဆေးရုံတွင် အိပ်ရာဝင်ချိန်ကိုသတ်မှတ်ထားသည်။／May takdang oras ang oras ng pagtulog sa ospital.）

❸ □ **寝坊(する)** （terlajak tidur／အအိပ်လွန်(သည်)၊အိပ်ရာထနောက်ကျ(သည်)／tanghaliin nang gising）
ね ぼう

▶ 明日、寝坊したら起こしてね。
あした　　ねぼう　　お

（Bangunkan saya jika saya terlajak tidur esok.／မနက်ဖြန်၊ အအိပ်လွန်သွားရင်နှိုးပေးပါနော်။／Bukas, gisingin mo ako kapag tinanghali ako ng gising）

❹ □ **歯磨き** （berus gigi／သွားတိုက်／magsepilyo）
は みが

❺ □ **朝刊** （surat khabar pagi／မနက်ထုတ်(သတင်းစာ)／morning paper）
ちょうかん

▶ 対 夕刊
ゆうかん
（surat khabar petang／ညနေထုတ်(သတင်းစာ)／evening paper）

❻ □ **髪をとかす** （menyikat rambut／ဆံပင်ကိုရှင်းသည်၊ခေါင်းဖြီးသည်／magsuklay）
かみ

▶ 寝坊したから、髪をとかす時間もなかった。
ねぼう　　かみ　　じかん

（Saya tidak ada masa untuk menyikat rambut kerana terlajak tidur.／
အိပ်ရာထနောက်ကျသွားလို့ခေါင်းဖြီးဖို့အချိန်မရခဲ့ဘူး။／Tinanghali ako ng gising, kaya wala akong oras para magsuklay.）

❼ □ **香水** （minyak wangi／ရေမွှေး／pabango）
こうすい

時間・時 1

家族 2

人 3

人と人 4

食べ物・料理 5

冷蔵庫・家庭用品 6

毎日の生活 7

交通・移動 8

建物・施設・部屋 9

読む・書く・聞く・話す 10

❽ □ （お）出掛け（する） (keluar／အပြင်သွားသည်／lumabas)
てか

▶「どちらにお出掛けですか」「ちょっとお花見に」
はなみ

（"Keluar pergi ke mana?" "Pergi tengok bunga Sakura."／
「ဘယ်ကိုလည်းအပြင်သွားလို့လား။」「ခဏတဖြတ်ပန်းကြည့်ပွဲသွားမလို့」／"Saan kayo pupunta?" "Titingin kami ng cherry blossoms."）

❾ □ レジ袋 (beg plastik beli-belah／ဈေးဝယ်ကျွတ်ကျွတ်အိတ်／supot)
ぶくろ

❿ □ 炊事（する） (memasak／ချက်ပြုတ်(သည်)／magluto)
すいじ

⓫ □ 洗い物 (cuci barang／ဆေးကြောစရာ၊ဆေးစရာ／paghuhugas ng plato)
あら もの

▶料理は妻で、洗い物は私がやっています。
りょうり つま わたし

（Isteri saya memasak, manakala saya mencuci pinggan mangkuk.／
ဟင်းလျာကိုဇနီးကချက်ပြီးဆေးကြောစရာကိုကျွန်တော်ကဆေးပါတယ်။／Asawa ko ang nagluluto, at ako naman ang naghuhugas ng mga plato.）

▶また、洗い物がたまってる。

（Pinggan mangkuk kotor bertimbun lagi.／ဆေးစရာတွေပုံနေပြန်ပြီ။／Naipon na naman ang mga huhugasang plato.）

⓬ □ 生ごみ (sampah mentah／အမှိုက်အစိုအစိမ်း／wet garbage)
なま

⓭ □ くず (sampah, sisa／အပဲ့ အစစ အနု၊ အမှိုက်／junk, basura)

▷くず入れ、くずかご、パンくず
い

（tong sampah, bakul sampah, sisa roti／အမှိုက်ပုံး၊ အမှိုက်တောင်း၊ ပေါင်မုန့်အစအန／basurahan, basurahan, bread crumb）

⓮ □ 紙くず (sisa kertas／စက္ကူ၊၊အမှိုက်／basurang papel)
かみ

⓯ □ 掃く (menyapu／(တံမြက်စည်း)လှည်းသည်／magwalis, walisin)
は

▶床は、簡単にほうきで掃いてから雑巾で拭いてください。
ゆか かんたん ぞうきん ふ

（Sapu lantai dengan penyapu secara ringkas, kemudian lap dengan kain.／
ကြမ်းပြင်ကိုတံမြက်စည်းနဲ့ပေါ့ပေါ့လွယ်လွယ်လှည်းပြီးမှအဝတ်စုတ်နဲ့သုတ်ပါ။／Pakiwalis nang kaunti ang sahig, at pagkatapos, punasan mo ito ng basahan.）

⑯ □ 片付く (mengemaskan／သိမ်းဆည်းသည်၊ရှင်းလင်းသည်၊အပြီးသတ်သည်／ ayusin, ligpitin)
かたづ

▶ 今の仕事が片づいたら、ちょっと旅行に行くつもりです。
いま しごと りょこう い

(Saya merancang untuk pergi melancong sebentar setelah selesaikan kerja ini,／
ဒီအလုပ်ကိုအပြီးသတ်ပြီးရင်၊ အပျော်ခရီးထွက်ဖို့မှန်းထားတယ်။／ Balak kong magbiyahe pagkatapos kong ayusin ang trabahong ito.)

▷ 部屋が片づく (Keadaan bilik adalah kemas.／အခန်းကရှင်းလင်းသည်／ magligpit ng kuwarto)
へや

---

⑰ □ 昼寝(する) (tidur seketika／နေ့ခင်းခဏအိပ်(သည်)／ matulog sa tanghali)
ひるね

---

⑱ □ 休息(する) (berehat／အနားယူ(သည်)／ magpahinga)
きゅうそく

▶ 練習熱心なのはいいけど、週に一日は休息日が必要だよ。
れんしゅうねっしん しゅう いちにち ひつよう

(Bersemangat dalam latihan adalah perkara yang baik, tetapi anda perlu berehat sehari setiap minggu.／လေ့ကျင့်ရေးမှာဇွဲရှိတာကောင်းပေမဲ့တစ်ပတ်တစ်ရက်နားဖို့လိုပါတယ်။／ Mabuting masigasig ka sa pagpaparaktis, pero kailangan mo ng isang araw sa isang linggo para magpahinga.)

---

⑲ □ 休養(する) (berehat (untuk penyembuhan)／အနားယူ(သည်)／ magpahinga)
きゅうよう

▶ 彼女は治療のため、半年ほど休養をとるそうです。
かのじょ ちりょう はんとし

(Saya dengar bahawa dia akan berehat kira-kira separuh tahun untuk rawatan.／
သူမဟာဆေးကုသဖို့အတွက်၊နှစ်ဝက်လောက်အနားယူမယ်လို့ဆိုတယ်။／ Magpapahinga raw siya ng kalahating taon para magpagaling.)

---

⑳ □ のんびりする (bersantai／စိမ်ပြေနပြေးနားနားနေနေ／ mag-relax)

▶ たまには温泉にでも行って、のんびりしたい。
おんせん い

(Kadang-kadang saya rasa ingin pergi ke mata air panas untuk bersantai.／
တစ်ခါတလေ ရေပူစမ်းသွားပြီး၊ နားနားနေနေ နေချင်တယ်။／ Paminsan-minsan, gusto kong pumunta sa hotspring at mag-relax.)

㉑ □ 余暇 (riadah／အားလပ်ချိန်／ leisure time)
よか

▷ 余暇の過ごし方
す かた

(cara beriadah／အားလပ်ချိန်ကိုအသုံးပြုပုံ／ paano magpalipas ng leisure time)

㉒ □ 日課 (rutin harian／နေ့စဉ်လုပ်ရိုးလုပ်စဉ်／ karaniwang gawain, routine)
にっか

▶ 朝、公園までジョギングするのが日課です。
あさ こうえん

(Berjoging ke taman pada waktu pagi adalah rutin harian saya.／
မနက်၊ ဥယျာဉ်အထိ အနေးပြေး ပြေးတာဟာ နေ့စဉ်လုပ်ရိုးလုပ်စဉ်ပါ။／ Sa umaga, karaniwan akong nagjo-jogging hanggang sa park.)

時間・時 1

家族 2

人 3

人と人 4

食べ物・料理 5

家電・家庭用品 6

毎日の生活 7

交通・移動 8

建物・施設・部屋 9

読む・書く・聞く・話す 10

UNIT 8

交通・移動
こうつう　いどう

(Pengangkutan, Perjalanan／သွားလာရေး၊ရွှေ့ပြောင်း／ Transportasyon, Pagbibiyahe)

音声 DL 13

---

❶ □ **交通機関**（kemudahan pengangkutan／သွားလာရေးယန္တရား／ sasakyan）
こうつうきかん

▶ 大雨により、交通機関にも影響が出始めた。
おおあめ　　　　　こうつうきかん　　　えいきょう　で　はじ

（Hujan lebat mula menjejaskan kemudahan pengangkutan.／မိုးသည်းထန်လို့သွားလာရေးယန္တရားများတွင်သက်ရောက်မှုများစတင်ခဲ့ပါတယ်။ ／ Dahil sa malakas na ulan, naapektuhan rin ang mga sasakyan.）

---

❷ □ **私鉄**（keretapi swasta／ပုဂ္ဂလိကရထားလိုင်း／ private rail）
してつ

▶ JR、私鉄ともに、平常通りの運転です。
　　　してつ　　　　　へいじょうどお　　　うんてん

（Kedua-dua JR dan keretapi swasta beroperasi seperti biasa.／
JR နှင့် ပုဂ္ဂလိကရထားလိုင်းများသည်ပုံမှန်ပြေးဆွဲနေသည်။
★JR သည်ယခင်ကနိုင်ငံပိုင်ရထားလိုင်းဖြစ်ခဲ့သည်။ လက်ရှိတွင် ပုဂ္ဂလိကပိုင်ကုမ္ပဏီဖြစ်သော်လည်းသာမန်ပုဂ္ဂလိကရထားလိုင်းများနှင့်ကွဲပြားသည်။ ／ Tumatakbo nang regular ang JR at ang private rail lines.）

※JRは昔の国の鉄道。そのため、一般の私鉄とは区別されている。
　　　　　むかし　くに　てつどう　　　　　　　　いっぱん　してつ　　　く べつ

---

❸ □ **ジェット機**（kapal terbang jet／ဂျက်လေယာဉ်／ jet）
き

▷ 自家用ジェット機（kapal terbang jet peribadi／ကိုယ်ပိုင်ဂျက်လေယာဉ်／ private jet）
じ　かよう

---

❹ □ **時速**（kelajuan／အမြန်နှုန်း／ bilis sa isang oras）
じそく

▷ 時速50キロで走る
じそく　　　　　　　はし

（berlari dengan kelajuan 50 km/j／အမြန်နှုန်း ကီလိုမီတာ 50 နှင့်ပြေးသည်／ tumatakbo nang 50 kilometro sa isang oras）

---

❺ □ **道路**（jalan raya／လမ်း／ daan）
どうろ

▶ この辺は道路ばかりで、空気があまりきれいじゃない。
　　へん　どうろ　　　　　　　くうき

（Kawasan ini penuh dengan jalan raya, maka udaranya tidak berapa bersih.／
ဒီနေရာဝန်းကျင်မှာလမ်းတွေချည်းပဲဖြစ်လို့ လေထုကသိပ်မသန့်ရှင်းဘူး။／ Maraming daan dito, kaya hindi maganda ang hangin.）

---

❻ □ **横断歩道**（lintasan pejalan kaki／မျဉ်းကြားလူကူးမျဉ်းကြား／ pedestrian lane, tawiran）
おうだんほどう

▶ 横断歩道があるところを渡りましょう。
おうだんほどう　　　　　　　　　　わた

（Mari lintas di tempat yang ada lintasan pejalan kaki.／မျဉ်းကြားရှိတဲ့နေရာကနေဖြတ်ကူးကြရအောင် ／ Tumawid kung saan may pedestrian lane.）

❼ □ ガードレール　(penghadang jalan／လမ်းဘေးအတားအဆီး၊လမ်းဘေးအကာ／guard rail)

❽ □ 信号　(lampu isyarat／မီးပွိုင့်／traffic light)
しんごう

▶ あっ、信号が青になってる。渡っちゃおう。
　　あお　　　　わた

　　(Oh, lampu isyarat berwarna hijau sekarang. Mari kita melintas.／အာ၊ မီးပွိုင့်စိမ်းပြီ။လမ်းကူးမယ်။／Berde na ang traffic light. Tumawid na tayo!)

❾ □ 標識　(tanda isyarat／ဆိုင်းဘုတ်／sign)
ひょうしき

▶ あの道路標識、何て書いてあるか見える?
　　どうろ　　　なん　か　　　　　み

　　(Bolehkah kamu nampak apa yang tertulis di tanda isyarat jalan raya itu?／အဲဒီလမ်းဆိုင်းဘုတ်မှာ၊ ဘာရေးထားသလဲမြင်ရသလား။／Nakikita mo ba kung ano ang nakasulat sa road sign na iyon?)

❿ □ 十字路　(simpang empat／လမ်းဆုံလမ်းလေးခွ／krosing)
じゅうじろ

▶ そこの十字路を左に曲がってください。
　　　　じゅうじろ　ひだり　ま

　　(Sila belok kiri di simpang empat itu.／အဲဒီလမ်းလေးခွမှာ၊ ဘယ်ဘက်ကိုကွေ့ပါ။／Kumaliwa kayo sa krosing na iyan.)

⓫ □ Uターン(する)　(pusingan U／ဂယ်ကွေ့ကွေ့(သည်)／U-turn)
　　　ユー

▶ おかしいな。道を間違えたみたいだ。Uターンしよう。
　　　　　みち　まちが

　　(Peliknya. Nampaknya kita salah jalan. Mari kita buat pusingan U.／မဟုတ်သေးပါဘူး။လမ်းမှားသွားပြီနဲ့တူတယ်။ ဂယ်ကွေ့ကွေ့ရအောင်။／Mali yata. Mukhang nagkamali tayo ng daan. Mag-U-turn tayo.)

▶ この道は狭いから、Uターンはできない。
　　　みち　せま

　　(Jalan ini sempit, tidak dapat buat pusingan U.／ဒီလမ်းကကျဉ်းလို့၊ ဂယ်ကွေ့မကွေ့နိုင်ဘူး။／Makitid itong kalye, kaya hindi puwedeng mag-U-turn.)

⓬ □ 通行止め　(jalan ditutup, jalan mati／လမ်းပိတ်ထားသည်／dead end)
つうこうど

▶ この先は工事で通行止めになっている。
　　　さき　こうじ

　　(Jalan di hadapan ditutup sebab kerja pembinaan.／ဒီအရှေ့မှာ၊ ဆောက်လုပ်ရေးလုပ်ငန်းလုပ်နေလို့လမ်းပိတ်ထားတယ်။／Dead end sa banda roon ng kalye dahil sa construction.)

⓭ □ 回り道(する)　(melencong／ကွေ့ပတ်သွားသည်၊ ခြေရှည်သည်／mag-detour)
まわ　みち

▶ ちょっとぐらい回り道してもいいですよ。のんびり行きましょう。
　　　　　　　　まわ　みち　　　　　　　　　　　　　い

　　(Kita boleh melencong sedikit, tidak apa-apa. Bertenang.／နည်းနည်းလောက်ခြေရှည်ရင်လည်းရပါတယ်။အေးအေးဆေးဆေးသွားကြရအောင်။／Puwede tayong mag-detour nang kaunti. Dahan-dahanin natin ang pagpunta roon.)

時間・時 ①
家族 ②
人 ③
人と人 ④
食べ物・料理 ⑤
賓・電・家庭用品 ⑥
毎日の生活 ⑦
交通・移動 ⑧
建物・施設・部屋 ⑨
読む・書く・聞く・話す ⑩

❹ □ 遠回り（する） とおまわ （memutar jalan／အဝေးကြီးပတ်သွား(သည်)၊ကွေ့ပတ်သွား(သည်)／pumunta nang pasikut-sikot）

▶ そっちから行くと遠回りになるよ。

（Kita akan memutar jalan jika kita mengambil jalan itu.／အဲဒီကနေသွားရင် အဝေးကြီးပတ်သွားရလိမ့်မယ်။／Magiging pasikut-sikot kung dadaan tayo riyan.）

▶ 遠回りにはなりますが、渋滞がないのでこっちから行きます。
じゅうたい

（Walaupun memutar jalan, ambillah jalan itu kerana tidak ada kesesakan jalan raya.／ကွေ့ပတ်သွားရမှာဖြစ်ပေမဲ့၊ ကားတွေနဲ့လမ်းပိတ်နေတာမရှိလို့၊ ဒီဘက်ကနေသွားမယ်။／Walang trapik dito kaya dito tayo dadaan, kahit pasikut-sikot ang daan.）

❺ □ 道順 みちじゅん （laluan, perjalanan／လမ်းကြောၚ လမ်းကြောင်း／direksiyon）

▶ 今、駅にいるんですが、そちらまでの道順を教えていただけますか。
いま えき おし

（Saya di stesen sekarang. Bolehkah kamu beritahu saya jalan untuk ke situ?／အခုဘူတာမှာရှိပါတယ်။ အဲဒီရောအထိလမ်းကြောင်းကိုပြောပြပေးပါ။／Nasa train station po ako ngayon, kaya pakituro po ninyo ang direksiyon papunta riyan.）

❻ □ 徒歩 と ほ （berjalan kaki／ခြေလျင်／lakad）

▷ 〈不動産広告〉駅から徒歩５分
ふ どうさんこうこく えき と ほ ふん

（<Iklan hartanah> 5 minit berjalan kaki dari stesen.／(အိမ်ခြံမြေကုကြီကြော်ငြာ) ဘူတာကနေခြေလျင် ５ မိနစ်／(advertisement ng real estate agent) 5 minuto mula sa train station kung lalakarin）

❼ □ 助手席 じょしゅせき （tempat duduk penumpang／အမောင်းကူထိုင်ခုံ／upuan ng pasahero）

❽ □ 急ブレーキ きゅう （brek kecemasan／အရေးပေါ်ဘရိတ်／biglang preno）　　　同急停車 ていしゃ

▶ 安全のため、急ブレーキを踏む場合もあります。
あんぜん ふ ば あい

（Brek kecemasan mungkin ditekan demi keselamatan.／အန္တရယ်ကၚ်းရေးအတွက်၊ အရေးပေါ်ဘရိတ်နင်းတဲ့အခါလည်းရှိပါမယ်။／Para sa kaligtasan ninyo, maaaring may biglang preno.）

❾ □ 車輪 しゃりん （roda／ဘီး／gulong）

▶ 自転車の車輪にスカートがひっかかってしまった。
じ てんしゃ

（Gaun tersangkut di roda basikal.／စက်ဘီးရဲ့ဘီးမှာ စကတ်ညပ်သွားပြီ။／Sumabit ang palda ko sa gulong ng bisikleta.）

❿ □ 時刻表 じ こくひょう （jadual waktu／အချိန်ဇယား／timetable）

㉑ □ ラッシュ （sibuk／တက်သုတ်ရိုက်ခြင်း၊အလျင်စလို／ rush hour）

▷ 通勤ラッシュ （waktu sibuk ke kerja／တက်သုတ်ရိုက်အလုပ်သွားခြင်း／ rush hour）

音声 DL 14

㉒ □ 車掌 （konduktor／ရထားထိန်း၊ဂတ်ဖိုလ်／ konduktor）

▶ この電車で行けるのかなあ。あそこに車掌さんがいるから聞いてみよう。

（Bolehkan kita pergi dengan keretapi ini? Konduktor berada di situ. Mari kita tanya dia.／ ဒီရထားနဲ့သွားနိုင်ပါမလား။ ဟိုမှာ ဂတ်ဖိုလ်ရှိနေလို့ မေးကြည့်ရအောင်။／ Makakarating kaya ang treng ito sa pupuntahan natin? Naroon ang konduktor, kaya tanungin natin siya.）

㉓ □ 吊り革 （tali pencengkam／သိုင်းကြိုး၊လက်ကိုင်ကွင်း／ strap）

▶ 急ブレーキを踏むことがあるから、吊り革につかまっていたほうがいいよ。

（Keretapi kadang-kadang brek secara tiba-tiba, baik memegang tali pencengkam.／ X ／ Mabuting humawak kayo sa strap, kasi minsan, biglang nagpepreno ang tren.）

㉔ □ 乗車券 （tiket／ယာဉ်စီးလက်မှတ်／ tiket）

▶〈車掌〉乗車券を拝見します。

（<Konduktor> Sila tunjuk tiket.／(ဂတ်ဖိုလ်) ယာဉ်စီးလက်ကိုကြည့်ပါမယ်။／ (Konduktor) Patingin po ng tiket ninyo.）

㉕ □ 通過（する） （melalui／ကျော်ဖြတ်(သည်)／ dumaan）

▶ 次の急行列車は、当駅を通過します。

（Kereta api ekspres yang seterusnya akan melalui stesen ini (tidak akan singgah di stesen ini).／ နောက်လာမယ့်အမြန်ရထားက၊ ဒီဘူတာကိုကျော်ဖြတ်ပါမယ်။／ Dadaan sa istasyong ito ang susunod na express train.）

㉖ □ 乗り越す （terlajak (menaiki kenderaan)／ကျော်စီးသည်၊ကျော်လွန်သည်／ lumampas）

▶ 乗り越した分を精算しないと。

（Anda harus membayar caj tambahan untuk bahagian yang terlajak.／ ကျော်စီးတဲ့အတွက်ငွေမရှင်းလို့မဖြစ်ဘူး။／ Kailangan ninyong bayaran ang bahagi kung saan kayo lumampas.）

㉗ □ 乗り越し （terlajak／ကျော်စီးခြင်း／ paglampas）

㉘ □ 乗り過ごす （terlepas (menaiki kenderaan)／ကျော်လွန်သွားသည်／ lumampas）

▶ 本に夢中になっていて、うっかり乗り過ごしてしまった。

（Saya tertarik dengan buku sehingga saya terlepas stesen secara tidak sengaja.／ စာအုပ်ထဲစိတ်ဝင်စားနေပြီး ဘူတာကိုကျော်လွန်သွားတယ်။／ Lumampas ako dahil buhos na buhos ang isip ko sa pagbabasa ng libro.）

時間・時

家族

人

人と人

食べ物・料理

家電・家庭用品

毎日の生活

交通・移動

建物・施設・部屋

読む・書く・聞く・話す

1
2
3
4
5
6
7
8
9
10

㉙ □ 乗り継ぐ (menukar, transit／အဆင့်ဆင့်ပြောင်းစီးသည်／mag-transfer)
のりつぐ

▶新幹線じゃなくても、電車をうまく乗り継げば、そんなに時間かからないですよ。
しんかんせん　　　　　　でんしゃ　　　　　　　の　　つ　　　　　　　　　　　　　じかん

(Walaupun bukan Shinkansen, ia tidak akan mengambil masa yang lama
untuk sampai ke destinasi sekiranya perhubungan keretapi adalah lancar.／
ရှင်ကန်စင်ကျည်ဆန်ရထားနဲ့မဟုတ်သော်လည်း၊ ရထားကို ကျွမ်းကျွမ်းကျင်ကျင်၊ အဆင့်ဆင့်ပြောင်းစီးသွားရင်၊ အဲဒီလောက်အချိန်မကြာပါဘူး။
／ Kahit hindi ka sumakay ng bullet train, kung maganda ang mga koneksiyon ng mga train mo, hindi
ganoon katagal ang biyahe mo.)

㉚ □ 脱線(する) (terkeluar rel／လမ်းချော်ကျ(သည်)／madiskaril)
だっせん

▶カーブでスピードを落とさないと、脱線することもあり得る。
　　　　　　　　　　　お　　　　　　　　　だっせん　　　　　　　　　え

(Keretapi mungkin terkeluar rel jika tidak mengurangkan kelajuan di selekoh.／
အကွေ့မှာအရှိန်မလျှော့ရင်၊ လမ်းချော်ကျနိုင်တယ်။／ Kapag dumadaan sa may curve at hindi mo babagalan
ang takbo ng train, maaaring madiskaril ito.)

㉛ □ 人通り (lalu lintas pejalan kaki／လူအသွားအလာ／pagdaan ng mga tao)
ひとどお

▶駅前はやっぱり人通りが多いね。
えきまえ　　　　　　ひとどお　　　おお

(Seperti yang dijangka, banyak lalu lintas pejalan kaki di depan stesen.／
ဘူတာရှေ့မှာ ထင်တဲ့အတိုင်းပဲလူအသွားအလာများတယ်နော်။／ Talagang maraming taong dumadaan sa harap
ng istasyon.)

㉜ □ 行き来 (berulang-alik／အသွားအလာ／paroo't parito)
い／ゆ　き

▶お互いの家を行き来するうちに、自然と結婚について考えるようになりました。
たが　　　いえ　　い　　き　　　　　　　　　しぜん　けっこん　　　　　　かんが

(Dengan semula jadi, kami mula fikir tentang perkahwinan ketika berulang-alik antara rumah masing-
masing.／နှစ်ဦးနှစ်ဖက်ရဲ့အိမ်ကိုအသွားအလာလုပ်နေရင်း၊ အလိုအလျောက်၊ လက်ထပ်ဖို့အရေးကိုစဉ်းစားလာပါတယ်။／
Dahil sa paroo't parito kami sa mga bahay namin, natural lang na maisip naming magpakasal na lang.)

㉝ □ 行き帰り (pergi dan balik／အသွားအပြန်／pagpunta at pagbalik/pag-uwi)
い　かえ

▶最近は運動不足で、会社の行き帰りにちょっと歩くだけです。
さいきん　うんどうぶそく　　かいしゃ　い　かえ　　　　　　　ある

(Saya tidak bersenam kebelakangan ini, hanya berjalan kaki sedikit semasa pergi dan balik kerja.／
အခုတလောကိုပါလက်လှုပ်ရှားမှုနည်းလို့၊ ကုမ္ပဏီအသွားအပြန်မှာ နည်းနည်းပဲပေါ်ပါးလမ်းလျှောက်တာလောက်ပါပဲ။／
Kamakailan, wala akong gaanong exercise - ang pumunta lang at umuwi galing sa opisina.)

㉞ □ 訪れる (melawat／(အလည်အပတ်)သွားသည်(အလည်ပတ်)လာသည်／dumalaw)　　　類訪ねる
おとず　　　たず

▶この工場には、ときどき、外国の方も見学に訪れる。
こうじょう　　　　　　　　　　がいこく　かた　けんがく　おとず

(Orang asing juga kadang-kadang mengunjungi kilang ini.／
ဒီစက်ရုံကိုကြာခဏတခါတရံနိုင်ငံခြားသားလည်းလေ့လာရေးလာပါတယ်။／ Paminsan-minsan, may mga dayuhang
dumadalaw sa pabrikang ito.)

㉟ □ **引き返す** (patah balik／ပြန်လှည့်သည်／ bumalik)
ひ かえ

▶ 〈車の中〉大変！財布を忘れたみたい。引き返してもらえる？
くるま なか たいへん さいふ わす

(Alamak! Saya rasa saya terlupa dompet saya. Bolehkah patah balik?／
၃ကွပဲ ! ပိုက်ဆံအိတ်မေ့ကျန်ခဲ့ပြီထင်တယ်။ ပြန်လှည့်ပေးနိုင်မလား။／ (Sa loob ng kotse) Naku, nakalimutan ko
ang pitaka ko! Puwede ba tayong bumalik?)

㊱ □ **通りかかる** (berlalu／ဖြတ်သွား၊ဖြတ်လာ(ပြုသည်)၊ဖြတ်သွားသည်／ dumaan)
とお

▶ おばあさんが倒れているのを通りかかった男性が見つけて、すぐに救急車を
たお だんせい み きゅうきゅうしゃ
呼んだそうです。
よ

(Saya dengar bahawa seorang lelaki yang lalu di situ terjumpa seorang wanita tua terbaring di jalan,
maka dia memanggil ambulans dengan segera.／
အဖွားကြီးကလဲနေတာကိုဖြတ်သွားဖြတ်လာအမျိုးသားတစ်စုံက တွေ့ပြီးချက်ချင်းအရေးပေါ်ဆေးရုံကားကိုခေါ်တယ်လို့ဆိုပါတယ်။
／ Nakita ng isang lalaking dumadaan na may natumbang matandang babae, kaya tumawag agad siya
ng ambulansiya.)

▶ その店の前を通りかかると、中から陽気な音楽が聞こえてきた。
みせ まえ とお なか ようき おんがく き

(Semasa saya lalu di depan kedai itu, saya terdengar muzik yang ceria dari dalam.／
အဲ့ဒီဆိုင်ရှေ့ ဖြတ်သွားတော့အထဲကလာတဲ့မြူးမြူးကြွကြွတေးသံကိုကြားရတယ်။／ Noong dumaan ako sa
tindahang iyan, narinig ko ang masayang tugtog na galing sa loob.)

㊲ □ **横切る** (menyeberang, melintas／ဖြတ်သန်းသည်၊ဖြတ်သွားသည်／ tumawid)
よこぎ

▶ 目の前を鳥が横切ってびっくりした。
め まえ とり よこぎ

(Saya terkejut melihat seekor burung melintas di hadapan saya.／
မျက်စိရှေ့ကို ငှက်ကဖြတ်သွားတော့လန့်ပြန်သွားတယ်။／ Nagulat ako dahil may dumaang ibon sa harap ko.)

㊳ □ **すれ違う** (berselisih, berpapasan／ကပ်လွဲသည်၊လွဲသည်／ magkasalisi)
ちが

▶ 「林さんは2、3分前に帰ったところだよ」「えっ、じゃ、どこかですれ違ったん
はやし ぶんまえ かえ
だ。残念」
ざんねん

("Encik Hayashi baru balik 2, 3 minit yang lalu." "Apa? Mungkin
saya berselisih dengan dia di mana-mana. Malangnya."／
「ဟယာရှိစံဟာ2မိနစ်3မိနစ်မတိုင်မီလောက်ကပ်လွဲပြန်သွားတာ」 「ဟာ၊အဲ့ဒါဆိုတစ်နေရာရာမှာလွဲသွားတာပဲ။ကံဆေတယ်」
"Kaaalis lang ni Mr. Hayasi ng mga 2 o tatlong minuto." "Ano? Nagkasalisi pala kami. Sayang.")

㊴ □ **前進(する)** (memaju ke depan／တဖြည်းဖြည်းချီတက်သည်၊ရှေ့တိုးသည်／ umabante)
ぜんしん

▶ 風が強くて、なかなか前進できない。
かぜ つよ

(Angin bertiup kencang sehingga saya tidak dapat memaju ke depan.／
လေတိုက်တာကြမ်းလို့တော်တော်နဲ့ရှေ့ကိုမတိုးနိုင်ဘူး။／ Masyadong malakas ang hangin kaya hindi kami
makaabante.)

44

時間・時 ①

家族 ②

人 ③

人と人 ④

食べ物・料理 ⑤

客室・家電・寝具用品 ⑥

毎日の生活 ⑦

交通・移動 ⑧

建物・施設・部屋 ⑨

読む・書く・聞く・話す ⑩

㊵ □ 移る（うつ）(pindah, bertukar, bergerak／ရွေ့သည်၊ ရွှေ့ပြောင်းသည်／lumipat)　**類 移動する**（いどう）

▶ ここ、うるさいから、向こうの席に移ろう。

(Sini bising, mari kita beralih ke tempat duduk sana.／ဒီနေရာ၊ အသံဆူလို့၊ ဟိုထိုင်ခုံမှာရွေ့ထိုင်မယ်။／Maingay rito, kaya lumipat tayo sa upuan doon.)

▶ 子供の風邪が移ったみたいだ。

(Nampaknya saya terjangkit selesema daripada anak.／ကလေးကနေအဖျားမိရောဂါကူးပုံရတယ်။／Mukhang nahawa ako sa sipon ng anak ko.)

㊶ □ 留まる（とど）(berhenti, berada di satu tempat／စုပုံသည်၊ အိုင်သည်၊ ရှိနေသည်／tumigil)

▶ もう少しここに留まっていたいけど、もう行かないと。

(Saya ingin berada di sini lebih lama, tetapi saya mesti pergi.／ဒီနေရာမှာ၊ နောက်ထပ်နည်းနည်းရှိနေချင်ပေမဲ့ သွားရတော့မယ်?／Gusto kong tumigil pa rito nang kaunti, pero kailangan na nating umalis.)

㊷ □ 寄る（よ）(singgah, mampir／လမ်းကြိုဝင်သည်／dumaan)

▶ あと5分か……。郵便局に寄るつもりだったけど、無理だな。

(Tinggal 5 minit... Saya hendak singgah di pejabat pos, tetapi mungkin tidak sempat.／နောက် 5 မိနစ်ပဲရှိတော့တယ်----။ စာတိုက်ကိုလမ်းကြိုဝင်မယ်လို့မှန်းထားတာ၊ မဖြစ်နိုင်တော့ဘူး။／May limang minuto pa.... Gusto ko sanang dumaan sa post office, pero hindi na aabot.)

㊸ □ 寄せる（よ）(rapatkan／အနားကပ်သည်၊ ဖြစ်လာစေသည်／ilapit)

▶ 荷物をもうちょっと壁に寄せてくれる?

(Bolehkah anda rapatkan bagasi ke dinding sedikit lagi?／အထုပ်အပိုးကိုနောက်ထပ်နည်းနည်းနံရံနားကပ်ပေးပါ။／Puwede mo bang ilapit sa dingding ang mga bagahe?)

▶ 今回の調査には、多くの研究者が関心を寄せている。

(Ramai penyelidik menunjukkan minat ke atas tinjauan ini.／ဒီစုံစမ်းစစ်ဆေးမှုဟာသုတေသနရှင်များကိုစိတ်ဝင်စားမှုဖြစ်လာစေတယ်။／Maraming researcher ang interesado sa pag-aaral na ito.)

㊹ □ 近寄る（ちかよ）(dekati, hampiri／ချဉ်းကပ်သည်၊ အနားကပ်သည်／lumapit)

▶ もっと近寄ってよく見て。それ、虫じゃないみたいなんだよ。

(Datang dan lihat lebih dekat sedikit. Saya rasa itu bukan serangga.／အနားပိုကပ်ပြီးကြည့်ပါ။ အဲဒါ၊ ပိုးကောင်မဟုတ်သလိုပဲ။／Lumapit ka at tingnan mong mabuti. Hindi iyan insekto.)

㊺ □ 接近（する）（せっきん）(dekati, hampiri／ချဉ်းကပ်သည်၊ အနားကပ်သည်／lumapit)

▶ 台風12号は、今夜にも九州に接近する見込みです。

(Taufan No. 12 dijangka menghampiri Kyushu malam ini./
တိုင်းဖွန်း အမှတ် 12 ဟာ၊ ဒီညမှာတင် ကျူးရှူးကျွန်းကို ချဉ်းကပ်မယ့်အလားအလာရှိတယ်။/ Inaasahang papalapit sa Kyushu ngayong gabi ang bagyong no. 12.)

㊻ ☐ どく (menepi, singkir / ရွေ့သည်၊ဖယ်သည်/ umurong)

▶ そこにいると通(とお)れないから、ちょっとどいてください。

(Kami tidak dapat lalu jika kamu berada di situ. Sila ke tepi sedikit./
အဲဒီမှာရှိနေရင်ဖြတ်သွားလို့မရလို့၊ နည်းနည်းရွှေ့ဖယ်ပေးပါ။/ Hindi kami makakadaan kung nariyan ka, kaya puwede ka kayang umurong nang kaunti?)

㊼ ☐ どける (menepikan, meyingkirkan / ရွေ့သည်/ alisin)

▶ じゃまだから、ちょっとこの箱(はこ)、どけてくれない？

(Kotak ini menghalang laluan saya. Bolehkah ketepikannya sedikit?/
အနှောင့်အယှက်ဖြစ်နေလို့၊ ဒီသေတ္တာပုံးကို ရွှေ့ပေးမလား။/ Nakaharang itong kahon. Puwede bang alisin mo iyan?)

㊽ ☐ ずらす (memindahkan, mengalih / ရွေ့သည်/ iurong)

▶ 都合(つごう)が悪(わる)くなったので、歯医者(はいしゃ)の予約(よやく)を1時間(じかん)ずらしてもらった。

(Saya terpaksa menunda temu janji doktor gigi selama satu jam kerana ada perkara lain./
အကြောင်းမညီညွတ်လို့၊ သွားဆရာဝန်နဲ့ချိန်းထားတာကို 1 နာရီရွှေ့ခိုင်းလိုက်တယ်။/ Hindi ako aabot sa oras, kaya ipinaurong ko ng isang oras ang appointment ko sa dentista.)

▶ ここに置(お)くとじゃまになるから、ちょっとずらそう。

(Ia akan menghalang jalan jika kita letak di sini, mari kita mengalihkannya./
ဒီနေရာမှာထားရင် မလွတ်မလပ်ဖြစ်မှာမို့၊ နည်းနည်းရွှေ့ရအောင်။/ Istorbo ito kung dito natin ilalagay, kaya iurong natin ito.)

㊾ ☐ それる (menyimpang, keluar daripada / လွဲသည်၊ လွဲချော်သည်/ lumihis)

▶ シュートをしたけど、ちょっと上(うえ)にそれてしまった。

(Saya membuat jaringan, tetapi percubaan saya adalah lebih atas sedikit daripada sasaran./
ဂိုးသွင်းလိုက်ပေမဲ့ အပေါ်ထောင်ပြီးလွဲသွားတယ်။/ Nag-shoot ako, pero lumihis nang kaunti sa itaas.)

▶ 話(はなし)はちょっとそれてしまったけど、要(よう)するに反対(はんたい)だということです。

(Walaupun perbincangan kita keluar dari topik, pendek kata, saya membantah./
စကားကနည်းနည်းလွဲနေပေမဲ့၊ ပြောချင်တာကကန့်ကွက်တယ်လို့ဆိုတာပါပဲ။/ Medyo lumihis ako sa usapan, pero kung susumahin, hindi ako sang-ayon sa plano.)

㊿ ☐ よける (mengelak laluan / တိမ်းရှောင်သည်/ umiwas)

▶ あの人(ひと)、すごい勢(いきお)いで走(はし)ってくるから、よけられなくてぶつかっちゃったよ。

時間・時 1
家族 2
人 3
人と人 4
食べ物・料理 5
貿易・輸入・家庭用品 6
毎日の生活 7
交通・移動 8
建物・施設・部屋 9
読む・書く・聞く・話す 10

(Orang itu berlari dengan pantas ke arah ini, saya tidak dapat mengelakkannya dan terlanggar dia.／
အဲဒီလူက တအားပြေးလာလို့၊ ရှောင်လို့မရဘဲတိုက်ချလိုက်တယ်။／ Masyadong mabilis ang takbo ng taong iyon,
kaya hindi ako nakaiwas at bumangga siya sa akin.)

❺❶ □ **出入り** (keluar dan masuk／အဝင်အထွက်／ labas-masok)
ては゛い

▶ここは人の出入りが激しいから、裏から荷物を入れましょう。
ひと   はげ   うら   にもつ い

(Ramai orang keluar dan masuk di sini, mari kita masukkan bagasi dari belakang.／
ဒီနေရာကလူ့အဝင်အထွက်အရမ်းများလို့၊ အနောက်ကနေအထုပ်အပိုးတွေကိုထည့်ရအောင်။／ Maraming taong
naglalabas-masok dito, kaya ipasok natin ang mga bagahe mula sa likuran.)

❺❷ □ **持ち込む** (bawa masuk／သယ်သွင်းသည်၊ယူသွင်းသည်／ dalhin sa loob)
も こ

▶〈飛行機で〉このバッグは大きすぎて、機内に持ち込むことができなかった。
ひこうき   おお   きない

(<Dalam kapal terbang> Beg ini terlalu besar untuk dibawa masuk ke dalam kapal terbang.／
(လေယာဉ်ပျံတွင်) ဒီအိတ်ကကြီးလွန်းလို့၊လေယာဉ်ပျံထဲကို ယူသွင်းလို့မရခဲ့ဘူး။／ (Sa eroplano) Masyadong malaki
ang bag na ito kaya hindi ko ito puwedeng dalhin sa loob ng eroplano.)

❺❸ □ **持ち込み** (pembawaan masuk／သယ်သွင်းခြင်း၊ယူသွင်းခြင်း၊ယူလာခြင်း／ pagdadala sa loob)
も こ

▶会場内への飲み物の持ち込みは禁じられています。
かいじょうない   の もの   きん

(Dilarang membawa minuman masuk ke tempat ini.／
ကျင်းပရာနေရာအတွင်းသို့ သောက်စရာများယူလာခြင်းမပြုရ။／ Bawal magdala ng inumin sa loob.)

❺❹ □ **上京(する)** (ke Tokyo／တိုကျိုမြို့သို့တက်(သည်)／ lumuwas)
じょうきょう

▶私は高校卒業と同時に上京しました。
わたし こうこうそつぎょう どうじ

(Saya datang ke Tokyo sejurus selepas saya tamat sekolah menengah.／
ကျွန်တော်ဟာ အထက်တန်းပြီးတာနဲ့တစ်ပြိုင်တည်း တိုကျိုမြို့ကိုထက်ခဲ့သည်။／ Lumuwas ako sa Tokyo kasabay ng
pag-graduate ko sa haiskul.)

❺❺ □ **行方** (tempat berada, lokasi／သွားရာနေရာ／ kinaroroonan)
ゆく え

▶現在も、犯人の行方はわかっていない。
げんざい はんにん

(Sehingga kini, lokasi penjenayah tidak diketahui.／လက်ရှိမှာလည်း၊ တရားခံရဲ့သွားရာနေရာကိုမသိပေးပါဘူး။／
Hanggang ngayon, hindi alam ang kinaroroonan ng kriminal.)

▷**行方不明** ((orang) hilang／သွားရာနေရာ／ hindi alam ang kinaroroonan, missing)
ふ めい

建物・施設・部屋
たてもの　しせつ　へや

(Bangunan, Kemudahan, Bilik ／အဆောက်အဦး၊ အခန်း／ Bilding, Kagamitan, Kuwarto)

音声DL 17

---

❶ □ 設計(する) <ruby>設計<rt>せっけい</rt></ruby> (mereka bentuk／ပုံထုတ်(သည်)／ mag-design)

▶ この<ruby>劇場<rt>げきじょう</rt></ruby>は、<ruby>有名<rt>ゆうめい</rt></ruby>な<ruby>建築家<rt>けんちくか</rt></ruby>が<ruby>設計<rt>せっけい</rt></ruby>したそうだ。

(Saya dengar bahawa panggung ini direka bentuk oleh arkitek terkenal.／
ဒီပြဇာတ်ရုံကိုကျော်ကြားတဲ့ဗိသုကာပညာရှင်ကပုံထုတ်ခဲ့တာလို့ဆိုပါတယ်။／ Isang kilalang arkitekto daw ang nag-design ng theater na ito.)

---

❷ □ 建てる <ruby>建<rt>た</rt></ruby>てる (membina／တည်ဆောက်သည်／ itayo)

▶ このお<ruby>寺<rt>てら</rt></ruby>は<ruby>約<rt>やく</rt></ruby>800<ruby>年前<rt>ねんまえ</rt></ruby>に<ruby>建<rt>た</rt></ruby>てられたそうです。

(Kuil ini dikatakan dibina kira-kira 800 tahun yang lalu.／
ဒီဘုန်းကြီးကျောင်းဟာ လွန်ခဲ့တဲ့နှစ် 800 ခန့်ကတည်ဆောက်ခဲ့တယ်လို့ဆိုပါတယ်။／ Itinayo ang temple na ito 800 taon na ang nakakaraan.)

---

❸ □ 新築 <ruby>新築<rt>しんちく</rt></ruby> (pembinaan baru／ဆောက်ပြီးခါအသစ်／ bagong tayo)　　　　反 中古

▶〈<ruby>不動産屋<rt>ふどうさんや</rt></ruby>で〉<ruby>新築<rt>しんちく</rt></ruby>か、なるべく<ruby>新<rt>あたら</rt></ruby>しいところがいいんですが。

(<Di ejen hartanah> Saya ingin bilik pembinaan baru atau yang sebaru mungkin.／
(အိမ်ခြံမြေအကျိုးဆောင်ရုံးတွင်) ဆောက်ပြီးခါအသစ်သို့မဟုတ်၊ ဖြစ်နိုင်သလောက်ခပ်သစ်သစ်ဆိုရင်ကောင်းမယ်။／
(Sa real estate agent) Bagong tayo o halos bagong tayo ang gusto ko.)

---

❹ □ ワンルームマンション (pangsapuri jenis satu bilik／တစ်ခန်းပါအိမ်ခန်းတိုက်／ one-room condominium)

▶ ワンルームマンションなので、テレビもベッドも<ruby>全部<rt>ぜんぶ</rt></ruby>、<ruby>同<rt>おな</rt></ruby>じ<ruby>部屋<rt>へや</rt></ruby>にあります。

(Oleh sebab ini adalah pangsapuri jenis satu bilik, televisyen, katil dan semuanya berada dalam bilik yang sama.／တစ်ခန်းပါအိမ်ခန်းတိုက်ဖြစ်တာမို့လို့တီဗွီကော၊ကုတင်ကော၊အခန်းအားလုံးအတူတူဖြစ်ပါတယ်။／
One-room condominium kasi ito, kaya nasa loob ng parehong kuwarto ang TV, kama at lahat na.)

---

❺ □ 団地 <ruby>団地<rt>だんち</rt></ruby> (kompleks perumahan／စုပေါင်းအိမ်ရာ／ housing complex)

▶ <ruby>住<rt>す</rt></ruby>んでいた<ruby>団地<rt>だんち</rt></ruby>には、<ruby>同<rt>おな</rt></ruby>じくらいの<ruby>年<rt>とし</rt></ruby>の<ruby>子<rt>こ</rt></ruby>がたくさんいました。

(Terdapat ramai kanak-kanak pada usia yang sama di kompleks perumahan tempat saya tinggal.／
နေနေတဲ့စုပေါင်းအိမ်ရာမှာသက်တူရွယ်တူကကလေးတွေအများကြီးရှိပါတယ်။／ Maraming magkakaedad na bata sa tinirhan naming housing complex.)

---

❻ □ **住宅**（じゅうたく） (perumahan／နေအိမ်／bahay)

▶ この辺（あた）りは住宅ばかりで、ほかに何（なに）もありません。

(Kawasan ini hanya tempat perumahan sahaja, tidak ada yang lain.／
ဒီဝန်းကျင်မှာ လူနေအိမ်တွေချည်းရှိပြီးအခြားဘာမှမရှိပါဘူး။／Puro bahay sa lugar na ito, at wala nang iba.)

▷ 住宅街（がい）、住宅ローン

(kawasan perumahan, pinjaman rumah／ဒီဝန်းကျင်မှာ လူနေအိမ်တွေချည်းရှိပြီးအခြားဘာမှမရှိပါဘူး။／
residential area, housing loan)

❼ □ **住居**（じゅうきょ） (tempat kediaman／နေအိမ်／bahay)

❽ □ **家屋**（かおく） (rumah／နေအိမ်／bahay)

▶ この町（まち）には伝統的（でんとうてき）な日本（にほん）家屋が多（おお）く残（のこ）っている。

(Masih ada banyak rumah tradisional Jepun di bandar ini.／
ဒီမြို့မှာဂျပန်ရိုးရာနေအိမ်တွေအများကြီးကျန်သေးတယ်။／Marami pang natitirang tradisyonal na bahay ng Hapon sa bayang ito.)

❾ □ **設備**（せつび） (kemudahan／လိုအပ်သည့်အထောက်အပံ့ပစ္စည်း၊ အဆောက်အအုံ／pasilidad)

▶ エレベーターや駐車場（ちゅうしゃじょう）などの設備も、マンションを選（えら）ぶときのポイントです。

(Kemudahan seperti lif dan tempat letak kereta juga merupakan perkara penting ketika memilih pangsapuri.／
ဓာတ်လှေခါး၊ကားပါကင်စတဲ့လိုအပ်တဲ့အထောက်အပံ့ပစ္စည်းအဆောက်အအုံတွေလည်း၊ နေအိမ်တိုက်ကိုရွေးတဲ့အခါမှာအရေးကြီးတဲ့အချက်ဖြစ်ပါတယ်။
／Ang mga pasilidad tulad ng elevator at parking lot ang mga dapat isipin sa pagpili ng condominium.)

❿ □ **物置**（ものおき） (bilik stor／ဂိုဒေါင်／bodega)

▶ しばらく使（つか）いそうもない物（もの）は物置に入（い）れておこう。

(Mari kita simpan barang yang tidak akan kita guna buat sementara ke dalam bilik stor.／
အသုံးမပြုနိုင်မဲ့ပုံပေါ်တဲ့ပစ္စည်းတွေကိုဂိုဒေါင်ထဲခဏလောက်ထည့်ထားမယ်။／Ilagay natin sa bodega ang mga bagay na hindi muna natin gagamitin.)

⓫ □ **倉庫**（そうこ） (gudang／ဂိုဒေါင်／bodega)

⓬ □ **車庫**（しゃこ） (garaj／ကားဂိုဒေါင်／garahe)

▶ 車庫には、車（くるま）のほか、自転車（じてんしゃ）も２台（だい）置（お）いています。

(Di garaj, selain daripada kereta, terdapat juga dua basikal.／
ကားဂိုဒေါင်ထဲမှာ၊ မော်တော်ကားအပြင်၊စက်ဘီး 2 စီးလည်းထားထားပါတယ်။／Bukod sa kotse, may dalawang bisikleta sa garahe.)

⑬ ☐ 小屋 (pondok／ကွ／kubo)
<small>こや</small>

▶ あんなところに山小屋がある。ちょっと行ってみよう。
<small>やまごや</small>

(Ada pondok gunung di tempat seperti itu. Mari kita pergi tengok sebentar.／
အဲဒီလိုနေရာမှာတောင်ပေါ်တဲ့ရှိတယ်။ နည်းနည်းသွားကြည့်ရအောင်။／May kubo doon sa bundok. Puntahan kaya natin.)

⑭ ☐ 温室 (rumah hijau／အနွေးဓာတ်ပေးစိုက်ပျိုးခန်း／greenhouse)
<small>おんしつ</small>

▶ この温室では、イチゴを作っています。
<small>つく</small>

(Saya menanam strawberi di rumah hijau ini.／အနွေးဓာတ်ပေးစိုက်ပျိုးခန်းမှာ စတော်ဘယ်ရီကိုစိုက်ပျိုးနေတယ်။
／Nagtatanim kami ng istroberi dito sa greenhouse.)

⑮ ☐ 和室 (bilik gaya Jepun／ဂျပန်စတိုင်အခန်း／Japanese-style room)
<small>わしつ</small>

▶ このホテルには、和室と洋室、両方ある。
<small>ようしつ りょうほう</small>

(Hotel ini mempunyai bilik gaya Jepun dan bilik gaya Barat.／
ဒီဟိုတယ်မှာ၊ ဂျပန်စတိုင်အခန်းနဲ့ ဥရောပစတိုင်အခန်း၊နှစ်မျိုးစလုံးရှိပါတယ်။／Parehong may Japanese-style at
Western-style room sa hotel na ito.)

⑯ ☐ 洋室 (bilik gaya Barat／ဥရောပစတိုင်အခန်း／Western-style room)
<small>ようしつ</small>

⑰ ☐ 座敷 (ruang tatami／မြက်ဖျာခန်း／tatami room)
<small>ざしき</small>

▶ 座敷とテーブルの席と、どっちにする？
<small>せき</small>

(Ruang tatami atau tempat duduk kerusi meja, nak pilih yang mana?／
မြက်ဖျာခန်းနဲ့စားပွဲကုလားထိုင်ခန်း၊ ဘယ်အခန်းယူမလဲ။／Alin ang kukunin natin, yung tatami room o yung
nakaupo sa may mesa?)

⑱ ☐ ふすま (pintu gelonsor Fusuma／အခန်းကာလျှောတံခါး／Japanese sliding door)

▶ ふすまを閉めるときは静かにお願いします。
<small>し しず ねが</small>

(Sila tutup pintu gelonsor Fusuma dengan senyap.／အခန်းကာလျှောတံခါး／Kung isasara mo ang
Japanese sliding door, gawin mong tahimik ito.)

⑲ ☐ 押し入れ (almari／နံရံတွင်းဗီရို／cabinet)
<small>お い</small>

▶ 〈旅館で〉押し入れにまだ毛布がありますよ。
<small>りょかん もうふ</small>

(<Di rumah penginapan> Masih ada selimut di dalam almari.／နံရံတွင်းဗီရို／(Sa ryokan) Mayroon pang
mga kumot sa loob ng cabinet.)

時間・時 1

家族 2

人 3

人と人 4

食べ物・料理 5

家具・電気・家庭用品 6

毎日の生活 7

交通・移動 8

建物・施設・部屋 9

読む・書く・聞く・話す 10

⑳ □ 手洗い (tandas／ရေအိမ်၊အိမ်သာ／ CR, toilet)
   てあら

▶「すみません、お手洗いはどちらですか」「あちらの奥になります」
                              おく

("Maaf, mana tandas?" "Ada di belakang sana."／
「တဆိတ်လောက်၊အိမ်သာဘယ်ဘက်မှာရှိသလဲ」「ဟိုဘက်အတွင်းမှာရှိပါတယ်」／ "Excuse me, nasaan po ang CR?" "Naroon po sa dulo.")

㉑ □ 流し (singki／ပန်းကန်ဆေးနေရာ／ lababo)
   なが

▶食べ終わったら、食器は流しに置いと(←てお)いて。
  た お   しょっき なが お

(Setelah selesai makan, tinggalkan pinggan mangkuk di singki.／
စားပြီးရင်၊ပန်းကန်ခွက်ယောက်တွေကိုဆေးတဲ့နေရာမှာထားထားပါ။／ Pagkatapos ninyong kumain, ilagay ninyo ang mga plato sa lababo.)

▷ 流し台 (singki／(ပန်းကန်)ဆေးကြောစင်／ lababo)
   なが だい

㉒ □ 門 (pintu, pintu pagar／တံခါးပေါက်၊ဝင်ပေါက်မုခ်ဝ／ gate)
   もん

▶門の前でみんなで写真を撮りましょう。
  もん まえ   しゃしん と

(Mari bergambar bersama di depan pintu pagar.／မုခ်ဝရှေ့မှာ၊ အားလုံးဓာတ်ပုံရိုက်ကြရအောင်／ Kumuha tayo ng retrato ng lahat sa harap ng gate.)

▷ 校門、正門 (pintu sekolah, pintu depan／ကျောင်းဝင်ပေါက်၊ ပင်မတံခါး／ gate ng eskuwelahan, main gate)
   こう せい

㉓ □ 裏口 (pintu belakang／အနောက်ပေါက်／ labasan sa likod)
   うらぐち

▶表は人が多いので、裏口から出てください。
  おもて ひと おお   うらぐち で

(Ramai orang berada di depan, sila keluar dari pintu belakang.／
အရှေ့ဘက်မှာလူများနေလို့၊အနောက်ပေါက်ကနေထွက်ပါ။／ Maraming tao sa harap, kaya lumabas kayo sa likuran.)

㉔ □ 塀 (dinding, pagar／တံတိုင်း၊ဝင်းထရံ／ pader, bakod)
   へい

▶塀の上で猫が気持ちよさそうに寝ている。
  へい うえ ねこ きも   ね

(Kucing tidur dengan selesa di atas dinding.／တံတိုင်းပေါ်မှာ၊ ကြောင်က အိပ်ကောင်းကောင်းနဲ့အိပ်နေတယ်။／ Natutulog nang maayos ang pusa sa ibabaw ng pader.)

㉕ □ 垣根 (pagar／ခြံစည်းရိုး／ bakod)
   かきね

▶その家は高い垣根に囲まれていて、中がほとんど見えない。
  いえ たか かきね かこ   なか   み

(Rumah ini dikelilingi oleh pagar tinggi, hampir tidak dapat melihat bahagian dalamnya.／
အဲ့အိမ်ဟာခြံစည်းရိုးမြင့်မြင့်ကာရံထားပြီးအတွင်းဘက်ကိုလုံးဝနီးပါးမမြင်ရဘူး။／ Napapaligiran ang bahay na iyan ng mataas na bakod, kaya halos hindi makita ang loob nito.)

㉖ □ 井戸 (いど) (telaga／ရေတွင်း／balon)

▶ 昔はみんな、この井戸まで水をくみに来たそうです。
（むかし　　　　　　　　　　　みず　　き）

(Dulu, semua orang datang ke telaga ini untuk mengambil air.／
ဟိုးအရင်တုန်းကလူတွေ၊ ဒီရေတွင်းမှာရေလာခပ်ကြတယ်လို့ဆိုပါတယ်။／Noong araw, pumupunta ang mga tao sa balong ito para mag-igib ng tubig.)

㉗ □ 地下水 (ちかすい) (air bawah tanah／မြေအောက်ရေအစိစိရေ／underground water)

▶ この辺りでは、農業用に地下水が利用されている。
（あた　　　　のうぎょうよう　　　　　　　りよう）

(Air bawah tanah digunakan untuk pertanian di kawasan ini.／
ဒီဝန်းကျင်မှာ၊ လယ်ယာစိုက်ပျိုးရေးအတွက်မြေအောက်ရေကိုအသုံးပြုလျက်ရှိပါတယ်။／Ginagamit sa lugar na ito ang underground water para pandilig ng mga tanim.)

㉘ □ 下水 (げすい) (air kumbahan／ရေဆိုးရေညစ်／sewage, imburnal)

▷ 下水処理場、下水工事
（しょりじょう　　　こうじ）

(loji rawatan kumbahan, kerja pembinaan mengenai kumbahan／
ရေဆိုးရေညစ်ထိန်းသိမ်းရေးဌာန၊ ရေဆိုးရေညစ်ထိန်းသိမ်းမှုဆောက်လုပ်ရေး／sewage processing plant, sewer construction)

㉙ □ 噴水 (ふんすい) (air pancut／ရေပန်း／fountain)

㉚ □ 煙突 (えんとつ) (cerobong／မီးခိုးခေါင်းတိုင်／chimney)

㉛ □ 電柱 (でんちゅう) (tiang elektrik／ဓာတ်တိုင်／poste ng kuryente)　　　　　　　同 **電信柱** (でんしんばしら)

㉜ □ 塔 (とう) (menara, pagoda／မျှော်စင်／tore)

㉝ □ 寺院 (じいん) (kuil／ဘုရားကျောင်း၊ဘုန်းကြီးကျောင်း／temple)

▶ そこは歴史のある町で、古い仏教の寺院がいくつかあった。
（れきし　　　　まち　　ふる　ぶっきょう）

(Situ adalah bandar bersejarah yang mempunyai beberapa kuil Buddha lama.／
အဲဒီနေရာဟာ၊ သမိုင်းဝင်မြို့ဖြစ်ပြီး၊ရှေးဟောင်းဗုဒ္ဓဘာသာဘုန်းကြီးကျောင်းအချို့ရှိပါတယ်။／Makasaysayan ang bayang iyan, at may ilang lumang Buddhist temple diyan.)

時間・時 1
家族 2
人 3
人と人 4
食べ物・料理 5
資源・家電・家庭用品 6
毎日の生活 7
交通・移動 8
建物・施設・部屋 9
読む・書く・聞く・話す 10

�34 ☐ **名所** （tempat terkenal／နာမည်ကြီးနေရာ／kilalang lugar）
めいしょ

▶ ここは桜の名所として有名で、花見のシーズンはとてもにぎやかになります。
さくら　　　　　　　　　　　　　　ゆうめい　　　　　　はなみ

（Sini adalah tempat terkenal dengan bunga sakura yang sangat meriah menjelang musim hanami (musim menikmati bunga sakura).／ ဒီနေရာဟာ ချယ်ရီပန်းနဲ့နာမည်ကြီးတဲ့နေရာအဖြစ်လူသိများပြီး၊ ချယ်ရီပန်းကြည့်ရာသီမှာအလွန်စည်ကားပါတယ်။ ／ Kilalang lugar ito dahil sa cherry blossoms, kaya talagang maraming tao rito kung panahon ng hanami.）

�35 ☐ **役所** （pejabat kerajaan／အစိုးရရုံးၢအုပ်ချုပ်ရေးရုံး／munisipyo）
やくしょ

▶ 役所に行けば、必要な手続きがわかるんじゃない？
い　　　　　　　　ひつよう　てつづ

（Bukankah kamu boleh mengetahui tatacara yang diperlukan jika kamu pergi ke pejabat kerajaan?／ အစိုးရရုံးကိုသွားရင်လိုအပ်တဲ့ရုံးလုပ်ငန်းအစီအစဉ်တွေကိုသိမယ်မဟုတ်လား။／ Kapag pumunta ka sa munisipyo, hindi ba malalaman mo kung ano ang gagawin mo?）

▷ **市役所** （pejabat bandar／မြို့အစိုးရရုံးၢ မြို့အုပ်ချုပ်ရေးရုံး／city hall）
しやくしょ

㊱ ☐ **商店** （kedai／ဈေးဆိုင်／tindahan）
しょうてん

▶ 駅に降りてしばらく、商店が続く通りを歩いてみた。
えき　お　　　　　　　　しょうてん　つづ　とお　　ある

（Setelah turun di stesen, saya meluangkan masa berjalan di sepanjang lorong yang mempunyai kedai berderet.／ဘူတာမှာဆင်းပြီးခဏလောက်၊ ဈေးဆိုင်တွေစီတန်းနေတဲ့လမ်းကိုလျှောက်ကြည့်ခဲ့တယ်။／ Pagkababa ko sa istasyon ng tren, naglakad ako nang kaunti sa daang may maraming tindahan.）

㊲ ☐ **商店街** （arked kedai, arked beli-belah／ဈေးဆိုင်တန်း／shopping street）
がい

㊳ ☐ **シャッター** （pintu shutter, pintu gulung／ရှပ်တာသံတံခါး／shutter）

読む・書く・聞く・話す
よ　か　き　はな

(Baca, Tulis, Tanya, Cakap／ဖတ်သည်၊ရေးသည်၊နားထောင်သည်၊ပြောသည်／ Pagbabasa, Pagsusulat, Pakikinig, Pagsasalita)

---

❶ □ **文書** (dokumen, surat-menyurat／စာတမ်း၊စာရွက်စာတမ်း／ dokumento)
　ぶんしょ

　　▷ 文書で質問する、ビジネス文書 (kemukakan soalan bertulis, dokumen perniagaan／
　　　しつもん
　　　စာရွက်စာတမ်းနှင့်မေးမြန်းသည်၊ စီးပွားရေးစာရွက်စာတမ်း／ isulat ang tanong, business document)

---

❷ □ **文献** (sastera／စာပေ／ dokumento)
　ぶんけん

　　▷ 古い文献を調べる (mengaji sastera lama／ရေးဟောင်းစာပေကိုရှာဖွေလေ့လာသည်／ suriin ang lumang dokumento)
　　　ふる　　しら

---

❸ □ **読み** (bacaan／အဖတ်၊ဖတ်ခြင်း／ pagbabasa)
　よ

　　▷ 漢字の読み (bacaan Kanji／ခန်းဂျိစာလုံးအဖတ်／ pagbabasa ng Kanji)
　　　かんじ

---

❹ □ **書き上げる** (siap menulis／အပြီးသတ်ရေးသည်／ tapusin ang pagsusulat)
　　か　あ

　　▶ 何とか締め切りまでに論文を書き上げた。
　　　なん　し　き　　　ろんぶん

　　　(Entah bagaimana saya berjaya menyelesaikan tesis saya sebelum tarikh akhir.／
　　　ဖောင်မပိတ်ခင်သူတော့သနစာတမ်းကိုအပြီးသတ်ရေးခဲ့တယ်။／ Natapos ko rin ang pagsusulat ng thesis ko bago ng deadline.)

---

❺ □ **書き取る** (menulis／ရေးမှတ်သည်／ isulat)
　　か　と

　　▷ ノートに書き取る (menulis dalam buku nota／မှတ်စုစာအုပ်တွင်ရေးမှတ်သည်／ isulat sa notebook)

❻ □ **書き取り** (rencana／အရေးအသား／ dictation)
　　か　と

　　▷ 漢字の書き取りのテスト (ujian rencana Kanji／ခန်းဂျိစာလုံးအရေးအသားစာမေးပွဲ／ test sa dictation ng Kanji)
　　　かんじ

---

❼ □ **書き直す** (tulis semula／ပြင်ရေးသည်／ isulat uli)
　　か　なお

　　▶ 字を間違えたので、最初から書き直した。
　　　じ　まちが　　　さいしょ

　　　(Saya silap tulis, maka saya menulis semula dari permulaan.／စာလုံးမှားနေလို့အစကနေပြန်ရေးခဲ့တယ်။／
　　　Nagkamali ako, kaya isinulat ko uli lahat mula sa simula.)

---

❽ □ **書き留める** (menuliskan, mencatatkan／ရေးမှတ်သည်／ isulat)
　　か　と

　　▶ 思いついたアイデアは、手帳に書き留めています。
　　　おも　　　　　　　てちょう

時間・時 1

家族 2

人 3

人と人 4

食べ物・料理 5

資源・家電・家庭用品 6

毎日の生活 7

交通・移動 8

建物・施設・部屋 9

読む・書く・聞く・話す 10

(Saya mencatatkan idea yang saya hasilkan dalam buku nota.／အကြံပေါ်လာတဲ့အယူအဆကိုလက်စွဲမှတ်စုစာအုပ်မှာရေးမှတ်ပါတယ်။／ Isinusulat ko sa notebook ang anumang ideyang maisip ko.)

⑨ □ 描く (えが) (melukis／ရေးဆွဲသည်／ ilarawan)

▶ 子供の頃、将来にどんな夢を描いていましたか。
(こども) (ころ) (しょうらい) (ゆめ)

(Apakah impian masa depan yang anda bayangkan semasa anda masih kecil?／
ကလေးတုန်းက၊ အနာဂတ်အတွက်ဘယ်လိုမျှော်မှန်းချက်ကိုရေးဆွဲခဲ့သလဲ။／ Anong klaseng kinabukasan ang inilarawan mo para sa sarili mo noong bata ka?)

⑩ □ 表示(する) (ひょうじ) (menunjukkan／ဖော်ပြ(သည်)／ ipakita)

▷ カロリー表示 (pelabelan kalori／ကယ်လိုရီဖော်ပြချက်／ listahan ng calorie)

⑪ □ 投書 (とうしょ) (surat kepada editor／အယ်ဒီတာထံပေးစာ／ sulat sa editor)

▷ 新聞に投書する (しんぶん) (menghantar surat kepada editor surat khabar／
သတင်းစာတိုက်သို့အယ်ဒီတာထံပေးစာကိုပို့သည်／ sumulat sa editor ng diyaryo)

⑫ □ 推薦状 (すいせんじょう) (surat cadangan／ထောက်ခံစာ／ letter of recommendation)

⑬ □ 聞き手 (き) (て) (pendengar／နားထောင်သူ／ taong nakikinig, kausap) **反話し手** (はな)

⑭ □ 聞き逃す (き) (のが) (gagal mendengar／နားထောင်တာလွတ်သွားသည်／ hindi marinig)

▶ あ、今のところ、聞き逃しちゃった。何て言ったの？
(いま) (なん) (い)

(Oh, aku gagal dengar apa yang awak cakap tadi. Apa yang awak kata?／
အာ၊ အခုနေရာ နားထောင်တာလွတ်သွားတယ်။ ဘာပြောသွားတာလဲ။／ Ay, hindi kita narinig! Ano ang sinabi mo?)

⑮ □ 問い合わせる (と) (あ) (membuat pertanyaan／မေးမြန်းစုံစမ်းသည်／ magtanong)

▶ いつから予約できるか、問い合わせてみた。
(よやく)

(Saya membuat pertanyaan bahawa bila mereka akan mula menerima tempahan.／
ဘယ်တော့ကြိုမှာလို့မလဲဆိုတာကိုမေးမြန်းကြည့်မယ်။／ Nagtanong ako sa kanila kung mula kailan sila tatanggap ng reservation.)

⑯ □ 問い合わせ (と) (あ) (pertanyaan／စုံစမ်းမေးမြန်းရန်／ tanong)

▷ お問い合わせは下記まで。
(かき)

(Untuk pertanyaan, sila hubungi di bawah.／စုံစမ်းမေးမြန်းရန်မှာ အောက်တွင်ဖော်ပြထားသည်။／ Kung may mga katanungan, kontakin ninyo ang nakasulat sa ibaba.)

❼ □ 話題 (topik／ခေါင်းစဉ်ပြောစရာစကား／ paksa, topic)
わだい

▶ 彼は話題が豊富ですね。
かれ わだい ほうふ

(Dia ada banyak topik perbualan.／သူက ပြောစရာစကားကြွယ်ဝတယ်။／ Puwede siyang magsalita tungkol
sa maraming topic.)

---

❽ □ 言いかける (mula mengatakan／ပြောမိလိုက်လုပ်သည်／ magsimulang magsalita)
い

▶ 彼女は、何か言いかけて、途中でやめた。
かのじょ なに い とちゅう

(Dia mula mengatakan sesuatu tetapi berhenti tiba-tiba.／သူမဟာ တစ်ခုခုပြောမလိုလုပ်ပြီး တိုးလိုးတန်းလန်းနဲ့ရပ်သွားတယ်။
／ Nagsimula siyang magsalita, pero tumigil siya sa kalagitnaan ng pagsasalita niya.)

---

❾ □ 話しかける (bercakap dengan seseorang／စကားလှမ်းပြောသည်／ makipag-usap,
はな kausapin)

▶ 彼はすごく忙しそうで、話しかけられない。
かれ いそが はな

(Dia kelihatan sibuk sehingga saya tidak berani bercakap dengannya.／
သူဟာသိပ်အလုပ်များပုံရလို့ စကားလှမ်းပြောဖို့မဖြစ်နိုင်ဘူး။／ Mahirap makipag-usap sa kanya, dahil mukha
siyang bising-bisi.)

---

❿ □ 呼びかける (menyeru, memanggil／လှမ်းခေါ်သည်၊ဆော်သြသည်／ manawagan,
よ tumawag)

▶ 被害が拡大しないよう、警察が注意を呼びかけている。
ひがい かくだい けいさつ ちゅうい よ

(Polis menyeru orang ramai berhati-hati agar masalah tidak bertambah serius.／
အပျက်အစီးမကြီးမကျယ်စေရန်ရဲများမှသတိပေးဆော်သြလျက်ရှိသည်။／ Nananawagan ang mga pulis na mag-ingat, para hindi na lumaki ang pinsala.)

㉑ □ ささやく (berbisik／တိုးတိုးညှင်းညှင်း／ bumulong)

▶ そんなささやくような小さい声じゃ聞こえないよ。
ちい こえ き

(Saya tidak dapat mendengar apa yang kamu katakan dengan bisikan suara kecil itu.／
အဒီလောက်တိုးတိုးညှင်းညှင်းအသံဆိုရင်မကြားရဘူး။／ Hindi kita naririnig dahil nagsasalita ka nang pabulong.)

㉒ □ 発言(する) (menyatakan／မြွက်ဟ(သည်)／ magpahayag)
はつげん

▶ 大臣の発言が問題になっている。
だいじん はつげん もんだい

(Pernyataan menteri telah menjadi masalah.／ဝန်ကြီးရဲ့မြွက်ဟချက်က ပြဿနာဖြစ်နေတယ်။／ Naging
problema ang pahayag ng cabinet minister.)

㉓ □ 演説(する) (memberi ucapan／ဟောပြောသည်၊မိန့်ခွန်းပြောသည်／
えんぜつ mag-speech)

▶ もうすぐ大統領の演説が始まるよ。
だいとうりょう えんぜつ はじ

(Ucapan presiden akan bermula／မကြာခင်မှာပဲသမ္မတကြီးရဲ့မိန့်ခွန်းစပါတော့မယ်။／ Magsisimula na ang
speech ng presidente.)

時間・時 1
家族 2
人 3
人と人 4
食べ物・料理 5
資材・家電・家庭用品 6
毎日の生活 7
交通・移動 8
建物・施設・部屋 9
読む・書く・聞く・話す 10

❷❹ □ 話し合う (berbincang／ပြောဆိုဆွေးနွေးသည်／ mag-usap)
　　 はな　あ

▶今後のことについて、みんなでよく話し合ってください。
　こんご

(Sila bincangkan perkara-perkara masa depan dengan semua orang.／
ဒီနောက်ပိုင်းကိစ္စစုံနဲ့ပတ်သက်ပြီးအားလုံးကကောင်းကောင်းပြောဆိုဆွေးနွေးကြပါ။／ Mag-usap kayong lahat nang mabuti, kung ano ang mangyayari mula ngayon.)

▷話し合い (perbincangan／ပြောဆိုဆွေးနွေးခြင်း／ pag-uusap)

❷❺ □ 論じる/論ずる (berdebat, berbahas／အချေအတင်ဆွေးနွေးသည်／ mag-usap, magdebate)
　　 ろん

▶〈司会〉次は、安全性について論じたいと思います。
　 しかい　つぎ　　あんぜんせい　　　　おも

(<Pengerusi> Seterusnya, marilah kita berbahas mengenai keselamatan.／
(အစီအစဉ်မှူး) ဆက်လက်ပြီး၊ ဘေးကင်းလုံခြုံမှုနဲ့ပတ်သက်ပြီးဆွေးနွေးချင်ပါတယ်။／ (Emcee) Sa susunod, pag-uusapan natin ang tungkol sa safety.)

❷❻ □ 論争（する） (bertengkar, bertikai／အငြင်းပွား(သည်)／ magtalo)
　　 ろんそう

▶消費税をめぐって、激しい論争が起きている。
　 しょうひぜい　　　　はげ　　　　　お

(Pertikaian sengit mengenai GST telah muncul.／စားသုံးခွန်နဲ့ပတ်သက်ပြီး အပြင်းအထန်အငြင်းပွားလျက်ရှိပါတယ်။／ Nagkaroon ng matinding pagtatalo tungkol sa consumption tax.)

❷❼ □ 解説（する） (mengulas／ရှင်းပြ(သည်)／ magpaliwanag)
　　 かいせつ

▶この参考書は解説が丁寧です。
　 さんこうしょ　かいせつ　ていねい

(Pengulasan buku rujukan ini terperinci.／ဒီကိုးကားစာသည်ရှင်းပြချက်လွယ်ကူရှင်းလင်းသည်။／ Maayos ang paliwanag sa reference book na ito.)

❷❽ □ コメント（する） (memberi komen／မှတ်ချက်ပေး(သည်)／ magsabi ng opinyon)

▶作品について、先生からコメントをもらった。
　 さくひん　　　　　せんせい

(Saya menerima komen daripada guru mengenai hasil kerja saya.／
ဒီဖန်တီးမှုနဲ့ပတ်သက်ပြီးဆရာထံမှမှတ်ချက်ရခဲ့တယ်။／ Nagbigay ng opinyon ang titser tungkol sa ginawa ko.)

❷❾ □ 文句 (aduan, ungkapan／အပြစ်တင်တာ၊မကျေနပ်တာ၊စကားပိုဒ်／ reklamo, salita)
　　 もんく

▶作ってあげたんだから、文句を言わずに食べて。
　 つく　　　　　　　　　　もんく　い　　　　た

(Aku masak ini untuk awak, makanlah tanpa mengadu.／ချက်ပေးထားတာမို့လို့၊ အပြစ်တင်စကားမပြောဘဲစားပါ။／ Niluto ko iyan para sa iyo, kaya kumain ka nang hindi nagrereklamo.)

▶文句があったら、会社に言って。
　 もんく　　　　　　かいしゃ　い

(Jika ada aduan, beritahulah syarikat.／မကျေနပ်တာတွေ့လျှင်၊ ကုမ္ပဏီကိုပြောပါ။／ Kung may reklamo kayo, sabihin ninyo sa kompanya.)

▷宣伝文句、誘い文句、決まり文句
せんでん も　く　　さそ　 も　く　　き　　　 も　く

(ungkapan promosi, ungkapan mengajak, ungkapan tetap／ကြော်ငြာစာပိုဒ်၊ဖိတ်ကြားချက်၊လက်သုံးစကား／
catchphrase, salitang pambobola, set phrase)

㉚ □ 愚痴 (keluhan／ညည်းညူခြင်း／ reklamo)
ぐ　ち

▶彼女は最近、会うといつも会社の愚痴を言う。
かのじょ　 さいきん　 あ　　　　　　　 かいしゃ　 ぐ　ち　 い

(Kebelakangan ini, dia selalu mengeluh tentang syarikatnya setiap kali kami bertemu.／
သူမဟာအခုတလော၊ တွေ့တိုင်းကျမအီအကြောင်းညည်းညူပြောတယ်။／ Kamakailan, tuwing nagkikita kami, lagi siyang nagrereklamo tungkol sa kompanya niya.)

㉛ □ 不平 (rintihan／မကျေနပ်ခြင်း／ reklamo)
ふ　へい

▶彼は不平を言うばかりで、自分では何もしようとしない。
かれ　 ふへい　 い　　　　　　　　 じぶん　　 なに

(Dia asyik merintih sahaja, tanpa melakukan apa-apa.／
သူ့ဟာမကျေနပ်တာချည်းပဲ ပြောနေတယ်၊သူ့ကိုယ်တိုင်ကတော့ ဘာမှလုပ်ဖို့မကြိုးစားဘူး။／ Lagi siyang nagrereklamo, pero wala naman siyang ginagawa.)

㉜ □ 一言 (sepatah (dua kata)／စကားတစ်ခွန်း／ sa ilang salita)
ひとこと

▶最後に一言言わせてください。
さいご　 ひとこと い

(Izinkan saya mengucapkan sepatah kata yang terakhir.／နောက်ဆုံးမှာ၊ စကားတစ်ခွန်းပြောပါရစေ။／ Hayaan ninyo akong magbigay ng ilang salita, bilang pagtatapos.)

㉝ □ 言付け (mesej／ပြောပေးခြင်း／ message)
ことづ

▶原さん、いないの？　じゃ、言付けを頼んでもいい？
はら　　　　　　　　　　　 ことづ　 たの

(Encik Hara tidak ada di sini? Bolehkah saya tinggalkan mesej untuknya?／ဟာရစံ မရှိဘူးလား။ ဒါဆိုရင်၊ တစ်ဆင့်ပြောပေးဖို့အကျွန်ုပ်တောင်းရင်းရမလား။／ Wala ba si Hara-san?　Puwede bang mag-iwan ng message para sa kanya?)

▷言付ける (memberitahu／မှာကြားသည်／ magsabi ng message)
ことづ

㉞ □ 早口 (bercakap pantas／စကားပြောမြန်ခြင်း／ mabilis magsalita)
はやくち

▶佐藤さんは興奮すると早口になる。
さとう　　　　 こうふん　　　　 はやくち

(Encik Sato akan bercakap pantas apabila dia teruja.／ဆာတိုးစံဟာ စိတ်လှုပ်ရှားရင် စကားပြောမြန်တယ်။／ Bumibilis magsalita si Sato-san kung excited siya.)

㉟ □ うなずく/うなづく (mengangguk／ခေါင်းညိတ်သည်／ tumango)

▶私が説明すると、彼はうなづき、「問題ありません」と言った。
わたし　 せつめい　　　　　 かれ　　　　　　　　　 もんだい　　　　　　　 い

(Setelah penjelasan saya, dia mengangguk dan berkata "tiada masalah".／ကျွန်တော်က ရှင်းပြတော့၊ သူဟာခေါင်းညိတ်ပြီး၊ 「ပြဿနာမရှိပါဘူး」 လို့ပြောတယ်။／ Noong nagpaliwanag ako, tumango siya at nagsabing "Walang problema.")

音声DL 21

天気・天候
てんき　てんこう

(Cuaca, Iklim／ရာသီဥတုနဲ့မိုးလေဝသ／Panahon)

❶ □ 天候（てんこう） (cuaca, iklim／မိုးလေဝသ／panahon)

▶小さい（ちい）飛行機（ひこうき）なので、天候によっては、多少（たしょう）揺（ゆ）れることがあります。

(Oleh sebab kapal terbang ini kecil, ia mungkin bergetar sedikit bergantung pada cuaca.／သေးငယ်တဲ့လေယာဉ်ပျံဖြစ်လို့ မိုးလေဝသအခြေအနေကြောင့်အနည်းငယ်လှုပ်ရမ်းတတ်ပါသည်။／Maliit ang eroplano, kaya depende sa panahon, maaari itong maging bumpy.)

❷ □ 快晴（かいせい） (cerah tanpa awan／နေသာ／magandang panahon)

▶その日（ひ）は雲一（くもひと）つない快晴だった。

(Cuaca hari itu cerah tanpa sebarang awan.／အဲဒီနေ့ဟာ တိမ်ကင်းစင်ပြီးနေသာခဲ့တယ်။／Walang ulap sa langit noong araw na iyan, kaya talagang maganda ang panahon.)

❸ □ 夕立（ゆうだち） (hujan tiba-tiba／ညနေခင်းရွာသောမိုးပြေး／biglaang ulan)

▶「うわっ、雨（あめ）だ」「夕立だから、すぐ止（や）むよ」

("Alamak, hujan." "Ini hujan tiba-tiba, ia akan berhenti sekejap lagi."／「အား၊မိုးရွာပြီ」「ညနေခင်းရွာတဲ့မိုးပြေးမို့လို့ချက်ချင်းတိတ်လိမ့်မယ်」／"Naku, umuulan." "Biglaang ulan lang iyan, kaya titigil din iyan agad.")

❹ □ 大雨（おおあめ） (hujan lebat／သည်းထန်မိုး／malakas na ulan)

▶昨夜（さくや）の大雨で川（かわ）の水（みず）が急激（きゅうげき）に増（ふ）えた。

(Hujan lebat malam tadi menyebabkan kenaikan air sungai yang mendadak.／မနေ့ညကရွာတဲ့သည်းထန်မိုးကြောင့်မြစ်ရေကရုတ်တရက်တက်လာတယ်။／Dahil sa malakas na ulan kagabi, tumaas agad ang tubig sa ilog.)

❺ □ ざあざあ (bunyi hujan lebat／တဝေါဝေါ／tunog ng malakas na ulan)

▶「どう？　雨（あめ）は？　やみそうにない？」「うん。ざあざあ降（ふ）ってる」

("Bagaimana dengan hujan? Tak akan hentikah?" "Ya, hujan turun lebat."／「ဘယ်လိုလဲ?မိုးက?တိတ်မယ့်ပုံမပေါ်ဘူး?」「အင်း၊တဝေါဝေါရွာနေတယ်」／"Kumusta ang ulan? Mukhang hindi pa titigil." "Oo nga. Malakas pa ito.")

▷ざあざあ降（ふ）り（の雨（あめ）） ((hujan yang) turun lebat／တဝေါဝေါရွာ(တဲ့မိုး)／malakas na ulan)

❻ □ 雷(かみなり)が落(お)ちる (petir menyambar／မိုးကြိုးပစ်သည်／kumidlat)

❼ □ 警報(けいほう) (amaran／သတိပေးနှိုးဆော်၊／warning)

▶〈テレビ〉今(いま)、県南部(けんなんぶ)に大雨(おおあめ)警報が出(で)ています。
(<Televisyen> Amaran hujan lebat kini dikeluarkan di bahagian selatan wilayah.／(တီဗွီ) အခု၊ ခရိုင်ရဲ့တောင်ဘက်ပိုင်းမှာမိုးသည်းထန်သတိပေးချက်ထွက်နေပါတယ်။／(Sa TV) Ngayon, may warning na malakas na ulan sa bandang timog ng prefecture.)

❽ □ 霧(きり) (kabut／မြူ／fog)

▶「霧が出(で)てきたから、前(まえ)が見(み)えにくいよ」「運転(うんてん)、気(き)をつけて」
("Saya tidak dapat melihat ke depan dengan jelas sebab kabut terjadi." "Memandu dengan berhati-hati ya."／「မြူကျလာလို့အရှေ့ကိုကောင်းကောင်းမမြင်ရဘူး」「ကားမောင်းတာ၊သတိထားပါ」／"Mahirap makita ang nasa harapan dahil sa fog." "Mag-ingat ka sa pagmamaneho.")

▷ 霧が晴(は)れる (kabut hilang／မြူကွဲပြီ／mawala ang fog)

❾ □ 霜(しも) (ibun／ဆီးနှင်းရေခဲမှုန်／frost)

▶「最近(さいきん)、寒(さむ)いね」「うん。うちの庭(にわ)にも、今朝(けさ)、霜が降(お)りてたよ」
("Sejuknya kebelakangan ini." "Ya, pagi ini ada endapan ibun di halaman rumah saya."／「အခုတလော၊ချမ်းတယ်နော်」「အင်း၊ကျွန်တော့်အိမ်ခြံထဲမှာလည်း၊ဒီမနက်၊ဆီးနှင်းကျတယ်」／"Malamig kamakailan, ano?" "Oo nga. May frost kaninang umaga sa garden namin.")

▷ 霜が降りる (ibun mengendap／ဆီးနှင်းကျတယ်／may frost)

❿ □ 吹雪(ふぶき) (ribut salji／နှင်းမုန်တိုင်း／blizzard, snowstorm)

▶ 吹雪で何(なに)も見(み)えなくなった。(Tidak dapat melihat apa-apa kerana ribut salji.／နှင်းမုန်တိုင်းကြောင့်ဘာမှမမြင်ရတော့ဘူး။／Mahirap makakita dahil sa blizzard.)

▷ 吹雪(ふぶ)く (ribut salji meniup／နှင်းမုန်တိုင်းကျတယ်／may blizzard)

⓫ □ 湿気(しっけ) (kelembapan／စိုထိုင်းမှု／humidity)

▶ この時期(じき)は湿気が多(おお)くて、洗濯物(せんたくもの)がなかなか乾(かわ)かない。
(Kelembapan kebelakangan ini tinggi, pakaian yang dicuci susah kering.／ဒီကာလဟာ စိုထိုင်းမှုများလို့ လျှော်ထားတဲ့အဝတ်တွေတော်တော်နဲ့မခြောက်ဘူး။／Masyadong humid sa panahong ito, kaya mahirap magpatuyo ng labada.)

⓬ □ 梅雨(つゆ)が明(あ)ける (musim hujan Asia Timur berakhir／မိုးရာသီကုန်ဆုံးပြီ／matapos ang tag-ulan)

天気・天候 11
お金 12
服・くつ 13
数量・程度 14
趣味・娯楽・スポーツ 15
体 16
健康・病気 17
地球・自然 18
事務用品 19
仕事・作業 20

❸ □ **大気**（たいき） (atmosfera／ လေထု／ atmosphere)

▶大気中（ちゅう）には、さまざまな有害物質（ゆうがいぶっしつ）も含（ふく）まれている。

(Atmosfera mengandungi pelbagai bahan yang berbahaya.／
လေထုထဲမှာ၊ ဘေးဥပဒ်ဖြစ်စေတဲ့ဒြပ်တွေအမျိုးမျိုးပါရှိပါတယ်။／ Marami ring nakapipinsalang bagay na nasa atmosphere.)

▷大気汚染（おせん） (pencemaran atmosfera／လေထုညစ်ညမ်းမှု／ pollution sa atmosphere)

❹ □ **気圧**（きあつ） (tekanan atmosfera／ လေဖိအား／ air pressure)

▶では、天気図（てんきず）で、現在（げんざい）の気圧の様子（ようす）を見（み）てみましょう。

(Mari kita lihat tekanan atmosfera terkini menggunakan carta cuaca.／
ကိုင်း၊ မိုးလေဝသမြေပုံနဲ့ လက်ရှိလေထုအားအခြေအနေကိုကြည့်ကြည့်ရအောင်။／ Ngayon, tingnan natin sa weather map ang kalagayan ng air pressure sa kasalukuyan.)

❺ □ **高気圧**（こうきあつ） (tekanan tinggi atmosfera／လေဖိအားမြင့်／ mataas na air pressure)

▶あすは全国的（ぜんこくてき）に高気圧に覆（おお）われ、よく晴（は）れるでしょう。

(Tekanan tinggi atmosfera akan meliputi seluruh negara, maka dijangka cerah esok.／
မနက်ဖြန် တစ်နိုင်ငံလုံး လေဖိအားမြင့်ဖုံးလွှမ်းနေပြီးကောင်းစွာနေသာပါမယ်။／ Matatakpan ng mataas na air pressure ang buong bansa bukas, kaya magiging maaraw.)

❻ □ **低気圧**（ていきあつ） (tekanan rendah atmosfera／လေဖိအားနိမ့်／ mababang air pressure)

▶〈天気予報（てんきよほう）〉発達（はったつ）した低気圧によって、各地（かくち）で激（はげ）しい雨（あめ）が降（ふ）っています。

(<Ramalan cuaca> Oleh sebab tekanan rendah atmosfera
berkembang, hujan turun dengan lebat di pelbagai tempat.／
(မိုးလေဝသသတင်း) ဖြစ်ပေါ်လာတဲ့ လေဖိအားနိမ့်ကြောင့်၊ဒေသအသီးသီးမှာ မိုးသည်းထန်စွာရွာသွန်းပါမယ်။／ (Weather report) Dahil sa mababang air pressure, uulan nang malakas sa lahat ng lugar.)

❼ □ **温暖**（おんだん）**（な）** (panas／ ပူနွေး(သော)／ mainit)

▶ここは年中（ねんじゅう）温暖な気候（きこう）なので、とても暮（く）らしやすいです。

(Kehidupan di sini sangat selesa kerana iklimnya panas sepanjang tahun.／
ဒီနေရာမှာ တစ်နှစ်လုံးပူနွေးတဲ့ရာသီဥတုဖြစ်လို့နေလို့သိပ်ကောင်းပါတယ်။／ Mainit ang panahon dito buong taon, kaya talagang magandang mamuhay rito.)

❽ □ **温帯**（おんたい） (zon iklim sederhana／ သမပိုင်း／ temperate zone)

▷温帯低気圧（ていきあつ） (siklon luar tropika／သမပိုင်းလေဖိအားနိမ့်／ extratropical cyclone)

❾ □ **寒帯**（かんたい） (zon iklim kutub／အအေးပိုင်း／ frigid zone)

❿ □ **熱帯**（ねったい） (zon tropika／အပူပိုင်း／ tropics)

▷熱帯のジャングル (hutan tropika／အပူပိုင်းသစ်တော／ tropical jungle)

UNIT 12 お金(かね) (Wang／ငွေပိုက်ဆံ／Pera)

音声DL 22

❶ □ **現金**(げんきん) (wang tunai／ငွေသား／pera)

▶ お支払(しはら)いは、現金とカード、どちらになさいますか。

(Adakah anda membayar dengan wang tunai atau kad kredit?／
ငွေချေမှာက၊ ငွေသားနဲ့လားကဒ်ပြားနဲ့လား၊ ဘယ်ဟာနဲ့ချေမလဲ။／Paano po kayo magbabayad, cash o credit card?)

❷ □ **キャッシュ** (tunai／ငွေသား／cash)

▷ キャッシュで払(はら)う (bayar dengan wang tunai／ငွေသားနဲ့ချေပါမယ်／magbayad ng cash)

❸ □ **金銭**(きんせん) (wang／ငွေကြေး／pera)

▶ この事件(じけん)は、金銭関係(かんけい)のトラブルが原因(げんいん)らしい。

(Kes ini nampaknya disebabkan oleh masalah kewangan.／
ဒီအမှုဟာ၊ငွေကြေးနဲ့ပတ်သက်တဲ့အငြင်းပွားမှုကအရင်းခံဖြစ်ပုံရတယ်။／Gulo daw sa pera ang pinagmulan ng kasong ito.)

❹ □ **大金**(たいきん) (wang sejumlah besar／ငွေလုံးငွေခဲ／malaking pera)

▶ 500万円(まんえん)もの大金を、彼(かれ)はどうやって集(あつ)めたんだろう。

(Bagaimana dia mengumpulkan wang sejumlah besar 5 juta yen?／
ယန်းသောင်း 500 ငွေလုံးငွေခဲကို၊ သူဟာဘယ်လိုလုပ်ပြီး စုဆောင်းပါလိမ့်။／Paano kaya niya nakolekta ang limang milyong yen, na malaking pera?)

❺ □ **紙幣**(しへい) (wang kertas／ငွေစက္ကူ／perang papel)　同 (お)札

❻ □ **為替**(かわせ) (pertukaran (wang)／ငွေလဲလှယ်／money exchange)

▶ 今日(きょう)の為替レートはどれくらいですか。

(Berapakah kadar pertukaran hari ini?／ဒီနေ့ငွေလဲလှယ်နှုန်းဘယ်လောက်ရှိသလဲ။／Magkano ang exchange rate ngayon?)

❼ □ **銀行口座**(ぎんこうこうざ) (akaun bank／ဘဏ်စာရင်း／bank account)

▷ 銀行口座を開(ひら)く (buka akaun bank／ဘဏ်စာရင်းဖွင့်တယ်／magbukas ng bank account)

天気・天候 11

お金 12

服・くつ 13

数量・程度 14

趣味・娯楽・スポーツ 15

体 16

健康・病気 17

地球・自然 18

事務用品 19

仕事・作業 20

❽ □ 送金(する) (menghantar wang／ငွေလွှဲ(သည်)／ magpadala ng pera)
そうきん

▶ 海外に送金するときは、手数料がかなりかかる。
かいがい　　　　　　　　　　　　　　　　てすうりょう

(Caj pengendalian dikenakan semasa menghantar wang ke luar negara.／
နိုင်ငံခြားကိုငွေလွှဲပို့တဲ့အခါ၊ ဆောင်ရွက်ခတော်တော်ကျတယ်။／ Masyadong mahal ang charge kapag nagpapadala ng pera sa ibang bansa.)

❾ □ 納める (membayar／(ငွေ)ပေးဆောင်သည်၊／ magbayad)
おさ

▶ 家賃は毎月、月末に納めています。
やちん　まいつき　げつまつ　おさ

(Saya membayar sewa rumah pada setiap hujung bulan.／အိမ်လခကိုလတိုင်း၊ လကုန်မှာပေးဆောင်ပါတယ်။／
Nagbabayad ako ng upa ng bahay buwan-buwan, tuwing katapusan ng buwan.)

▷ 税金を納める、家賃を納める
ぜいきん

(bayar cukai, bayar sewa rumah／အခွန်ဆောင်သည်၊ အိမ်လခပေးဆောင်သည်／ magbayad ng tax, magbayad
ng upa ng bahay)

❿ □ 関税 (cukai kastam／အကောက်ခွန်／ tax, buwis)
かんぜい

▶ これらの輸入品は関税がかかっているから、どうしても値段が高くなる。
ゆにゅうひん

(Barang import ini dikenakan cukai kastam, maka harganya menjadi tinggi.／
ဒီသွင်းကုန်ပစ္စည်းတွေဟာ အကောက်ခွန်ဆောင်ရလို့၊ ဈေးကြီးရတာပါ။／ May binabayarang tax para sa mga
imported goods na ito, kaya tataas ang presyo.)

▷ 関税の引き上げ (kenaikan cukai kastam／အကောက်ခွန်နှုန်းမြှင့်တင်／ pagtaas ng tax)
ひ　あ

⓫ □ 課税(する) (kenakan cukai／အခွန်／ paglalapat ng tax)
かぜい

▶ 家賃などの収入も課税されます。
やちん　　　　しゅうにゅう

(Pendapatan seperti sewa rumah juga dikenakan cukai.／အိမ်ငှားခစသည့်ဝင်ငွေများလည်းအခွန်ဆောင်ရမည်။／
／ Pinapatawan din ng tax ang kinikita sa pagpapaupa ng bahay.)

⓬ □ 請求(する) (menuntut／ငွေတောင်းဆို(သည်)／ maningil ng bayad, mag-charge)
せいきゅう

▶ こちらにミスがあったので、代金を請求するつもりはありません。
だいきん

(Ini adalah kesilapan kami, maka kami tidak akan menuntut bayaran daripada anda.／
ကျွန်တော်တို့ဘက်ကအမှားရှိခဲ့လို့၊ အခကြေးငွေတောင်းဆိုဖို့ရည်ရွယ်ချက်မရှိပါဘူး။／ Kami ang nagkamali, at wala
kaming intensyong maningil ng bayad.)

⓭ □ 請求書 (invois／ငွေတောင်းလွှာ／ invoice)
せいきゅうしょ

⓮ □ 代金 (kos, bayaran／အဖိုး၊အဖိုးအခအခကြေးငွေ／ halaga)
だいきん

▶ 旅行の代金は、出発前に払うことになっています。
りょこう　　だいきん　　　しゅっぱつまえ　はら

(Bayaran perlancongan perlu dijelaskan sebelum berlepas.／ခရီးသွားရန်အတွက်အဖိုးအခကို၊ မထွက်ခွါမီပေးရပါမယ်။／
／ Kailangang bayaran ang halaga ng biyahe, bago umalis para sa biyahe.)

⓯ □ **手数料** (てすうりょう) (caj pengendalian／ဆောင်ရွက်ခလုပ်ဆောင်ခ／ charge, fee)

▶ 部屋を借りるときは、不動産屋に手数料を払わなければならない。
(へや)　(か)　　　　　(ふどうさんや)　　(てすうりょう)　(はら)

(Semasa menyewa bilik, kamu perlu membayar caj pengendalian kepada ejen hartanah.／
အခန်းငှားတဲ့အခါ၊ အိမ်ခြံမြေကိုငှားစားလုပ်ရုံးကိုဆောင်ရွက်ခပေးရမယ်။／ Kapag uupa ng apartment, kailangang magbayad ng fee sa real estate agent.)

⓰ □ **引く** (ひ) (menolak, memotong／နုတ်သည်၊ လျှော့သည်／ bawasan)

▶ サービスで200円引いてくれた。
(えん)

(Dia memberi saya potongan harga istimewa 200 yen.／ဆားဗစ်အနေနဲ့ယန်း 200 လျှော့ပေးတယ်။／
Binawasan niya ng 200 yen ang bayad ko, bilang discount.)

⓱ □ **割り引く** (わ)(び) (memberi diskaun／ဈေးလျှော့သည်／ magbigay ng discount)

▶ ちょっと傷があったので、1000円割り引いてくれた。
(きず)　　　　　　　(えん)(わ)(び)

(Sebab ada sedikit kerosakan, dia memberi saya diskaun sebanyak 1000 yen.／
နည်းနည်းအနာပါလို့၊ ယန်း 1000 လျှော့ပေးတယ်။／ Dahil may kaunting depekto, binigyan niya ako ng 1000 yen na discount.)

▶ セール品は2割引きです。
(ひん)

(Ini adalah item jualan diskaun 20%.／လျှော့ရောင်းပစ္စည်းဟာ နှစ်ဆယ်ရာခိုင်နှုန်းလျှော့တယ်။／ May discount na 20 percent ang mga bagay na isine-sale.)

⓲ □ **学生割引(学割)** (がくせいわりびき)(がくわり) (diskaun pelajar／ကျောင်းသားလျှော့ဈေး(ကျောင်းလျှော့)／ student discount)

▶ 電車やバスには学割がある。
(でんしゃ)

(Ada diskaun pelajar untuk kereta api dan bas.／ရထားနဲ့ဘတ်စ်ကားမှာကျောင်းသားလျှော့ဈေးရှိတယ်။／
May student discount sa tren at bus.)

⓳ □ **値引き(する)** (ね)(び) (memberi diskaun／ဈေးလျှော့(သည်)／ magbigay ng discount)

▶ 食品の場合、閉店が近づくとよく値引きされる。
(しょくひん)(ばあい)(へいてん)(ちか)　　　　　(ねび)

(Untuk makanan, selalunya ada diskaun apabila waktu tutup kedai menjelang.／
စားကုန်ပစ္စည်းတွေဆိုရင်၊ ဆိုင်ပိတ်ခါနီးရင် ကောင်းကောင်းဈေးလျှော့ပေးတယ်။／ May discount ang mga pagkain kapag malapit nang magsara ang tindahan.)

⓴ □ **立て替える** (た)(か) ((ganti orang lain) membayar／ငွေစိုက်ပေးသည်／ bayaran muna para sa ibang tao)

▶ ごめん、チケット代、立て替えといてくれる？　明日、払うから。
(だい)(た)(か)　　　　　　(あした)(はら)

(Maaf, bolehkah kamu gantikan saya membayar tiket ini dahulu? Saya akan bayar balik esok.／
တောင်းပန်ပါတယ်၊ လက်မှတ်ခငွေစိုက်ပေးမလား? မနက်ဖြန် ပေးပါမယ်။／ Pasensiya na. Puwede mo bang bayaran muna ang tiket ko? Babayarin kita bukas.)

天気・天候 11

お金 12

服・くつ 13

数量・程度 14

趣味・娯楽・スポーツ 15

体 16

健康・病気 17

地球・自然 18

事務用品 19

仕事・作業 20

❷❶ □ 借金(する) (meminjam duit, hutang／အကြွေး(တင်သည်)／ umutang)
しゃっきん

▶借金を返すため、彼は寝ずに働いた。
かえ かれ ね はたら

(Dia bekerja tanpa tidur demi penjelasan hutangnya.／အကြွေးပြန်ဆပ်ဖို့အတွက်၊ သူဟာမအိပ်မနေအလုပ်လုပ်တယ်။
／ Nagtrabaho siya nang hindi natutulog, para bayaran ang utang niya.)

❷❷ □ 破産(する) (bankrap, muflis／ဒေဝါလီခံ(သည်)၊ လူမွဲခံ(သည်)／ ma-bankrupt)
は さん

▶その後も借金は増え続け、彼はとうとう破産してしまった。
ご しゃっきん ふ つづ かれ はさん

(Pinjamannya bertambah berterusan selepas itu, dan muflis akhirnya.／
အဲဒီနောက်မှာလည်းအကြွေးတွေထပ်ထပ်တင်ပြီး သူဟာနောက်ဆုံးမှာလူမွဲခဲ့ရတော့တယ်။／ Pagkatapos nito, lumaki
nang lumaki ang utang niya, kaya na-bankrupt siya.)

❷❸ □ 募金(する) (menderma／အလှူ(ခံသည်)／ mag-fund-raising)
ぼ きん

▶多くのスポーツ選手が、募金活動に協力した。
おお せんしゅ ぼきんかつどう きょうりょく

(Ramai ahli sukan bekerjasama dalam aktiviti mengutip derma.／
လက်ရွေးစင်အားကစားသမားများဟာ အလှူရေးလှုပ်ရှားမှုမှာပူးပေါင်းဆောင်ရွက်ကြတယ်။／ Maraming manlalaro
ang tumulong sa fund-raising.)

▶金額はほんの少しですが、ときどき募金をします。
きんがく すこ ぼきん

(Walaupun tidak banyak dari segi jumlah, kadang-kadang saya menderma.／
ငွေပမာဏအားဖြင့်အတော်နည်းပေမဲ့တစ်ခါတစ်လေအလှူငွေထည့်ပါတယ်။／ Maliit na pera lang, pero paminsan-
minsan, nagbibigay ako para sa fund-raising.)

❷❹ □ 集金(する) (mengumpul duit／ငွေလိုက်ကောက်သည်／ mangolekta ng pera)
しゅうきん

▶町内会費の集金に参りました。
ちょうないかいひ まい

(Saya datang untuk memungut yuran persatuan kejiranan.／ရပ်ကွက်အသင်းရဲ့ငွေလိုက်ကောက်ရေးမှာပါဝင်ပါတယ်။
／ Narito ako para mangolekta ng fee para sa neighborhood association.)

❷❺ □ 給与 (gaji／လစာ／ suweldo, sahod)
きゅう よ

▶毎月の給与のほか、年2回のボーナスがある。
まいつき ねん かい

(Selain daripada gaji bulanan, ada dua kali bonus dalam setahun.／
လစဉ်ပေးတဲ့လစာအပြင်၊ တစ်နှစ် 2 ကြိမ်ဘောနပ်စ်ရှိပါတယ်။／ Bukod sa buwanang suweldo, may bonus
dalawang beses sa isang taon.)

❷❻ □ 月給 (gaji bulanan／လစဉ်လစာ／ buwanang suweldo)
げっきゅう

❷❼ □ 家計 (perbelanjaan isi rumah／အိမ်ထောင်စုသုံးဘတ်ဂျက်／ budget ng pamilya)
か けい

▶安い給料なので、家計は毎月苦しいです。
やす きゅうりょう かけい まいつきくる

(Keadaan perbelanjaan isi rumah susah setiap bulan kerana gaji rendah.／
လစာနည်းလို့အိမ်ထောင်စုသုံးဘတ်ဂျက်ဟာ လစဉ်ကျပ်တည်းပါတယ်။／ Mababa ang suweldo ko, kaya
nahihirapan ako sa budget ng pamilya ko buwan-buwan.)

㉘ □ 出費 (perbelanjaan (individu)／အသုံးစရိတ်／ gastos)
しゅっぴ

▶ 年末年始は出費が多くなる。
ねんまつねんし　　　おお

(Perbelanjaan meningkat pada akhir dan awal tahun.／နှစ်ကုန်နှစ်ဆန်းမှာအသုံးစရိတ်များပါတယ်။／ Lumalaki ang gastos sa katapusan at simula ng taon.)

㉙ □ 無駄遣い (membazir／အသုံးအဖြုန်း၊သုံးဖြုန်း／ mag-aksaya ng pera)
む だ づか

▶ これ、前に買ったのとほとんど同じじゃない? また無駄遣いして。
まえ か　　　　　　　　　　おな

(Bukankah ini lebih kurang sama dengan apa yang saya beli sebelum ini? Kamu membazir lagi.／ ဒီဟာ၊ အရင်ကဝယ်ထားတာနဲ့ လုံးဝနီးပါးမတူဘူးလား? သုံးဖြုန်းဖြုန်းပြီ／ Hindi ba ito katulad ng dati mong binili? Nag-aaksaya ka na naman ng pera.)

㉚ □ 経費 (perbelanjaan (syarikat)／အသုံးစရိတ်／ gastos)
けい ひ

▶ 会社から、なるべく経費を抑えるように言われている。
かいしゃ　　　　　　　けいひ　おさ　　　　　　い

(Saya diberitahu oleh syarikat untuk mengurangkan kos sebanyak yang mungkin.／ ကုမ္ပဏီကနေ၊ တတ်နိုင်သလောက်အသုံးစရိတ်နည်းအောင်လုပ်ပါလို့ဆိုပါတယ်။／ Nagsabi ang kompanya sa aming kung maaari, bawasan namin ang mga gastos namin.)

㉛ □ コスト (kos／ကုန်ကျစရိတ်／ halaga)

▶ 材料にコストがかかりすぎている。
ざいりょう

(Kos bahan terlalu tinggi.／ကုန်ကြမ်းပစ္စည်းမှာကုန်ကျစရိတ်များလွန်းနေတယ်။／ Masyadong mataas ang halaga ng materyales.)

▶ もう少しコストを抑えよう。
すこ　　　　　　おさ

(Mari cuba kurangkan kos sedikit lagi.／ကုန်ကျစရိတ်ကိုနောက်ထပ်နည်းနည်းလျှော့ကြရအောင်။／ Bawasan pa natin ang gastos natin nang kaunti.)

㉜ □ 領収書 (resit／ငွေလက်ခံဖြတ်ပိုင်း／ resibo)
りょうしゅうしょ

㉝ □ 資本 (dana／မတည်ငွေ၊အရင်းအနှီး／ puhunan)
し ほん

▶ 会社を大きくしていくには、まず資本が必要です。
かいしゃ　おお　　　　　　　　　　　　ひつよう

(Untuk mengembangkan syarikat, anda memerlukan dana terlebih dahulu.／ ကုမ္ပဏီကိုကြီးထွားစေဖို့အတွက်၊ ပထမဦးဆုံးအရင်းအနှီးလိုတယ်။／ Para palakihin ang kompanya, kailangan muna ng puhunan.)

▷ 資本金、社会資本、「体が資本」
きん　しゃかい　　　　からだ

(modal, modal sosial, "kesihatan adalah modal"／ မတည်ငွေမှုရှသောက်အုံအရင်းအနှီး၊ 「ကိုယ်(စွမ်းအား)အရင်းအနှီး」／ capital, social capital, "Ang pagiging malusog ng katawan ay kayamanan.")

天気・天候 11

お金 12

服・くつ 13

数量・程度 14

趣味・娯楽・スポーツ 15

体 16

健康・病気 17

地球・自然 18

事務用品 19

仕事・作業 20

❸❹ □ 資金 (しきん) (modal ／ မတည်ငွေ ／ pondo)

▶ 開店資金に、あと100万円ほど必要です。
かいてん　　　　　まんえん　　ひつよう

(Kira-kira 1 juta yen diperlukan sebagai modal pembukaan kedai. ／
ဆိုင်ဖွင့်ဖို့မတည်ငွေအတွက် နောက်ထပ်ယန်းသောင်း 100 လောက်လိုတယ်။ ／ Kailangan ko pa ng 1 milyong yeng pondo para magbukas ng tindahan.)

❸❺ □ 収入 (しゅうにゅう) (pendapatan ／ ဝင်ငွေ ／ kita)

▶ 毎月の収入はどれくらいですか。
まいつき

(Berapakah jumlah pendapatan bulanan kamu? ／ လစဉ်ဝင်ငွေက ဘယ်လောက်လဲ။ ／ Mga magkano ang kinikita mo buwan-buwan?)

❸❻ □ 支出 (ししゅつ) (perbelanjaan ／ အသုံးစရိတ် ／ gastos)

▶ 収入はあまり変わらないのに、支出はちょっとずつ増えている。
しゅうにゅう

(Pendapatan tidak banyak berubah, tetapi perbelanjaan meningkat sedikit demi sedikit. ／
ဝင်ငွေကသိပ်အပြောင်းအလဲမရှိပေမဲ့ အသုံးစရိတ်ကတဖြည်းဖြည်းများလာတယ်။ ／ Hindi nagbabago ang kita ko, pero unti-unting dumarami ang gastos ko.)

❸❼ □ 会費 (かいひ) (yuran keahlian ／ အသင်းကြေး ／ fee)

▷ パーティーの会費、年会費
ねん

(bayaran jamuan, yuran keahlian tahunan ／ ပါတီပွဲကြေး၊ နှစ်စဉ်အသင်းကြေး ／ party fee, annual membership fee)

❸❽ □ 回数券 (かいすうけん) (tiket kopun ／ ကူပွန်လက်မှတ် ／ coupon ticket)

▶ 何回も乗るなら、回数券の方が得だよ。
なんかい　の　　　　　　　　　　ほう　とく

(Jika kamu naik berulang kali, tiket kopun lebih menjimatkan. ／
အကြိမ်ကြိမ်မီးမယ်မယ်ဆိုရင်၊ကူပွန်လက်မှတ်ကသက်သာတယ်။ ／ Kung madalas kang sumasakay, mas mura kung gagamit ka ng coupon ticket.)

❸❾ □ 賞金 (しょうきん) (wang hadiah ／ ဆုငွေ ／ premyong pera)

▶ 優勝したら、賞金がもらえるそうだよ。
ゆうしょう

(Sekiranya anda menang, anda akan mendapat wang hadiah. ／ ဗိုလ်စွဲရင်၊ဆုငွေရမယ်လို့ဆိုတယ်။ ／ Kapag mananalo ka, makakatanggap ka ng premyong pera.)

▷ 賞金を獲得する (かくとく) (memenangi wang hadiah ／ ဆုငွေကိုရယူသည် ／ tumanggap ng premyong pera)

服・くつ
ふく

(Pakaian, Kasut／အဝတ်အစား၊ ဖိနပ်／
Damit, Sapatos)

❶ ☐ **衣服** (pakaian／အဝတ်အစား／ damit)
い ふく

▶ 住む家も衣服も、当時と今とでは全く異なる。
す いえ とうじ いま まった こと

(Kediaman dan pakaian sekarang berbeza sekali berbanding dengan dahulu.／
နေအိမ်ကော အဝတ်အစားကော အဲဒီတုန်းကနဲ့ အခုလုံးဝ ခြားနားတယ်။／ Ibang-iba ang bahay na tinirhan ko at mga damit ko noon at ngayon.)

❷ ☐ **格好** (kelihatan, pakaian／ပုံ၊ ပုံပန်း／ itsura, damit)
かっこう

▶ 結婚式にはどんな格好で行けばいいんだろう。
けっこんしき

(Apa jenis pakaian yang harus saya pakai untuk majlis perkahwinan?／
မင်္ဂလာပွဲကို ဘယ်ပုံနဲ့ သွားရင်ကောင်းမလဲ／ Ano kayang damit ang isusuot ko sa kasal?)

❸ ☐ **かっこいい** (bergaya, kacak／သားနားသည်၊ ကြည့်ကောင်းသည်／ maganda, guwapo)

▷ かっこいい車、かっこいい男の人
くるま おとこ ひと

(kereta yang bergaya, lelaki kacak／သားနားတဲ့ မော်တော်ကား၊ ကြည့်ကောင်းတဲ့ အမျိုးသား／ magandang kotse, guwapong lalaki)

❹ ☐ **かっこ悪い** (tidak lawa, buruk／ကြည့်မကောင်း／ hindi maganda)
わる

▶ みんなの前で恥をかいて、かっこ悪かった。
まえ はじ

(Saya memalukan diri di hadapan semua orang, kelihatan hodoh.／
အားလုံးရဲ့ရှေ့မှာ အရှက်ရပြီး ကြည့်မကောင်း ရှုမကောင်း ဖြစ်ခဲ့တယ်။／ Napahiya ako sa harap ng lahat at hindi ito maganda.)

❺ ☐ **和服** (pakaian Jepun／ ဂျပန်ရိုးရာ ဝတ်စုံ／ Japanese clothes)
わ ふく

▶ 和服の似合う女性になりたいです。
に あ じょせい

(Saya mahu menjadi wanita yang sesuai memakai pakaian Jepun.／ ကီမိုနိုနဲ့ လိုက်တဲ့ အမျိုးသမီး ဖြစ်ချင်တယ်။
／ Gusto kong maging babaeng babagayan ng Japanese clothes.)

6 □ 寝巻き/寝間着 (baju tidur／ညအိပ်အဝတ်အစား／ damit na pantulog)
ねまき ねまき

> 怠け者だから、休みの日は寝巻きのまま過ごすこともあります。
なま もの やす ひ す

(Oleh kerana malas, saya kadang-kadang memakai baju tidur sepanjang hari cuti.／
လူပျင်းမို့လို့နားရက်မှာလည်းညအိပ်အဝတ်အစားနဲ့နေတာလည်းရှိတယ်။／ Dahil sa tamad ako, nakapantulog na damit lang ako kung araw ng bakasyon.)

7 □ エプロン (apron／ ရှေ့ဖုံးခါးစည်း／ apron)

8 □ 長袖 (lengan panjang／ လက်ရှည်／ mahabang manggas, long-sleeved)
ながそで

9 □ 半袖 (lengan pendek／ လက်တို／ short-sleeved)
はんそで

10 □ フリーサイズ (saiz bebas／ ဖရီးဆိုက်／ one size fits all)

> これはフリーサイズだから、小さすぎるってことはないと思うよ。
ちい おも

(Ini saiz bebas, tidak mungkin terlalu kecil.／ဒီဟာဖရီးဆိုက်ဖြစ်လို့ သေးလွန်းတယ်ဆိုတာမရှိဘူးလို့ထင်တယ်။／ One size fits all ito, kaya sa palagay ko hindi ito masyadong maliit.)

11 □ 襟 (kolar／ ကော်လာ／ kuwelyo)
えり

> 襟をきちんとして。かっこ悪いよ。
わる

(Betulkan kolar kamu. Nampak hodoh.／ကော်လာကိုသပ်သပ်ရပ်ရပ်လုပ်ပါ။ ကြည့်လို့မကောင်းဘူး။／ Ayusin mo ang kuwelyo mo. Hindi ito maayos.)

12 □ スカーフ (skarf, selendang／ ပဝါ／ scarf)

13 □ 生地 (kain, bahan／ ပိတ်သား၊အထည်၊~သား／ tela)
きじ

> 余った生地で、お弁当を入れる袋を作った。
あま べんとう い ふくろ つく

(Saya membuat beg kotak bento menggunakan sisa kain.／
ပိုတဲ့ပိတ်သားနဲ့ ထမင်းဘူးထည့်တဲ့အိတ်ကိုလုပ်တယ်။／ Gumawa ako ng bag para lalagyan ng baon ko, gamit ang natirang tela.)

▷ ピザの生地 (doh pizza／ ပီဇာရဲ့မုန့်သား／ pizza dough)

⓮ □ ハンドバッグ (beg tangan／လက်ကိုင်အိတ်／handbag)

⓯ □ 化粧品 (kosmetik／အလှကုန်／cosmetics)
け しょうひん

⓰ □ 下駄 (terompah kayu／ခြေဖိနပ်／Japanese wooden clog)
げ た

⓱ □ 下駄箱 (almari kasut／ဖိနပ်စင်၊ဖိနပ်ဗီရို／shoe rack, lalagyan ng sapatos)
げ た ばこ

▶ うちの下駄箱は、上の２つの棚が私（わたし）用で、あとは全部、彼女が使って
　　　　　　うえ　　　　たな　　　わたし　よう　　　　　　　ぜん ぶ　かのじょ　つか
います。　　　　　　　　　　　　　※「くつ入れ」も使うが、「下駄箱」のほうがふつう。

(Dua rak atas almari kasut adalah untuk kegunaan saya, yang lain semua adalah kegunaannya.／
ကျွန်တော်တို့အိမ်ရဲ့ဖိနပ်စင်အပေါ်2 ဆင့်က ကျွန်တော့အတွက်ဖြစ်ပြီး၊ ကျန်တဲ့အဆင့်အားလုံးကိုသူမကသုံးနေတယ်။
／Sa shoe rack namin sa bahay, dalawang shelf sa itaas ang gamit ko, at ang lahat na natirang space,
sa girlfriend ko.)

⓲ □ 流行る (trend, popular／ခေတ်စားသည်／mauso)
は や

▶ これ、最近、若い人の間で流行っているんでしょう？
　　　さいきん　わか　ひと　あいだ　はや

(Ini popular di kalangan orang muda kebelakangan ini, bukan?／
ဒီဟာ အခုတလော လူငယ်တွေကြားမှာ ခေတ်စားနေတယ်မဟုတ်လား။／Hindi ba nauso ito sa mga kabataan
kamakailan?)

天気・天候 11

お金 12

服・くつ 13

数量・程度 14

趣味・娯楽・スポーツ 15

体 16

健康・病気 17

地球・自然 18

事務用品 19

仕事・作業 20

UNIT 14

数量・程度
すうりょう　ていど

(Kuantiti, Darjah／အရေအတွက်၊ ပမာဏ／Dami, Antas)

❶ □ やや　(agak, sedikit／နည်းနည်း／medyo)

▶ 値段はやや高めですが、その分、機能が充実しています。
　ね だん　　　たか　　　　　　　ぶん　き のう　じゅうじつ

(Walaupun harga ini agak tinggi, fungsinya lebih lengkap berbanding dengan yang itu.／ဈေးနည်းနည်းကြီးပေမဲ့အဲ့ဒီအတွက်အသုံးချရိုင်ဝတာတွေအပြည့်အဝရှိတယ်။／Medyo mahal ang presyo, pero kompleto ang mga function.)

❷ □ いくぶん（幾分）　(sebahagian, sedikit／နည်းနည်း／medyo, tila)
　　　　　　 いくぶん

▶ 先週よりはいくぶんよくなったけど、まだ完全には治ってません。
　せんしゅう　　　　　　　　　　　　　　　　　　　かんぜん　　なお

(Sudah pulih sedikit berbanding dengan minggu lalu, tetapi masih belum sembuh sepenuhnya.／ပြီးခဲ့တဲ့အပတ်ကထက်နည်းနည်းကောင်းလာပေမဲ့လုံးဝကောင်းတဲ့အထိမပျောက်သေးဘူး။／Medyo mabuti na ang pakiramdam ko kaysa noong isang linggo, pero hindi pa ako lubos na magaling.)

❸ □ いくらか　(sesetengah／နည်းနည်း／kaunti)

▶ 今日、お金を用意してこなかったから、いくらか貸してくれない？
　きょう　かね　ようい

(Saya tidak sediakan wang hari ini, boleh pinjam saya sedikit?／ဒီနေ့ပိုက်ဆံမထည့်ခဲ့လို့ နည်းနည်းချေးပါ။／Hindi ako nagdala ng pera ngayon, kaya puwede mo ba akong pautangin kahit kaunti?)

❹ □ 多少　(sedikit sebanyak／နည်းနည်း／medyo)
　　　 た しょう

▶ 多少遠くてもかまいません。
　　　とお

(Tidak jadi masalah walaupun jauh sedikit.／နည်းနည်းဝေးပေမဲ့လည်းကိစ္စမရှိပါဘူး။／Bale wala sa akin kahit medyo malayo.)

❺ □ ほんの　(hanya (sedikit)／နည်းနည်းလေး／lang)

▶ ほんの数ミリ違うだけで、やり直しです。
　　　　　すう　　ちが　　　　　　　なお

(Cuma berbeza beberapa milimeter sahaja, tetapi kena buat semula.／မီလီမီတာနည်းနည်းလေးလွဲနေပေမဲ့လည်းပြန်ပြင်လုပ်မယ်။／Kahit ilang milimetro lang ang diperensiya, kailangang ayusin.)

❻ □ わずか（な）　(hanya (sedikit)／နည်းနည်းလေး／kaunti, maliit)

▶ 1位と2位の差はわずかだった。
　 い　　 い　さ

(Jurang di antara tempat pertama dan kedua kecil sahaja.／ပထမနဲ့ ဒုတိယ ကွာတာကနည်းနည်းလေးပါ။／Kaunti lang ang diperensiya ng first at second place.)

❼ ☐ 若干 じゃっかん (beberapa, sedikit／အနည်းငယ်／kaunti, ilan)

▶ **若干の汚れはありますが、ほとんど新品です。**
よご しんぴん

(Walaupun ada sedikit kotoran, tetapi hampir sama dengan yang baru.／
အနည်းငယ်ပေနေပေမဲ့ အသစ်နှင့်ပါးပါ။／May kaunting dumi, pero halos bago ito.)

▷ **〈広告〉若干名募集** (<Iklan> Pengambilan kerja untuk beberapa orang／
こうこく めいぼしゅう

(ကြော်ငြာ) လူအနည်းငယ်ခေါ်ခြင်း／(Advertisement) May ilang bakante pa.)

---

❽ ☐ せいぜい (paling (banyak) pun／အလွန်ဆုံးရှိလျ／nang lubusan, pinakamahal)

▶ **安いといっても、せいぜい数百円です。**
やす すうひゃくえん

(Walaupun dikatakan murah, paling mahal pun kena bayar beberapa ratus yen.／
ဈေးသက်သာတယ်ဆိုပေမဲ့အလွန်ဆုံးရှိလျယန်းတစ်ရာနှစ်ရာပါ။／Kahit sabihing mura, aabutin ka rin ng mga ilang libong yen.)

---

❾ ☐ 大量 たいりょう (jumlah besar, banyak／အမြောက်အများ／marami)

▷ **大量の水、大量のゴミ**
みず

(sejumlah besar air, sejumlah besar sampah／ရေမာဏအမြောက်အများ၊ အမှိုက်သရိုက်အမြောက်အများ／maraming tubig, maraming basura.)

---

❿ ☐ 大量に たいりょう (sebilangan besar, banyak／မြောက်မြားစွာ／marami)

▶ **ここには、当時の写真やフィルムが大量に保管されている。**
とうじ しゃしん ほかん

(Sebilangan besar gambar dan filem masa itu disimpan di sini.／ဒီမှာ အဲဒီအခါတုန်းကစာတုံပုံတွေဖလင်တွေကိုမြောက်မြားစွာထိန်းသိမ်းထားလျက်ရှိပါတယ်။／
Marami ritong nakatagong mga retrato at film noong panahong iyon.)

⓫ ☐ 膨大(な) ぼうだい (jumlah besar (maklumat)／များပြားသော／napakarami)

▷ **膨大な資料、膨大なデータ**
しりょう

(bilangan dokumen yang besar, sejumlah besar data／
များပြားသောစာရွက်စာတမ်း၊ များပြားသောအချက်အလက်／napakaraming dokumento, napakaraming data)

⓬ ☐ 莫大(な) ばくだい (jumlah besar (wang, sumber)／ကြီးမားသော)၊ များပြားသော)／
napakarami)

▷ **莫大な費用、莫大な財産**
ひよう ざいさん

(perbelanjaan besar, aset besar／ကြီးမားသောအသုံးစရိတ်၊ ကြီးမားသောပစ္စည်းဥစ္စာပိုင်ဆိုင်မှု／napakaraming
gastos, napakaraming pag-aari)

⓭ ☐ 無数 むすう (tidak terkira banyaknya／မရေမတွက်နိုင်သော၊ အများကြီး／hindi mabilang)

▶ **よく見ると表面に無数の傷があった。**
み ひょうめん きず

(Jika tengok dengan teliti, permukaannya penuh dengan calar.／အသေအချာကြည့်ရင်မျက်နှာပြင်မှာဒဏ်ရာအများကြီးတွေ့တယ်။
／Kung titingnang mabuti, hindi mabilang ang gasgas sa ibabaw.)

天気・天候 11

お金 12

服・くつ 13

数量・程度 14

趣味・娯楽・スポーツ 15

体 16

健康・病気 17

地球・自然 18

事務用品 19

仕事・作業 20

⓮ □ 数え切れない (tidak terkira／မရေတွက်နိုင်／hindi mabilang)

▶ 数え切れないほどの星が見えた。

(Saya nampak bintang yang tidak terkira.／မရေမတွက်နိုင်လောက်တဲ့ကြယ်များကိုမြင်ရတယ်။／Nakita ko ang hindi mabilang na mga bituin.)

⓯ □ 定員 (kapasiti／ကန့်သတ်လူဦးရေ／capacity, kapasidad)

⓰ □ 過半数 (majoriti／တစ်ဝက်ကျော်ကျော်／ang karamihan, ang nakararami)

▶ この案には、出席者の過半数が賛成した。

(Majoriti yang hadir bersetuju dengan cadangan ini.／ဒီအကြံကိုတက်ရောက်သူတစ်ဝက်ကျော်ကျော်ကထောက်ခံတယ်။／Sumang-ayon sa panukalang ito ang nakararami sa mga taong nag-attend.)

⓱ □ 達する (mencapai／ရောက်မီသည်／umabot)

▶ あと少しで貯金が目標金額に達する。

(Saya akan mencapai sasaran simpanan saya sedikit lagi.／စုငွေဟာ နောက်နည်းနည်းဆိုရင်၊ ရည်မှန်းထားတဲ့ငွေပမာဏကိုရောက်မီမယ်။／Kaunti na lang at aabot na ako sa halagang gusto kong ipunin.)

⓲ □ 足る (cukup／လုံလောက်သည်／kumasya, maging sapat)

▶ 彼女は、信頼に足る人物です。

(Dia adalah seorang yang cukup dipercayai.／သူမဟာ၊ ယုံကြည်အားကိုးဖို့လုံလောက်သူဖြစ်တယ်။／Isa siyang taong mapapagkatiwalaan at maaasahan.)

⓳ □ 満員 (penuh／လူပြည့်သည်／puno)

▶ 満員だから、次の電車にしましょう。

(Sudah penuh, mari kita naik kereta api yang seterusnya.／လူပြည့်နေလို့၊ နောက်ရထားစီးကြရအောင်။／Puno na, kaya sumakay na lang tayo sa susunod na tren.)

⓴ □ 過剰(な) (berlebihan／လွန်ကျွန်(သော)／labis, lubha)

▶ いくら栄養があるといっても、過剰にとるのはよくない。

(Tidak kira seberapa berkhasiat, pengambilan yang berlebihan adalah tidak bagus.／ဘယ်လောက်ပဲအာဟာရရဲတာတ်ရရှိတယ်ပြောပြော၊ အလွန်အကျွံစားသုံးတာမကောင်းဘူး။／Kahit sabihing masustansya ito, hindi mabuting lumabis sa pag-inom nito.)

㉑ □ 余り (baki／အပိုၞ အပိုအလျှံ／natira)

▶「余りはどうしますか」「もう使わないから捨ててくれる?」

73

("Apa yang akan kamu buat dengan baki ini?" "Saya tidak akan menggunakannya, boleh tolong buang?"／「何たらないでいくんかこれで残り」 「もういらないのでいくん捨ててくれる？」／ "Ano ang gagawin natin sa natira?" "Hindi na natin ito gagamitin, kaya itapon mo na lang.")

㉒ □ **余分(な)** (tambahan, berlebihan／ ပို(သော)၊ ပိုလျှံ(သော)／ sobra)
　　よ ぶん

　▶ **余分な油は拭き取ってください。**
　　　 あぶら　 ふ　　と

　　(Sila lap minyak yang berlebihan.／ပိုလျှံတဲ့ဆီကိုသုတ်ပစ်လိုက်ပါ။／ Pakipunasan mo ang sobrang mantika.)

　▷ 類 **余計、余り**
　　　　 よ けい　 あま

　　((benda yang) tidak perlu, sisa／အပို၊ အပိုအလျှံ／ sobra, natira)

㉓ □ **余裕** (lebihan, margin／ ချောင်လည်ခြင်း／ palugit, sobra)
　　よ ゆう

　▶ **今忙しくて、ほかのことをする余裕がない。**
　　　いま いそが

　　(Saya sibuk, tidak mampu buat perkara lain sekarang.／အလုပ်များလို့ တခြားကိစ္စလုပ်ဖို့မချောင်ဘူး။／ Masyado akong bisi ngayon at wala akong panahon para sa ibang bagay.)

　▶ **ちょうどじゃなく、2センチくらい余裕があったほうがいい。**

　　(Baik ada margin lebih kurang 2 cm, bukannya tepat.／အတိအကျမဟုတ်ပဲ၊ 2 စင်တီမီတာလောက်အပိုရှိထားရင်ကောင်းမယ်။／ Mas mabuting maglagay ka ng palugit na 2 sentimetro, sa halip na eksakto.)

㉔ □ **分量** (kuantiti／ ပမာဏ／ halaga, dami, laki)
　　ぶんりょう

　▶ **ちょっと味が薄いなあ。何か分量を間違えたみたい。**
　　　 あじ うす　　 なに　 まちが

　　(Rasa agak tawar. Nampaknya saya silap kuantiti.／အရသာနည်းနည်းပေါ့တယ်။ ပမာဏတစ်ခုခုများသွားပုံရတယ်။／ Medyo matabang. Nagkamali yata sila sa paglalagay ng dami ng mga sangkap.)

㉕ □ **目安** (anggaran, standard／ ခံဝိစံနှာ့နာစံချိန်／ pamantayan, sukatan)
　　め やす

　▶ **カバーは半年を目安に交換してください。**
　　　　　 はんとし　　こうかん

　　(Sebagai standard, sila tukar penutupnya setiap enam bulan.／အဖုံးကို နှစ်ဝက်ကိုစံထားပြီးလဲလှယ်ပါ။／ Palitan ninyo ang takip tuwing kalahating taon.)

㉖ □ **推定(する)** (menganggar／ ခန့်မှန်း(သည်)／ kalkulahin, tantiyahin)
　　すいてい

　▶ **このような若者が、全国で推定200万人いると言われる。**
　　　　　　 わかもの　　 ぜんこく　　　　 まんにん　　 い

　　(Saya dengar bahawa bilangan anggaran anak muda seperti ini di seluruh negara adalah 2 juta orang. ／ဒီလိုလူငယ်တွေဟာတစ်နိုင်ငံလုံးမှာ ခန့်မှန်းခြေ အယောက် 200 ရှိတယ်လို့ဆိုပါတယ်။　／ May tinatayang mga 2 milyong ganitong kabataan sa buong bansa.)

㉗ □ **大半** (sebahagian besar, kebanyakannya／ တစ်ဝက်ကျော်／ karamihan)
　　たいはん

　▶ **彼女は給料の大半を洋服に使っているそうです。**
　　　かのじょ きゅうりょう　　　　 ようふく つか

天気・天候 11

お金 12

服・くつ 13

数量・程度 14

趣味・娯楽・スポーツ 15

体 16

健康・病気 17

地球・自然 18

事務用品 19

仕事・作業 20

(Saya dengar bahawa dia menghabiskan sebahagian besar gajinya untuk membeli pakaian.／သူမဟာလခရဲ့တစ်ဝက်ကျော်ကိုအဝတ်အစားအတွက်သုံးနေတယ်လို့ဆိုပါတယ်။／Ginagastos niya ang karamihan ng suweldo niya sa damit.)

❷❽ □ 大分 (jauh lebih／တော်တော်၊အတော်／masyado)
だいぶ／だいぶん

▶「体調はどうですか」「おかげさまで大分よくなりました」
たいちょう

("Bagaimana keadaan badan sekarang?" "Terima kasih, sudah jauh lebih baik."／「ကျန်းမာရေးအခြေအနေဘယ်လိုလဲ」「ပို့သဲ့မေတ္တာကြောင့်တော်တော်ကောင်းလာပါပြီ」／"Kumusta ang pakiramdam mo?" "Sa awa ng Diyos mabuting mabuti na ako.")

❷❾ □ 増す (bertambah／တိုးပွားသည်၊ ပိုများလာသည်／dagdagan)
ま

▶チーズを加えたら、おいしさが増した。
くわ

(Ia akan menjadi lebih enak jika menambah keju.／ဒိန်ခဲကိုပေါင်းထည့်လိုက်လို့၊ အရသာပိုကောင်းလာတယ်။／Kung dadagdagan ng keso iyan, lalong sasarap.)

❸❿ □ 増大(する) (meningkat, membesar／ကြီးပွား(သည်)၊တိုးပွား(သည်)／dumami, lumaki)
ぞうだい

▷負担の増大、機会の増大
ふたん　　　きかい

(beban bertambah, peluang meningkat／ဝန်ထုပ်ဝန်ပိုးတိုးလာခြင်း၊ အခွင့်အလမ်းတိုးလာခြင်း／pagdami ng responsibilidad, pagdami ng oportunidad)

❸❶ □ 急増(する) (meningkat dengan cepat／လျင်မြန်စွာတိုးပွားလာ(သည်)／biglang dumami)
きゅうぞう

▶近年、ネットに関するトラブルが急増している。
きんねん　　　　　　かん

(Dalam beberapa tahun kebelakangan ini, masalah berkaitan internet meningkat dengan cepat.／အခုနှစ်လေး၊ အင်တာနက်နဲ့ပတ်သက်တဲ့ပြဿနာတွေလျင်မြန်စွာတိုးလာတယ်။／Kamakailan, biglang dumami ang mga problema tungkol sa internet.)

❸❷ □ 激増(する) (meningkat secara mendadak／အလွန်တိုးပွားလာ(သည်)／biglang dumami)
げきぞう

▶この10年間で高齢者が激増している。
ねんかん　こうれいしゃ

(Bilangan orang tua telah meningkat secara mendadak dalam 10 tahun ini.／ဒီ10 နှစ်အတွင်း၊ သက်ကြီးရွယ်အိုတွေအလွန်တိုးပွားလျက်ရှိတယ်။／Biglang dumami ang mga matatanda sa loob ng sampung taong ito.)

❸❸ □ 激減(する) (menurun secara mendadak／အလွန်ကျဆင်းလာ(သည်)／biglang mabawasan, biglang naging kaunti)
げきげん

▶ワクチンの普及により、患者数は激減した。
ふきゅう　　　　かんじゃすう

(Dengan penyebaran vaksin, jumlah pesakit menurun secara mendadak.／ကာကွယ်ဆေးထိုးမှုကျယ်ပြန့်လာလို့ လူနာဦးရေအလွန်ကျဆင်းလာတယ်။／Biglang nabawasan ang mga pasyente dahil sa paglaganap ng bakuna.)

㉞ □ 横ばい (stabil, tidak berubah／အတက်အကျမရှိ၊တန်းနေသည်／ mamalaging pareho)
　よこ

▶ 売上は、ここ数年、横ばいです。
　うりあげ　　　　　すうねん

(Penjualan agak stabil dalam beberapa tahun ini.／အရောင်းဟာ၊ ဒီနှစ်အနည်းငယ်မှာ အတက်အကျမရှိဘူး။／
Namalaging pareho ang sales nitong nakaraang ilang taon.)

㉟ □ 上昇(する) (meningkat／～ တက်(သည်)／ tumaas)
　じょうしょう

▷ 気温の上昇、物価が上昇する
　きおん　　　　ぶっか

(kenaikan suhu, kenaikan harga／လေအပူချိန်မြင့်တက်၊　ကုန်ဈေးနှုန်းမြင့်တက်သည်။／ pagtaas ng
temperature, tumaas ang presyo ng bilihin)

㊱ □ 下降(する) (menurun／ကျဆင်း(သည်)၊နည်းလာ(သည်)／ bumaba, bumagsak)
　かこう

▷ 景気の下降、人気が下降する
　けいき　　　　にんき

(kemerosotan ekonomi, populariti menurun／စီးပွားရေးအခြေအနေကျဆင်း၊ လူကြိုက်နည်းလာသည်／
pagbagsak ng negosyo, bumagsak ang popularidad)

㊲ □ 大小 (besar dan kecil, saiz／အကြီးအငယ်／ laki, size)
　だいしょう

▶ 研修所では、大小さまざまな部屋を使うことができた。
　けんしゅうじょ　　　　　　　　　へや　つか

(Kami dapat menggunakan pelbagai bilik dengan saiz yang berbeza di pusat latihan.／
သုတေသနဌာနမှာ အခန်းအကြီးအငယ်အမျိုးမျိုးကိုသုံးနိုင်တယ်။／ Nakagamit kami ng iba't ibang size na
kuwarto sa training center.)

㊳ □ 規模 (skala／စကေး၊အတိုင်းအတာ／ scale, saklaw)
　きぼ

㊴ □ 大規模(な) (berskala besar／အကြီးစား／ large-scale)
　だいきぼ

▷ 大規模な工事 (pembinaan berskala besar／အကြီးစားဆောက်လုပ်ရေးလုပ်ငန်း／ malakihang
　　　　　こうじ
construction)

㊵ □ 小規模(な) (berskala kecil／အငယ်စား／ small-scale)
　しょうきぼ

㊶ □ 程度 (darjah, tahap／ပမာဏ／ degree, antas)
　ていど

▶ けがの程度によっては、手術の可能性もある。
　　　　　　　　　　しゅじゅつ　かのうせい

(Bergantung pada tahap kecederaan, pembedahan mungkin diperlukan.／
ဒဏ်ရာပမာဏပေါ်မူတည်ပြီး၊ ခွဲစိတ်ကုသမှုလည်းရှိနိုင်တယ်။／ Depende kung gaano kalala ang sugat, maaaring
kailanganin ang operasyon.)

㊷ □ 平均(する) (purata／ပျမ်းမျှ(အားဖြင့်)／ mag-average)
　へいきん

▶ 平均してひと月に3冊くらい本を読みます。
　へいきん　　　つき　さつ　　　ほん　よ

(Secara purata, saya membaca kira-kira 3 buku dalam sebulan.／
ပျမ်းမျှအားဖြင့်တစ်လကို စာအုပ် 3 အုပ်ဖတ်ပါတယ်။／ Bumabasa ako ng tatlong libro sa isang buwan, bilang average.)

天気・天候 11

お金 12

服・くつ 13

数量・程度 14

趣味・娯楽・スポーツ 15

体 16

健康・病気 17

地球・自然 18

事務用品 19

仕事・作業 20

UNIT 15

趣味・娯楽・スポーツ
しゅみ　　ごらく

(Hobi・Rekreasi・Sukan／ဝါသနာ၊ဖျော်ဖြေရေး၊အားကစား／ Hobby, Libangan, Sports)

❶ □ 鑑賞(する)　(menikmati (mendengar, menonton)／ကြည့်(သည်)၊ရှုစား(သည်)／ mag-enjoy, matuwa)
　　 かんしょう

　▷〈履歴書の「趣味」欄などで〉音楽鑑賞、映画鑑賞
　　 りれきしょ　　しゅみ　　らん　　　　　　おんがく　　　　えいが

　　(<Ruang hobi dalam resume> mendengar muzik, menonton wayang／
　　(ကိုယ်ရေးနောက်ကြောင်းစ၏ 「ဝါသနာ」 ကော်လံစသည်တို့တွင်) ဂီတပွဲကြည့်ခြင်း၊ရုပ်ရှင်ကြည့်ခြင်း／ (Nakasulat sa
　　"Hobbies" section sa resume) pakikinig ng music, panonood ng sine)

❷ □ 上映(する)　(menayangkan／ရုံတင်ပြသ(သည်)／ ipalabas ang pelikula)
　　 じょうえい

　▶この映画は、現在、5つの映画館で上映されている。
　　　 えいが　　　げんざい　　　　　　えいがかん　　じょうえい

　　(Filem ini sedang ditayangkan di 5 pawagam.／ဒီရုပ်ရှင်ဟာအခုရုပ်ရှင်ရုံ 5 ရုံမှာ ရုံတင်ပြသနေတယ်။／
　　Ipinalalabas ang pelikulang ito ngayon sa limang sinehan.)

❸ □ 生け花　(gubahan bunga Ikebana／ပန်းအလှပြင်／ ikebana flower arrangement)
　　 い　ばな

　▷生け花を習う、生け花教室
　　 い　ばな　なら　　い　ばな きょうしつ

　　(belajar Ikebana, kelas Ikebana／ပန်းအလှပြင်ကိုသင်ယူ၊ ပန်းအလှပြင်သင်တန်းခန်း／ mag-aral ng ikebana,
　　ikebana class)

❹ □ 作法　(tatatertib, etika／အမူအကျင့်ကျင့်ဝတ်／ asal, kaugalian)
　　 さほう

　▶国によって、食事のときの作法が全然違うね。
　　 くに　　　　　しょくじ　　　　　さほう　　ぜんぜんちが

　　(Tatatertib makan berbeza mengikut negara.／
　　နိုင်ငံပေါ်မူတည်ပြီး၊ စားသောက်တဲ့အမူအကျင့်က လုံးဝခြားနားတယ်နော်။／ Depende sa bansa, ibang-iba ang
　　kaugalian ng mga tao kapag kumakain)

❺ □ 習字　(latihan kaligrafi／လက်ရေးလှလေ့ကျင့်ခြင်း／ sulat)
　　 しゅうじ

❻ □ 稽古(する)　(berlatih／လေ့ကျင့်(သည်)／ magpraktis, magsanay)
　　 けいこ

　▶週に2回、空手の稽古があります。
　　 しゅう　かい　からて　　けいこ

　　(Saya ada latihan Karate dua kali seminggu.／တစ်ပတ်တွင် 2 ကြိမ်၊ ကာရာတေး လေ့ကျင့်တာရှိတယ်။／
　　May praktis ako ng karate dalawang beses sa isang linggo.)

❼ □ 俳句 (puisi Haiku／ကဗျာတို／ haiku poetry)
_{はい く}

❽ □ 絵(の)具 (pewarna lukisan／ပန်းချီဆေး／ paint, coloring material)
_{え ぐ}

❾ □ 囲碁 (catur Go／ဂျပန်ကျားစေ့／ go)
_{い ご}

▷ 碁を打つ (main catur Go／ကျားစေ့ကစားသည်／ maglaro ng go, mag-go)
_う

❿ □ 将棋 (catur Jepun／ဂျပန်စစ်တုရင်／ Japanese chess)
_{しょう ぎ}

▷ 将棋を差す (main catur Jepun／ဂျပန်စစ်တုရင်ရွှေသည်／ maglaro ng Japanese chess)
_さ

⓫ □ トランプ (kad poker／ဖဲကစားကဒ်／ baraha)

⓬ □ 占う (menilik nasib／ဟောဒင်ဟောသည်／ manghula)
_{うらな}

▶「この人の占いはよく当たるらしいね」「へー、私も占ってほしいな」
_{ひと あ わたし}

("Tukang tilik nasib ini sangat tepat kononnya." "Betulkah? Saya pun ingin dia menilik saya."／
「ဒီလူရဲ့ဗေဒင်တော်တော်မှန်တယ်ဆိုပဲ」「ဟယ်ကျွန်မလည်းဗေဒင်မေးချင်တယ်」／ " Madalas daw magkatotoo
ang hula ng manghuhulang ito." "Ay, gusto ko ring magpahula.")

⓭ □ 占い (tilik nasib／ဗေဒင်／ hula, panghuhula)
_{うらな}

▶「占いは信じるほうですか」「全部じゃないけど、少しは」
_{しん ぜん ぶ すこ}

("Adakah kamu percaya tilik nasib?" "Bukan semua, tetapi sedikit."／
「ဗေဒင်ကိုယုံသလား」「အားလုံးမဟုတ်ပေမဲ့နည်းနည်းတော့」 ／ "Ikaw ba yung taong naniniwala sa hula?"
"Hindi sa lahat, pero naniniwala ako nang kaunti.")

▷ 星占い (horoskop／နက္ခတ်ဗေဒင်／ horoscope)
_{ほし}

⓮ □ 園芸 (berkebun／ဥယျာဉ်စိုက်ပျိုးရေး／ gardening)
_{えんげい}

▶ 狭い庭だけど、父は趣味の園芸を楽しんでいる。
_{せま にわ ちち しゅ み たの}

(Walaupun halaman rumah kecil, ayah saya gemar berkebun sebagai hobi.／
ဥယျာဉ်ကကျဉ်းကျဉ်းလေးပေမဲ့အဖေဝါသနာပါဥယျာဉ်စိုက်ပျိုးရေးမှာပျော်ရွှင်နေတယ်။／ Maliit lang ang garden
namin, pero nag-eenjoy ang tatay kong mag-garden bilang hobby.)

天気・天候 11
お金 12
服・くつ 13
数量・程度 14
趣味・娯楽・スポーツ 15
体 16
健康・病気 17
地球・自然 18
事務用品 19
仕事・作業 20

❶❺ ☐ 栽培（する） (menanam／စိုက်ပျိုး(သည်)／ pagtatanim)
　　さいばい

▶ 今度、郊外の土地をちょっと借りて、野菜を栽培してみようと思います。
　こんど　こうがい　とち　　　　　　　　　　や さい　　　　　　　　　　　　おも

(Lain kali, saya akan menyewa sedikit tanah di pinggir bandar untuk menanam sayur-sayuran.／
နောက်နောင်မှာ၊ မြို့ဆင်ခြေဖုံးမှာမြေကွက်နည်းနည်းငှားပြီး စိုက်ပျိုးရေးလုပ်ကြည့်မလားလို့စဉ်းစားနေတယ်။／ Iniisip
kong umupa ng lupa sa suburb at magtanim ng gulay doon.)

❶❻ ☐ コレクション（する） (mengumpul koleksi／စုဆောင်း(သည်)／ mangolekta)

▶ このレコードは、私のコレクションの中でも特に貴重なものです。
　　　　　　　　　わたし　　　　　　　　　　なか　　　とく　き ちょう

(Piring hitam ini adalah piring yang terutama berharga dalam koleksi saya.／
ဒီကွတ်အချိုးဟာ၊ ကျွန်မရဲ့စုဆောင်းပစ္စည်းတွေထဲမှာ၊ အထူးအဖိုးတန်ပစ္စည်းပါ။／ Masyadong mahalaga ang rekord
na ito sa record collection ko.)

❶❼ ☐ レクリエーション (rekreasi／အပန်းဖြေ／ libangan, recreation)

▶ 今度の研修、4日間もあるから、何かレクリエーションも必要だね。
　こんど　けんしゅう　か かん　　　　　　　なに　　　　　　　　　　　　ひつよう

(Latihan kali ini akan berlangsung selama 4 hari, kita perlu berekreasi.／
နောက်လာမယ့်သင်တန်းက 4 ရက်တောင်ရှိတာမို့၊ အပန်းဖြေစရာတစ်ခုခုလည်းလိုမှမယ်။／ Apat na araw ang
susunod naming training, kaya kailangan ng kahit kaunting libangan.)

❶❽ ☐ 海水浴 (mandi laut／ပင်လယ်ရေချိုးခြင်း／ paliligo sa dagat)
　　かいすいよく

▷ 海水浴に行く (pergi mandi laut／ပင်လယ်ရေချိုးဖို့သွားမယ်／ pumunta sa dagat para maligo)
　　　　　い

❶❾ ☐ 泳ぎ (berenang／ရေကူးခြင်း／ paglangoy, swimming)
　　およ

▶ うちの犬のほうが、私よりずっと泳ぎが上手です。
　　　いぬ　　　　　　わたし　　　　　　およ　　じょうず

(Anjing saya jauh lebih pandai berenang berbanding dengan saya.／
ကျွန်တော့်ခွေးကကျွန်တော့်ထက်အများကြီးရေကူးတော်တယ်။／ Mas mahusay lumangoy ang aso namin kaysa
sa akin.)

❷⓪ ☐ 競技（する） (bertanding／အားကစားပြိုင်ဆိုင်(သည်)／ maglaban)
　　きょうぎ

▶ 今度のアジア大会では、約50種類の競技が行われます。
　こんど　　　　　たいかい　　　やく　　　しゅるい　きょうぎ　おこな

(Kira-kira 50 jenis pertandingan akan diadakan pada Sukan Asia yang akan datang.／
နောက်လာမယ့် အာရှပြိုင်ပွဲမှာ၊ အမျိုး 50 ခန့်ပြိုင်ပွဲကျင်းပမယ်။／ Sa susunod na Asian Games, may gaganaping
mga 50 klase na kompetisyon.)

㉑ □ 観戦（する） (menyaksi／ပြိုင်ပွဲကြည့်(သည်)／ manood)

▶ 今日はスポーツ観戦には最高の天気ですね。

(Cuaca hari ini sangat sesuai untuk menyaksikan sukan.／
ဒီနေ့ဟာ အားကစားပြိုင်ပွဲကြည့်ဖို့အတွက် အကောင်းဆုံးရာသီဥတုပဲနော်။／ Maganda ang panahon ngayon para manood ng sports.)

㉒ □ コート (gelanggang／(ကစား)ကွင်း／ court)

▶ 午後からテニスをするんだったら、コートを予約しておかないと。

(Sekiranya anda ingin bermain tenis pada waktu petang, anda perlu menempah gelanggang.／
မွန်းလွဲပိုင်းကနေ တင်းနစ်ကစားမယ်ဆိုရင် ကွင်းကိုကြိုတင်စာရင်းသွင်းထားရမယ်။／ Kailangang magpareserba ng court, kung maglalaro kayo ng tennis sa hapon.)

㉓ □ ラケット (raket／ဘက်တံ／ racket)

㉔ □ ～対～ (melawan／~ဆန့်~／ versus, laban sa)

▶ イタリア対日本の試合は、明日の夜7時からです。

(Perlawanan antara Itali dan Jepun akan bermula pada pukul 7 malam esok.／
အီတလီနဲ့ဂျပန်ပြိုင်ပွဲက၊ မနက်ဖြန်ည 7 နာရီကနေပါ။／ Bukas mula alas siyete ng gabi ang laro ng Italy versus Japan.)

▶ 2対1でイタリアが勝った。

(Itali menang 2-1.／2 ဂိုး 1 ဂိုးနဲ့ အီတလီကနိုင်တယ်။／ Nanalo ang Italy ng 2-1.)

㉕ □ 番組 (program, rancangan／အစီအစဉ်／ palabas, programa)

▶ 今晩、何か面白そうな番組ある？

(Ada tak program televisyen yang menarik pada malam ini?／
ဒီည၊ စိတ်ဝင်စားစရာကောင်းမယ့် (တီဗွီ)အစီအစဉ်ရှိသလား။／ Mayroon bang magandang palabas sa TV ngayong gabi?)

天気・天候 11

お金 12

服・くつ 13

数量・程度 14

趣味・娯楽・スポーツ 15

体 16

健康・病気 17

地球・自然 18

事務用品 19

仕事・作業 20

UNIT 16

体
からだ
(Anggota badan／ကိုယ်ခန္ဓာ／ Katawan)

❶ □ **額**
ひたい
(dahi／နဖူး／ noo)

▶ 教室の中は暑いのか、額に汗をかいている子もいた。
きょうしつ　なか　あつ　　　　　　ひたい　あせ　　　　　　　　こ

(Beberapa kanak-kanak berpeluh di dahi, mungkin sebab bilik darjah panas.／
စာသင်ခန်းထဲကပူလို့ထင်တယ်၊ နဖူးမှာချွေးထွက်နေတဲ့ကလေးလည်းရှိတယ်။／ Mainit siguro sa loob ng klasrum,
kaya may mga batang pinapawisan ang noo.)

❷ □ 話 おでこ (dahi／နဖူး／ noo)

❸ □ **まぶた** (kelopak mata／မျက်ခွံ／ talukap ng mata)

❹ □ **瞳**
ひとみ
(anak mata／မျက်စိသူငယ်အိမ်／ pupil (ng mata))

❺ □ **頰**
ほお／ほほ
(pipi／ပါး／ pisngi)

▶ 妹は怒るとすぐ頰を膨らませる。
いもうと　おこ　　　　　ほお　ふく

(Adik perempuan meniup pipinya ketika dia marah.／ညီမလေးကစိတ်ဆိုးရင်ချက်ချင်းပါးဖောင်းပြတယ်။／
Namimintog agad ang pisngi ng nakababata kong kapatid na babae kung nagagalit siya.)

❻ □ **あご** (dagu／မေး၊မေးစေ့၊မေးရိုး／ baba)

▷ あごひげ、あごが長い
　　　　　　　　　　なが
(janggut dagu, dagu panjang／မုတ်ဆိတ်မွေး၊ မေးရိုးရှည်တယ်／ balbas,
mahabang baba)

❼ □ **腕**
うで
(lengan／လက်မောင်း／ braso)

❽ □ **脇**
わき
(ketiak, tepi／နံဘေး၊ချိုင်း／ kilikili, gilid)

▶ 車は店の脇に停めました。
くるま　みせ　わき　と

(Kereta berhenti di tepi kedai.／ကားကိုဆိုင်နံဘေးမှာရပ်တယ်။／ Tumigil ang kotse sa gilid ng tindahan.)

❾ ☐ ウエスト (pinggang／ခါး／ baywang)

▶〈試着室(しちゃくしつ)で〉「どう？　ちょっと小(ちい)さい？」「いや、ウエストはちょうどいい」

(<Di bilik tukar baju> “Bagaimana? Sedikit kecil?” “Tidak, pinggang tepat betul.”／(အစမ်းဝတ်ကြည့်ခန်းတွင်) 「ဘယ်လိုလဲ။ နည်းနည်းသေးသလား။」 「ဟင့်အင်း၊ ခါးကအတော်ပဲ」／(Sa dressing room) “Ano sa palagay mo? Medyo maliit ba?” “Hindi, tamang-tama lang sa baywang.”)

❿ ☐ 親指(おやゆび) (ibu jari／လက်မ／ hinlalaki, thumb)

⓫ ☐ 人(ひと)さし指(ゆび) (jari telunjuk／လက်ညှိုး／ hintuturo, index finger)

⓬ ☐ 中指(なかゆび) (jari tengah／လက်ခလယ်／ gitnang daliri, middle finger)

⓭ ☐ 薬指(くすりゆび) (jari manis／လက်သူကြွယ်／ ring finger)

⓮ ☐ 小指(こゆび) (jari kecil／လက်သန်း／ kalingkingan)

⓯ ☐ 肺(はい) (paru-paru／အဆုတ်／ baga)

⓰ ☐ 呼吸(こきゅう)(する) (bernafas／အသက်ရှူ(သည်)／ huminga)

▶目(め)を閉(と)じて、ゆっくりと呼吸をしてください。

(Sila tutup mata dan bernafas perlahan-lahan.／မျက်စိမှိတ်ပြီး၊ ဖြည်းဖြည်းလေးအသက်ရှူပါ။／ Pumikit kayo at dahan-dahan kayong huminga.)

⓱ ☐ 血(ち) (darah／သွေး／ dugo)

▶手(て)、どうしたの？　血が出(で)てるよ。

(Apa yang berlaku pada tangan anda? Berdarah.／လက်၊ ဘယ်လိုဖြစ်တာလဲ။ သွေးထွက်နေတယ်။／ Ano ang nangyari sa kamay mo? Nagdudugo ah.)

⓲ ☐ 血液(けつえき) (darah／သွေး၊သွေးရည်／ dugo)

▶今(いま)、B型(がた)の血液が不足(ふそく)しているそうです。

(Dengarnya darah jenis B tidak cukup sekarang.／အခု၊ သွေးအမျိုးအစား B သွေးကမလုံလောက်ဖူးလို့ဆိုတယ်။／ Kulang daw ng Type B na dugo ngayon.)

天気・天候 11

お金 12

服・くつ 13

数量・程度 14

趣味・娯楽・スポーツ 15

体 16

健康・病気 17

地球・自然 18

事務用品 19

仕事・作業 20

⓳ □ 筋肉
きんにく (otot／ကြွက်သား／ muscle)

▶ 昨日、ちょっと走っただけなんだけど、普段使わない筋肉だから、痛くて痛くて。
きのう　　　　　はし　　　　　　　　　　　ふだんつか　　　きんにく　　　　　　いた

(Saya hanya berlari sedikit semalam tetapi sakit otot. Ini kerana biasanya tidak gunakan otot tersebut. ／မနေ့က၊ နည်းနည်းပြေးခဲ့တာလေးနဲ့၊ ပုံမှန်အားဖြင့်အသုံးမပြုတဲ့ကြွက်သားမို့လို့၊ နာတယ်နာတယ်။／ Kahapon, tumakbo lang ako nang kaunti, pero sumakit ang katawan ko kasi hindi ko karaniwang ginagamit ang mga muscle na ito.)

⓴ □ 全身
ぜんしん (seluruh badan／တစ်ကိုယ်လုံး／ buong katawan)

▶ 子供の時からのアレルギーで、食べると全身がかゆくなるんです。
こども　とき　　　　　　　　　　　　た　　　　ぜんしん

(Ini adalah alahan sejak kecil, seluruh badan saya gatal selepas memakannya.／ ကလေးတုန်းကတည်းကဓာတ်မတည့်တာကြောင့်၊ စားလိုက်ရင်တစ်ကိုယ်လုံးယားလာတယ်။／ Allergy ito mula pa noong bata ako, na kapag kumain ako nito, nangangati ang buong katawan ko.)

㉑ □ 脳
のう (otak／ဦးနှောက်／ utak)

▶ 運動することで、脳の働きも活発になります。
うんどう　　　　　　のう　はたら　　かっぱつ

(Dengan bersenam, fungsi otak akan menjadi cerdas.／ ကိုယ်လက်လှုပ်ရှားခြင်းဖြင့်၊ ဦးနှောက်အလုပ်လုပ်တာလည်းသွက်လာတယ်။／ Dahil sa exercise, nagiging active din ang utak.)

㉒ □ 頭脳
ずのう (otak／ဦးနှောက်／ utak)

▷ 人工頭脳 (otak buatan／ဦးနှောက်တု／ artificial na utak)
じんこう

㉓ □ 体力
たいりょく (daya fizikal／ခွန်အား၊ ကိုယ်အား／ lakas ng katawan)

▶ またちょっとやせたんじゃない？　しっかり食べて体力をつけないと病気になるよ。
た　　　たいりょく　　　　　　びょうき

(Jadi kurus lagi? Kamu akan jatuh sakit jika tidak makan betul-betul untuk menambahkan daya fizikal. ／နည်းနည်းပိန်သွားပြန်ပြီမဟုတ်လား။ သေသေချာချာစားပြီးကိုယ်ခန္ဓာကိုအားမဖြည့်ရင်ရောဂါရလိမ့်မယ်။／ Pumayat ka na naman, ano? Kung hindi ka kakain nang husto at magiging malakas, magkakasakit ka.)

健康・病気
けんこう　びょうき

(Kesihatan, Perubatan／ကျန်းမာရေး၊ ရောဂါ／ Kalusugan, Sakit)

---

❶ □ 痛む
いた
(menjadi sakit／နာသည်／ sumakit)

▶ 寒くなると昔けがをしたところが痛む。
さむ　　　　　むかし

(Apabila cuaca menjadi sejuk, luka lama saya akan menjadi sakit.／
အေးလာရင် ဟိုးအရင်တုန်းကရခဲ့တဲ့ဒဏ်ရာကနာတယ်။／ Kapag lumalamig, sumasakit ang dati kong sugat.)

▷ 痛める ［腰を］ (mencederakan (pinggang)／နာစေတယ် [ခါးကို]／ masaktan ang likod)
こし

---

❷ □ 腫れる
は
(membengkak／ရောင်သည်၊ဖောသည်／ mamaga)

▶ 風邪をひいたみたいで、のどが少し腫れている。
か ぜ　　　　　　　　　　　　すこ

(Saya rasa saya ada selsema, tekak saya bengkak sedikit.／
အအေးမိပုံရတယ်၊ လည်ချောင်းကနည်းနည်းရောင်နေတယ်။／ Parang sinisipon ako, dahil medyo namamaga ang lalamunan ko.)

---

❸ □ 腫れ
は
(bengkak／ရောင်ခြင်း／ pamamaga)

---

❹ □ 花粉症
か ふん しょう
(demam alah／ပန်းဝတ်မှုန်ကြောင့်ရောဂါ／ hay fever)

▶ 花粉症の私には春はつらい季節です。
わたし　　　はる　　　　きせつ

(Bagi orang seperti saya yang berdemam alah, musim bunga adalah musim yang payah.／
ပန်းဝတ်မှုန်ကြောင့်ရောဂါရှိတဲ့ကျွန်တော့်အဖို့၊ နွေဦးရာသီဟာဒုက္ခဝေဒနာခံစားရတဲ့ရာသီပါ။／ Para sa isang katulad ko na may hay fever, mahirap na panahon para sa akin ang spring.)

---

❺ □ くしゃみ
(bersin／ချေခြင်း၊နှာချေခြင်း／ bahin, hatsing)

▶ 急にくしゃみが出て、止まらなくなった。
きゅう　　　　　　　で　　と

(Saya bersin tiba-tiba dan tidak dapat berhenti.／ရုတ်တရက်နှာချေပြီး၊ မရပ်တော့ဘူး။／ Bigla akong bumahin at hindi na ito tumigil.)

---

❻ □ 咳
せき
(batuk／ချောင်းဆိုးခြင်း／ ubo)

▶ 昨日から咳が出て、喉も痛いんです。
きのう　　　せき　で　　のど　いた

(Saya mula batuk sejak semalam dan tekak saya sakit.／
မနေ့ကတည်းကချောင်းဆိုးပြီး၊ လည်းချောင်းလည်းနာနေတယ်။／ Inuubo ako mula kahapon at masakit din ang lalamunan ko.)

天気・天候 11

お金 12

服・くつ 13

数量・程度 14

趣味・娯楽・スポーツ 15

体 16

健康・病気 17

地球・自然 18

事務用品 19

仕事・作業 20

❼ □ 吐き気 (mual／အန်ချင်စိတ်／nasusuka)
　はき

▶頭痛がひどくて、吐き気がするんです。
　ずつう

(Saya mengalami sakit kepala yang teruk dan berasa mual.／ခေါင်းအရမ်းကိုက်လို့၊ အန်ချင်စိတ်ဖြစ်နေတယ်။ ／ Masyadong masakit ang ulo ko at nasusuka rin ako.)

❽ □ 傷あと (parut／အမာရွတ်／peklat)
　きず

▶この傷あとは、ずっと残るんでしょうか。
　　　　　　　　　　のこ

(Adakah parut ini akan kekal selama-lamanya?／ဒီအမာရွတ်ဟာ၊ အမြဲတမ်းထင်ကျန်နေလိမ့်မယ်။／ Matagal bang hindi mawawala ang peklat na ito?)

❾ □ 傷がつく (cedera／ဒဏ်ရာရသည်／masugatan, masaktan)
　きず

▶傷がついたリンゴはちょっと安くなっています。
　　　　　　　　　　　　　　やす

(Epal yang ada kerosakan dijual murah sedikit.／ဒဏ်ရာရှိနေတဲ့ပန်းသီးက ဈေးနည်းနည်းပေါတယ်။／ Naging mura ang mansanas na nalamog.)

❿ □ 傷口 (luka／ဒဏ်ရာ／sugat)
　きずぐち

▶まず、傷口をきれいな水で洗ってください。
　　　　　　　　　　　　みず　あら

(Pertama, basuh luka dengan air bersih.／အရင်ဆုံး၊ ဒဏ်ရာကိုရေနဲ့စင်စင်ဆေးပါ။／ Hugasan muna ninyo ang sugat ng malinis na tubig.)

⓫ □ 重体 (keadaan serius／ဒဏ်ရာပြင်းထန်／malalang kalagayan)
　じゅうたい

▶〈ニュース〉病院に運ばれた乗客のうち、1人が重体とのことです。
　　　　　　びょういん　はこ　　　じょうきゃく　　　ひとり

(<Berita> Salah seorang penumpang yang dibawa ke hospital berada dalam keadaan serius.／(သတင်း) ဆေးရုံခေါ်ပို့ခံတဲ့စီးနင်းလိုက်ပါသူတွေထဲမှတစ်ယောက်က ဒဏ်ရာပြင်းထန်ပါတယ်။／ (Balita) Sa mga pasaherong dinala sa ospital, isa ang may malalang kalagayan.)

⓬ □ けが人 (orang yang cedera／ဒဏ်ရာရသူ／sugatan)
　　　にん

▶〈ニュース〉この事故により、けが人が多数出ているとのことです。
　　　　　　　　　じこ　　　　　　　　たすうで

(<Berita> Ramai orang cedera dalam kemalangan ini.／(သတင်း) မတော်တဆဖြစ်ပွားမှုမှာ၊ ဒဏ်ရာရသူများပါတယ်။／ (Balita) Maraming tao ang nasugatan dahil sa aksidenteng ito.)

⓭ □ 医者にかかる (jumpa doktor／ဆရာဝန်ပြနေသည်／magpatingin sa doktor)
　いしゃ

▶ときどき胃が痛くなるようになって、半年ほど医者にかかっています。
　　　　　い　いた　　　　　　　　　　はんとし

(Kadang-kadang saya mengalami sakit gastrik, sudah berjumpa doktor selama setengah tahun.／တစ်ခါတစ်လေအစာအိမ်ကနာလာလို့၊ နှစ်တစ်ဝက်လောက်ရှိပြီဆရာဝန်ပြနေရတယ်။／ Nagpapatingin ako sa doktor ng kalahating taon na, dahil sumasakit ang tiyan ko paminsan-minsan.)

⑭ ☐ **診察(する)** <ruby>診<rt>しん</rt>察<rt>さつ</rt></ruby> ((doktor) memeriksa／ဆေးစစ်(သည်)／ mag-iksamen, iksaminin)

▷ **診察券(＝診察カード)** <ruby>診<rt>しん</rt></ruby>察券 <ruby>券<rt>けん</rt></ruby> (kad pendaftaran pesakit／ဆေးစစ်လက်မှတ်(= ဆေးစစ်ကဒ်)／ medical registration card)

---

⑮ ☐ **血圧** <ruby>血<rt>けつ</rt>圧<rt>あつ</rt></ruby> (tekanan darah／သွေးတိုး／ blood pressure, presyon ng dugo)

▷ **血圧が上がる、血圧が低い、高血圧の人** <ruby>血<rt>あ</rt></ruby>圧 <ruby>低<rt>ひく</rt></ruby> <ruby>高<rt>こう</rt></ruby>血圧 <ruby>人<rt>ひと</rt></ruby>

(tekanan darah meningkat, tekanan darah rendah, orang yang bertekanan darah tinggi／
သွေးတိုးမြင့်တယ်၊ သွေးတိုးနိမ့်တယ်၊ သွေးတိုးမြင့်တဲ့သူ／ tumaas ang blood pressure, low blood pressure,
taong may alta presyon)

---

⑯ ☐ **レントゲン** (X-ray／ဓာတ်မှန်／ X-ray)

▶ **レントゲン(写真)を撮るときは、金属類を外してください。** <ruby>撮<rt>と</rt></ruby> <ruby>金<rt>きん</rt>属<rt>ぞく</rt>類<rt>るい</rt></ruby> <ruby>外<rt>はず</rt></ruby>

(Semasa mengambil (gambar) X-ray, tanggalkan barang-barang jenis logam.／
ဓာတ်မှန်(ဓာတ်ပုံ) ရိုက်တဲ့အခါမှာ၊ သတ္တုပါတဲ့ပစ္စည်းကိုချွတ်ပါ။／ Pakitanggal ang mga metal na bagay sa
katawan ninyo kapag magpapa-X-ray kayo.)

音声
DL
30

⑰ ☐ **診断(する)** <ruby>診<rt>しん</rt>断<rt>だん</rt></ruby> (diagnos／ဆေးစစ်(သည်)／ diagnosis)

▶ **診断の結果、1週間の入院が必要と言われた。** <ruby>結<rt>けっ</rt>果<rt>か</rt></ruby> <ruby>週<rt>しゅう</rt>間<rt>かん</rt></ruby> <ruby>入<rt>にゅう</rt>院<rt>いん</rt></ruby> <ruby>必<rt>ひつ</rt>要<rt>よう</rt></ruby> <ruby>言<rt>い</rt></ruby>

(Seperti keputusan diagnos, saya diberitahu bahawa perlu masuk hospital selama seminggu.／
ဆေးစစ်တဲ့အဖြေက၊ တစ်ပတ်ဆေးရုံတက်ဖို့လိုတယ်လို့ဆိုတယ်။／ Ayon sa resulta ng diagnosis, sinabihan akong
kailangan akong maospital ng isang linggo.)

---

⑱ ☐ **カルテ** (rekod perubatan／ဆေးမှတ်တမ်း／ clinical chart ng pasyente)

▶ **先生は、カルテを書きながら、次々と質問をしてきた。** <ruby>先<rt>せん</rt>生<rt>せい</rt></ruby> <ruby>書<rt>か</rt></ruby> <ruby>次<rt>つぎ</rt>々<rt>つぎ</rt></ruby> <ruby>質<rt>しつ</rt>問<rt>もん</rt></ruby>

(Doktor sambil menulis rekod perubatan, sambil mengemukakan soalan satu demi satu.／
ဆရာဝန်ဟာ၊ ဆေးမှတ်တမ်းကိုရေးရင်း၊ တစ်ခုပြီးတစ်ခုမေးခွန်းမေးလာတယ်။／ Nagtanong ng sunud-sunod na
tanong ang doktor, habang nagsusulat siya sa chart ng pasyente.)

---

⑲ ☐ **産婦人科** <ruby>産<rt>さん</rt>婦<rt>ふ</rt>人<rt>じん</rt>科<rt>か</rt></ruby> (obstetrik dan ginekologi／သားဖွားမီးယပ်ဌာန／ gynecology)

---

⑳ ☐ **皮膚科** <ruby>皮<rt>ひ</rt>膚<rt>ふ</rt>科<rt>か</rt></ruby> (dermatologi／အရေပြားရောဂါဌာန／ dermatology)

㉑ ☐ **歯科** <ruby>歯<rt>し</rt>科<rt>か</rt></ruby> (pergigian／သွားဘက်ဆိုင်ရာဌာန／ dentistry)

天気・天候 11
お金 12
服・くつ 13
数量・程度 14
趣味・娯楽・スポーツ 15
体 16
健康・病気 17
地球・自然 18
事務用品 19
仕事・作業 20

㉒ □ 保健 (pemeliharaan kesihatan／ကျန်းမာရေး／ pangangalaga ng kalusugan, hygiene)
ほ けん

▷ 医療や保健の分野
いりょう　　　ぶんや

(bidang perubatan dan pemeliharaan kesihatan／ကုသရေးနဲ့ကျန်းမာရေးကဏ္ဍ／ larangan ng panggagamot at pangangalaga ng kalusugan)

㉓ □ 薬品 (ubat, bahan kimia／ဆေးတုပစ္စည်း／ gamot, chemicals)
やくひん

▶ この中には危険な薬品も含まれていますので、絶対に触らないでください。
なか　　きけん　　　　　　ふく　　　　　　　　　　　　ぜったい　さわ

(Dalam ini mengandungi bahan kimia yang berbahaya, pastikan anda tidak menyentuhnya sama sekali.／ဒီအထဲမှာအန္တရာယ်ရှိတဲ့ဆေးတုပစ္စည်းတွေပါလို့လုံးဝမကိုင်ပါနဲ့။／ May delikadong mga chemical ito, kaya huwag ninyo itong hipuin.)

㉔ □ 目薬 (ubat titisan mata／မျက်စဉ်းဆေး／ eye drops)
め ぐすり

▶ 私は目が乾きやすいから、目薬をよくさします。
わたし　め　かわ

(Saya sering menggunakan ubat titisan mata kerana mata saya mudah kering.／ကျွန်တော့်မျက်စိကခြောက်လွယ်လို့ ခဏခဏမျက်စဉ်းဆေးခတ်ရတယ်။／ Madaling manuyo ang mga mata ko, kaya madalas akong gumamit ng eye drops.)

㉕ □ 医療 (perubatan／ကုသရေး／ panggagamot, medical service)
いりょう

▶ この技術は、いろいろな医療機関で使われている。
ぎじゅつ　　　　　　　　　いりょうきかん　つか

(Teknologi ini digunakan di pelbagai institusi perubatan.／ဒီနည်းပညာကို အမျိုးမျိုးသောကုသရေးဌာနတွေမှာသုံးနေတယ်။／ Madalas ginagamit ang technology na ito ng iba't ibang medical facilities.)

▷ 医療費 (bayaran perubatan／ကုသခ／ medical fee, bayad sa pagpapagamot)
ひ

㉖ □ 健康保険証 (kad insuran kesihatan／ကျန်းမာရေးအာမခံလက်မှတ်／ health insurance card)
けんこう ほ けんしょう

※短く、「保険証」と言うことが多い。
みじか　　　　　　　　　い　　　　　　おお

㉗ □ 健康診断 (pemeriksaan kesihatan／ကျန်းမာရေးဆေးစစ်ခြင်း／ health check-up)
けんこうしんだん

▶ 年に1度は健康診断を受けましょう。
ねん　　ど　　　　　　　　　う

(Pastikan anda menjalani pemeriksaan kesihatan setahun sekali.／တစ်နှစ် 1 ကြိမ် ကျန်းမာရေးဆေးစစ်ခံကြရအောင်။／ Magpa-health check-up tayo isang beses sa isang taon.)

㉘ □ 不健康(な) (tidak sihat／ကျန်းမာရေးထိခိုက်(သော)／ hindi healthy)
ふ けんこう

▶ ファストフードばかり食べてたら不健康ですよ。
た

(Tidak sihat jika asyik makan makanan segera sahaja.／Fast Food တွေချည်းစားရင် ကျန်းမာရေးထိခိုက်လိမ့်မယ်။／ Hindi healthy ang kumain lang ng fast food.)

㉙ □ うがい (berkumur／အာလုတ်ကျင်းခြင်း／pagmumumog)

▶ 風邪の予防に、うがいと手洗いが効果的です。

(Berkumur dan mencuci tangan berkesan untuk mencegah selesema.／
အအေးမိကာကွယ်ရေးအတွက်၊ အာလုတ်ကျင်းခြင်းနဲ့လက်ဆေးခြင်းကအကျိုးရှိတယ်။／Mabisa ang pagmumumog at paghuhugas ng kamay para maiwasan ang sipon.)

㉚ □ カウンセリング (kaunseling／ကျွမ်းကျင်သူတို့၏ဆွေးနွေးလမ်းညွှန်မှု／counseling)

▶ 最近、何に対してもやる気がないと言ったら、カウンセリングを受けるよう勧められた。

(Baru-baru ini, saya memberitahu orang lain bahawa saya tidak bersemangat untuk membuat apa-apa, maka mereka menasihati saya untuk pergi ke kaunseling.／
အခုတလော၊ ဘာမှလုပ်ချင်စိတ်မရှိဘူးဆိုရင်၊ ကျွမ်းကျင်သူတို့ရဲ့ဆွေးနွေးလမ်းညွှန်မှုကိုရယူပါလို့အကြံပေးလာတယ်။／
Pinayuhan nila akong magpa-counseling, noong sinabi ko sa kanila na wala akong ganang gumawa ng kahit na ano kamakailan.)

㉛ □ リハビリ (menjalankan rehabilitasi／နာလန်ထ／mag-rehabilitation)

▶ 祖父は、少しでも自分で歩けるように、リハビリを続けている。

(Datuk saya meneruskan rehabilitasi supaya dia dapat berjalan sendiri walaupun hanya sedikit.／
အဖိုးဟာ၊ နည်းနည်းငယ်ပဲဖြစ်ဖြစ် မိမိဖာသာလမ်းလျှောက်နိုင်အောင်၊ပြန်လည်နာလန်ထလေ့ကျင့်ခန်းကိုဆက်လုပ်နေတယ်။
／Patuloy ang rehabilitation ng lolo ko para makalakad siya nang mag-isa, kahit sandali lang.)

㉜ □ 空腹 (kelaparan／ဗိုက်ဆာ၊ဝမ်းဟာ／gutom)　**反** 満腹

▶ 空腹に耐えられず、夜中にカップラーメンを食べてしまった。

(Saya tidak dapat menahan lapar, maka saya makan mi segera di tengah malam.／
ဗိုက်ဆာတာကိုသည်းမခံနိုင်ဘဲ၊ညလယ်ခေါင်မှာ ခေါက်ဆွဲဘူး စားမိတယ်။／Hindi ko matiis ang gutom ko, kaya kumain ako ng cup ramen noong hatinggabi na.)

㉝ □ あくび (menguap／သမ်း(သည်)／hikab)

▶ さっきからあくびばかりしてるね。寝不足？

(Kamu menguap tanpa henti sejak tadi. Tidak cukup tidur?／
အခုနကတည်းက ခဏခဏသမ်းနေတယ်နော်။အိပ်ရေးမဝဘူးလား။／Kanina ka pa humihikab. Kulang ka ba sa tulog?)

㉞ □ しゃっくり (sedu／ကြို့ထိုး(သည်)／sinok)

▶ 困ったなあ。しゃっくりが止まらない。

(Alamak! Sedu saya tidak berhenti-henti.／ဒုက္ခပဲ။ ကြို့ထိုးတာမရပ်ဘူး။／Naku, hindi tumitigil ang sinok ko.)

天気・天候　11

お金　12

服・くつ　13

数量・程度　14

趣味・娯楽・スポーツ　15

体　16

健康・病気　17

地球・自然　18

事務用品　19

仕事・作業　20

UNIT ⑱

音声DL
31

地球・自然
ち きゅう・し ぜん

(Bumi, Alam semulajadi／ကမ္ဘာ့သဘာဝ／ Mundo, Kalikasan)

❶ □ **太陽**
たいよう
(matahari／နေ／ araw)

❷ □ **重力**
じゅうりょく
(graviti／ကမ္ဘာ့ဆွဲအား／ gravity)

▷ **無重力の世界**
む じゅうりょく せかい
(dunia tanpa graviti／ကမ္ဘာ့ဆွဲအားမရှိတဲ့လောက／ mundong walang gravity)

❸ □ **引力**
いんりょく
(daya graviti, daya tarikan／ဆွဲအား၊ဆွဲငင်အား／ gravity, magnetic attraction)

▷ **月の引力に引っ張られる**
つき いんりょく ひ ば
(ditarik oleh daya graviti bulan／လရဲ့ဆွဲအားနဲ့ဆွဲငင်ခံရမယ်／ hinihila ng gravity ng buwan)

❹ □ **日光**
にっこう
(cahaya matahari／နေရောင်ခြည်၊နေဆာ／ sikat ng araw)

▷ **日光浴**
にっこうよく
(berjemur／နေဆာလှန်းခြင်း／ sunbathing)

❺ □ **日差し**
ひ ざ
(cahaya matahari／နေရောင်ထိုး၊နေပူ／ sikat ng araw)

▷ **日差しを避ける**
ひ ざ さ
(elakkan cahaya matahari／နေပူရောင်သည်／ iwasan ang sikat ng araw)

❻ □ **火口**
か こう
(kawah, mulut gunung berapi／မီးတောင်ဝ／ crater)

❼ □ **噴火(する)**
ふん か
(meletus／မီးတောင်ပေါက်(သည်)／ pumutok, sumabog)

❽ □ **溶岩**
ようがん
(lava／ချော်ရည်／ lava)

⑨ □ **野** (lapangan, padang／မြေပြင်／parang, bukid)
ヮ
の

▶ 彼女には、野に咲く花のような自然な魅力を感じる。
　かのじょ　　　　　の　　さ　　はな　　　　　しぜん　　みりょく　かん

(Dia mempunyai daya tarikan semula jadi seperti bunga yang mekar di lapangan.／
သူမဟာ၊ မြေပြင်မှာပွင့်တဲ့ပန်းလို သဘာဝရဲ့ဆွဲဆောင်မှုရှိသူလို့ ခံစားရတယ်။／Nararamdaman kong mayroon
siyang natural na charm na parang isang bulaklak sa parang.)

▷ 野ネズミ

(tikus padang／မြေကြွက်／daga sa bukid)

⑩ □ **野原** (padang／ကွင်းပြင်／bukid, parang)
の　はら

▶ 広い野原には、知らない花がたくさん咲いていた。
　ひろ　　のはら　　　　　し　　　　　はな　　　　　　　さ

(Banyak bunga yang tidak saya kenali mekar di padang yang luas.／
ကွင်းပြင်ကျယ်မှာ၊ အမည်မသိပန်းတွေအများကြီးပွင့်နေတယ်။／Maraming hindi ko alam na bulaklak ang
namulaklak sa malawak na parang.)

⑪ □ **平野** (dataran／မြေပြန့်လွင်ပြင်／parang, bukid)
へい　や

▶ 県南部は、海岸に沿って平野が広がっている。
　けんなんぶ　　かいがん　そ　　へいや　ひろ

(Dataran meluas sepanjang pantai di bahagian selatan wilayah.／
ခရိုင်ရဲ့တောင်ဘက်ပိုင်းဟာ၊ ပင်လယ်ကမ်းတစ်လျှောက်မြေပြန့်လွင်ပြင်ကျယ်ကြီးဖြစ်နေပါတယ်။／Sa timog ng
prefecture, nakalatag ang parang sa kahabaan ng baybay-dagat.)

⑫ □ **地平線** (kaki langit (bumi)／မြေးကုပ်စက်ဝိုင်း／horizon (lupa))
ち　へいせん

▶ ここは山も高い建物もないから、地平線が見えるんです。
　　　　やま　たか　たてもの　　　　　　　ちへいせん　み

(Tidak ada gunung atau bangunan tinggi di sini, kamu dapat melihat kaki langit.／
ဒီနေရာဟာတောင်လည်းမရှိ အဆောက်အဦးလည်းမရှိလို့ မြေးကုပ်စက်ဝိုင်းကိုမြင်ရတယ်။／Wala ritong bundok at
matataas na bilding, kaya makikita rito ang horizon.)

⑬ □ **水平線** (kaki langit (laut)／ပင်လယ်သမုဒ္ဒရာမိုးကုပ်စက်ဝိုင်း／horizon (dagat))
すい　へいせん

▶ 水平線に日が沈むのをずっと見ていた。
　すいへいせん　ひ　しず　　　　　　　　み

(Saya menyaksikan matahari terbenam di kaki langit hingga akhir.／
ပင်လယ်သမုဒ္ဒရာမိုးကုပ်စက်ဝိုင်းထဲနေဝင်သွားတာကိုတောက်လျှောက်ကြည့်ခဲ့တယ်။／Pinanood ko ang paglubog
ng araw sa horizon.)

⑭ □ **日の出** (matahari terbit／နေထွက်／pagsikat ng araw)
ひ　で

▷ 日の出の時間、日の出を見る
　ひ　で　じかん　ひ　で　み

(waktu matahari terbit, melihat matahari terbit／နေထွက်ချိန်၊ နေထွက်တာကိုကြည့်မယ်／oras ng pagsikat
ng araw, manood ng pagsikat ng araw)

天気・天候 11

お金 12

服・くつ 13

数量・程度 14

趣味・娯楽・スポーツ 15

体 16

健康・病気 17

地球・自然 18

事務用品 19

仕事・作業 20

⓯ □ 日の入り (matahari terbenam／နေဝင်／paglubog ng araw)

⓰ □ 盆地 (lembangan／ချိုင့်ဝှမ်းဒေသ／valley, basin)

▶ ここは盆地だから、朝と夜の気温差が大きい。

(Oleh sebab tempat ini adalah lembangan, perbezaan suhu antara pagi dan malam adalah besar.／ဒီနေရာဟာချိုင့်ဝှမ်းဒေသဖြစ်လို့ မနက်နဲ့ညရဲ့အပူချိန်ကွာခြားမှုကကြီးမားတယ်။／Valley ito, kaya malaki ang diperensiya ng temperature sa umaga at sa gabi.)

⓱ □ 泉 (mata air／စမ်း／spring, bukal)

⓲ □ 半島 (semenanjung／ကျွန်းဆွယ်／peninsula)

▷ 朝鮮半島

(semenanjung Korea／ကိုရီးယားကျွန်းဆွယ်／Korean peninsula)

⓳ □ 海洋 (lautan／ပင်လယ်သမုဒ္ဒရာ／dagat)

▷ 海洋調査

(tinjauan laut／ပင်လယ်သမုဒ္ဒရာဆိုင်ရာလေ့လာမှု／marine survey)

⓴ □ 現象 (fenomena／အဖြစ်အပျက်／phenomenon)

▷ 自然現象

(fenomena semula jadi／သဘာဝအဖြစ်အပျက်／natural phenomenon)

㉑ □ 津波 (tsunami／ဆူနာမိ／tsunami)

▶〈ニュース〉この地震による津波の心配はありません。

(<Berita> Tidak ada risiko tsunami akibat gempa bumi ini.／(သတင်း)ဒီငလျင်ကြောင့်ဖြစ်ပေါ်မယ့်ဆူနာမိအတွက်စိုးရိမ်စရာမရှိပါဘူး။／(Balita) Walang panganib ng tsunami na dulot ng lindol na ito.)

㉒ □ 水面 (permukaan air／ရေမျက်နှာပြင်／ibabaw ng tubig)

▶ 見て。水面に氷が張ってる。

(Tengok! Permukaan air diliputi ais.／ကြည့်စမ်း၊ ရေမျက်နှာပြင်မှာရေခဲနေတယ်။／Tingnan mo. Nagyeyelo ang ibabaw ng tubig.)

㉓ □ **赤道** (khatulistiwa／အီကွေတာ／ equator)
せきどう

㉔ □ **ジャングル** (hutan／သစ်တော／ gubat)

㉕ □ **酸素** (oksigen／အောက်စီဂျင်／ oxygen)
さんそ

㉖ □ **二酸化炭素** (karbon dioksida／ကာဗွန်ဒိုင်အောက်ဆိုဒ်／ carbon dioxide)
にさんかたんそ

㉗ □ **地球温暖化** (pemanasan global／ကမ္ဘာကြီးပူနွေးခြင်း／ global warming)
ちきゅうおんだんか

㉘ □ **自然保護** (perlindungan alam semula jadi／သဘာဝထိန်းသိမ်းရေး／ nature
しぜんほご conservation)

㉙ □ **エコ** (ekologi／ဂေဟ／ ecology)

▶ **エコに関心のある多くの企業が、このリサイクル技術を採用した。**
かんしん　　　おお　　きぎょう　　　　　　　　　　　ぎじゅつ　さいよう

(Banyak syarikat mesra alam telah menggunakan teknologi kitar semula ini.／
ဂေဟကိုစိတ်ဝင်စားတဲ့ကုမ္ပဏီများဟာ၊ ဒီပြန်လည်အသုံးပြုနည်းပညာကိုအသုံးပြုပါတယ်။／ Maraming mga
kompanyang interesado sa ecology ang gumagamit ng recycle technology na ito.)

▷ **エコバッグ、エコカー**

(beg mesra alam, kereta mesra alam／
ဂေဟကိုသက်ညှာထောက်ထားသောအိတ်၊ ဂေဟကိုသက်ညှာထောက်ထားသောကား／ reusable shopping bag, eco-
car)

㉚ □ **絶滅(する)** (pupus／မျိုးသုဉ်း(သည်)／ maging extinct)
ぜつめつ

▶ **パンダは絶滅のおそれのある動物として、保護の対象になっている。**
　　　　ぜつめつ　　　　　　　　　どうぶつ　　　　　ほご　たいしょう

(Sebagai haiwan yang menghadapi kepupusan, panda adalah haiwan perlindungan.／
ပန်ဒါဝက်ဝံဟာမျိုးသုဉ်းမှာစိုးရိမ်ရတဲ့တိရစ္ဆာန်အဖြစ်၊ ကာကွယ်စောင့်ရှောက်ရမယ့်သတ္တဝါဖြစ်နေပါတယ်။／ Naging
target ng conservation ang panda, bilang isang hayop na nanganganib na maging extinct.)

天気・天候 11

お金 12

服・くつ 13

数量・程度 14

趣味・娯楽・スポーツ 15

体 16

健康・病気 17

地球・自然 18

事務用品 19

仕事・作業 20

UNIT 19

事務用品
じむようひん

(Peralatan pejabat／ရုံးသုံးပစ္စည်း／
Mga Gamit sa Opisina)

音声 DL 32

❶ □ 便せん
びん
(kertas surat／စာရေးစက္ကူ／ papel para sa sulat)

▶ こういうきれいな便せんで手紙をもらうと、うれしいよね。
てがみ

(Saya gembira menerima surat dengan kertas surat yang cantik.／
ဒီလိုလှပတဲ့စာရေးစက္ကူနဲ့ရေးထားတဲ့စာကိုရရင်ဝမ်းသာစရာပေါ့နော်။／ Nakakatuwang makatanggap ng sulat sa ganito kagandang papel.)

❷ □ 筆
ふで
(berus kaligrafi／စုတ်တံ／ brush)

▶ この筆はちょっと毛が硬い。
け かた

(Bulu berus kaligrafi ini keras sedikit.／ဒီစုတ်တံရဲ့ အမွေးကနည်းနည်းမာတယ်။／ Medyo matigas ang brush na ito.)

❸ □ 筆記
ひっき
(penulisan／ရေးမှတ်ခြင်း／ sulat)

▷ 筆記用具、筆記試験
ようぐ しけん

(alat penulisan, ujian bertulis／စာရေးကိရိယာ၊ ရေးဖြေစာမေးပွဲ／ mga panulat, written test)

❹ □ 蛍光ペン
けいこう
(pen penyerlah／ရောင်စုံမင်တံ／ highlighter pen)

❺ □ 修正液
しゅうせいえき
(pen pembetulan cecair／အမှားပြင်အရည်／ white-out, correction fluid)

❻ □ 定規
じょうぎ
(pembaris／ပေတံ／ ruler)

▶ 線を引くときは、定規を使ってきれいにね。
せん ひ つか

(Semasa melukis garis, sila gunakan pembaris dan lukis dengan cantik.／
မျဉ်းဆွဲတဲ့အခါမှာ၊ ပေတံသုံးပြီး လှလှပပဆွဲနော်။／ Kapag guguhit ka ng linya, gumamit ka ng ruler at gandahan mo.)

❼ □ 物差し
ものさし
((alat) pengukur／အတိုင်းအထွာ၊ စဉ်းစားဆင်ခြင်မှု／ ruler, panukat)

▶ 彼は自分の物差しでしか物事を判断できないんだよ。
かれ じぶん ものごと はんだん

(Dia asyik menilai sesuatu dengan menggunakan ukuran (standard) sendiri.／
သူဟာ သူ့စဉ်းစားဆင်ခြင်မှုထက်ပိုတဲ့အကြောင်းအရာကိစ္စတွေကိုမစဉ်းစားမဆုံးဖြတ်နိုင်ဘူး။／ Nakakapagpasiya lang siya tungkol sa mga bagay-bagay gamit ang sarili niyang pamantayan.)

❽ □ ガムテープ （pita pembungkusan／ ကော်ပါဝိပ်ကြိုး：Gum Tape／ masking tape）

▶ 段ボール箱はあるけど、ガムテープがない。

（Ada kotak kadbod, tetapi tidak ada pita pembungkusan.／ စက္ကူကဒ်ထုပ်းရှိပေမဲ့၊ ကော်ပါဝိပ်ကြိုးမရှိဘူး။／ Mayroong mga karton, pero walang masking tape.）

天気・天候 11

お金 12

服・くつ 13

数量・程度 14

趣味・娯楽・スポーツ 15

体 16

健康・病気 17

地球・自然 18

事務用品 19

仕事・作業 20

仕事・作業
しごと　さぎょう

(Kerja, Tugas／အလုပ်၊ လုပ်ငန်း／
Trabaho, Pagtatrabaho)

❶ □ 労働(する)　(berburuh, bekerja／အလုပ်လုပ်(သည်)／ magtrabaho)

▷労働時間、労働者、労働力不足
じかん　　しゃ　　りょくぶそく

(waktu bekerja, pekerja, kekurangan tenaga buruh／အလုပ်လုပ်ချိန်၊ အလုပ်သမား၊ လုပ်အားချို့တဲ့မှု／ oras ng
pagtatrabaho, manggagawa, labor shortage)

❷ □ 怠ける　(bermalas-malas／ပျင်းသည်၊အချောင်ခိုသည်／ tamarin)
なま

▷練習を怠ける、怠け者
れんしゅう　　　　　　もの

(malas untuk berlatih, pemalas／လေ့ကျင့်ရေးကိုအချောင်ခိုသည်၊ လူပျင်း／ tamaring magpraktis, tamad)

❸ □ 収穫(する)　(menuai／ရိတ်သိမ်း(သည်)／ mag-ani)
しゅうかく

▷米の収穫　(penuaian padi／စပါးရိတ်သိမ်းခြင်း／ ani ng palay)
こめ

▶調べたが、特に収穫はなかった。
しら　　　　　　とく

(Saya sudah membuat penyelidikan, tetapi tidak dapat mencapai hasil yang khusus.／
စုံစမ်းရှာဖွေခဲ့ပေမဲ့ အကျိုးအမြတ်မရခဲ့ပါဘူး။／ Pinag-aralan ko iyon, pero wala akong napala.)

❹ □ 製作(する)　(mengeluarkan, menghasilkan／ထုတ်လုပ်(သည်)／ gumawa)
せいさく

▷自動車部品の製作会社
じどうしゃぶひん　　せいさくがいしゃ

(syarikat pengeluaran alat ganti kenderaan／မော်တော်ကားအစိတ်အပိုင်းထုတ်လုပ်သည့်ကုမ္ပဏီ／ kompanyang
gumagawa ng mga spare parts ng kotse)

❺ □ 組み立てる　(memasang／တပ်ဆင်သည်／ mag-assemble)
く　た

▷棚を組み立てる　(memasang rak／စင်ကိုတပ်ဆင်သည်／ mag-assemble ng shelf)
たな

❻ □ 組み立て　(pemasangan／တပ်ဆင်／ pag-aassemble)
く　た

▷自動車の組立工場　(kilang pemasangan kereta／မော်တော်ကားတပ်ဆင်သည့်စက်ရုံ／ pabrikang nag-
じどうしゃ　　こうじょう
aassemble ng kotse)

95

❼ □ 企画(する) (merancang, (membuat) pelan／စီမံချက်၊စီမံခန့်ခွဲမှု／magplano)
き かく

▷ **企画が通る** (pelan diluluskan／စီမံချက်အတည်ဖြစ်သည်／pagtibayin ang plano)
とお

❽ □ 編集(する) (mengedit, menyunting／တည်းဖြတ်သည်／mag-edit)
へんしゅう

▷ **雑誌の編集、編集者**
ざっし しゃ

(penyuntingan majalah, editor／မဂ္ဂဇင်းကိုတည်းဖြတ်ခြင်း။ စာတည်း／pag-eedit ng magasin, editor)

❾ □ 制作(する) (mengeluarkan, menghasilkan／ပြုလုပ်သည်၊ထုတ်လုပ်သည်／gumawa)
せいさく

▷ **映画の制作** (pengeluaran filem／ရုပ်ရှင်ထုတ်လုပ်ရေး／paggawa ng pelikula)
えい が

❿ □ 作成(する) (membuat／ရေးသားသည်၊ ပြုစုသည်／gumawa)
さくせい

▶ **明日までに報告書を作成しなければならない。**
あした ほうこくしょ

(Saya mesti membuat dan menghantar laporan sebelum esok.／
မနက်ဖြန်မတိုင်မီအစီရင်ခံစာတင်ပို့ချက်ကိုမရေးသားလို့မဖြစ်ဘူး။／Kailangan tayong gumawa ng report hanggang
bukas.)

⓫ □ 未完成(な) (belum siap／မပြီးသေး(သော)／hindi natapos)
み かんせい

▷ **未完成の曲** (lagu yang belum siap／မပြီးသေးသောတေးသီချင်း／kantang hindi tapos)
きょく

⓬ □ 手入れ(する) (menjaga, memelihara／ပြုပြင်သည်၊ပြုစုပျိုးထောင်သည်／
て い magpanatili, mag-maintain)

▶ **よく手入れがされた庭ですね。**
にわ

(Taman ini dijaga dengan baik.／ကောင်းကောင်းပြုစုပျိုးထောင်ထားတဲ့ဥယျာဉ်／Maganda ang maintenance
ng garden na ito.)

⓭ □ 手間 (usaha／လုပ်ကိုင်ရခြင်း／oras, trabaho)
て ま

▶ **おもしろそうだけど、かなりの手間になりそうだね。**

(Nampaknya menarik, tetapi seperti memerlukan banyak usaha.／
စိတ်ဝင်စားစရာကောင်းပေမဲ့ တော်တော်လေးလုပ်ရကိုင်ရမယ်။／Mukhang maganda iyan, pero mukhang
aabutin ng maraming oras at trabaho.)

▶ **ちょっと手間がかかるけど、すごくおいしいんですよ。**

(Masakan ini makan masa, tetapi sangat sedap.／နည်းနည်းလုပ်ရကိုင်ရတာရှိပေမဲ့၊ သိပ်အရသာရှိတယ်။／
Medyo matrabaho, pero talagang napakasarap.)

天気・天候 11

お金 12

服・くつ 13

数量・程度 14

趣味・娯楽・スポーツ 15

体 16

健康・病気 17

地球・自然 18

事務用品 19

仕事・作業 20

❹ □ 修正(する) (membetulkan／အမှားပြင်(သည်)／ ayusin, korekin)

▶ 間違ったところを修正しました。
まちが
(Saya membetulkan kesilapan tersebut.／မှားနေတဲ့နေရာကိုအမှားပြင်ပြီးပါပြီ။／ Kinorek ko ang mga mali.)

❺ □ やり直す (membuat semula／မှန်အောင်ပြန်လုပ်သည်／ gawin uli)
なお

▶ 間違いがあったので、計算をやり直すことになった。
まちが　　　　　　　　　　　　　けいさん
(Ada kesilapan, maka kami terpaksa membuat pengiraan semula.／
မှားနေတာတွေလို့ တွက်ချက်မှုကို မှန်အောင်ပြန်လုပ်ရပါမယ်။／ May mga mali, kaya ginawa namin uli ang kalkulasyon.)

▷ やり直し (buat semula／မှန်အောင်ပြန်လုပ်ခြင်း／ muling paggawa, pagsisimula uli)

❻ □ プレゼン(する) ((memberi) penyampaian／တင်ပြ(သည်)／ magbigay ng presentation)

▷ 新商品のプレゼン
しんしょうひん
(penyampaian produk baru／အရောင်းပစ္စည်းသစ်ကိုတင်ပြခြင်း／ presentation ng mga bagong produkto)

❼ □ やり取り(する) (menghubungi／အပေးအယူပြု(သည်)／ magpalitan)
と

▶ 彼とはメールのやり取りだけで、まだ会ったことがない。
かれ　　　　　　と　　　　　　　　　　あ
(Saya menghubungi dia dengan e-mel sahaja, belum bertemu dengannya.
／သူ့က မေးလ်အပေးအယူရှိပေမဲ့ မတွေ့ဖူးသေးဘူး။／ Nagpapalitan lang kami ng email, pero hindi pa kami nagkikita.)

❽ □ 打ち合わせる (berunding, berbincang／ကြိုတင်ညှိနှိုင်းသည်／ makipag-usap)
う　あ

❾ □ 打ち合わせ (perbincangan, mesyuarat／ကြိုတင်ညှိနှိုင်းမှု／ miting)
う　あ

▶ 会が始まる前にもう一度打ち合わせをしましょう。
かい　はじ　　まえ　　　　　いちど
(Mari kita berbincang sekali lagi sebelum perjumpaan.／ပွဲမစခင်နောက်တစ်ကြိမ်ကြိုတင်ညှိနှိုင်းကြရအောင်။／ Bago magsimula ang miting, mag-usap muna uli tayo.)

❿ □ 応対(する) (mengendalikan／ပြန်လှန်ပြုမှု(သည်)／ tumanggap)
おうたい

▶ まず、電話の応対ができるようになってください。
でんわ
(Pertama, sila belajar cara menjawab panggilan telefon.／
အရင်ဦးဆုံး။ တယ်လီဖုန်းကိုလက်ခံနားထောင်ပြီး ပြန်လှန်ပြောတတ်အောင်လုပ်ပါ။／ Pag-aralan mo muna kung paano tumanggap ng mga tawag sa telepono.)

㉑ □ 取(と)り次(つ)ぐ (menghubungkan／ဆက်သွယ်သည်၊ ချိတ်ဆက်သည်／ mag-connect, i-connect)

▶ 森部長(もりぶちょう)にお取り次ぎいただけますでしょうか。

(Bolehkah anda menghubungkan saya dengan pengurus besar, Encik Mori?／
ဌာနမှူးမစ္စတာမိုရိနဲ့ ဆက်သွယ်ပေးနိုင်မလား။／ Puwede po bang i-connect ninyo ako kay Mr. Mori?)

▷ 取り次ぎ (Syafaat／ဆက်သွယ်မှု၊ ချိတ်ဆက်မှု／ intermediary)

㉒ □ 保留(ほりゅう)(する) (menangguhkan／သီးသန့်ချန်(သည်)၊ ထိန်းထား(သည်)／ paghintayin, ipagpaliban)

▶ 内線(ないせん)に回(まわ)すときは、保留にしてから、内線番号(ばんごう)を押(お)してください。

(Apabila membuat sambungan panggilan, sila tangguhkan panggilan dan tekan nombor sambungan.
／ရုံးတွင်းလိုင်းကိုပြောင်းပေးတဲ့အခါမှာ၊ ဖုန်းလိုင်းကိုထိန်းထားပြီးအတွင်းလိုင်းနံပါတ်ကိုနှိပ်ပါ။／ Kung i-coconnect mo sa extension number, paghintayin mo muna ang taong tumatawag bago mo pindutin ang extension number.)

▶「これは中止(ちゅうし)になったの？」「とりあえず保留だって」

(“Adakah ini telah dibatalkan?” “Keputusan tertangguh buat sementara”／
「ဒါဖျက်သိမ်းလိုက်ပြီလား။」「လောလောဆယ်သီးသန့်ချန်ထားတယ်တဲ့」／ “Hindi na ba ito itutuloy?” “Ipagpapaliban muna ito.”)

㉓ □ 席(せき)を外(はず)す (meninggalkan tempat duduk／ထိုင်ခုံနေရာတွင်မရှိ／ wala sa desk niya)

▶〈電話(でんわ)〉担当者(たんとうしゃ)はただ今(いま)席を外しておりますが……。

(<Telefon> Orang yang bertanggungjawab tidak ada di tempat duduknya sekarang.／
(တယ်လီဖုန်း) တာဝန်ခံဟာအခု ထိုင်ခုံနေရာမှာမရှိပါဘူး----／ (Sa telepono) Wala po ang in-charge sa desk niya ngayon.)

㉔ □ 取(と)り扱(あつか)う (mengendali／ကိုင်တွယ်သည်／ mag-handle,i-handle)

㉕ □ 取(と)り扱(あつか)い (pengendalian／ကိုင်တွယ်ခြင်း／ pag-hahandle)

▶ 割(わ)れやすいので、取り扱いに注意(ちゅうい)してください。

(Sila berhati-hati semasa mengendalinya kerana ia mudah pecah.／ကွဲလွယ်သဖြင့်၊ သတိထားကိုင်တွယ်ပါ။／
Madali itong mabasag, kaya mag-ingat po kayo sa pag-hahandle nito.)

㉖ □ 管理(かんり)(する) (mengurus／ကြီးကြပ်(သည်)၊ ထိန်းသိမ်း(သည်)／ mangasiwa, mamahala)

▷ 商品(しょうひん)の管理、体調(たいちょう)を管理する

(pengurusan produk, pengurusan kesihatan／
အရောင်းပစ္စည်းကြီးကြပ်ထိန်းသိမ်းရေး၊ ကိုယ်ခန္ဓာကျန်းမာမှုထိန်းသိမ်းရေး／ pamamahala ng mga produkto, mangasiwa ng sariling kalusugan)

天気・天候 11

お金 12

服・くつ 13

数量・程度 14

趣味・娯楽・スポーツ 15

体 16

健康・病気 17

地球・自然 18

事務用品 19

仕事・作業 20

❷❼ ☐ **効率**
こうりつ
(keberkesanan／ထိရောက်မှု၊ အကျိုးရှိမှု／ pagiging efficient, efficient)

▷ 効率を重視する
じゅうし

(mementingkan keberkesanan／အကျိုးရှိမှုကိုအလေးထားသည်။／ pahalagahan ang pagiging efficient)

❷❽ ☐ **効率的（な）**
こうりつてき
(berkesan／ထိရောက်မှုရှိ(သော)၊ အကျိုးရှိ(သော)／ efficient)

▷ 効率的なやり方

(cara yang berkesan／ထိရောက်မှုရှိသောလုပ်ကိုင်ပုံ／ efficient na pamamaraan)

❷❾ ☐ **能率**
のうりつ
(kecekapan／တွင်ကျယ်မှု၊ စွမ်းရည်／ efficiency)

▶ 広いテーブルに変えたら、作業の能率が上がった。
ひろ　　　　　　　か　　　　　　さぎょう　　　　あ

(Kecekapan kerja saya bertambah baik setelah menukar meja yang lebih luas.／
စားပွဲခုံကျယ်ကျယ်နဲ့လဲလိုက်တော့ထုတ်လုပ်မှုစွမ်းရည်တက်လာတယ်။／ Pagkatapos kong magpalit sa mas malaking mesa, naging mas efficient ako sa trabaho.)

❸⓪ ☐ **合理的（な）**
ごうりてき
(rasional／ယထာဘူတကျ(သော)／ makatwiran)

▷ 合理的な考え
かんが
(pemikiran yang rasional／ယထာဘူတကျတဲ့စဉ်းစားချက်／ makatuwirang pag-iisip)

❸❶ ☐ **合理化（する）**
ごうりか
(merasionalkan／ဆင်ခြင်တုံတရား(ပြုသည်)／ mangatwiran, mag-isip nang makatuwiran)

技術・産業
ぎじゅつ　さんぎょう

(Bumi, Alam semula jadi／နည်းပညာ၊စက်မှုလုပ်ငန်း／Teknolohiya, Industriya)

---

❶ □ **発明(する)**
はつめい
(mencipta／တီထွင်(သည်)／mag-imbento)

---

❷ □ **発射(する)**
はっしゃ
(melancarkan／ပစ်ခတ်(သည်)၊ပစ်လွှတ်(သည်)／mag-launch)

▷ ロケットを発射する (melancarkan roket／ဒုံးပျံကိုပစ်လွှတ်သည်။／mag-launch ng rocket)

---

❸ □ **発電**
はつでん
(menjana kuasa／ဓာတ်အားပေး／power generation)

▷ 原子力発電(原発)、発電所
げんしりょく　　げんぱつ　　　はつでんしょ

(penjanaan tenaga nuklear (loji tenaga nuklear), loji janakuasa／
နျူကလီယာစွမ်းအင်ဓာတ်အားပေး(နျူကလီယာစွမ်းအင်စက်ရုံ)၊ဓာတ်အားပေးစက်ရုံ／nuclear power plant, power
station)

---

❹ □ **放射能**
ほうしゃのう
(radiasi／ရေဒီယိုသတ္တိကြွ／radiation)

▷ 放射能汚染、放射能から身を守る
おせん　　　　　　　み　まも

(lindungi diri daripada pencemaran radioaktif dan radiasi／
ရေဒီယိုသတ္တိကြွညစ်ညမ်းမှု၊ ရေဒီယိုသတ္တိကြွခြင်းမှကိုယ်ခန္ဓာကိုကာကွယ်／nuclear contamination, protektahan
ang sarili mula sa radiation)

---

❺ □ **原爆／原子爆弾**
げんばく　　げんしばくだん
(bom atom／အနုမြူဗုံး／atomic bomb)

---

❻ □ **映像**
えいぞう
(video, imej／ဗွီဒီယို၊ရုပ်ရှင်ကား／image)

▶ この映画は、映像の美しさが高く評価された。
えいが　　　　えいぞう　　うつく　　　　たか　ひょうか

(Filem ini sangat terkenal kerana keindahan gambarnya.／
ဤရုပ်ရှင်၏ ရုပ်ရှင်ကားလှပမှုကိုမြင့်မားစွာအကဲဖြတ်ထင်မြင်ချက်ပေးကြသည်။／Mataas ang rating ng pelikulang
ito, dahil sa napakagandang image nito.)

---

❼ □ **音声**
おんせい
(suara／အသံ／sound)

---

❽ □ **農業**
のうぎょう
(pertanian／စိုက်ပျိုးရေး／agrikultura, pagsasaka)

技術・産業 21

原料・材料 22

道具・器具・機械 23

動物・植物・人間 24

学校・教育 25

大学・研究 26

対象・範囲 27

社会・国・ルール 28

職業・身分 29

立場・役割 30

❾ ☐ **工業** (perindustrian／စက်မှု／industriya)
こうぎょう

❿ ☐ **漁業** (perikanan／ငါးလုပ်ငန်း／fishing industry)
ぎょぎょう

▶ 海に面したこの辺りは、昔から漁業が盛んでした。
うみ めん あた むかし ぎょぎょう さか

(Industri perikanan di kawasan yang menghadap laut ini telah berkembang pesat sejak dulu lagi.／
ပင်လယ်ကိုမျက်နှာပြုသော၍နေရာသည်ရှေးတုန်းကတည်းကငါးဖမ်းလုပ်ငန်းဖွံ့ဖြိုးလာခဲ့သည်။／ Maunlad ang fishing industry mula pa noon, dito sa lugar na ito na nakaharap sa dagat)

⓫ ☐ **水産業** (industri perikanan／ငါးဖမ်းလုပ်ငန်း／marine industry)
すいさんぎょう

▶ 水産業で働く人の数は、年々減少している。
すいさんぎょう はたら ひと かず ねんねんげんしょう

(Bilangan orang yang bekerja dalam industri perikanan semakin berkurang dari tahun ke tahun.／
ငါးဖမ်းလုပ်ငန်းတွင်အလုပ်လုပ်သူဦးရေသည်၊ တစ်နှစ်ထက်တစ်နှစ်လျော့နည်းနေသည်။／ Taun-taon, kumakaunti ang bilang ng mga taong nagtatrabaho sa marine industry.)

⓬ ☐ **製造業** (industri pembuatan／ကုန်ထုတ်လုပ်မှုလုပ်ငန်း／manufacturing)
せいぞうぎょう

⓭ ☐ **メーカー** (pengeluar／ထုတ်လုပ်သူပြုလုပ်သူ／manufacturer)

⓮ ☐ **商業** (perdagangan／စီးပွားရေးလုပ်ငန်း／business, commerce)
しょうぎょう

▶ この辺りに大きな商業施設ができるそうだ。
あた おお しょうぎょう しせつ

(Nampaknya kemudahan komersial yang besar akan dibina di sekitar sini.／
၍နေရာတွင်ကြီးမားသောစီးပွားရေးအဆောက်အအုံရှိလာနိုင်သည်။／ May itatayong malaking commercial establishment sa lugar na ito.)

⓯ ☐ **農産物** (hasil pertanian／စိုက်ပျိုးရေးထွက်ကုန်／agricultural products)
のうさんぶつ

▷ 農産物の輸入 (pengimportan hasil pertanian／စိုက်ပျိုးရေးထွက်ကုန်များတင်သွင်းမှု／ pag-iimport ng
のうさんぶつ ゆにゅう
agricultural products)

⓰ ☐ **農薬** (racun perosak／ပိုးသတ်ဆေး／pesticide)
のうやく

▶ これは、農薬をほとんど使わずに育てた野菜です。
のうやく つか そだ やさい

(Ini adalah sayur-sayuran yang ditanam hampir tanpa menggunakan racun perosak.／
၍ဟာသည်ပိုးသတ်ဆေးကိုလုံးဝနီးပါးမသုံးဘဲစိုက်ပျိုးသောဟင်းသီးဟင်းရွက်ဖြစ်သည်။／ Ito ang mga gulay na lumago nang hindi halos ginamitan ng pesticide.)

⓱ □ 工芸 （こうげい）(pertukangan, kraf／လက်မှုပညာ／ crafts)

▷ **ガラス工芸、工芸品、伝統工芸** （ひん、でんとう）

（kraf kaca, barang kraf, kraf tradisional／ဖန်ထည်လက်မှုပညာ၊လက်မှုပညာပစ္စည်း၊ ရိုးရာလက်မှုပညာ／
glasswork, art work, traditional crafts)

⓲ □ 名産 （めいさん）(hasil tempatan／နာမည်ကြီးထွက်ကုန်／ specialty, kilalang produkto)

▶ **この地方の名産といえば、やはりリンゴですね。** （ちほう）

（Kawasan ini memang terkenal dengan epal, hasil tempatannya.／
ကျွန်ုပ်ဒေသ၏နာမည်ကြီးထွက်ကုန်ဟုပြောရလျှင်ပန်းသီးပါပဲ။／ Kung specialty sa lugar na ito ang pag-uusapan,
siempre mansanas ito.)

⓳ □ 名物 （めいぶつ）(produk popular／နာမည်ကြီးပစ္စည်း／ specialty, kilalang produkto)

▷ **大阪名物** （おおさか）(produk popular Osaka／အိုးဆာကာနာမည်ကြီးပစ္စည်း／ kilalang produkto sa Osaka)

⓴ □ 穀物 （こくもつ）(bijirin／ကောက်ပဲသီးနှံ／ cereal, grain products)

▶ **日本は、小麦やとうもろこしなど多くの穀物を輸入している。** （にほん、こむぎ、おお、ゆにゅう）

（Jepun banyak mengimport bijirin seperti gandum, jagung dan sebagainya.／
ဂျပန်သည်ဂျုံနှင့်ပြောင်းကဲ့သို့များစွာသောကောက်ပဲသီးနှံများကိုတင်သွင်းလျက်ရှိသည်။／ Nag-iimport ang Japan ng
maraming grain products tulad ng wheat at mais.)

㉑ □ 産地 （さんち）(kawasan pengeluaran／ထွက်သည့်ဒေသ／ producing area)

▶ **この辺りはブドウの産地として有名です。** （あた、ゆうめい）

（Kawasan ini terkenal sebagai kawasan pengeluaran anggur.／
ကျွန်ုပ်နေရာသည်စပျစ်သီးထွက်သည့်နေရာအဖြစ်ကျော်ကြားသည်။／ Kilala ang lugar na ito bilang lugar kung saan
itinatanim ang grapes.)

㉒ □ 国産 （こくさん）(buatan nasional／ပြည်တွင်းဖြစ်／ lokal na produksiyon)

▶ **この店では国産の材料しか使っていません。** （みせ、ざいりょう、つか）

（Kedai ini hanya menggunakan bahan-bahan buatan nasional sahaja.／
ကျွန်ုပ်ဆိုင်တွင်ပြည်တွင်းဖြစ်မှုရင်းပစ္စည်းများသာအသုံးပြုသည်။／ Mga lokal na produkto lang ang mga sangkap na
ginagamit sa restawrang ito.)

㉓ □ ～原産 （げんさん）(berasal／မူလဒေသ ～ထွက်ပစ္စည်း ／ galing sa, gawa sa)

▷ **メキシコ原産の花** （はな）(bunga yang berasal dari Mexico／မူလဒေသမက္ကစီကိုထွက်ပန်း／ bulaklak na
galing sa Mexico)

102

UNIT **22**

原料・材料
げんりょう　ざいりょう

(Bahan mentah, Bahan／ကုန်ကြမ်းမူလပါဝင်ပစ္စည်း／ Materyales, Mga Sangkap)

道具・器具・機械 23

動物・植物・人間 24

学校・教育 25

大学・研究 26

対象・範囲 27

社会・国・ルール 28

職業・身分 29

立場・役割 30

❶ □ **素材**
そざい (bahan／မူရင်းပစ္စည်း၊ မူလပစ္စည်း／ materyales, sangkap)

▶ 最近は、天然素材を使った化粧品が人気です。
さいきん　てんねん　つか　けしょうひん　にんき

(Kebelakangan ini, kosmetik yang dibuat daripada bahan semula jadi menjadi popular.／
ယခုတလောသဘာဝမူရင်းပစ္စည်းသုံးထားသည့်အလှကုန်ပစ္စည်းကိုလူကြိုက်များသည်။／ Kamakailan, naging popular ang mga cosmetic na ginamitan nang natural na sangkap.)

❷ □ **布**
ぬの (kain／ပိတ်၊ အထည်／ tela)

▶ 汚れないよう、何か布で覆ったほうがいい。
よご　　　　なに　　おお

(Anda harus menutupnya dengan kain supaya ia tidak kotor.／
မညစ်ပေစေရန်ပိတ်စတစ်ခုခုနဲ့ဖုံးထားလျှင်ကောင်းမည်။／ Mabuting takpan mo iyan ng tela para hindi marumihan.)

❸ □ **綿**
めん (cotton／ချည်၊ ချည်သား／ cotton)

▷ 綿100%のシャツ

(baju cotton 100%／ချည်သား 100% ရှပ်အက်ျို／ 100% cotton shirt)

▶ 「ぬいぐるみを作ってるの?」「そう。最後に綿を入れれば完成」
つく　　　　　　　　　　さいご　わた　い　　　　かんせい

("Adakah kamu menjahit patung kapas?" "Ya. Saya akan masukkan kapas pada akhirnya dan selesai."
／「အစ္စသွတ်အရုပ်လုပ်နေတာလား။」「ဟုတ်တယ်။အဆုံးသတ်မှာချည်စတွေထည့်ပြီးရင်ပြီးပြီ」／ "Gumagawa ka ba ng stuffed toy?" "Oo. Pinalalamanan ko ito ng cotton, tapos, tapos na.")

❹ □ **絹**
きぬ (sutera／ပိုး／ silk, seda)

❺ □ 同 **シルク** (sutera／ပိုး／ silk, seda)

❻ □ **毛皮**
け がわ (bulu binatang／သားမွေး／ fur)

▷ 毛皮のコート (kot bulu／သားမွေးကုတ်အက်ျို／ fur coat)

❼ □ **羊毛**
ようもう (bulu kambing／သိုးမွေး／ sheep wool)

▶ オーストラリアは、羊毛の生産が盛んです。
せいさん　さか

(Industri bulu kambing Australia berkembang pesat.／
သြစတြေးလျသည်သိုးမွေးထုတ်လုပ်မှုတွင်ဖွံ့ ဖြိုးတိုးတက်သည်။／ May umuunlad na sheep wool industry sa Australia.)

❽ □ 毛糸 けいと (kain bulu／သားမွေးချည်／wool yarn)

▷ **毛糸のマフラー** (selendang kain bulu／သားမွေးချည်မာဖလာ／woolen scarf)

❾ □ 材木 ざいもく (kayu balak／သစ်／kahoy)　　　　同 **木材** もくざい

▷ **材木店** てん (kedai bahan kayu／သစ်ဆိုင်／tindahan ng kahoy)

❿ □ 鉱物 こうぶつ (mineral／ဓာတ်သတ္တု／mineral)

▷ **鉱物資源** しげん (sumber mineral／ဓာတ်သတ္တုအရင်းအမြစ်／mineral resource)

⓫ □ 銅 どう (tembaga／ကြေး／tanso)

⓬ □ プラスチック (plastik／ပလပ်စတစ်／plastik)

▷ **プラスチックの容器** ようき (bekas plastik／ပလပ်စတစ်ထည့်စရာ／plastik na lalagyan)

⓭ □ 水素 すいそ (hidrogen／ဟိုက်ဒရိုဂျင်／hydrogen)

⓮ □ 成分 せいぶん (kandungan, ramuan／ဓာတ်၊ အာနိသင်／ingredient, sangkap)

▶ **食品を買うときは、どんな成分が含まれているか、必ず確認します。**
しょくひん か ふく かなら かくにん

(Semasa membeli makanan, saya mesti memeriksa apakah bahan ramuan yang terkandung dalamnya.／စားကုန်ပစ္စည်းကိုဝယ်သည့်အခါမည်သည့်ဓာတ်ပါဝင်နေသည်ကိုမပျက်မကွက်စစ်ဆေးပါသည်။／Kung bumibili ako ng pagkain, sinisigurado ko kung anong mga sangkap ang kasama rito.)

▷ **成分表示** ひょうじ (pelabelan kandungan／ဓာတ်အာနိသင်ဖော်ပြချက်／listahan ng mga sangkap)

⓯ □ 無害(な) むがい (tidak berbahaya／အန္တရာယ်မရှိ(သော)／hindi nakakapinsala, hindi nakakasama)

▶ **この洗剤は体に無害なので、安心して使える。**
せんざい からだ あんしん つか

(Bahan pencuci ini tidak membahayakan badan, boleh menggunakannya tanpa bimbang.／ဤဆပ်ပြာရည်သည်အန္တရာယ်မရှိ၍စိတ်ချလက်ချအားပြုနိုင်ပါသည်။／Hindi nakakasama sa katawan ang sabong panlabang ito, kaya puwede mo itong gamitin nang wala kang inaalala.)

技術・産業 21

原料・材料 22

道具・器具・機械 23

動物・植物・人間 24

学校・教育 25

大学・研究 26

対象・範囲 27

社会・国・ルール 28

職業・身分 29

立場・役割 30

⑯ ☐ **再利用（する）** (guna semula／တစ်ဖန်ပြန်သုံး(သည်)／ gamitin uli)
さいりよう

▶ 再利用できるものは、ここには捨てないでください。

(Jangan buang apa-apa yang boleh diguna semula di sini.／
တစ်ဖန်ပြန်သုံးနိုင်သည့်ပစ္စည်းကို၊ ဤနေရာတွင်မပစ်ပါနှင့်။／ Huwag ninyong itapon dito ang mga bagay na puwede pang gamitin uli.)

UNIT 23

音声 DL
36

道具・器具・機械
どうぐ・きぐ・きかい

(Barang, Alat, Mesin／ကိရိယာအသေးစားစက်ကိရိယာစက်ယန္တရား／ Mga Gamit, Kasangkapan, Makina)

---

❶ □ 装置 そうち (alat／စက်ကိရိယာ／ aparato)

▶ 安全のため、この装置を取り付ける必要があります。
あんぜん　　　　　　　　　　　とっ　ひつよう

(Alat ini perlu dipasang demi keselamatan.／
ဘေးအန္တရာယ်ကင်းရေးအတွက်ဤစက်ကိရိယာကိုတပ်ဆင်ရန်လိုအပ်သည်။／ Kailangang ikabit ang aparatong ito
para sa safety.)

---

❷ □ 器械 きかい (mesin／စက်ကိရိယာ／ makina)

---

❸ □ はかり (penimbang／ချိန်ခွင်၊ ချိန်တွယ်စရာ／ timbangan, panukat)

▶〈料理〉材料は、はかりを使って正確に量ってください。
りょうり　ざいりょう　　　　　　　　　つか　せいかく　はか

(<Memasak> Sila gunakan penimbang untuk menimbang bahan dengan tepat.／
<ဟင်းလျာ>ဟင်းချက်စရာကို၊ ချိန်တွယ်စရာသုံး၍အတိအကျချိန်တွယ်ပါ။／ (Pagluluto) Gamitin ninyo ang
timbangan para masukat nang tama ang mga sangkap.)

---

❹ □ タイマー (penjaga masa／အချိန်ကိုက်နာရီ／ timer)

▷ タイマーをセットする (set penjaga masa／အချိန်ကိုက်နာရီကိုအချိန်ကိုက်သည်။／ i-set ang timer)

---

❺ □ メーター (panel pengukur／မီတာ／ meter, metro)

---

❻ □ 受話器 じゅわき (gagang telefon／ဖုန်းလက်ကိုင်／ receiver ng telepono)

---

❼ □ 電卓 でんたく (kalkulator／ဂဏန်းတွက်စက်／ calculator)

---

❽ □ ライター (pemetik api／ဓာတ်မီးခြစ်／ lighter)

---

❾ □ 金庫 きんこ (peti keselamatan／မီးခံသေတ္တာ／ kaha de yero)

技術・産業 21

原料・材料 22

道具・器具・機械 23

動物・植物・人間 24

学校・教育 25

大学・研究 26

対象・範囲 27

社会・国・ルール 28

職業・身分 29

立場・役割 30

⑩ □ 望遠鏡 (teleskop／အဝေးကြည့်မှန်ပြောင်း／ telescope)
　　ぼうえんきょう

⑪ □ 針金 (wayar／ဝိုင်ယာ／ alambre)
　　はりがね

⑫ □ ばね (spring／စပရင်／ spring)

⑬ □ 鎖 (rantai／(ကွင်းဆက်)သံကြိုး／ kadena, tanikala)
　　くさり

⑭ □ 水筒 (botol air／ရေပုလင်း၊ရေဘူး／ canteen, termos)
　　すいとう

⑮ □ 蛇口 (kepala paip／ဘုံပိုင်ခေါင်း／ gripo)
　　じゃぐち

　▶蛇口をひねっても水が出てこないんですが……。
　　みず で

　　(Air tidak keluar walaupun saya memulas kepala paip...／ဘုံပိုင်ခေါင်းကိုလှည့်ဖွင့်ပေမဲ့ ရေမထွက်လာလို့----／
　　Walang lumalabas na tubig kahit pihitin ko ang gripo…)

⑯ □ 栓 (penyumbat, gabus／ပုလင်းအဖုံး／ tansan)
　　せん

　▷栓抜き (pembuka botol／ပုလင်းအဖုံးဖွင့်ကိရိယာ／ abrelata, can opener)
　　ぬ

⑰ □ パイプ (paip／ပြွန်၊ပိုက်／ tubo)

　▶パイプが詰まって、水の流れが悪い。
　　　　 つ　　 みず なが　 わる

　　(Aliran air kurang baik kerana paip tersumbat.／ပိုက်ပိတ်နေလို့ရေစီးမကောင်းဘူး။／ Barado ang tubo at
　　hindi maganda ang daloy ng tubig)

　▶彼は日本と中国とのパイプ役として期待されている。
　　かれ にほん ちゅうごく　　　　　　 やく　　　　 きたい

　　(Dia diharapkan memainkan peranan sebagai orang tengah antara Jepun dan negara Cina.／
　　သူဟာဂျပန်နဲ့တရုတ်အကြားပိုက်လိုင်းသဖွယ်တာဝန်ထမ်းဆောင်မည့်သူအဖြစ်မျှော်လင့်ခံရနေသည်ဖြစ်သည်။／ Inaasahang
　　siya ang magiging tagapamagitan ng Japan at China.)

⑱ □ はしご (tangga／လှေကားအဆင့်／ hagdan)

⑲ □ レンガ/れんが (bata／အုတ်／ brick)

㉑ ☐ ペンキ （cat／သုတ်ဆေး၊မှုတ်ဆေး／ pintura)

▷〈貼り紙〉ペンキ塗りたて
（<Notis> Baru dicat／<ကော်ကပ်စက္ကူ>ဆေးသုပ်ပြီးခါစ／ (Nakapaskil na papel) Wet paint)

㉑ ☐ 雑巾（ぞうきん）（kain lap／အဝတ်စုတ်／ basahan)

▶床は雑巾で軽く拭いてください。
（Lap lantai dengan kain lap secara ringkas.／ကြမ်းပြင်ကိုအဝတ်စုတ်နှင့်အသာအယာသုပ်ပါ။／ Pakipunasan mo ng basahan ang sahig, nang bahagya.)

㉒ ☐ 綱（つな）（tali／ကြိုး／ lubid)

㉓ ☐ 風船（ふうせん）（belon／ပူဖောင်း／ lobo)

㉔ ☐ 刀（かたな）（pedang／ဓားရှည်／ espada)

㉕ ☐ かみそり （pisau cukur／သင်တုန်းဓား／ pang-ahit, shaver)

㉖ ☐ のこぎり （gergaji／လွှ／ lagari)

㉗ ☐ 鉄砲（てっぽう）（meriam／သေနတ်／ baril, sandatang pumuputok)

▶16世紀に日本に鉄砲が伝わった。
（Meriam dibawa ke Jepun pada abad ke-16.／16ရာစုနှစ်တွင်ဂျပန်ပြည်သို့သေနတ်ပျံ့နှံ့လာခဲ့သည်။／ Dinala ang mga baril dito sa Japan noong ika-16 na siglo.)

㉘ ☐ 銃（じゅう）（senapang／သေနတ်／ baril)

▷銃の規制（きせい） （kawalan senjata api／သေနတ်စည်းမျဉ်း／ regulasyon tungkol sa baril)

㉙ ☐ 武器（ぶき）（senjata／လက်နက်／ armas, sandata)

技術・産業 21
原料・材料 22
道具・器具・機械 23
動物・植物・人間 24
学校・教育 25
大学・研究 26
対象・範囲 27
社会・国・ルール 28
職業・身分 29
立場・役割 30

UNIT 24

動物・植物・人間
どうぶつ　しょくぶつ　にんげん

(Haiwan, Tumbuhan, Manusia／တိရစ္ဆာန်၊အပင်၊လူ／Hayop, Halaman, Tao)

❶ □ 蒔く／撒く (menabur／ပျိုးသည်/ပျိုးကြဲသည်／magpunla)

▶ うちではピーマンは、3月に種を蒔いて、6～7月に収穫します。
　　　　　　　　　　　　　 がつ たね　　　　　　 しゅうかく

(Kami menabur benih lada besar hijau pada Mac, dan memetiknya pada Jun atau Julai.／
ကျွန်တော်တို့ဆီတွင်ပန်းငရုတ်သည်မျိုးစေ့ကို 3 လပိုင်းတွင်ပျိုး၍ 6 ～ 7 လပိုင်း၊ဆွတ်ခူးရိတ်သိမ်းသည်။／Sa amin, nagpupunla kami ng green pepper kung Marso, at nag-aani kami kung Hulyo o Agosto.)

❷ □ 根 (akar／အမြစ်／ugat)
　　　 ね

▶ 3年前に植えたこの木も、しっかりと根を伸ばしたようだ。
　 ねんまえ う　　　　　 き　　　　　　　　 ね　 の

(Pokok yang ditanam 3 tahun yang lalu ini, akarnya telah tumbuh dengan baik dan panjang.／
လွန်ခဲ့သော 3 နှစ်တွင်စိုက်ခဲ့သောသစ်ပင်သည်၊ အမြစ်ကိုကောင်းစွာချုံဆန့်ထုတ်ပုံရသည်။／Matatag na humaba ang ugat ng punong ito, na itinanim tatlong taon na ang nakakaraan.)

▶ 話 根っこ

(akar／အမြစ်／ugat)

❸ □ 養分 (nutrien／အာဟာရဓာတ်၊／sustansiya)
　　　 ようぶん

▶ 根をしっかり張らないと、土の養分を吸い取ることができない。
　 ね　　　　　 は　　　　　 つち　 ようぶん す と

(Sekiranya akarnya tidak tumbuh dengan baik, ia tidak akan dapat menyerap nutrien dari tanah.／
အမြစ်ကိုကောင်းစွာမဆွဲဆန့်ရင်၊မြေကြီးရဲ့အာဟာရကိုမစုပ်ယူနိုင်ဘူး။／Kung hindi magkakaugat itong halaman, hindi nito makukuha ang sustansiya mula sa lupa.)

❹ □ 草 (rumput／မြက်ပင်／damo)
　　 くさ

▶ 見て。こんなところにも草が生えている。
　 み　　　　　　　　　　　 くさ は

(Lihat! Rumput tumbuh di tempat seperti ini.／ကြည့်ပါအုံး။ ဒီလိုနေရာမှာလည်း၊ မြက်ပင်ပေါက်နေတယ်။／
Tingnan mo. Kahit sa ganitong lugar, tumutubo ang damo.)

▷ 草を刈る (menebas rumput／မြက်ရိတ်သည်／putulin ang damo)
　 くさ か

❺ □ 茂る (bertumbuh tebal／ဝေဆာသည်။(မြက်)ထူသည်／tumubo nang makapal, tumubo
　　 しげ　　 nang mayabong)

▶ 草が茂っていて、ボールがすぐに見つからない。
　 くさ しげ　　　　　　　　　　　　　　 み

(Rumput sangat tebal sehingga kami tidak dapat menjumpai bola.／
မြက်ထူနေလို့၊ ဘောလုံးကိုချက်ချင်းမတွေ့ဘူး။／Masyadong makapal ang damo, kaya hindi agad mahanap ang bola.)

❻ □ 幹（みき）(batang／ပင်စည်／ puno)

❼ □ 芽（め）(tunas／အညွန့်၊အညှောက်၊အစို့／ usbong)

▶ 暖かくなって、やっと芽が出てきた。
（あたた　　　　　　　　　　　　め　　で）

（Cuaca menjadi panas dan tunas muncul akhirnya.／ပူနွေးလာပြီမို့လို့၊ အခုမှပဲ အညှောက်ထွက်တော့တယ်။／ Umiinit na, kaya lumabas na rin ang mga usbong.)

❽ □ つぼみ (kuntum／အဖူး၊အငုံ／ buko ng bulaklak)

▶ やっとつぼみがついたね。もうすぐ咲くかな？
（　　　　　　　　　　　　　　　さ）

（Kuntum muncul akhirnya. Mungkin akan mekar tidak lama lagi?／အခုမှပဲအဖူးဖူးတော့တယ်။မကြာခင်ပွင့်တော့မလားမသိဘူး။／ Sa wakas lumabas na ang buko ng bulaklak. Mamumulaklak na kaya ito?)

▷ つぼみが咲き始める
（　　　　　　　はじ）

（Kuntum mula memekar.／အဖူးကစပွင့်ပြီ／ maging bulaklak ang buko)

❾ □ 花粉（か ふん）(debunga／ပန်းဝတ်မှုန်／ pollen)

▶ 「風邪ですか」「いえ、花粉症なんです。朝から鼻水がとまらなくて……」
（かぜ　　　　　　　　　　　　　　しょう）

（"Selsema kah?" "Tidak, demam alahan. Hidung air tak berhenti-henti sejak pagi tadi..."／「အအေးမိတာလား။」「မဟုတ်ပါဘူး၊ပန်းဝတ်မှုန်ကြောင့်ရောဂါပါ။မနက်ကတည်းကနှာရည်ကျတာမရပ်ပဲ......」／ "Sipon ba iyan?" "Hindi, hay fever ito. Hindi tumitigil tumulo ang ilong ko mula pa kaninang umaga.")

❿ □ 雄（おす）(jantan／အထီး၊အဖို／ lalaking hayop)

⓫ □ 雌（めす）(betina／အမ／ babaeng hayop)

⓬ □ 稲（いね）(padi／ကောက်ပင်／ palay)

▶ 稲の葉は、濃い緑色から、徐々に黄緑色に変化していきます。
（は　　　こ　みどりいろ　　じょじょ　きみどり　へんか）

（Daun padi berubah dari hijau gelap menjadi hijau kekuningan secara beransur-ansur.／ကောက်ပင်ရွက်က၊ အစိမ်းပုပ်ရောင်ကနေ၊ တဖြည်းဖြည်းအဝါရောင်ကိုပြောင်းသွားမယ်။／ Matingkad na berde ang kulay ng dahon ng palay, at unti-unti itong nagiging yellowish green.)

⓭ □ 紅葉（こうよう）(daun musim luruh (daun merah)／အရွက်နီ／ autumn foliage)

▶ 京都は紅葉の時期が一番混むそうだよ。
（きょうと　　　　じき　いちばんこ）

技術・産業 21
原料・材料 22
道具・器具・機械 23
動物・植物・人間 24
学校・教育 25
大学・研究 26
対象・範囲 27
社会・国・ルール 28
職業・身分 29
立場・役割 30

(Nampaknya Kyoto paling sesak ketika waktu daun musim luruh.／ ကျိုတိုဟာအရွက်နီတဲ့ရာသီမှာ လူအများဆုံးလိုဆိုတယ်။／ Pinakamaraming tao ang pumupunta sa Kyoto kung panahon ng autumn foliage.)

⓮ □ 落ち葉 <ruby>落<rt>お</rt></ruby>ち<ruby>葉<rt>ば</rt></ruby> (daun gugur／ရွက်ကြွ／ fallen leaves)

⓯ □ 類枯れ葉 <ruby>枯<rt>か</rt></ruby>れ<ruby>葉<rt>は</rt></ruby> (daun mati／ရွက်ခြောက်／ tuyong dahon)

⓰ □ 並木 <ruby>並<rt>なみ</rt></ruby><ruby>木<rt>き</rt></ruby> (deretan pokok／သစ်ပင်တန်း／ helera ng mga puno)

▶ <ruby>春<rt>はる</rt></ruby>になったら、この<ruby>桜<rt>さくら</rt></ruby>並木はきれいなんだろうね。

(Deretan pokok Sakura ini akan menjadi sangat indah ketika musim bunga tiba.／ နွေဦးရောက်ရင်၊ ဒီချယ်ရီပင်တန်းကလှနေမှာပဲနော်။／ Kung spring, talagang gaganda ang helera ng mga punong ito.)

⓱ □ 植木 <ruby>植<rt>うえ</rt></ruby><ruby>木<rt>き</rt></ruby> (penanaman pokok／စိုက်ပျိုးပင်／ halamang nasa paso)

▷ 植木<ruby>用<rt>よう</rt></ruby>のはさみ (gunting untuk penanaman pokok／စိုက်ပျိုးပင်သုံးကတ်ကြေး／ gunting para sa halaman)

⓲ □ 梅 <ruby>梅<rt>うめ</rt></ruby> (plum／ဂျပန်မက်မန်း／ plum)

▶ 「あの<ruby>花<rt>はな</rt></ruby>、<ruby>桜<rt>さくら</rt></ruby>?」「２<ruby>月<rt>がつ</rt></ruby>だから桜はまだだよ。あれは梅だよ」

("Apa bunga itu? Sakura?" "Sekarang masih Februari, belum lagi ada Sakura. Itu bunga plum."／ 「ဟိုပန်းချယ်ရီပန်းလား」「2လပိုင်းမို့လိုချယ်ရီမပွင့်သေးပါဘူး၊အဲဒါဂျပန်မက်မန်းပါ」／ "Cherry blossom ba ang bulaklak na iyon?" "Pebrero pa lang, kaya hindi pa iyon ang cherry bossom. Bulaklak ng plum iyon.")

⓳ □ 杉 <ruby>杉<rt>すぎ</rt></ruby> (cedar／ဂျပန်သစ်ကတိုး／ cedar)

▶ <ruby>今年<rt>ことし</rt></ruby>は杉の<ruby>花粉<rt>かふん</rt></ruby>が<ruby>多<rt>おお</rt></ruby>いんだって。いやだなあ。

(Banyak debunga cedar tahun ini. Menyusahkan betul.／ဒီနှစ်ဟာ ဂျပန်သစ်ကတိုးရဲ့ပန်းဝတ်မှုန်တွေများမယ်တဲ့။ စိတ်ညစ်လိုက်တာ။／ Marami daw ang pollen ng cedar ngayong taon. Malas ko na lang!)

⓴ □ 巣 <ruby>巣<rt>す</rt></ruby> (sarang／အသိုက်／ pugad)

㉑ □ 小鳥 <ruby>小<rt>こ</rt></ruby><ruby>鳥<rt>とり</rt></ruby> (burung kecil／ငှက်／ maliit na ibon)

▶ <ruby>動物<rt>どうぶつ</rt></ruby><ruby>好<rt>ず</rt></ruby>きの<ruby>家<rt>いえ</rt></ruby>だったので、小鳥も<ruby>飼<rt>か</rt></ruby>っていました。

(Oleh kerana keluarga ini menyukai haiwan, mereka membela burung juga.／ တိရစ္ဆာန်ချစ်တဲ့အိမ်မို့လို့ငှက်လည်းမွေးခဲ့ပါတယ်။／ Mahilig ang pamilya naming mag-alaga ng mga hayop, kaya nag-aalaga rin kami ng mga maliit na ibon.)

㉒ □ つばさ (sayap／တောင်ပံ／pakpak)

▷ 翼(つばさ)を広(ひろ)げる (melebarkan sayap／တောင်ပံဖြန့်တယ်／iunat ang pakpak)

㉓ □ 蚊(か) (nyamuk／ခြင်／lamok)

▶ なんか、かゆいなあ。蚊に刺(さ)されたかもしれない。

(Saya berasa gatal. Mungkin digigit nyamuk.／ဘာပါလိမ့်၊ယားလိုက်တာ။ခြင်ထိုးခံရတာများလား။／Talagang makati. Siguro kinagat ako ng lamok.)

㉔ □ 金魚(きんぎょ) (ikan emas／ရွှေငါး／goldfish)

㉕ □ サメ (jerung／ငါးမန်း／pating)

㉖ □ 象(ぞう) (gajah／ဆင်／elepante)

㉗ □ 角(つの) (tanduk／ချို၊ဦးချို／sungay)

㉘ □ 細胞(さいぼう) (sel／ကလာပ်စည်း／cell)

㉙ □ 遺伝(いでん)(する) (menurunkan／မျိုးရိုးဗီဇ(လိုက်သည်)／magmana, manahin)

▶「両親(りょうしん)とも背(せ)が高(たか)いんです」「じゃあ、遺伝だね」

("Kedua ibu bapa saya tinggi." "Kalau begitu, keturunanlah."／「မိဘနှစ်ပါးစလုံးကအရပ်ရှည်တယ်」「အဲဒါဆိုရင်၊မျိုးရိုးဗီဇပဲနော်」／"Parehong matangkad ang mga magulang ko." "Nagmana ka pala sa kanila.")

㉚ □ 遺伝子(いでんし) (gen／မျိုးစေ့ဗီဇ／genes)

▷ 遺伝子組(く)み換(か)え食品(しょくひん)

(makanan yang diubahsuai secara genetik／မျိုးစေ့ဗီဇကိုပြုပြင်ထားသောအစားအစာ／genetically modified food)

㉛ □ 細菌(さいきん) (bakteria／ဗက်တီးရီးယားပိုး／bacteria)

▶ 口(くち)の中(なか)には、常(つね)にたくさんの細菌がいる。

(Di dalam mulut, selalu ada banyak bakteria.／ပါးစပ်တွင်းမှာ၊ ဗက်တီးရီးယားပိုးတွေဟာအမြဲတမ်းအများကြီးရှိတယ်။／Laging maraming bacteria sa loob ng bibig.)

技術・産業 21
原料・材料 22
道具・器具・機械 23
動物・植物・人間 24
学校・教育 25
大学・研究 26
対象・範囲 27
社会・国・ルール 28
職業・身分 29
立場・役割 30

UNIT 25

学校・教育
がっこう きょういく

(Sekolah, Pendidikan／ကျောင်း၊ ပညာရေး／ Eskuwelahan, Pag-aaral)

音声 DL 38

---

❶ □ **課程** (かてい) (kursus／သင်တန်း၊အတတ်။／ kurso)

▶ **教師になるには、まず2年間の専門課程を修了しなければならない。**
きょうし ねんかん せんもん しゅうりょう

(Untuk menjadi seorang guru, anda perlu menamatkan kursus khusus selama dua tahun terlebih dahulu.／ဆရာဖြစ်ရန်အတွက်အရင်ဆုံး 2 နှစ်အထူးပြုသင်တန်းကိုတက်ရောက်ပြီးစီးရပါမယ်။／ Para maging titser, kailangan mo munang tapusin ang 2 taong specialist course.)

▷ **通信教育課程** (つうしんきょういくかてい) (kursus pembelajaran jarak jauh／စာပေးစာယူပညာရေးသင်တန်း／ correspondence course)

---

❷ □ **カリキュラム** (kurikulum／သင်ရိုးညွှန်းတန်း／ curriculum)

▶ **新しいコースのカリキュラムが決まった。**
あたら

(Kurikulum untuk kursus baru telah ditetapkan.／သင်ရိုးသစ်ရဲ့သင်ရိုးညွှန်းတန်းကိုသတ်မှတ်ပြီးပြီ။／ Napagpasyahan na ang curriculum ng bagong kurso.)

---

❸ □ **在学(する)** (ざいがく) (bersekolah／ကျောင်းတက်နေ(သည်)／ nasa eskuwelahan)

▶ **彼女とは大学が同じで、在学中からの知り合いです。**
かのじょ だいがく おな ちゅう し あ

(Saya kenal dia sejak berada di sekolah kerana kami belajar di universiti yang sama.／သူမနဲ့တက္ကသိုလ်အတူတူဖြစ်ပြီး၊ကျောင်းတက်နေတုန်းကတည်းကအသိပါ။／ Nakilala ko siya noong nasa eskuwelahan kami, dahil pareho kami ng pinasukang eskuwelahan.)

---

❹ □ **進学(する)** (しんがく) (melanjutkan pengajian tinggi／အတန်းဆက်တက်(သည်)／ tumuloy sa susunod na grade)

▶ **大学院に進学するか就職するかで迷っている。**
だいがくいん しんがく しゅうしょく まよ

(Saya tidak dapat membuat keputusan sama ada melanjutkan pelajaran atau mencari pekerjaan.／ဘွဲ့လွန်တက္ကသိုလ်ကိုဆက်တက်ရမလားအလုပ်ဝင်ရမလားလို့ဝေခွဲမရဖြစ်နေတယ်။／ Hindi ako makapagdesisyon kung tutuloy ako sa graduate school o magtatrabaho.)

---

❺ □ **再試験** (さいしけん) (ujian semula／ပြန်စစ်စာမေးပွဲ／ pagkuha uli ng test)

▶ **60点以下の学生は来週、再試験を行います。**
てんいか がくせい らいしゅう さいしけん おこな

(Pelajar dengan markah 60 dan ke bawah akan menduduki ujian semula minggu depan.／အမှတ် 60 နဲ့အောက်ကျောင်းသားများဟာ နောက်အပတ်ပြန်စစ်စာမေးပွဲကိုကျင်းပပါမယ်။／ Kukuha uli ng test sa isang linggo ang mga estudyanteng may grade na 60 o mas mababa.)

❻ ☐ **答案** (jawapan／အဖြေ／sagot)
  とうあん

▶ 答案用紙に名前を書き忘れてしまった。
  ようし　なまえ　か　わす

  (Saya terlupa menulis nama saya di kertas jawapan.／အဖြေလွှာမှာနာမည်ရေးဖို့မေ့သွားပါတယ်။／
  Nakalimutan kong isulat ang pangalan ko sa answer sheet.)

❼ ☐ **不合格** (gagal, tidak lulus／စာမေးပွဲကျရှုံး／pagbagsak)
  ふごうかく

▶ 残念ですが、今回は不合格です。
  ざんねん　　　こんかい

  (Malangnya, kamu tidak lulus kali ini.／ဝမ်းနည်းပါတယ်။ဒီတစ်ကြိမ်မှာ စာမေးပွဲကျရှုံးပါတယ်။／ Sayang at
  bumagsak ka ngayon.)

❽ ☐ **落第(する)** (gagal／စာမေးပွဲကျ(သည်)၊အတန်းကျ(သည်)／bumagsak)
  らくだい

▶ テストの点がよくても、授業を休みすぎると落第になる。
  　　　てん　　　　　　　　じゅぎょう　やす

  (Walaupun markah ujian bagus, kamu akan gagal jika ponteng kelas terlalu kerap.／
  စာမေးပွဲမှာအမှတ်ကောင်းပေမဲ့လည်း၊အတန်းပျက်လွန်းရင်အတန်းကျမည်။／ Kahit mataas ang grade ninyo sa test,
  babagsak pa rin kayo kung lagi kayong absent.)

❾ ☐ **幼稚園** (tadika／သူငယ်တန်း／kindergarten)
  ようちえん

❿ ☐ **塾** (kelas tusyen／ကျူရှင်ကျောင်း／cram school)
  じゅく

▶ 受験のため、学校が終わると毎日塾に通っていた。
  じゅけん　　　　がっこう　お　　　　まいにち　　かよ

  (Saya pernah pergi ke kelas tusyen setiap hari selepas sekolah demi peperiksaan memasuki sekolah.／
  စာမေးပွဲအတွက်ကျောင်းပြီးတာနဲ့နေ့တိုင်းကျူရှင်တက်ခဲ့တယ်။／ Para maghanda sa entrance exam, pumapasok
  ako araw-araw noon sa cram school pagkatapos ng eskuwela.)

⓫ ☐ **幼児** (bayi／ကလေးငယ်／sanggol, baby)
  ようじ

▶ 幼児向けの本なので、絵がたくさん描いてあります。
  むけ　　　ほん　　　　え　　　　か

  (Ini adalah buku untuk bayi, maka banyak gambar di dalamnya.／
  ကလေးငယ်များအတွက်စာအုပ်ဖြစ်လို့ရုပ်ပုံအများကြီးဆွဲထားပါတယ်။／ Libro ito para sa mga sanggol, kaya
  napakaraming retrato.)

技術・産業 21
原料・材料 22
道具・器具・機械 23
動物・植物・人間 24
学校・教育 25
大学・研究 26
対象・範囲 27
社会・国・ルール 28
職業・身分 29
立場・役割 30

⓬ □ 児童 (じどう) (budak, kanak-kanak／ကလေး／bata)

▶ 安全のため、保護者に児童の送り迎えを頼んでいる。
あんぜん　　　　　　　はごしゃ　　　　じどう　おく　むか　　たの

(Demi keselamatan, kami meminta ibu bapa untuk menghantar dan mengambil anak-anak mereka.
／ဘေးကင်းရေးအတွက်မိဘအုပ်ထိန်းသူများအားကလေးများကိုအကြိုအပို့ပြုလုပ်ပေးပါရန်မေတ္တာရပ်ခံလျက်ရှိပါတယ်။
／Para sa safety ng mga bata, pinakikiusapan ang mga magulang o guardian na ihatid at sunduin ang
mga bata.)

⓭ □ 新入生 (しんにゅうせい) (pelajar baru／ပထမနှစ်ကျောင်းသား／bagong estudyante)

▶ 新入生に学校を案内してあげた。
しんにゅうせい　がっこう　あんない

(Saya menunjukkan kawasan sekolah kepada pelajar-pelajar baru.／
ပထမနှစ်ကျောင်းသားအားကျောင်းတွင်းကိုလိုက်ပြပေးခဲ့တယ်။／Sinamahan ko sa loob ng eskuwelahan ang
mga bagong estudyante.)

⓮ □ 校庭 (こうてい) (padang sekolah／ကျောင်းဝင်း／school ground)

▶ 校庭で遊ぶ子供もいれば、教室で本を読む子供もいる。
こうてい　あそ　こども　　　　　　きょうしつ　ほん　よ　こども

(Ada kanak-kanak yang bermain di padang sekolah, manakala yang lain membaca buku di bilik darjah.
／ကျောင်းဝင်းအတွင်းကစားနေတဲ့ကလေးများရှိသလိုအတန်းထဲမှာစာဖတ်နေတဲ့ကလေးများလည်းရှိပါတယ်။／May
mga batang naglalaro sa school ground, at may mga batang nagbabasa ng libro sa klasrum.)

⓯ □ 学期 (がっき) (semester／စာသင်ကာလ／semester)

▶ 4月から新学期だから、テキストが変わる。
がつ　　　しん　　き　　　　　　　　　　　　か

(Buku teks akan berubah kerana semester baru bermula dari April.／
4 လပိုင်းကနေစာသင်ကာလသစ်ဖြစ်လို့၊ ပြဌာန်းစာအုပ်ပြောင်းမယ်။／Mula Abril ang bagong semester, kaya
magbabago ang textbook.)

⓰ □ 語学 (ごがく) (kajian bahasa／ဘာသာစကား／pag-aaral ng wika)

▶ 私の姉は語学が趣味で、今はタイ語を勉強しています。
わたし　あね　ごがく　しゅみ　　　いま　　　　ご　べんきょう

(Hobi kakak saya adalah berbahasa dan kini belajar bahasa Thai.／
ကျွန်တော့အစ်မဟာ၊ ဘာသာစကားဝါသနာပါလို့အခုထိုင်းဘာသာစကားကိုလေ့လာနေတယ်။／Pag-aaral ng wika ang
interes ng ate ko, at nag-aaral siya ng Thai ngayon.)

UNIT 26

大学・研究
だいがく　けんきゅう

(Universiti, Kajian／တက္ကသိုလ်၊ သုတေသန／Unibersidad, Research)

音声DL 39

❶ □ **分野** (bidang／ကဏ္ဍ၊ နယ်ပယ်／field, larangan)
ぶんや

▶ 自分がどんな分野に興味があるのか、最近やっとわかってきた。
じぶん　　　　　　　　　　　　　きょうみ　　　　　　　　　さいきん

(Saya baharu mengetahui bidang apa yang saya minati kebelakangan ini.／မိမိကဘယ်လိုကဏ္ဍနယ်ပယ်ကိုစိတ်ဝင်စားမှုရှိသလဲဆိုတာကိုမကြာသေးခင်ကမှသိရှိနားလည်လာတယ်။／Sa wakas nalaman ko na rin kamakailan kung anong larangan ang hilig ko.)

❷ □ **政治学** (sains politik／နိုင်ငံရေးသိပ္ပံ／political science)
せいじがく

❸ □ **経済学** (ilmu ekonomi／စီးပွားရေးပညာ／economics)
けいざいがく

❹ □ **教育学** (ilmu pendidikan, pedagogi／သင်ကြားရေးပညာ／education)
きょういくがく

❺ □ **心理学** (psikologi／စိတ်ပညာ／psychology)
しんりがく

❻ □ **物理学** (fizik／ရူပဗေဒ／physics)
ぶつりがく

❼ □ **自然科学** (sains semula jadi／သဘာဝသိပ္ပံ／natural science)
しぜんかがく

❽ □ **人文科学** (ilmu kemanusiaan／လူမှုရေးသိပ္ပံ／humanities)
じんぶんかがく

❾ □ **概論** (pengenalan／အနှစ်ချုပ်／outline, introduction)
がいろん

❿ □ **研究室** (makmal, pejabat profesor／စမ်းသပ်ခန်း၊သုတေသနရုံးခန်း／kuwarto ng titser)
けんきゅうしつ

▶ 先生の研究室を訪ねて、よくアドバイスをしてもらいました。
せんせい　　　　けんきゅうしつ　　たず

(Saya sering mengunjungi pejabat profesor untuk mendapatkan nasihat.／ဆရာရဲ့သုတေသနရုံးခန်းကိုသွားပြီးမကြာခဏအကြံဉာဏ်ရယူခဲ့ရပါတယ်။／Marami akong nakuhang payo mula sa titser ko, noong pumupunta ako sa kuwarto niya.)

116

❶❶ ☐ **観測（する）** (memerhatikan／ကြည့်ရှုတိုင်းတာ(သည်)／ mag-obserba)
　　かんそく

▶ **この巨大な望遠鏡を使って、毎日、星や太陽の動きを観測しています。**
　きょだい　ぼうえんきょう　つか　　　まいにち　ほし　たいよう　うご

（Saya menggunakan teleskop besar ini untuk memerhatikan pergerakan bintang dan matahari setiap hari.／ဒီအဝေးကြည့်မှန်ပြောင်းကိုသုံးပြီး၊ နေ့စဉ်၊ ကြယ်နဲ့နေရဲ့သွားလာမှုကိုကြည့်ရှုတိုင်းတာလျက်ရှိပါတယ်။／ Nag-oobserba kami araw-araw ng paggalaw ng mga bituin at araw, gamit ang malaking telescope na ito.）

❶❷ ☐ **博士** (doktor falsafah, PhD／ဒေါက်တာပါရဂူ／ Ph.D.)
　　はかせ／はくし

▶ **修士号を取ったら、博士課程に進むつもりです。**
　しゅうしごう　と　　　　はくし　かてい　すす

（Setelah mendapat ijazah sarjana, saya akan melanjutkan pelajaran doktor falsafah.／မဟာဘွဲ့ပြီးရင်၊ ပါရဂူတန်းကိုဆက်တက်ဖို့ရည်မှန်းပါတယ်။／ Balak kong tumuloy mag-Ph.D., pagkatapos ko ng Master's degree.）

❶❸ ☐ **説** (teori／သီအိုရီအယူအဆ／ teoriya)
　　せつ

▶ **月の誕生については、いろいろな説がある。**
　つき　たんじょう

（Terdapat pelbagai teori mengenai kelahiran bulan.／လ၏စတင်ဖြစ်တည်မှုနှင့်ပတ်သက်၍၊ အယူအဆအမျိုးမျိုးရှိသည်။／ May iba't ibang teoriya tungkol sa kung paano nagsimula ang buwan.）

❶❹ ☐ **学会** (persidangan akademik／ညီလာခံ／ academic conference)
　　がっかい

▶ **次の学会で発表することになった。**
　つぎ　がっかい　はっぴょう

（Saya akan membuat pembentangan dalam persidangan akademik yang berikutnya.／နောက်လာမည့်ညီလာခံတွင်တင်ပြဖို့ဖြစ်သွားပါပြီ။／ Magbibigay ako ng presentation sa susunod na academic conference.）

対象・範囲
たいしょう・はんい
(Sasaran, Skop／ ရည်မှန်းရာ၊ဘောင်/ အဝန်းအဝိုင်း／ Paksa, Saklaw)

---

❶ □ 限る（かぎ）(terhad／ကန့်သတ်သည်／ maglimita)

▶ 限られた時間で、どこまで準備ができるだろう？
（じかん・じゅんび）

(Sejauh mana kita boleh bersedia dalam jangka masa yang terhad?／ကန့်သတ်ထားသည့်အချိန်နဲ့၊ ဘယ်လောက်အထိအသင့်ပြင်ဆင်နိုင်ပါမလဲ။
／ Hanggang saan kaya tayo makakapaghanda, sa limitadong oras?)

---

❷ □ ～限り（かぎ）(hanya／～အတွင်း၊～သလောက်တော့／ lang)

▶ 商品到着後7日間に限り、返品も可能です。
（しょうひんとうちゃくご・なのか・かん・へんぴん・かのう）

(Pengembalian hanya diizinkan dalam masa 7 hari selepas penerimaan barang.／
အရောင်းပစ္စည်းရောက်ရှိပြီး 7 ရက်အတွင်း၊ ပစ္စည်းကိုပြန်လည်းပေးပို့နိုင်သည်။／ Maaaring isauli ang produkto sa
loob ng pitong araw, pagkatapos itong mai-deliver.)

▶ 私の知っているかぎり、彼はそんな人じゃない。
（わたし・し・かれ・ひと）

(Setahu saya, dia bukan orang seperti itu.／ကျွန်တော်/ကျွန်မသိသလောက်တော့၊သူဟာအဲ့လိုလူ မဟုတ်ပါဘူး။
／ Sa pagkakaalam ko, hindi siya ganyan.)

---

❸ □ 限定（する）（げんてい）(menghadkan／ကန့်သတ်ထား(သည်)／ maglimita)

▶ 限定100個とか言われると、どうしても欲しくなっちゃう。
（げんてい・こ・い・ほ）

(Saya pasti ingin memilikinya jika mereka memberitahu saya barang ini adalah edisi terhad kepada
100.／အခု 100 ကန့်သတ်ထားတယ်လို့ဆိုရင်၊ဘယ်လိုပဲဖြစ်ဖြစ်လိုချင်လာတယ်။／ Kapag sinabi nilang limitado
lang sa 100 ang puwedeng makuha, talagang gusto kong magkaroon niyan.)

---

❹ □ 限度（げんど）(had／အကန့်အသတ်／ limit)

▶ ホテル代は1泊1万円が限度だな。それ以上は出せないよ。
（だい・ぱく・まんえん・いじょう・だ）

(10,000 yen adalah had untuk bayaran hotel. Saya tidak mampu membayar lebih daripada itu.／
ဟိုတယ်အခန်းခ1ညကိုယ်န့် 1 သောင်းအထိပဲအကန့်အသတ်ရှိတယ်။ ဒီထက်ပိုပြီးတော့မပေးနိုင်ဘူး။／Y10,000
ang limit na babayaran ko para sa isang gabi sa hotel. Hindi ako magbabayad nang mahigit diyan.)

---

❺ □ 超す（こ）(melebihi／ကျော်သည်／ lumampas)

▶ 今日も30度を超す暑い一日となりました。
（きょう・ど・あつ・いちにち）

(Hari ini juga merupakan sehari yang panas dengan suhu melebihi 30 darjah celcius.／
ဒီနေ့လည်း 30 ဒီဂရီကျော်တဲ့ပူတဲ့နေ့တစ်နေ့ဖြစ်သွားပြီ။／ Isang napakainit na araw ngayon, na lumampas sa 30
degrees.)

技術・産業 21

原料・材料 22

道具・器具・機械 23

動物・植物・人間 24

学校・教育 25

大学・研究 26

対象・範囲 27

社会・国・ルール 28

職業・身分 29

立場・役割 30

❻ □ 無限（むげん）(tidak terbatas／အဆုံးမဲ့／walang limit)

▶ 子供たちには無限の可能性がある。
（こども）（かのうせい）

(Kanak-kanak mempunyai potensi yang tidak terbatas.／ကလေးများတွင်အဆုံးမဲ့သောဖြစ်နိုင်ခြေများရှိသည်။／Walang limit ang posibilidad ng mga bata.)

❼ □ 未満（みまん）(kurang daripada, di bawah／မပြည့်သေးသော／wala pa sa, mababa pa sa)

▶ 18歳未満は中に入ることができません。
（さい）（なか）（はい）

(Kanak-kanak di bawah umur 18 tahun dilarang masuk.／18 နှစ်မပြည့်သေးသူများသည်အထဲသို့မဝင်ရပါ။／Hindi maaaring pumasok ang mga wala pang 18 taon.)

❽ □ 不問（ふもん）(tidak kira／(ကိစ္စ)မရှိ၊ မလို／hindi mahalaga, hindi nabanggit)

▷〈アルバイトの募集広告〉経験不問。初めての方でも大歓迎。
（ぼしゅうこうこく）（けいけん）（はじ）（かた）（だいかんげい）

(<Iklan untuk pekerjaan sambilan> Tidak memerlukan pengalaman. Orang baru pun boleh memohon.／<အချိန်ပိုင်းအလုပ်ခေါ်ယူမှုကြော်ငြာ>အတွေ့အကြုံမလိုပါ။အစမှစလုပ်မည့်သူကိုလည်းအများကြီးကြိုဆိုပါတယ်။／(Advertisement para sa part-time job) Hindi kailangan ng experience. Kahit baguhan, puwedeng mag-apply.)

❾ □ 問わない（と）(tidak kira／မမေး၊ မရွေး／hindi mahalaga)

▷〈アルバイトの募集広告〉男女は問わない。
（ぼしゅうこうこく）（だんじょ）

(<Iklan untuk pekerjaan sambilan> Tidak kira lelaki atau perempuan.／<အချိန်ပိုင်းအလုပ်ခေါ်ယူမှုကြော်ငြာ>ကျား/မ ၊ မရွေးပါ။／(Advertisement para sa part-time job) Maaaring mag-apply ang babae at lalaki.)

❿ □ あらゆる(semua, segala／အားလုံး၊အလုံးစုံအရာခပ်သိမ်း／lahat)

▶ その店には、ゴルフに関するあらゆる商品が揃っている。
（みせ）（かん）（しょうひん）（そろ）

(Kedai itu mempunyai pelbagai jenis produk berkaitan dengan golf.／အဲဒီဆိုင်မှာဂေါက်သီးရိုက်တာနဲ့ဆိုင်တဲ့ပစ္စည်းအားလုံးအစုံရှိတယ်။／Mayroong lahat ng produktong nauukol sa golf ang tindahang iyan.)

▷ あらゆる可能性を探る
（かのうせい）（さぐ）

(menerokai segala kemungkinan／ဖြစ်နိုင်ခြေအားလုံးကိုစုံစမ်းထောက်လှမ်းသည်／humanap ng lahat ng posibilidad)

⓫ □ 全般（ぜんぱん）((secara) am, umum／အကြမ်းဖျင်း၊ယေဘုယျ／kabuuan)

▶ このような傾向は、日本社会全般に見られます。
（けいこう）（にほんしゃかい）（み）

(Kecenderungan ini dapat dilihat secara umumnya di seluruh masyarakat Jepun.／ဤကဲ့သို့သောအလေ့အလည်သည်ဂျပန်လူ့ဘောင်တွင်ယေဘုယျအားဖြင့်တွေ့နိုင်သည်။／Makikita sa buong lipunan ng Japan ang inklinasyong iyan.)

⑫ ☐ 例外 (kekecualian／ခြွင်းချက်／eksepsyon)
れいがい

▶ この発音のルールに従えばいいのですが、一部、例外もあります。
　　はつおん　　　　　　　　　　　したが　　　　　　　　いちぶ

(Anda boleh mengikuti peraturan sebutan pertuturan ini, tetapi ada beberapa kekecualian.／
ကျွန်အသံထွက်စည်းမျည်းကိုလိုက်နာရင်ရသော်လည်း၊ တစ်စိတ်တစ်ပိုင်းခြွင်းချက်ရှိသည်။／Maaaring sundin ang
panuntunang ito sa pagbigkas, pero may mga eksepsyon din.)

⑬ ☐ 唯一 (hanya satu sahaja／တစ်ခုတည်းသာ／natatangi)
ゆいいつ

▶ 入院中はひまで、唯一の娯楽がテレビでした。
　　にゅういんちゅう　　　　　　　　　　　ごらく

(Saya mempunyai banyak masa lapang ketika saya memasuki hospital, dan televisyen adalah satu-
satunya sumber hiburan saya.／ဆေးရုံတက်နေစဉ်မှာအားလပ်နေပြီးတစ်ခုတည်းသောဖျော်ဖြေရေးဟာတီဗွီပါ။／
Marami akong oras noong nasa ospital ako, at panonood ng TV ang natatangi kong libangan.)

⑭ ☐ そのもの (dirinya, kendiri／ကိုယ်နှိုက်ပင်ကိုယ်／ito mismo)

▶ 運動そのものは悪くないけど、やり方によっては体を悪くすることもある。
　　うんどう　　　　　　わる　　　　　　　かた　　　　　　からだ　わる

(Senaman bukan sesuatu yang tidak bagus, tetapi boleh membahayakan
kesihatan anda bergantung kepada bagaimana anda melakukannya.／
ကိုယ်လက်လှုပ်ရှားလေ့ကျင့်ခန်းလုပ်တိုက်ကိုယ်သဘောဟာ အဆိုးမရှိသော်လည်း၊ လုပ်ပုံကိုင်ပုံအရကိုယ်ခန္ဓာကိုဆိုးရွားစေတာလည်းရှိပါတယ်။
／ Hindi masama ang exercise mismo, pero makakasama ito sa katawan, depende kung paano mo ito
gagawin.)

⑮ ☐ めいめい (masing-masing／သီးခြားစီ／kanya-kanya, bawa't isa)

▶ 夕食は全員一緒だけど、昼食はめいめいでとることになった。
　　ゆうしょく　ぜんいんいっしょ　　　　　　　　ちゅうしょく

(Kami membuat keputusan untuk makan malam bersama, tetapi makan tengah hari masing-masing.／
ညစာကိုအားလုံးအတူတူစားကြပေမဲ့နေ့လည်စာကိုသီးခြားစီစားတယ်။／Kumakain kami nang sabay sa gabi, pero
sa tanghali, kumakain ang bawa't isa nang kanya-kanya.)

⑯ ☐ ～通り (cara, jenis／အားလုံး／humigit-kumulang)
　　とお

▶ ゴルフ道具は一通り揃えましたが、まだ使ったことがないんです。
　　どうぐ　ひと　そろ　　　　　　　　　　つか

(Saya sudah mempunyai satu set peralatan golf yang lengkap, tetapi belum menggunakannya.／
ဂေါက်သီးရိုက်ပစ္စည်းအားလုံးအစုံရှိသော်လည်း၊မသုံးဖူးသေးဘူး။／Mayroon akong humigit-kumulang na isang
kumpletong golf set, pero hindi ko pa nagagamit ang mga ito.)

技術・産業 21

原料・材料 22

道具・器具・機械 23

動物・植物・人間 24

学校・教育 25

大学・研究 26

対象・範囲 27

社会・国・ルール 28

職業・身分 29

立場・役割 30

UNIT 28

社会・国・ルール
しゃかい　くに

(Masyarakat, Negara, Peraturan／လူမှုရေး၊ နိုင်ငံ၊ စည်းမျဉ်း／Lipunan, Bansa, Tuntunin)

❶ □ **国家** (negara／နိုင်ငံတော်／bansa)
こっか

▷ **国家公務員、国家プロジェクト**
こうむいん

(penjawat awam negara, projek negara／နိုင်ငံတော်(အစိုးရ)ဝန်ထမ်း၊ နိုင်ငံတော်စီမံကိန်း／empleado ng gobyerno, pambansang proyekto)

❷ □ **治める** (memerintah／အုပ်ချုပ်သည်／mamuno)
おさ

▷ **国を治める** (memerintah negara／နိုင်ငံတော်ကိုအုပ်ချုပ်သည်／mamuno ng bansa)
くに

❸ □ **政治** (politik／နိုင်ငံရေး／politika)
せいじ

❹ □ **政治家** (ahli politik／နိုင်ငံရေးသမား／politiko)
せいじか

❺ □ **総理大臣** (perdana menteri／ဝန်ကြီးချုပ်／prime minister)
そうりだいじん

❻ □ **政党** (parti politik／နိုင်ငံရေးပါတီ／partido)
せいとう

▶ **各政党から１名の候補者が出た。**
かく　　　　めい　こうほしゃ　で

(Setiap parti politik melantik seorang calon.／နိုင်ငံရေးပါတီအသီးသီးမှ ကိုယ်စားလှယ်လောင်း 1 ဦးစီထွက်သည်။／Naglabas ng isang kandidato ang bawat partido.)

❼ □ **党** (parti／ပါတီ／partido)
とう

▷ **党の代表、民主党**
だいひょう　みんしゅ

(wakil parti, parti demokrat／ပါတီကိုယ်စားလှယ်၊ ဒီမိုကရက်တစ်ပါတီ／kinatawan ng partido, Democratic Party of Japan)

❽ □ **官庁** (pejabat kerajaan／အစိုးရရုံး／tanggapan ng pamahalaan)
かんちょう

▷ **中央官庁** (pejabat kerajaan pusat／ဗဟိုအစိုးရရုံး／tanggapan ng pamahalaang sentral)
ちゅうおう

❾ □ **県庁** (けんちょう) (pejabat wilayah／ခရိုင်အစိုးရရုံး／ prefectural office)

❿ □ **消防署** (しょうぼうしょ) (balai bomba／မီးသတ်ဌာန／ himpilan ng bumbero)

▷ **消防車、消防隊** (しゃ、たい)
(kereta bomba, pasukan bomba／မီးသတ်ကား၊ မီးသတ်တပ်ဖွဲ့／ trak ng bumbero, mga bumbero)

⓫ □ **制度** (せいど) (sistem／စနစ်／ sistema)

▷ **年金制度、制度を見直す** (ねんきん、みなおす)
(sistem pencen, meninjau semula sistem／ပင်စင်စနစ်၊ စနစ်ကိုပြန်လည်သုံးသပ်သည်／ sistema ng pension, suriing muli ang sistema)

⓬ □ **改革(する)** (かいかく) (mereformasi, membuat pembaharuan／ပြုပြင်ပြောင်းလဲ(သည်)／ baguhin)

▶ **教育制度を改革する必要がある。** (きょういくせいど、ひつよう)
(Sistem pendidikan perlu diperbaharui.／ပညာရေးစနစ်ကိုပြုပြင်ပြောင်းလဲရန်လိုအပ်သည်။／ Kailangang baguhin ang sistema ng edukasyon.)

⓭ □ **憲法** (けんぽう) (perlembagaan／ဖွဲ့စည်းအုပ်ချုပ်ပုံအခြေခံဥပဒေ／ konstitusyon)

⓮ □ **改正(する)** (かいせい) (membetulkan, meminda／ပြင်ဆင်(သည်)／ baguhin, susugan)

▷ **法律を改正する** (ほうりつ) (meminda undang-undang／ဥပဒေကိုပြင်ဆင်သည်／ susugan ang konstitusyon)

⓯ □ **規律** (きりつ) (disiplin／စည်းကမ်း／ disiplina)

▶ **軍隊では、規律が第一だ。** (ぐんたい、だいいち)
(Disiplin adalah perkara yang paling utama dalam pasukan tentera.／
စစ်တပ်တွင်၊ စည်းကမ်းသည်အရေးကြီးဆုံးဖြစ်သည်။／ Disiplina ang pinakamahalaga sa army.)

⓰ □ **違反(する)** (いはん) (melanggar／ချိုးဖောက်(သည်)၊ ကျူးလွန်(သည်)／ lumabag)

▶ **一人で行ったの？ それはルール違反だよ。** (ひとり、い、いはん)
(Adakah kamu pergi seorang? Itu adalah pelanggaran peraturan.／
တစ်ယောက်တည်းလုပ်တာလား။ အဲဒါဟာ စည်းမျဉ်းချိုးဖောက်တာပဲ။／ Mag-isa kang pumunta? Paglabag sa alituntunin iyan.)

技術・産業 21

原料・材料 22

道具・器具・機械 23

動物・植物・人間 24

学校・教育 25

大学・研究 26

対象・範囲 27

社会・国・ルール 28

職業・身分 29

立場・役割 30

❼ ☐ **判決**（keputusan (kehakiman)／စီရင်ချက်／hatol）
　　　はんけつ

▶ **裁判で無罪の判決が出た。**
　　さいばん　むざい　　　で

（Makamah membuat keputusan bahawa dia tidak bersalah.／
တရားရုံးတွင် ပြစ်မှုမမြောက်ကြောင်းစီရင်ချက်ကျသည်။／Lumabas ang hatol sa hukuman na siya ay walang kasalanan.）

❽ ☐ **罰（する）**（menghukum／ပြစ်ဒဏ်(ချသည်)／magparusa, parusahan）
　　　ばっ

▶ **飲酒運転は法律で厳しく罰せられる。**
　　いんしゅうんてん　ほうりつ　きび　ばっ

（Memandu mabuk dihukum dengan tegas di sisi undang-undang.／
အရက်သောက်ပြီးယာဉ်မောင်းခြင်းသည် ဥပဒေဖြင့်တင်းကျပ်စွာပြစ်ဒဏ်ချမှတ်ခြင်းခံရမည်။／Mahigpit na pinarurusahan ang pagmamaneho nang lasing.）

❾ ☐ **軍**（tentera／စစ်တပ်／hukbo）
　　　ぐん

▷ **海軍、空軍、陸軍**（tentera laut, tentera udara, tentera darat／ရေတပ်၊ လေတပ်၊ ကြည်းတပ်／navy,
　　かい　くう　りく
air force, army）

❿ ☐ **軍隊**（pasukan tentera／စစ်တပ်၊ တပ်ဖွဲ့／army）
　　　ぐんたい

▷ **軍隊に入る**（menyertai pasukan tentera／စစ်တပ်ထဲဝင်သည်။／pumasok sa army）
　　　　はい

⓫ ☐ **自衛**（pertahanan diri／ကိုယ်ပိုင်ကာကွယ်ရေး／self-defense）
　　　じえい

⓬ ☐ **自衛隊**（pasukan pertahanan diri／ကိုယ်ပိုင်ကာကွယ်ရေးတပ်／self-defense forces）
　　　じえいたい

⓭ ☐ **治安**（ketenteraman／လုံခြုံရေး／kapayapaan at kaligtasan）
　　　ちあん

▶ **治安のよくない所には、一人で行かないでください。**
　　ちあん　　　　　ところ　　　ひとり　い

（Jangan pergi seseorang ke tempat yang tidak aman.／
လုံခြုံရေးမကောင်းသောနေရာတွင် တစ်ယောက်တည်းမသွားပါနှင့်။／Huwag kang pumuntang mag-isa sa lugar na hindi safe.）

⓮ ☐ **自治**（pemerintahan sendiri／ကိုယ်ပိုင်အုပ်ချုပ်ရေး／awtonomiya）
　　　じち

▷ **地方自治**（pemerintahan sendiri tempatan／ဒေသဆိုင်ရာကိုယ်ပိုင်အုပ်ချုပ်ရေး／lokal na awtonomiya）
　　ちほう

㉕ □ 方針 (ほうしん) (polisi／လမ်းစဉ်မူဝါဒ／patakaran)

▶ 国の方針に基づいて、新たな工事計画が発表された。
(くに)(もと)(あら)(こうじけいかく)(はっぴょう)

(Rancangan pembinaan baharu diumumkan berdasarkan polisi kerajaan.／
နိုင်ငံတော်၏လမ်းစဉ်မူဝါဒကိုအခြေခံ၍၊ ဆောက်လုပ်ရေးစီမံကိန်းသစ်ကိုကြေညာခဲ့သည်။／ Ipinahayag ang mga bagong construction project, base sa mga patakaran ng bansa.)

㉖ □ 権利 (けんり) (hak／အခွင့်အရေးရပိုင်ခွင့်／karapatan)

㉗ □ 義務 (ぎむ) (kewajipan／တာဝန်ဝတ္တရား／tungkulin)

▶ 権利を主張する前に、ちゃんと義務を果たしてほしい。
(けんり)(しゅちょう)(まえ)(ぎむ)(は)

(Saya mahu kamu menunaikan kewajipan kamu sebelum menuntut hak kamu.／
အခွင့်အရေးကိုမတောင်းဆိုမီ၊တိကျမှန်ကန်စွာဖြင့်တန်ဖိုးကိုထမ်းဆောင်စေလိုသည်။／ Bago mo ipilit ang karapatan mo, gampanan mo muna ang tungkulin mo.)

㉘ □ 正式(な) (せいしき) (rasmi／တရားဝင်(သော)／opisyal)

▷ 正式な発表 (せいしきなはっぴょう) (pengumuman rasmi／တရားဝင်ကြေညာချက်／opisyal na pahayag)

㉙ □ 公正(な) (こうせい) (adil／မျှတ(သော)／makatarungan)

▶ 選挙が公正に行われているか、厳しくチェックしなければならない。
(せんきょ)(こうせい)(おこな)(きび)

(Pemeriksaan ketat mesti dilakukan untuk memastikan pilihan raya diadakan dengan adil.／
ရွေးကောက်ပွဲကိုမျှတစွာကျင်းပလျက်ရှိမရှိ၊ တင်းကျပ်စွာစစ်ဆေးရမည်။／ Kailangan ang mahigpit na pagtsetsek para malaman kung naging makatarungan ang eleksiyon.)

㉚ □ エチケット (etika／လောကဝတ်／magandang asal)

▶ 咳をするときは、ハンカチなどで口を押さえるのがエチケットだと思う。
(せき)(くち)(お)(おも)

(Pada pendapat saya, tutup mulut dengan sapu tangan semasa batuk adalah etika yang betul.／
ချောင်းဆိုးသည့်အခါ၊ လက်ကိုင်ပဝါစသည်တို့နှင့်ပါးစပ်ကိုအုပ်ခြင်းကိုလောကဝတ်ဟုထင်ပါသည်။／ Kapag umuubo, sa palagay ko, magandang asal ang takpan ng panyo o ng iba pang pantakip ang bibig.)

㉛ □ 個人情報 (こじんじょうほう) (maklumat peribadi／ကိုယ်ရေးကိုယ်တာသတင်းအချက်အလက်／personal na impormasyon)

▶ 個人情報の取り扱いに注意してください。
(こじんじょうほう)(と)(あつか)(ちゅうい)

(Sila berhati-hati dengan pengendalian maklumat peribadi.／
ကိုယ်ရေးကိုယ်တာအချက်အလက်များကိုကိုင်တွယ်အသုံးပြုရာတွင်သတိထားပါ။／ Mag-ingat kayo sa pag-handle ng personal na impormasyon.)

技術・産業 21

原料・材料 22

道具・器具 23

機械 24 動物・植物・人間

学校・教育 25

大学・研究 26

対象・範囲 27

社会・国・ルール 28

職業・身分 29

立場・役割 30

㉜ □ リサイクル（する） (kitar semula／ပြန်လည်အသုံးပြု(သည်)／mag-recycle) **（同 再利用（する））**
さいりよう

▷ ごみのリサイクル　(kitar semula sampah／အမှိုက်ကိုပြန်လည်အသုံးပြုခြင်း／pagre-recyle ng basura)

㉝ □ 世間 (masyarakat, orang ramai／လူလောကလူမှုအသိုင်းအဝိုင်း／mga tao, lipunan)
せけん

▶ 今、この新サービスが世間の注目を集めている。
いま　　　　　　　　　　　ちゅうもく　あつ

(Kini, perkhidmatan baru ini menarik perhatian orang ramai.／
ယခုကျွန်ုပ်ဝန်ဆောင်မှုအသစ်သည် လူမှုအသိုင်းအဝန်း၏အာရုံကိုဆွဲဆောင်လျက်ရှိသည်။／Ngayon, binibigyang-pansin ng mga tao ang bagong serbisyong ito.)

㉞ □ 民間 (swasta／ပုဂ္ဂလိက／pribado)
みんかん

▶ 公務員になるのはやめて、民間企業に就職するつもりです。
こうむいん　　　　　　　　　　　きぎょうしゅうしょく

(Saya akan meletak jawatan sebagai penjawat awam dan bekerja di syarikat swasta.／
အစိုးရဝန်ထမ်းဖြစ်ရေးကိုရပ်တန့်၍ပုဂ္ဂလိကကုမ္ပဏီတွင်အလုပ်ရန်ရည်မှန်သည်။／Titigil ako bilang empleyado ng gobyerno, at balak kong magtrabaho na lang sa isang pribadong kompanya.)

UNIT 29 職業・身分(しょくぎょう みぶん) (Pekerjaan, Kedudukan sosial／အလုပ်အကိုင်၊ ကိုယ်ရေးအချက်အလက်／Trabaho, Social Status)

音声DL 42

❶ □ ビジネスマン (peniaga／စီးပွားရေးသမား／negosyante)

❷ □ 農家(のうか) (petani／လယ်ယာသမား／magsasaka)

▶ 実家(じっか)が農家なので、野菜(やさい)がよく送(おく)られてくるんです。

(Keluarga saya adalah petani, maka mereka sering menghantar sayur-sayuran kepada saya.／မိဘတွေဟာ လယ်ယာသမားဖြစ်လို့ဟင်းသီးဟင်းရွက်တွေမကြာခဏပို့ပေးတတ်တယ်။／Magsasaka ang mga magulang ko, kaya lagi nila akong pinadadalhan ng gulay.)

❸ □ 工員(こういん) (pekerja kilang／အလုပ်သမား／trabahador sa pabrika)

❹ □ 船員(せんいん) (kelasi, pelaut／သင်္ဘောသား／marino, seaman)

❺ □ 教員(きょういん) (guru／ဆရာ／titser)

▷ 教員免許(めんきょ)、大学(だいがく)の教員

(lesen guru, pengajar universiti／ဆရာဖြစ်လိုင်စင်၊ တက္ကသိုလ်ဆရာ／teacher's license, nagtuturo sa unibersidad)

❻ □ 技師(ぎし) (juruteknik／နည်းပညာရှင်／technician)

▷ レントゲン技師 (juruteknik x-ray／ဓာတ်မှန်နည်းပညာရှင်／X-ray technician)

❼ □ エンジニア (jurutera／အင်ဂျင်နီယာ／inhinyero, engineer)

❽ □ コック (tukang masak／ထမင်းဟင်းချက်သူ／tagaluto)

▷ 同 シェフ (jurumasak／စားဖိုမှူး／chef)

❾ □ 警官(けいかん) (pegawai polis／ရဲအရာရှိ／pulis)

技術・産業 21

原料・材料 22

道具・器具・機械 23

動物・植物・人間 24

学校・教育 25

大学・研究 26

対象・範囲 27

社会・国・ルール 28

職業・身分 29

立場・役割 30

❿ □ 🈞 お巡りさん (anggota polis／ရဲတပ်သား／ pulis)
まわ

▶ 交番で道を尋ねたら、お巡りさんがすごく親切に教えてくれた。
こうばん　みち　たず　　　　　　　　　　　　　　　しんせつ　おし

(Saya pergi ke pondok polis untuk tanya jalan, dan polis memberitahu saya dengan mesra.／
ရဲကင်းရုံတွင်လမ်းမေးရာမှာ၊ ရဲတပ်သားက အလွန်သဘောကောင်းစွာဖြင့်ပြောပြပေးပါတယ်။／ Nagtanong ako sa
police box ng direksiyon, at magalang akong tinulungan ng pulis.)

⓫ □ 刑事 (detektif／စုံထောက်／ ditektib)
けい　じ

⓬ □ 弁護士 (peguam／ရှေ့နေ／ abugado)
べん　ご　し

⓭ □ 消防士 (ahli bomba／မီးသတ်သမား／ bumbero)
しょうぼう　し

⓮ □ 宇宙飛行士 (angkasawan／အာကာသယာဉ်မှူး／ astronaut)
う　ちゅう　ひ　こう　し

⓯ □ 詩人 (penyair／ကဗျာဆရာ／ makata)
し　じん

⓰ □ ジャーナリスト (wartawan／သတင်းဂျာနယ်ဆရာ／ journalist)

⓱ □ 牧師 (pendeta／သင်းအုပ်ဆရာ／ pastor)
ぼく　し

⓲ □ 神父 (paderi／ခရစ်ယာန်ဘုန်းကြီး／ pari)
しん　ぷ

⓳ □ 大家 (pemilik rumah／အိမ်ရှင်／ landlord)
おお　や

▶ 家賃は大家さんに毎月、現金で払っています。
や　ちん　　おお　や　　　まいつき　げんきん　はら

(Saya membayar sewa kepada tuan tanah setiap bulan secara tunai.／
အိမ်လခကိုအိမ်ရှင်သို့လစဉ်၊ ငွေသားဖြင့်ပေးချေလျက်ရှိသည်။／ Nagbabayad ako ng upa buwan-buwan sa
landlord nang kash.)

⓴ □ 家主 (tuan rumah／အိမ်ရှင်／ may-ari ng bahay, landlord)
や　ぬし

㉑ □ **専門家** (pakar／အထူးပြုကျွမ်းကျင်သူ／eksperto)
せんもんか

▶ 専門家の意見を聞いたほうがいい。
けん き

(Anda harus mendapatkan pendapat pakar.／အထူးပြုကျွမ်းကျင်သူ၏အမြင်ကိုမေးလျှင်ကောင်းမည်။／
Mabuting tanungin ninyo ang opinyon ng eksperto.)

㉒ □ **芸術家** (artis／အနုပညာရှင်／artist)
げいじゅつか

㉓ □ **科学者** (ahli sains／သိပ္ပံပညာရှင်／scientist)
か がくしゃ

▶ 子供の頃は科学者になるのが夢でした。
こども ころ ゆめ

(Semasa saya kecil, impain saya adalah menjadi seorang ahli sains.／
ငယ်ငယ်တုန်းကသိပ္ပံပညာရှင်ဖြစ်လာဖို့မျှော်မှန်းခဲ့တယ်။／Noong bata ako, pangarap kong maging scientist.)

㉔ □ **学者** (cendekiawan, sarjana／စာပေပညာရှင်／iskolar)
がくしゃ

▷ 言語学者、有名な学者
げんご ゆうめい

(sarjana linguistik, sarjana terkenal／ဘာသာစကားပညာရှင်၊ နာမည်ကြီးစာပေပညာရှင်／iskolar ng linguistika,
kilalang iskolar)

㉕ □ **職人** (tukang／လက်မှုပညာရှင်／craftsman)
しょくにん

▷ 時計職人、ガラス職人
とけい

(tukang jam, tukang kaca／နာရီလက်မှုပညာရှင်၊ ဖန်ထည်မှန်ထည်လက်မှုပညာရှင်／watch craftsman, glass
craftsman)

㉖ □ **弟子** (murid／တပည့်／disipulo)
でし

㉗ □ **助手** (pembantu／လက်ထောက်／assistant)
じょしゅ

▷ 助手を雇う (mengupah pembantu／လက်ထောက်ခန့်သည်／kumuha ng assistant)
やと

㉘ □ **就職活動** (aktiviti mencari pekerjaan／အလုပ်ရှာဖွေခြင်း／job hunting,
しゅうしょくかつどう paghahanap ng trabaho)

技術・産業 21
原料・材料 22
道具・器具・機械 23
動物・植物・人間 24
学校・教育 25
大学・研究 26
対象・範囲 27
社会・国・ルール 28
職業・身分 29
立場・役割 30

❷❾ □ **求人** (tawaran pekerjaan／အလုပ်ခေါ်ခြင်း／pagre-recruit)
きゅうじん

▶ あの店で求人が出ていたよ。
みせ で

(Ada tawaran pekerjaan di kedai itu.／ဟိုဆိုင်မှာအလုပ်ခေါ်နေတယ်။／Nagre-recruit sila sa tindahang iyon.)

❸⓪ □ **急募** (pengambilan segera／အရေးပေါ်အလုပ်ခေါ်ခြင်း／kailangan kaagad)
きゅうぼ

▷ 〈求人広告〉アルバイト急募！
きゅうじんこうこく

(<Iklan pekerjaan> Pengambilan pekerja sambilan sangat diperlukan!／(အလုပ်ခေါ်ကြော်ငြာ)အချိန်ပိုင်းအရေးပေါ်အလုပ်ခေါ်ခြင်း! ／(Advertisement ng nagre-recruit) Kailangan agad ang magpa-part time job.)

❸❶ □ **採用(する)** (mengambil (pekerja)／အလုပ်ခန့်(သည်)၊ ချမှတ်(သည်)／magtrabaho, magpatibay)
さいよう

▷ 採用試験、企画を採用する
けん きかく

(peperiksaan pengambilan kerja, menerima rancangan／အလုပ်ခန့်စာမေးပွဲ၊ စီမံချက်ကိုချမှတ်သည်။／employment exam, magpatibay ng plano)

❸❷ □ **正社員** (pekerja sepenuh masa／အချိန်ပြည့်ဝန်ထမ်း／full-time na empleyado)
せいしゃいん

❸❸ □ **派遣(する)** (menghantar／စေလွှတ်(သည်)／ipadala)
はけん

▶ 事故原因を調べるため、現地に調査チームが派遣された。
じこげんいん しら げんち ちょうさ はけん

(Pasukan penyiasat dihantar ke tapak untuk menyiasat punca kemalangan.／
မတော်တဆမှု၏အကြောင်းအရင်းကိုစုံစမ်းစစ်ဆေးရန်အမှုဖြစ်ပွားရာနေရာသို့စုံစမ်းစစ်ဆေးရေးအဖွဲ့ကိုစေလွှတ်ခဲ့သည်။
／Para imbestigahin ang dahilan ng aksidente, isang team ng mga imbestigador ang ipinadala sa pinangyarihan ng aksidente.)

❸❹ □ **労働者** (buruh, pekerja／အလုပ်သမား／manggagawa)
ろうどうしゃ

❸❺ □ **リストラ(する)** (memberhentikan／အလုပ်ထုတ်(သည်)／magbawas)

▶ A社は、今後2年間で3000人の従業員をリストラすることを発表した。
しゃ こんご ねんかん にん じゅうぎょういん はっぴょう

(Syarikat A mengumumkan bahawa mereka akan memberhentikan 3000 pekerja dalam dua tahun yang akan datang.／
A ကုမ္ပဏီသည်၊ ဒီနောက် 2 နှစ်အတွင်းတွင် ဝန်ထမ်းအယောက် 3000 ကိုအလုပ်ထုတ်မည်ဖြစ်ကြောင်းကြေညာသည်။ ／Nagpahayag ang Kompanya A na sa loob ng susunod na 2 taon, magbabawas sila ng 3000 na empleyado.)

㊱ □ 失業(する) (menganggur／အလုပ်လက်မဲ့(ဖြစ်သည်)／mawalan ng trabaho)
しつぎょう

㊲ □ 職 (pekerjaan／အလုပ်／trabaho)
しょく

▷ 職探し、職が見つかる、無職
さが　み　む
(mencari pekerjaan, dapat mencari pekerjaan, tidak ada pekerjaan／အလုပ်ရှာ၊ အလုပ်တွေ့ပြီ၊ အလုပ်လက်မဲ့／paghahanap ng trabaho, makahanap ng trabaho, walang trabaho)

㊳ □ 役人 (pegawai kerajaan／အရာရှိ၊အရာထမ်း／opisyal ng gobyerno)
やくにん

▶ 役人に任せておくだけではだめだ。
まか
(Tidak boleh menyerahkan perkara itu kepada pegawai kerajaan sahaja.／အရာရှိကို ပုံအပ်ထားရုံနဲ့ မရဘူး။／Hindi iiwan basta ito sa opisyal ng gobyerno.)

㊴ □ 職員 (kakitangan／ဝန်ထမ်း၊အမှုထမ်း／tauhan)
しょくいん

▷ 市役所の職員、大学の職員
しやくしょ　だいがく
(kakitangan dewan bandar, kakitangan universiti／မြို့နယ်အုပ်ချုပ်ရေးရုံးဝန်ထမ်း၊ တက္ကသိုလ်ရုံးဝန်ထမ်း／tauhan ng munisipyo, tauhan ng unibersidad)

㊵ □ スタッフ (kakitangan／ဝန်ထမ်း／staff)

▶ 今回一緒に仕事をしたスタッフ全員に感謝しています。
こんかいいっしょ　しごと　ぜんいん　かんしゃ
(Saya berterima kasih kepada semua kakitangan yang bekerja dengan saya kali ini.／ယခုအကြိမ်၊ အတူတကွအလုပ်လုပ်ခဲ့သည့်ဝန်ထမ်းအားလုံးအားကျေးဇူးတင်လျက်ရှိပါသည်။／Nagpapasalamat ako sa lahat ng staff na nakatrabaho ko sa panahong ito.)

㊶ □ 係員 (kakitangan yang bertanggungjawab／တာဝန်ခံဝန်ထမ်း／opisyal)
かかりいん

▶ 係員を呼んできますので、ここでお待ちください。
よ　ま
(Saya akan memanggil kakitangan yang bertanggungjawab, sila tunggu di sini.／တာဝန်ခံဝန်ထမ်းကိုခေါ်လာမှာမို့လို့၊ဒီနေရာမှာခဏလောက်စောင့်ပေးပါ။／Tatawagan ko po ang in-charge, kaya maghintay kayo rito.)

㊷ □ 属する (tergolong／ပါဝင်သည်／maging kasama)
ぞく

▶ 彼はどのグループにも属していない。
かれ
(Dia tidak tergolong dalam kumpulan mana-mana.／သူဟာဘယ်အဖွဲ့မှာမှ မပါပါဘူး။／Hindi siya kasama sa kahit anong grupo.)

㊸ □ **地位**（ちい）(status／ရာထူးအဆင့်／katayuan)

▷ **社会的地位の高い人**（しゃかいてき たか ひと）
　(orang yang mempunyai status sosial yang tinggi／လူမှုနယ်ပယ်တွင်အဆင့်မြင့်မားသူ／taong mataas ang katayuan sa lipunan)

㊹ □ **位**（くらい）(pangkat／အဆင့်／ranggo)

▷ **一つ位が上がる、位の低い人間**（ひと あ くらい ひく にんげん）
　(naik satu pangkat, orang yang berpangkat rendah／တစ်ဆင့်လောက်မြင့်တက်သည်၊ အဆင့်နိမ့်သူ／tumaas ng isang ranggo, taong mababa ang ranggo)

㊺ □ **出世（する）**（しゅっせ）(berjaya／ရာထူးတက်(သည်)／maging matagumpay)

▶ **彼がこんなに出世するとは思わなかった。**（かれ おも）
　(Saya tidak menyangka bahawa dia akan begitu berjaya.／
　သူ့ကို အဒီလောက်တောင်ရာထူးတက်မယ်လို့မထင်ခဲ့ဘူး။／Hindi ko inasahang ganito pala siya katagumpay.)

㊻ □ **昇進（する）**（しょうしん）(menaik pangkat／ရာထူးတိုး(သည်)／ma-promote)

㊼ □ **キャプテン** (kapten／ဗိုလ်ကြီး၊ ခေါင်းဆောင်／kapitan)

㊽ □ **重役**（じゅうやく）(pihak atasan／အလုပ်အမှုဆောင်／executive)

▷ **重役会議**（かいぎ）(mesyuarat eksekutif／အလုပ်အမှုဆောင်အစည်းအဝေး／executive meeting)

㊾ □ **就任（する）**（しゅうにん）(menjawat jawatan／အလုပ်တာဝန်လက်ခံ(သည်)／umupo sa opisina)

㊿ □ 対 **辞任（する）**（じにん）(meletak jawatan／နုတ်ထွက်(သည်)／magbitiw sa trabaho)

▷ **会長を辞任する**（かいちょう）(meletak jawatan sebagai pengerusi／သဘာပတိရာထူးကိုနုတ်ထွက်သည်။／magbitiw sa trabaho bilang presidente ng kompanya)

51 □ **引退（する）**（いんたい）(bersara／အငြိမ်းစားယူ(သည်)၊／magretiro)

原料・材料 22
道具・器具・機械 23
動物・植物・人間 24
学校・教育 25
大学・研究 26
対象・範囲 27
社会・国・ルール 28
職業・身分 29
立場・役割 30

㊷ ☐ 営業(する) （mendagang／စီးပွားရေးလုပ်(သည်)／magnegosyo）
えいぎょう

▶ 彼は営業に向いている。
かれ　　　 む

（Dia berbakat sebagai pedagang.／သူသည်စီးပွားရေးလုပ်ရန်အတွက်သင့်လျော်သူဖြစ်သည်။／Magaling siya sa negosyo.）

▶〈店〉営業時間 　（<Kedai> waktu perniagaan／(ဆိုင်) အရောင်းဖွင့်ချိန်／(Sa tindahan) Business
みせ　　えいぎょうじかん
hours）

㊳ ☐ 販売(する) （menjual／ရောင်း(သည်)／magbenta, magtinda）
はんばい

㊴ ☐ 経理 （perakaunan／စာရင်းကိုင်／accounting）
けいり

▶ 領収書が必要かどうか、経理の者に聞いてみます。
りょうしゅうしょ　 ひつよう　　　　　けいり　 もの　 き

（Saya akan menanya akauntan sama ada kita perlu resit atau tidak.／
ငွေလက်ခံဖြတ်ပိုင်းလိုမလို၊ စရင်းကိုင်ထံတွင်မေးကြည့်ပါမယ်။／Itatanong ko sa accountant kung kailangan ng resibo o hindi.）

㊵ ☐ 人事 （sumber manusia／ဝန်ထမ်းရေးရာ／human resources, personnel）
じんじ

▷ 人事部、人事に関するお知らせ
じんじぶ　　じんじ　 かん　　　　 し

（Jabatan Sumber Manusia, notis mengenai hal ehwal sumber manusia／
ဝန်ထမ်းရေးရာဌာန၊ ဝန်ထမ်းနှင့်ပတ်သက်သောအသိပေးချက်／personnel department, mga pahayag na nauukol sa human resources）

㊶ ☐ 身分 （status sosial／ကိုယ်ရေးအချက်အလက်／katayuan）
みぶん

▷ 身分証明書 　（kad pengenalan／ကိုယ်ရေးအချက်အလက်သက်သေခံလက်မှတ်／ID）
みぶんしょうめいしょ

㊷ ☐ 武士 （pahlawan, pendekar／ဂျပန်စစ်သူကြီး／samurai, mandirigma）
ぶし

㊸ ☐ 農民 （petani／လယ်ယာသသမား／magsasaka）
のうみん

132

UNIT 30

音声DL 43

立場・役割
たちば　やくわり

(Kedudukan, Peranan／ရာထူး၊တာဝန်／Posisyon, Tungkulin)

❶ □ **担当(する)** (mengendali／တာဝန်ယူ(သည်)၊တာဝန်ခံ(သည်)／maging in-charge)
たんとう

▶ 今月からこの地域を担当します。
こんげつ　ちいき

(Saya akan mengendali kawasan ini mulai bulan ini／ဤလမှစ၍ ဒီဒေသကိုတာဝန်ယူပါမည်။／Mula ngayong buwan, ako ang in-charge sa lugar na ito.)

❷ □ **担当者** (orang yang bertanggungjawab／တာဝန်ခံ／in-charge)
しゃ

❸ □ **責任** (tanggungjawab／တာဝန်／responsibilidad, pananagutan)
せきにん

▶ 何か問題が起きたら、私が責任をとります。
なに　もんだい　お　わたし

(Sekiranya ada masalah, saya akan bertanggungjawab.／ပြဿနာတစ်ခုခုပေါ်ခဲ့ရင်၊ကျွန်တော်တာဝန်ယူပါမယ်။／Kung magkakaroon ng problema, ako ang mananagot.)

▶ 今回の事故は誰の責任になるんですか。
こんかい　じこ　だれ

(Siapa yang akan bertanggungjawab atas kemalangan ini?／ဒီတစ်ကြိမ်ဖြစ်တဲ့ မတော်တဆမှုဟာ ဘယ်သူ့မှာတာဝန်ရှိသလဲ။／Sino ang mananagot sa aksidenteng nangyari ngayon?)

▶ もし次の試合に負けると、監督は責任を問われることになるだろう。
つぎ　しあい　ま　かんとく　と

(Sekiranya kita tewas dalam perlawanan seterusnya, tanggungjawab jurulatih akan dipertanyakan.／အကယ်၍ နောက်လာမယ့်ပြိုင်ပွဲမှာရှုံးခဲ့ရင်၊ ကြီးကြပ်အုပ်ချုပ်သူဟာတာဝန်ယူခိုင်းခံရလိမ့်မယ်ထင်တယ်။／Kapag natalo tayo sa susunod na laban, magkakaroon siguro ng mga katanungan tungkol sa pananagutan ng coach.)

▷ 責任を果たす、責任が重い、責任感
は　おも　かん

(memenuhi tanggungjawab, tanggungjawab yang berat, rasa tanggungjawab／တာဝန်ကျေပြွန်သည်၊ တာဝန်ကြီးလေးသည်၊ တာဝန်ခံစိတ်／gawin ang responsibilidad, mabigat na responsibilidad, sense of responsibility)

❹ □ **責任者** (orang yang bertanggungjawab／တာဝန်ခံ／taong in-charge)
せきにんしゃ

▶〈商品やサービスへの不満〉あのー、責任者に代わってもらえませんか。
しょうひん　ふまん　か

(<Tidak berpuas hati dengan produk dan perkhidmatan> Um, bolehkah anda panggil orang yang bertanggungjawab untuk jawab panggilan?／(ကုန်ပစ္စည်းများနှင့်ဝန်ဆောင်မှုများကိုမကျေနပ်မှု)တစ်ဆိတ်လောက် .....၊တာဝန်ခံပုဂ္ဂိုလ်ကိုပြောင်းခေါ်ပေးနိုင်မလား။／(Kung hindi nasiyahan sa produkto o serbisyo) Maari po bang makausap ang taong in-charge?)

❺ □ 代理 （だいり） (ganti, ejen／ကိုယ်စား／ proxy)

▶ 今日は部長の代理で私が参りました。
きょう　ぶちょう　わたし　まい

(Saya datang hari ini bagi pihak pengurus saya.／ဒီနေ့ ၊ဌာမှူးရဲ့ကိုယ်စားအဖြစ်နဲ့ ကျွန်တော်လာပါတယ်။／
Pumunta po ako rito ngayon bilang proxy ng manager namin.)

❻ □ 議長 （ぎちょう） (pengerusi／သဘာပတိ၊နာယကဥက္ကဋ္ဌ／ chairman)

❼ □ 当番 （とうばん） (giliran (tugas)／အလှည့်ကျတာဝန်／ nasa duty)

❽ □ 役目 （やくめ） (peranan／တာဝန်၊ဝတ္တရား／ papel)

▶ 皆さんに必要な情報を提供するのが、私たちの役目です。
みな　ひつよう　じょうほう　ていきょう　わたし

(Peranan kami adalah untuk memberikan maklumat yang diperlukan kepada semua orang.／
သင်တို့ကိုလိုအပ်တဲ့သတင်းအချက်အလက်ပေးတာဟာကျွန်တော်တို့ရဲ့တာဝန်၊ဝတ္တရားပါ။／ Ang magbigay ng
kailangang impormasyon sa lahat ang papel natin.)

❾ □ 役員 （やくいん） (pengarah, ahli jawatankuasa／အမှုဆောင်လူကြီး／ opisyal)

▷ PTAの役員、会社の役員
かいしゃ

> ★会社（の）役員…会社の経営にかかわる特に重要な立場の
> 人。／orang penting yang terlibat dalam pegurusan syarikat／
> ※ကုမ္ပဏီ(၏)အမှုဆောင်လူကြီး……ကုမ္ပဏီ၏စီမံခန့်ခွဲမှုတွင်အရေးကြီးသောအဆင့်အနေအထားတွင်ရှိသူ။／
> taong may mabigat na responsibilidad sa pamamahala ng kompanya

グループ・組織 31

行事・イベント 32

手続き 33

場所・位置・方向 34

商品サービス 35

知識・能力 36

評価・成績 37

経済・ビジネス 38

精神・宗教 39

気持ち・心の状態 40

UNIT 31

グループ・組織
そしき
(Kumpulan, Organisasi／アズゲ、アズゲアスンズ／ Grupo, Organisasyon)

❶ □ 組織 そしき (organisasi／アズゲアスンズ／ organisasyon)

▷ **組織づくり、体の組織** からだ

(pembinaan organisasi, tisu badan／アズゲアスンズアズゲゲンジン။ ゲチゲンアズゲアスンズ／ pagtatatag ng organisasyon, tissue ng katawan)

❷ □ 集団 しゅうだん (kumpulan／アズチゲ／ grupo)

▷ **集団で行動する** こうどう (bertindak secara berkumpulan／アズチゲゲゲゲゲンズ／ gumalaw bilang isang grupo)

❸ □ 群／群れ むれ む (kawanan／アズチ／ kawan)

▶ **ゾウの群れの中には、小さな赤ちゃんゾウもいます。** なか ちい あか

(Terdapat bayi gajah yang kecil di dalam kawanan gajah.／ゲンアズチゲゲ、ゲンゲゲゲゲンゲチンゲ။／ Sa kawan ng mga elepante, mayroon ding maliit na sanggol na elepante.)

❹ □ 自社 じしゃ (syarikat sendiri／ゲゲゲゲゲゲ／ sariling kompanya)

▶ **新人の方は、まず、自社商品について勉強してください。** しんじん かた じしゃしょうひん べんきょう

(Orang baru sila mempelajari produk syarikat sendiri terlebih dahulu.／ ゲゲゲゲゲゲゲゲゲゲゲゲゲゲゲゲゲゲゲゲゲゲゲゲ။／ Mga bagong pasok sa kompanya, pag-aralan muna ninyo ang tungkol sa sariing produkto ng kompanya natin.)

❺ □ 当社 とうしゃ (syarikat kami／ゲゲゲゲゲゲゲゲ／ kompanya natin, ating kompanya)

▶ **当社としては、政府のこの計画に賛成です。** せいふ けいかく さんせい

(Syarikat kami menyokong rancangan kerajaan ini.／ ゲゲゲゲゲゲゲゲ ゲゲゲゲゲゲゲゲゲゲゲゲゲゲ။／ Sumasang-ayon ang kompanya natin sa planong ito ng gobyerno.)

❻ □ わが社／我が社 しゃ わ (syarikat kami／ゲゲゲゲゲゲゲゲ／ kompanya natin, ating kompanya)

▶ **わが社にとって、今年は記念すべき年になりました。** ことし きねん

(Tahun ini merupakan tahun yang tidak dapat dilupakan bagi syarikat kami.／ ゲゲゲゲゲゲゲゲゲゲゲゲゲゲゲゲゲゲゲゲゲゲゲゲ။／ Para sa ating kompanya, ang taong ito ay naging isang taong hindi malilimutan.)

❼ ☐ **他社** (syarikat lain／အခြားကုမ္ပဏီ／ ibang kompanya)
　　たしゃ

▶ 他社の動きにも、注意しなければなりません。
　　うご　　　　ちゅうい

(Kita juga harus mengawasi apa yang dilakukan oleh syarikat lain.／
အခြားကုမ္ပဏီတွေရဲ့လုပ်ရှားမှုကိုလည်းသတိထားရမယ်။／ Dapat tayong maging maingat sa ginagawa ng ibang kompanya.)

❽ ☐ **本店** (cawangan ibu pejabat／ရုံးချုပ်／ main office)
　　ほんてん

❾ ☐ **支店** (cawangan／ဌာနခွဲ／ branch)
　　してん

❿ ☐ **本部** (ibu pejabat／ဌာနချုပ်／ headquarters)
　　ほんぶ

▶ 本部から指示があれば、スタッフがいつでも現地に行けるよう準備をしています。
　　　　　　しじ　　　　　　　　　　　　　　　　げんち　い　　　　　じゅんび

(Kakitangan sentiasa bersedia untuk pergi ke tapak jika ada arahan daripada ibu pejabat.／
ဌာနချုပ်မှညွှန်ကြားချက်ရှိပါက၊ ဝန်ထမ်းများသည်အချိန်မရွေးလုပ်ငန်းနေရာသို့သွားနိုင်ရန်အဆင်သင့်ပြင်လျက်ရှိသည်။
／ Naghahanda kami para makapunta ang staff sa field kahit kailan, kapag may utos galing sa headquarters.)

⓫ ☐ **支社** (pejabat cawangan／ရုံးခွဲ／ branch office)
　　ししゃ

▷ **本社** (ibu pejabat／ရုံးချုပ်／ head office)
　　ほんしゃ

⓬ ☐ **体制** (sistem, struktur／စနစ်／ sistema)
　　たいせい

▶ 監督が変わり、チームは新しい体制でスタートした。
　　かんとく　か　　　　　　　　あたら

(Jurulatih berubah dan pasukan mula beroperasi di bawah sistem baru.／
မန်နေဂျာပြောင်းလဲသွားပြီး၊ အသင်းသည်စနစ်သစ်ဖြင့်စတင်ခဲ့သည်။／ Nagbago ang direktor, at nagsimula ang bagong sistema ng team.)

⓭ ☐ **集会** (perhimpunan, perjumpaan／အစည်းအဝေး၊ ညီလာခံ／ miting)
　　しゅうかい

▶ うちのマンションでは、年に何回か、集会があります。
　　　　　　　　　　　　ねん　なんかい

(Rumah pangsa kami mengadakan perjumpaan beberapa kali setahun.／
ကျွန်ုပ်တို့၏ကွန်ဒိုမီနီယံတွင်၊တစ်နှစ်လျှင် အကြိမ်မကြိမ် အစည်းအဝေးများရှိသည်။／ Sa condominium namin, may miting ilang beses sa isang taon.)

⓮ ☐ **組合** (kesatuan／အစည်းအရုံး／ union, asosasyon)
　　くみあい

▷ **労働組合** (kesatuan buruh／အလုပ်သမားအစည်းအရုံး／ labor union)
　　ろうどう

グループ・組織 31

行事・イベント 32

手続き 33

場所・位置・方向 34

商品・サービス 35

知識・能力 36

評価・成績 37

経済・ビジネス 38

精神・宗教 39

気持ち・心の状態 40

⑮ ☐ 国立 (kebangsaan, negara／အစိုးရပိုင်၊ နိုင်ငံပိုင်／ pambansa)
こくりつ

▷ **国立公園、国立の施設**
 こうえん　　　　　し せつ

 (taman negara, kemudahan negara／နိုင်ငံပိုင်ဥယျာဉ်၊ နိုင်ငံပိုင်အဆောက်အဦး／ national park, national
 facility)

⑯ ☐ 私立 (swasta／ပုဂ္ဂလိကပိုင်／ private)
こ りつ

▷ **私立大学、私立高校**
 だいがく　　　こうこう

 (universiti swasta, sekolah menengah swasta／ပုဂ္ဂလိကပိုင်တက္ကသိုလ်၊ ပုဂ္ဂလိကပိုင်အထက်တန်းကျောင်း／
 private university, private high school)

⑰ ☐ 公立 (awam／အများပြည်သူပိုင်／ public, pampubliko)
こうりつ

▶ **やはり公立の学校より私立のほうが授業料が高い。**
 こうりつ　がっこう　　し りつ　　　　じゅぎょうりょう　たか

 (Seperti yang dijangka, yuran kursus sekolah swasta lebih tinggi daripada yuran sekolah awam.／
 ထင်သည့်အတိုင်း အများပြည်သူပိုင်ကျောင်းများထက်ပုဂ္ဂလိကပိုင်ကျောင်းများကကျောင်းလခပိုများသည်။／ Siyempre,
 mas mataas ang matrikula sa private school kaysa sa public school.)

行事・イベント
ぎょうじ

(Majlis, Acara／
လုပ်ငန်းဆောင်တာ၊ ကျင်းပပွဲ／
Mga Okasyon, Event)

---

❶ □ 日程 (jadual／အစီအစဉ်／ iskedyul)
　にってい

▶ 出張の日程が決まったら、お知らせください。
　しゅっちょう　　き　　　　　　　　　　し

(Sila beritahu kami apabila perjalanan perniagaan kamu sudah ditetapkan.／
အလုပ်နှင့်ခရီးစဉ်ကိုသတ်မှတ်ပြီးရင်၊အကြောင်းကြားပါ။／ Ipaalam mo sa akin kung kailan naka-iskedyul ang business trip mo.)

▷ 日程の調整 (penyelarasan jadual／အစီအစဉ်ညှိနှိုင်းမှု／ pagsasaayos ng iskedyul)
　　　ちょうせい

---

❷ □ 催す (mengadakan／ကျင်းပသည်／ mag-host)
　もよお

▷〈案内〉今月の催し物
　あんない　こんげつ　もよお　もの

(<Notis> Acara bulan ini／(လမ်းညွှန်) ယခုလကျင်းပမည့်ပွဲသဘင်／ (Notice) Mga event ngayong buwan)

❸ □ 催し (acara／ကျင်းပခြင်း／ event)
　もよお

❹ □ 開催(する) (mengadakan／ကျင်းပ(သည်)／ mag-hold, ganapin)
　かいさい

▶ 次のオリンピックは東京で開催されるかもしれない。
　つぎ　　　　　　　　　　　とうきょう

(Sukan Olimpik seterusnya mungkin akan diadakan di Tokyo.／
နောက်အိုလံပစ်သည်တိုကျိုတွင်ကျင်းပကောင်းကျင်းပလိမ့်မည်။／ Malamang gaganapin sa Tokyo ang susunod na Olympic.)

▷ 開催日程 (jadual acara／ကျင်းပရေးအစီအစဉ်／ iskedyul ng mga event)
　　　にってい

---

❺ □ 展覧会 (pameran／ပွဲ／ exhibition)
　てんらんかい

▶ 今週末は子どもの絵の展覧会を見に行く予定です。
　こんしゅうまつ　こ　　　え　　　　　　み　い　よてい

(Saya merancang untuk melihat pameran lukisan kanak-kanak pada hujung minggu ini.／
ဒီအပတ်အကုန်မှာကလေးဝါးပန်းချီပွဲကိုသွားကြည့်ရန်စီစဉ်ထားသည်။／ Balak kong manood ng exhibition ng drowing ng mga bata ngayong weekend.)

---

❻ □ 宴会 (jamuan／ညှော်ခံပွဲ၊စားသောက်ပွဲ／ party)
　えんかい

▶ お酒はあまり飲めませんが、宴会の楽しい雰囲気は好きです。
　さけ　　　　　の　　　　　　　えんかい　たの　　ふんいき　す

(Saya tidak berapa boleh minum, tetapi saya suka suasana jamuan yang menyeronokkan.／
အရက်သိပ်မသောက်နိုင်ပေမဲ့စားသောက်ပွဲရဲ့ပျော်စရာကောင်းပုံကိုကြိုက်တယ်။／ Hindi ako gaanong umiinom ng alak, pero gusto ko ang masayang kapaligiran ng party.)

グループ・組織

行事・イベント

手続き

場所・位置・方向

商品・サービス

知識・能力

評価・成績

経済・ビジネス

精神・宗教

気持ち・心の状態

31

32

33

34

35

36

37

38

39

40

❼ ☐ コンパ （parti／မိတ်ဖြစ်ဆွေဖြစ်စားသောက်ပွဲ／party）

▷ 新入生歓迎コンパ
しんにゅうせいかんげい

（majlis sambutan pelajar baru／ကျောင်းသားသစ်ကြိုဆိုသည့်မိတ်ဖြစ်ဆွေဖြစ်စားသောက်ပွဲ／welcome party para sa mga bagong estudyante）

❽ ☐ （お）盆 （Obon, perayaan hantu／Obon（ကွယ်လွန်သူဆွေမျိုးများကိုကန်တော့ပွဲ）／
ぼん Obon (Festival of the Dead)）

▶ お盆と正月には、家族を連れて、実家に帰るようにしています。
しょうがつ　　か ぞく　 つ　　　　じっか　 かえ

（Pada musim Obon dan tahun baru, saya cuba membawa keluarga saya pulang ke rumah ibu bapa semungkin yang boleh.／Obonနှင့်နှစ်သစ်ကူးတွင်မိသားစုခေါ်သွား၍ မိဘအိမ်သို့ပြန်ပါသည်။／Umuuwi ako sa bahay ng magulang ko, kasama ang pamilya ko, tuwing Obon at Bagong Taon.）

❾ ☐ お参り （mengunjungi tokong／ဆုတောင်းခြင်း／magdasal sa shrine）
まい

▶ 正月は毎年、この神社にお参りに来ます。
しょうがつ　まいとし　　　　じんじゃ　　まい　　き

（Setiap tahun baru, saya mengunjungi kuil ini untuk bersembahyang.／
နှစ်သစ်ကူးတွင်နှစ်စဉ်ကြုံနတ်ကွန်းသို့ဆုတောင်းရန်လာသည်။／Pumupunta ako sa shrine na ito para magdasal tuwing Bagong Taon.）

❿ ☐ （お）墓参り （menziarahi kubur／သင်္ချိုင်းကန်တော့ပွဲ／pagbisita sa libingan）
はかまい

▶ お盆は毎年家族そろってお墓参りに行きます。
ぼん　まいとし か ぞく　　　　　　　い

（Seisi keluarga menziarahi kubur nenek moyang setiap tahun pada musim Obon.／
Obonတွင်နှစ်စဉ်မိသားစုစုံလင်စွာဖြင့်သင်္ချိုင်းကန်တော့ရန်သွားသည်။／Tuwing Obon, bumibisita ang buong pamilya namin sa libingan ng mga kamag-anak naming namatay.）

手続き
て つづ
(Tatacara/Prosedur／လုပ်ထုံးလုပ်နည်း／
Paglalakad ng Papeles)

❶ □ **手続き(する)** (melakukan tatacara／လုပ်ထုံးလုပ်နည်း(လုပ်သည်)／ maglakad ng
て つづ
papeles)

▶ 手続きが必要な方はこちらにお並びください。
てつづ　　ひつよう　かた　　　　　　　　　なら

(Sesiapa yang memerlukan prosedur, sila beratur di sini.／
လုပ်ထုံးလုပ်နည်းလုပ်ရန်လိုအပ်သူများဒီဘက်မှာတန်းစီကြပါ။／ Pumila po rito ang mga taong kailangang
maglakad ng papeles.)

❷ □ **無断(で)** (tanpa kebenaran／ခွင့်ပြုချက်မရှိပဲ(နှင့်)／ walang pahintulot)
む だん

▶ この写真、本人に無断で使ったの？　それはだめだよ。
　　しゃしん　ほんにん　むだん　つか

(Adakah kamu menggunakan foto ini tanpa kebenaran orang tersebut? Tidak boleh macam itu.／
ဒီဓာတ်ပုံ၊ ဆိုင်ရာပုဂ္ဂိုလ်ရဲ့ခွင့်ပြုချက်မရှိပဲသုံးသလား။အဲဒါမလုပ်ရဘူး။／ Ginamit mo itong retrato nang walang
pahintulot? Hindi maganda iyan.)

❸ □ **申請(する)** (memohon／လျှောက်(သည်)／ mag-apply)
しんせい

▶ 奨学金の申請をしたい人は、25日までに書類を提出してください。
しょうがくきん　しんせい　　　　ひと　　　にち　　　　　しょるい　ていしゅつ

(Sesiapa yang ingin memohon biasiswa, sila menyerahkan dokumen sebelum 25 hari bulan.／
ပညာသင်ဆုလျှောက်ထားလိုသူများသည်၊ 25 ရက်နေ့အထိလျှောက်လွှာတင်ပါ။／ Iyong mga gustong mag-apply
para sa scholarship, isabmit ninyo ang mga papeles hanggang sa ika-25.)

❹ □ **届け** (permohonan, notis／အကြောင်းကြားသတင်းပို့၊အသိပေး／ notice, report)
とど

▶ 休暇をとるときは、早めに届けを出すようにしてください。
きゅうか　　　　　　　　　はや　　とど　　だ

(Sila beri notis awal sekiranya hendak mengambil cuti.／အားလပ်ရက်ယူသောအခါ၊စောလျှင်စွာသတင်းပို့ပါ။／
Kung gusto mong kumuha ng bakasyon, magsabmit ka ng notice nang maaga.)

❺ □ **届け出** (laporan／အသိပေး　　ချက်／ report)
とど で

グループ・組織 31

行事・イベント 32

手続き 33

場所・位置・方向 34

商品・サービス 35

知識・能力 36

評価・成績 37

経済・ビジネス 38

精神・宗教 39

気持ち・心の状態 40

❻ □ アポイント／アポ (temujanji／ချိန်းဆိုချက်／ appointment)

▶「午後にちょっと打ち合わせしようか」「すみません、アポが一つ入ってるんです。夕方なら大丈夫ですが」

("Mari kita mengadakan perjumpaan petang ini." "Maaf, saya ada satu temujanji. Tetapi boleh jika lewat petang."／
「မွန်းလွဲပိုင်းမှာအစည်းဝေးလုပ်ကြရအောင်」「ခွင့်လွှတ်ပါခင်ဗျာ၊ချိန်းဆိုထားတာရှိနေလို့ပါ။ ညနေဆိုရင်ရပါတယ်။」
／ "Magmiting kaya tayo nang sandali ngayong hapon?" "Pasensiya na, pero may appointment ako. Kung sa gabi, puwede ako.")

▶「A社にはアポなしで行くつもり？」「いえ、もう取ってあります」

("Adakah kamu akan pergi ke syarikat A tanpa janji temu?" "Tidak, saya sudah membuat temujanji."／
「A ကုမ္ပဏီကိုမချိန်းဆိုပဲသွားမလိုလား။」「ဟင့်အင်းချိန်းထားပါတယ်」／ "Pupunta ka sa A Company nang walang appointment?" "Hindi, gumawa na ako ng appointment.")

❼ □ 応募(する) (memohon／လျှောက်လွှာ(တင်သည်)／ mag-apply)

▶10人の募集に対して、100人以上の応募があった。

(Terdapat lebih daripada 100 permohonan untuk 10 kekosongan.／
လူ 10 ယောက်ခေါ်ရာမှာ လူ 100 ကျော်လျှောက်ထားတယ်။／ May mahigit na 100 application para sa 10 bakanteng posisyon.)

❽ □ 応募者 (pemohon／လျှောက်ထားသူ／ aplikante)

❾ □ 締め切る (mengakhiri／(လက်ခံ)ပိတ်သည်／ isara ang pagtanggap)

▶定員になりましたので、受付を締め切らせていただきます。

(Oleh sebab telah mencapai kapasiti, penerimaan permohonan akan dihentikan.／
ကန့်သတ်လူဦးရေပြည့်ပြီဖြစ်ပါသဖြင့်လက်ခံကောင်တာကိုပိတ်ပါရစေ။／ Naabot na ang kapasidad, kaya isasara na namin ang pagtanggap.)

❿ □ 締め切り (tarikh akhir／(လက်ခံ)ပိတ်ခြင်း／ deadline)

⓫ □ 申込者 (pemohon／လျှောက်ထားသူ／ aplikante)

⓬ □ 処理(する) (mengendalikan／ဖြေရှင်း(သည်)၊ စီမံ(သည်)／ iproseso)　類 処分(する)

▶工場から出るこのようなごみは、どのように処理されるんですか。

(Bagaimana mereka mengendalikan sampah yang keluar dari kilang?／
စက်ရုံကထွက်လာတဲ့ဒီလိုအမှိုက်ကိုဘယ်လိုဖြေရှင်းသလဲ။／ Paano nila pinoproseso ang ganitong basurang galing sa pabrika?)

▷ 情報処理 (pemprosesan data／သတင်းအချက်အလက်စုဆောင်းပြုစုစီမံခြင်း／ pagproseso ng impormasyon)

⑬ □ 発行（する）(mengeluarkan／ထုတ်ဝေ(သည်)ထုတ်ပေး(သည်)／mag-isyu)

▶ ビザの発行までに約１週間かかります。

(Pengeluaran visa memerlukan masa kira-kira seminggu.／ဗီဇာထုတ်ပေးသည်အထိ တစ်ပတ်ခန့်ကြာမည်။／
Aabutin ng mga isang linggo hanggang sa maisyu ang visa.)

---

⑭ □ 取り消す (membatalkan／ပယ်ဖျက်သည်၊ဖျက်သိမ်းသည်／magkansel, kanselahin)

⑮ □ 取り消し (pembatalan／ပယ်ဖျက်ခြင်း　ဖျက်သိမ်းခြင်း／cancellation)

▶ 予約の取り消しは、必ず前日までにご連絡ください。

(Pastikan anda menghubungi kami selewat-lewatnya sehari sebelum hari tempahan untuk pembatalan.
／ကြိုတင်မှာထားသည်ကိုပယ်ဖျက်ရာတွင်၊ ထိုနေ့မတိုင်မီရက်အတွင်းမပျက်မကွက်အကြောင်းကြားပါ။／Kung
magkakansel kayo ng reservation, pakikontak po kami isang araw bago ng araw ng reservation ninyo.)

---

⑯ □ 可決（する）(meluluskan／ဆုံးဖြတ်အတည်ပြုသည်／pumasa)

▶ この案は、賛成多数で可決された。

(Cadangan ini diluluskan dengan suara majoriti.／
ကျွန်အဆိုပေးချက်သည်ထောက်ခံမှုများစွာဖြင့်ဆုံးဖြတ်အတည်ပြုခဲ့သည်။／Pumasa ang panukalang ito sa
nakararami.)

⑰ □ 対 否決（する）(menolak／ငြင်းပယ်သည်／tanggihan, i-veto)

---

⑱ □ 公表（する）(mengumumkan／ကြေညာ(သည်)／ipahayag)

▶ この調査結果を公表するかどうか、政府内で議論があったようだ。

(Nampaknya ada perbincangan dalam kerajaan sama ada hasil tinjauan tersebut patut diumumkan
atau tidak.／ကျွန်စုံစမ်းစစ်ဆေးမှုရလဒ်ကို ကြေညာခြင်းပြုမပြု၊ အစိုးရအဖွဲ့အတွင်းဆွေးနွေးခဲ့ပုံရသည်။／Mayroong
diskusyon sa loob ng gobyerno kung ipapahayag o hindi ang resulta ng survey na ito.)

⑲ □ 対 非公表 (tidak didedahkan／မကြေညာ မဖော်ထုတ်／hindi ilalahad)

---

⑳ □ 公開（する）(membuka／ဖွင့်ပြ(သည်)၊အများသုံးစွဲခွင့်ပြု(သည်)／ilathala)

㉑ □ 対 非公開 (tidak dibuka／ဖွင့်ပြခြင်းမရှိ၊ အများသုံးစွဲခွင့်မရှိ／pribado)

▶ 写真や連絡先などは、公開か非公開か選択できます。

(Anda boleh pilih sama ada foto, nombor telefon dan sebagainya dibuka kepada awam atau tidak.／
ဓာတ်ပုံ၊လိပ်စာသည်တို့ကို၊ အများသုံးစွဲခွင့်မရှိ ရွေးချယ်နိုင်သည်။／Maaari kang pumili kung gagawin mong
pampubliko o pribado ang mga retrato, contact mo at iba pa.)

グループ・組織 31

行事・イベント 32

手続き 33

場所・位置・方向 34

商品・サービス 35

知識・能力 36

評価・成績 37

経済・ビジネス 38

精神・宗教 39

気持ち・心の状態 40

❷❷ □ 公式（な）
こうしき
(rasmi／တရားဝင်ပုံသေနည်း／ opisyal)

❷❸ □ 対 非公式
ひこうしき
(tidak rasmi／တရားမဝင်／ hindi opisyal)

▶ 非公式ではありますが、この記録は、従来の世界記録を大幅に超えるものです。
きろく　じゅうらい　せかいきろく　おおはば　こ

(Walaupun tidak rasmi, rekod ini jauh melebihi rekod dunia sebelum ini.／
တရားဝင်မဟုတ်သော်လည်း၊ ဤ၍စံချိန်သည်ယခင်ကမ္ဘာ့စံချိန်ကိုများစွာကျော်လွန်သည့်စံချိန်ဖြစ်သည်။／ Hindi ito opisyal,
pero nilampasan ng rekord na ito ang nakaraang world record nang sobra-sobra.)

場所・位置・方向
ばしょ・いち・ほうこう

(Tempat, Lokasi, Arah／နေရာ၊တည်နေရာ၊ အရပ်မျက်နှာ/ဘက်／ Lugar, Posisyon, Direksiyon)

❶ □ **中心** (pusat／အလယ်ဗဟို／ gitna)
ちゅうしん

▶ 町の中心に神社がある。
まち　　じんじゃ

(Terdapat sebuah kuil di pusat bandar.／မြို့၏အလယ်ဗဟိုတွင်ဂျင်းဂျာနတ်ကျောင်းရှိသည်။／ May shrine sa gitna ng bayan.)

❷ □ **中央** (tengah／ဗဟို၊ အလယ်／ gitna)
ちゅうおう

▶〈写真〉皆さん、もうちょっと中央に寄ってください。
しゃしん　みな

(<Pengambilan foto> Semua orang, sila bergerak lebih dekat ke tengah.／
(ဓာတ်ပုံ)အားလုံး၊ နောက်ထပ်နည်းနည်းအလယ်ကိုကပ်ပေးပါ။／ (Pagpapakuha ng retrato) Umurong kayong lahat nang kaunti sa gitna.)

❸ □ **縁** (susur／အဖျား၊အနား／ gilid)
ふち

▶ このグラス、縁の部分が汚れている。
ぶぶん　よご

(Susur kaca ini kotor.／ဒီဖန်ခွက်ရဲ့ အနားပိုင်းက ပေနေတယ်။／ Marumi ang gilid ng basong ito.)

❹ □ **底** (tapak／အောက်ခြေ၊အောက်ခံ／ ilalim)
そこ

❺ □ **面** (permukaan／မျက်နှာပြင်၊မျက်နှာဖုံး／ ibabaw)
めん

❻ □ **面する** (menghadap／မျက်နှာမူသည်／ nakaharap)
めん

▶ 西側の部屋は道路に面していて、うるさい。
にしがわ　へや　どうろ

(Bilik di sebelah barat menghadap ke jalan, sebab itu bising.／
အနောက်ဘက်အခန်းသည်လမ်းမကိုမျက်နှာမူပြီး၊ ဆူညံသည်။／ Nakaharap sa kalye ang kuwarto sa kanluran, kaya maingay.)

❼ □ **表** (depan／ရှေ့ဘက်၊ အပြင်ဘက်／ harap)
おもて

❽ □ 対**裏** (belakang／ကျောဘက်၊နောက်ဘက်／ likod)
うら

グループ・組織 31

行事・イベント 32

手続き 33

場所・位置・方向 34

商品・サービス 35

知識・能力 36

評価・成績 37

経済・ビジネス 38

精神・宗教 39

気持ち・心の状態 40

❾ □ 逆さ（さか） (terbalik, songsang／စောက်ထိုးၵစာက်ထိုးမိုးမှော့／baligtad)

▶ この絵は逆さから見ても人の顔になります。

(Lukisan ini masih kelihatan seperti wajah orang walaupun disongsangkan.／
ဒီပုံးချီကားးဟာ စောက်ထိုးထားကြည့်ရင်လည်းလူမျက်နှာပုံဖြစ်မယ်။／Kahit tingnan nang baligtad, mukhang isang mukha ng tao ang larawang ito.)

❿ □ 逆さま（さか） (terbalik, songsang／ပြောင်းပြန်၊ ကျွမ်းပြန်／baligtad)

▶ シャツ、表裏逆さまに着てるんじゃない？

(Bukankah kamu pakai baju terbalik?／ရှပ်အကျီကို အပြင်နဲ့အတွင်းပြောင်းပြန်ဝတ်ထားးတာမဟုတ်ဘူးလား။／
Naka-shirt ka ba nang baligtad?)

⓫ □ 斜め（なな） (senget, serong／တစောင်း၊ မျက်စောင်းထိုး／tabingi, pahalang)

▶ コピーがちょっと斜めになっちゃった。

(Fotokopi senget sedikit.／မိတ္တူက နည်းနည်းတစောင်းဖြစ်သွားတယ်။／Medyo tabingi ang xerox copy .)

▶ 右斜め前の人が青木さんです。

(Orang yang berada di arah serong kanan depan adalah Encik Aoki.／
ညာဘက်မျက်စောင်းထိုးလူက အာအိုခ့်စံပါ။／Si Aoki-san ang taong nasa harap, na pahalang.)

⓬ □ 垂直（な）（すいちょく） (tegak／ဒေါင်လိုက်(ဖြစ်သော)／patayo)

⓭ □ 水平（な）（すいへい） (mendatar／ရေပြင်ညီ(ဖြစ်သော)／pahalang)

⓮ □ 地面（じめん） (permukaan tanah／မြေပြင်／lupa)

▶ 地面に大きな穴が空いている。

(Ada lubang besar di permukaan tanah.／မြေပြင်မှာအပေါက်ကြီးဖြစ်နေတယ်။／May malaking butas sa lupa.)

⓯ □ 場（ば） (tempat／နေရာ／lugar)

▶ この教室は、男女の出会いの場にもなっている。

(Kelas ini juga merupakan tempat pertemuan lelaki dan perempuan.／
ဒီအသင်ခန်းဟာ ကျားနဲ့မ ဆုံတွေ့ရာနေရာလည်းဖြစ်နေတယ်။／Ang klasrum na ito ay Isang lugar din para magkakilala ang mga babae at lalaki.)

▷ その場の雰囲気（ふんいき）

(suasana tempat tersebut／အဲဒီနေရာရဲ့ ဝန်းကျင်အခြေအနေ／atmosphere ng lugar)

⓰ □ スペース (ruang／နေရာလပ်၊ ကွက်လပ်／ space)

▶ 荷物を置くスペースがない。
にもつ　お

(Tidak ada ruang untuk meletak barang.／ပစ္စည်းထားစရာနေရာလပ်မရှိဘူး။／ Walang space para paglagyan ng bagahe.)

⓱ □ 間隔 (selang／အကြားအကွာအဝေး／ agwat)
かんかく

▶ だいたい50センチ間隔でいすを並べてください。
なら

(Sila susun kerusi dengan jarak selang kira-kira 50 cm.／
50 စင်တီမီတာခန့်ကြားအကွာအဝေးထားပြီး ထိုင်ခုံများကိုစီပါ။／ Ihilera ninyo ang mga silya nang may 50cm na agwat sa pagitan nila.)

⓲ □ 中間 (tengah-tengah／အကြားအလယ်ကြား／ kalagitnaan)
ちゅうかん

▶ 私の家は、A駅とB駅のちょうど中間にあります。
わたし　いえ　　　　　えき　　　えき

(Rumah saya terletak tepat di tengah-tengah stesen A dan stesen B.／
ကျွန်တော့်အိမ်က Aဘူတာနဲ့ B ဘူတာရဲ့အလယ်ကြားကျကျမှာရှိပါတယ်။／ Nasa eksaktong kalagitnaan ng Station A at Station B ang bahay ko.)

⓳ □ 手前 (depan／မရောက်မီ၊မရောက်ခင်／ sa harapan)
てまえ

▶〈タクシー〉次の信号の手前で降ろしてください。
つぎ　しんごう

(<Teksi> Sila turunkan saya di depan lampu isyarat yang seterusnya.／
(တက္ကစီ) နောက်မီးပွိုင့်မရောက်မီမှာနေရာမှာချပေးပါ။／ (Sa taksi) Ibaba po ninyo ako sa harapan ng susunod na traffic light.)

⓴ □ 付近 (berhampiran／အနီး၊ အနား／ malapit)
ふきん

▶ 公園の入口付近で事故が起きた。
こうえん　いりぐち　　　　じこ　お

(Kemalangan berlaku berhampiran pintu masuk taman.／
ဥယျာဉ်ရဲ့ဝင်ပေါက်အနီးမှာ မတော်တဆမှုဖြစ်ပွားခဲ့တယ်။／ May aksidenteng nangyari sa malapit sa entrance ng park.)

㉑ □ 最寄り (terdekat／အနီးဆုံး／ pinakamalapit)
もよ

▷ 最寄りの駅 (stesen terdekat／(မိမိအိမ်မှ)အနီးဆုံးဘူတာ／ pinakamalapit na station)
えき

㉒ □ 方角 (sudut, arah／အရပ်၊အရပ်မျက်နှာ／ direksiyon)
ほうがく

▷ 方角を間違える、南西の方角
まちが　　　　なんせい

(silap arah, arah barat daya／အရပ်မျက်နှာမှားသည်၊ အနောက်တောင်အရပ်／ magkamali ng direksiyon, direksiyon sa timog kanluran)

146

グループ・組織 31

行事・イベント 32

手続き 33

場所・位置・方向 34

商品・サービス 35

知識・能力 36

評価・成績 37

経済・ビジネス 38

精神・宗教 39

気持ち・心の状態 40

㉓ □ **東西** (timur barat／အရှေ့နဲ့ အနောက်／ silangan at kanluran)
とうざい

㉔ □ **南北** (utara selatan／တောင်နဲ့မြောက်／ timog-hilaga)
なんぼく

▷ **日本は南北に長い。**
にほん　　　　　　　　なが

(Negara Jepun berbentuk panjang, utara ke selatan.／ဂျပန်နိုင်ငံဟာ တောင်နဲ့ မြောက်ရှည်လျားသည်။／ Mahaba ang Japan mula hilaga hanggang timog.)

㉕ □ **方面** (arah／ဘက်၊ အရပ်မျက်နှာ／ direksiyon)
ほうめん

▶ **とりあえず東京方面に向かう電車に乗ろう。**
とうきょうほうめん　む　　　でんしゃ　の

(Mari naik kereta api menuju Tokyo buat masa ini.／
လောလောဆယ် တိုကျိုဘက်ကိုသွားမယ့် ရထားကိုစီးရအောင်။／ Sa ngayon, sumakay muna tayo ng tren papuntang Tokyo.)

㉖ □ **地理** (geografi／ပထဝီ／ geography)
ち　り

▶ **彼はこの辺りの地理に詳しいです。**
かれ　　　あた　　ち　り　　くわ

(Dia mengetahui kawasan ini secara terperinci.／
သူဟာဒီနေရာအနီးတဝိုက်ရဲ့ ပထဝီအနေအထားကိုကောင်းစွာသိတယ်။／ Alam na alam niya ang geography ng lugar na ito.)

▷ **地理の授業、地理的な条件**
ち　り　　じゅぎょう　ち　り　てき　じょうけん

(pelajaran geografi, keadaan geografi／ပထဝီဘာသာအတန်း၊ ပထဝီအခြေအနေ／ klase ng geography, geographical condition)

㉗ □ **目印** (mercu tanda／အမှတ်အသား／ landmark)
め　じるし

▶ **駅を降りてすぐです。黄色い看板が目印です。**
えき　お　　　　　　き いろ　かんばん　め じるし

(Sejurus selepas turun di stesen. Papan tanda kuning adalah mercu tanda.／
ဘူတာကိုဆင်းပြီးပြီးချင်းနေရာပါ။ အဝါရောင်ဆိုင်းဘုတ်ကအမှတ်အသားပါ။／ Pagbaba mo ng estasyon, naroon na. Ang dilaw na signboard ang landmark.)

㉘ □ **頂上** (puncak／(တောင်)ထိပ်／ tuktok)
ちょうじょう

㉙ □ **ふもと** (kaki／(တောင်)ခြေ／ paanan)

147

㉚ ☐ 頂点 （ちょうてん）(kemuncak／ထိပ်／ taluktok)

▶ 〈スポーツなど〉いずれ世界の頂点に立ちたいと思います。
せかい　た　　　　おも

（<Sukan dan sebagainya> Saya ingin menjadi yang terbaik di dunia pada akhirnya.／
(အားကစားစသည့်)တစ်ခုခုခ့ ကမ္ဘာ့ထိပ်ဆုံးတွင်ရပ်တည်ချင်သည်။／ (Sa sports) Balang araw, gusto kong maging pinakamagaling sa mundo.)

㉛ ☐ 境界 （きょうかい）(sempadan／နယ်နမိတ်၊နယ်ခြား／ hangganan)

▶ この道路が、隣の県との境界になっている。
どうろ　　となり けん

（Jalan ini adalah sempadan wilayah ini dan wilayah bersebelahan.／
ဤလမ်းသည်ကပ်လျက်ခရိုင်နှင့်နယ်နိမိတ်ဖြစ်သည်။／ Ang kalsadang ito ang hangganan ng kalapit na prefecture.)

㉜ ☐ 区域 （くいき）(kawasan, zon／ဧရိယာ၊ဒေသ／ lugar)

▶ 川沿いの住宅地は、市から危険区域に指定されている。
かわぞ　　 じゅうたくち　　 し　　 きけん く いき　 してい

（Kawasan perumahan di sepanjang sungai telah ditetapkan
sebagai zon berbahaya oleh majlis perbandaran.／
မြစ်တစ်လျှောက်လူနေထိုင်ရာဒေသကိုမြို့အုပ်ချုပ်ရေးမှအန္တရာယ်ရှိသောဧရိယာဒေသများအဖြစ်သတ်မှတ်ထားသည်။／
Itinalaga ng lunsod bilang mapanganib na lugar ang tinitirhang lugar sa tabi ng ilog.)

㉝ ☐ 区間 （くかん）(seksyen／အပိုင်း၊(လမ်း)ပိုင်း／ seksyon)

▷ 乗車区間
じょうしゃ

（seksyen perjalanan (kereta api)／ယာဉ်စီးနှင့်သည့်လမ်းပိုင်း／ seksyon ng biyahe)

㉞ ☐ 区分 （くぶん）(divisi, batasan／ဧရိယာပိုင်း／ dibisyon)

▶ この地図は、避難場所の区分を示したものです。
ちず　　 ひなんばしょ　 く ぶん しめ

（Peta ini menunjukkan pembahagian kawasan tempat perlindungan.／
ဒီမြေပုံဟာ၊ ဘေးကင်းခိုလှုံရေးဧရိယာပိုင်းကိုဖော်ပြထားတဲ့မြေပုံပါ။／ Ipinapakita sa mapang ito ang dibisyon ng mga evacuation area.)

㉟ ☐ 国境 （こっきょう）(sempadan negara／နယ်စပ်／ national boundary)

㊱ ☐ 出入口 （でいりぐち）(pintu masuk dan keluar／ထွက်ပေါက်ဝင်ပေါက်／ pasukan at labasan)

▶ 出入口に物を置かないでください。
で いりぐち もの お

（Tolong jangan letakkan apa-apa di kawasan pintu masuk dan keluar.／
ထွက်ပေါက်ဝင်ပေါက်မှာပစ္စည်းမထားပါနဲ့။／ Huwag kayong mag-iwan ng mga bagahe sa pasukan at labasan.)

グループ・組織 31

行事・イベント 32

手続き 33

場所・位置・方向 34

商品・サービス 35

知識・能力 36

評価・成績 37

経済・ビジネス 38

精神・宗教 39

気持ち・心の状態 40

❸❼ ☐ 内側（うちがわ）(bahagian dalam／အတွင်းဘက်／panloob)

▷ 内側のポケット

(poket bahagian dalam／အတွင်းဘက်အိတ်／panloob na bulsa)

❸❽ ☐ 両側（りょうがわ）(kedua-dua belah／နှစ်ဘက်စလုံး／magkabiláng gilid, magkabilang panig)

▶ 道の両側に店が並んでいる。

(Ada kedai di kedua-dua belah jalan.／လမ်းရဲ့နှစ်ဘက်စလုံးမှာ ဆိုင်တွေစီတန်းနေတယ်။／May mga tindahan sa magkabilang gilid ng kalsada.)

❸❾ ☐ 隙間／透き間（すきま／すきま）(celah／ကွာဟနေရာ／puwang)

▶ 隙間は汚れがたまりやすいから、よく洗ってください。

(Sila bersihkan dengan betul kerana kekotoran mudah terkumpul di celah-celah.／
ကွာဟနေတဲ့နေရာဟာ အညစ်အပေစုလွယ်လို့ ၊ကောင်းကောင်းဆေးပါ။／Madaling marumihan ang mga puwang, kaya hugasan ninyo iyan nang mabuti.)

❹⓿ ☐ 基地（きち）(tapak／အခြေစိုက်စခန်း／base)

❹❶ ☐ 焦点（しょうてん）(fokus／ဆုံချက်／focus)

▶ この眼鏡は焦点が合ってない気がする。

(Saya rasa titik fokus cermin mata ini tidak betul.／ဒီမျက်မှန်ဟာဆုံချက်မကိုက်ဖူးထင်တယ်။／Napansin kong hindi tama ang focus ng salaming ito.)

❹❷ ☐ 先頭（せんとう）(hadapan／ရှေ့ဆုံး၊ထိပ်ဆုံး／nangunguna)

▶ 先頭を走っているのが原さんです。

(Orang yang berlari di hadapan adalah Encik Hara.／ထိပ်ဆုံးကပြေးနေတာက ဟာရစံပါ။／Si Hara ang nangunguna sa pagtakbo.)

❹❸ ☐ 空中（くうちゅう）(di udara／လေထဲ／hangin)

▶ まるで空中に浮いているような感じでした。

(Rasanya seperti terapung di udara.／လေထဲမှာမျောနေသလိုခံစားခဲ့ရတာယ်။／Para akong nakalutang sa hangin.)

㊹ ☐ **屋外**
おくがい
(di luar, terbuka／အပြင်ဘက်／labas, outdoor)

対屋内
おくない

▷ 屋外コンサート

(konsert luaran／(အဆောက်အဦး)အပြင်ဘက်ဖျော်ဖြေပွဲ／outdoor concert)

㊺ ☐ **全国**
ぜんこく
(di seluruh negara／တစ်နိုင်ငံလုံး／buong bansa)

▶ バイクで（日本）全国の温泉を回っています。
ほん　　　　　　　　　　　　おんせん　まわ

(Saya melawat semua mata air panas seluruh Jepun dengan menaiki motosikal.／
မော်တော်ဆိုင်ကယ်နဲ့(ဂျပန်)တစ်နိုင်ငံလုံးရဲ့ရေပူစမ်းကိုလှည့်လည်နေပါတယ်။／Nakamotorsiklo akong lumilibot sa
buong Japan, para puntahan ang mga hot spring.)

㊻ ☐ **農村**
のうそん
(kampung pertanian／ကျေးရွာ／farming village)

▷ 漁村
ぎょそん

(kampung perikanan／တံငါရွာ／fishing village)

㊼ ☐ **下町**
したまち
(kawasan pusat bandar lama／မြို့လယ်／downtown)

▶ ここは下町の雰囲気が残っていて、懐かしい気分になる。
　　　　　　ふんいき　のこ　　　　　　　なつ　　　きぶん

(Suasana bandar lama masih tertinggal di sini, saya berasa nostalgia.／
ဒီနေရာဟာမြို့လယ်ရဲ့ဝန်းကျင်အခြေအနေနေ့ရန်နေသေးလို့လွမ်းစရာဖြစ်မယ်။／Nananatili pa ang atmosphere ng
downtown dito, at nagiging nostalgic ako.)

㊽ ☐ **あちらこちら**
(di sana sini／ဟိုဘက်ဒီဘက်။／doon at dito)

同あちこち

▶ あちらこちらから反対の声が上がった。
　　　　　　　　はんたい　こえ　あ

(Orang di sana sini mengeluarkan suara bantahan.／ဟိုဘက်ဒီဘက်ကနေအတိုက်အခံအသံတွေထွက်လာတယ်။
／Maririnig ang tinig ng oposisyon mula doon at dito.)

㊾ ☐ **所々**
ところどころ
(tempat-tempat／ဟိုနေရာဒီနေရာ／dito at doon)

▶ このかばんは所々に傷がある。
　　　　　　　　　　　きず

(Beg ini mempunyai beberapa calar di sana sini.／ဒီအိတ်ဟာ ဟိုနေရာဒီနေရာမှာ ခြစ်ရာတွေရှိနေတယ်။／
May ilang gasgas ang bag na ito.)

㊿ ☐ **よそ**
(tempat lain／တခြားနေရာ／ibang lugar)

▶ ここにはないけど、よそなら売ってるかもしれない。
　　　　　　　　　　　　　　　　う

(Tidak ada di sini, tetapi mungkin ada tempat lain yang jual barang tersebut.／
ဒီမှာမရှိပေမဲ့တခြားနေရာမှာရောင်းကောင်းရောင်းလိမ့်မယ်။／Wala niyan dito, pero baka ibinebenta iyan sa
ibang lugar.)

▶ よそ見(み)をするな！

(Jangan tengok tempat lain!／တခြားနေရာကိုမကြည့်နဲ့!／ Huwag kang tumingin kung saan-saan!)

(51) □ 移転(いてん)(する) (memindah／နေရာပြောင်း(သည်)／ lumipat)

▶ あの店(みせ)は先月(せんげつ)移転しました。

(Kedai itu sudah berpindah bulan lalu.／အဲဒီဆိုင်ဟာ ပြီးခဲ့တဲ့လတုန်းက နေရာပြောင်းသွားခဲ့ပါတယ်။／ Lumipat sa ibang lugar ang tindahang iyan noong isang buwan.)

商品・サービス
しょうひん

(Produk, Perkhidmatan／အရောင်းပစ္စည်းဝန်ဆောင်မှု／Mga Bilihin, Serbisyo)

---

❶ □ レンタル（する） (menyewa／ငှားရမ်း(သည်)／umarkila, mag-arikila)

▶ キャンプ用品は、現地でレンタルすることにしました。
ようひん　　　　　げんち

(Kami membuat keputusan untuk menyewa alat-alat perkhemahan ketika kami sampai di sana.／စခန်းချပစ္စည်းများကို၊ စခန်းချနေရာမှာ ငှားရမ်းလိုက်ပါမယ်။／Umarkila na lang kami ng mga gamit na pang-camping doon.)

▷ レンタカー (kereta sewa／ငှားရမ်းကား／inarkilang kotse)

---

❷ □ 在庫 (stok／လက်ကျန်ပစ္စည်း／stock)
ざいこ

▶「これの赤はありますか」「赤ですね。今、在庫を確認してきますので、少々お
あか　　　　　　　　　　　　　　いま　ざいこ　かくにん　　　　　　　　しょうしょう
待ちください」
ま

("Ada warna merah untuk produk ini?" "Merah. Saya akan periksa stok sekarang. Sila tunggu sebentar."／「ဒီဟာရဲ့အနီရောင်ရှိသလား။」「အနီရောင်နော်။ အခု၊ လက်ကျန်ပစ္စည်းကိုစစ်ဆေးကြည့်လာခဲ့မှာမို့လို့၊ ခဏလောက်စောင့်ပေးပါ။」／ "Mayroon ba kayong pula nito?" " Pula po ba? Titingnan ko po kung mayroon kaming stock. Sandali lang po.")

---

❸ □ 品 (barangan／ပစ္စည်းကုန်ပစ္စည်း／paninda)
しな

▷ お祝いの品、思い出の品、豊富な品揃え
いわ　　しな　おもで　しな　ほうふ　しなぞろ

(hadiah perayaan, barang kenangan, pelbagai pilihan barang／ဂုဏ်ပြုပစ္စည်းအမှတ်တရပစ္စည်း၊ များပြားစုံလင်ပစ္စည်းများ／mga panregalo, memorabilia, maraming iba-ibang klaseng paninda)

---

❹ □ 高級品 (produk mewah／အကောင်းစားပစ္စည်း／mamahaling produkto)
こうきゅうひん

▶「どう？　その万年筆」「やっぱり高級品は違うね。すごく書きやすい」
　　　　　まんねんひつ　　　　　　こうきゅうひん　ちが　　　　　　か

("Bagaimana dengan pena itu?" "Rasa produk mewah memang berbeza sama sekali. Sangat senang ditulis."／「ဘယ်လိုလဲ။ အဲဒီဖောင်တိန်ပင်」「ထင်တဲ့အတိုင်းပဲ။အကောင်းစားပစ္စည်းက တခြားပစ္စည်းနဲ့မတူဘူးနော်။ အရမ်းရေးလိုကောင်းတယ်။」／ "Kumusta ang fountain pen na iyan?" "Talagang iba ang mamahaling produkto. Napakadaling ipansulat nito!")

グループ・組織 31

行事・イベント 32

手続き 33

場所・位置・方向 34

商品・サービス 35

知識・能力 36

評価・成績 37

経済・ビジネス 38

精神・宗教 39

気持ち・心の状態 40

❺ □ 不良品 (barang rosak／ချွတ်ယွင်းပစ္စည်း／produktong may sira)

▶ 不良品だったから交換してもらった。

(Produk ini rosak, maka saya menukarnya.／ချွတ်ယွင်းပစ္စည်းဖြစ်လို့ပြန်လဲပေးတယ်။／Pinapalitan ko dahil may sira.)

❻ □ 貨物 (kargo／ကုန်၊ကုန်ပစ္စည်း၊ကုန်စည်／cargo)

▷ 貨物列車 (kereta api kargo／ကုန်တင်ရထား／cargo train)

❼ □ 輸送(する) (menghantar／သယ်ယူပို့ဆောင်(သည်)／transportasyon)

▶ 輸送手段として、トラックと船を使うことになる。

(Lori dan kapal digunakan sebagai alat pengangkutan.／သယ်ယူပို့ဆောင်ရေးနည်းလမ်းအဖြစ်၊ ထရပ်ကားနဲ့သင်္ဘောကိုသုံးမည်။／Bilang paraan ng transportasyon, gagamitin ang mga trak at barko.)

❽ □ 普及(する) (menyebar／ပျံ့နှံ့(သည်)／lumaganap, kumalat)

▶ 携帯電話の普及によって、公衆電話の数がすごく減った。

(Dengan penyebaran telefon bimbit, jumlah telefon awam telah menurun dengan ketara.／လက်ကိုင်ဖုန်းပျံ့နှံ့မှုကြောင့်အများသုံးဖုန်းအရေအတွက်ကအရမ်းနည်းသွားတယ်။／Sa paglaganap ng paggamit ng cellphone, nabawasan nang malaki ang bilang ng mga public phone.)

❾ □ コマーシャル (komersial／စီးပွားရေးကြော်ငြာ／komersyal)

▶ あっ、これ、テレビのコマーシャルで見た！

(Ah, saya pernah melihat ini di iklan komersial televisyen!／အာ၊အဲ့ဒါ၊တီဗွီကြော်ငြာမှာကြည့်ဖူးတယ်! ／Ah, nakita ko ito sa komersyal sa TV.)

▷ 類 宣伝、広告 (promosi, iklan／ကြော်ငြာ၊ ကြော်ငြာ／publisidad, advertising)

❿ □ 再放送(する) (menyiar semula／ထပ်မံလွှင့်(သည်)နောက်ထပ်လွှင့်(သည်)／pagpapalabas uli, pagbo-brodkast uli)

▶ その番組、見逃しちゃったんだよ。再放送してくれないかなあ。

153

(Saya terlepas rancangan itu. Saya berharap ia akan disiarkan semula.／
အဲဒီတီဗွီအစီအစဉ်၊ကြည့်ဖို့လွတ်သွားတယ်။နောက်ထပ်မလွှင့်ပေးနိုင်ဘူးလားမသိဘူး။／ Na-miss ko ang programang iyan. Hindi kaya nila ipapalabas uli iyan?)

⓫ □ 開店（する） (membuka kedai／ဆိုင်ဖွင့်(သည်)／ magbukas)
かいてん

⓬ □ 閉店（する） (menutup kedai／ဆိုင်ပိတ်(သည်)／ magsara)
へいてん

▷ **閉店時間** (waktu kedai tutup／ဆိုင်ပိတ်ချိန်／ oras ng pagsasara)
へいてんじかん

▶ **今月いっぱいでこの店を閉店することになりました。**
こんげつ　　　　　　みせ

(Kedai ini akan ditutup pada akhir bulan ini.／ကျွန်တော့်လကုန်တွင်ဒီဆိုင်ကိုပိတ်တော့ပါတော့မည်။／ Magsasara ang tindahang ito sa katapusan ng buwan.)

⓭ □ 定休日 (hari cuti biasa／ပုံမှန်နားရက်၊ ပုံမှန်ပိတ်ရက်／ regular na bakasyon)
ていきゅうび

グループ・組織 31

行事・イベント 32

手続き 33

場所・位置・方向 34

商品・サービス 35

知識・能力 36

評価・成績 37

経済・ビジネス 38

精神・宗教 39

気持ち・心の状態 40

UNIT 36

知識・能力
ちしき のうりょく

(Ilmu pengetahuan, Kebolehan／ ဗဟုသုတ/အသိအမြင်၊ အစွမ်း/စွမ်းရည်／ Kaalaman, Kakayahan)

❶ □ 能力 (kebolehan／အစွမ်း၊ စွမ်းရည်／ kakayahan)
のうりょく

▶うちの会社では、能力がある人にはどんどんチャンスが与えられます。
かいしゃ ひと あた

(Di syarikat saya, orang berkebolehan akan diberi lebih banyak peluang.／ ကျွန်တော်တို့ကုမ္ပဏီမှာ၊ အစွမ်းရှိသူကိုပိုၣ်ပို၍အခွင့်အလမ်းများပေးပါတယ်။／ Sa kompanya namin, binibigyan ng maraming pagkakataon ang mga taong may kakayahan.)

▷ 能力を測る (mengukur kebolehan／စွမ်းရည်ကိုတိုင်းတာသည်／ sukatin ang kakayahan)
はか

❷ □ 発揮(する) (menunjukkan／အစွမ်းကုန်ထုတ်ပြ(သည်)／ magpakita, ipakita)
はっき

▶緊張して実力を発揮できませんでした。
きんちょう じつりょく

(Saya berasa gementar dan tidak dapat menunjukkan kemampuan sebenar saya.／ စိတ်လှုပ်ရှားပြီးမိမိရဲ့အစွမ်းကိုအစွမ်းကုန်ထုတ်မပြနိုင်ခဲ့ဘူး။／ Ninerbiyos ako at hindi ko naipakita ang tunay kong kakayahan.)

❸ □ 有能(な) (berkebolehan／အစွမ်းရှိ(သော)／ may kakayahan)
ゆうのう

▶有能な部下を持って、私は幸せですよ。
ぶか も わたし しあわ

(Saya gembira memiliki orang bawahan yang berkebolehan.／ ကျွန်တော်မှာ၊ အစွမ်းရှိတဲ့လက်အောက်ငယ်သားရှိလို့စိတ်ချမ်းသာတယ်။／ Suwerte ako dahil may mga tauhan akong may kakayahan.)

❹ □ 素質 (bakat／ပင်ကိုယ်အရည်အချင်း／ may talent)
そしつ

▶初めてなのに上手だね。素質があるよ。
はじ じょうず

(Sangat bagus buat kali pertama. Memang berbakat.／ ပထမဦးဆုံးအကြိမ်ဖြစ်ပေမဲ့ တော်တယ်နော်။ပင်ကိုယ်အရည်အချင်းရှိတယ်။／ Ang galing mo naman para sa first-timer. Talagang may talent ka.)

❺ □ 知恵 (kebijaksanaan／ဉာဏ်၊အသိဉာဏ်／ karunungan)
ちえ

▶考えてもなかなかいい知恵が浮かばない。
かんが

(Tidak ada idea yang baik walaupun sudah fikir berulang kali.／စဉ်းစားပေမဲ့လည်းတော်တော်နဲ့ဉာဏ်မထွက်ဘူး။／ Wala akong maisip na mabuting ideya kahit na pag-isipan ko ito.)

❻ □ 想像力 (そうぞうりょく) (daya imaginasi／စိတ်ကူးဉာဏ်／imahinasyon)

▶ 相手がどんな気持ちか、ちょっと想像力を働かせればわかることだよ。
あいて きも はたら

(Kamu akan dapat memahami bagaimana perasaan orang lain dengan sedikit daya imaginasi.／
တစ်ဘက်သားက�’ဘယ်လိုစိတ်ခံစားရသလဲဆိုတာ၊ စိတ်ကူးဉာဏ်သုံးကြည့်ရင်သိနိုင်ပါတယ်။／Malalaman mo ang
nararamdaman ng ibang tao, kapag gumamit ka ng kaunting imahinasyon.)

❼ □ 集中力 (しゅうちゅうりょく) (daya tumpuan／အာရုံစူးစိုက်မှု／konsentrasyon)

▶ これは非常に細かい作業なので、集中力が必要です。
ひじょう こま さぎょう ひつよう

(Ini adalah kerja yang sangat halus, maka memerlukan daya tumpuan.／
ဒီဟာကအလွန်အသေးစိတ်တဲ့လုပ်ငန်းဖြစ်လို့၊ အာရုံစူးစိုက်မှုလိုတယ်။／Napakadetalyadong gawain ito, kaya
kailangan ng konsentrasyon.)

❽ □ 学力 (がくりょく) (keupayaan akademik／ပညာအရည်အချင်း／kakayahang pang-akademiko)

▶ 調査の結果、子供の学力が全体的に下がっていることがわかった。
ちょうさ けっか こども ぜんたいてき さ

(Hasil tinjauan mendapati bahawa keupayaan akademik kanak-kanak menurun secara keseluruhan.／
စစ်တမ်း၏ရလဒ်အနေဖြင့် ကလေးသူငယ်များ၏ပညာအရည်အချင်းသည်ယေဘုယျအားဖြင့်ကျဆင်းနေသည်။／Napag-
alaman sa resulta ng isang pag-aaral, na bumaba ang pangkalahatang kakayahang pang-akademiko ng mga bata.)

❾ □ 学歴 (がくれき) (latar belakang pendidikan／ပညာရေးနောက်ခံ／academic background)

▶ 社会に出たら学歴は関係ないというけど、本当でしょうか。
しゃかい で がくれき かんけい ほんとう

(Dikatakan bahawa latar belakang pendidikan tidak menjadi masalah setelah keluar ke masyarakat,
adakah itu benar?／လူမှုပယ်ပယ်ထဲဝင်ရင် ပညာရေးနောက်ခံနဲ့�’မသက်ဆိုင်�’ဘူးလို့ဆိုတယ်၊ အဲဒါတကယ်ပဲလား။／
Sinasabing walang relasyon ang academic background mo kapag nagsimula ka nang magtrabaho -
totoo ba ito?)

❿ □ 教養 (きょうよう) (pengajaran／အသိပညာပညာဗဟုသုတ／kultura, kagandahang-asal)

▶ 大学では、専門的な知識を学ぶだけでなく、教養を身につけることも大切です。
だいがく せんもんてき ちしき まな み たいせつ

(Di universiti, yang penting bukan sahaja belajar
pengetahuan khusus, tetapi juga memperoleh pengajaran.／
တက္ကသိုလ်မှာအထူးပြုဘာသာရဲ့အသိပညာကိုသင်ယူ့ရှိသာမက။ပညာဗဟုသုတတရိုဖွဲ့လည်းအရေးကြီးပါတယ်။／Sa
unibersidad, hindi lang pag-aaral ng propesyonal na kaalaman ang mahalaga, mahalaga rin ang matuto
ng kultura at kagandahang-asal.)

⓫ □ 資格 (しかく) (kelulusan／အရည်အချင်း၊အရည်အချင်းလက်မှတ်／kwalipikasyon)

▶ 彼女は看護師になるのが夢で、今、その資格を取るための勉強をしている。
かのじょ かんごし ゆめ いま と べんきょう

(Dia bercita-cita menjadi jururawat dan kini belajar untuk mendapat kelulusan.／
သူမဟာ သူနာပြုဆရာမဖြစ်ဖို့ဖိ့မျှော်မှန်းချက်နဲ့ အခု၊ အဲဒီအရည်အချင်းလက်မှတ်ရဖို့အတွက်လေ့လာသင်ယူနေပါတယ်။／
Pangarap niya ang maging nars, at ngayon, nag-aaral siya para makakuha ng kwalipikasyon para dito.)

クループ・組織 31

行事・イベント 32

手続き 33

場所・位置・方向 34

商品・サービス 35

知識・能力 36

評価・成績 37

経済・ビジネス 38

精神・宗教 39

気持ち・心の状態 40

⓬ □ 免許 (lesen／လိုင်စင်／ lisensiya, license)
めんきょ

▶ 運転免許はまだ持っていません。
うんてん

(Saya belum mempunyai lesen memandu.／ကားမောင်းလိုင်စင်မရှိသေးပါဘူး။／ Wala pa akong driver's license.)

⓭ □ 初心者 (pemula／အစပြုသူ၊အခုမှစလုပ်သူ／ beginner)
しょしんしゃ

▶ 初心者の方も大勢いますから、気軽に参加してください。
かた おおぜい きがる さんか

(Ramai pemula akan mengambil bahagian, maka jangan ragu untuk menyertai kami.／ အစမှစလုပ်သူတွေလည်းအများကြီးရှိလို့ စိတ်အေးလက်အေးနဲ့ပါဝင်ကြပါ။／ Marami ring mga beginner, kaya huwag kang mag-atubiling sumali.)

⓮ □ 上達(する) (bertambah baik, meningkat／တိုးတက်လာ(သည်)／ mag-improve,
じょうたつ bumuti)

▶ 毎日練習しているんだけど、なかなか上達しない。
まいにちれんしゅう じょうたつ

(Saya berlatih setiap hari, tetapi nampaknya tidak bertambah baik.／ နေ့တိုင်းလေ့ကျင့်နေပေမဲ့ တော်တော်နဲ့မတိုးတက်လာဘူး။／ Araw-araw akong nagpapraktis, pero hindi ako nag-iimprove.)

⓯ □ 進歩(する) (membuat kemajuan／တိုးတက်(သည်)／ umunlad)
しんぽ

▶ 最近の技術の進歩の速さにはついていけない。
さいきん ぎじゅつ しんぽ はや

(Saya tidak dapat mengikuti kelajuan perkembangan teknologi kebelakangan ini.／ ခုတလောရဲ့နည်းပညာတိုးတက်မှုအရှိန်ကိုလိုက်မမီနိုင်ဘူး။／ Hindi ako makasabay sa mabilis na pag-unlad ng pinakahuling teknolohiya.)

⓰ □ ベテラン (veteran／ဝါရင့်သူ၊ဝါရင့်ပုဂ္ဂိုလ်／ beterano)

▶ ベテランと新人とでは、仕事のスピードが全然違う。
しんじん しごと ぜんぜんちが

(Kepantasan bekerja amat berbeza di antara veteran dan orang baru.／ ဝါရင့်သူနဲ့လူသစ်တို့ရဲ့ အလုပ်လုပ်တဲ့မြန်နှုန်းက လုံးဝမတူဘူး။／ Ibang-iba ang bilis ng pagtatrabaho ng mga beterano at mga beginner.)

▷ 経験20年の大ベテラン
けいけん ねん だい

(veteran berpengalaman 20 tahun／အတွေ့အကြုံအနှစ် 20 ရှိတဲ့ ဝါရင့်ပုဂ္ဂိုလ်ကြီး／ sanay na beteranong may 20 taong karanasan)

評価・成績
ひょうか　せいせき

(Penilaian, Keputusan／တန်ဖိုးဖြတ်၊စာမေးပွဲအမှတ်／
Evaluation, Performance)

---

❶ □ **基準**
きじゅん
(kriteria, standard／စံစံချိန်၊သတ်မှတ်ချက်／ pamantayan)

▶ 採用するかどうかの判断基準は何ですか。
さいよう　　　　　　　　　はんだん　　き　じゅん　なん

(Apa kriteria yang anda gunakan untuk penilaian sama ada menggaji seseorang atau tidak?／
ခန့်မခန်ဆုံးဖြတ်ချက်ရဲ့စံသတ်မှတ်ချက်ကဘာလဲ။／ Ano ang pamantayan ninyo para tanggapin o hindi sa
trabaho ang isang tao?)

---

❷ □ **採点（する）**
さいてん
(memberi markah, menilai／အမှတ်ပေး(သည်)／ magmarka)

---

❸ □ **満点**
まんてん
(markah penuh／အမှတ်ပြည့်／ perfect score)

---

❹ □ **最高**
さいこう
(hebat, terbaik／အမြင့်ဆုံး၊ အထွတ်အထိပ်／ pinakamasaya, pinakamaganda)

▶「優勝した今の気持ちは？」「最高の気分です。」
ゆうしょう　　いま　き　も　　　　　　　さいこう　き　ぶん

("Bagaimana perasaan anda sekarang selepas kemenangan ini?" "Terbaik."／
「ပိုလ်စွံခဲ့တာအခုဘယ်လိုခံစားရပါသလဲ။」「အထွတ်အထိပ်ရောက်နေတယ်လို့ခံစားရပါတယ်။」／ "Ano ang
nararamdaman mo sa pagkapanalo mo?" "Napakasaya ng pakiramdam ko.")

---

❺ □ **最低**
さいてい
(dahsyat, terburuk／အောက်ဆုံး၊ အညံ့ဆုံး／ pinakamababa, pinakapangit)

▶「映画、どうだった？」「今まで見た中で最低だったよ」
えい が　　　　　　　　　いま　　み　なか　　さいてい

("Bagaimana dengan filem ini?" "Ini adalah filem terburuk yang pernah saya tonton."／
「ရုပ်ရှင်ဘယ်လိုလဲ။」「အခုထိကြည့်ခဲ့ရတဲ့အထဲမှာအညံ့ဆုံးပဲ」／ " Kumusta ang pinanood mong sine?" "Ito
ang pinakapangit sa mga napanood ko.")

---

❻ □ **勝る**
まさ
(lebih baik／သာသည်၊ သာလွန်သည်／ mas mabuti)

▶ 体の大きさでは、相手選手の方が勝っている。
からだ　おお　　　　　　　あいてせんしゅ　ほう　　まさ

(Dari segi saiz badan, pemain-pemain lawan mempunyai kelebihan.／
ကိုယ်ခန္ဓာအရွယ်အစားအရ၊ တစ်ဘက်ကစားသမားကသာလွန်နေတယ်။／ Kung sa laki ng katawan, mas malaki
ang katawan ng kalaban mo.)

グループ・組織 31
行事・イベント 32
手続き 33
場所・位置・方向 34
商品・サービス 35
知識・能力 36
評価・成績 37
経済・ビジネス 38
精神・宗教 39
気持ち・心の状態 40

❼ □ **劣る** おと (lebih buruk／အရည်အသွေးကျသည်၊အရည်အသွေးကျသည်／mas mababang uri)

▶ 安いから、多少性能が劣るのはしょうがない。
やす たしょうせいのう

(Oleh sebab harganya murah, tidak boleh buat apa-apa walaupun fungsinya tidak bagus.／ဈေးသက်သာလို့ အရည်အသွေးနည်းနည်းကျတာဟာမတတ်နိုင်ဘူး။／Mura ito, kaya mas mababang uri ito.)

❽ □ **敗れる** やぶ (kalah, tewas／ရှုံးသည်၊ရှုံးနိမ့်သည်／matalo)

▶ 1点差でB大学に敗れた。
てんさ だいがく

(Kami tewas kepada Universiti B dengan satu mata.／1 မှတ်ကွာနဲ့ B တက္ကသိုလ်ကိုရှုံးခဲ့တယ်။／Natalo kami ng University B ng 1 point.)

❾ □ **弱点** じゃくてん (kelemahan／ပျော့ချက်၊ အားနည်းချက်／kahinaan)

▶ 試合前に相手の弱点を調べた。
しあいまえ あいて しら

(Saya mengkaji kelemahan lawan saya sebelum perlawanan.／ပြိုင်ပွဲမဝင်ခင်၊ တစ်ဘက်လူရဲ့ အားနားချက်ကို စုံစမ်းထောက်လှမ်းတယ်။／Pinag-aralan ko ang kahinaan ng kalaban bago ng laban namin.)

❿ □ **勝敗** しょうはい (kemenangan atau kekalahan／အနိုင်အရှုံး／manalo o matalo)

▶ 〈放送〉試合は今も行われていて、勝敗の行方はまだわかりません。
ほうそう しあい いま おこな しょうはい ゆくえ

(<Siaran> Perlawanan masih berlangsung, tiada orang tahu siapa yang akan menang atau kalah.／(သတင်းကြေညာချက်)ပြိုင်ပွဲဟာအခုပြိုင်နေတုန်းပါ၊အနိုင်အရှုံးအရှုံးမသိသေးပါဘူး။／(Broadcast) Kasalukuyang ginaganap ang labanan, at hindi pa alam kung sino ang mananalo o matatalo.)

⓫ □ **可** か (boleh／ဖြစ်နိုင်／pinahihintulutan)

▷ 〈不動産〉ペット可
ふどうさん

(<Ejen hartanah> Haiwan peliharaan dibenarkan.／(အိမ်ခြံမြေကိုစားလှုံရုံး)အိမ်မွေးတိရစ္ဆာန် ခွင့်ပြု／(Real estate agent) Pinahinintulutan ang mga alagang hayop)

⓬ □ **不可** ふか (tidak boleh／မဖြစ်နိုင်၊ ခွင့်မပြု／hindi puwede)

▷ 〈注意書き〉撮影不可
ちゅういが さつえい

(<Notis> Tidak boleh mengambil foto.／(သတိပေးစာ) ဓာတ်ပုံရိုက်ခြင်း ခွင့်မပြု／(Notice) Hindi puwedeng kumuha ng retrato)

⓭ □ **損(な)** そん (rugi／ဆုံးရှုံး(သော)／nawala)

▶ 彼は株でだいぶ損をしたようだ。
かれ かぶ そん

(Nampaknya dia rugi besar bermain saham.／သူဟာအစုရှယ်ယာမှာအများကြီးဆုံးရှုံးခဲ့ပုံရတယ်။／Mukhang malaking pera ang nawala sa kanya sa stock market.)

⓮ □ 得（な）<ruby>得<rt>とく</rt></ruby> (untung, berfaedah／အကျိုးအမြတ်ရ(သော)／makabubuti)

▶ みんなの<ruby>得<rt>とく</rt></ruby>になるようなら、そうしよう。

(Mari kita lakukannya jika semua orang akan berfaedah.／
အားလုံးအတွက်အကျိုးအမြတ်ဖြစ်မယ်ဆိုရင်အဲဒီလိုလုပ်ကြရအောင်။／Kung makabubuti para sa lahat, gawin natin.)

⓯ □ <ruby>損得<rt>そんとく</rt></ruby> (kerugian dan keuntungan／အရှုံးအမြတ်／pagkalugi at pakinabang)

▶ <ruby>友達<rt>ともだち</rt></ruby>と<ruby>付<rt>つ</rt></ruby>き<ruby>合<rt>あ</rt></ruby>うのに、<ruby>損得<rt>そんとく</rt></ruby>なんか<ruby>考<rt>かんが</rt></ruby>えません。

(Saya tidak memperdulikan keuntungan atau kerugian ketika berkawan.／
သူငယ်ချင်းနဲ့ပေါင်းသင်းဆက်ဆံရေးမှာအရှုံးအမြတ်ကိုမစဉ်းစားဘူး။／Hindi ko iniisip kung ano ang mawawala o mapapakinabangan ko sa pakikipagkaibigan.)

⓰ □ <ruby>釣<rt>つ</rt></ruby>り<ruby>合<rt>あ</rt></ruby>う (seimbang／ဟန်ချက်ညီသည်လိုက်ဖက်သည်／balansehin, magtugma)

▶ <ruby>美人<rt>びじん</rt></ruby>で<ruby>頭<rt>あたま</rt></ruby>もいい<ruby>彼女<rt>かのじょ</rt></ruby>と<ruby>僕<rt>ぼく</rt></ruby>とでは、<ruby>釣<rt>つ</rt></ruby>り<ruby>合<rt>あ</rt></ruby>わないとよく<ruby>言<rt>い</rt></ruby>われます。

(Saya selalu dikatakan bahawa saya tidak padan dengannya kerana dia seorang yang cantik dan bijak.
／ရုပ်ရည်ချောမောပြီးဉာဏ်ကောင်းတဲ့သူမနဲ့ကျွန်တော်ဟာမလိုက်ဖက်ဘူးလို့ဏာခဏအပြောခံရတယ်။／Sinasabing hindi kami magkatugma ng maganda at matalino kong girlfriend.)

⓱ □ <ruby>相当<rt>そうとう</rt></ruby>（する） (memadankan／ညီမျှသည်／katumbas)

▶ この<ruby>絵<rt>え</rt></ruby>の<ruby>価値<rt>かち</rt></ruby>は、<ruby>家一軒分<rt>いえいっけんぶん</rt></ruby>に<ruby>相当<rt>そうとう</rt></ruby>する。

(Harga lukisan ini setara dengan harga sebuah rumah.／ဒီပန်းချီကားရဲ့တန်ဖိုးဟာအိမ်တစ်ရဲ့တန်ဖိုးနဲ့ညီမျှတယ်။
／Katumbas ng isang bahay ang halaga ng painting na ito.)

⓲ □ ふさわしい (mencocokkan／သင့်လျော်သည်ထိုက်တန်သည်／angkop)

▶ <ruby>彼<rt>かれ</rt></ruby>はリーダーにふさわしい<ruby>人物<rt>じんぶつ</rt></ruby>だと<ruby>誰<rt>だれ</rt></ruby>もが<ruby>思<rt>おも</rt></ruby>っている。

(Semua orang berpendapat bahawa dia adalah seorang yang tepat untuk menjadi pemimpin.／
သူဟာခေါင်းဆောင်နဲ့ထိုက်တန်တယ်လို့လူတိုင်းကထင်နေတယ်။／Iniisip ng lahat na siya ang angkop na tao para maging lider.)

⓳ □ <ruby>肯定<rt>こうてい</rt></ruby>（する） (mengesahkan／ဝန်ခံ(သည်)၊ ခေါင်းညိတ်(သည်)／magpatotoo, sumang-ayon)

⓴ □ <ruby>否定<rt>ひてい</rt></ruby>（する） (menafikan／ငြင်း(သည်)၊ ခေါင်းခါ(သည်)／tumanggi)

▶ <ruby>彼女<rt>かのじょ</rt></ruby>との<ruby>交際<rt>こうさい</rt></ruby>について<ruby>聞<rt>き</rt></ruby>くと、<ruby>彼<rt>かれ</rt></ruby>は<ruby>否定<rt>ひてい</rt></ruby>も<ruby>肯定<rt>こうてい</rt></ruby>もしなかった。

(Ketika saya bertanya kepadanya mengenai hubungannya dengan perempuan itu, dia tidak mengesahkan atau menafikannya.／
သူမနဲ့မေတ္တာမျှသေလားလို့မေးတဲ့အခါသူဟာလည်းမငြင်းလည်းဝန်မခံဘူး။／Nang tanungin siya tungkol sa relasyon nila ng girlfriend niya, hindi siya tumanggi o nagpatotoo.)

㉑ □ 等(ひと)しい (sama dengan／ညီမျှသည်／ katumbas)

▶ 当時(とうじ)の２万円(まんえん)は、現在(げんざい)の10万円に等しい。
(Nilai 20,000 yen pada masa itu sama dengan 100,000 yen sekarang.／
အဲဒီအချိန်က ယန်း 2သောင်းဟာ၊ လက်ရှိ ယန်း 10သောင်းနဲ့ညီမျှတယ်။／ Ang Y20,000 noon ay katumbas ng Y100,000 ngayon.)

㉒ □ 批判(ひはん)(する) (membidas／ဝေဖန်(သည်)／ mamintas, pumuna)

▶ 人(ひと)の批判ばかりしていないで、自分(じぶん)のことをよく見(み)てみたらどうなの？
(Jangan asyik membidas orang lain. Mengapa tidak memerhatikan diri sendiri?／
လူတွေကိုချည်းဝေဖန်မနေပါနဲ့၊ကိုယ့်ကိုယ်ကိုလည်းအသေအချာပြန်ကြည့်ရင်ဘယ်လိုဖြစ်နေမလဲ။／ Huwag kang laging mamimintas ng tao. Bakit hindi mo muna tingnan ang sarili mo?)

㉓ □ 批評(ひひょう)(する) (mengkritik／ဝေဖန်(သည်)၊ ဝေဖန်သုံးသပ်(သည်)／ pumuna, mamintas)

▶ 映画(えいが)の批評を見(み)たよ。ひどいこと書(か)かれていたね。
(Saya sudah melihat kritikan filem ini. Teruk kritikannya.／
ရုပ်ရှင်ဝေဖန်ချက်ကိုကြည့်ပြီးပြီ၊ ဆိုးဆိုးရွားရွားရေးထားတယ်နော်။／ Nakita ko ang puna tungkol sa sine. Napakapangit ng nakasulat.)

㉔ □ 評論(ひょうろん) (kritikan／ဝေဖန်ချက်၊သုံးသပ်ချက်／ pumuna)

▷ 評論家(か) (pengkritik／ဝေဖန်ရေးဆရာ／ critic)

㉕ □ 勧(すす)める (mengesyorkan／တိုက်တွန်းသည်／ irekomenda)

▶ これは友達(ともだち)に勧められた本(ほん)です。
(Ini adalah buku yang disyorkan oleh rakan-rakan saya.／ဒါဟာ သူငယ်ချင်းက(ဖတ်ဖို့)တိုက်တွန်းတဲ့စာအုပ်ပါ။／ Ito ang librong inirekomenda ng kaibigan ko.)

㉖ □ おすすめ (syor／တိုက်တွန်းချက်／ rekomendado)

▷ おすすめの映画(えいが) (filem yang disyorkan／(ကြည့်ဖို့)တိုက်တွန်းတဲ့ရုပ်ရှင်／ rekomendadong pelikula)

㉗ □ 推薦(すいせん)(する) (mencalonkan, mengesyorkan／ထောက်ခံ(သည်)／ magrekomenda, irekomenda)

▶ クラスの代表(だいひょう)に高橋(たかはし)さんを推薦したいと思(おも)います。
(Saya ingin mengesyorkan Encik Takahashi sebagai wakil kelas.／
အတန်းခေါင်းဆောင်အဖြစ် တကကဟရှိစံကို ထောက်ခံပါတယ်။／ Gusto kong irekomenda si Takahashi-san bilang kinatawan ng klase natin.)

㉘ □ **支持(する)** (menyokong／ထောက်ခံ(သည်)／magsuporta)
しじ

▶ 新市長は、各世代から広く支持を集めた。
しんしちょう　かくせだい　ひろ　しじ　あつ

(Datuk bandar baru telah mendapat sokongan yang luas dari semua generasi.／
မြို့ဝန်သစ်ဟာအသက်အရွယ်အမျိုးမျိုးမှထောက်ခံမှုများကိုကျယ်ကျယ်ပြန့်ပြန့်ရခဲ့ပါတယ်။／ Nagkamit ng malawak
na suporta ang bagong mayor mula sa iba't ibang edad na botante.)

㉙ □ **見事(な)** (mengagumkan, menakjubkan／ပြောင်မြောက်သော／kahanga-hanga)
みごと

▶ これは見事な作品ですね。素晴らしい。
さくひん　すば

(Ini adalah karya yang menakjubkan. Luar biasa.／ဒါဟာပြောင်မြောက်တဲ့လက်ရာပဲနော်။ ရင်သပ်ရှုမောစရာပဲ။／
Kahanga-hanga itong ginawang ito. Napakaganda!)

㉚ □ **傑作** (karya agung／အပြောင်မြောက်ဆုံး လက်ရာ／obra maestra)
けっさく

▶ これは彼女の最高傑作だと思う。
かのじょ　さいこう　おも

(Saya rasa ini adalah karya agungnya.／ဒါဟာသူမရဲ့ အမြင့်ဆုံးအပြောင်မြောက်ဆုံးလက်ရာလို့ထင်ပါတယ်။／
Sa palagay ko, ito ang kanyang pinakamahusay na obra maestra.)

㉛ □ **立派(な)** (cemerlang, gemilang／အဆင့်အတန်းမြင့်(သော)၊ခန့်ညား(သော)／kahanga-hanga)
りっぱ

▶ 彼らの最後まで全力で戦う姿は、立派でした。
かれ　さいご　ぜんりょく　たたか　すがた　りっぱ

(Hebat melihat bagaimana mereka bertempur dengan menghabiskan semua tenaga mereka sampai
saat terakhir.／သူတို့ရဲ့နောက်ဆုံးအချိန်အထိအားသွန်တိုက်ခိုက်တဲ့ဟန်ပန်ဟာခန့်ညားတယ်။／ Kahanga-hanga kung
paano sila nakitang nakipaglaban nang buong lakas hanggang sa huli.)

▶ 新しい美術館は、思った以上に立派な建物でした。
あたら　びじゅつかん　おも　いじょう　りっぱ　たてもの

(Bangunan muzium baru jauh lebih baik daripada yang saya jangkakan.／
အနုပညာပြတိုက်သစ်ဟာထင်ထားတာထက်ပိုပြီးခန့်ညားထည်ဝါတဲ့အဆောက်အအုံပါ။／ Mas kahanga-hanga ang
bagong museum kaysa sa inaasahan ko.)

▷ 立派な大人になる
おとな

(Jadilah seorang dewasa yang cemerlang.／အဆင့်အတန်းမြင့်တဲ့သူဖြစ်ရမယ်။／ lumaking isang mabuting tao)

㉜ □ **豪華(な)** (mewah／ခမ်းနား(သော)၊ ကောင်းမွန်(သော)／marangya, magara)
ごうか

▶ 温泉でのんびりした後は、豪華な料理が待っている。
おんせん　あと　ごうか　りょうり　ま

(Setelah berehat di mata air panas, hidangan mewah menanti kami.／
ရေပူစမ်းမှာစိမ်ပြေနပြေစိမ်ပြီးနောက်၊ ခမ်းနားကောင်းမွန်တဲ့အစားအသောက်တွေကစောင့်ကြိုလျက်ရှိတယ်။／
Naghihintay ang marangyang pagkain sa amin, pagkatapos naming mag-relax sa hotspring.)

㉝ □ **大した** (hebat／သိပ်ပြီးတော့၊ တော်သော／importante)
たい

グループ・組織 ③①

行事・イベント ③②

手続き ③③

場所・位置・方向 ③④

商品・サービス ③⑤

知識・能力 ③⑥

評価・成績 ③⑦

経済・ビジネス ③⑧

精神・宗教 ③⑨

気持ち・心の状態 ④⑩

▶彼、まだ若いのに大したものだね。

(Dia hebat walaupun masih muda.／သူ ငယ်သေးပေမဲ့ တော်တယ်နော်။／ Bata pa siya, pero importanteng tao na siya.)

▶「何か問題でもあったの？」「いや、大したことはないよ」

("Ada masalah?" "Tidak, bukan masalah besar."／「ပြဿနာတစ်ခုခုဖြစ်သလား။」「ဟင့်အင်း။သိပ်ပြီးတော့လည်းမဟုတ်ပါဘူး။」／ "May problema ba?" "Wala, bale wala iyon.")

㉞ □ 妥当（な） (munasabah／သင့်တော်(သော) လျော်ကန်(သော)／ angkop, tama)

▶この値段なら、高すぎず安すぎず、妥当だと思う。

(Saya rasa harga ini munasabah, tidak terlalu mahal dan tidak terlalu murah.／ ဒီဈေးဆိုရင် ဈေးလည်းမကြီးဈေးလည်းမပေါနဲ့သင့်တော်တယ်လို့ထင်တယ်။／ Sa palagay ko, tama lang ang presyong ito, hindi masyadong mahal at hindi masyadong mura.)

㉟ □ 手頃（な） (berpatutan／သင့်တော်သော／ makatuwiran)

▶「これは高くて買えないなあ」「こちらはいかがですか。手頃なお値段だと思いますが」

("Saya tidak dapat membeli ini kerana harganya mahal." "Bagaimana dengan ini? Saya rasa harganya berpatutan."／「ဒါဈေးကြီးမ၀ယ်နိုင်ဘူး။」「ဒီဟာက ဘာလိုလဲ။သင့်တော်တဲ့ဈေးလို့ထင်ပါတယ်။」／ "Hindi ko kayang bilhin ito dahil masyadong mahal." "Eh ito, okey ba? Sa palagay ko kaya mo itong bilhin.")

㊱ □ まし（な） (lebih baik／တော်သေး(သည်)／ mas mabuti)

▶60点？ まだましだよ。私なんか、30点だよ

(60 markah? Lebih baik daripada saya. Saya 30 markah.／အမှတ် 60 လား။ တော်သေးတာပေါ့။ ကျွန်တော့်အမှတ်က 30 ပါ။ ／ 60 points? Mas mabuti iyan kaysa sa akin. 30 points ang nakuha ko.)

㊲ □ 大して～ない (tidak begitu／သိပ်ပြီးတော့မ～ဘူး／ hindi masyado)

▶大して良くないのに、どうしてこの作品が賞を取ったんだろう。

(Karya ini tidak begitu bagus. Tidak tahu kenapa dapat memenangi anugerah.／ သိပ်ပြီးတော့မကောင်းပေမဲ့ ဘာဖြစ်လို့ဒီလက်ရာက ဆုရသွားပါလိမ့်။／ Hindi masyadong maganda ang peynting, pero bakit kaya nakakuha ng premyo ito?)

㊳ □ 粗末（な） (membazir, mencemuh／နှံချ(သော)၊ ချို့တဲ့သော／ kaunti, kulang)

▶食べ物を粗末にしてはいけないと、小さい頃から教えられてきた。

(Sejak saya kecil, saya diajar agar tidak mencemuh makanan.／ အစားအစာကိုမဖြုန်းတဲ့ဈေးဆူးလို့ငယ်ငယ်ကတည်းကသင်ခဲ့ရတယ်။／ Mula noong maliit ako, tinuruan na akong huwag magtipid sa pagkain.)

㊴ □ 意義 (erti／အဓိပ္ပာယ်၊ အရေးပါမှု／kabuluhan)

▶ **今、大学の存在意義が問われている。**
いま だいがく そんざい と

(Kini, erti kewujudan universiti dipersoalkan.／အခု၊ တက္ကသိုလ်တည်ရှိခြင်းရဲ့အရေးပါမှုကိုဆွေးနွေးနေတာယ်။／
Ngayon, kinukuwestiyon ang kabuluhan ng pagkakaroon ng mga unibersidad.)

▶ **これを続けることに、あまり意義を感じなくなった。**
つづ かん

(Saya berasa tidak bermakna lagi untuk meneruskan perkara ini.／
ဒီဟာကိုဆက်လုပ်နေခြင်းဟာသိပ်အဓိပ္ပာယ်ရှိတယ်လို့မထင်တော့ဘူး။／ Nararamdaman kong hindi na
makabuluhan kung itutuloy ko pa ito.)

㊵ □ 重要(な) (penting／အရေးကြီး(သော) အရေးပါအရာရောက် (သော)／mahalaga)
じゅうよう

▷ **重要な問題、重要な会議**
もんだい かいぎ

(isu penting, mesyuarat penting／အရေးကြီးသောပြဿနာ၊ အရေးကြီးသောအစည်းအဝေး／ mahalagang
problema, mahalagang miting)

㊶ □ 重大(な) (serius／ကြီးလေး(သော) အရေးကြီး(သော)／grabe)
じゅうだい

▷ **重大なミス、重大な事故**
じこ

(kesilapan yang serius, kemalangan yang serius／ကြီးလေးသောအမှား၊ ကြီးမားသောမတော်တဆဖြစ်ပွားမှု／
grabeng pagkakamali, grabeng aksidente)

㊷ □ 重視(する) (memandang berat／အလေးထား(သည်) အရေးထား(သည်)／magdiin, idiin)
じゅうし

㊸ □ 第一 (pertama／ပထမ／una)
だいいち

▶ **働きすぎじゃない？ 健康第一だよ。**
はたら けんこう

(Bukankah itu terlampau kerja? Utamakan kesihatan.／အလုပ်လုပ်လွန်နေတာမဟုတ်ဘူးလား။ ကျန်းမာရေးဟာ ပထမလေ။
／ Hindi ka ba masyadong nagtatrabaho? Unahin mo ang kalusugan mo.)

㊹ □ 次ぐ (seterusnya／ပြီးနောက်၊ပြီးလျှင်／sumunod)
つ

▶ **インドは中国に次いで2番目に人口の多い国だ。**
ちゅうごく ばん め じんこう おお くに

(India adalah negara kedua paling ramai penduduknya selepas negeri Cina.／
အိန္ဒိယဟာ တရုတ်ပြီးလျှင်နံပါတ် 2 လိုက်နေတဲ့လူဦးရေအများဆုံးနိုင်ငံ။／ India ang bansang sumusunod sa
China bilang pangalawang bansa na may pinakamaraming populasyon.)

㊺ □ くだらない (membosankan, bodoh／အရည်မရအဖတ်မရ／walang kuwenta)

▶ **くだらない冗談はいいから、早く用件を言ってください。**
じょうだん はや ようけん い

グループ・組織　31
行事・イベント　32
手続き　33
場所・位置・方向　34
商品・サービス　35
知識・能力　36
評価・成績　37
経済・ビジネス　38
精神・宗教　39
気持ち・心の状態　40

(Cukup dengan lawak jenaka, sila beritahu kami apa yang kamu inginkan dengan cepat.／အရည်မရအဖတ်မရနောက်မနေနဲ့ အကြောင်းကိစ္စကို မြန်မြန်ပြောပါ။／ "Tama na iyang mga walang kuwentang biro. Sabihin mo agad ang pakay mo.")

---

❹❻ ☐ **みっともない** (memalukan／အမြင်မတော်／ kahiya-hiya, hindi maganda)

▶ こんな**みっともない**格好でパーティーには出（ら）れない。
　　　　　　　　　　かっこう　　　　　　　　　　　　　で

(Saya tidak boleh pergi ke jamuan dengan pakaian yang memalukan seperti ini.／ဒီလောက်အမြင်မတော်တဲ့ ဝတ်စုံနဲ့ပါတီပွဲကိုမသွားနိုင်ဘူး။／ Hindi ako pupunta sa party sa ganitong kahiya-hiyang itsura ko.)

---

❹❼ ☐ **軽蔑（する）** (menghina, memandang ringan／အထင်အမြင်သေး(သည်)／ hamakin)
　　けいべつ

▶ 弱い者いじめをするなんて、**軽蔑**するよ。
　　よわ　もの

(Saya memandang rendah mereka yang membuli orang lemah.／အားနည်းသူအပေါ်အနိုင်ကျင့်တာကို ၊အထင်အမြင်သေးတယ်။／ Isang paghamak ang mang-bully ng mga mahihina.)

---

❹❽ ☐ **最悪（な）** (paling buruk／အဆိုးဆုံး(သော)／ pinakamasama)
　　さいあく

▶ **最悪**の事態も考えておいたほうがいい。
　　　　　じたい　かんが

(Anda harus bersedia dengan keadaan yang paling buruk juga.／အဆိုးဆုံးအခြေအနေကိုစဉ်းစားထားရင်ကောင်းမယ်။／ Mabuting isipin mo rin ang pinakamasamang sitwasyon.)

---

❹❾ ☐ **比べる** (berbanding／နှိုင်းယှဉ်သည်／ magkumpara, maghambing)
　　くら

▶ ほかの商品に**比べ**、かなり軽いです。
　　　　しょうひん　　　　　　　かる

(Ia agak ringan berbanding dengan produk lain.／အခြားပစ္စည်းနဲ့နှိုင်းယှဉ်ရင်အတော်ပေါ့တယ်။／ Kung ikukumpara ito sa ibang produkto, masyado itong magaan.)

---

❺⓪ ☐ **見方** (pandangan／အမြင်၊ရှုထောင့်／ pagtingin, palagay)
　　み　かた

▶ **見方**によっては、これでもいいような気がする。
　　　　　　　　　　　　　　　　　　　　　き

(Bergantung kepada cara melihatnya, saya rasa ini pun bagus.／အမြင်အရဆိုရင် ဒါဆိုလည်းကောင်းမယ်ထင်တယ်။／ Depende sa tingin mo, sa palagay ko puwede na rin ito.)

---

❺❶ ☐ **見解** (pendapat, pandangan／ထင်မြင်ချက်၊ ယူဆချက်／ opinyon, palagay)
　　けんかい

▶ この治療法が安全かどうか、医者によって**見解**が異なる。
　　　ちりょうほう　あんぜん　　　　いしゃ　　　　　　　　こと

(Doktor-doktor mempunyai pandangan yang berbeza sama ada rawatan ini selamat atau tidak.／ဒီကုသမှုနည်းဟာဘေးကင်းမှုရှိမရှိဆရာဝန်ပေါ်မူတည်ပြီးထင်မြင်ချက်မတူဘူး။／ May kanya-kanyang opinyon ang mga doktor kung safe o hindi ang paraan ng panggagamot na ito.)

㉒ □ **客観的（な）** (objektif／ဓမ္မဓိဋ္ဌာန်ကျ(သော)／ objective)　　　　　　　対**主観的（な）**
きゃっかんてき　　　　　　　　　　　　　　　　　　　　　　　　　　　　　　　　　　しゅかんてき

▶ 客観的な見方をすれば、可能性は低いと思う。
きゃっかん　　みかた　　　　　　　　かのうせい　ひく　　おも

(Dari sudut objektif, saya rasa agak rendah kemungkinannya.／
ဓမ္မဓိဋ္ဌာန်ကျကျအမြင်အရဆိုရင်၊ ဖြစ်နိုင်ခြေနည်းတယ်လို့ထင်တယ်။／ Kung titingnan ito sa
isang objective na pananaw, malabo ito.)

音声 DL 54

㉓ □ **主観的（な）** (subjektif／ပုဂ္ဂလိကဓိဋ္ဌာန်ကျ(သော)／ subjective)　　　　　　　対**客観的（な）**
しゅかんてき　　　　　　　　　　　　　　　　　　　　　　　　　　　　　　　　　　きゃっかんてき

▶ 絵や作文の場合は、多くの部分が主観的な評価になる。
え　さくぶん　ばあい　　おお　　ぶぶん　しゅかんてき　ひょうか

(Bagi lukisan dan karangan, kebanyakannya adalah penilaian subjektif.／
ပန်းချီနှင့်စာစီစာကုံးဆိုရင်များသောအားဖြင့်ပုဂ္ဂလိကဓိဋ္ဌာန်နှင့်တန်ဖိုးဖြတ်တယ်။／ Sa kaso ng peynting at pagsulat,
malaking bahagi nito ay tungkol sa subjective assessment.)

㉔ □ **公平（な）** (adil／မျှတ(သော)၊ တရားမျှတ(သော)／ makatarungan, patas)
こうへい

▶ 今のルールが選手にとって公平といえるのだろうか。
いま　　　　　せんしゅ

(Adakah peraturan yang sedia ada adil untuk semua pemain?／
ဒီစည်းမျဉ်းဟာ ကစားသမားတွေအဖို့မျှတတယ်လို့ပြောနိုင်မလား။／ Masasabi bang makatarungan para sa mga
manlalaro ang kasalukuyang tuntuning ito ?)

㉕ □ **不公平（な）** (tidak adil／မမျှတ(သော)／ hindi makatarungan)
ふこうへい

▶ 仕事は同じなのに時給が違うなんて、不公平だ。
しごと　おな　　　　　じきゅう　ちが

(Kerja yang sama tetapi upah setiap jam berbeza, tidak adil.／
အလုပ်လုပ်ရတာအတူတူပေမဲ့နာရီစားနှုန်းမတူတာ၊မမျှတတာဘဲ။／ Hindi makatarungan na magkaiba ang bayad
bawat oras sa parehong trabaho.)

㉖ □ **特殊（な）** (istimewa／ထူးခြား(သော)／ espesyal)
とくしゅ

▶ これは特殊なケースではなく、どこでも起こり得ることです。
とくしゅ　　　　　　　　　　　　　　お　　え

(Ini bukan kes khas, ini adalah sesuatu yang boleh berlaku di mana-mana sahaja.／
ဒါဟာထူးခြားတဲ့အမှုမဟုတ်ဘူး၊ ဘယ်မှာမဆိုပေါ်ပေါက်နိုင်တယ်။／ Hindi ito espesyal na kaso. Puwede itong
mangyari kahit saan.)

㉗ □ **ユニーク（な）** (unik／တမူထူး(သော)／ kakaiba)　　　　　　　　　　　　対**独特（な）**
どくとく

▶ 彼の発想はユニークで、いつも驚かされます。
かれ　はっそう　　　　　　　　　　　おどろ

(Idea-idea beliau unik dan selalu mengagumkan.／သူ့စိတ်ကူးကာ့ဟာတမူထူးထားခြား ပြီး၊အမြဲတမ်းအံ့သြစရာတယ်။／
Kakaiba ang mga ideya niya, at laging nakakagulat.)

❺❽ □ 特色 <ruby>特色<rt>とくしょく</rt></ruby>　(ciri-ciri khas／ထူးခြားချက်／ tampok)

▷ <ruby>特色<rt>とくしょく</rt></ruby>のある<ruby>大学<rt>だいがく</rt></ruby>

(universiti yang berciri khusus／ထူးခြားချက်ရှိတဲ့တက္ကသိုလ်／ itinatampok na unibersidad)

❺❾ □ 特長 <ruby>特長<rt>とくちょう</rt></ruby>　(keistimewaan／ထူးခြားချက်／ kabutihan, kagalingan)

▶ この<ruby>商品<rt>しょうひん</rt></ruby>の<ruby>特長<rt>とくちょう</rt></ruby>は、<ruby>今<rt>いま</rt></ruby>までの<ruby>物<rt>もの</rt></ruby>に<ruby>比<rt>くら</rt></ruby>べ、<ruby>軽<rt>かる</rt></ruby>くて<ruby>薄<rt>うす</rt></ruby>いという<ruby>点<rt>てん</rt></ruby>です。

(Apa yang unik mengenai produk ini adalah ia lebih ringan dan nipis daripada produk sebelumnya.／ ဒီအရောင်းပစ္စည်းရဲ့ထူးခြားချက်ဟာအခုထိရှိခဲ့တဲ့ပစ္စည်းနဲ့ယှဉ်ရင်ပေါ့ပြီးပါးတယ်ဆိုတဲ့အချက်ပါပဲ။／ Ang kabutihan ng produktong ito ay mas magaan at mas manipis ito kaysa sa mga naunang produkto.)

❻⓪ □ オリジナル　(asli／မူလမူရင်းပင်ရင်း／ original)

▶ この<ruby>料理<rt>りょうり</rt></ruby>はこの<ruby>店<rt>みせ</rt></ruby>のオリジナルなんだって。

(Hidangan ini adalah masakan asli restoran ini.／ဒီဟင်းလျာဟာဒီဆိုင်ရဲ့ပင်ရင်းဟင်းလျာဆိုပဲ။／ Original daw ng restawrang ito ang lutong ito.)

❻❶ □ 本物 <ruby>本物<rt>ほんもの</rt></ruby>　(tulen, benar／အစစ်／ totoo)

❻❷ □ 対 偽物 <ruby>偽物<rt>にせもの</rt></ruby>　(palsu／အတု／ peke)

❻❸ □ 似る <ruby>似<rt>に</rt></ruby>る　(mirip／တူသည်၊ ဆင်တူသည်／ kamukha, kahawig)

▶ <ruby>親子<rt>おやこ</rt></ruby>だから、やっぱりよく<ruby>似<rt>に</rt></ruby>ているね。

(Mereka adalah ayah dan anak, patutlah mirip.／ သားအမိဖြစ်လို့၊ ပြောစရာမလိုဘူးရုပ်ချင်းတော်တော်တူတယ်နော်။／ Mag-ama sila, kaya magkamukhang-magkamukha sila.)

❻❹ □ 独特(な) <ruby>独特<rt>どくとく</rt></ruby>(な)　(unik／ထူးခြား(သော)／ kakaiba)　**同 ユニーク(な)**

▶ <ruby>彼<rt>かれ</rt></ruby>の<ruby>声<rt>こえ</rt></ruby>は<ruby>独特<rt>どくとく</rt></ruby>だから、<ruby>聞<rt>き</rt></ruby>けばすぐわかる。

(Suaranya sangat unik sehingga anda dapat membezakannya dengan mudah semasa mendengarnya. ／သူ့ရဲ့အသံကထူးခြားလို့၊ ကြားရင်ချက်ချင်းသိတယ်။／ Kakaiba ang boses niya, kaya kapag narinig mo, malalaman mo agad na siya iyon.)

❻❺ □ 水準 <ruby>水準<rt>すいじゅん</rt></ruby>　(tahap, aras／အဆင့်အတန်း၊ စံ／ standard)

▶ <ruby>一定<rt>いってい</rt></ruby>の<ruby>水準<rt>すいじゅん</rt></ruby>に<ruby>達<rt>たっ</rt></ruby>しない<ruby>商品<rt>しょうひん</rt></ruby>は<ruby>処分<rt>しょぶん</rt></ruby>しています。

(Produk yang tidak mencapai tahap tertentu akan dibuang.／ တသမတ်စံအဆင့်မမီတဲ့အရောင်းပစ္စည်းကိုရှင်းပစ်ပါတယ်။／ Itinatapon ang mga produktong hindi umabot sa itinakdang standard.)

66 □ 標準 (standard／စံ၊ စံချိန်／ normal, pamantayan)
ひょうじゅん

▶ そのうち、こういう携帯電話が標準になるでしょう。
けいたいでんわ

(Lama kelamaan, telefon bimbit jenis ini akan menjadi standard.／
များမကြာမီမှာၤဒီလိုမျိုးလက်ကိုင်ဖုန်းတွေဟာစံဖြစ်လာလိမ့်မယ်။／ Balang araw, ang ganitong cellphone ang
magiging normal.)

▷ 標準体重 (berat badan normal／စံကိုယ်အလေးချိန်／ normal na weight)
ひょうじゅんたいじゅう

---

67 □ 平凡(な) (biasa／သာမန်ဖြစ်(သော)／ ordinaryo, karaniwan)
へいぼん

▷ 平凡なサラリーマン

(pekerja pejabat biasa／သာမန်လခစားဝန်ထမ်း／ karaniwang empleyado)

---

68 □ 平等(な) (saksama／တန်းတူဖြစ်(သော)／ pantay)
びょうどう

▶ みんな平等なはずなのに、実際は違う。
じっさい ちが

(Setiap orang patut dilayan dengan saksama, tetapi tidak sebenarnya.／
အားလုံးတန်းတူဖြစ်ရမှာဖြစ်ပေမဲ့ တကယ်တော့မတူဘူး။／ Dapat pantay-pantay tayong lahat, pero sa totoo,
hindi.)

---

69 □ 高等(な) (kelas tinggi／အထက်တန်းကျ(သော)၊ အဆင့်မြင့်(သော)／ mas mataas)
こうとう

▷ 高等教育、高等学校
きょういく がっこう

(pendidikan tinggi, kolej／အထက်တန်းပညာရေး၊ အထက်တန်းကျောင်း／ mataas na edukasyon, haiskul)

---

70 □ 上等(な) (kelas pertama／အကောင်းစားဖြစ်(သော)／ superior na klase)
じょうとう

▶ 上等なお肉をいただいたから、みなさんでいただきましょう。
にく

(Orang memberi saya daging kelas pertama ini, mari kita nikmati bersama.／
အကောင်းစားအသားကိုရခဲ့လို့ အားလုံးအတူတူစားကြရအောင်။／ Binigyan ako ng superior na klaseng karne,
kaya kainin nating lahat ito.)

グループ・組織 31

行事・イベント 32

手続き 33

場所・位置・方向 34

商品・サービス 35

知識・能力 36

評価・成績 37

経済・ビジネス 38

精神・宗教 39

気持ち・心の状態 40

UNIT 38

経済・ビジネス
けいざい

(Ekonomi, Perniagaan／စီးပွားရေး၊ စီးပွားရေးလုပ်ငန်း／ Ekonomiya, Negosyo)

---

❶ □ **ビジネス** (perniagaan／စီးပွားရေးလုပ်ငန်း／ negosyo)

▶私はこれをビジネスとしてやっていきたいと考えているんです。
わたし　　　　　　　　　　　　　　　　　　　　　　　　　　かんが

(Saya berfikir untuk melakukan ini sebagai perniagaan.／
ကျွန်တော် ဒီဟာကိုစီးပွားရေးလုပ်ငန်းအဖြစ်နဲ့လုပ်ဖို့စဉ်းစားနေတယ်။／ Iniisip kong gawin ito bilang isang negosyo.)

---

❷ □ **商売(する)** (berniaga／ရောင်းဝယ်(သည်)／ magnegosyo)
しょうばい

▶これを商品にして売るなんて、うまい商売を考えたなあ。
しょうひん　　う　　　　　　　　　　　　　　　しょうばい　かんが

(Menjual ini sebagai produk, baik betul akal perniagaannya.／
ဒီဟာကိုအရောင်းပစ္စည်းအဖြစ်နဲ့ရောင်းတာဟာ အတော်ကောင်းတဲ့အရောင်းအဝယ်ကောင်းကိုစဉ်းစားထားတာပဲ။／
Napakagaling na ideya para sa negosyo na gawin itong produkto at ibenta.)

---

❸ □ **事業** (bisnes／လုပ်ငန်း／ negosyo, gawain)
じ ぎょう

▶市は、住宅に関する新たな事業計画を発表した。
し　じゅうたく　かん　あら　　　じぎょうけいかく　はっぴょう

(Bandar ini telah mengumumkan rancangan bisnes baru untuk perumahan.／
မြို့အုပ်ချုပ်ရေးက၊ အိုးအိမ်နဲ့ဆိုင်တဲ့လုပ်ငန်းစီမံကိန်းသစ်ကိုကြေညာပါတယ်။／ Nagpahayag ang siyudad ng bagong planong gagawin tungkol sa mga pabahay.)

▷教育事業、観光事業
きょういく　かんこう

(bisnes pendidikan, bisnes pelancongan／ပညာရေးလုပ်ငန်း၊ ခရီးသွားလုပ်ငန်း／ education business, tourism business)

▶独立して、仲間と事業を始めることにしました。
どくりつ　　なかま　じぎょう　はじ

(Saya telah membuat keputusan untuk berdikari dan memulakan bisnes dengan beberapa rakan.
／သီးခြားရပ်တည်ပြီး၊ အပေါင်းအသင်းနဲ့လုပ်ငန်းစလုပ်ပါမယ်။／ Magsasarili ako at magsisimula ng negosyo kasama ng mga kaibigan ko.)

---

❹ □ **大企業** (syarikat besar／ကုမ္ပဏီကြီး／ malaking korporasyon)
だい き ぎょう

▶大企業に勤めているからといって、安心できない。
だいきぎょう　つと　　　　　　　　　　　　あんしん

(Saya tidak berasa lega walaupun bekerja di syarikat besar.／
ကုမ္ပဏီကြီးမှာအလုပ်လုပ်နေတာလို့ဆိုပေမဲ့လည်း၊စိတ်မအေးနိုင်ဘူး။／ Hindi ako panatag, kahit nagtatrabaho ako sa isang malaking korporasyon.)

❺ □ 中小企業 （syarikat kecil dan sederhana／အသေးစားနဲ့အလယ်အလတ်ကုမ္ပဏီ／
ちゅうしょう き ぎょう 　 maliit at medium na korporasyon）

▶ 日本の企業の９割以上は中小企業です。
　 に ほん 　　　　　 き ぎょう 　 わり い じょう

（Lebih daripada 90% syarikat Jepun adalah syarikat kecil dan sederhana.／
ဂျပန်ကုမ္ပဏီရဲ့ 90 ရာခိုင်နှုန်းကျော်ဟာ အသေးစားနဲ့အလယ်အလတ်ကုမ္ပဏီများဖြစ်ပါတယ်။／ Maliit at medium na
korporasyon ang 90% ng mga korporasyon sa Japan.）

---

❻ □ 需要 （keperluan／လိုအပ်ချက်／ pangangailangan）
　 じゅよう

▶ 環境問題が深刻になる中、自然エネルギーの需要が高まっている。
　 かんきょうもんだい 　 しんこく 　　　 なか 　 し ぜん 　　　　　　　 じゅよう 　 たか

（Oleh kerana masalah persekitaran bertambah serius, keperluan sumber tenaga semula jadi semakin
meningkat.／ကမ္ဘာ့ပတ်ဝန်းကျင်ပြဿနာကြီးလေးနေစဉ်မှာသဘာဝစွမ်းအင်ရဲ့လိုအပ်ချက်ကမြင့်မားလျက်ရှိပါတယ်။
／ Lumalaki ang pangangailangan sa natural energy, sa gitna ng sumasamang problema ukol sa
kapaligiran.）

❼ □ 対供給（する） （membekalkan／ထောက်ပံ့(သည်)／ mag-supply）
　 きょうきゅう

▶ 電気の供給が減ると、経済に大きな影響が出ます。
　 でん き 　 きょうきゅう 　 へ 　　　 けいざい 　 おお 　　　 えいきょう 　 で

（Pengurangan bekalan elektrik akan memberi kesan besar kepada ekonomi.／
လျှပ်စစ်ဓာတ်ထောက်ပံ့ရေးလျော့နည်းရင်စီးပွားရေးမှာကြီးမားတဲ့သက်ရောက်မှုပေါ်ပေါက်ပါမယ်။／ Kung
mababawasan ang supply ng elektrisidad, magkakaroon ito ng malaking impluwensiya sa ekonomiya.）

---

❽ □ 取り引き／取引（する） （berdagang, mengurus niaga／ကုန်သွယ်မှု၊ ကုန်သွယ်(သည်)
　 と ひ 　　　 とりひき 　　　　　　　 ／ magnegosyo）

▶ A社では最近、海外との取引が増えている。
　　 しゃ 　　　 さいきん 　 かいがい 　　　 とりひき 　 ふ

（Syarikat A meningkatkan urus niaga dengan negara asing baru-baru ini.／
A ကုမ္ပဏီမှာအခုတလော၊ နိုင်ငံခြားနဲ့ကုန်သွယ်မှုများတိုးပွားနေပါတယ်။／ Dumadami ang negosyo ng Company A
sa ibang bansa kamakailan.）

▷ 取引先
　 とりひき さき

（pelanggan／ကုန်သွယ်ဘက်／ kliyente）

---

❾ □ 利益 （keuntungan／အကျိုးအမြတ်／ tubo, kita）
　 り えき

▶ こんなに安い値段で利益があるのかなあ。
　　　　　 やす 　 ね だん 　 り えき

（Saya berasa hairan bahawa adakah keuntungan boleh diperoleh dengan harga yang murah ini.／
ဒီလောက်ပေါတဲ့ဈေးနှုန်းနဲ့ အကျိုးအမြတ်ရှိပါ့မလား။／ Mayroon kayang kikitain kung ganito ito kamura?）

❿ □ 対損失 （kerugian／ဆုံးရှုံးမှုနစ်နာမှု／ pagkalugi）
　 そんしつ

▶ このような問題は、企業に大きな損失を招くことになる。
　　　　　　　 もんだい 　 き ぎょう 　 おお 　　　 そんしつ 　 まね

（Masalah seperti ini akan membawa kerugian besar kepada syarikat.／
ဒီလိုမျိုးပြဿနာဟာ၊ ကုမ္ပဏီအတွက်ကြီးမားတဲ့ဆုံးရှုံးမှုကိုဖိတ်ခေါ်သလိုဖြစ်မယ်။／ Ang ganitong problema ang
magiging dahilan ng malaking pagkalugi ng kompanya.）

グループ・組織　31

行事・イベント　32

手続き　33

場所・位置・方向　34

商品・サービス　35

知識・能力　36

評価・成績　37

経済・ビジネス　38

精神・宗教　39

気持ち・心の状態　40

⓫ □ 売れ行き (jualan／အရောင်းအခြေအနေ／ sales)
う　ゆ

▶「これの売れ行きはどうですか」「今月に入って、だんだん伸びています」
こんげつ　はい　　　　　　　　　　　　　の

（"Bagaimana dengan penjualan item ini?" "Ia meningkat secara beransur-ansur sejak awal bulan ini."
／「ဒီဟာရဲ့အရောင်းအခြေအနေနေကဘယ်လိုလဲ။」「ဒီလကိုဝင်ကတည်းကာကတည်းဖြည်းဖြည်းအရောင်းတက်နေပါတယ်။」
／ "Kumusta ang sales nito?" "Sa simula ng buwang ito, unti-unting tumataas."）

⓬ □ 景気 (ekonomi／စီးပွားရေးအခြေအနေ／ ekonomiya)
けいき

▶景気が良かった頃は、給料もよく上がりました。
よ　　　ころ　きゅうりょう　　　あ

（Saya sering mendapat kenaikan gaji ketika ekonomi baik.／
စီးပွားရေးအခြေအနေကောင်းတုန်းက၊ လစာလည်းကောင်းကောင်းတိုးခဲ့ပါတယ်။／ Noong maganda ang ekonomiya,
laging tumataas ang suweldo ko.）

⓭ □ 対 不景気（な） (kemelesetan ekonomi／စီးပွားရေး အခြေအနေမကောင်း (သော)／ recession)
ふけいき

▶今は不景気だから、こういう高いものは売れないよ。
いま　　　　　　　　　　　　　たか　　　　　う

（Barang mahal seperti ini tidak akan laku kerana sekarang adalah masa kemelesetan ekonomi.／
အခု စီးပွားရေးအခြေအနေမကောင်းလို့ ဒီလိုဈေးကြီးတဲ့ပစ္စည်းကအရောင်းမထွက်ဘူး။／ Dahil sa recession ngayon,
hindi mabebenta ang ganitong mga mahal na produkto.）

⓮ □ 株式 (saham／အစုရှယ်ယာစနစ်၊ အစုရှယ်ယာ／ stock)
かぶしき

▷株式会社、株式市場、株式の売買
かいしゃ　　　しじょう　　　ばいばい

（syarikat berhad, pasaran saham, jual beli saham／
အစုရှယ်ယာကုမ္ပဏီ၊ အစုရှယ်ယာဈေးကွက်၊ အစုရှယ်ယာအရောင်းအဝယ်／ stock company, stock market, bumili
at magbenta ng stock）

⓯ □ 同 株 (saham／အစုရှယ်ယာ／ stock)
かぶ

▷株の取引、株に詳しい
とりひき　　　くわ

（perdagangan saham, pandai main saham／အစုရှယ်ယာအရောင်းအဝယ်၊ အစုရှယ်ယာတွင်ကျွမ်းကျင်နှံ့စပ်／
stock trading, mahusay sa stock）

⓰ □ 円高 (yen kuat／ယန်းဈေးမြင့်／ malakas na yen)
えんだか

▶今、円高の影響で、輸出産業は厳しいようだ。
いま　えんだか　えいきょう　ゆしゅつさんぎょう　きび

（Perniagaan eksport mengalami kesukaran ketika ini kerana yen kuat.／
အခု ယန်းဈေးမြင့်တဲ့သက်ရောက်မှုကြောင့်၊ ပို့ကုန်ထုတ်လုပ်တဲ့လုပ်ငန်းတွေမှာကျပ်တည်းမှုရှိနေပုံ။／ Dahil sa malakas
ang yen ngayon, nahihirapan ang mga negosyong nag-eexport.）

⓱ □ 対 円安 (yen lemah／ယန်းဈေးနိမ့်／ mahina ang yen)
えんやす

⓲ ☐ 通貨 (mata wang／ငွေကြေး／ currency, pera)
つうか

▶ 国際通貨としてのドルの役割は大きい。
こくさい　　　　　　　　やくわり　おお

（Dolar memainkan peranan penting sebagai mata wang antarabangsa.／
နိုင်ငံတကာငွေကြေးအဖြစ်နဲ့ ဒေါ်လာရဲ့အရေးပါမှုကကြီးမားပါတယ်။／ Mahalaga ang ginagampanang papel ng
dollar bilang international currency.）

▷ 通貨の安定供給
あんていきょうきゅう

（bekalan mata wang yang stabil／ငွေကြေးတည်ငြိမ်ထောက်ပံ့မှု／ matatag na supply ng currency）

グループ・組織 31

行事・イベント 32

手続き 33

場所・位置・方向 34

商品・サービス 35

知識・能力 36

評価・成績 37

経済・ビジネス 38

精神・宗教 39

気持ち・心の状態 40

UNIT 39

精神・宗教
せいしん　しゅうきょう

(Minda・Agama／စိတ်ဓာတ်၊ ဘာသာရေး／Pag-iisip, Relihiyon)

---

❶ □ 思想
しそう
(pemikiran／အတွေးအခေါ်၊အယူအဆ၊ဝါဒ／pag-iisip)

---

❷ □ 主義
しゅぎ
(pegangan, prinsip／ဝါဒ၊ အယူဝါဒ၊စနစ်／doktrina, prinsipyo)

▷ 個人主義、資本主義
こじん　　しほん

(individualisme, kapitalisme／ပုဂ္ဂလိကဝါဒ၊ အရင်းရှင်စနစ်／individualism, capitalism)

---

❸ □ 民主主義
みんしゅしゅぎ
(demokrasi／ဒီမိုကရေစီစနစ်／demokrasiya)

---

❹ □ 運
うん
(nasib, tuah／ကံ၊ ကံကြမ္မာ／kapalaran)

▶ 運がよければ、会場で先生に会えるかもしれない。
かいじょう　せんせい　あ

(Sekiranya kamu bertuah, kamu mungkin dapat berjumpa dengan cikgu di situ.／
ကံကောင်းရင်၊ ကျင်းပတဲ့နေရာမှာ ဆရာနဲ့တွေ့နိုင်ကောင်းတွေ့နိုင်မယ်။／Kung susuwertehin ka, baka makita mo ang titser doon.)

---

❺ □ 幸運(な)
こううん
(bertuah／ကံကောင်း(သော)／suwerte)

▶ 幸運なことに、予約が取れました。
よやく　と

(Nasib baik, saya dapat membuat tempahan.／ကံကောင်းလို့၊ ကြိုတင်စာရင်းပေးတာရခဲ့တယ်။／Suwerte ako at nakakuha ako ng reservation.)

---

❻ □ 不運(な)
ふうん
(malang／ကံဆိုး(သော)／malas)

▶ 財布を落としたり、けがをしたり、不運が続いている。
さいふ　お　　　　　　　　　　　　　　　つづ

(Kehilangan dompet, cedera, nasib malang berturut-turut menimpa saya.／
ပိုက်ဆံအိတ်ကျပျောက်လိုက်၊ ဒဏ်ရာရလိုက်နဲ့ ကံဆိုးတာဆက်တိုက်ဖြစ်နေတာပါ။／Sunud-sunod ang malas ko - nawala ang pitaka ko at nasugatan ako.)

---

❼ □ 神
かみ
(tuhan／နတ်၊ ဒေဝါ／diyos)

▶ 神様、助けてください！
さま　たす

(Tuhan, tolonglah saya!／အရှင်နတ်မင်းကယ်မပါ! ／Diyos ko, tulungan mo po ako!)

❽ ☐ **仏**（Buddha／ဗုဒ္ဓ／Buddha）
ほとけ

> ★ブッダと先祖の霊、二つの意味がある。／※ Ada dua makna, Buddha dan roh nenek moyang.／※ ဗုဒ္ဓနှင့်ဘိုးဘွားဝိညာဉ် အဓိပ္ပါယ်နှစ်မျိုးရှိသည်။／Tumutukoy ito kay Buddha at sa kaluluwa ng mga ninuno.

▷ 仏様、仏像
さま　ぶつぞう

（Buddha, patung Buddha／ဗုဒ္ဓမြတ်စွာဘုရား၊ ဗုဒ္ဓရုပ်ပွားတော်／Buddha, rebulto ni Buddha）

❾ ☐ **宗教**（agama／ဘာသာ၊သာသနာ၊ ကိုးကွယ်ယုံကြည်မှု／relihiyon）
しゅうきょう

❿ ☐ **信仰(する)**（mempercayai, mempunyai iman／ကိုးကွယ်(သည်)၊ သက်ဝင်ယုံကြည်(သည်)／maniwala）
しんこう

▶ タイでは、国民の約9割が仏教を信仰している。

（Di negara Thai, kira-kira 90% rakyatnya mempercayai agama Buddha.／ထိုင်းတွင်၊ နိုင်ငံသားအားလုံး၏ 90ရာခိုင်နှုန်းသည် ဗုဒ္ဓဘာသာကိုသက်ဝင်ယုံကြည်ကြသည်။／Naniniwala sa Buddhism ang 90% ng populasyon ng Thailand.）

⓫ ☐ **祈る**（berdoa／ဆုတောင်းသည်၊မေတ္တာပို့သည်／magdasal, ipagdasal）
いの

▶ お父様が一日も早くお元気になられますよう、お祈り申し上げます。
とうさま　いちにち　はや　げんき　いの　もう　あ

（Saya doakan agar ayah anda menjadi sihat secepat mungkin.／ဘခင်ကြီးသည်၊ တစ်ရက်ကပဲစောစောအမြန်ဆုံးနေကောင်းပါစေရန်ဆုတောင်းပါသည်။／Ipagdarasal kong gumaling agad ang tatay mo.）

▷ 無事を祈る（doakan keselamatan／ဘေးအန္တရာယ်ကင်းရန်ဆုတောင်းပါသည်／magdasal para sa
ぶじ　いの
kaligtasan）

⓬ ☐ **祈り**（doa, solat／ဆုတောင်း／dasal, panalangin）
いの

▷ 平和への祈りを込めた歌
へいわ　いの　こ　うた

（lagu yang mendoakan kedamaian／ငြိမ်းချမ်းရေးကိုဆုတောင်းမှုပါဝင်သောတေးသီချင်း／kantang nagdarasal para sa kapayapaan）

⓭ ☐ **拝む**（bersembahyang／ရှိခိုးသည်／magdasal, sumamba）
おが

▶〈親が子に〉手を合わせて、こうやって拝むんだよ。
おや　こ　て　あ　おが

（<Ibu bapa kepada anak-anak> Rapatkan kedua-dua tangan dan sembahyanglah seperti ini.／(မိဘကလေးကို) လက်အုပ်ချီပြီး ဒီလိုရှိခိုးရတယ်။／(Magulang sa anak) " Pagsamahin mo ang mga kamay mo nang ganito, at magdasal ka.")

グループ・組織　31

行事・イベント　32

手続き　33

場所・位置・方向　34

商品・サービス　35

知識・能力　36

評価・成績　37

経済・ビジネス　38

精神・宗教　39

気持ち・心の状態　40

UNIT 40

音声
DL
57

気持ち・心の状態
き　も　　　　こころ　じょうたい

(Perasaan, Keadaan minda／စိတ်နေသဘောထား၊ စိတ်အခြေအနေ／Damdamin, Nararamdaman)

---

❶ □ 愛（する） (mencintai／ချစ်(သည်)၊ မြတ်နိုး(သည်)／magmahal)

▶ 彼女を愛する気持ちは誰にも負けない。
　かのじょ　　　あい　　　き　も　　だれ　　　　ま

　　(Perasaan cinta saya terhadap teman wanita tidak kalah kepada sesiapa.／
　　သူမကိုချစ်တဲ့စိတ်ဟာ၊ ဘယ်သူနဲ့မှမရှုံးနိုင်ဘူး။／Hindi madadaig ng kahit sino ang pagmamahal ko sa kanya.)

---

❷ □ 恋（する） (jatuh cinta／ချစ်ကြိုက်(သည်)／ma-in love)
　　こい

▶ もしかしたら、恋をしているのかもしれない。
　　　　　　　　こい

　　(Aku rasa aku sudah jatuh cinta.／မဟုတ်မှလွဲရော၊ ချစ်ကြိုက်နေတာဖြစ်ကောင်းဖြစ်မယ်။／Na-i-in love yata
　　ako.)

▷ 恋人、初恋 (kekasih, cinta pertama／ချစ်သူ၊ အချစ်ဦး／nobyo/nobya, first love)
　　こい びと　はつ

---

❸ □ 恋しい (rindu／လွမ်းသည်／ma-miss)
　　こい

▶ 一人暮らしをしていると母の料理が恋しくなる。
　　ひとり ぐ　　　　　　　　　はは　りょうり　　こい

　　(Saya rindu masakan emak saya kerana saya tinggal bersendirian sekarang.／
　　တစ်ယောက်တည်းနေနေတော့၊အမေချက်တဲ့ဟင်းကိုလွမ်းတယ်။／Namumuhay ako nang mag-isa, kaya nami-
　　miss ko ang luto ng nanay ko.)

---

❹ □ 恋愛（する） (bercinta／ချစ်ကြိုက်(သည်)／umibig, ibigin)
　　れんあい

▶ 彼を恋愛の対象として見たことはありません。
　　かれ　れんあい　たいしょう　　　　み

　　(Saya tidak pernah menganggapnya sebagai pasangan cinta.／
　　သူ့ကိုချစ်ကြိုက်ရမဲ့သူအနေနဲ့တစ်ခါမှမကြည့်ဖူးဘူး။／Hindi ko siya nakikita bilang isang taong iibigin ng iba.)

---

❺ □ 意識（する） (menyedari／သတိရှိ(သည်)／maging conscious, may kamalayan)
　　い しき

▶ 人々の間に、電気を大切に使おうという意識が広まってきた。
　　ひとびと　あいだ　でんき　たいせつ　つか　　　　　　　　　　ひろ

　　(Kesedaran untuk menjimat elektrik telah tersebar di kalangan orang.／
　　လူတွေအကြားမှာ၊ လျှပ်စစ်ဓာတ်ကိုအလေးထားသုံးကြဖို့သတိရှိလာကြတယ်။／Nagiging mas conscious na ang
　　mga tao sa pag-iingat sa paggamit ng elektrisidad.)

▶ 男性は大けがをしていたが、意識ははっきりしていた。
　　だんせい　おお

　　(Walaupun lelaki itu cedera parah, dia masih sedar diri.／
　　အမျိုးသားဟာ၊ဒဏ်ရာကြီးကြီးမားမားရထားပေမဲ့ သတိကောင်းကောင်းရှိတယ်။／Nasugatan nang matindi ang
　　lalaki, pero malinaw ang kamalayan niya.)

❻ ☐ 無意識 (tiada kesedaran／သတိလက်လွတ်／walang malay-tao)
むいしき

❼ ☐ 無意識に (tanpa kesedaran／အမှမဲ့အမှတ်မဲ့／hindi mamalayan)
むいしき

▶ 電話で話していても、無意識にお辞儀をしてしまうんです。
でんわ はなし じぎ

(Saya menunduk tanpa kesedaran walaupun saya bercakap di telefon.／
တယ်လီဖုန်းနဲ့စကားပြောနေပေမဲ့လည်း အမှမဲ့အမှတ်မဲ့ဦးညွှတ်မိတယ်။／Kahit nakikipag-usap ako sa telepono,
hindi ko namamalayang nagba-bow ako.)

❽ ☐ 思いがけない (tidak disangka／မမျှော်လင့်ထားသော／hindi inaasahan)
おも

▶ 友達から思いがけないプレゼントをもらって、びっくりした。
ともだち

(Saya terkejut apabila menerima hadiah yang tidak disangka-sangka daripada seorang rakan.／
သူငယ်ချင်းဆီကမမျှော်လင့်ဘဲလက်ဆောင်ရလို့ အံ့ဩသွားတယ်။／Nagulat ako, dahil nakatanggap ako ng hindi
inaasahang regalo mula sa kaibigan ko .)

❾ ☐ 感激(する) (bersyukur／စိတ်လှုပ်ရှားသည်／ma-touch)
かんげき

▶〈お礼の言葉〉こんな素晴らしい会を開いていただいて、感激しました。
れい ことば すば かい ひら かんげき

(<Ucapan terima kasih> Saya bersyukur kerana mengadakan majlis istimewa ini kepada saya.／
(ကျေးဇူးတင်စကား) ယခုလို ရင်သပ်ရှုမောစရာကောင်းတဲ့အခမ်းအနားကိုဖွင့်လှစ်ပေးတဲ့အတွက် စိတ်လှုပ်ရှားပျော်ရွှင်ရပါတယ်။
／(Pagpapasalamat) Na-touch ako dahil nagbigay kayo ng ganito ka-en grandeng party para sa akin.)

❿ ☐ (お)めでたい (berbahagia／မင်္ဂလာရှိသည်၊ ဂုဏ်ယူဖွယ်ရာရှိသည်／masaya)

▶ 結婚に出産と、おめでたいことが続くねえ。
けっこん しゅっさん つづ

(Perkahwinan, kelahiran anak, perkara-perkara berbahagia berturut-turut.／
လက်ထပ်ထိမ်းမြားတာနဲ့ကလေးမွေးဖွားတာမင်္ဂလာတွေဆက်တိုက်ပဲနော်။／Kasal, pagkatapos nito, anak naman
- tuluy-tuloy ang masayang nangyayari, ano?)

⓫ ☐ 快適(な) (selesa／ဇိမ်ကျ(သော)၊သက်သောင့်သက်သာရှိ(သော)／komportable)
かいてき

▶「ホテルはどうでしたか」「広くてきれいで、快適でしたよ」
ひろ かいてき

("Bagaimana hotel itu?" "Luas, bersih dan selesa."／
「ဟိုတယ်မှာတည်းခဲ့တာဘယ်လိုလဲ」「ကျယ်လည်းကျယ်ပြီးသန့်ရှင်းလှလို့ဇိမ်ကျခဲ့တယ်။」／"Kumusta ang hotel
ninyo?" "Malaki , maganda at komportable ito.")

グループ・組織 31

行事・イベント 32

手続き 33

場所・位置・方向 34

商品・サービス 35

知識・能力 36

評価・成績 37

経済・ビジネス 38

精神・宗教 39

気持ち・心の状態 40

⑫ □ **愉快(な)** (menggembirakan, seronok／ပျော်စရာကောင်း(သော)／kaaya-aya, masaya)

▶ あの先生は愉快な先生だったね。いつも冗談ばかり言って。
せんせい　　　　　　　　　　　　　　　じょうだん　　い

(Cikgu itu seorang yang seronok. Dia selalu berkelakar.／
အဒီဆရာဟာ ပျော်စရာကောင်းတဲ့ဆရာပဲနော်။ အမြဲတမ်းရယ်စရာပြောတယ်။／ Masaya ang teacher na iyon.
Laging nagbibiro.)

⑬ □ **くつろぐ** (relaks, beristirahat／သက်သောင့်သက်သာနေသည်／magrelaks)

▶ どうぞ、座ってくつろいでください。
すわ

(Sila duduk dan beristirahat.／～ပါ။ ထိုင်ပြီးသက်သောင့်သက်သာနေပါ။／ Umupo kayo at magrelaks.)

⑭ □ **張り切る** (bersemangat／စိတ်ပါလက်ပါရှိသည်／ma-excite)
は　き

▶ 昨日は彼とハイキングだったから、張り切ってお弁当を作ったよ。
きのう　かれ　　　　　　　　　　　　　　　　は　き　　　　　べんとう　つく

(Saya pergi mengembara dengan teman lelaki saya semalam, sebab itu saya bersemangat untuk
menyediakan Bento.／မနေ့ကသူနဲ့အပျော်ခြေလျင်ခရီးမိုုလို့စိတ်ပါလုပ်ပါနဲ့ထမင်းဘူးထည့်ခဲ့တယ်။／ Kahapon, nag-
hiking kami ng boyfriend ko, kaya excited ako at gumawa ako ng baon namin.)

⑮ □ **さっぱり(する)** (menyegarkan／သပ်ရပ်(သည်)၊ လန်းဆန်း(သည်)／mapreskuhan)

▶ シャワーを浴びてさっぱりしたのに、外に出ると、またすぐに汗が出てきた。
あ　　　　　　　　　　　　そと　で　　　　　　　　　あせ　で

(Saya berasa segar selepas mandi, tetapi saya mula berpeluh lagi ketika pergi ke luar.／
ရှာဝါးရေးချိုးပြီးလန်းဆန်းသွားတာတောင်၊ အပြင်ထွက်တာနဲ့ချက်ချင်းချွေးပြန်ထွက်လာတယ်။／ Nag-shower ako at
naging presko ang pakiramdam ko, pero noong lumabas ako, pinawisan agad ako.)

⑯ □ **しみじみ** (perasaan mendalam／တသိမ့်သိမ့်၊တစိမ့်စိမ့်／labis)

▶ 楽しそうに食事をしている家族を見ると、家族っていいなあとしみじみ思います。
たの　　　　　しょくじ　　　　　　　かぞく　み　　　　　かぞく　　　　　　　　　　　　　　　　おも

(Apabila saya melihat keluarga orang makan dengan gembira,
saya terasa baiknya mempunyai keluarga secara mendalam.／
တပျော်တပါးနဲ့ထမင်းစားနေတဲ့မိသားစုကိုမြင်ရတော့၊ မိသားစုဆိုတာတယ်ကောင်းပါလားလို့တစိမ့်စိမ့်တွေးမိတယ်။
／ Kapag nakikita ko ang isang pamilyang masayang kumakain, labis kong nararamdaman ang
kahalagahan ng pamilya.)

⑰ □ **ほっと(する)** (berasa lega／စိတ်သက်သာရာရ(သည်)／lumuwag ang
pakiramdam)

▶ 家族が無事だと聞いて、ほっとしました。
かぞく　ぶじ　　き

(Saya berasa lega selepas dengar bahawa keluarga saya selamat.／
မိသားစုကဘေးမသီရန်မခဘူးဆိုတာကြားရလို့စိတ်သက်သာရာတယ်။／ Noong narinig kong ligtas ang pamilya ko,
lumuwag ang pakiramdam ko.)

⑱ □ 敬意(けいい) (penghormatan／လေးစားမှု／ respeto)

▷ 相手(あいて)に敬意を表(あらわ)す

(memberi penghormatan kepada orang lain／တစ်ဘက်သားကိုလေးစားမှုပြသသည်／ magpakita ng respeto sa ibang tao)

⑲ □ 好奇心(こうきしん) (perasaan ingin tahu／စပ်စုလိုစိတ်၊သိလိုစိတ်／ curiosity)

▶ 好奇心が強(つよ)いから、知(し)らない所(ところ)に行(い)くのが大好(だいす)きなんです。

(Saya mempunyai perasaan ingin tahu yang kuat, seb ab itu saya suka pergi ke tempat yang saya tidak tahu.／သိလိုစိတ်ပြင်းထန်လို့မသိတဲ့နေရာကိုသွားရတာကြိုက်တယ်။／ Masyado akong curious, kaya gustung-gusto kong pumunta sa mga lugar na hindi kilala.)

⑳ □ 気(き)が重(おも)い (berat hati／စိတ်လေးသည်／ mabigat ang pakiramdam)

▶ こんな責任重大(せきにんじゅうだい)な仕事(しごと)を任(まか)されて、どうしよう。気が重いよ。

(Saya ditugaskan dengan kerja yang bertanggungjawab besar ini. Apa yang harus saya lakukan? Berat hati saya.／ဒီလောက်တာဝန်ကြီးတဲ့အလုပ်ကိုလွှဲအပ်ခံရတာ၊ ဘယ်လိုလုပ်ရပါ့မလဲ။စိတ်လေးတယ်။／ Ibinigay sa akin ang ganitong trabahong may mabigat na responsibilidad. Ano kaya ang gagawin ko? Mabigat ang pakiramdam ko.)

㉑ □ ～気(き)がする (berasa／～ (စိတ်မှာ)ထင်သည်／ sa palagay)

▶ 今回(こんかい)は負(ま)ける気がしない。必(かなら)ず勝(か)つよ。

(Saya rasa kita tidak akan kalah kali ini. Kita pasti akan menang.／
ဒီတစ်ခါတော့၊ ရှုံးမယ်မထင်ဘူး။ နိုင်မှာသေချာတယ်။／ Sa palagay ko, hindi tayo matatalo ngayon. Siguradong mananalo tayo.)

㉒ □ 気(き)が進(すす)まない (enggan, tidak sudi／စိတ်ကတွန့်ဆုတ်နေသည်／ mag-atubili)

▶ 気が進まないんだったら、いいよ。ほかの人(ひと)に頼(たの)むから。

(Sekiranya anda tidak sudi melakukannya, tidak apa. Saya akan minta orang lain.／
စိတ်ကတွန့်ဆုတ်နေမယ်ဆိုရင်လည်း၊ ပြီးတာပဲ။တစ်ခြားလူကိုအကူအညီတောင်းမယ်။／ Okey lang kung nag-aatubili kang gawin ito. Makikiusap na lang ako sa iba.)

㉓ □ 気(き)が済(す)む (puas／ဘဝင်ကျသည်၊／ masiyahan)

▶ 彼(かれ)は何(なん)でも自分(じぶん)で決(き)めないと気が済まない性格(せいかく)だ。

(Dia jenis lelaki yang tidak akan berasa puas sehingga dia membuat keputusan sendiri terhadap segala urusan.／သူက ဘာမဆိုမိမိကိုယ်တိုင်မဆုံးဖြတ်ရရင်၊ ဘဝင်မကျတဲ့စရိုက်ရှိတယ်။／ Ugali niya ang hindi masiyahan kung hindi siya ang magdedesisyon ng lahat.)

グループ・組織 31

行事・イベント 32

手続き 33

場所・位置・方向 34

商品・サービス 35

知識・能力 36

評価・成績 37

経済・ビジネス 38

精神・宗教 39

気持ち・心の状態 40

㉔ □ 気が散る (terganggu／အာရုံပျံ့လွင့်သည်／ma-distract)
きち

▶ 気が散るから、運転中は話しかけないでくれる？
うんてんちゅう はな

(Bolehkah kamu tidak bercakap dengan saya semasa saya memandu? Saya rasa terganggu.／
အာရုံပျံ့လွင့်မှာမို့လို့ ကားမောင်းနေတုန်းလှမ်းစကားမပြောနဲ့နော်။／Puwede bang huwag mo akong kausapin habang nagmamaneho ako? Nadi-distract ako, eh.)

㉕ □ 気が向く (mengikut hati／စိတ်မှာရှိလာသည်／pakiramdam)
きむ

▶ ま、気が向いたら、この番号に電話ください。
きむ ばんごう でんわ

(Tidak apa, sila hubungi nombor ini mengikut hati anda.／အင်း၊ စိတ်မှာရှိလာရင်၊ဒီနံပါတ်ကိုဖုန်းဆက်ပါ။／
Kung iyan ang pakiramdam mo, tawagan mo ang numerong ito.)

㉖ □ 気が楽 (senang hati／စိတ်သက်သာသည်／gumaan ang pakiramdam)
きらく

▶「失敗してもいいから、思い切ってやって」「そう言ってもらうと、少し気が楽
しっぱい おも き い すこ らく
になりました」

("Gagal pun tidak apa, lakukanlah bersungguh-sungguh."
"Saya merasa senang hati sedikit selepas mendengarnya."／
「မအောင်မြင်လည်းကိစ္စမရှိဘူး၊စိတ်ပိုင်းဖြတ်ပြီးလုပ်လိုက်ပါ။」「အဲဒီလိုပြောပေးတဲ့အတွက်၊ နည်းနည်းစိတ်သက်သာရပါတယ်။」
／"Okey lang na magkamali, kaya bumangon ka." "Sa sinabi mong iyan, gumaan ang pakiramdam ko.")

㉗ □ 気に入る (menyukai／သဘောကျသည်၊ နှစ်သက်သည်／magustuhan)
きい

▶ これ、気に入ったから、もう一つ買おうかな。
きい ひと か

(Saya suka ini, rasa ingin beli satu lagi.／ဒီဟာ၊ သဘောကျလို့ နောက်တစ်ခုဝယ်မလားလို့။／Nagustuhan ko ito, kaya baka bumili ako ng isa pa.)

㉘ □ お気に入り (kegemaran／သဘောကျသည်／paborito)
きい

▷ お気に入りの店
きい みせ

(kedai kegemaran／သဘောကျတဲ့ဆိုင်／paboritong tindahan)

㉙ □ 気にかかる (mengkhuatiri／စိတ်ပူပန်သည်၊စိုးရိမ်သည်／mag-alala)
き

▶ 娘の病気のことが気にかかって、仕事に集中できない。
むすめ びょうき き しごと しゅうちゅう

(Saya mengkhuatiri penyakit anak perempuan saya dan tidak dapat menumpukan perhatian pada kerja saya.／သမီးရဲ့ရောဂါအကြောင်းကိုစိုးရိမ်ပြီးအလုပ်မှာအာရုံမစူးစိုက်နိုင်ဘူး။／Nag-aalala ako dahil sa sakit ng anak ko, at hindi ako makapag-concentrate sa trabaho ko.)

㉚ □ 気(き)にする　(memandang serius／စိတ်ထဲထားသည်／intindihin)

▶ もう過(す)ぎたことだから、気にしないで。次(つぎ)、気をつければいいよ。

(Perkara ini sudah selesai, jangan pandang serius. Berjaga-jagalah lain kali.／ပြီးခဲ့တာပြီးပြီမို့လို့ စိတ်ထဲမထားနဲ့။ နောက်တစ်ခါမှာသတိထားရင်ရပါတယ်။／Nakaraan na iyon, kaya huwag mo nang intindihin iyon. Mag-ingat ka na lang sa susunod.)

音声DL 59

㉛ □ 気(き)になる　(berprihatin, bimbang／စိုးရိမ်ပူပန်သည်／mag-alala)

▶ 面接(めんせつ)のことが気になって、昨日(きのう)はあまり眠(ねむ)れなかった。

(Saya bimbang tentang temu ramah dan tidak dapat tidur lena semalam.／အင်တာဗျူးကိစ္စကိုစိုးရိမ်ပူပန်ပြီး မနေ့က သိပ်အိပ်မပျော်ခဲ့ဘူး။／Nag-alala ako tungkol sa interbyu at hindi ako masyadong nakatulog kahapon.)

㉜ □ 気(き)のせい　(khayalan／စိတ်ကြောင့်၊ စိတ်ကထင်လို့／nasa isip)

▶「誰(だれ)か来(き)た？」「誰もいないよ。気のせいじゃない？」

("Adakah siapa datang?" "Tidak, khayalan kamu."／ဘယ်သူလာသလဲ။ ဘယ်သူမှမလာပါဘူး။ စိတ်ကထင်လို့မဟုတ်လား။／"Sino ang dumating?" "Walang tao rito. Hindi kaya nasa isip mo lang iyon?")

㉝ □ 気(き)の毒(どく)(な)　(kesian／စိတ်မကောင်းစရာဖြစ်(သော)／kawawa, malas)

▶ 気の毒に、台風(たいふう)で作物(さくもつ)のほとんどがだめになったらしい。

(Kesiannya, nampaknya hampir semua tanaman musnah akibat taufan.／စိတ်မကောင်းစရာ၊ တိုင်းဖွန်းမုန်တိုင်းကြောင့်စိုက်ပျိုးပင်တွေအလုံးနီးပါးပျက်စီးသွားရတယ်။／Sa kasamaang-palad, nasira ng bagyo ang halos lahat ng tanim.)

㉞ □ 気(き)をつける　(berhati-hati／သတိထားသည်／mag-ingat)

▶ 最近(さいきん)、ミスが多(おお)いですよ。気をつけてください。

(Kamu banyak membuat kesilapan baru-baru ini. Sila berhati-hati.／အခုတလော၊ အမှားများတယ်။ သတိထားပါ။／Marami kang pagkakamali kamakailan. Mag-ingat ka.)

㉟ □ 気分(きぶん)　(perasaan hati／စိတ်ခံစားချက်၊နေကောင်းမကောင်း／pakiramdam, mood)

▶ 部長(ぶちょう)はその時(とき)の気分で言(い)うことが違(ちが)うから困(こま)る。

(Bos saya mengatakan perkara yang berbeza mengikuti perasaan hatinya, sangat membingungkan.／ဌာနမှူးဟာ၊ အဲဒီအချိန်အဲဒီအခါမှာရှိတဲ့ စိတ်ခံစားချက်နဲ့ပြောတာမို့လို့စကားတွေကမတူဘူး၊ ဒုက္ခရောက်တယ်။／Iba-iba ang sinasabi ng boss, depende sa mood niya, kaya naguguluhan ako.)

▶ どうしたんですか。気分が悪そうですね。

(Apa yang berlaku? Kamu kelihatan kurang sihat.／ဘယ်လိုဖြစ်သလဲ။ နေမကောင်းပုံရတယ်နော်။／Ano ang nangyari sa iyo? Mukhang hindi maganda ang pakiramdam mo.)

㊱ □ 気分がいい (berasa seronok, sedap hati ／ နေလို့ကောင်းသည်၊ စိတ်ဘဝင်ကျသည် ／ maganda ang pakiramdam)

▶ 前回負けた相手に勝てて、今日は気分がいい。

(Hari ini rasa sedap hati kerana dapat mengalahkan lawan yang saya kalah sebelum ini. ／ ပြီးခဲ့တဲ့ပွဲတုန်းကရှုံးခဲ့တဲ့သူကိုအနိုင်ရလိုက်လို့၊ ဒီနေ့စိတ်ဘဝင်ကျတယ်။ ／ Nanalo ako sa taong nakatalo sa akin noong huling laban, kaya maganda ang pakiramdam ko.)

㊲ □ 気味 (perasaan ／ စိတ်ခံစားချက်၊ နည်းနည်း ／ pakiramdam)

▶ 今日の課長、すごく優しくない？ なんだか気味が悪い。

(Bukankah bos kita melayan kita dengan baik hari ini? Menyeramkan. ／ ဒီနေ့ ဌာနစုမှူး၊ သိပ်သဘောကောင်းမနေဘူးလား။ ဘာရယ်မှန်းမသိပေမဲ့စိတ်ခံစားရတာတော့မကောင်းဘူး။ ／ Ang bait ng boss ngayon, ano? Nakakanerbiyos.)

㊳ □ 不気味(な) (aneh, pelik, seram ／ စိတ်ရင်းစိတ်မှန်မဟုတ်(သော) ／ nakakapangilabot, nakakatakot)

▷ 不気味な笑顔

(senyuman yang menyeramkan ／ စိတ်ရင်းစိတ်မှန်မဟုတ်သောအပြုံး ／ nakakapangilabot na ngiti)

㊴ □ 気配 (tanda ／ အရိပ်အယောင် ／ palatandaan)

▶「人の気配は感じないけど」「そう？ 誰か見ている気がするんだけど」

(“Tidak ada tanda-tanda orang di sini.” “Betulkah? Saya berasa ada seseorang sedang memerhatikan kita.” ／ လူ့အရိပ်အယောင်မရှိပါဘူး။ ဟုတ်လား၊ တစ်ယောက်ယောက်ကကြည့်နေတယ်လို့စိတ်ကဖြစ်နေတယ်။ ／ “Walang palatandaang may tao rito.” “Talaga? Pakiramdam ko na may nanonood sa atin.”)

㊵ □ 本気 (serius ／ စိတ်ရင်းစိတ်မှန် ／ seryoso)

▶ 会社辞めるって、本気で言ってるの？

(Adakah kamu serius, mengatakan kamu akan meninggalkan syarikat? ／ ကုမ္ပဏီကနေအလုပ်ထွက်မယ်ဆိုတာ၊ စိတ်ရင်းစိတ်မှန်နဲ့ပြောတာလား။ ／ Seryoso ka ba noong sinabi mong aalis ka sa kompanya?)

㊶ □ やる気 (motovasi ／ လုပ်ချင်ကိုင်ချင်စိတ် ／ gana)

▶ 彼は遅刻したり休んだりすることが多くて、やる気が感じられない。

(Dia sering lewat dan mengambil cuti, macam tidak bermotivasi. ／ သူဟာ အလုပ်နောက်ကျလိုက်၊ အလုပ်နားလိုက်လုပ်တာများပြီးလုပ်ချင်ကိုင်ချင်စိတ်ရှိပုံမရဘူး။ ／ Lagi siyang late sa trabaho at madalas na hindi pumapasok, kaya pakiramdam ko wala siyang ganang magtrabaho.)

㊷ □ 強気（な） (berkeperibadian kuat／စိတ်ဓာတ်ခိုင်မာ(သော)／malaki ang tiwala)

▶ 彼女は強気な性格だから、非難されても気にしないでしょう。

(Dia berkeperibadian kuat, tidak peduli langsung walaupun dikritik orang.／
သူမဟာစိတ်ဓာတ်ခိုင်မာတဲ့စရိုက်ရှိလို့၊ အဝေဖန်ခံရရင်လည်းစိတ်ထဲမထားဘူး။／Malaki ang tiwala niya sa sarili niya, kaya kahit pintasan mo siya, hindi niya iniintindi.)

音声
DL
60

㊸ □ 弱気（な） (silu, takut-takut／စိတ်ဓာတ်အားပျော့(သော)／kimi, mahiyain)

▶ もう自分には無理なんじゃないかと弱気になったこともある。

(Kadang-kadang saya berasa takut bahawa saya tidak dapat melakukannya.／
မိမိကတော့မဖြစ်နိုင်ပါဘူးလို့၊ စိတ်ဓာတ်အားပျော့တဲ့အခါလည်းရှိတယ်။／May panahong naging kimi ako at naisip ko na hindi ko na magagawa ang trabaho.)

㊹ □ 覚悟（する） (bersedia (secara mental)／စိတ်ပိုင်းဖြတ်(သည်)／magdesisyon, magpasya)

▶ 数日悩んだけど、覚悟して、手術を受けることにした。

(Saya berfikir beberapa hari, tetapi akhirnya membuat keputusan bersedia untuk menerima pembedahan.／ရက်အနည်းငယ်ဝေခွဲလို့မရနိုင်ခဲ့ပေမဲ့၊ စိတ်ပိုင်းဖြတ်ပြီးခွဲစိတ်ကုသမှုခံယူပါမယ်။／Ilang araw din akong nag-alala, pero sa wakas, nagpasya akong magpaopera.)

㊺ □ 決心（する） (membuat keputusan／ဆုံးဖြတ်(သည်)၊သန္နိဋ္ဌာန်ချ(သည်)／magdesisyon, magpasya)

▶ 彼はその時、プロの道に進む決心をした。

(Pada masa itu, dia membuat keputusan untuk menjadi seorang profesional.／
သူဟာ အဲဒီအချိန်မှာ၊ သက်မွေးမှုပညာလမ်းကြောင်းကိုလျှောက်လှမ်းဖို့ဆုံးဖြတ်ခဲ့ပါတယ်／Noong panahong iyon, nagdesisyon siyang maging professional.)

㊻ □ 心当たり (tanggapan／စိတ်အထင်／may ideya)

▶ 「急にお腹が痛くなったんだけど、原因がわからなくて……。」
「えっ？ 何も心当たりはないの？」

("Perut saya tiba-tiba sakit, dan saya tidak tahu sebabnya...." "Apa? Tak ada tanggapan langsung?"
／ရုတ်တရက်ဗိုက်နာလာတယ်၊ ဘာကြောင့်မှန်းမသိဘူး။ဟယ်၊ စိတ်အထင် ဘာမှမရှိဘူးလား။／"Sumakit bigla ang tiyan ko at hindi ko alam kung bakit.." "Ano, wala kang ideya kung bakit?")

㊼ □ 心掛ける (ingat dalam hati／နှလုံးသွင်းသည်／tandaan, nasa isip)

▶ お金を貯めないといけないので、節約を心掛けています。

(Saya perlu membuat penyimpanan, maka saya selalu ingat dalam hati.／
ပိုက်ဆံမစုရမဖြစ်လို့၊ ချွေတာရေးကို နှလုံးသွင်းပြီးလုပ်နေပါတယ်။／Gusto kong mag-ipon ng pera, kaya laging nasa isip ko ang magtipid)

グループ・組織 31

行事・イベント 32

手続き 33

場所・位置・方向 34

商品・サービス 35

知識・能力 36

評価・成績 37

経済・ビジネス 38

精神・宗教 39

気持ち・心の状態 40

❹❽ □ **あきれる** (terpaku／စိတ်ပျက်အံ့ဩသည်／ magulat)

▶ 彼、また遅刻したの!?　もう、あきれて何も言えない。
　　かれ　　　　ちこく　　　　　　　　　　　　　　　なに

(Dia lewat lagi!? Saya tidak tahu apa yang harus saya katakan.／
သူ၊ နောက်ကျပြန်ပြီလား။ စိတ်ပျက်အံ့ဩပြီးဘာစကားမှပြောမထွက်တော့ဘူး။／ Late na naman ba siya? Wala na akong masabi.)

❹❾ □ **嫌になる** (menjijikan／စိတ်မပါ၊ ဂြီးငွေ့သည်／ nakakainis, nakakayamot)
　　　　いや

▶ 毎日毎日残業で嫌になるよ。
　　まいにち　　ざんぎょう

(Kerja lebih masa setiap hari, menjijikan.／နေ့တိုင်းနေ့တိုင်းအချိန်ပိုအလုပ်နဲ့ဂြီးငွေ့လာတယ်။／ Araw-araw may overtime, kaya nakakainis na.)

❺⓿ □ **うっとうしい** (murung／စိတ်ပျက်စရာ／ nakakalungkot)

▶ ここのところ、雨か曇りばかりで、うっとうしい日が続きますね。
　　　　　　　　　あめ　くも

(Tiap-tiap hari hujan atau mendung kebelakangan ini, berasa murung sepanjang masa.／
အခုတလော၊ မိုးရွာ၊ မိုးနေတာမျိုးမရှိလို့ စိတ်ပျက်စရာရက်တွေကဆက်နေတယ်။／ Madalas umuulan o maulap dito - tuluy-tuloy ang mga nakakalungkot na araw.)

❺❶ □ **恨む** (mendendam／ရန်ဂြီးထားသည်／ sumama ang loob)
　　うら

▶ 人に恨まれるようなことはしていないから、これはただのいたずらだと思う。
　　ひと　うら　　　　　　　　　　　　　　　　　　　　　　　　　　　　おも

(Saya berasa tidak ada orang mempunyai dendam terhadap saya, ini hanya satu gurauan.／
လူကိုရန်ဂြီးထားတာမျိုးမရှိလို့ ဒီဟာက မိုးရိုးနောက်တာလို့ထင်တယ်။／ Wala akong ginagawa para maghinanakit ang ibang tao sa akin, kaya isang biro lang ito, sa palagay ko.)

❺❷ □ **恨み** (dendam／အဂြီးရန်ဂြီး　　　アァヤァタ／ sama ng loob)
　　うら

▷ 恨みを買う
　　　　　か

(menyinggung perasaan orang lain, didendam orang／ရန်ဂြီးထားသည်／ masuklam)

❺❸ □ **うらやむ** (mendengki, iri hati／အားကျသည်／ mainggit)

▶ 彼の奥さんは、他人がうやらむような美人だそうだよ。
　　かれ　おく　　　　　たにん　　　　　　　　びじん

(Isterinya sangat cantik sehingga membuat orang lain iri hati.／
သူ့ရဲ့နီးဟာ၊ သူများအားကျလောက်အောင်ချောတဲ့သူလို့ဆိုကြတယ်။／ Maraming naiinggit sa asawa niya dahil napakaganda nito.)

54 □ 恐れ (ketakutan／စိုးရိမ်စရာဖြစ်လာနိုင်မှု／takot)
おそ

▶〈天気予報〉明日は大雪になる恐れがあります。
てんきよほう　あす　おおゆき

(<Ramalan cuaca> Kemungkinan ada salji lebat esok.／
(မိုးလေဝသသတင်း)မနက်ဖြန်နှင်းကျမယ့်စိုးရိမ်စရာဖြစ်လာနိုင်ပါတယ်။／(Weather report) May peligrong mag-iisnow nang malakas bukas.)

55 □ 恐れる (menakuti／စိုးရိမ်သည်／matakot)
おそ

▶失敗を恐れていては何もできないよ。
しっぱい　　　　　　　なに

(Kamu tidak akan dapat mencapai apa-apa jika takutkan kegagalan.／
မအောင်မြင်မှာကိုစိုးရိမ်နေရင်ဘာမှလုပ်နိုင်မှာမဟုတ်ဘူး။／Hindi ka makakagawa ng kahit ano, kung natatakot kang mabigo.)

56 □ 傷つく (melukai／ဒဏ်ရာရသည်／masaktan)
きず

▶「下手だ」なんて言われたら、傷つきますよ。
へた　　　　　　　　い

(Saya akan terluka hati jika ada orang cakap saya tidak pandai.／
「ညံ့တယ်」 လို့အပြောခံရရင်၊ စိတ်မှာဒဏ်ရာရမယ်။／Pag sinabihan akong "Hindi ka mahusay", masasaktan ako.)

57 □ 恐縮(する) (berhutang budi／အားနာ(သည်)／magpasalamat)
きょうしゅく

▶遠いところから来ていただき、恐縮です。
とお　　　　　　　き

(Saya terhutang budi kerana anda datang dari jauh demi saya.／အဝေးကြီးကလာပေးရလို့ အားနာပါတယ်။／
Nagpapasalamat ako at pumarito ka, kahit galing ka sa malayo.)

58 □ 失望(する) (mengecewakan／မျှော်လင့်ချက်ကုန်(သည်)／ma-disappoint)
しつぼう

▶彼には失望したよ。もっと活躍してくれると期待していたのに。
かれ　　　　　　　　　　かつやく　　　　　　　　　きたい

(Saya kecewa dengannya. Saya sangka dia mempunyai prestasi yang lebih baik.／
သူ့ကိုတော့မျှော်လင့်ချက်ကုန်ပါပြီ။ ဒီထက်ပိုပြီးကြိုးစားစွမ်းဆောင်ပေးမယ်လို့မျှော်လင့်ခဲ့တာတောင်မှ။／Na-disappoint ako sa kanya. Umaasa pa naman akong mas magiging aktibo siya.)

59 □ 類がっかり(する) (menghampa hati／စိတ်ပျက်(သည်)／ma-disappoint)

60 □ すまない (meminta maaf／အားနာ(သည်)／pasensiya na)

▶すまないけど、これ、明日までにやってくれる?
あした

(Maaf, bolehkah siapkan ini sebelum esok?／အားတော့နာပါတယ်၊ ဒီဟာကိုမနက်ဖြန်အမီလုပ်ပေးနော်။／
Pasensiya na, pero puwede mo bang gawin ito hanggang bukas?)

61 □ **たまらない** (tidak boleh tahan／သည်းမခံနိုင်ဘူး၊ မချုပ်တည်းနိုင်ဘူး／hindi matiis)

▶ 暑(あつ)くてたまらない。エアコン強(つよ)くしていい？

(Panas tidak tertahan. Bolehkah kuatkan penghawa dingin?／
ပူအိုက်လို့သည်းမခံနိုင်ဘူး။ အဲယားကွန်းကိုအားမြှင့်လို့ရမလား။／Napakainit, hindi ko matiis. Puwede ko bang lakasan ang aircon?)

62 □ **ためらう** (meragu-ragu／ဆုတ်ဆိုင်းသည်၊ ချီတုံချတုံဖြစ်သည်／mag-alinlangan)

▶ 一瞬(いっしゅん)、言(い)うのをためらったが、思(おも)い切(き)って言(い)った。

(Saya meragu-ragu untuk mengatakannya, tetapi memberitahunya juga pada akhirnya.／
တခဏ၊ ပြောဖို့ဆုတ်ဆိုင်းသွားပေမဲ့၊ ရဲရဲဝံ့ဝံ့ပြောခဲ့တယ်။／Sa isang saglit, nag-alangan akong sabihin iyon, pero naglakas loob ako at sinabi ko rin.)

63 □ **憎(にく)む** (membenci／မုန်းတီးသည်၊ အငြိုးထားသည်／masuklam, magalit)

▶ 偶然(ぐうぜん)の事故(じこ)ですから、相手(あいて)を憎んだりはしません。

(Ini adalah kemalangan yang tidak sengaja. Saya tidak akan membenci orang itu.／
မမျှော်လင့်တဲ့မတော်တဆမှုဖြစ်လို့၊ တစ်ဘက်လူကို အငြိုးမထားပါဘူး။／Hindi sinasadyang aksidente iyon, kaya hindi ako nagagalit sa kanya.)

64 □ **憎(にく)らしい** (benci／မုန်းစရာ ကောင်းသည်／nakakainis)

▶ またあいつに負(ま)けた。本当(ほんとう)に憎らしい。

(Kalah kepadanya lagi. Benci betul.／သူ့ကိုရှုံးပြန်ပြီ။ တကယ်မုန်းစရာကောင်းတယ်။／Natalo na naman ako sa kanya. Nakakainis talaga.)

65 □ **憎(にく)たらしい** (membencikan／မုန်းတီးသည်／kinamumuhian)

66 □ **ばかばかしい** (bodoh, bebal／အဓိပ္ပာယ်မရှိ／katawa-tawa)

▶ そんな話(はなし)、誰(だれ)が信(しん)じると思(おも)ってるんだよ。ばかばかしい。

(Siapa yang akan percaya cerita seperti itu? Bodoh betul.／
ဒီလိုစကားမျိုးကို၊ ဘယ်သူကယုံမယ်လို့ထင်သလဲ။ အဓိပ္ပာယ်မရှိဘူး။／Sa palagay mo, sino ang maniniwala sa ganyang kuwentong? Katawa-tawa.)

67 □ **ばからしい** (mustahil, tidak masuk akal／မိုက်မဲသော／tanga)

▶ こんなことにお金(かね)を使(つか)うのは馬鹿(ばか)らしいと思(おも)うかもしれませんが、私(わたし)にとっては必要(ひつよう)なんです。

(Kamu mungkin menganggap perbelanjaan untuk sesuatu seperti ini tidak masuk akal, tetapi ia adalah keperluan bagi saya.／
ဒီလိုဟာမှာပိုက်ဆံသုံးတာကိုမိုက်မဲတယ်လို့ထင်ကောင်းထင်ကြပေမဲ့၊ကျွန်တော့်အဖို့တော့လိုအပ်ပါတယ်။／Baka isipin mong katangahan ang gumastos ng pera para sa ganito, pero para sa akin, kailangan ko ito.)

68 □ **不愉快（ふゆかい）(な)** (tidak menyeronokkan／ဘဝင်မကျ(သော)／hindi kanais-nais)

▶ こんな不愉快な店（みせ）、もう二度（にど）と来（こ）ないよ。

(Saya tidak akan kembali ke kedai yang tidak menyeronokkan ini.／
ဒီလောက်တောင်ဘဝင်ကျစရာမကောင်းတဲ့ဆိုင်၊နောက်မလာတော့ဘူး။／Hindi na ako babalik sa tindahang iyan na hindi kanais-nais.)

69 □ **惨（みじ）め(な)** (sengsara／ဝမ်းနည်းစရာကောင်း(သော)／miserable)

▶ 公園（こうえん）はカップルばかりで、だんだん惨めな気持（きも）ちになった。

(Taman ini penuh dengan pasangan, saya semakin berasa sengsara.／
ဥယျာဉ်ထဲမှာအတွဲတွေချည်းပဲ၊ တဖြည်းဖြည်းဝမ်းနည်းစိတ်ဖြစ်လာတယ်။／Napakaraming mga magkakapartner sa park, kaya unti-unting naging miserable ang pakiramdam ko.)

70 □ **やばい／ヤバい** (bahaya, dasyat／ပြဿနာ ဒုက္ခရောက်／delikado)

▶ 急（いそ）がないとやばい。飛行機（ひこうき）に乗（の）り遅（おく）れちゃう。

(Dahsyat jika tidak bergegas. Kita akan terlepas kapal terbang.／
အမြန်မလုပ်ရင်ဒုက္ခရောက်မယ်။ လေယာဉ်ပေါ်တက်ဖို့နောက်ကျလိမ့်မယ်။／Delikado kung hindi tayo magmamadali. Mahuhuli tayo sa eroplano.)

性格・態度
せいかく　たいど

（Keperibadian, Sikap／စရိုက်၊ ဟန်ပန်အမူအရာ／ Ugali, Pagkilos）

❶ □ 態度 (sikap／ဟန်ပန်အမူအရာ／ pag-uugali)
たいど

❷ □ 表情 (ekspresi wajah／မျက်နှာထား၊ မျက်နှာအမူအရာ／ ekspresyon ng mukha)
ひょうじょう

▷明るい表情、複雑な表情
あか　　　　　　　ふくざつ

(ekspresi wajah yang cerah, ekspresi wajah yang kompleks／
ကြည်လင်သောမျက်နှာထား၊ အသိရခက်သောမျက်နှာအမူအရာ／ masayang mukha, masalimuot na ekspresyon ng mukha)

❸ □ 無表情(な) (tiada ekspresi wajah／မျက်နှာသေ(သော)／ walang ekspresyon ang mukha)
むひょうじょう

▶彼はいつも無表情だから、何を考えているのか、わからない。
かれ　　　　　　　　　　　　　　　　なに　かんが

(Dia selalu tidak ada ekspresi wajah, maka saya tidak tahu apa yang dia fikirkan.／
သူဟာအမြဲတမ်းမျက်နှာသေနဲ့မို့လို့၊ ဘာကိုစဉ်းစားနေသလဲဆိုတာမသိဘူး။／ Laging walang ekspresyon ang mukha niya, kaya hindi ko alam kung ano ang iniisip niya.)

❹ □ 卑怯(な) (keji, hina／ယုတ်မာ(သော)／ madaya)
ひきょう

▶卑怯な手を使ってまで勝ちたくない。
て　　つか　　　　　　か

(Saya tidak mahu menang jika saya perlu menggunakan cara yang keji.／
ယုတ်မာတဲ့နည်းကိုသုံးရတဲ့အထိတော့အနိုင်မလိုချင်ဘူး။／ Ayokong manalo kung mandaraya ako.)

❺ □ ずるい (licik／မတရားလုပ်သည်။／ madaya)

▶自分だけ楽をするなんて、ずるい。
じぶん　　らく

(Biar sendiri saja yang senang, licik betul.／မိမိတစ်ယောက်တည်းသက်သာဖို့လုပ်တာဟာ၊မတရားဘူး။／ Madaya kung ikaw lang ang nagrerelaks.)

❻ □ 欲張る ((menjadi) tamak／လောဘကြီးသည်／ maging matakaw)
よくば

▶欲張ってたくさん食べたら、お腹が痛くなった。
た　　　　　なか　いた

(Perut saya sakit selepas terlalu makan dengan tamak.／လောဘကြီးပြီးအများကြီးစားလို့ဗိုက်နာသွားတယ်။／ Naging matakaw ako at kumain nang marami, at sumakit ang tiyan ko.)

❼ □ 欲張り（な）　(tamak／လောဘကြီး(သော)／ matakaw)

❽ □ 厚かましい　(tidak tahu malu／အရှက်နည်းသည်၊ မျက်နှာပြောင်သည်／ makapal ang mukha)

▶ 彼は厚かましいから、ただで1個くれって言いそう。

(Sebab dia tidak tahu malu, dia mungkin akan meminta satu untuk percuma.／
သူဟာ အရှက်နည်းတာမို့၊ အလကားတစ်ခုပေးပါလို့ပြောမယ့်ပုံပဲ။／ Makapal ang mukha niya, kaya hihingi pa siya ng isa, nang libre.)

❾ □ 図々しい　(kurang ajar／အရှက်နည်းသည်၊ မျက်နှာပြောင်သည်၊／ makapal ang mukha)

▶〈カラオケ〉新人なのに一番最初に歌ったの？　図々しいやつだなあ。

(<Karaoke> Dia orang baru tapi dia menyanyi dahulu? Kurang ajar betul.／
(ခါရာအိုကေ) လူသစ်ဖြစ်လျက်နဲ့၊ ပထမဦးဆုံး သီချင်းဆိုသလား။မျက်နှာပြောင်တဲ့သူပဲ။／ (Sa karaoke) Una siyang kumanta kahit baguhan siya? Ang kapal ng mukha.)

❿ □ 生意気（な）　(biadap／လူပါးဝ(သော)／ bastos)

▶ 子供のくせに生意気なことを言うなあ。

(Engkau masih tak mentah, jangan cakap apa-apa yang biadap.／ကလေးဖြစ်လျက်နဲ့၊ လူပါးဝတဲ့စကားမပြောနဲ့။／ Hindi dapat nagsasabi ng bastos na bagay ang isang batang katulad mo.)

⓫ □ ぞんざい（な）　(kasar／ရိုင်းစိုင်း(သော)／ walang galang)

▶ 客に対して、そんなぞんざいな口の利き方をしたの？　ひどいね。

(Awak cakap kasar dengan pelanggan? Dahsyat betul.／
ဈေးဝယ်သည်သည်အပေါ်မှာ၊ ရိုင်းစိုင်းတဲ့ပြောဆိုပုံကိုပြောသလား။ ဆိုးတယ်နော်။／ Nakipag-usap siya nang walang galang sa kliyente? Grabe, ano?)

⓬ □ 威張る　(berlagak／ကြွားဝါသည်၊ ဟိတ်ဟန်ထုတ်သည်／ magyabang)

▶ あの人、課長になってから急に威張りだしたね。

(Orang itu berlagak selepas naik pangkat menjadi pengurus.／
အဲဒီလူ၊ ဌာနစုမှူးဖြစ်တာနဲ့ချက်ချင်းဟိတ်ဟန်ထုတ်လာတယ်နော်။／ Bigla siyang nagyabang noong naging manager siya.)

⓭ □ ばかにする／馬鹿にする　(membuat bodoh／ကဲ့ရဲ့သည်၊ အထင်သေးသည်／ pagtawanan)

▶ これ、おいしい。子供が作ったからってばかにできないよ。

(Sedapnya ini. Tidak boleh pandang rendah hanya kerana ia dibuat oleh budak-budak.／
ဒီဟာစားလို့ကောင်းတယ်။ ကလေးကလုပ်တာဆိုပြီးအထင်သေးလို့မရဘူးနော်။／ Masarap ito. Hindi ko ito puwedeng pagtawanan dahil bata ang gumawa nito.)

性格・態度 41

思う・考える 42

方法・形式・スタイル 43

動きの様子 44

通信 45

パソコン・ネット 46

物の形・状態 47

問題・トラブル・事故 48

言葉 49

文学・音楽・芸術 50

❹ □ **尊重**(する) (menghormat／လေးစား(သည်)／magrespeto, respetuhin)

▶ まず、お互いの考えを尊重してください。

(Pertama sekali, sila hormati fikiran masing-masing.／အရင်ဆုံး နှစ်ဦးနှစ်ဘက်ရဲ့စဉ်းစားပုံကို လေးစားပါ။／Una, respetuhin ninyo ang iniisip ng bawa't isa.)

❺ □ **プライド** (maruah／ဂုဏ်ယူစရာ၊ မာန／pride)

▷ プライドを大切にする

(menghargai maruah／ဂုဏ်ယူစရာကိုမြတ်နိုးသည်။／pahalagahan ang pride)

❻ □ **謙虚**(な) (rendah hati／ကျိုးနွံ့(သော)／mapagpakumbaba)

▶ 彼女はあんなに有名になっても謙虚なままだ。

(Dia masih seorang yang rendah hati walaupun sudah menjadi terkenal.／သူမဟာ အဲဒီလောက်နာမည်ကြီးတာတောင်ကျိုးနွံ့လျက်ပဲ။／Mapagpakumbaba pa rin siya kahit naging sikat na sikat siya.)

❼ □ **謙遜**(する) (merendah diri／မိမိကိုယ်ကိုမိမိနှိမ့်ချသော／magpakumbaba)

▶ 彼は優勝インタビューでも、謙遜して、自分はまだまだ力不足と言った。

(Dalam wawancara berikutan kemenangan besarnya, dia merendah diri dan menegaskan bahawa dia masih perlu memperbaikkan dirinya.／သူဟာအနိုင်ရအင်တာဗျူးမှာလည်းမိမိကိုယ်ကိုမိမိနှိမ့်ချပြီးမိမိဟာစွမ်းအားမလုံလောက်သေးပါဘူးလို့ပြောခဲ့တယ်။／Kahit sa interbyu pagkatapos ng pagkapanalo niya, nagpakumbaba siya at nagsabing kulang pa ang ipinakita niyang lakas.)

❽ □ **そそっかしい** (cuai, lalai／ပေါ့ဆသည်၊နမော်နမဲ့နိုင်သည်／pabaya)

▶ また財布を忘れたの？ そそっかしいなあ。

(Adakah kamu lupa dompet kamu lagi? Cuai betul.／ပိုက်ဆံအိတ်မေ့ကျန်ပြန်ပြီလား။ နမော်နမဲ့နိုင်လိုက်တာ။／Nakalimutan mo na naman ang pitaka mo? Pabaya ka talaga.)

❾ □ **不器用**(な) (kekok, canggung／မလှုပ်တတ်မကိုင်တတ်ဖြစ်(သော)／clumsy)

▶ 私は不器用だから、自分で組み立てたりできないんです。

(Saya tidak dapat memasangnya sendiri kerana saya kekok.／ကျွန်တော်ကမလှုပ်တတ်မကိုင်တတ်မို့လို့ မိမိကိုယ်တိုင်မတတ်ဆင်နိုင်ဘူး။／Clumsy ako, kaya hindi ko ito maipagsama-sama.)

⑳ □ 頑固（な）（keras kepala／ခေါင်းမာ(သော)၊ တယူသန်(သော)／matigas ang ulo）

▶ 頑固な父を説得するのに苦労しました。

（Saya menghabiskan usaha memujuk ayah saya kerana dia seorang yang keras kepala.／
တယူသန်တဲ့အဖေကိုနားချဖို့ခက်ခဲခဲ့တယ်။／Nahirapan akong kumbinsihin ang tatay kong matigas ang ulo.）

㉑ □ 素直（な）（tulus／ရိုးသား(သော)／matapat）

▶ 自分が悪いと思ったから、素直に謝った。

（Saya meminta maaf secara tulus kerana sayalah yang silap.／
မိမိကမကောင်းဘူးထင်လို့ရိုးသားသားတောင်းပန်ခဲ့တယ်။／Naisip kong ako ang nagkamali, kaya humingi ako
ng tawad nang taos-puso.）

㉒ □ 率直（な）（ikhlas, terus terang／ပွင့်လင်း(သော)／prangka）

▶ 遠慮せず、率直な意見を聞かせてください。

（Jangan segan, sila beritahu saya pendapat anda secara terus terang.／
အားမနာပဲ၊ ပွင့်လင်းတဲ့ထင်မြင်မှုကိုကြားပါရစေ။／Huwag kayong mahiya. Sabihin ninyo nang prankahan
ang opinyon ninyo.）

㉓ □ 誠実（な）（jujur／ရိုးသားဖြောင့်မတ်(သော)／matapat）

▶ 話してみて、誠実そうな人だと思った。

（Saya mendapati bahawa dia seorang yang jujur setelah bercakap dengannya.／
စကားပြောကြည့်ပြီးရိုးသားဖြောင့်မတ်ပုံရတဲ့သူလို့ထင်တယ်။／Kinausap ko siya, at sa tingin ko, matapat naman
siyang tao.）

㉔ □ 慎重（な）（berhati-hati／ချင့်ချိန်ဆင်ခြင်(သော)／maingat）

▶ 慎重なのはいいけど、早くしないとチャンスを逃すよ。

（Adalah baik untuk berhati-hati, tetapi anda akan kehilangan peluang jika tidak bertindak awal.／
ချင့်ချိန်ဆင်ခြင်တာကောင်းပေမဲ့မြန်မြန်မလုပ်ရင်အခွင့်အရေးလက်လွတ်သွားမယ်လေ။／Mabuting maging maingat,
pero kung hindi ka kikilos agad, baka mawala ang tsansa mo.）

㉕ □ 用心（する）（berjaga-jaga／သတိထား(သည်)／mag-ingat）

▶ 用心して、ベランダの窓にも鍵をかけた。

（Sebagai langkah berjaga-jaga, saya mengunci tingkap balkoni juga.／
သတိထားပြီးဝရန်တာပြူတင်းပေါက်ကိုလည်းသော့ခတ်ခဲ့တယ်။／Nag-iingat ako at kinandado ko rin ang mga
bintana sa beranda.）

㉖ □ 用心深い（waspada／အလွန်သတိ ထားသည်／maingat）

性格・態度

41

思う・考える

42

方法・形式・スタイル

43

動きの様子

44

通信

45

パソコン・ネット

46

物の形・状態

47

問題・トラブル・事故

48

言葉

49

文学・音楽・芸術

50

❷❼ □ **油断（する）** (menjadi cuai／ပေါ့ဆ(သည်)／ hindi mag-ingat)
ゆだん

▶〈同点〉あと１分で勝てると思って、油断したのかもしれません。
どうてん　　　　　　　ぷん　か　　　　　　　おも

（<Perlawanan seri> Saya ingat saya akan menang dalam masa satu minit lagi, mungkin sebab itu saya menjadi cuai.／(အမှတ်တူ)နောက် 1 မိနစ်နဲ့နိုင်ပြီလို့ထင်တာ၊ ပေါ့ဆလိုက်တာကြောင့်ဖြစ်ကောင်းဖြစ်မယ်။／ (Tie) Isang minuto na lang at inakala niyang mananalo siya, pero malamang, hindi siya nag-ingat.)

❷❽ □ **おとなしい／大人しい** (pendiam, jinak, penurut／
おとな　　　　　　　 အေးဆေးသော၊ တည်ငြိမ်သော／ tahimik)

▶この犬は大人しくて、知らない人にも全然吠えません。
いぬ　　 おとな　　　　 し　　　　ひと　　　 ぜんぜんほ

（Anjing ini memang jinak, tidak menyalak langsung walaupun orang yang tidak kenal.／
ဒီခွေးကအေးဆေးတယ်၊ လူစိမ်းကိုလည်းပဲလုံးဝမဟောင်ဘူး။／ Tahimik ang asong ito at hindi tumatahol kahit sa taong hindi niya kilala.)

❷❾ □ **消極的（な）** (pasif／တွန့်ဆုတ်(သော)／ walang kibo)
しょうきょくてき

▶彼は大勢で騒ぐのが嫌いらしく、飲み会にはいつも消極的です。
かれ　おおぜい　さわ　　　　　 きら　　　　　 の　かい　　　　　　　 しょうきょくてき

（Dia tidak suka membuat bising dalam kumpulan besar, maka dia bersikap pasif ke atas ajakan keluar berminum.／သူဟာလူအများကြီးနဲ့ဆူညံတာကြိုက်ပုံမရဘူး။ စားသောက်ပွဲမှာအမြဲတမ်းတွန့်ဆုတ်တွန့်ဆုတ်နဲ့။／ Ayaw niya ng nag-iingay kung maraming tao, at hindi siya kumikibo sa mga inuman namin.)

❸❿ □ **熱心（な）** (bersemangat／စိတ်အားထက်သန်(သော)／ masigasig)
ねっしん

▶あんまり熱心に頼むので、断れなかった。
ねっしん　 たの　　　　　 ことわ

（Mereka bertanya dengan bersemangat sehingga saya tidak dapat menolak permintaan mereka.／
အလွန်စိတ်အားထက်ထက်သန်သန်နဲ့မေတ္တာရပ်ခံလာလို့ငြင်းရခက်ခဲ့တယ်။／ Masigasig silang nakiusap, kaya hindi ako nakatanggi.)

❸❶ □ **不親切（な）** (tidak ramah／ဖော်ရွေခြင်းမရှိသော／ masungit)
ふしんせつ

▶不親切な対応に腹が立った。
ふしんせつ たいおう　はら　た

（Saya marah kerana perlakuan mereka yang tidak ramah.／ဖော်ရွေခြင်းမရှိတဲ့တုံ့ပြန်မှုကြောင့်ဒေါသဖြစ်တယ်။
／ Nagalit ako dahil sa masungit na pagtrato nila.)

❸❷ □ **社交的（な）** (bersosial／ဖော်ရွေ(သော)၊ ဆက်ဆံရေးကောင်း(သော)／ sociable)
しゃこうてき

▶妻は社交的で、友達が多い。
つま　しゃこうてき　　 ともだち　おお

（Isteri saya seorang yang bersosial dan mempunyai ramai kawan.／
ကျွန်တော့်ဇနီးဟာဆက်ဆံရေးကောင်းပြီး မိတ်ဆွေပေါတယ်။／ Sociable ang asawa ko at maraming kaibigan.）

㉝ □ 朗らか（な） (ceria／ရှင်ပျူ(သော)／masaya)

▶ 店長の奥さんは明るく朗らかな人で、会うとこっちも元気になる。

(Isteri pengurus kedai adalah seorang yang ceria. Saya pun terasa gembira setiap kali saya bertemu dengannya.／ဆိုင်မန်နေဂျာရဲ့နီးဟာကြည်လင်ရှင်ပျူသူဖြစ်လို့၊ တွေ့ရင်မိမိလည်းစိတ်ရှင်လန်းရဟယ်။／Masaya ang asawa ng may-ari ng tindahan, at tuwing nagkikita kami, nagiging masaya rin ako.)

㉞ □ 陽気（な） (ceria／ပျော်စရာကောင်း(သော)／masaya)

▷ 陽気な音楽 (muzik yang ceria／ပျော်စရာကောင်းသောတေးဂီတ／masayang tugtog)

㉟ □ 生き生き（と） (cergas／ရှင်လန်းတက်ကြွ(စွာနှင့်)／napakasaya, buhay na buhay)

▶ 自然の中で、子供たちは生き生きとした表情を見せた。

(Anak-anak menunjukkan wajah yang cergas dalam alam semula jadi.／သဘာဝဝန်းကျင်ထဲမှာ၊ ကလေးတွေဟာရှင်လန်းတက်ကြွတဲ့မျက်နှာကိုပြသကြတယ်။／Sa gitna ng kalikasan, nagpakita ang mga bata ng napakasayang ekspresyon.)

㊱ □ 可愛らしい (comel／ချစ်စရာကောင်းသော／cute)

▶ かわいらしいお嬢さんですね。おいくつですか。

(Comelnya anak perempuan anda. Berapa umurnya?／ချစ်စရာကောင်းတဲ့မိန်းကလေးပဲ။အသက်ဘယ်လောက်ရှိပြီလဲ။／Ang cute ng anak ninyo. Ilang taon na siya?)

㊲ □ 幼稚（な） (keanak-anakan／ကလေးဆန်သော／parang bata)

▶ 考え方が幼稚だよ。

(Cara fikiran kamu keanak-anakan.／စဉ်းစားပုံက ကလေးဆန်တယ်။／Parang bata ang pag-iisip mo.)

㊳ □ 頼もしい (dipercayai／အားကိုးစရာကောင်း(သော)／maaasahan)

▶ 彼はまだ若いけど、みんなを引っ張ってくれて、実に頼もしい。

(Dia masih muda, tetapi dia membantu semua orang. Dia seorang yang benar-benar boleh dipercayai.／သူဟာငယ်သေးပေမဲ့ အားလုံးကိုဦးဆောင်ဆွဲခေါ်ပေးလို့၊ တကယ့်ကိုအားကိုးစရာကောင်းတယ်။／Bata pa siya, pero nangunguna siya sa lahat at talagang maaasahan siya.)

㊴ □ のんき（な） (santai, riang／ပူပင်သောကကင်း(သော)／walang inaalala)

▶ 明日引っ越しなのに、そんなにのんきにしていていいの？

(Awak akan pindah rumah esok, dan awak masih begitu santai dan tidak peduli?／မနက်ဖြန်အိမ်ပြောင်းဖို့ရှိတာတောင်၊ ဒီလောက်ပူပင်သောကကင်းနေတာကောင်းသလား။／Bukas na kayo lilipat, pero ganyan ka pa rin na parang walang inaalala?)

192

40 □ 大(おお)ざっぱ(な) (kasar／ဖြစ်ကတတ်ဆန်းလုပ်တတ်(သော)／ magaspang)

▷ 大ざっぱな性格(せいかく) (berperangai kasar／ဖြစ်ကတတ်ဆန်းလုပ်တတ်တဲ့စရိုက်／ magaspang na pag-uugali)

41 □ ルーズ(な) (bersikap longgar／မတိကျ(သော)／ hindi mahigpit)

▶ 彼(かれ)は時間(じかん)にルーズで、たいてい遅(おく)れて来(く)る。

(Dia bersikap longgar terhadap masa, biasanya akan lewat.／
သူဟာအချိန်မတိကျဘူး၊များသောအားဖြင့်နောက်ကျပြီးမှလာတယ်။／ Hindi siya mahigpit sa oras, kaya madalas siyang late.)

42 □ だらしない (selekeh, tidak kemas／မသပ်မရပ်ပိုသီပတ်သီ／ hindi maayos)

▶ スーツはしわだらけだし、ひげは伸(の)びてるし。そんなだらしない格好(かっこう)で会社(かいしゃ)に行(い)くの？

(Kot kamu berkedut, muka bermisai dan berjanggut. Kamu pergi ke pejabat kelihatan seperti itu?／
အနောက်တိုင်းဝတ်စုံကတွန့်ကျေနေတယ်၊နှုတ်ခမ်းမွေးလည်းရှည်နေတယ်၊ အဲဒီလိုမသပ်မရပ်နဲ့ကုမ္ပဏီကိုသွားမလို့လား။
／ Gusot ang amerikana mo at nagpatubo ka ng balbas. Pupunta ka sa opisina na hindi maayos ang itsura mo?)

43 □ 気(き)が強(つよ)い (agresif／စိတ်ထက်သည် စိတ်ခိုင်သည်／ may sariling pag-iisip)

▶ 彼女(かのじょ)は気が強いからね。人(ひと)に何(なに)を言(い)われても気にしないよ。

(Dia seorang yang agresif. Dia tidak pedulikan apa yang orang kata.／
သူမဟာစိတ်ခိုင်လို့ပါ။ လူတစ်ဦးတစ်ယောက်ကနေဘာပဲအပြောခံရအပြောခံရ၊ မမှုဘူး။／ May sarili siyang pag-iisip. Kahit ano ang sabihin ng mga tao tungkol sa kanya, hindi niya iniintindi.)

44 □ 強気(つよき)(な) (yakin, kuat／စိတ်အားထက်သန်(သော)／ confident)

▶ 相手(あいて)は優勝候補(ゆうしょうこうほ)ですが、彼(かれ)は強気で、完全(かんぜん)に勝(か)つつもりです。

(Lawannya adalah calon kemenangan, tetapi dia yakin dan berhasrat untuk menang sepenuhnya.／
တစ်ဖက်သူဟာအနိုင်ရကိုယ်စားလှယ်ဖြစ်ပေမဲ့၊ သူဟာ စိတ်အားထက်ထက်သန်သန်နဲ့လုံးဝအနိုင်ရဖို့ရည်မှန်းတယ်။／
Kandidato para maging champion ang kalaban niya, pero confident siya at determinadong manalo.)

※ここでの「完全に」は「すっかり、全(まった)く」の意味(いみ)。

45 □ 気(き)が弱(よわ)い (lemah／စိတ်အားပျော့သည်／ mahina ang loob)

▶ 私(わたし)は気が弱いから、本人(ほんにん)にそんなことは言(い)えません。

(Saya adalah seorang pengecut, saya tidak dapat sebut perkara itu di depannya.／
ကျွန်တော်ဟာစိတ်အားပျော့လို့ ကာယကံရှင်ကိုအဲဒီအကြောင်းမပြောရဲဘူး။／ Mahina ang loob ko, kaya hindi ko masasabi iyan sa kanya.)

㊻ □ 気が短い (panas baran, cepat marah／စိတ်တိုသည်／ madaling magalit)

▶ 社長は気が短いから、余計な説明はしないほうがいい。

(Pengerusi adalah seorang yang cepat marah, lebih baik jangan beri penjelasan yang tidak perlu.／
ကုမ္ပဏီဥက္ကဋ္ဌဟာစိတ်တိုသူဖြစ်လို့၊ မလိုအပ်တာကိုမရှင်းပြရင်ကောင်းမယ်။／ Madaling magalit ang boss, kaya mas
mabuting ipaliwanag mo lang ang mga dapat ipaliwanag.)

㊼ □ 気が早い (tergesa-gesa, terburu-buru／စိတ်မြန်သည်／ mabilis magdesisyon)

▶ 結婚!? 気が早いなあ。まだ付き合い始めたばかりよ。

(Kahwin? Bukankah terlalu tergesa-gesa. Saya baru bergaul dengannya.／
လက်ထပ်မယ်လား။ စိတ်မြန်တယ်နော်။ ရည်းစားဖြစ်စပဲ့ရှိသေးတယ်လေ။／ Kasal? Napakabilis mo namang
magdesisyon. Nagsisimula pa lang kayong mag-date.)

㊽ □ 気が小さい (malu, silu, segan／အသည်းငယ်သည်／ mahiyain)

▶ 気が小さいから、私には代表は無理です。

(Saya seorang pengecut, maka saya rasa saya tidak dapat menjadi wakil.／
အသည်းငယ်တတ်တာမို့လို့၊ ကျွန်တော့်အတွက် ကိုယ်စားလှယ်ဟာမဖြစ်နိုင်ဘူး။／ Mahiyain ako, kaya hindi ako
puwedeng maging representative.)

㊾ □ 気が利く (bertimbang rasa, bersifat memperhatikan, pintar／
တစ်ဘက်သားရဲ့စိတ်အလို ကိုသိသည်／ sensible)

▶ 「ここにあった資料は国別にファイルしておきました」「お、気が利くねえ」

("Saya telah memfailkan bahan-bahan di sini berdasarkan negara." "Ah, betapa bertimbang rasa."／
「ဒီမှာတွေ့တဲ့စာရွက်စာတမ်းတွေကိုနိုင်ငံအလိုက်ခွဲခြားပြီး ဖိုင်တွဲထားပါတယ်။」 「အိုး၊ တစ်ဘက်သားရဲ့စိတ်အလိုကိုသိတယ်နော်」
／ "Naka-file ayon sa bansa ang mga naritong dokumento." "Sensible ka talaga.")

▷ 気の利いた言葉 (ucapan yang bertimbang rasa／တစ်ဘက်သားရဲ့စိတ်အလိုကိုသိပြီးပြောတဲ့စကားလုံး／
mga sensible na salita)

性格・態度 41

思う・考える 42

方法・形式・スタイル 43

動きの様子 44

通信 45

パソコン・ネット 46

物の形・状態 47

問題・トラブル・事故 48

言葉 49

文学・音楽・芸術 50

思う・考える
おも　　かんが

(Memikir／
ထင်သည်၊ စဉ်းစားသည်／
Pag-iisip)

❶ □ 思いつく (terfikir／အကြံရသည်၊ စိတ်ကူးပေါက်သည်／ maisip)
おも

▶ 思いついたことは、すぐメモするようにしています。

(Saya selalu mencatat idea yang saya terfikir dengan segera.／
စိတ်ကူးရတဲ့အကြောင်းကိုချက်ချင်းရေးမှတ်တဲ့အကျင့်လုပ်ပါတယ်။／ Isinusulat ko agad ang mga naiisip ko.)

❷ □ 発想 (idea／စိတ်ကူး／ ideya)
はっそう

▶ 彼の発想はいつもユニークで、感心させられる。
かれ　　はっそう　　　　　　　　　　　　　　　　　　かんしん

(Ideanya selalu unik dan mengagumkan saya.／
သူ့ရဲ့စိတ်ကူးဟာအမြဲတမ်းထူးခြားပြီး၊အထင်ကြီးစရာဖြစ်ပါတယ်။／ Laging kakaiba ang ideya niya, kaya nai-
impress ako.)

❸ □ 空想(する) (berkhayal, berfantasi／စိတ်ကူးယဉ်(သည်)／ mag-daydream)
くうそう

▶ 竜は空想上の生き物です。
りゅう　　くうそうじょう　　い　もの

(Naga adalah makhluk fantasi.／နဂါးဆိုတာဟာစိတ်ကူးယဉ်ထဲမှာ့ရှိတဲ့သက်ရှိသတ္တဝါပါ။／ Ang mga dragon ay
mga nilalang ng pantasya.)

❹ □ 考え出す (berikhtiar／အကြံဉာဏ်ထုတ်သည် စဉ်းစားဉာဏ်ထုတ်သည်／ maisip)
かんが　だ

▶ これはみんなで考え出した案です。
かんが　だ　　　あん

(Ini adalah rancangan yang semua orang berikhtiar.／ဒါဟာ အားလုံးကအကြံဉာဏ်ထုတ်ထားတဲ့မူကြမ်းပါ။／
Ito ang planong naisip ng lahat.)

❺ □ 考えつく (dapat memikir／အကြံရသည်／ maisip)
かんが

▶ それはいいことを考えついたね。それにしよう。
かんが

(Idea yang kamu fikirkan itu sangat baik. Mari kita ambil idea itu.／
အဲဒါဟာကောင်းတဲ့အချက်ကိုအကြံရလိုက်တာပဲနော်။အဲဒါကိုလုပ်ကြရအောင်။／ Maganda iyang naisip mo. Sige,
iyan ang gawin natin.)

❻ □ **考え直す** (memikir semula／ပြန်လည်စဉ်းစားသည်／mag-isip uli)
かんが　なお

▶ 一度断られたけど、もう一度考え直してもらうよう、頼んだ。
いちど ことわ　　　　　　　　　　　　　　　　　　　　たの

（Saya pernah ditolak sekali, tetapi saya memintanya untuk memiikir semula.／
တစ်ကြိမ်အငြင်းခံခဲ့ရပေမဲ့၊နောက်တစ်ကြိမ်ပြန်လည်စဉ်းစားပေးဖို့မေတ္တာရပ်ခံခဲ့တယ်။／Minsan nila tayong
tinanggihan, pero pinakiusapan ko silang mag-isip uli.)

❼ □ **考慮(する)** (mempertimbangkan, memandangkan／ဆင်ခြင်(သည်)၊ ထောက်ရှု(သည်)
こうりょ　　　　　　　　　　　　　　／isaalang-alang)

▶ 患者の年齢を考慮して、入院して治療することに決まった。
かんじゃ ねんれい　　　　　　にゅういん　　ちりょう　　　　　き

（Memandangkan usia pesakit, kami mebuat keputusan memasukkan pesakit ke hospital untuk
menjalankan rawatan.／လူနာရဲ့အသက်အရွယ်ကိုထောက်ရှုပြီး၊ ဆေးရုံတက်ကုသဖို့ဆုံးဖြတ်ခဲ့တယ်။／Isinaalang-
alang namin ang edad ng pasyente, at nagdesisyon kaming ipasok siya sa ospital at gamutin.)

❽ □ **勘違い(する)** (salah faham／အထင်မှား(သည်)／magkamali ng intindi)
かんちが

▶ しまった！　会議、明日だと勘違いしてた。
かいぎ あした

（Aduh, saya salah faham bahawa mesyuarat adalah esok.／
လုပ်ချွတ်လိုက်ပြီ ！ အစည်းအဝေး၊ မနက်ဖြန်လို့အထင်မှားခဲ့တယ်။／Naku! Akala ko bukas ang miting.)

❾ □ **思い込む** (menyangka／ထင်မှတ်သည်၊စွဲမှတ်သည်／matanim sa isip)
おも こ

▶ 2時の約束を3時だと思い込んでいて、遅刻してしまった。
じ やくそく　　じ　　　　　おも こ　　　　　　ちこく

（Saya terlambat kerana menyangka waktu janji adalah pukul 3, tetapi pukul 2 sebaliknya.／
2နာရီချိန်းထားတာကို 3 နာရီလို့စွဲမှတ်ခဲ့လို့နောက်ကျသွားတယ်။／Natanim sa isip ko na alas tres ang
appointment ko, na alas dos pala, kaya na-late ako.)

❿ □ **考え込む** (merenung／စဉ်းစားခန့်ဝင်သည် အတော်လေးစဉ်းစားသည်／ma-depress)
かんが こ

▶ もっと面白いデザインにしてほしいと言ったら、彼は考え込んでしまった。
おもしろ　　　　　　　　　　　い　　　　　かれ

（Dia merenung ketika saya meminta dia memikir reka bentuk yang lebih menarik.／
ပိုပြီးစိတ်ဝင်စားစရာကောင်းတဲ့ဒီဇိုင်းလုပ်ပေးစေချင်တယ်လို့ပြောလိုက်တော့၊သူဟာအတော်လေးစဉ်းစားသွားတယ်။／
Noong sinabi kong gusto ko ng mas magandang design, na-depress siya.)

⓫ □ **予測(する)** (menganggar／ကြိုတင်တွက်ဆ(သည်)／humula, magtantiya)
よそく

▶ 番組では、5人の専門家が今年の景気を予測した。
ばんぐみ　　　にん せんもんか ことし けいき

（Dalam rancangan tersebut, 5 pakar telah meramalkan ekonomi tahun ini.／
(တီဗွီ)အစီအစဉ်မှာ၊ အထူးကျွမ်းကျင်သူ 5 ဦးဟာ၊နောက်နှစ်ရဲ့စီးပွားရေးအခြေအနေကိုကြိုတင်တွက်ဆကြတယ်။／Sa
programa, limang eksperto ang humula ng magiging kondisyon ng ekonomiya ngayong taon.)

性格・態度

思う・考える

方法・形式・スタイル

動きの様子

通信

パソコン・ネット

物の形・状態

問題・トラブル・事故

言葉

文学・音楽・芸術

41
42
43
44
45
46
47
48
49
50

⓬ □ 予想(する)
よそう
(meramal／ကြိုတင်ခန့်မှန်း(သည်)／umasa, asahan)

⓭ □ 推測(する)
すいそく
(meneka／မှန်းဆ(သည်)၊ ခန့်မှန်း(သည်)／hulaan)

▶〈パスワード〉誕生日や電話番号は推測されやすいので避けてください。
たんじょうび でんわばんごう さ

(<Kata laluan> Elakkan tarikh lahir dan nombor telefon kerana mudah diteka.／
(Pass Word)မွေးနေ့နဲ့တယ်လီဖုန်းနံပါတ်တွေဟာမှန်းဆလွယ်တာမို့လို့ရှောင်ကြဉ်ပါ။／ (Password) Iwasan ninyong gumamit ng bertdey at telephone number dahil madaling mahulaan ang mga ito.)

⓮ □ 見当
けんとう
(dugaan, agakan／မှန်းဆချက်／hula)

▶休みの日に夫が行く所は、大体見当がつきます。
やす ひ おっと い ところ だいたい

(Saya mempunyai dugaan mengenai tempat suami pergi semasa bercuti.／
အလုပ်နားရက်မှာအိမ်ထောင်ဖက်သွားတဲ့နေရာကိုအကြမ်းဖျင်းမှန်းဆလို့ရတယ်။／ Halos alam ko kung saan pumupunta ang asawa ko kung araw ng bakasyon niya.)

⓯ □ 納得(する)
なっとく
(menerima, berpuas hati／သဘောပေါက်(သည်)／masiyahan)

▶今の説明では納得できません。
いま せつめい

(Saya tidak dapat menerima penjelasan yang kamu berikan sekarang.／
အခုရှင်းပြတာနဲ့တော့သဘောမပေါက်နိုင်ဘူး။／ Hindi ako nasiyahan sa paliwanag mo ngayon.)

⓰ □ 解く
と
(menyelesaikan／ဖြေရှင်းသည်၊ ဖြေသည်／malutas)

▶やっと問題が解けた。
もんだい

(Akhirnya masalah itu diselesaikan.／အခုမှပဲပြဿနာကိုဖြေရှင်းနိုင်တယ်။／ Sa wakas, nalutas ang problema.)

⓱ □ 意思
いし
(niat／စိတ်／intensyon)

▶最近、やっと彼らと意思が通じるようになった。
さいきん かれ つう

(Kebelakangan ini, kami baharu dapat memahami niat masing-masing.／
မကြာသေးခင်ကမှသူ့နဲ့စိတ်ချင်းဆက်စပ်တော့တယ်။／ Kamakailan, nagkaintindihan kami ng mga intensyon, sa wakas.)

方法・形式・スタイル
ほうほう　けいしき

(Cara, Sistem, Gaya／နည်းလမ်းပုံစံ၊ စတိုင်／ Paraan, Sistema, Style)

---

❶ □ **図表** (carta／ဇယား၊ဇယားကွက်／ tsart)
ず ひょう

▶ この本では、図表を用いてわかりやすく解説している。
ほん　　　　　もち　　　　　　　　　　かいせつ

(Buku ini menggunakan carta untuk menjelaskan isi kandungan dengan jelas.／ဒီစာအုပ်မှာ၊ ဇယားတွေပါပြီး နားလည်လွယ်အောင်ရှင်းပြထားတယ်။／ Sa librong ito , ipinapaliwanag ang mga bagay gamit ang mga tsart.)

---

❷ □ **図形** (rajah／ရုပ်ပုံပုံစံ／ hugis)
ず けい

▶ この機能を使えば、いろいろな図形をかくことができる。
きのう　つか

(Dengan fungsi ini, kamu dapat melukis pelbagai jenis rajah.／ဒီဖန်ရှင်ကိုသုံးရင်ပုံစံအမျိုးမျိုးကိုရေးဆွဲနိုင်တယ်။／ Makakagawa ng iba't ibang hugis kung gagamitin ang function na ito.)

---

❸ □ **矢印** (anak panah／မြားအမှတ်အသား／ arrow mark)
や じるし

---

❹ □ **イラスト** (ilustrasi／ပုံဥပမာ／ ilustrasyon)

---

❺ □ **欄** (ruang／ကော်လံ／ kolum)
らん

▶ この欄に住所を書いてください。
じゅうしょ　か

(Sila tulis alamat anda di ruang ini.／ဒီကော်လံမှာလိပ်စာရေးပါ။／ Pakisulat ang adres sa kolum na ito.)

▷ **空欄** (ruang kosong／ဗလာကော်လံ／ bakanteng kolum)
くう

---

❻ □ **余白** (margin, ruang kosong／အလွတ်နေရာ၊ ဗလာနေရာ／ margin)
よ はく

▶ 余白はメモを書くのに使ってください。
か　　　　　つか

(Sila gunakan ruang kosong untuk membuat catatan.／အလွတ်နေရာကိုမှတ်သားချက်ရေးဖို့သုံးပါ။／ Gamitin ninyo ang margin para magsulat ng mga notes.)

❼ □ 注 (nota／မှတ်ချက်／ notes)
　　　ちゅう

▶難しい言葉には、注で説明をしています。
　むずか　　ことば　　　　　ちゅう　せつめい

(Istilah-istilah yang susah dijelaskan dalam bahagian nota.／ခက်တဲ့စကားလုံးကိုမှတ်ချက်ဖြင့်ရှင်းပြထားသည်။／ Ipinaliliwanag sa notes ang mga mahihirap na salita.)

❽ □ 履歴書 (resume／ကိုယ်ရေးရာဇဝင်／ curriculum vitae, resume)
　　　り れきしょ

❾ □ 公式 (rasmi／ပုံသေနည်း၊တရားဝင်／ formula)
　　　こうしき

▷数学の公式 (formula matematik／သင်္ချာပုံသေနည်း／ mathematical formula)
　すうがく

❿ □ 前者 (yang terdahulu／အရင်လူ／ ang una, ang dati)
　　　ぜんしゃ

▶経験はないが資格のある人と、経験はあるが資格のない人だったら、前者の方
　けいけん　　　　しかく　　　ひと　　けいけん　　　しかく　　　ひと　　　　　ぜんしゃ　　ほう
が有利だ。
　ゆうり

(Seorang yang tidak berpengalaman tetapi berkelayakan dan seorang yang berpengalaman tetapi tidak berkelayakan, yang terdahulu mempunyai keistimewaan.／အတွေ့အကြုံမရှိသော်လည်းအရည်အချင်းလက်မှတ်ရှိသူနှင့်အတွေ့အကြုံရှိသော်လည်းအရည်အချင်းလက်မှတ်မရှိသူဆိုလျှင်အရင်လူကအရေးသာသည်။／ Sa taong may kwalipikasyon pero walang karanasan, at sa taong may karanasan pero walang kwalipikasyon, mas mabuti na ang una.)

⓫ □ 後者 (yang kemudian／နောက်လူ／ ang huli)
　　　こうしゃ

⓬ □ 省略(する) (menyingkatkan, meninggalkan／ချန်လှပ်(သည်)၊ အတိုချုံး(သည်)／ iklian)
　　　しょうりゃく

▶時間がないので、以下は省略します。
　じかん　　　　　いか　しょうりゃく

(Kita tidak mempunyai masa, maka saya akan meninggalkan perkara-perkara berikut.／အချိန်မရှိတော့လို့ အောက်ဖော်ပြပါအချက်ကိုချန်လှပ်ပါမယ်။／ Wala nang oras, kaya iiklian ko na ang mga susunod.)

⓭ □ 手段 (cara／နည်းလမ်း／ paraan)
　　　しゅだん

▶どんな手段を使っても手に入れたい。
　　　　しゅだん　つか　　　て　い

(Dengan apa cara pun, saya ingin mendapatkannya.／�’ယ်လိုနည်းလမ်းကိုသုံးရသုံးရလက်ဝယ်ရရှိချင်တယ်။／ Gusto kong magkaroon niyan sa kahit anong paraan.)

▷会場までの交通手段
　かいじょう　　こうつう

(pengangkutan ke tempat acara／ကျင်းပမယ့်နေရာအထိသွားရန်နည်းလမ်း။／ transportasyon hanggang sa venue)

⑭ ☐ **足し算** (penambahan／အပေါင်း／ addition)
た ざん

⑮ ☐ **引き算** (penolakan／အနုတ်／ subtraction)
ひ ざん

⑯ ☐ **掛け算** (pendaraban／အမြှောက်／ multiplication)
か ざん

⑰ ☐ **割り算** (pembahagian／အစား／ division)
わ ざん

⑱ ☐ **面積** (luas／ဧရိယာ／ laki, area)
めんせき

⑲ ☐ **容積** (isipadu／ထုထည်ပမာဏ၊ ဝင်ဆံ့နိုင်စွမ်း／ dami, volume)
ようせき

⑳ ☐ **〜風** (gaya／〜စတိုင်၊〜 ဟန်／ style)
ふう

▷ **インド風の料理、学生風の若者**
りょうり がくせい わかもの
(makanan gaya India, pemuda yang nampak seperti pelajar／အိန္ဒိယစတိုင်ဟင်းလျာ၊ ကျောင်းသားဟန်နဲ့လွငယ်
／ Indian-style na pagluluto, mga kabataang parang estudyante)

㉑ ☐ **洋風** (gaya Barat／အနောက်တိုင်းစတိုင်／ Western style)
ようふう

▷ **洋風建築** (seni bina gaya Barat／အနောက်တိုင်းဟန်ဗိသုကာ／ Western-style na arkitektura)
けんちく

㉒ ☐ **和風** (gaya Jepun／ဂျပန်စတိုင်／ Japanese style)
わ ふう

▷ **和風サラダ** (salad gaya Jepun／ဂျပန်စတိုင်အသုပ်／ Japanese-style na salad)

㉓ ☐ **洋室** (bilik gaya Barat／အနောက်တိုင်းစတိုင် အခန်း／ Western-style na kuwarto)
ようしつ

㉔ ☐ **和室** (bilik gaya Jepun／ဂျပန်စတိုင် အခန်း／ Japanese-style na kuwarto)
わ しつ

性格・態度 41

思う・考える 42

方法・形式スタイル 43

動きの様子 44

通信 45

パソコン・ネット 46

物の形・状態 47

問題・トラブル・事故 48

音葉 49

文学・音楽・芸術 50

UNIT 44

動きの様子
うご　　　ようす

(Keadaan pergerakan／လှုပ်ရှားမှုဟန်／
Anyo ng Paggalaw)

---

❶ □ のろい (lembap／နှေးသည်／ mabagal)

▶ 前を歩く人がのろくて、ちょっといらいらした。
　まえ　ある　ひと

(Saya berasa sedikit tidak sabar kerana orang yang berjalan di depan lembap.／
အရှေ့ကသွားနေသူကနှေးနေလို့၊ နည်းနည်းအားမလိုအားမရဖြစ်တယ်။／ Mabagal ang taong naglalakad sa harap,
kaya nainis ako.)

---

❷ □ のろのろ (berlengah-lengah／နှေးတုံ့နှေးတုံ့／ marahan, mabagal)

▶ のろのろ歩いていたら、日が暮れるよ。
　　　　　ある　　　　　ひ　く

(Jika awak berjalan berlengah-lengah, matahari akan terbenam.／
နှေးတုံ့နှေးတုံ့လမ်းလျှောက်နေရင်၊ နေဝင်သွားလိမ့်မယ်။／ Kung lalakad ka nang marahan, lulubugan ka na ng
araw.)

---

❸ □ さっと (cepat-cepat／ဖတ်ကနဲ／ mabilis)

▶ これでさっと拭くだけで、簡単に汚れが取れます。
　　　　　　ふ　　　　　　かんたん　よご　　と

(Kamu boleh membuang kotoran secara mudah, gunakan ini untuk mengelapnya dengan cepat.／
ဒါနဲ့ဖတ်ကနဲသုတ်လိုက်ရုံနဲ့၊ လွယ်လွယ်နဲ့ညစ်ပေတာပြောင်သွားမယ်။／ Punasan mo lang nito nang mabilis at
madaling maaalis ang dumi.)

---

❹ □ すっと (dengan pantas／ဆတ်ကနဲ／ agad)

▶ 呼ばれたら、その場にすっと立ってください。
　よ　　　　　　　　ば　　　　　た

(Apabila dipanggil, sila berdiri di sana dengan pantas.／နာမည်ခေါ်ရင်၊ အဲဒီနေရာမှာပဲဆတ်ကနဲမတ်တတ်ရပ်ပါ။
／ Kapag tinawag kayo, tumayo agad kayo roon.)

---

❺ □ そっと (dengan lembut／ညင်ညင်သာသာ／ malumanay)

▶ 子供が起きないように、そっとドアを閉めた。
　こども　お　　　　　　　　　　　　　し

(Saya menutup pintu dengan lembut agar anak-anak tidak bangun.／
ကလေးမနိုးအောင်၊တံခါးကိုညင်ညင်သာသာပိတ်ခဲ့တယ်။／ Isinara ko nang malumanay ang pinto para hindi
magising ang bata.)

❻ □ こっそり (secara diam-diam, secara rahsia／တိတ်တဆိတ် တိုးတိုးတိတ်တိတ်／palihim, patago)

▶ あの二人が結婚するという話は、彼女がこっそり教えてくれたんです。
ふたり　けっこん　　　　　　　　はなし　　　　かのじょ　　　　　　　おし

(Dia menceritakan kisah mereka berdua berkahwin kepada saya secara rahsia.／
အဲဒီနှစ်ယောက်ကလက်ထပ်မယ်ဆိုတဲ့စကားကိုသူမကတိုးတိုးတိတ်တိတ်ပြောပြတယ်။／ Nagsabi siya sa akin nang palihim na mag-aasawa ang dalawang iyon.)

---

❼ □ しんと／しーんと (sunyi／ရဲ့ကနဲ(တိတ်ဆိတ်)／tahimik)

▶ 社長が入った途端、会議室がしーんとなった。
しゃちょう　はい　　とたん　かいぎしつ

(Sebaik sahaja presiden masuk, bilik mesyuarat menjadi sunyi.／
ကုမ္ပဏီဥက္ကဋ္ဌဝင်လာတာနဲ့တစ်ပြိုင်တည်း၊အစည်းဝေးခန်းကရဲ့ကနဲတိတ်ဆိတ်သွားတယ်။／ Tumahimik sa meeting room, pagpasok ng presidente ng kompanya.)

---

❽ □ せっせと (bersungguh-sungguh／မညည်းမညူပဲ／masigasig, buong sipag)

▶ 家族のために毎日せっせと働いてくれた父に感謝しています。
かぞく　　　　まいにち　　　　はたら　　　　　ちち　かんしゃ

(Saya berterima kasih kepada ayah kerana bekerja keras setiap hari untuk keluarga.／
မိသားစုအတွက်၊နေ့တိုင်းမညည်းမညူပဲအလုပ်လုပ်ပေးတဲ့အဖေ့ကိုကျေးဇူးတင်လျက်ရှိပါတယ်။／ Nagpapasalamat ako sa tatay kong nagtatrabaho araw-araw nang masigasig para sa pamilya namin.)

---

❾ □ 慌ただしい (sibuk, tergesa-gesa／အလုပ်ရှုပ်သည်၊ဗျာများသည်／bisi, abala)
あわ

▶ 毎日慌ただしくて、ゆっくり本を読んだりできません。
まいにち　あわ　　　　　　　　　　　ほん　よ

(Saya sangat sibuk setiap hari sampai tidak ada masa untuk membaca buku dengan perlahan.／
နေ့တိုင်းအလုပ်ရှုပ်ဗျာများနေလို့စာကိုအေးအေးဆေးဆေးမဖတ်နိုင်ဘူး။／ Masyado akong bisi araw-araw at hindi man lang ako makapagbasa ng libro nang dahan-dahan..)

---

❿ □ ばったり（と） (serempak／ပက်ပင်းတိုး(သည်)／hindi inaasahan)

▶ スーパーでばったり先生に会った。
せんせい　あ

(Saya terserempak dengan guru di pasar raya.／ဆူပါမားကက်မှာဆရာနဲ့ပက်ပင်းတွေ့တယ်။／ Hindi ko inaasahang makita ang titser ko sa supermarket.)

⓫ □ たちまち (cepat, tiba-tiba／ချက်ချင်း၊ မဆိုင်းမတွ／agad, kaagad)

▶ この一曲で、彼女はたちまちスターになった。
いっきょく　　かのじょ

(Dengan satu lagu ini, dia terus menjadi bintang.／
ဒီသီချင်းတစ်ပုဒ်တည်းနဲ့၊ သူမဟာချက်ချင်းကျော်ကြားသွားတယ်။／ Dahil sa kantang ito, naging star siya agad.)

性格・態度 41

思う・考える 42

方法・形式・スタイル 43

動きの様子 44

通信 45

パソコン・ネット 46

物の形・状態 47

問題・トラブル・事故 48

言葉 49

文学・音楽・芸術 50

⓬ ☐ **直ちに**
ただ
(segera／ချက်ချင်း／ agad, kaagad)

▶ ここは危険ですので、直ちに避難してください。
きけん　　　　　　　　　　ひなん

(Sini bahaya, sila larikan diri dengan segera.／ဒီနေရာဟာအန္တရာယ်ရှိလို့၊ ချက်ချင်းဘေးကင်းရာကို‌ရွှေ့ပြောင်ပါ။／
Delikado rito, kaya lumikas agad kayo.)

⓭ ☐ **着々（と）**
ちゃくちゃく
(dengan mantap, stabil／မှန်မှန်(နဲ့)／ patuloy)

▶ 工事は着々と進んでいるようです。
こうじ　　　　　　すす

(Pembinaan berjalan secara mantap.／ဆောက်လုပ်ရေးလုပ်ငန်းဟာ မှန်မှန်နဲ့ ဆက်သွားနေတယ်။／ Patuloy na
sumusulong ang konstruksyon.)

⓮ ☐ **次々（に）**
つぎつぎ
(satu demi satu／ဆက်ကာဆက်ကာ(နဲ့)／ sunud-sunod)

▶ A社は、これまでにないユニークな商品を次々に発表した。
しゃ　　　　　　　　　　　　　　しょうひん　　つぎつぎ　はっぴょう

(Syarikat A mengeluarkan produk unik yang tidak pernah dilihat sebelumnya satu demi satu.／
A ကုမ္ပဏီဟာ၊ ယခုထိမရှိဘူးသေးတဲ့ထူးခြားကောင်းမွန်တဲ့အရောင်းပစ္စည်းတွေကိုဆက်ကာဆက်ကာနဲ့ကြေညာခဲ့တယ်။
／ Sunud-sunod na nagpahayag ang Company A ng mga natatanging produktong hindi pa nakikita
hanggang ngayon.)

⓯ ☐ **続々と**
ぞくぞく
(berturut-turut／အလျှိုအလျှိုနဲ့၊ စဉ်တိုက်ဆက်တိုက်နဲ့／ sunud-sunod)

▶ 4月以降、海外のアーチストが続々と来日している。
がついこう　かいがい　　　　　　　　ぞくぞく　らいにち

(Artis luar negara datang ke Jepun berturut-turut sejak April.／
4 ပိုင်နဲ့နောက်ပိုင်းမှာ၊ နိုင်ငံခြားအနုပညာရှင်တွေဟာစဉ်တိုက်ဆက်တိုက်ဂျပန်နိုင်ငံကိုလာရောက်လျက်ရှိတယ်။／ Sunud-
sunod na dumating sa Japan ang mga dayuhang artists mula noong Abril.)

⓰ ☐ **勢い**
いきお
(momentum／အရှိန်၊အရှိန်အဟုန်／ lakas)

▶ 〈スポーツ〉今、一番勢いがあるのがライオンズです。
いま　いちばんいきお

(<Sukan> Pasukan (besbol) Singa paling kuat setakat ini.／
(အားကစား)အခု၊ အရှိန်အဟုန်အကောင်းဆုံးက Lion အသင်းဖြစ်ပါတယ်။／ (Sports) Lions ang pinakamalakas na
team ngayon.)

⓱ ☐ **勢いよく**
いきお
(bertenaga, penuh semangat／အရှိန်ပြင်းပြင်းနဲ့／ malakas)

▶ 蛇口をひねると、勢いよく水が出てきた。
じゃぐち　　　　　　　　いきお　　みず　で

(Saya memulas kepala paip, dan air memancut keluar dengan kuat.／
ဘုံပိုင်ခေါင်းကိုလှည့်လိုက်တော့၊ အရှိန်ပြင်းပြင်းနဲ့ရေထွက်လာတယ်။／ Noong binuksan ko ang gripo, malakas na
tubig ang lumabas.)

⓲ ☐ **しきりに** (dengan kerap／မကြာမကြာ၊ ထပ်ခါထပ်ခါ／madalas)

▶ 夏休みはどこに行くのかと、子供がしきりに聞いてくるんです。
　なつやす　　　　　　い　　　　　　　　　こども

(Anak-anak tanya saya hendak mereka ke mana pada cuti musim panas dengan kerap.／
နွေရာသီအားလပ်ရက်မှာဘယ်ကိုသွားမလဲလို့၊ ကလေးကထပ်ခါထပ်ခါမေးတယ်။／Madalas na nagtatanong ang mga bata kung saan kami pupunta sa summer vacation.)

⓳ ☐ **絶えず** (tidak berhenti-henti／အဆက်မပြတ်／patuloy)
　　　　た

▶ いたずらばかりしていたので、先生には絶えず叱られていました。
　　　　　　　　　　　　　　　　　　せんせい　　　　　　　しか

(Saya dimarahi oleh guru tidak terhenti-henti kerana saya selalu berolok-olok.／
အမြဲတမ်းလက်မငြိမ်လို့၊ အဆက်မပြတ်ဆရာအဆူခံနေခဲ့ရတယ်။／Patuloy akong pinagagalitan ng titser, kasi lagi akong gumagawa ng kalokohan.)

⓴ ☐ **ひとりでに** (dengan sendiri／သူ့အလိုလို／mag-isa)

▶ 何もしていないのに、ひとりでにドアが閉まったんです。
　なに　　　　　　　　　　　　　　　　　　　　し

(Pintu tertutup sendiri walaupun saya tidak melakukan apa-apa.／
�’ာမှမလုပ်�’ဲ့နဲ့၊ တံခါးကသူ့အလိုလိုပိတ်သွားတယ်။／Sumara nang mag-isa ang pinto, kahit wala akong ginagawa.)

㉑ ☐ **自動的（な）** (automatik／အလိုအလျောက်ဖြစ် (သော)၊ အလိုလို／automatic)
　　　　じ　どうてき

▶ このライトは、人がいなくなると10秒後に自動的に消えます。
　　　　　　　ひと　　　　　　　　びょうご　　　　　　　　　き

(Lampu ini akan padam secara automatik 10 saat selepas orang meninggalkan bilik.／
ဒီမီးဟာ၊ လူမရှိတော့ရင် 10 စက္ကန့်ကြာပြီးနောက်မှာ အလိုအလျောက်ပိတ်သွားတယ်။／Automatic na namamatay itong ilaw, 10 segundo pagkatapos na wala ng tao.)

㉒ ☐ **強引（な）** (dengan paksa／အတင်းအဓမ္မဖြစ်(သော)／sapilitan)
　　　　ごういん

▶ そんな強引に誘ったら、嫌がられるよ。
　　　　さそ　　　　　　　いや

(Kamu akan dibenci orang jika mengajak orang secara paksa seperti itu.／
အဲ့ဒီလောက်အတင်းအဓမ္မခေါ်ရင်၊ ကြိုက်မှာမဟုတ်ဘူးလေ။／Kung sapilitan kang mag-iimbita, kaiinisan ka.)

㉓ ☐ **力強い** (kuat, bertenaga／အားရပါးရ／makapangyarihan)
　　　　ちからづよ

▶ 〈音楽〉彼女の力強い声が好きなんです。
　　おんがく　かのじょ　　　　こえ　す

(<Muzik> Saya suka suaranya yang kuat dan bertenaga.／
(တေးဂီတ) သူ့ရဲ့အားရပါးရသီချင်းဆိုသံကိုကြိုက်တယ်။／(Musika) Gusto ko ang makapangyarihang boses niya.)

性格・態度 41
思う・考える 42
方法・形式・スタイル 43
動きの様子 44
通信 45
パソコン・ネット 46
物の形・状態 47
問題・トラブル・事故 48
言葉 49
文学・音楽・芸術 50

UNIT 45

通信
つうしん

(Telekomunikasi／ဆက်သွယ်ရေး／ Komunikasyon)

音声
DL
70

---

❶ □ **かけ直す**
なお
(membuat panggilan semula／ဖုန်းပြန်ခေါ်သည်／ tumawag uli, ibalik ang tawag)

▶ すみません、今、電車に乗るところなので、あとでかけ直します。
いま でんしゃ の

(Maaf, saya hendak menaiki kereta api sekarang. Saya akan membuat panggilan semula kemudian.／
တောင်းပန်ပါတယ်၊ အခုရထားစီးတော့မလို့ပါ၊ နောက်မှဖုန်းပြန်ခေါ်ပါမယ်။／ Pasensiya na at nasa tren ako ngayon.
Tatawagan uli kita mamaya.)

---

❷ □ **回す** (memindah (panggilan)／ဖုန်းပြောင်းပေးသည်／ ipasa)
まわ

▶ A社から電話がかかってきたら、私に回してください。
しゃ でんわ わたし

(Sekiranya anda menerima panggilan dari Syarikat A, sila pindahkan kepada saya.／
A ကုမ္ပဏီကဖုန်းလာရင်၊ ကျွန်တော့်ဆီဖုန်းပြောင်းပေးပါ။／ Kapag tumawag ang Company A, pakipasa ang
tawag sa akin.)

---

❸ □ **内線** (panggilan sambungan／အတွင်းလိုင်း／ extension number)
ないせん

▶ 部長の内線って何番？
ぶちょう なんばん

(Apakah nombor panggilan sambungan pengurus besar?／ဌာနမှူးရဲ့အတွင်းလိုင်းကနံပါတ်�’ဘယ်လောက်လဲ။／
Ano ang extension number ng manedyer?)

▶ 〈外からかけるとき〉内線246をお願いします。
そと ねが

(<Semasa membuat panggilan dari luar> Sila sambung ke sambungan 246.／
(အပြင်ကနေဖုန်းဆက်တဲ့အခါ) အတွင်းလိုင်း 246 ကိုဆက်ပါ။／ (Tawag mula sa labas) Pakikonekta po ako sa
extension 246.)

---

❹ □ **外線** (membuat panggilan luar／အပြင်လိုင်း၊အောင်တိုလိုင်း／ tawag sa labas)
がいせん

▶ 外線にかけるときは、最初にゼロを押してください。
さいしょ お

(Apabila membuat panggilan luar, sila tekan 0 terlebih dahulu.／
အောင်တိုလိုင်းကိုဖုန်းဆက်တဲ့အခါမှာ၊အစဦးဆုံးဆုံသုညကိုနှိပ်ပါ။／ Kung tatawag kayo sa labas, una ninyong
pindutin ang zero.)

---

❺ □ **フリーダイヤル** (panggilan percuma／အခမဲ့ဖုန်းနံပါတ်／ toll free)

---

❻ □ **速達** (pos laju／အမြန်ပို့／ express delivery)
そくたつ

---

❼ □ 〜御中 (kepada／လူကြီးမင်း／ To)
おんちゅう

▷〈宛て名〉ＡＢＣ株式会社御中
あ な　　　かぶしきがいしゃ

(<Alamat> Kepada Syarikat ABC／(ပေးပို့သည့်လိပ်စာ) ABCအစုရှယ်ယာကုမ္ပဏီ လူကြီးမင်း／ (Adres) To ABC Inc.)

---

❽ □ 電報 (telegram／ကြေးနန်း／ telegrama)
でんぽう

▶式に出られなかったので、電報を打ちました。
しき で　　　　　　　　　　　　　　　　　　　う

(Saya tidak dapat menghadiri majlis, maka saya menghantar telegram.／
အခမ်းအနားကိုမတက်နိုင်တာကြောင့်ကြေးနန်းရိုက်ခဲ့ပါတယ်။／ Hindi ako makakapunta sa ceremony, kaya nagpadala ako ng telegrama.)

---

❾ □ 受け取る (menerima／လက်ခံယူသည်／ tumanggap)
う と

❿ □ 受け取り (penerimaan／လက်ခံယူခြင်း／ pagtanggap)
う と

▶〈宅配便〉こちらに受け取りのサインをお願いします。
たくはいびん　　　　　　　　　　う と　　　　　　　　　　ねが

(<Penghantaran cepat> Sila tandatangan di sini untuk penerimaan barang.／
(အိမ်ဖြန့်ဝေ) ဒီနေရာမှာလက်ခံရယူကြောင်းလက်မှတ်ထိုးပေးပါ။／ (Delivery) Pakipirma po rito bilang tanda ng pagtanggap ninyo nito.)

性格・態度 41

思う・考える 42

方法・形式・スタイル 43

動きの様子 44

通信 45

パソコン・ネット 46

物の形・状態 47

問題・トラブル・事故 48

言葉 49

文学・音楽・芸術 50

UNIT 46

音声 DL 71

パソコン・ネット

(Komputer, Internet／ကွန်ပျူတာ၊အင်တာနက်／ Kompyuter, Internet)

❶ □ 立ち上げる (memulakan／စတင်သည်၊စဖွင့်သည်၊ ထူထောင်သည်／ simulan, i-start up)
たあ

▶ まずは、電源を入れて、パソコンを立ち上げてみましょう。
でんげん　い

(Pertama, hidupkan kuasa dan memulakan komputer anda.／အရင်ဆုံးပါဝါဖွင့်ပြီး၊ ကွန်ပျူတာကိုစဖွင့်ရအောင်။ / Una, i-on natin ang kuryente at i-start up natin ang kompyuter.)

▷ 新たに会社を立ち上げる
あら　かいしゃ　た　あ

(memulakan syarikat baru／ကုမ္ပဏီအသစ်ကိုထူထောင်သည်／ magsimula ng bagong kompanya)

❷ □ 立ち上がる (membangun／စတင်သည်／ tumayo)
たあ

❸ □ 終了(する) (menamatkan, menyelesaikan／အဆုံးသတ်(သည်)၊ ပြီးစေ(သည်)／ isara, tapusin)
しゅうりょう

▶ 何か問題があるみたいで、うまく終了できなかった。
なに　もんだい

(Nampaknya ada masalah, saya tidak dapat menamatkannya dengan baik.／ပြဿနာတစ်ခုခုရှိပုံရပြီး၊အဆင်ချောချောနဲ့အဆုံးသတ်လို့မရခဲ့ဘူး။ / Parang may problema dahil hindi ko ito maisara.)

❹ □ バージョン (versi／ဗားရှင်း Version／ version)

❺ □ サーバー/サーバ (komputer pelayan／ဆားဗား Server／ server)

❻ □ ケーブル (kabel／ကေဘယ်လ် Cable／ cable)

❼ □ 件名 (subjek／အကြောင်းအရာ／ paksa)
けんめい

❽ □ 差出人 (penghantar／ပေးပို့သူ／ ang nagpadala)
さしだしにん

❾ □ 掲示板 (papan kenyataan／ကြော်ငြာဘုတ်／ bulletin board)
けいじばん

❿ □ **ヒット(する)** (kena (hit)／တွေ့(သည်)၊ထိ(သည်)／ hit)

▶ 検索したら、50万件ヒットした。
けんさく　　　　　　まんけん

(Saya mendapat 500,000 keputusan semasa menjalankan carian di internet.／
ရှာဖွေကိုရိုက်လိုက်တဲ့အခါမှာ အမှု သောင်း 50 တွေ့ရသည်။／ Noong naghanap ako, nakakuha ako ng 500,000 na hit.)

⓫ □ **画像** (imej, gambar／ပုံ／ image)
　　　 が　ぞう

▶ 商品の画像も見(ら)れます。
しょうひん　　　　　　み

(Kamu juga dapat melihat gambar produk.／အရောင်းပစ္စည်းရဲ့ပုံကိုကြည့်လို့ရပါမယ်။／ Makikita rin ang image ng produkto.)

⓬ □ **コピー＆ペースト(する)** (salin dan tampal／Copy & Paste(လုပ်သည်)／ mag-copy and paste)

▷ コピペ(する)

(menyalin dan menampal／Copy Paste (လုပ်သည်)／ mag-copy and paste)

⓭ □ **変換(する)** (menukar, mengubah／ပြောင်း(သည်)／ i-convert)
　　　 へんかん

▷ 漢字に変換する
　　 かんじ

(menukar ke kanji／(စာလုံးကို) Kanji သို့ပြောင်းသည်／ i-convert sa Kanji)

⓮ □ **改行(する)** (memulakan barisan baru／နောက်တစ်ကြောင်းပြောင်း(သည်)／
　　　 かいぎょう　　　 magsimula ng bagong linya)

▶ ここで改行したほうが読みやすくなると思う。
　　　　　　　　　　　　　　　　よ　　　　　　　　　おも

(Saya rasa lebih senang dibaca jika kamu memulakan barisan baru di sini.／
ဒီမှာ နောက်တစ်ကြောင်းပြောင်းရင် ဖတ်ရတာအဆင်ပြေမယ်ထင်တယ်။／ Sa palagay ko mas madaling basahin ito kung magsisimula ka ng bagong linya rito.)

⓯ □ **削除(する)** (memadamkan／ဖျက်(သည်)／ mag-delete)
　　　 さくじょ

▷ データを削除する

(memadamkan data／ဒေတာကိုဖျက်သည်／ mag-delete ng data)

性格・態度 41

思う・考える 42

方法・形式・スタイル 43

動きの様子 44

通信 45

パソコン・ネット 46

物の形・状態 47

問題・トラブル・事故 48

言葉 49

文学・音楽・芸術 50

❶❻ □ 圧縮（する）　(memampatkan／ချုံ့(သည်)／i-compress)
あっしゅく

　　▶データが大きいので、圧縮して送ります。　※「データが重い」ともいう。
　　　　　　　　　おお　　　　　　　おく　　　　　　　　　　　　おも

　　(Oleh sebab saiz data besar, saya akan memampatkan dan menghantarnya.／
　　ဒေတာက ကြီးများနေလို့၊ ချုံ့ပြီးပို့ပါမယ်။※「ဒေတာကလေးတယ်」လို့လည်းပြောပါတယ်။／ Masyadong malaki ang
　　data, kaya ico-compress ko at ipapadala sa iyo.)

❶❼ □ 対 解凍（する）　(mengekstrak／ဖြုတ်(သည်)／mag-unzip, i-unzip)
　　　　　かいとう

❶❽ □ フォルダー/フォルダ　(folder／စာတွဲ ဖိုင်／folder)

物の形・状態
もの　かたち　じょうたい

(Sifat, keadaan dan bentuk benda／ပစ္စည်းပုံသဏ္ဍာန်၊ အခြေအနေ／Hugis at Kondisyon ng mga Bagay)

❶ □ **長方形**
ちょうほうけい　(segi empat tepat／ထောင့်မှန်စတုဂံ／rektanggulo)

❷ □ **直角**
ちょっかく　(sudut tepat／ထောင့်မှန်၊ထောင့်မတ်／right angle)

❸ □ **直通**
ちょくつう　((panggilan) terus／တိုက်ရိုက်၊တောက်လျှောက်／direct, direkta)

▶〈電話〉こちらが私の直通の番号です。
　でんわ　　　　　わたし　ちょくつう　ばんごう

(<Telefon> Ini adalah nombor telefon panggilan terus saya.／(တယ်လီဖုန်း)ဒီဟာကကျွန်တော်ရဲ့တိုက်ရိုက်နံပါတ်ဖြစ်ပါတယ်။／(Telepono) Ito ang numero ng direct line ko.)

❹ □ **束**
たば　(gugus／အစည်း၊အထုံး／bungkos, palumpon)

▷ 花束、50枚の束
　はなたば　　まい　たば

(gugusan bunga, 50 helai setimbun／ပန်းစည်း၊ အရွက် 50 စည်း／palumpon ng bulaklak, isang bundle ng 50 sheet)

❺ □ **塊**
かたまり　(ketulan／အတုံး၊အခဲ၊အစိုင်အခဲ／buo)

▷ 肉の塊
　にく

(ketulan daging／အသားတုံး／buong karne)

❻ □ **粒**
つぶ　(biji-bijian／အစေ့၊ အဆန်／butil)

❼ □ **粉**
こな　(serbuk／အမှုန့်／pulbos, powder)

❽ □ **固体**
こたい　(pepejal／အကောင်၊အတုံး၊အခဲ၊အစိုင်အခဲ／solid)

性格・態度 41

思う・考える 42

方法・形式・スタイル 43

動きの様子 44

通信 45

パソコン・ネット 46

物の形・状態 47

問題・トラブル・事故 48

言葉 49

文学・音楽・芸術 50

❾ □ **液体**
えきたい
(cecair／အရည်／ liquid, likido)

▷**青い液体が入ったびん**
あお　えき
(botol dengan cecair biru di dalam／အပြာရောင်အရည်ထည့်ထားတဲ့ပုလင်း／ boteng may asul na likido)

❿ □ **気体** (gas／အခိုးအငွေ့အခိုးအငွေတတ်၊ ဓာတ်ငွေ့／ gas)
きたい

⓫ □ **蒸気** (wap／အခိုးအငွေ့အငွေ့အသက်၊ ရေနွေးငွေ့／ steam)
じょうき

⓬ □ **水蒸気** (wap air／ရေငွေ့ရေခိုးရေငွေ့／ water vapor)
すいじょうき

▶ **これは、大気中に水蒸気が多く含まれているためです。**
(Ini sebab atmosfera mengandungi banyak wap air.／ဒါဟာ၊ လေထုထဲမှာ ရေခိုးရေငွေ့အများကြီးပါဝင်နေလို့ပါ။
／ Ito ay dahil ang atmospera ay naglalaman ng maraming water vapor.)

⓭ □ **湯気** (wap／ရေနွေးငွေ့၊ ရေပူငွေ့／ steam, singaw)
ゆげ

▶ **湯気で鏡が曇ってる。**
かがみ　くも
(Cermin berkabus kerana wap.／ရေနွေးငွေ့ကြောင့်မှန်ကမှုန်သွားတယ်။／ Malabo ang salamin dahil sa
steam.)

⓮ □ **びっしょり** (basah kuyup／စိုရဲ့သည်／ basang-basa)

▶ **暑くて汗でびっしょりだよ。**
あつ　あせ
(Saya basah kuyup dengan peluh kerana panas.／နေပူလို့ချွေးတွေစိုရဲ့သွားပြီ။／ Basang-basa ako ng pawis
dahil sa init.)

⓯ □ **つるつる** (licin／လျှောကနဲလျှောကနဲ／ madulas)

▶ **道が凍って、つるつる滑る。**
みち　こお　すべ
(Jalan membeku dan menjadi licin.／လမ်းက(ရေ)ခဲပြီး၊လျှောကနဲလျှောကနဲချောတယ်။／ Nagyeyelo ang kalye
at madulas.)

⓰ □ **つや** (berkilat／(အရောင်)ပြောင်သည်၊စိုသည်／ kintab, ningning)

▶ **私より姉の方が肌につやがあって健康的です。**
わたし　あね　ほう　はだ　けんこうてき
(Kulit kakak saya lebih berseri dan sihat daripada kulit saya.／
ကျွန်မထက်အစ်မရဲ့အသားအရည်ကအရောင်စိုပြီးကျန်းမာရေးနဲ့ညီတယ်။／ Mas makintab ang balat at mas
malusog ang ate ko kaysa sa akin.)

⓱ ☐ 湿る　(menjadi basah／စိုစွတ်သည်၊စိုထိုင်းသည်／mabasa)

▶ このシャツ、まだ湿ってる。もうちょっと乾かさないと。

(Baju ini masih lembap. Saya perlu mengeringkannya sedikit lagi.／
ဒီရှပ်အင်္ကျီကိုစိုထိုင်းနေတုန်းပဲ။ နောက်ထပ်နည်းနည်းအခြောက်ခံရမယ်။／Basa pa rin ang shirt na ito. Patuyuin pa
natin nang kaunti.)

⓲ ☐ さびる　(berkarat／သံချေးတက်သည်／kalawangin)

▶ 古い自転車だから、あちこちさびている。

(Ini basikal lama, ia berkarat di merata tempat.／
ဟောင်းနေတဲ့စက်ဘီးဖြစ်လို့၊ ဟိုနေရာဒီနေရာကသံချေးတက်နေတယ်။／Luma na kasi ang bisikleta, kaya
kinakalawang sa iba't ibang parte.)

⓳ ☐ さび　(karat／သံချေး／kalawang)

⓴ ☐ 濁る　(keruh／နောက်သည်၊နောက်ကျိုသည်／maputik)

▶ 水が濁っていて、魚がいるかどうか、わからない。

(Airnya keruh, saya tidak tahu ada ikan atau tidak di dalam ini.／
ရေနောက်နေလို့၊ ငါးရှိသလားမရှိဘူးလားဆိုတာမသိဘူး။／Maputik ang tubig, kaya hindi ko alam kung may isda
diyan o wala.)

㉑ ☐ 澄む　(jernih, cerah／ကြည်သည်၊ကြည်လင်သည်／malinaw)

▷ 澄んだ水、澄んだ空

(air jernih, langit cerah／ကြည်လင်တဲ့ရေ၊ ကြည်လင်တဲ့မိုးကောင်းကင်／malinaw na tubig, malinaw na langit)

㉒ ☐ 透明（な）　(lutsinar／ကြည်လင်(သော)၊ထိုးဖောက်မြင်ရ(သော)／transparent)

㉓ ☐ 空　(kosong／အလွတ်၊ဗလာ၊ဟာလာဟင်းလင်း／walang laman)

▷ 空のびん　(botol kosong／ပုလင်းလွတ်／boteng walang laman)

㉔ ☐ 空っぽ　(kosong／ဗလာဖြစ်သည်၊ဟာလာဟင်းလင်းဖြစ်သည်／walang laman)

▶ ほしかったけど、財布の中が空っぽでした。

(Saya mahu, tetapi dompet saya kosong.／လိုချင်ပေမဲ့ ပိုက်ဆံအိတ်ထဲဗလာဖြစ်နေတယ်။／Gusto ko sana
iyon, pero walang laman ang pitaka ko.)

性格・態度 41

思う・考える 42

方法・形式・スタイル 43

動きの様子 44

通信 45

パソコン・ネット 46

物の形・状態 47

問題・トラブル・事故 48

言葉 49

文学・音楽・芸術 50

❷❺ □ **広々**（ひろびろ） (luas ／ ကျယ်ကျယ်ဝန်းဝန်း／ maluwang)

▶ 広々としたリビングがうらやましかった。

(Saya iri hati dengan ruang tamu yang luas.／ ကျယ်ကျယ်ဝန်းဝန်းရှိတဲ့ညီခန်းကိုအားကျတယ်။／ Nainggit ako sa maluwang na sala.)

❷❻ □ **清潔（な）**（せいけつ） (bersih ／ သန့်ရှင်း(သော)／ malinis)

▶ トイレが清潔だと、気持ちいい。（きも）

(Semua orang berasa selesa jika tandas bersih.／ အိမ်သာကသန့်ရှင်းရင်စိတ်ကြည်စရာကောင်းတယ်။／ Masarap ang pakiramdam kung malinis ang toilet.)

❷❼ □ **不潔（な）**（ふけつ） (tidak bersih ／ မစင်ကြယ်(သော)၊ မသန့်ရှင်း(သော)／ marumi)

▶ ちゃんと洗濯してるの？　不潔にしていると嫌われるよ。（せんたく）（きら）

(Adakah awak mencuci dengan betul? Awak akan dibenci jika tidak bersih.／ အဝတ်ကိုကျကျနနလျှော်ရဲ့လား။ မသန့်ရှင်းမစင်ကြယ်ရင်လူမုန်းခံရမယ်／ Nilabhan mo ba ito nang mabuti? Ayaw ng mga tao kung marumi pa ito.)

❷❽ □ **不安定（な）**（ふあんてい） (tidak stabil ／ မတည်ငြိမ်(သော)၊ မခိုင်(သော)／ hindi matatag)

▶ この台、ちょっと不安定だけど、大丈夫？（だい）（だいじょうぶ）

(Bangku ini tidak stabil, OK tak?／ ဒီစင်၊ နည်းနည်းမခိုင်ဘူး၊ ရပါ့မလား။／ Medyo hindi matatag itong stand - okey ba ito?)

問題・トラブル・事故
もんだい　　　　　　　　　　　　　じこ

(Isu, Masalah, Kemalangan／ပြဿနာ၊ trouble, မတော်တဆမှု／ Problema, Gulo, Aksidente)

---

❶ □ 発生（する）
はっせい
(berlaku／ပေါ်ပေါက်(သည်)၊ဖြစ်ပွား(သည်)／ maganap, mangyari)

▶ 通信システムに何か問題が発生したようです。
つうしん　　　　　　　　なに　もんだい

(Nampaknya ada masalah dengan sistem komunikasi.／ဆက်သွယ်ရေးစစ်တမ်မှာတစ်ခုခုပြဿနာပေါ် ပုံရတယ်။／ Mukhang nagkaroon ng problema sa communication system.)

---

❷ □ 停電（する）
ていでん
(putus bekalan elektrik／မီးပြတ်(သည်)／ mag-brown-out)

---

❸ □ 火災
かさい
(kebakaran／မီးလောင်မှုမီးဘေး／ sunog)

▶ A工場で火災が発生したようです。
こうじょう　　かさい　　はっせい

(Nampaknya kebakaran terjadi di Kilang A.／A စက်ရုံမှာမီးလောင်မှုဖြစ်ပွားပုံရတယ်။／ Mukhang nagkaroon ng sunog sa Pabrika A.)

---

❹ □ 洪水
こうずい
(banjir／ရေကြီးခြင်း／ baha)

---

❺ □ 震度
しんど
(keamatan gempa bumi／တုန်ခါမှုဒီဂရီ／ lakas ng lindol)

---

❻ □ 災害
さいがい
(bencana／ဘေးဒဏ်(သဘာဝ)ဘေးဒဏ်၊ sakuna)

▷ 災害時の連絡先、自然災害
じ　れんらくさき　しぜん

(nombor hubungan semasa berlakunya bencana, bencana alam／ဘေးဒဏ်သင့်တဲ့အခါဆက်သွယ်ရန်လိပ်စာ၊ သဘာဝဘေးဒဏ်／ contact information kung may sakuna, natural na sakuna)

---

❼ □ 防災
ぼうさい
(pencegahan bencana／ဘေးဒဏ်ကာကွယ်ရေး／ pag-iwas sa sakuna)

▷ 防災訓練
くんれん

(latihan kecemasan／ဘေးဒဏ်ကာကွယ်မှုလေ့ကျင့်ရေး／ pagsasanay para iwasan ang sakuna)

性格・態度 41

思う・考える 42

方法形式・スタイル 43

動きの様子 44

通信 45

パソコン・ネット 46

物の形・状態 47

問題・トラブル・事故 48

言葉 49

文学・音楽・芸術 50

❽ □ 災難 (malapetaka／ဘေးဒုက္ခ／ sakuna)
さいなん

▶「台風で飛行機が飛べなくなったんです」「それは災難でしたね」
たいふう

("Pesawat tidak dapat terbang kerana angin taufan" "Itu malapetaka"／
「တိုင်းဖွန်း」 「အဲ့ဒါဟာဘေးဒုက္ခကသင့်ခဲ့တာပဲနော်」／ "Dahil sa bagyo, hindi nakalipad ang eroplano."
"Napakamalas naman!")

❾ □ 被害 (kerosakan／နစ်နာမှုဆုံးရှုံးမှုထိခိုက်မှု၊ အဆုံးအရှုံး／ pinsala, sira)
ひがい

▶この台風で、多くの農家が被害を受けた。
たいふう　　おお　　のうか　　　　う

(Ramai petani mengalami kerosakan akibat taufan ini.／
ဒီတိုင်းဖွန်းကြောင့်၊ များစွာသော လယ်ယာသမားများနစ်နာဆုံးရှုံးခဲ့တယ်။／ Dahil sa bagyong ito, maraming
magsasaka ang napinsala.)

❿ □ 損害 (kerugian／အဆုံးအရှုံးနစ်နာမှုအပျက်အစီး／ pinsala, sira)
そんがい

▷損害を与える、損害を受ける
あた　　　　　　う

(menyebabkan kerugian, menanggung kerugian／ပျက်စီးမှုကိုဖြစ်ပေါ်စေသည်၊ပျက်စီးမှုမှခံရသည်／ magdulot
ng pinsala, mapinsala)

⓫ □ 同ダメージ (kerosakan／damage／ pinsala, sira)

⓬ □ 障害 (kecacatan, gangguan／အနှောင့်အယှက်၊ မသန်မစွမ်း／ kapansanan)
しょうがい

▷通信障害、身体障害者　※「しょうがい」は別な書き方もある。
つうしん　　しんたい　しゃ　　　　　　　　　　べつ　か　かた

(gangguan telekomunikasi, orang yang mempunyai kecacatan fizikal／
ဆက်သွယ်ရေးအနှောင့်အယှက်၊ ကိုယ်လက်ခြေမသန်စွမ်းသူ※「しょうがい」 သည်အခြားရေးပုံရေးနည်းလည်းရှိသည်။
／ sira sa komunikasyon, taong may kapansanan)

⓭ □ 欠陥 (kecacatan, kesilapan／ချို့ယွင်းချက်／ depekto)
けっかん

▶システムに新たな欠陥が見つかった。
あら　　　　　み

(Kesilapan baharu dalam sistem ditemui.／စစ်တမ်တွင် ချို့ယွင်းချက်အသစ်တွေ့ရှိသည်။／ May nakitang
bagong depekto sa system.)

▷欠陥住宅
じゅうたく

(rumah yang mempunyai kecacatan／ချို့ယွင်းချက်ရှိအိမ်ရာ／ bahay na may depekto)

⓮ □ 騒音 (bunyi bising／ဆူညံသံနှောင့်ယှက်သံ／ ingay)
そうおん

⑮ □ 苦情（くじょう） (aduan ／ တိုင်တန်းခြင်း၊တိုင်တန်းချက် ／ reklamo)

▶ お客（きゃく）さんからの苦情には丁寧（ていねい）に対応（たいおう）してください。

(Sila menguruskan aduan pelanggan dengan sopan. ／ ဧည့်သည်ရဲ့တိုင်တန်းချက်ကိုယဉ်ကျေးစွာတုံ့ပြန်ပါ။ ／ Pakitugon nang magalang ang reklamo ng kliyente.)

⑯ □ もめる (bertengkar ／ မပြေမလည်ဖြစ်သည်၊ အငြင်းပွားသည် ／ mag-away)

▶ 今（いま）、進路（しんろ）のことで親（おや）ともめているんです。

(Saya sedang bertengkar dengan ibu bapa mengenai kerjaya masa depan saya. ／ အခု၊ ရှေ့ဆက်ရမယ့်အကြောင်းနဲ့ပတ်သက်ပြီး၊ မိဘတွေနဲ့မပြေမလည်ဖြစ်နေတယ်။ ／ Nag-aaway kami ng mga magulang ko tungkol sa plano ko sa kinabukasan.)

⑰ □ 衝突（しょうとつ）（する） (berlanggar ／ (ယာဉ်)တိုက်မှုဖြစ်သည်၊ပဋိပက္ခဖြစ်သည် ／ magbanggaan)

▷ 車（くるま）の衝突事故（じこ）、意見（いけん）が衝突する

(perlanggaran kereta, percanggahan pendapat ／ ကားတိုက်သည့်မတော်တဆမှု၊ အမြင်ချင်းပဋိပက္ခဖြစ်သည် ／ banggaan ng kotse, salungatan ng opinyon)

⑱ □ 妨（さまた）げる (menghalang ／ ဟန့်တားသည် ／ humadlang, pumigil)

▶ このような政治（せいじ）の混乱（こんらん）が発展（はってん）を妨げることになる。

(Kemelut politik seperti itu akan menghalang pembangunan. ／ ဒီလိုမျိုးနိုင်ငံရေးရှုတ်ထွေးမှုဟာ တိုးတက်ဖွံ့ဖြိုးရေးကိုအဟန့်အတားဖြစ်စေမယ်။ ／ Ang ganitong gulo sa politika ang hahadlang sa pagsulong ng bansa.)

⑲ □ 妨（さまた）げ (halangan ／ အဟန့်အတား၊အနှောင့်အယှက် ／ hadlang)

音声DL 74

⑳ □ 処分（しょぶん）（する） (membuang, menghukum, mendenda ／ စွန့်ပစ်(သည်)၊ အပြစ်ဒဏ်ပေး(သည်) ／ itapon, parusahan)

▶ このパソコンはもう古（ふる）すぎるから処分しましょう。

(Komputer ini terlalu lama, mari kita buangkannya. ／ ဒီကွန်ပြူတာဟာဟောင်းလွန်းနေလို့စွန့်ပစ်ရအောင်။ ／ Itapon na natin itong kompyuter dahil masyado nang luma.)

▶ 彼（かれ）は相手（あいて）の選手（せんしゅ）を蹴（け）ったため、退場（たいじょう）処分を受（う）けた。

(Dia diusir keluar daripada perlawanan sebagai denda kerana menendang pemain lawan. ／ သူဟာတစ်ဘက်အားကစားသမားကိုကန်တဲ့အတွက်၊ပြိုင်ပွဲမှထွက်သွားရန်အပြစ်ဒဏ်ပေးခံရတယ်။ ／ Dahil sa sinipa niya ang kalaban niya, pinarusahan siyang umalis nang ring.)

性格・態度 41

思う・考える 42

方法・形式・スタイル 43

動きの様子 44

通信 45

パソコン・ネット 46

物の形・状態 47

問題・トラブル・事故 48

言葉 49

文学・音楽・芸術 50

㉑ □ 危機 (krisis／အန္တရာယ်၊ဘေးဥပဒ်／ peligro, krisis)
き き

▶ A社は今、倒産の危機にある。
しゃ いま とうさん
(Syarikat A menghadapi krisis muflis sekarang.／A ကုမ္ပဏီဟာအခု၊ ဒေဝါလီခံရမဲ့အန္တရာယ်ရှိနေတာယ်။／ May peligro ng pagkalugi ang Company A.)

▶ 何とか危機を乗り越えることができた。
なん き の こ
(Entah bagaimana, kami berjaya mengatasi krisis tersebut.／
တစ်နည်းနည်းနဲ့ ဘေးအန္တရာယ်ကိုကျော်လွှားနိုင်ခဲ့တာယ်။／ Kahit papaano, nagawa naming mapagtagumpayan ang krisis.)

㉒ □ 高齢化 (penuaan populasi／အိုမင်းခြင်း／ pagtanda)
こうれい か

㉓ □ 少子化 (penurunan kadar kelahiran／မွေးဖွားနှုန်းကျဆင်းခြင်း／ pagbaba ng birth rate)
しょう し か

㉔ □ 地球温暖化 (pemanasan global／ကမ္ဘာကြီးပူနွေးခြင်း／ global warming)
ち きゅうおんだん か

㉕ □ 飢える (melaparkan／ဝတ်မွတ်သည်／ magutom)
う

㉖ □ 未解決 (belum diselesaikan／မဖြေရှင်းရသေး၊ မပြေလည်သေး／ hindi nalutas)
み かいけつ

▷ 未解決の問題
もんだい
(masalah yang belum diselesaikan／မဖြေရှင်းရသေးသောပြဿနာ／ hindi nalutas na problema)

㉗ □ 対策（する） (mengambil langkah／စီမံဆောင်ရွက်(သည်)／ gumawa ng hakbang)
たいさく

▶ 事故を防ぐために何か対策を立てる必要がある。
じこ ふせ なに たいさく た ひつよう
(Langkah-langkah perlu diambil untuk mencegah kemalangan.／
မတော်တဆမှုကိုကာကွယ်ရန် စီမံဆောင်ရွက်ရေးတစ်ခုခုကိုစီစဉ်ဖို့လိုအပ်တာယ်။／ Kailangan nating gumawa ng hakbang para maiwasan ang aksidente.)

㉘ □ 警告（する） (memberi amaran／သတိပေး(သည်)／ magbabala, magwarning)
けいこく

▶ この薬の危険性を警告する論文も発表された。
くすり きけんせい けいこく ろんぶん はっぴょう
(Tesis yang memberi amaran mengenai kebahayaan ubat ini juga telah diterbitkan.／
ဒီဆေးဝါးရဲ့အန္တရာယ်ရှိမှုကိုသတိပေးတဲ့စာတမ်းကိုကြေညာခဲ့တာယ်။／ Nag-publish rin ng thesis na nagbababala tungkol sa panganib ng gamot na ito.)

㉙ □ 避難（する） (mendapatkan perlindungan／ဘေးကင်းရာတွင်ခိုလှုံ(သည်)／ lumikas, mag-evacuate)

▷ 避難場所
ひ なん ば しょ

(tempat perlindungan／ဘေးကင်းခိုလှုံရေးနေရာ／ lugar ng evacuation)

㉚ □ 溺れる (lemas／ရေနစ်သည်၊နှစ်မွန်းသည်／ malunod)
おぼ

▶ 小さい頃、海で溺れそうになったことがある。
ちい ころ うみ おぼ

(Saya hampir lemas di laut semasa kecil.／ကလေးတုန်းကပင်လယ်ထဲမှာရေနစ်လို့ဖြစ်ခဲ့ဘူးတယ်။／ Noong maliit ako, muntik na akong malunod sa dagat.)

㉛ □ 行方不明 (hilang (orang)／လူပျောက်နေသည်／ nawawala, missing)
ゆく え ふ めい

㉜ □ 保護（する） (melindungi／ကာကွယ်စောင့်ရှောက်(သည်)၊ အုပ်ထိန်း(သည်)၊ ထိန်းသိမ်း(သည်)
ほ ご ／ magprotekta, protektahan)

▷ 迷子を保護する、自然保護
まい ご し ぜん

(melindungi kanak-kanak yang sesat jalan, perlindungan alam semula jadi／
ကလေးပျောက်မှုကိုကာကွယ်စောင့်ရှောက်သည်၊သဘာဝထိန်းသိမ်းရေး／ protektahan ang mga batang nawawala, pagpoprotekta ng kalikasan)

㉝ □ 救助（する） (menolong, menyelamatkan／ကယ်(သည်)／ iligtas, sagipin)
きゅうじょ

▶ 川で溺れていた子供が無事に救助された。
かわ おぼ こども ぶ じ

(Kanak-kanak yang lemas di sungai berjaya diselamatkan.／
ချောင်းထဲမှာရေနစ်နေတဲ့ကလေးကို ဘေးကင်းစွာနဲ့ကယ်နိုင်ခဲ့တယ်။／ Nailigtas nang maayos ang batang nalunod sa ilog.)

㉞ □ 不正 (kecurangan／မမှန်မကန်ပြုမှု／ madaya, hindi makatarungan)
ふ せい

▶〈試験〉不正がないよう、チェックが厳しくなった。
し けん き び

(<Peperiksaan> Pemeriksaan menjadi lebih ketat untuk mencegah kecurangan.／
(စာမေးပွဲ)မမှန်မကန်ပြုမှုမရှိအောင်၊ စစ်ဆေးမှုကိုတင်းကျပ်လိုက်တယ်။／ (Test) Para maiwasan ang pandaraya, mas strikto na ang pagtse-tsek.)

㉟ □ 詐欺 (penipuan／လိမ်ညာမှု／ panloloko)
さ ぎ

▷ 詐欺にあう ※「詐欺にひっかかる」もほぼ同じ意味
い み

(ditipu／လိမ်လည်မှုနဲ့ကြုံတယ်／ maloko)

性格・態度 41

思う・考える 42

方法・形式・スタイル 43

動きの様子 44

通信 45

パソコン・ネット 46

物の形・状態 47

問題・トラブル・事故 48

言葉 49

文学・音楽・芸術 50

㊱ □ だます （menipu／သူတစ်ပါးအားလှည့်စားခြင်း／mandaya, manloko）

㊲ □ 侵入（する）
しんにゅう
（menyelusup, memasuki／ကျူးကျော်ဝင်ရောက်(သည်)၊ ထိုးဖောက်ဝင်ရောက်(သည်)／manghimasok, pumasok）

▷ 建物に侵入する、体内に侵入する
たてもの　　　　　　たいない
（menyelusup ke dalam bangunan, memasuki badan／
အဆောက်အဦးတွင်းကျူးကျော်ဝင်ရောက်သည်၊ကိုယ်ခန္ဓာအတွင်းသို့ထိုးဖောက်ဝင်ရောက်သည်／pumasok sa bilding, pumasok sa katawan）

㊳ □ 盗難 （kecurian／ခိုးခြင်း၊အခိုးခံရခြင်း／pagnanakaw）
とうなん

▶ 盗難事件が続いているので、気をつけてください。
じけん　つづ　　　　　　き
（Sila berhati-hati kerana kes kecurian berlaku berturut-turut.／ခိုးမှုတွေဆက်တိုက်ဖြစ်နေလို့သတိထားပါ။／
Mag-ingat kayo, dahil sunud-sunod ang mga pagnanakaw.）

㊴ □ 強盗 （rompakan／ဓားပြတိုက်ခြင်း／magnanakaw）
ごうとう

▶ 最近、あそこのコンビニに強盗が入ったそうだよ。
さいきん　　　　　　　　　　　　はい
（Dengar kata, perompak telah memasuki kedai serbaneka di sana baru-baru ini.／
မကြာသေးခင်က၊ ဟိုကွန်ဗီနီစတိုးဆိုင်မှာဓားပြတိုက်တယ်လို့ဆိုတယ်။／Kamakailan, pumasok daw ang
magnanakaw sa convenience store na iyon.）

㊵ □ 防犯 （pencegahan jenayah／ရာဇဝတ်မှုကာကွယ်တားဆီးရေး／pag-iwas sa krimen）
ぼうはん

▷ 町の防犯対策
まち　　　　たいさく
（pencegahan jenayah di pekan／မြို့အုပ်ချုပ်ရေးရဲ့ရာဇဝတ်မှုကာကွယ်တားဆီးရေးစီမံချက်／mga hakbang para
iwasan ang krimen sa bayan）

言葉
ことば
(Bahasa／စကား／Salita)

---

❶ □ **単語** (perkataan／စကားလုံး၊ ဝေါဟာရ／salita)
　たんご

---

❷ □ **熟語** (simpulan bahasa／စကားရပ်／idiom)
　じゅくご

---

❸ □ **用語** (istilah／ပညာရပ်ဝေါဟာရ／termino)
　ようご

　▷ **専門用語** (istilah teknik／အထူးပညာရပ်ဝေါဟာရ／technical terms)
　　せんもん

---

❹ □ **語彙** (perbendaharaan kata／ဝေါဟာရ／bokabularyo)
　ごい

---

❺ □ **アクセント** (aksen, tekanan suara／ဖိရှုတ်သံ／accent)

---

❻ □ **述語** (predikat／ဝါစက／predicate)
　じゅつご

---

❼ □ **文脈** (konteks／စကားစပ်／context)
　ぶんみゃく

　▶ 知らない単語があっても、文脈から大体わかります。
　　し　　　たんご　　　　　　　　ぶんみゃく　　　だいたい

　(Walaupun ada perkataan yang tidak diketahui, saya dapat memahaminya dari konteks.／
　မသိတဲ့ဝေါဟာရကိုတွေ့ပေမဲ့လည်း၊စကားစပ်ကနေအကြမ်းဖျင်းနားလည်ပါတယ်။／ Kahit may mga salitang hindi ko
　alam, naintindihan ko rin dahil sa context.)

---

❽ □ **論理** (logik／ယုတ္တိဗေဒ／lohika, logic)
　ろんり

❾ □ **論理的(な)** ((yang) logik／ယုတ္တိရှိ(သော)／logical)
　　てき

性格・態度　41

思う・考える　42

方法・形式・スタイル　43

動きの様子　44

通信　45

パソコン・ネット　46

物の形・状態　47

問題・トラブル・事故　48

言葉　49

文学・音楽・芸術　50

❿ □ **要旨** (abstrak, rumusan／ဆိုလိုရင်းအကျဉ်းချုပ်／ buod)
　　 ようし

▷〈問題文〉この文の要旨を400字以内にまとめなさい。
　　もんだいぶん　　　　　　　　　よう し　 じ　 い　ない

(<Soalan> Rumuskan petikan ini dalam lingkungan tidak melebihi 400 perkataan.／
(မေးခွန်း)ဤစာ၏ဆိုလိုရင်းကိုစာလုံးရေ 400 ထက်မပိုစေပဲရေးသားပါ။／ (Tanong) Ibigay ang buod ng pangungusap na ito sa loob ng 400 character.)

⓫ □ **略す** (menyingkatkan／ချုန်လုပ်သည်၊ အတိုချုံးသည်／ iklian)
　　 りゃく

▶メールアドレスを「メアド」と略すこともある。

(Alamat e-mel kadang-kadang disingkat sebagai "meado".／
Mail Address ကို 「Mail Add」 ဟုအတိုချုံးတာမျိုးရှိသည်။／ Iniiklian din ang mail address na "meado".)

⓬ □ **英文** (bahasa Inggeris／အင်္ဂလိပ်စာ／ Ingles)
　　 えいぶん

▶書類はすべて英文で書かれている。
　しょるい　　　　　　えいぶん　か

(Semua dokumen ditulis dalam bahasa Inggeris.／စာရွက်စာတမ်းအားလုံးဟာအင်္ဂလိပ်စာနဲ့ရေးထားတယ်။／
Nakasulat sa Inggles ang lahat ng dokumento.)

⓭ □ **言語** (bahasa／ဘာသာစကား／ wika)
　　 げん ご

▷**言語学** (linguistik, kajian bahasa／ဘာသာစကားပညာ／ linggwistika)
　　 がく

文学・音楽・芸術
ぶんがく　おんがく　げいじゅつ

(Sastera, Muzik, Kesenian／စာပေ၊ တေးဂီတ၊ အနုပညာ／ Literatura, Musika, Art)

---

❶ □ **作品** (karya／လက်ရာ／ likha, gawa)
さくひん

▶ どんな作品になるか、楽しみです。
たの

(Saya tidak sabar untuk melihat apa karya itu.／ဘယ်လိုလက်ရာဖြစ်မလဲဆိုတာပျော်ရွှင်စောင့်စားနေတယ်။／ Umaasa akong makita kung anong klaseng likha ito.)

---

❷ □ **創作(する)** (penciptaan／တီထွင်ဖန်တီး(သည်)／ lumikha)
そうさく

▷ 創作活動、創作意欲
かつどう　　いよく

(aktiviti kreatif, motivasi untuk mencipta／တီထွင်ဖန်တီးရေးလုပ်ငန်းဆောင့်ရွက်မှု၊ တီထွင်ဖန်တီးလိုသည့်ဆန္ဒ／ malikhaing aktibidad, kagustuhang lumikha)

---

❸ □ **エッセイ** (esei／စာစီစာကုံး／ sanaysay, essay)

---

❹ □ **伝記** (biografi／အတ္ထုပ္ပတ္တိ／ talambuhay)
でんき

---

❺ □ **笛** (serunai, wisel／ပလွေ／ pito)
ふえ

---

❻ □ **太鼓** (gendang／စည်၊အိုး၊စည်၊အိုးပတ်ဖုံ／ drum)
たいこ

---

❼ □ **芝居** (lakonan／ပြဇာတ်၊ဇာတ်ပွဲ／ dula, play)
しばい

▶ 娘のお芝居を見に、日曜は小学校に行く予定です。
むすめ　　　　　み　にちよう　しょうがっこう　い　よてい

(Saya merancang untuk pergi ke sekolah rendah pada hari Sabtu untuk melihat lakonan anak perempuan saya.／သမီးရဲ့ပြဇာတ်ကိုသွားကြည့်ဖို့၊ စနေနေ့မှာမူလတန်းကျောင်းကိုသွားဖို့စီစဉ်ထားတယ်။／ Balak kong pumunta sa eskuwelahan ng anak ko sa Linggo para manood ng dula nila.)

---

❽ □ **悲劇** (tragedi／အလွမ်းဇာတ်／ trahedya)
ひげき

❾ □ 対 **喜劇**
きげき

(komedi／ဟာသဇာတ်／ comedy)

性格・態度 41

思う・考える 42

方法・形式・スタイル 43

動きの様子 44

通信 45

パソコン・ネット 46

物の形・状態 47

問題・トラブル・事故 48

言葉 49

文学・音楽・芸術 50

❿ □ 演劇 (drama／ဇာတ်ပြဇာတ်／ drama)
　　　えんげき

　▷ 演劇の勉強をする (belajar drama／ပြဇာတ်ပညာသင်မယ်／ mag-aral ng drama)
　　　べんきょう

⓫ □ 演技(する) (berlakon／သရုပ်ဆောင်(သည်)／ umarte)
　　　えん ぎ

⓬ □ 出演(する) (muncul／ပါဝင်သရုပ်ဆောင်(သည်)／ lumabas)
　　　しゅつえん

　▷ 映画に出演する (muncul di filem／ရုပ်ရှင်မှာသရုပ်ဆောင်မယ်／ lumabas sa pelikula)
　　　えい が

⓭ □ 美術 (seni／အနုပညာ／ arts)
　　　び じゅつ

⓮ □ 絵画 (lukisan／ပန်းချီကား／ peynting)
　　　かい が

⓯ □ 彫刻 (seni ukir／ပန်းပုပန်းပုလက်ရာ／ iskultura)
　　　ちょうこく

⓰ □ 芸術 (kesenian／အနုပညာ／ arts)
　　　げいじゅつ

⓱ □ 芸能 (hiburan, persembahan／ဖျော်ဖြေမှုဖျော်ဖြေရေး／ entertainment)
　　　げいのう

　▷ 古典芸能、大衆芸能、芸能人
　　　こてん　　　たいしゅう　　　　じん

　　(seni persembahan klasik, seni persembahan popular, penghibur／
　　ဂန္ထဝင်ဇာတ်ဖျော်ဖြေရေး၊ ပြည်သူ့ဖျော်ဖြေရေး၊ ဖျော်ဖြေသူ／ tradisyonal na entertainment, popular na
　　entertainment, entertainer)

⓲ □ 鑑賞(する) (menikmati／ရှုစား(သည်)၊ ကြည့်(သည်)／ mag-appreciate)
　　　かんしょう

　▷ 絵画鑑賞 (menikmati lukisan／ပန်းချီကားကိုရှုစားခြင်း／ appreciation ng peynting)
　　　かい が

コツコツ覚えよう、基本の言葉

<ruby>基本<rt>きほん</rt></ruby>の<ruby>言葉<rt>ことば</rt></ruby>

コツコツ<ruby>覚<rt>おぼ</rt></ruby>えよう、

Kosa kata asas - menguasai secara berterusan

၁၄။ စေ့စေ့စပ်စပ်အလွတ်ကျက်မှတ်ကြပါစို့၊အခြေခံစကားလုံး

Basic na mga Salita - Pagmememorya nang unti-unti

① 「何」を含む表現
なに ふく ひょうげん

(Ungkapan yang mengandungi "nani"／"何"ပါဝင်သည်။／Mga Ekspresyong Ginagamitan ng "Nan (i)")

☐ **何気ない**
なに げ

(tidak sengaja／အမှတ်တမဲ့／wala sa loob, casual)

▶ 何気ない一言で友達を傷つけてしまったことがある。

(Saya pernah melukai perasaan kawan saya sebelum ini dengan sepatah yang tidak disengajakan.／အမှတ်တမဲ့ကားတစ်ခွန်းနဲ့ သူငယ်ချင်းကို စိတ်ထိခိုက်စေခဲ့ဖူးသည်။／Nakapanakit na ako ng kalooban ng kaibigan, dahil sa wala sa loob na sinabi ko.)

☐ **何分**
なにぶん

(lagipun／ဘာပဲဖြစ်ဖြစ်／ilan)

▶ 何分、私たちにとっても初めてのことなので、少しお時間をいただけないでしょうか。
なにぶん わたし はじ すこ じかん

(Lagipun, ini adalah kali pertama bagi kami, bolehkah anda memberi kami sedikit masa?／ဘာပဲဖြစ်ဖြစ်ကျွန်ုပ်တို့အတွက်လည်း ပထမဆုံးဖြစ်သောကြောင့် အချိန်နည်းနည်းပေးလို့ရပါ�070လား။／Unang beses din namin, kaya pwede bang bigyan pa ninyo kami ng kaunting oras?)

☐ **何だか**
なん

(asyik terasa／ဘာကြောင့်မှန်းမသိ／medyo, parang)

▶ 何だか怪しい天気になってきた。雨が降るかもしれない。
なん あや てんき あめ ふ

(Saya asyik terasa cuaca semakin pelik. Mungkin akan hujan.／ဘာကြောင့်မှန်းမသိ ထူးဆန်းသောရာသီဥတုဖြစ်လာခဲ့သည်။ မိုးရွာနိုင်မလားမသိဘူး။／Medyo sumama ang panahon. Baka umulan.)

☐ **何て**
なん

(betapa／လို့၊ ဘာလို့၊ လိုမျိုး／ano)

▶ 何て美しい声なんだ！／何てひどい格好なんだ！
なん うつく こえ なん かっこう

(Betapa indah suaranya! / Teruk betul pakaiannya!／�’ဘယ်လိုတောင်လှလိုက်တဲ့အသံလဲ! ဘယ်လိုတောင်ကြည့်ရချင်းတာလဲ!／Ang ganda ng boses! / Grabe ang itsura!)

☐ **何と**
なん

(tanpa disangka-sangka／ဘယ်လို၊ အံ့သြတာကတော／ano)

▶ 1人の募集に、何と1,000人もの応募があった。
ひとり ぼしゅう なん にん おうぼ

(Tanpa disangka-sangka, sebanyak 1,000 pemohon untuk satu pengambilan.／တစ်ယောက်စာလူခေါ်ရာတွင် အံ့သြတာကတော အယောက်တစ်ထောင်လျှောက်လွှာတင်ခဲ့သည်။／May 1000 na nag-apply sa iisang bakanteng posisyon.)

☐ **何という**
なん

(alangkah／ဘယ်လိုပဲပြောပြော／ano)

▶ 工場が爆発!? 何という恐ろしいことが起きてしまったんだ！
こうじょう ばくはつ なん おそ お

(Kilang meletup? Perkara yang mengerikan!／စက်ရုံကိုဗောက်ခွဲတာလား?! ဘယ်လိုပဲပြောပြော ကြောက်စရာကောင်းတာဖြစ်ခဲ့တာလဲ!／Sumabog ang pabrika? Kakila-kilabot na bagay ang nangyari!)

☐ **何とか**
なん

(entah bagaimana／မဖြစ်ဖြစ်အောင်၊ တနည်းနည်းနဲ့／kahit paano)

▶ 何とか締切に間に合った。
なん しめきり ま あ

(Entah bagaimana, kami berjaya menepati tarikh akhir.／တနည်းနည်းနဲ့ နောက်ဆုံးပိတ်ရက်မှီခဲ့သည်။／Kahit paano, umabot kami sa deadline.)

▶ 何とかなりませんか。遅れると大変なことになるんです。
なん おく たいへん

(Ada tidak cara lain? Kita akan menghadapi masalah besar jika terlambat.／တနည်းနည်းနဲ့ လုပ်မလား။ နောက်ကျမယ်ဆိုလျှင် အလွန်အရေးကြီးရမည်။／Kahit paano, makakarating ba tayo? Kung mahuhuli tayo, malaking problema ang mangyayari.)

「何」を含む表現

1

前に付く語

2

後ろに付く語

3

いろいろな意味を持つ動詞

4

動詞＋動詞

5

音夏のいろいろな形

6

短い句

7

体に関する慣用句

8

敬語

9

動詞

10

☐ 何としても
　なん

(bagaimanapun／ဘယ်လိုပဲဖြစ်ဖြစ်／
sa kahit anong paraan)

▶ 監督の最後の試合だから、何としても勝たなければ。
　かんとく　さいご　しあい　　　　　なん　　　　　　　か

(Ini adalah perlawanan terakhir untuk jurulatih, bagaimanapun kita mesti menang.／
နည်းပြနှင့်အတူ နောက်ဆုံးပြိုင်ပွဲဖြစ်သောကြောင့် ဘယ်လိုပဲဖြစ်ဖြစ်ကနိုင်ရမည်။／Huling laro na natin
ito sa coach natin, kaya sa kahit sa anong paraan, dapat tayong manalo.)

☐ 何となく
　なん

(entah kenapa／အကြောင်းမဲ့／kahit
paano)

▶ 「どうしてこれにしたの？」「特に理由はない。何となく」
　　　　　　　　　　　　　　とく　りゆう　　　　なん

("Kenapa pilih ini?" "Tiada sebab yang tertentu. Entah kenapa."／
[ဘာကြောင့်ဒီလိုလုပ်ခဲ့တာလဲ?] [အထူးသဖြင့်အကြောင်းပြုချက်မရှိ။ အကြောင်းမဲ့။］ "Bakit ito ang pinili
mo?" "Wala lang. Naisip ko lang.")

☐ 何とも～ない
　なん

(masih tidak／ဘယ်လိုမှ ~ ဘူး／
puwedeng - , maaaring -)

▶ 行けるかどうか、まだ何とも言えない。
　い　　　　　　　　　　なん　　　　い

(Saya masih tidak dapat memberi jawapan sama ada saya boleh pergi atau tidak.／
သွားနိုင်လား။ မသွားနိုင်လားဆိုတာ ဘယ်လိုမှမပြောနိုင်သေးဘူး။／Hindi ko masasabi kung makakapunta
ako o hindi.)

❷ 前に付く語 (Kata awalan／あ前に付く語 / Mga Salitang Inilalagay sa Unahan)

□ 明くる〜 ▷ 明くる日、明くる朝、明くる年

(hari berikutnya, keesokan pagi, tahun depan／နောက်နေ့၊ နောက်နေ့မနက်၊ နောက်နှစ်။／susunod na araw, susunod na umaga, susunod na taon)

□ 各〜 ▷ 各大学、各社、各家庭、各人

(setiap universiti, setiap syarikat, setiap keluarga, setiap orang／တက္ကသိုလ်တစ်ခုစီ၊ ကုမ္ပဏီတစ်ခုစီ၊ အိမ်ထောင်တစ်စုစီ၊ လူတစ်ယောက်စီ။／bawa't unibersidad, bawa't kompanya, bawa't pamilya, bawa't tao)

□ 旧〜 ▷ 旧姓、旧社名、旧暦

(nama keluarga lama, nama syarikat lama, kalendar lunar Cina／ယခင်မိသားစုနာမည်၊ ယခင်ကုမ္ပဏီအမည်၊ ယခင်ပြက္ခဒိန်။／apelyido noong dalaga, dating pangalan ng kompanya, lumang kalendaryo)

□ 現〜 ▷ 現市長、現政府

(datuk bandar sekarang, kerajaan sekarang／လက်ရှိမြို့တော်ဝန်၊ လက်ရှိအစိုးရ။／kasalukuyang alkalde, kasalukuyang gobyerno)

□ 故〜 ▷ 故ケネディ大統領

(almarhum presiden Kennedy／ကွယ်လွန်ခဲ့ပြီးသော သမ္မတ ကနေဒီ။／yumaong Pangulong Kennedy)

□ 高〜 ▷ 高価(な)、高度(な)、高品質

(mahal, berperingkat tinggi, bermutu tinggi／တန်ဖိုးကြီးသော အဆင့်မြင့်သော အရည်အချင်းမြင့်သော။／mahal, advanced, mataas na kalidad)

□ 今〜 ▷ 今シーズン / 今期、今大会、今回

(musim ini / penggal ini, kejohanan ini, kali ini／ယခုရာသီ၊ ယခုပြိုင်ပွဲ၊ ယခုအကြိမ်။／ngayong panahon, ngayong laro, ngayong pagkakataon)

□ 昨〜 ▷ 昨夜、昨日、昨シーズン

(malam tadi, semalam, musim lalu／မနေ့ညၐ၊ မနေ့က၊ နောက်ဆုံးရာသီ။／kagabi, kahapon, noong huling panahon)

□ 助〜 ▷ 助言、助手、助監督

(nasihat, pembantu, penolong pengarah filem／အကြံဉာဏ်၊ လက်ထောက်၊ လက်ထောက်ညွှန်ကြားရေးမှူး။／payo, katulong, assistant director)

□ 諸〜 ▷ アジア諸国、諸事情

(pelbagai negara Asia, pelbagai isu／အာရှနိုင်ငံများ၊ အခြေအနေအမျိုးမျိုး။／mga bansang Asyano, iba't ibang mga pangyayari)

□ 初〜 ▷ 初期、初級、初旬

(peringkat awal, tahap awal, awal bulan (1〜10 haribulan)／အစောပိုင်းကာလ၊ အခြေခံအဆင့်၊ လဆန်းပိုင်း။／simula, beginner, unang sampung araw ng buwan)

一［何］を含む表現

前に付く語

後ろに付く語

いろいろな意味を持つ動詞

動詞＋動詞

看護のいろいろな形

短い句

体に関する慣用句

敬語

動詞

□ 超〜
ちょう
▷ 超満員
ちょうまんいん
(kesesakan yang luar biasa／ပြွတ်သိပ်နေသော။／masyadong puno ng tao)

□ 低〜
てい
▷ 低価格、低予算、低レベル（な）
ていかかく　ていよさん　てい
(murah, bajet rendah, tahap rendah／နိမ့်ကျသောဈေးနှန်း၊ ဘတ်ဂျက်နိမ့်သော၊ အဆင့်နိမ့်သော။／mababang presyo, maliit na badyet, mababang level)

□ 同〜
どう
▷ 同校、同社、同年代
どうこう　どうしゃ　どうねんだい
(sekolah yang sama, syarikat yang sama, generasi yang sama／ကျောင်းတူ၊ ကုမ္ပဏီတူ၊ မျိုးဆက်တူ။／parehong eskuwelahan, parehong opisina, parehong taon)

□ 反〜
はん
▷ 反体制
はんたいせい
(anti-penubuhan／ဆန့်ကျင်ဘက်အဖွဲ့အစည်း။／anti-establishment)

□ 半〜
はん
▷ 半日、半月、半ズボン
はんにち　はんつき　はん
(separuh hari, separuh bulan, seluar pendek／နေ့တစ်ဝက်၊ လဝက်၊ ဘောင်းဘီတို။／kalahating araw, kalahating buwan, shorts)

□ 非〜
ひ
▷ 非科学的（な）、非日常的（な）
ひかがくてき　ひにちじょうてき
(tidak saintifik, luar biasa／သိပ္ပံနည်းကျမဟုတ်သော၊ သာမန်မဟုတ်သော။／hindi scientific, pambihira)

□ 一〜
ひと
▷ 一仕事、一工夫、一休み、一眠り
ひとしごと　ひとくふう　ひとやす　ひとねむ
(suatu tugas, suatu usaha tambahan, suatu rehat, suatu tidur／အလုပ်တစ်ခု၊ တီထွင်ဆန်းသစ်မှုတစ်ခု၊ ခေတ္တအနားယူခြင်း၊ တစ်ရေးအိပ်ခြင်း။／isang trabaho, isang pagsisikap, pahinga, pagtulog sa tanghali)

□ 一人〜
ひとり
▷ 一人住まいのお年寄り
ひとりず　　　　　としよ
(warga emas tinggal bersendirian／တစ်ဦးတည်းနေထိုင်သောသက်ကြီးရွယ်အို／matandang nakatirang mag-isa)

□ 不〜
ふ
▷ 不足（する）、不満（な）、不利（な）、不幸（な）
ふそく　　　　ふまん　　　ふり　　　ふこう
(tidak mencukupi, tidak puas hati, merugikan, malang (tidak bernasib baik)／မလုံလောက်ပြစ်ခြင်း မရောင့်ရဲသော၊ အရှုံးများသော၊ ဆင်းရဲကုန်ရသော။／kulang, hindi nasisiyahan, , hindi kanais-nais, malas)

□ 無〜
ぶ
▷ 無礼（な）
ぶれい
(kurang ajar／ရိုင်းပိုင်းသော／bastos)

□ 副〜
ふく
▷ 副社長
ふくしゃちょう
(naib pengerusi／ဒုတိယဥက္ကဌ／bise presidente)

□ 古〜
ふる
▷ 古新聞、古タイヤ、古着
ふるしんぶん　ふる　　　ふるぎ
(surat khabar lama, tayar lama, pakaian terpakai／သတင်းစာအဟောင်း။ တာယာအဟောင်း။ အဝတ်အဟောင်း။／lumang diyaryo, lumang gulong, lumang damit)

□ 毎〜
まい
▷ 毎晩、毎分、毎号、毎試合
まいばん　まいぶん　まいごう　まいしあい
(setiap malam, setiap minit, setiap isu, setiap perlawanan／ညတိုင်း၊ မိနစ်တိုင်း၊ ကိစ္စတိုင်း၊ ပွဲတိုင်း။／gabi-gabi, minu-minuto, bawa't isyu, bawa't laban)

□ 未〜　▷ 未定、未婚、未納、未解決
　み　　　　み てい　み こん　み のう　み かいけつ

(belum tetap, bujang (belum kahwin), belum bayar, belum diselesaikan./မဆုံးဖြတ်ရသေးသော၊ လက်မထပ်ရသေးသော၊ မပေးရသေးသော၊ မပြေရှင်းရသေးသော၊ /hindi makapagpapsya, walang asawa, hindi nabayaran, hindi nalutas)

□ 無〜　▷ 無理(な)、無罪、無職、無料、無免許、無関心(な)
　む　　　　む り　　む ざい　む しょく　む りょう　む めんきょ　む かんしん

(tidak masuk akal, tidak bersalah, menganggur, percuma, tidak berlesen, tidak peduli (tidak berminat)/မဖြစ်နိုင်သော၊ ပြစ်မှုမရှိသော၊ အလုပ်လက်မဲ့၊ အခမဲ့၊ လိုင်စင်မဲ့သော၊ လျစ်လျူ||||ရသော။ /imposible, walang kasalanan, walang trabaho, walang bayad, walang lisensiya, walang pakialam)

□ 名〜　▷ 名曲、名画、名作、名場面、名人
　めい　　　　めいきょく　めい が　めいさく　めい ば めん　めいじん

(lagu terkenal, lukisan terkenal, karya terkenal, babak terkenal, orang terkenal./ပြောင်မြောက်သောတေးသွား၊ ပြောင်မြောက်သောပန်းချီကား၊ ပြောင်မြောက်သောအလုပ်၊ ကျွမ်းကျင်သူ၊ ပြောင်မြောက်သောပြကွက်။ /kilalang tugtog, kilalang peynting, obra maestra, sikat na eksena)

□ 元〜　▷ 元警官、元同僚
　もと　　　　もとけいかん　もとどうりょう

(bekas pegawai polis, bekas rakan sekerja/ရဲအရာရှိဟောင်း၊ လုပ်ဖော်ကိုင်ဖက်ဟောင်း။။ /dating pulis, dating kasamahan)

□ 翌〜　▷ 翌日、翌朝、翌年
　よく　　　　よくじつ　よくあさ　よくねん

(hari berikutnya, keesokan pagi, tahun berikutnya/နောက်တစ်နေ့၊ နောက်တစ်နေ့မနက်၊ နောက်တစ်နှစ်။ /susunod na araw, susunod na umaga, susunod na taon)

□ 来〜　▷ 来シーズン / 来期、来社、来場
　らい　　　　らい　　　　　らい き　らいしゃ　らいじょう

(musim depan / penggal depan, datang ke pejabat, mengunjungi/လာမည့်ရာသီ/ နောက်သက်တမ်း။ ကုမ္ပဏီကိုလာသည်၊ နေ့ရုံကိုလာသည်။။ /susunod na panahon, pagbisita sa kompanya, pagbisita)

□ 我が〜　▷ 我が家、我が子、我が社
　わ　　　　　わ や　わ こ　わ しゃ

(rumah saya, anak saya, syarikat kami/ကျွန်ုပ်တို့အိမ်၊ ကျွန်ုပ်တို့ကလေး။ ကျွန်ုပ်တို့ကုမ္ပဏီ။။ /aking bahay, aking anak, aking kompanya)

「何」を含む表現 1

前に付く語 2

後ろに付く語 3

いろいろな意味を持つ動詞 4

動詞＋動詞 5

言葉のいろいろな形 6

短い句 7

体に関する慣用句 8

敬語 9

動詞 10

③ 後ろに付く語 (Kata akhiran／アノ゙ネ゙ク゚ディン゙トゥン゙トゥン゙トゥ゙ッ゙ケ゚ト゚ッ゙ッ゙ルゥン゙／Mga Salitang Inilalagay sa Hulihan)

□ ～以外
▷ お酒以外の飲み物
(minuman selain alkohol／アゥ゙エッ゙クッ゙ルゥッ゙ピゥゥエ゙エ゙ッ゙ッ゙ケ゚ッ゙エ゙ェ゚／mga inumin maliban sa alak)

□ ～以内
▷ 400 字以内
(dalam 400 perkataan／エッ゙ルゥエ゙ェ゙ッ゙ッ゙ッ゙エ゙ッ゙／sa loob ng 400 characters)

□ ～以上
▷ 20 歳以上
(20 tahun dan ke atas／アゥエッ゙ッ゙ッ゙アゥ゙エッ゙／mahigit sa 20 taong gulang)

□ ～化
▷ 高齢化、合理化、近代化
(penuaan, penyesuaian (rasionalisasi), pemodenan／アゥ゙エッ゙ッ゙アッ゙エゥ゙ッ゙ゲッ゙ッ゙ッ゙エ゙ッ゙ッ゙ッ゙エ゙ッ゙ッ゙エッ゙ッ゙ッ゙ッ゙ッ゙ゲッ゙エッ゙ッ゙ッ゙ッ゙エッ゙ッ゙ッ゙／pagtanda, pangangatuwiran, modernisasyon)

□ ～外
▷ 屋外、社外
(luar rumah, luar syarikat／アッ゙エ゙エッ゙ッ゙ッ゙ッ゙ッ゙ケッ゙エッ゙ッ゙ッ゙ッ゙ッ゙ッ゙ッ゙／sa labas, sa labas ng kompanya)

▷ 予想外の展開、時間外の受付
(perkembangan yang tidak dijangka, penerimaan selepas waktu kerja biasa.／エッ゙エッ゙エッ゙ッ゙エッ゙ッ゙ッ゙エッ゙エッ゙ッ゙ッ゙ケッ゙ッ゙ッ゙ッ゙エッ゙ッ゙ッ゙ッ゙ッ゙エッ゙ッ゙ッ゙／hindi inaasahang pag-unlad, reception pagkatapos ng business hours)

□ ～カ所(ヶ所 ／個所)
▷ 10 カ所で調査
(peninjauan di 10 lokasi／(ッ゙)エッ゙ッ゙エッ゙ッ゙ッ゙エッ゙ッ゙／survey sa 10 lugar)

□ ～感
▷ 達成感、緊張感、季節感
(rasa pencapaian, rasa ketegangan, rasa musim／アッ゙ッ゙ッ゙エッ゙ッ゙エッ゙ッ゙ッ゙ッ゙ッ゙アッ゙ッ゙ッ゙エッ゙ッ゙エッ゙ッ゙ッ゙／pakiramdam na may nagawa, kinakabahan, kamalayan sa pagbabago ng panahon)

□ ～巻
▷ 上巻・下巻、第1巻
(jilid atas / jilid bawah, jilid pertama／エッ゙エッ゙ッ゙ッ゙エッ゙ッ゙エッ゙ッ゙ッ゙エッ゙ッ゙(ッ゙)エッ゙ッ゙／unang volume, huling volume, unang volume)

□ ～気味
▷ 風邪気味、太り気味
(sedikit selsema, sedikit gemuk／アッ゙ッ゙ッ゙ッ゙エッ゙ッ゙ッ゙エッ゙ッ゙アッ゙ッ゙ッ゙ッ゙エッ゙ッ゙ッ゙／bahagyang sipon, medyo mataba)

□ ～げ
▷ 不安げな顔、楽しげな様子
(wajah yang cemas, ekspresi yang menyeronokkan／アッ゙エ゙ッ゙ッ゙ッ゙エッ゙ッ゙エッ゙ッ゙ッ゙ッ゙エッ゙ッ゙エッ゙ッ゙ッ゙ッ゙エッ゙ッ゙ッ゙／nababahalang mukha, masayang itsura)

□ ～軒
▷ 2軒のパン屋
(2 buah kedai roti／エッ゙ッ゙エッ゙ッ゙ッ゙エッ゙ッ゙ッ゙／dalawang bakery)

☐ 〜号 ごう	▷ 502 号室、〈雑誌〉12 月号、特急 23 号 ごうしつ　ざっし　　がつごう　とっきゅう　ごう (bilik 502, <Majalah> Terbitan Disember, kereta api ekspres terhad No. 23／တိုက်ခန်းအမှတ် ၅၀၂။ <မဂ္ဂဇင်း> ဒီဇင်ဘာလထုတ်၊ အမြန်ရထားအမှတ် ၂၃။ ／Room 502, (Magasin) Isyu ng Disyembre, Express train 23)
☐ 〜史 し	▷ 歴史、日本史、世界史、現代史、古代史 れきし　にほんし　せかいし　げんだいし　こだいし (sejarah, sejarah Jepun, sejarah dunia, sejarah moden, sejarah kuno／ သမိုင်း၊ ဂျပန်သမိုင်း။ ကမ္ဘာ့သမိုင်း။ ခေတ်သစ်သမိုင်း။ ရှေးဟောင်းသမိုင်း။／kasaysayan, kasaysayan ng Japan, kasaysayan ng mundo, modernong kasaysayan, sinaunang kasaysayan)
☐ 〜室 しつ	▷ 試着室、寝室、浴室 しちゃくしつ　しんしつ　よくしつ (bilik tukar baju, bilik tidur, bilik mandi／အဝတ်လဲခန်း။ အိပ်ခန်း။ ရေချိုးခန်း／bihisan, tulugan, banyo)
☐ 〜者 しゃ	▷ 発表者、関係者、読者、筆者、記者 はっぴょうしゃ　かんけいしゃ　どくしゃ　ひっしゃ　きしゃ (penyampai, orang yang terlibat, pembaca, penulis, wartawan／အစီအစဉ်တင်ဆက်သူ၊ ပါဝင်ပတ်သက်သူ။ စာဖတ်သူ၊ စာရေးသူ၊ သတင်းထောက်။ ／ang magtatanghal, ang may kinalaman, mambabasa, manunulat, reporter)
☐ 〜場 じょう	▷ 練習場、飛行場、球場、式場 れんしゅうじょう　ひこうじょう　きゅうじょう　しきじょう (padang latihan, lapangan terbang, stadium, dewan upacara／လေ့ကျင့်ရေးကွင်း။ လေယာဉ်ကွင်း။ ဘောလုံးကွင်း။ အခမ်းအနားခန်းမ ／practice ground, airport, baseball field, ceremonial hall)
☐ 〜場 ば	▷ 仕事場、酒場　(tempat kerja, pub／အလုပ်ခွင်၊ အရက်ဆိုင်ဘား။／pinagtatrabahuhan, bar) しごとば　さかば
☐ 〜済み ずみ	▷ 使用済み、確認済み しようずみ　かくにんずみ (yang telah diguna, yang telah disahkan／အသုံးပြုပြီး။ အတည်ပြုပြီး။／ginamit, nakumpirma)
☐ 〜性 せい	▷ 安全性、社会性、具体性 あんぜんせい　しゃかいせい　ぐたいせい (keselamatan, sifat sosial, kekhususan／ဘေးကင်းလုံခြုံမှု၊ လူဝင်ဆ့ံသော။ ဆောင်ရွက်၍ရနိုင်ဖွယ်ဖြစ်သော။／ kaligtasan, pakikipagkapwa, pagiging konkreto)
☐ 〜製 せい	▷ スイス製、木製、ビニール製 せい　もくせい (buatan Swiss, buatan kayu, buatan vinil／ဆွစ်ဇာလန်နိုင်ငံလုပ်၊ သစ်သားဖြင့်လုပ်သော။ ပလပ်စတာစ်ဖြင့်လုပ်သော။／ gawa sa Switzerland, gawa sa kahoy, gawa sa plastik)
☐ 〜隻 せき	▷ 2 隻の船 せき　ふね (2 buah kapal／သင်္ဘောနှစ်စင်း။／dalawang barko)
☐ 〜戦 せん	▷ 対戦、決勝戦 たいせん　けっしょうせん (perlawanan, perlawanan akhir／ပွဲစဉ်၊ ဗိုလ်လုပွဲ／laban, final match)
☐ 〜沿い ぞ	▷ 川沿い、道路沿い かわぞ　どうろぞ (di sepanjang sungai, di sepanjang jalan／မြစ်တစ်လျှောက်၊ လမ်းတစ်လျှောက်／tabi ng ilog, tabi ng daan)
☐ 〜度 ど	▷ 速度、角度、湿度、理解度 そくど　かくど　しつど　りかいど (kelajuan, sudut, kelembapan, pemahaman／အမြန်နှုန်း၊ ရှထောင့်၊ စိုထိုင်းခြင်း။ နားလည်မှုအဆင့်／bilis, anggulo, humidity, level ng pag-unawa)
☐ 〜病 びょう	▷ 急病、重病、仮病、看病 きゅうびょう　じゅうびょう　けびょう　かんびょう

何を含む表現 1

前に付く語 2

後ろに付く語 3

いろいろな意味を持つ動詞 4

動詞＋動詞 5

慣case のいろいろな形 6

短い句 7

体に関する慣用句 8

敬語 9

動詞 10

(sakit tiba-tiba, sakit serius, pura-pura bersakit, menjaga pesakit／ရုတ်တရက်များနာခြင်း၊ ပြင်းထန်သောများနာခြင်း၊ ဟန်ထောင်အနာများ၊ သူနာပြုတာတယ်။／biglaang sakit, malubhang sakit, pagkukunwaring may sakit, nursing)

□ ～部
ぶ
▷ 発行 1 万部
はっこう まんぶ
(pencetakan 10,000 naskhah／မိတ္တူ (၁၀၀၀၀) ပုံနှိပ်သည်။／nag-isyu ng 10,000 na kopya)

□ ～風
ふう
▷ 和風、洋風、インド風、現代風
わふう ようふう ふう げんだいふう
(gaya Jepun, gaya Barat, gaya India, gaya moden／ဂျပန်စတိုင်၊ အနောက်တိုင်းစတိုင်၊ အိန္ဒိယစတိုင်၊ ခေတ်သစ်စတိုင်／Japanese style, Western style, Indian style, modern style)

□ ～別
べつ
▷ 男女別の結果、年齢別
だんじょべつ けっか ねんれいべつ
(keputusan mengikut jantina, mengikut umur／ကျား/မ ရေးရာရလဒ်များ၊ အသက်အရွယ်အလိုက်／resulta ayon sa kasarian, ayon sa edad)

□ ～放題
ほうだい
▷ 食べ放題、乗り放題
た ほうだい の ほうだい
(makan tanpa had, naik (kenderaan) tanpa had／စားနိုင်သလောက်၊ စီးနိုင်သလောက်／all-you-can-eat, all-you-can-ride)

□ ～み
▷ 楽しみ、弱み、厚み
たの よわ あつ
(keseronokan, kelemahan, ketebalan／ပျော်ရွှင်စရာ၊ အားနည်းချက်၊ အထူ／kasayahan, kahinaan, kapal)

□ ～未満
みまん
▷ 18 歳未満
さいみまん
(tidak melebihi umur 18／18 နှစ်အောက်／sa ilalim ng 18 taong gulang)

□ ～向き
む
▷ 南向きの部屋、初心者向きのコース
みなみむ へや しょしんしゃむ
(bilik yang menghadap selatan, kursus untuk pemula／တောင်ဘက်မျက်နှာမူသောအခန်း။ အခြေခံမှသူများအတွက်သင်တန်း／kuwartong nakaharap sa east, kurso para sa mga beginner)

□ ～向け
む
▷ 子供向けの番組、女性向けのメニュー
こども ばんぐみ じょせいむ
(rancangan untuk kanak-kanak, menu untuk wanita／ကလေးအတွက်ရည်ရွယ်သည်အစီအစဉ်၊ အမျိုးသမီးများအတွက်ရည်ရွယ်သည်မီနူး／programa para sa mga bata, menu para sa mga babae)

□ ～め
▷ 早めの準備、遅めの朝食
はや じゅんび おそ ちょうしょく
(persediaan awal, sarapan lewat／အစောပိုင်းကြိုတင်ပြင်ဆင်မှု၊ နောက်ကျသောနံနက်စာ／maagang paghahanda, late na agahan)

□ ～率
りつ
▷ 合格率、増加率
ごうかくりつ ぞうかりつ
(kadar kelulusan, kadar kenaikan／အောင်မြင်မှုနှုန်း၊ တိုးတက်မှုနှုန်း။／rate ng mga pumasa, rate ng pagtaas)

□ ～力
りょく
▷ 精神力、想像力
せいしんりょく そうぞうりょく
(kekuatan mental, daya imaginasi／စိတ်စွမ်းရည်၊ စိတ်ကူးစိတ်သန်း／lakas ng kaisipan, imahinasyon)

□ ～論
ろん
▷ 一般論、文化論
いっぱんろん ぶんかろん
(teori umum, teori budaya／သာမာန်သဘောထား၊ ယဉ်ကျေးမှုသီအိုရီ／karaniwang paniniwala, teorya sa kultura)

□ ～費
ひ
▷ 旅費、食費、交通費、宿泊費
りょひ しょくひ こうつうひ しゅくはくひ
(kos pelancongan, kos makanan, kos pengangkutan, kos penginapan／ခရီးစရိတ်၊ စားစရိတ်၊ သယ်ယူပို့ဆောင်ရေးစရိတ်၊ တည်းခိုစရိတ်／gastos sa biyahe, gastos sa pagkain, gastos sa transpotasyon, bayad sa tirahan,)

いろいろな意味をもつ動詞

(Kata kerja yang mempunyai banyak erti／အမျိုးမျိုးသောအဓိပ္ပါယ်များပါသောကြိယာ／Mga Verb na Maraming Kahulugan)

☐ **入れる** ▷ 予定を入れる、連絡を入れる、日曜日を入れて３日間

(menjadualkan sesuatu, menghubungi seseorang, 3 hari termasuk Ahad／ဆိုင်အစီအစဉ်ထည့်သည်။ အဆက်အသွယ်ထည့်သည်။ တနင်္ဂနွေနေ့ပါ ပါ၍ ၃ ရက်ကြာ။／gumawa ng appointment, makipagkontak, 3 araw kasama ang Linggo)

☐ **受ける** ▷ 電話を受ける、指示を受ける、試験を受ける、奨学金を受ける

(menerima panggilan telefon, menerima arahan, menduduki peperiksaan, menerima biasiswa／ဖုန်းဖြေဆိုသည်။ ညွှန်ကြားချက်ကိုခံယူသည်။ စာမေးပွဲဖြေဆိုသည်။ ပညာသင်ဆုကိုဖြေဆိုသည်။／tumanggap ng tawag, tumanggap ng mga tagubilin, kumuha ng test, kumuha ng scholarship)

☐ **送る** ▷ 現地にスタッフを送る、楽しい生活を送る

(menghantar kakitangan ke tapak, menjalani kehidupan yang bahagia／ဆိုက်ထဲသို့ဝန်ထမ်းများပို့သည်။ ပျော်ရွှင်စရာကောင်းသောဘဝကိုပိုင်ဆိုင်သည်။／magpadala ng tauhan sa lugar, mabuhay nang masaya)

☐ **落ちる** ▷ 売上が落ちる、味が落ちる、色が落ちる、汚れが落ちる

(jualan merosot, menjadi kurang sedap, warna tertanggal (warna menjadi pudar), kekotoran hilang／ရောင်းအားကျသည်။ အရသာမရှိဖြစ်သည်။ အရောင်မွေးမိန်သည်။ အစွန်းအထင်ကျွတ်သည်။／bumagsak ang benta, sumama ang lasa, mangupas, maalis ang dumi)

☐ **かかる** ▷ 水が(人に)かかる、霧がかかる、病気にかかる、エンジンがかかる、優勝がかかる

(air terpercik (seseorang), berkabus, menjangkiti penyakit, enjin dihidupkan, melibatkan kejuaraan／ရေက (လူကို)စိုသွားသည်။ မြူဆိုင်းသည်။ ဖျားသည်။ အင်ဂျင်ကျသည်။ ဗိုလ်စွဲသည်။／magbuhos ng tubig sa ibang tao, maging foggy, magkasakit, magsimula ang makina, magdala ng championship)

☐ **切る** ▷ 電話を切る、１万円を切る値段

(menggantung telefon, harga di bawah 10,000 yen／ဖုန်းချသည်။ ယန်း ၁၀,၀၀၀ နှင့်ဈေးမြှုပ်ဖြတ်သည်။／ibaba ang telepono, presyong mas mababa sa 1000 yen)

☐ **出す** ▷ 力を出す、芽を出す、答えを出す、新しい商品を出す、本を出す、指示を出す

(berusaha, menumbuhkan tunas, memberi jawapan, mengeluarkan produk baru, menerbitkan buku, memberi arahan／အားအင်စိုက်ထုတ်သည်။ အညွန့်စိုက်ပြုသည်။ အဖြေထုတ်သည်။ ထုတ်ကုန်အသစ်ထုတ်သည်။ စာအုပ်ထုတ်ဝေသည်။ ညွှန်ကြားချက်ထုတ်သည်။／magsikap, umusbong, sumagot, maglabas ng bagong produkto, maglabas ng libro, magbigay ng mga tagubilin)

☐ **つく** ▷ 身につく、差がつく、気がつく

(memperolehi (kemahiran), mempunyai jurang, berperasaan／ကျွမ်းကျင်သည်။ ကွဲပြားခြားနားသည်။ သတိထားမိသည်။／makuha, magkaroon ng pagkakaiba, mapansin)

☐ **入る** ▷ サークルに入る、新しい月に入る、ボーナスが入る

(menyertai kelab, memasuki bulan baru, dapat bonus／အဖွဲ့ထဲဝင်သည်။ လဆန်းထဲဝင်သည်။ အပိုဆုကြေးရသည်။／sumali sa club, simula ng bagong buwan, tumanggap ng bonus)

何を含む表現 1

前に付く語 2

後ろに付く語 3

いろいろな意味を持つ動詞 4

動詞＋動詞 5

慣業のいろいろな形 6

短い句 7

体に関する慣用句 8

敬語 9

動詞 10

⑤ 動詞＋動詞　どうし　どうし

（Bentuk kata kerja + kata kerja／ကြိယာ + ကြိယာ／Verb at Verb）

□ **当てはまる**
あ

(diterapkan, bersesuaian／အကျုံးဝင်သည်၊ သင့်လျော်သည်။／mag-apply, bumagay)

▷ この規則にすべてが当てはまるわけではない。
きそく

(Peraturan ini tidak diterapkan untuk semua kes.／ဤဥပဒေသည်ကိစ္စအားလုံးနှင့်အကျုံးဝင်ခြင်းမရှိပါ။／Hindi nababagay sa lahat ang panuntunang ito.)

□ **当てはめる**
あ

(menerapkan／အံဝင်ခွင်ကျစေသည်။／i-apply)

▷ 同じことが起きたらと自分に当てはめて考えると恐ろしい。
おな　　　　　お　　　　　　じぶん　　　　　あ　　　　　かんが　　　おそ

(Adalah sangat menakutkan untuk berfikir jika perkara yang sama berlaku kepada saya sendiri.／တူညီတဲ့အရာတွေဖြစ်ပေါ် ခဲ့ရင် ဘာဖြစ်လာမလဲဆိုတာကိုတွေးရတာ ကြောက်ဖို့ကောင်းတယ်။／Nakakatakot isipin ang maaaring mangyari, kung parehong bagay ang mangyayari sa iyo.)

□ **言い合う**
い　あ

(saling bercakap／အငြင်းပွားသည်။／magtalo)

▷ 父と言い合いになる、冗談を言い合う
ちち　　い　あ　　　　　　　　じょうだん　　い　あ

(bertengkar dengan ayah, saling bergurau／အဖေနှင့်အငြင်းပွားသည် (အချင်းချင်းစိတ်ဆိုးသည်)အခြောနေ)။ ဟာသကိုအငြင်းပွားသည်။／makipagtalo sa tatay, magbiruan)

□ **言い出す**
い　だ

(mengatakan／စပြောသည်။／magsabi)

▷ 自分でやると言い出したんだから、最後までやって。
じぶん　　　　　　　い　だ　　　　　　　　　さいご

(Kamu mengatakan bahawa kamu akan buat sendiri, maka lakukanlah higga akhir.／ကိုယ်တိုင်လုပ်မယ်လို့စပြောခဲ့သောကြောင့်အဆုံးအထိလုပ်ပါ။／Nagsabi kang gagawin mo iyan, kaya gawin mo iyan hanggang sa katapusan.)

□ **言い間違える**
い　まちが

(salah cakap／မှားယွင်းစွာပြောသည်။／magsabi nang mali)

▷ 言い間違い
い　まちが

(salah cakap／စကားများသည်။／madulas sa pagsasalita)

□ **受け持つ**
う　も

(memegang, menjaga／တာဝန်ယူသည်။／mamuno)

▷ クラスを受け持つ
う　も

(memegang kelas／အတန်းကိုတာဝန်ယူသည်။／mamuno ng klase)

□ **打ち上げる**
う　あ

(melancarkan／စတင်ရန်／maglunsad, ilunsad)

▷ 花火を打ち上げる
はなび　う　あ

(melancarkan bunga api／မီးရှူးမီးပန်းများကိုပစ်တင်သည်။／maglunsad ng mga paputok)

□ **打ち消す**
う　け

(menghapuskan／ပယ်ဖျက်ရန်／pabulaanan)

▷ 悪い噂を打ち消すのに必死だ。
わる　うわさ　う　け　　　　　　ひっし

(Saya terdesak untuk menangkis khabar angin buruk..／မကောင်းသောကောလဟာလများအားလုံးကိုယ်စရုံးပစ်ရန်စိတ်ပိုင်းဖြတ်ထားပါသည်။／Desperado akong pabulaanan ang masamang tsismis.)

□ **売り出す**
う　だ

(mula menjual／အရောင်းတင်ရန်／magbenta)

▷ 新商品を売り出す
しんしょうひん　う　だ

(mula menjual produk baru／ကုန်ပစ္စည်းအသစ်ကိုရောင်းချသည်။／magbenta ng mga bagong produkto)

□ **追い〜**
お

(mengejar, mengikuti, memotong dan mendahului／အမီမမ်းရန်၊ အမီလိုက်ရန်၊ ကျော်တက်ရန်／humabol, umabot, lampasan)

▷ 追いかける、追いつく、追い越す
お　　　　　　　お　　　　　お　　こ

235

□ 追い出す
おだ
(menghalau, mengusir／
အေးသို့မောင်းထုတ်သည်။／paalisin,
palayasin)

▶ うるさいから、隣の人をアパートから追い出したい。
となり ひと　　　　　　　　　おだ
(Saya ingin mengusir jiran saya keluar daripada apartmen kerana bising.／
ဆူညံလို့အိမ်နီးချင်းကို့ကွန်ဒိုခန်းမှနှင်ထုတ်ချင်သည်။／Gusto kong paalisin mula sa apartment ang
kapitbahay namin, dahil maingay sila.)

□ 思い切る
おも き
(membuat keputusan sepenuhnya
／စိတ်ပိုင်းဖြတ်သည်။／magpasya,
magdesisyon)

▶ 思い切って留学することにした。
おも き　　　りゅうがく
(Saya membuat keputusan untuk belajar di luar negara.／
စိတ်ပိုင်းဖြတ်ပြီးပညာတော်သင်သွားခဲ့သည်။／Nagpasya akong mag-aral sa ibang bansa.)

□ ～換える/替える
か か
(membeli yang baru, menukar (kereta api)／အစားထိုးဝယ်သည်၊ ပြောင်းစီးသည်။／bumili ng bago,
mag-transfer)

▷ 買い換える、乗り換える
か か　　の か

□ 切り替える
き か
(mengalih／အသစ်ဖြစ်ပေါ်သည်။／
isaayos,baguhin)

▶ 今日から新学期です。気持ちを切り替えて勉強しましょう。
きょう　しんがっき　　　きも　　き か　　べんきょう
(Semester baru mulai hari ini. Mari kita tukar perasaan hati dan belajar bersungguh-sungguh.
／ဒီနေ့က စပြီးစာသင်ချိန်အသစ်ဖြစ်သည်။ ခံစားချက်တွေပြောင်းပြီးလေ့လာကြည့်ရအောင်။／Simula ng
bagong semester ngayon. Isaayos natin ang ating isip at mag-aral tayo.)

□ ～込む
こ
(memotong baris, melompat ke kolam／အညီဖြတ်သည်၊ ရေကန်ထဲခုန်ချသည်။／sumingit sa linya,
tumalon sa pond)

▷ 列に割り込む、池に飛び込む
れつ わ こ　　いけ と こ

□ 差し引く
さ ひ
(menolak／နုတ်ယူသည်။／
magbawas, ibawas)

▶ 手数料と送料を差し引くと、この金額になります。
て すうりょう そうりょう さ ひ　　　　　　きんがく
(Ini adalah jumlah selepas menolak kos pengendalian dan kos penghantaran.／
ကုန်ကျရေရိတ်နှင့်သယ်ယူပို့ဆောင်ခနုတ်ပြီးရှိပမာဏဖြစ်ပါ၁ယ်။／Ito ang halaga pagkatapos ibawas ang
halaga ng komisyon at handling charge.)

□ 突き当たる
つ あ
(sampai ke hujung／
ရင်ဆိုင်တိုက်မိသည်။／dumating sa
dulo)

▶ 真っすぐ行って、突き当たったら右に曲がってください。
ま い　　　　つ あ　　　　みぎ ま
(Sila ikut jalan lurus ke depan dan belok ke kanan ketika tiba di hujung jalan.／
တည့်တည့်သွားပြီး လမ်းဆုံးရောက်ခဲ့လျင် ညာဘက်ကိုကွေ့ပါ။／Dumiretso kayo, at kapag dumating
kayo sa dulo ng daan, kumanan kayo.)

□ 作り出す
つく だ
(mencipta／တီထွင်သည်။／mag-
imbento)

▷ 新しい商品を作り出す
あたら しょうひん つく だ
(mencipta produk baru／ထုတ်ကုန်အသစ်ကိုတီထွင်သည်။／mag-imbento ng bagong produkto)

□ 積み上げる
つ あ
(menghimpun, mengumpul／
စုဆောင်းသည်။／mag-ipon)

▷ 実績を積み上げる
じっせき つ あ
(membina rekod pencapaian／တကယ်အကျိုးဖြစ်ထွန်းမှုကိုစုဆောင်းသည်။／mag-ipon ng mga
tagumpay)

□ 照らし合わせる
て あ
(membandingkan／စစ်ဆေးသည်။／
magkumpara, maghambing)

▷ 自分の答えと正解を照らし合わせる
じぶん こた　　せいかい て あ
(bandingkan jawapan anda dengan jawapan yang betul／
မိမိ၏အဖြေနှင့်မှန်သောအဖြေကို တိုက်စစ်သည်။／magkumpara ng sariling sagot sa tamang sagot)

□ 飛び出す
と だ
(melompat keluar／ခုန်ထွက်သည်။／
tumalon, lumabas)

▷ 箱から飛び出す、道路に飛び出す
はこ と だ　　　どうろ と だ
(melompat keluar dari kotak, melompat ke jalan／သေတ္တာထဲမှခုန်ထွက်သည်၊ လမ်းပေါ်ခုန်ထွက်သည်။
／lumabas mula sa kahon, tumalon sa kalsada)

☐ **取り入れる**
と　　い
(mengambil／လက်ခံကျင့်သုံးသည်။／isama)

▷ 意見を取り入れる
い　けん　　と　　い
(mengambil pendapat／ထင်မြင်ချက်ကိုလက်ခံကျင့်သုံးသည်။／isama ang mga opinyon)

☐ **取り組む**
と　　く
(mengatasi／ရင်ဆိုင်သည်။／asikasuhin)

▷ 問題に取り組む
もん　だい　　と　　く
(mengatasi masalah／ပြဿနာကိုရင်ဆိုင်သည်။／asikasuhin ang problema)

取り組み
と　　く
(usaha／ရင်ဆိုင်ဆောင်ရွက်ခြင်း／pagsisikap)

☐ **取り除く**
と　　のぞ
(menghilangkan／XXXXX／alisin)

▷ 不安を取り除く
ふ　あん　　と　　のぞ
(menghilangkan kegelisahan／XXXXXX／alisin ang pangamba)

☐ **引き〜**
ひ

▷ 答えを引き出す、お金を引き出す
こた　　　ひ　　だ　　　かね　　ひ　　だ
(mendapatkan jawapan, mengeluarkan wang／အဖြေထုတ်သည်၊ ပိုက်ဆံထုတ်သည်။／kunin ang sagot, mag-withdraw ng pera)

▷ 税率を引き上げる／引き下げる
ぜいりつ　　ひ　　あ　　　　ひ　　さ
(menaikkan／menurunkan kadar cukai／အခွန်နှုန်းကိုတိုးမြှင့်သည်၊ လျှော့ချသည်။／ibaba ang tax rate, itaas ang tax rate)

▶ 山田さんが代表を引き受けてくれた。
やまだ　　　　　だいひょう　ひ　　う
(Cik Yamada mengambil alih jawatan pengerusi.／ယာမဒစံသည်သူ့မှတာဝန်ဖြစ်လွဲပြောင်းလက်ခံခဲ့သည်။／Si Yamada-san ang pumalit na kinatawan.)

▶ 彼が辞めると言うので、引きとめた。
かれ　や　　　　　い　　　　　　　ひ
(Dia mengatakan bahawa dia hendak letak jawatan, saya menahannya.／သူကထွက်မယ်လို့ပြောလို့တားမြစ်ခဲ့သည်။／Sinabi niyang mag-reresign siya, kaya pinigilan ko siya.)

☐ **引っかかる**
ひ
(tersangkut／X／sumabit)

▶ 出ていた釘にスカートが引っかかった。
で　　　　　くぎ　　　　　　　　　　ひ
(Skirt tersangkut di paku yang menonjol keluar.／လက်သည်းရှည်တွင် စကပ်က ငြိတွယ်ခဲ့သည်။／Sumabit ang palda ko sa pakong nakausli.)

☐ **引っかける**
ひ
(terkena／ချိတ်ဆက်သည်။／sumabit)

▶ 荷物に足を引っかけて転びそうになった。
に　もつ　　あし　　ひ　　　　　　ころ
(Kaki tersandung barang dan hampir terjatuh.／ခြေထောက်ကအိတ်တွေနဲ့ချိတ်မိပြီး လဲကျမယ့် ဖြစ်ခဲ့သည်။／Sumabit ang paa ko sa bagahe at muntik na akong madapa.)

☐ **ひっくり返す**
かえ
(membalikkan／ပြန်လှန်သည်၊ ပြန်လှန်သည်။／baligtarin)

▷ お皿をひっくり返す
さら　　　　　　　　かえ
(membalikkan pinggan／ပန်းကန်ကိုလှန်သည်။／baligtarin ang plato)

☐ **ひっくり返る**
かえ
(terbalik／မှောက်လှန်ခံရသည်။／bumaligtad)

▷ すべって、ひっくり返る
かえ
(tergelincir dan jatuh terbalik／လျှော၊ မှောက်လှန်သည်။／Nadulas ako at bumaligtad.)

☐ **振り返る**
ふ　　かえ
(mengimbas kembali／တိမ်းမှောက်သည်။／lumingon)

▷ 過去を振り返る
か　こ　　ふ　　かえ
(mengimbas kembali masa lalu／အတိတ်ကိုပြန်လှန်ကြည့်သည်။／lumingon sa nakaraan)

☐ **振り向く**
ふ む
(menoleh／နောက်လှည့်ကြည့်သည်။／
lumingon)

▷ 後ろを振り向く
うし ふ む
(menoleh ke belakang／အနောက်ကို လှည့်ကြည့်သည်။／lumingon)

☐ **見失う**
み うしな
(hilang／မျက်ခြည်ပြတ်သည်။／
mawala sa paningin)

▶ 友達を見かけたが、人ごみで見失った。
ともだち み ひと み うしな
(Saya nampak kawan saya, tetapi hilang di khalayak ramai.／သူငယ်ချင်းကိုတွေ့ခဲ့ပေမယ့်လူအုပ်ထဲတွင်မျက်ခြည်ပြတ်သွားခဲ့သည်။
／Nakita ko ang kaibigan ko, pero sa dami ng tao, nawala siya sa paningin ko.)

☐ **見送る**
み おく
(menghantar (orang)／
လိုက်ပို့နှုတ်ဆက်သည်။／maghatid, ihatid)

▷ 駅まで友達を見送る、見送り(する)
えき ともだち み おく み おく
(menghantar kawan di stesen, menghantar (orang)／ဘူတာရုံထိသူငယ်ချင်းကိုလိုက်ပို့နှုတ်ဆက်သည်။ လိုက်ပို့နှုတ်ဆက်ခြင်း။
／maghatid ng kaibigan hanggang sa istasyon, ihatid)

☐ **見かける**
み
(terjumpa／ကြုံတွေ့သည်။／makita)

▶ 駅で先生を見かけた。
えき せんせい み
(Saya terjumpa cikgu di stesen.／ဘူတာရုံတွင် ဆရာ့ကိုတွေ့လိုက်ရသည်။／Nakita ko ang titser sa istasyon.)

☐ **見比べる**
み くら
(membandingkan／နိုင်းယှဉ်ကြည့်သည်။
／magkompara, maghambing)

▷ 二つの絵を見比べる
ふた え み くら
(membandingkan kedua-dua gambar／ပန်းချီကားနှစ်ချပ်ကိုနိုင်းယှဉ်ကြည့်သည်။／magkompara ng
dalawang peynting)

☐ **見つける**
み
(mencari, ternampak／ရှာတွေ့သည်။
／matagpuan)

▶ 財布が落ちているのを見つけた。
さいふ お み
(Saya ternampak dompet yang hilang.／ပိုက်ဆံအိတ်ကျပျောက်သွားတာပြန်ရှာတွေ့ခဲ့သည်။
／Natagpuan ko ang isang nahulog na pitaka.)

▷ 仕事を見つける (mencari pekerjaan／အလုပ်ရှာတွေ့သည်။／makahanap ng trabaho)
しごと み

☐ **見つめる**
み
(memandang／စူးစိုက်ကြည့်သည်။／
tumitig)

▶ そんなに見つめないで。
み
(Jangan memandang saya seperti itu.／ဒီလောက်တောင်စိုက်မကြည့်ပါနဲ့။／Huwag kang tumitig
nang ganyan.)

☐ **見慣れる**
み な
(biasa tengok／အမြင်ရိုးသည်။／
maging pamilyar)

▶ 入口に見慣れない男性がいた。
いりぐち み な だんせい
(Seorang lelaki yang tidak dikenali berada di pintu masuk.／ဝင်ပေါက်တွင်မြင်နေကျမဟုတ်သော အမျိုးသားတစ်ဦးရှိခဲ့သည်။
／May isang lalaking hindi pamilyar sa akin sa entrance.)

☐ **見逃す**
み のが
(terlepas tengok／မျက်စိလွှမ်းသည်။／
ma-miss)

▶ 見たいドラマを見逃してしまった。
み み のが
(Saya terlepas drama yang saya ingin tonton.／ကြည့်ချင်နေသောဒရာမာလွဲချော်သွားသည်။／Na-
miss ko ang dramang gusto kong panoorin.)

☐ **向かい合う**
む あ
(bersemuka／
မျက်နှာချင်းဆိုင်တွေ့သည်။／harapan)

▷ 向かい合って話す
む あ はな
(bercakap secara bersemuka／မျက်နှာချင်းဆိုင်တွေ့ ပြီးစကားပြောသည်။／mag-usap nang harapan)

☐ **盛り上げる**
も あ
(memeriahkan／အသက်ဝင်လာသည်။
／pasayahin)

▷ 場を盛り上げる
ば も あ
(memeriahkan suasana／နေရာကို အသက်ဝင်လာစေသည်။／pasayahin ang lugar)

☐ **呼び出す**
よ だ
(memanggil／ခေါ်ယူသည်။／tawagin)

▶ 受付で、森課長を呼び出してもらった。
うけつけ もりかちょう よ だ
(Saya meminta kaunter depan memanggil pengurus saya, Encik Mori.／
ရှေ့ကြိုမှာ မန်နေဂျာမိုရိကိုခေါ် ခိုင်းခဲ့သည်။／Sa reception, pinatawag na manedyer na si Mr. Mori.)

238

6 言葉のいろいろな形 (Pelbagai bentuk kosa kata／၂၀၈။ စကားလုံးများ၏ပုံသဏ္ဌာန်မျိုးမျိုး／Iba-ibang Anyo ng Salita)

N←V

- □ 憧れ（の職業） ← 憧れる
- □ いじめ（の問題） ← いじめる
- □ 急ぎ（の仕事） ← 急ぐ
- □ （卒業）祝い ← 祝う
- □ （荷物の）受け取り ← 受け取る
- □ （がんの）疑い ← 疑う
- □ （10分の）遅れ ← 遅れる
- □ 教え（を守る） ← 教える
- □ 覚え（がない） ← 覚える
- □ 思い込み（が強い） ← 思い込む
- □ 思いつき（の企画） ← 思いつく
- □ 輝き（を増す） ← 輝く
- □ 関わり（を持つ） ← 関わる
- □ 稼ぎ（がいい） ← 稼ぐ
- □ （ゆっくりとした）語り ← 語る
- □ 区切り（がつく） ← 区切る
- □ 組み立て（工場） ← 組み立てる
- □ （同じことの）繰り返し ← 繰り返す
- □ （年の）暮れ ← 暮れる
- □ こだわり（を捨てる） ← こだわる
- □ （家族の）支え ← 支える
- □ 誘い（を受ける） ← 誘う
- □ （勉強の）妨げ ← 妨げる
- □ 騒ぎ（を起こす） ← 騒ぐ
- □ （料金の）支払い ← 支払う
- □ （お）勧め（の本） ← 勧める
- □ すれ違い（で会えなかった） ← すれ違う
- □ 助け（を求める） ← 助ける
- □ 頼み（を断る） ← 頼む
- □ 問い（に答える） ← 問う
- □ 取り扱い（に注意） ← 取り扱う
- □ （予約の）取り消し ← 取り消す
- □ 取り外し（が可能） ← 取り外す
- □ 悩み（を相談する） ← 悩む
- □ 慣れ（が必要） ← 慣れる
- □ 望み（を聞く） ← 望む
- □ 励まし（を受ける） ← 励ます
- □ 働き（がいい） ← 働く

□ (国への)働きかけ ← 働きかける

□ 見送り(は要らない) ← 見送る

□ 儲け(が少ない) ← 儲ける

□ 求め(に応じる) ← 求める

□ 戻り(の時間) ← 戻る

□ 呼びかけ(に応える) ← 呼びかける

V←A／Na

□ (腰を)痛める ← 痛い

□ (影響が)薄まる ← 薄い

□ (味を)薄める ← 薄い

□ (気持ちが)固まる ← 固い

□ (基礎を)固める ← 固い

□ (過去を)悔やむ ← 悔しい

□ (人々を)苦しめる ← 苦しい

□ (自然を)好む ← 好ましい

□ (会場が)静まる ← 静か(な)

□ (自然に)親しむ ← 親しい

□ (庭で)涼む ← 涼しい

□ (関心が)高まる ← 高い

□ (技術を)高める ← 高い

□ (値段を)確かめる ← 確か(な)

□ (会話を)楽しむ ← 楽しい

□ (風が)強まる ← 強い

□ (関係を)強める ← 強い

□ (帰国が)早まる ← 早い

□ (開始を)早める ← 早い

□ (影響が)広まる ← 広い

□ (噂を)広める ← 広い

□ (理解が)深まる ← 深い

□ (知識を)深める ← 深い

□ (風が)弱まる ← 弱い

□ (効果を)弱める ← 弱い

7 短い句
みじか く

（Ungkapan pendek／တိုသော စာကြောင်းအဖြတ်အတောက်／Maiikling Phrases）

□ **おかげ（さま）で**
(bersyukur／ကျေးဇူးကြောင့်／Salamat sa iyo)

▶ 「皆さん、お元気ですか」「ええ。おかげさまで元気に暮らしています」
みな げんき げんき く

("Apa khabar semua?" "Bersyukur, khabar baik."／[အားလုံးနေကောင်းကြပါသလား] [ဟုတ်ကဲ့ ပါသတဲ့ကျေးဇူးကြောင့် ကျန်းမာလျက်ရှိပါတယ်။]／"Kumusta kyong lahat?" "Salamat sa inyo, mabuti naman po kami.")

□ **お待ちどうさま**
ま
(maaf kerana membuat anda menunggu／စောင့်ခိုင်းရတာအားနာမိပါတယ်။／Salamat sa paghihintay)

▶ 〈料理を出すとき〉はい、お待ちどうさま。
りょうり だ ま

(<Semasa menghidangkan makanan> Silakan, maaf kerana membuat anda menunggu.／<အစားအစာယူဆောင်လာသောအခါ> ဟုတ်ကဲ့ စောင့်ခိုင်းရတာအားနာမိပါတယ်။／(Naglalabas ng pagkain) Eto na po ang pagkain. Salamat po sa paghihintay.)

□ **構いません**
かま
(tidak kisah／ကိစ္စမရှိပါဘူး။／Walang problema)

▶ 「カウンターの席でもよろしいですか」「ええ、構いません」
せき かま

("Kisah tak tempat duduk kaunter?" "Tak apa. Tak kisah."／[ကောင်တာထိုင်ခုံလဲရပါသလား?] [ဟုတ်ကဲ့ ကိစ္စမရှိပါဘူး။]／"Okey po bang sa counter kayo umupo?" "Oo, walang problema.")

□ **興味深い**
きょうみ ぶか
(menarik／စိတ်ဝင်စားစရာကောင်းသော／interesting)

▶ 今日はいろいろ興味深い話を聞くことができた。
きょう きょうみぶか はなし き

(Saya dapat mendengar pelbagai kisah menarik hari ini.／ဒီနေ့အမျိုးမျိုးသောစိတ်ဝင်စားစရာ စကားကို နားထောင်ခဲ့ရသည်။／Nakarinig ako ngayon ng mga interesting na kuwento.)

□ **ご苦労さま**
くろう
(terima kasih atas usaha anda／ကျေးဇူးတင်ပါသည်။ (အထက်လူကြီးမှအောက်လက်သားကိုပြောသော）／Salamat sa pagsisikap mo)

▶ 「部長、全部運び終わりました」「ご苦労さま」
ぶちょう ぜんぶ はこ お くろう

("Pengurus, saya sudah selesai memindah semua barang." "Terima kasih atas usaha anda"／[မန်နေဂျာ၊ အားလုံးတည်ပြီးသွားပြီ] [ကျေးဇူးတင်ပါတယ်။]／"Boss, natapos na naming hakutin lahat." "Salamat sa pagsisikap ninyo.")

□ **すまない**
(maaf／အားနာသည်။／Pasensiya na)

▶ すまないけど、これ、20部コピーしてくれる？
ぶ

(Maaf, boleh tolong saya buat 20 salinan ini?／အားနာပေမယ့် ဒီဟာ မိတ္တူ၂၀ ကူးပေးရမလား?／Pasensiya na, pero puwedeng paki-copy ng 20 copies nito?)

▶ 待たせてすまなかったね。
ま

(Saya meminta maaf kerana membuat anda menunggu.／စောင့်ခိုင်းရလို့ အားနာလိုက်တာနော်။／Pasensiya na at pinaghintay kita.)

□ **そう〜ない**
(tidak begitu／မ....ဘူး။／hindi-)

▶ 「これを飲めばやせる？」「そううまくはいかないだろう。」
の

("Adakah berat badan akan turun jika minum ini?" "Tentunya tidak semudah itu."／ဒီဟာကိုသောက်ရင်ပိန်မှာလား? ဒီလောက်မကောင်းလောက်ဘူး။／"Kapag ininom ko ito, papayat ba ako?" "Hindi siguro ganoon kadali iyan.")

□ **ついている／ついていない**
(bernasib baik / bernasib malang／ကံကောင်း/ကံဆိုးသည်။／suwerte/malas)

▶ あっ、電車、行っちゃった。……今日はついてないなあ。
でんしゃ い きょう

(Tidak sempat, kereta api meninggal tadi. Malang betul hari ini.／ဟာ၊ ရထားထွက်သွားခဲ့ပြီ ....ဒီနေ့ကံမကောင်းပါပလား။／Naku, umalis na ang tren. Malas yata ako ngayon.)

□ **できたら**
(jika boleh／ဖြစ်နိုင်ရင်／kung puwede)

▶ できたら、これも持って行ってほしいんだけど……。

(Jika boleh, tolong bawa ini pergi dengan kamu.／ဖြစ်နိုင်ရင် ဒီဟာလည်းယူဆောင်သွားစေချင်တယ်။／Kung puwede, pakidala na rin ito...)

241

□ **どういたしまして** (sama-sama / ရုပါတယ်။ / Walang anuman)	▶ 「ありがとうございました」「いえ、どういたしまして」 ("Terima kasih." "Sama-sama." / [ကျေးဇူးတင်ပါတယ်။] [မဟုတ်ဘူး။ ရုပါတယ်။] / "Maraming salamat po." "Wala pong anuman.")
□ **どうも** (nampaknya / ပုံပေါ်သည်။ / mukhang)	▶ 彼が辞めるという話はどうも本当らしい。 (Nampaknya, khabar angin tentang dia akan berhenti kerja adalah benar. / သူ့အတွက်တောမှာယ်လို့ ပြောသည့်စကားက တကယ်ဖြစ်ရမ်လို / Mukhang totoo ang balitang mag-reresign siya.)
□ **とんでもない** (tidak sama sekali. / အားလုံးတော့မဟုတ်ဘူး။ / hindi naman)	▶ 「上手ですね」「とんでもない。まだまだです」 ("Pandainya." "Tidak sama sekali. Saya masih belajar." / [တော်လိုက်တာနော်။] [အားလုံးတော့မဟုတ်ပါဘူး။ လိုပါသေးတယ်။] / "Ang galing mo naman." "Hindi naman. Kailangan ko pang magsikap.")
□ **なぜか** (tidak tahu kenapa / ဘာကြောင့်လဲ / bakit)	▶ 全然かっこよくないのに、彼はなぜか女性にもてる。 (Dia tidak kacak sama sekali, tetapi tidak tahu kenapa dia popular di kalangan wanita. / လုံးဝစတိုင်မမိုက်ပေမယ့် သူ့ကိုဘာကြောင့် အမျိုးသမီးတွေကြိုက်နေရတာလဲ။ / Hindi naman siya guwapo, pero bakit kaya siya popular sa mga babae?)
□ **納得がいく/いかない** (puas hati / tidak puas hati / ကျေနပ်/မကျေနပ်သည်။ / kumbinsido/hindi kumbinsido)	▶ 全員が納得がいくまで話し合った。 (Kami berunding sehingga semua orang puas hati. / အားလုံးဝင်အားလုံး နားလည်ကျေနပ်သည့်အထိ စကားပြောခဲ့သည်။ / Nag-usap kami hanggang sa makumbinsi ang lahat.)
□ **なるほど** (patutlah / အဟုတ်၊ သဘောပေါက်ပြီ၊ ဟုတ်သားပဲ။ / Ganoon pala)	▶ 「こうすれば簡単にできますよ」「なるほど」 ("Senang dengan cara ini." "Patutlah." / [ဒီလိုလုပ်ရင် လွယ်လွယ်လုပ်နိုင်တယ်။] [ဟုတ်သားပဲ။] / "Kung ganito ang gagawin mo, madali lang ito." "Ganoon pala.") ▶ 「子供の頃、アメリカにいたんです」「なるほど、それで英語がうまいんですね」 ("Saya tinggal di Amerika Syarikat semasa saya kecil." "Patutlah pandai berbahasa Inggeris." / [ကလေးတုန်းကအမေရိကမှာနေခဲ့တယ်။] [အဟုတ်ပဲ၊ ဒါကြောင့်မို့လို့ အင်္ဂလိပ်စာတော်တာပါနော်။] / "Nasa Amerika ako noong bata ako." "Ganoon pala, kaya mahusay kang mag-Ingles.")
□ **何とかする** (melakukan sesuatu / တစ်ခုခုလုပ်ရန် / kahit paano)	▶ このままじゃ、だめだ。何とかしないと。 (Tidak baik jika berterusan seperti ini. Kita mesti melakukan sesuatu. / ဒီအတိုင်းဆို့ မဖြစ်ဘူး။ တစ်ခုခုလုပ်လို့မရဘူး။ / Kung laging ganito, walang mangyayari. Kailangan nating gumawa kahit paano.")
□ **別々** (asing / သီးခြားစီ / kanya-kanya, magkahiwalay)	▶ 「お支払いは?」「別々でお願いします。」 ("Bagaimana anda ingin membayar?" "Secara asing." / [ဘယ်လိုငွေပေးချေချင်ပါသလဲ။] [သီးခြားစီလုပ်ပေးပါ။] / "Paano po kayo magbabayad?" "Kanya-kanya po.")
□ **恵まれる** (diberkati / ကောင်းကြီးမင်္ဂလာခံရပါရုံ / mapalad, pinagpala)	▶ 健康に恵まれていることに感謝しています。 (Saya berterima kasih kerana diberkati dengan kesihatan. / ကျန်းမာရေးကောင်းမင်္ဂလာကြီးမင်္ဂလာခံရလို့ ကျေးဇူးတင်ပါတယ်။ / Nagpapasalamat ako at mapalad akong maging malusog.)
□ **やむを得ない** (tidak dapat dielakkan / မလွှဲသာမရှောင်သာသော / hindi maiiwasan)	▶ この状況では、中止はやむを得ない。 (Dalam keadaan ini, pembatalan tidak dapat dielakkan. / ဒီလိုအခြေအနေမျိုးတွင် ရပ်နားတာက ရွေးချယ်ရာမရှိတော့လို့။ / Sa sitwasyong ito, hindi maiiwasan ang pagkakansela.)
□ **ろくな〜ない** (tidak bagus / မကောင်းသော / hindi maayos)	▶ 最近忙しくて、ろくな食事をしていない。 (Saya sibuk kebelakangan ini sehingga saya tidak dapat makan dengan bagus. / အခုတလော ဒုက္ခများဖို့ သင့်လျော်သောအစားအစကို မစားနိုင်ဘူး / Bisi ako kamakailan at hindi ako nakakakain ng masarap na pagkain.)
□ **悪いけど** (maaf / အားနာသော / Pasensiya na)	▶ 悪いけど、ちょっと手伝ってくれない? (Maaf, boleh tolong saya sedikit? / အားနာပေမယ့် ခန လေး ကူညီပေးလို့ရမလား? / Pasensiya na, pero puwede mo ba akong tulungan?)

242

8「体」に関する慣用句

(Simpulan bahasa yang berkaitan dengan “badan”／“ခန္ဓာကိုယ်” နဲ့ပက်သက်သည့်အသုံးအနှုန်း／Mga Idiom Tungkol sa Katawan)

☐ **頭が痛い**
(＝困る、難しい)

▶ 今月も出費ばかり増えて、頭が痛いよ。
(Semua perbelanjaan naik bulan ini, sakit kepala.／ဒီလလည်းပဲထွက်ငွေချည်းများလာလို့ စိတ်ရှုပ်လိုက်တာနော်။／Lumaki ang gastos ko ngayong buwan, at sumasakit ang ulo ko dahil dito.)

☐ **頭が堅い**
(＝ほかの考え方や見方を持とうとしない)

▶ うちの社長は、頭が堅くて、全然意見を聞いてくれないんだよ。
(Pengerusi syarikat kami memang keras kepala, enggan mendengar pendapat kami langsung.／ကျွန်ုပ်တို့၏သူဌေးသည်ခေါင်းမာပြီးထင်မြင်ချက်ကိုလုံးဝနားမထောင်ပါ။／Matigas ang ulo ng presidente ng kompanya namin, at ayaw pakinggan ang mga opinyon namin.)

☐ **頭が下がる**
(＝人の努力などに感心し、尊敬の気持ちを持つ)

▶ 大変な仕事なのに、いつも笑顔でいる看護師の皆さんには、頭が下がる。
(Tunduk kepala saya melihat para jururawat yang senyum selalu walaupun kerja mereka yang memenatkan.／ပင်ပမ်းသောအလုပ်ပေမယ့် အမြဲတမ်းပြုံးထားတဲ့သူနာပြုအားလုံးကို အထင်ကြီးလေးစားပါတယ်။／Talagang iginagalang ko ang mga nars na laging nakangiti, kahit na mahirap ang trabaho nila.)

☐ **頭を下げる**
(＝謝る、お願いする)

▶「彼に頼んでみたら？」「あんなやつに頭を下げたくないよ」
(“Kenapa kamu tidak tanya dia?” “Aku tidak ingin tunduk kepada orang seperti itu.”／[သူ့ဆီမေတ္တာရပ်ခံရင်ရော] [ဒီကောင့်ဆီမှာ အောက်မကျို့ချင်ဘူး။]／“Subukan mo kayang makiusap sa kanya.” “Ayoko ngang yumukod sa kanya.”)

☐ **頭に来る**
(＝怒る)

▶ あんな失礼なことを言われたら、誰だって頭に来るよ。
(Sesiapa sahaja akan marah sekiranya dihina dengan kata-kata biadap.／ဒီလောက်ရိုင်းစိုင်းတဲ့စကားပြောခံရရင် ဘယ်သူမဆို စိတ်ဆိုးတာပေါ့။／Magagalit ang kahit sino, kung sasabihan sila ng ganoong bastos na salita.)

☐ **耳が早い**
(＝うわさなどの情報を得るのが早い)

▶ 彼女は耳が早いから、もう知っているだろう。
(Dia seorang yang telinga lintah, saya rasa dia sudah tahu perkara ini.／သူမကနားလျင်လို့သိထားပြီးလောက်ပြီ။／Mabilis ang tainga niya, kaya alam na niya iyon.)

☐ **耳が痛い**
(＝聞くのがつらい)

▶〈健康に関する講演〉僕みたいに不健康な生活をしている者には、耳の痛い話だったよ。
(<Ceramah mengenai kesihatan> Orang yang menjalani kehidupan yang tidak sihat seperti saya, sakit telinga mendengar nasihat tersebut.／<ကျန်းမာရေးနှင့်ပက်သက်သည့်ဟောပြောချက်> ကျွန်တော့်လိုမျိုး ကျန်းမာရေးမကောင်းတဲ့သူအတွက်ကတော့ ခံရခက်တဲ့စကားတွေပါနော်။／(Lecture tungkol sa kalusugan) Masakit sa taingang makinig niyan, para sa tulad kong hindi malusog ang pamumuhay.)

☐ **耳が遠い**
(＝耳が聞こえにくくなる)

▶ 父ももう年ですから、最近、少し耳が遠くなってきました。
(Ayah saya sudah tua, pendengarannya bertambah buruk kebelangan ini.／အဖေလည်း အသက်ရလာလို့ အခုတလောနည်းနည်း နားလေးလာခဲ့တယ်။／Matanda na ang tatay ko, kaya kamakailan, nabibingi na siya.)

□ 耳にする みみ （＝聞く） き	▶ 「変な噂を耳にしたんだけど……」「えっ、何？」 へん うわさ みみ　　　　　　　　なに ("Saya terdengar khabar angin yang pelik..." "Oh, tentang apa?" ／ 변한 소문을 귀에 담았는데……	응? 뭐래? ／ "May narinig akong kakaibang tsismis.." "Tungkol saan?")
□ 耳を疑う みみ うたが （＝本当かと疑う） ほんとう うたが	▶ 自分が選ばれるとは思っていなかったから、名前を呼ばれた時 じ ぶん えら　　　　　　おも　　　　　　　　　　　　な まえ よ　　　　とき は、一瞬耳を疑った。 いっしゅんみみ うたが (Saya sangka saya tidak akan terpilih, maka saya tidak percaya telinga saya ketika mereka memanggil nama saya. ／ 내가 뽑힐 줄 생각하지 못했기 때문에 내 이름을 불렀을 때 일순간 잘못 들은 게 아닐까 생각했다. ／ Hindi ko naisip na mapipili ako, kaya noong tawagin ang pangalan ko, hindi ako makapaniwala.)
□ 耳を貸す みみ か （＝話を聞く） はなし き	▶ 若い頃は、親の言うことには全然耳を貸そうとしませんでした。 わか ころ　　おや い　　　　　　　ぜんぜんみみ か (Saya tidak pernah mendengar apa yang diberitahu oleh ibu bapa saya ketika saya masih muda. ／ 어렸을 때는 부모님이 말씀하시는 거를 전혀 귀를 기울이지 않았습니다. ／ Noong bata ako, hindi ako nakinig sa mga sinasabi ng mga magulang ko.)
□ 目がない め （＝食べ物や趣味などについて）大好きだ） たべ もの しゅみ だいす	▶ 私、甘いものに目がないもので……。もう一つ、いいですか。 わたし あま　　　　　め　　　　　　　　　　ひと (Saya tidak dapat menahan diri apabila melihat makanan manis. Bolehkah saya makan satu lagi? ／ 저는 단 거에 사족을 못 써서요………. 하나 더 먹어도 될까요? ／ Gustung-gusto ko ng matamis... puede kayang humingi pa ng isa?)
□ 目が離せない め はな （＝気になって、ずっと見ていなければならない） み	▶ 小さい子供は危なくて目が離せない。 ちい こ ども あぶ　　　め はな (Adalah bahaya untuk mengalihkan pandangan dari kanak-kanak kecil. ／ 작은 아이는 위험해서 계속 지켜봐야 한다. ／ Peligrosong iwanang mag-isa ang maliit na bata kaya kailangan siyang bantayan nang husto.)
□ 目が回る め まわ （＝とても忙しい） いそが	▶ 忙しくて目が回りそう。 いそが　　　め まわ (Peningnya saya kerana kesibukan. ／ 바빠서 눈이 핑핑 돈다. ／ Talagang bising-bisi ako.)
□ 目を疑う め うたが （＝見ているものが本当のものかと疑う） み ほんとう うたが	▶ あまりに安くて、値段を見て目を疑ったよ。たった 1,000 円だよ。 やす　　ね だん み　　め うたが　　　　　　　　　　えん (Sangat murah sehingga tidak dapat mempercayai mata saya ketika melihat harganya. Hanya 1,000 yen! ／ 너무 싸서 가격을 보고 눈을 의심했어. 겨우 1000 엔이야. ／ Napakamura, kaya hindi ako makapaniwala noong makita ko ang presyo. 1000 yen lang.)
□ 目を通す め とお （＝ざっと読む） よ	▶ 課長、書類ができましたので、目を通していただけますか。 か ちょう しょるい　　　　　　　　　　め とお (Pengurus, dokumen sudah siap. Bolehkah tolong lihat sekejap? ／ 과장님, 서류가 다 되었으므로 훑어봐 주시겠습니까? ／ Boss, tapos na po ang mga dokumento. Puwede po bang tingnan ninyo ang mga ito nang mabilis?)
□ 目を引く め ひ （＝目立つ、注意を引く） め だ ちゅうい ひ	▶ うん、このデザインなら、かなり目を引くと思う。 め ひ　　おも (Ya, saya rasa reka bentuk ini akan menarik perhatian orang ramai.. ／ 응, 이 디자인이라면 꽤 눈길을 끌 거라고 생각해. ／ Oo, kapansin-pansin itong design.)
□ 目をつむる め （＝欠点などを責めないことにする） けってん せ	▶ 時間がないから、細かいところは目をつむるしかない。 じ かん　　　　　こま (Saya tidak ada masa, maka saya terpaksa menutup mata terhadap isu-isu kecil. ／ 시간이 없으니까 자세한 것들은 눈감을 수밖에 없다. ／ Wala nang oras, kaya huwag na nating pansinin ang mga detalye.)

何を含む系頭 1

前に付く語 2

後ろに付く語 3

いろいろな意味を持つ動詞 4

動詞＋動詞 5

廃棄のいろいろな形 6

短い句 7

体に関する慣用句 8

敬語 9

動詞 10

□ **目につく**
（=よく見える、目立つ）

▶ 大事な連絡先ですから、目につくところに貼っておいてください。

(Ini adalah maklumat penting, sila tampalkannya di tempat yang mudah dilihat./ အရေးတကြီးဆက်သွယ်ရမည့် လိပ်စာဖြစ်လို့ မြင်သာတဲ့နေရာမှာ ကပ်ထားသင့်။/ Mahalaga ang contact information na ito, kaya pakidikit ito sa lugar na madaling makita.)

□ **目に浮かぶ**
（= 実際に見ているように頭の中で思う）

▶ これを欲しがっていましたから、彼女の喜ぶ姿が目に浮かびます。

(Dia benar-benar mahukan ini, saya dapat membayangkan betapa gembiranya./ ဒီဟာကိုလိုချင်လွန်းသောကြောင့် သူမရဲ့ဝမ်းသာမှုကို မြင်ယောင်မိသည်။/ Gusto niya ito, kaya nakikini-kinita ko ang masaya niyang itsura.)

□ **鼻が高い**
（=自慢に思う）

▶ 「立派な息子さんを持って、鼻が高いでしょう」「いえいえ、まだまだ子供です」

("Anda pasti bangga mempunyai anak lelaki yang begitu baik." "Tidak, dia masih mentah."/ [ခန့်ညားတဲ့သားလေးရှိလို့ ဂုဏ်ယူရယ်ဖြစ်တယ်နော်။] [မဟုတ်ပါဘူး၊ ကလေးပဲရှိပါသေးတယ်။]/"Ipinagmamalaki mo siguro ang mahusay mong anak, ano?" "Hindi naman, bata pa siya.")

□ **口がうまい**
（= 言葉で納得させたり、喜ばせたりするのがうまい）

▶ 彼はロがうまいから、ついだまされそうになる。

(Dia pandai bercakap sehingga saya hampir tertipu./ သူ့စကားပြောကောင်းလို့ အမှတ်တမဲ့ မှောက်သွားသည်။/Mahusay siyang manghikayat, kaya halos naloko niya ako.)

□ **口が堅い**
（=言うべきでないことは言わない）

▶ 彼女はロが堅いから、話しても大丈夫です。

(Mulutnya ketat, tidak apa jika memberitahunya./ သူမနှုတ်လုံလို့ စကားပြောပေမယ့် ကိစ္စမရှိပါဘူး။/ Marunong siyang magtago ng sikreto, kaya puwede kang makipag-usap sa kanya nang hindi nag-aalala.)

□ **口が軽い**
（=言うべきでないこともすぐ人に言う）

▶ 田中さんには内緒ね。彼女、ロが軽いから。

(Jangan beritahu Encik Tanaka. Dia seorang yang mulut tempayan./ တနကစံကိုလျှို့ဝက်ချက်နော်။ သူမနှုတ်မလုံလို့။/ Sikreto ito kay Tanaka-san, ha? Kasi madaldal siya, eh.)

□ **口が滑る**
（=言うべきでないことをうっかり言ってしまう）

▶ 「なんであの人が知っているの？」「ごめん、ちょっと口が滑っちゃって」

("Kenapa orang itu tahu?" "Maaf atas kesilapan saya memberitahunya secara tidak sengaja."/ [ဘာလို့ဟိုလူကသိနေတာလဲ?] [ဆောရီး၊ ခဏထုတ်ပြောမိသွားတယ်။]/ "Bakit alam ng taong iyon?" "Sori, nadulas ako, eh.")

□ **口が悪い**
（=言い方が乱暴）

▶ 彼はロは悪いけど、本当は優しい人なんだよ。

(Walaupun mulutnya buruk, sebenarnya baik orangnya./ သူကအပြောဆိုးပေမယ့် တကယ်ကကြင်နာတဲ့လူဖြစ်တယ်။/ Matalas siyang magsalita, pero sa totoo lang, mabait siyang tao.)

□ **口を出す**
（= 直接関係ないのに意見を言ってくる）

▶ 子供のけんかに親が口を出すものじゃないよ。

(Ibu bapa tidak patut campur tangan ketika kanak-kanak bertengkar./ ကလေးတွေရန်ဖြစ်တာကို မိဘဝင်ပြောဆိုတဲ့အရာမဟုတ်ဘူးနော်။/ Hindi dapat nakikialam ang magulang sa pag-aaway ng mga bata.)

□ **口に合う**
（＝食べ物などが好みに合う）

▶ これ、お土産です。お口に合うといいですが。

(Ini adalah cenderahati. Harap ini sesuai dengan perisa anda.／ဒီဟာ လက်ဆောင်ပါ။ အရသာတွေ့ရင်ကောင်းပေမယ့်...............။／Eto ang pasalubong. Sana magustuhan mo ito.)

□ **口にする**
（＝言う、食べる・飲む）

▶ そんな汚い言葉、二度と口にしないで。

(Jangan guna bahasa kotor seperti itu lagi.／ဒီလောက်ညစ်ပတ်တဲ့စကားလုံး နှစ်ကြိမ်ထပ် မပြောပါနဲ့။／Huwag mo nang ulitin ang ganyang masamang salita.)

▶ あまりにまずくて、口にした瞬間、吐きそうになった。

(Sangat tidak sedap sehingga saya merasa hendak muntah sebaik sahaja memasukkannya ke dalam mulut.／အရသာ မကောင်းလွန်းလို့ စားလိုက်တာနဲ့ အန်ချင်သွားတယ်။／Napakasama ng lasa, kaya halos nasuka ako nang kinain ko ito.)

□ **顔が広い**
（＝付き合いが広い）

▶ 部長なら顔が広いから、誰か紹介してくれるよ。

(Pengurus banyak hubungannya, saya pasti dia akan memperkenalkan anda kepada seseorang.／ဌာနမှူးဆိုရင် လူသိများလို့ ဘယ်သူများဆို မိတ်ဆက်ပေးမှာနော်။／Maraming kilala ang manedyer, kaya siguradong may ipapakilala siya sa iyo.)

□ **顔を出す**
（＝集まりなどに出る）

▶ 鈴木さん、たまには飲み会に顔を出してよ。

(Encik Suzuki, silakan datang ke jamuan sekali-sekala.／ဆူဇူကီးစံ တစ်ခါတစ်ရံမှ သောက်တဲ့ပွဲကို ရောက်တယ်နော်။／Suzuki-san, sumama ka naman sa inuman namin minsan.)

□ **腕が上がる**
（＝技術が高くなる）

▶ 彼女はこの半年でずい分と腕が上がったみたいだ。

(Nampaknya kemahirannya benar-benar meningkat dalam masa setengah tahun ini.／သူမက ဒီနှစ်စ်ဝက်မှာတော်တော် တော်လာသလိုပဲ။／Sa kalahating taon, mukhang talagang naging mas mahusay siya.)

□ **腕がいい**
（＝技術が高い）

▶ 腕のいいお医者さんに手術してもらうから、きっと大丈夫です。

(Pembedahan akan dijalankan oleh doktor yang sangat mahir, tidak ada masalah.／ကျွမ်းကျင်သည့်ဆရာဝန်ကံ ခွဲစိတ်ကုသဖ်းလို့ သေချာပေါက်အဆင်ပြေသည်။／Isang mahusay na doktor ang mag-oopera sa akin, kaya sigurado akong magiging okay ako.)

□ **腕を磨く**
（＝技術を高める）

▶ 腕を磨くには、一流の店で修業するのが一番いい。

(Kaedah terbaik untuk mengasah kemahiran adalah melatih di kedai kelas tertinggi.／ကျွမ်းကျင်အောင်ကြိုးစားရာတွင် ပထမတန်းစားဆိုင်တွင် အလုပ်လုပ်တာကအကောင်းဆုံးပဲ။／Para mahasa ang kakayahan mo, pinakamagaling ang mag-training ka sa isang first class na tindahan.)

□ **手が空く**
（＝一つの用事が終わり、ひまな時間ができる）

▶ 手が空いたら、こっち、手伝ってくれる？

(Bolehkah anda membantu kami jika tidak sibuk?／အားရင်ဒီဘက် ကူညီပေးလို့ရလား။／Kung libre ka na, puwede ka bang tumulong dito?)

□ **手がかかる**
（＝扱うのが大変）

▶ 僕はいたずらばかりして、手がかかる子だったみたいです。

(Nampaknya dulu saya seorang kanak-kanak yang suka bergurau dan menyusahkan orang.／ကျွန်တော်သည် အမြဲတမ်းနောက်ပြောင်ပြီး အရိုက်ပိုပေးခဲ့ရတဲ့ ကလေးဖြစ်ခဲ့ပုံပဲ။／Pilyo ako noon, at mahirap alagaan.)

「何」を含む表現 1

前に付く語 2

後ろに付く語 3

いろいろな意味を持つ動詞 4

動詞＋動詞 5

様態のいろいろな形 6

短い句 7

体に関する慣用句 8

敬語 9

動詞 10

□ **手が足りない**
　（＝仕事をする人が足りない）

▶ 手が足りなくなったらいつでも言ってください。手伝いますので。

(Sekiranya kamu kekurangan orang, beritahu saya. Saya akan datang dan membantu.／အကူအညီလိုလ္ဟရင် ဘယ်အချိန်မဆိုပြောပါ။ ကူညီပေးမှာမို့လို့။／Kung kulang kayo sa tauhan, sabihin lang ninyo. Tutulong ako.)

□ **手が離せない**
　（＝用事があって、ほかのことができない）

▶ 「ちょっと手伝ってくれない?」「ごめん、今ちょっと手が離せないんだ」

("Bolehkah anda memberi kami bantuan?" "Maaf, saya masih ada hal lain."／[ခဏလေးကူညီပေးလို့ရလား။] [ဆောရီး၊ အခုမအားလို့ပါ။]／"Puwede mo ba akong tulungan?" "Pasensiya na, hindi ko maiwan ang ginagawa ko ngayon.")

□ **手に入れる**
　（＝得る）

▶ 前から探していた本をやっと手に入れた。

(Akhirnya, saya dapat buku yang saya cari dari dulu lagi.／အရင်ကတည်းက ရှာနေခဲ့တဲ့ စာအုပ် နောက်ဆုံးတော့ လက်ထဲရောက်လာခဲ့ပြီ။／Sa wakas, nakuha ko na ang librong hinahanap ko.)

□ **手に入る**
　（＝得られる）

▶ 彼らのコンサートチケットはすごい人気で、なかなか手に入らないんです。

(Tiket konsert mereka sangat popular. Sukar untuk mendapatkannya.／သူတို့ရဲ့ ဖျော်ဖြေပွဲလက်မှတ်က အရမ်းလူကြိုက်များလို့ တော်တော်နဲ့မရနိုင်ဘူး။／Masyadong popular ang tiket sa konsert nila, kaya mahirap makakuha ng mga ito.)

□ **手を貸す**
　（＝手伝う）

▶ ちょっと手を貸してくれない? 一人じゃ重くて。

(Bolehkah anda menolong saya? Terlalu berat untuk mengangkatnya.／ခဏ ကူညီပေးရလား။? တစ်ယောက်ထဲ လေးလွန်းလို့။／Puwede ka bang tumulong sandali? Mabigat ito para sa isang tao.)

□ **手を借りる**
　（＝手伝ってもらう）

▶ 一人じゃ大変だよ。誰かの手を借りたほうがいい。

(Payah jika lakukan bersendirian. Baik minta bantuan orang lain.／တစ်ယောက်ထဲ ဒီဟာမလုပ်နိုင်ဘူးနော်။ တစ်ယောက်ယောက်ရဲ့ညီရင်ကောင်းမယ်။／Mahirap iyan kung mag-isa ka lang. Mabuting magpatulong ka sa iba.)

□ **手をつける**
　（＝仕事などを始める）

▶ 書類の整理を頼まれたけど、まだ手をつけていません。

(Saya diminta untuk menyusun dokumen-dokumen, tetapi saya belum memulakannya.／စာရွက်စာတမ်းများကို စုစည်းရန် တောင်းဆိုခံသော်လည်း ခုထိမစတေးသေးဘူး။／Pinakiusapan akong ayusin ang mga dokumento, pero hindi pa ako nagsisimula.)

□ **手を抜く**
　（＝必要なことをしないで、いいかげんにする）

▶ どんなに小さな仕事でも、手を抜いたらだめです。

(Tidak boleh curi tulang biarpun betapa kecil kerja tersebut.／ဘယ်လောက်သေးတဲ့ အလုပ်ပဲဖြစ်ပေမယ့်လည်းပြီးစလွယ်လုပ်လို့မရဘူး။／Gaano man kaliit ang trabaho mo, gawin mong mabuti ito.)

□ **腰をかける**
　（＝座る）

▶ こちらに腰をかけてお待ちください。

(Sila duduk dan tunggu di sini.／ဒီနေရာတွင် ထိုင်စောင့်ပေးပါ။／Umupo po kayo rito at maghintay.)

□ **足を運ぶ**
　（＝わざわざ行く）

▶ こんな遠いところまで足を運んでいただいて、ありがとうございます。

(Terima kasih banyak kerana sudi datang sejauh ini.／ဒီလောက်ဝေးတဲ့နေရာထိ တကူးတကာ လာခဲ့တာ ကျေးဇူးအများကြီးတင်ပါတယ်။／Maraming salamat sa pagpunta ninyo sa malayong lugar na ito.)

音声DL 85

9 敬語(けいご) (Bahasa sopan／ယဉ်ကျေးသောအသုံးအနှုန်း／Magalang na Pananalita)

□ 承(うけたまわ)る

▶ ご注文(ちゅうもん)はこちらで承(うけたまわ)ります。
(Saya boleh mengambil pesanan anda.／အော်ဒါမှာကြားချက်ကို ဒီမှာ လက်ခံသည်။／Kukunin ko po ang order ninyo.)

□ なさる

▶ 先生(せんせい)はゴルフをなさるんですか。
(Adakah encik bermain golf?／ဆရာဂေါက်ရိုက်ပါသလား။／Naglalaro po ba kayo ng golf?)

▶ ご家族(かぞく)の方(かた)にご連絡(れんらく)なさったほうがよろしいのでは？
(Adalah lebih baik bagi anda untuk menghubungi ahli keluarga anda.／သင်၏မိသားစုဝင်များနှင့်ဆက်သွယ်ရင်ကောင်းတယ်မလား။?／Mas mabuti pong kontakin ninyo ang pamilya ninyo.)

□ お召(め)しになる

▶ 〈試着室(しちゃくしつ)で〉ほかの色(いろ)もお召(め)しになってみますか。
(<Di bilik tukar baju> Adakah anda ingin mencuba warna lain?／<အဝတ်လဲအခန်းတွင်> အခြားအရောင်များကို စမ်းကြည့်ချင် ပါသလား။／(Sa bihisan) Gusto ba ninyong isukat ang ibang kulay?)

□ お買(か)い上(あ)げ

▶ 本日(ほんじつ)、1,000円(えん)以上(いじょう)お買(か)い上(あ)げのお客様(きゃくさま)には、抽選券(ちゅうせんけん)をご用意(ようい)しております。
(Pelanggan yang membelanjakan ¥1,000 dan ke atas hari ini akan menerima tiket loteri.／ယနေ့ယန်း ၁၀၀၀ နှင့်အထက်ဝယ်ယူသော ဧည့်သည်တွေ အတွက် ကံစမ်းမဲလက်မှတ် စီစဉ်ထားပါသည်။／Ngayong araw, naghanda po kami ng lottery tiket para sa mga kustomer na bibili ng halagang 1,000 yen o higit pa.)

□ お休(やす)みになる

▶ 先生(せんせい)はいつも何時頃(なんじごろ)にお休(やす)みになるんですか。
(Biasanya anda tidur pada pukul berapa?／ဆရာကအမြဲတမ်း ဘယ်နှစ် နာရီလောက်မှာ အနားယူပါသလဲ။／Mga anong oras po kayo laging natutulog?)

□ かしこまりました

▶ ご予約(よやく)の変更(へんこう)ですね。かしこまりました。
(Anda ingin menukar tempahan anda? Boleh, sudah tentu.／ကြိုတင်မှာကြားထားတာကိုပြောင်းချင်ပါတယ်။ ဆောင်ရွက်ပေးပါမည်။／Magbabago po pala kayo ng reservation. Naiintindihan ko po.)

□ 承知(しょうち)いたしました

▶ 10時頃(じごろ)のご到着(とうちゃく)ということですね。承知(しょうち)いたしました。
(Anda akan tiba kira-kira pukul 10? Kami akan bersedia untuk melayan anda.／၁၀ နာရီလောက်ဆိုက်မယ်လို့ ဆိုလိုတာပေါ့နော်။ နားလည်ပါပြီ။／Darating pala kayo ng mga alas diyes. Naiintindihan ko po.)

一（「何」を含む表現

前に付く語

後ろに付く語

いろいろな意味を持つ動詞

動詞＋動詞

慣用のいろいろな形

短い句

体に関する慣用句

敬語 9

動詞① 10

10 動詞 どうし （Kata kerja／ကြိယာ／Mga Verb）

□ **遭う** あ
(mengalami (perkara buruk)／မမျှော်လင့်ဘဲ ဆုံတွေ့သည်။／makaenkuwentro)

▷ 事故に遭う、被害に遭う じこ あ ひがい あ
(mengalami kemalangan, mengalami kerugian／ယာဉ်တိုက်မှုဖြစ်ပေါ်သည်၊ နစ်နာဆုံးရှုံးမှုဖြစ်ပေါ်သည်။／maaksidente, mapinsala)

□ **味わう** あじ
(merasai／အရသာမြည်သည်။／tikman)

▶ どうぞ、ゆっくり味わってください。 あじ
(Sila ambil masa untuk menikmatinya.／ကျေးဇူးပြု၍ တဖြည်းဖြည်းချင်း အရသာမြည်ပါ။／Sige, dahan-dahan ninyong tikman ito.)

▶ 喜びを味わう、苦しみを味わう よろこ あじ くる あじ
(merasai kegembiraan, merasai penderitaan／ပျော်ရွှင်ကိုခံစားသည်၊ ပင်ပန်းခြင်းကိုခံစားရသည်။／makatikim ng kaligayahan, makatikim ng kalungkutan)

□ **味わい** あじ
(rasa／အရသာခံခြင်း၊ အနှစ်သာရရှိခြင်း။／lasa)

□ **あふれる（溢れる）** あふ
(melimpahi／ပြည့်လျှံသည်၊ ရေလျှံသည်။／umapaw)

▷ ここ数日の大雨で、川が今にもあふれそうだ。 すうじつ おおあめ かわ いま
(Hujan turun dengan lebat beberapa hari ini, air sungai kelihatan akan melimpah keluar.／ပြီးခဲ့တဲ့ရက်အနည်းငယ် မိုးသည်းထန်စွာရွာလို့မြစ်က အခုရေလျှံတော့မယ့်ပုံပဲ။／Dahil sa malakas na ulan nitong mga ilang araw, malapit nang umapaw ang ilog.)

□ **誤る** あやま
(menyalah／မှားယွင်းသည်။／magkamali)

▷ 使い方を誤る つか かた あやま
(menyalahgunakan／အသုံးပြုမှားယွင်းသည်။／magkamali sa paggamit)

□ **誤り** あやま
(kesilapan／အမှားအယွင်း။／mali)

▷ 誤りを見つける、誤りに気づく あやま み あやま き
(mencari kesilapan, menyedari kesalahan／အမှားရှာတွေ့သည်၊ အမှားကိုသတိထားမိသည်။／makahanap ng mali, mapansin ang mali)

□ **改める** あらた
(membetulkan, mengubah, semula／ပြုပြင်သည်၊ ပြင်ဆင်သည်၊ စစ်ဆေးသည်။／baguhin, palitan)

▷ 態度を改める、日にちを改める たいど あらた ひ あらた
(mengubah sikap, mengubah tarikh／အမူအရာပြုပြင်သည်၊ နေစွဲကိုပြောင်းလဲသည်။／baguhin ang pag-uugali, palitan ang petsa)

▶ 改めてご挨拶に伺うつもりです。 あらた あいさつ うかが
(Saya merancang untuk melawat mereka semula.／နောက်တစ်ကြိမ်အကြောင်းကြားဖို့အတွက်ရည်ရွယ်ထားပါသည်။／Balak kong pumunta uli para kumustahin sila.)

□ **現す** あらわ
(muncul／ဖော်သည်၊ ပေါ်လာသည်။／magpakita)

▶ 1時間待って、やっと彼が姿を現した。 じかんま かれ すがた あらわ
(Setelah menunggu selama sejam, dia muncul akhirnya.／တစ်နာရီကြာစောင့်ပြီးနောက်ဆုံးတော့ သူပေါ်လာခဲ့သည်။／Pagkatapos naming maghintay ng isang oras, sa wakas, nagpakita siya.)

□ **荒れる** あ
(bergelora, menjadi kasar／ပူးပိန်သည်၊ ကြမ်းသည်၊ ချောက်ချားသည်။／maging maalon, maging magaspang)

▷ 海が荒れる、肌が荒れる うみ あ はだ あ
(ombak bergelora, kulit menjadi kasar／ပင်လယ်ကကြမ်းတမ်းသည်၊ အသားအရေကကျက်စီးသည်။／maging maalon ang dagat, maging magaspang ang balat)

□ **生かす** い
(mengaplikasikan, menggunakan／လက်တွေ့အသုံးချသည်။／gamitin)

▶ 今までの経験が生かせる仕事をしたい。 いま けいけん い しごと
(Saya ingin melibatkan diri dalam pekerjaan yang dapat mengaplikasikan pengalaman saya sepanjang ini.／အခုအချိန်ထိရရှိထားသောအတွေ့အကြုံကို ပြန်အသုံးချနိုင်မယ့် အလုပ် လုပ်ချင်တယ်။／Gusto ko ng trabahong puwede kong gamitin ang mga karanasan ko hanggang ngayon.)

□ いける
(berjaya, berjalan／အလုပ်လုပ်သည်။／maisasagawa)

▶ この企画はいけると思う。
（きかく　おも）
(Saya rasa rancangan ini akan berjaya.／ဒီစီမံကိန်းသည်အလုပ်ဖြစ်မယ်လို့ထင်သည်။／Sa palagay ko, maisasagawa ang planong ito.)

□ 抱く
（いだ）
(mempunyai／မွေးပိုက်သည်။／magkaroon, magtaglay)

▷ 希望を抱く、夢を抱く、疑問を抱く
（きぼう　いだ　ゆめ　いだ　ぎもん　いだ）
(mempunyai harapan, mempunyai impian, mempunyai keraguan／ဆန္ဒကိုမွေးပိုက်သည်၊ အိပ်မက်ကိုမွေးပိုက်သည်၊ သံသယကိုမွေးပိုက်သည်။／magkaroon ng pag-asa, magkaroon ng panaginip, magkaroon ng pag-aalinlangan)

□ 至る
（いた）
(sehingga, sampai ke／သွားရောက်သည်။ ဒီအေပ်ဆုံအေရှက်ရပ် ကုပ်ကမ်ဆုံ အဆုံးရောက်သည်။／umabot)

▶ 結婚に至るまでに、いくつかの困難もありました。
（けっこん　いた　こんなん）
(Kami mengalami beberapa kesusahan sehingga perkahwinan kami.／လက်ထပ်ပါမှ အခက်အခဲအထိ အခက်အခဲများစွာရှိခဲ့သည်။／Mayroon din kaming ilang paghihirap hanggang sa ikasal kami.)

□ 映す
（うつ）
(ditayang／တန်ပြန်သည်။／mag-project)

□ 訴える
（うった）
(mendakwa, mengadu／တရားစွဲသည်၊ တိုင်ပြောသည်။／magdemanda, magreklamo)

▶ 事故の被害者が、Ａ社を訴えた。
（じこ　ひがいしゃ　しゃ　うった）
(Mangsa kemalangan mendakwa syarikat A.／မတော်တဆဆင်နာသူက A ကုမ္ပဏီကို တရားစွဲဆိုခဲ့သည်။／Idinemanda ng biktima ng aksidente ang Company A.)

▶ 今年の風邪は、のどの痛みを訴える患者が多い。
（ことし　かぜ　いた　うった　かんじゃ　おお）
(Ramai pesakit selsema tahun ini mengadu bahawa mempunyai gejala sakit tekak.／ဒီနှစ်တုပ်ကွေးသည် လည်ချောင်းနာသည်ဟု ပြောတဲ့သူများသည်။／Maraming pasyenteng sinipon ngayong taon ang nagrereklamo ng sakit ng lalamunan.)

□ 写る
（うつ）
(difoto／ထင်ဟပ်သည်။／kumuha ng retrato)

▶ この写真はきれいに写っている。
（しゃしん　うつ）
(Gambar ini difoto dengan cantik.／ဒီဓာတ်ပုံကလှပမှုကို ထင်ဟပ်စေသည်။／Maganda ang pagkakakuha ng retratong ito.)

□ 映る
（うつ）
(disiarkan／ထင်ဟပ်သည်။／ma-project)

▶ テレビがきれいに映らない。
(Siaran televisyen kurang jelas.／တီဗွီက ကြည်လင်ပြတ်သားစွာ ကြည့်လို့မရဘူး။／Hindi maganda ang image sa TV.)

□ 奪う
（うば）
(merompak／လုယူသည်။／agawin)t

▶ 犯人グループは、指輪や高級時計を奪って逃げた。
（はんにん　ゆびわ　こうきゅうどけい　うば　に）
(Kumpulan penjenayah melarikan diri setelah merompak cincin dan jam tangan mewah.／ရာဇဝတ်သားအုပ်စုသည်လက်စွပ်နှင့်တန်ဖိုးကြီးနာရီကို လုယူပြီးထွက်ပြေးသွားခဲ့သည်။／Inagaw ng grupo ng mga kriminal ang mga singsing at mamahaling relo, at tumakas.)

□ 埋まる
（う）
(ditanam／မြုပ်သည်။／nakalibing)

▶ どこかに宝物が埋まっているかもしれない。
（たからもの　う）
(Mungkin ada harta karun yang tertanam.／တစ်နေရာရာမှာ ရတနာကိုမြုပ်ပုံထားနိုင်တယ်။／Baka may kayamanang nakalibing kung saan.)

□ 埋める
（う）
(menanam／မြေမြုပ်သည်။／ilibing)

□ 応じる
（おう）
(mengikut, berdasarkan／လိုက်လျောသည်။ ကိုက်ညီ အောင်လုပ်သည်။ တုံ့ပြန်သည်။／sumagot)

▶ お客様の要望に応じて、営業時間を延ばしました。
（きゃくさま　ようぼう　おう　えいぎょうじかん　の）
(Kami telah memanjangkan waktu perniagaan mengikut permintaan pelanggan.／ဖောက်သည်တွေရဲ့တောင်းဆိုချက်များအရ အရောင်းအဝယ် အချိန်ကိုရှည်လိုက်သည်။／Bilang sagot sa hiling ng mga kustomer, hinabaan namin ang business hours.)

□ 覆う
（おお）
(diliputi／ဖုံးလွှမ်းသည်။／takpan)

▶ グラウンドは、すっかり雪に覆われていた。
（ゆき　おお）
(Padang latihan penuh diliputi salji.／မြေပြင်ထပ်သည် နှင်းတွေလုံးဝဖုံးလွှမ်းသွားခဲ့သည်။／Natakpan ng isno ang buong lupa.)

250

□ **贈る**
おく
(menghadiahkan／လက်ဆောင်ပေးသည်။／magpadala)

▷ 花を贈る、贈り物
はな おく　おく もの
(menghadiahkan bunga, hadiah／ပန်းကိုလက်ဆောင်ပေးသည်၊ လက်ဆောင်ပစ္စည်း။／magpadala ng bulaklak, regalo)

□ **抑える**
おさ
(mengawal, mengurangkan, menguasai／ထိန်းချုပ်သည်။／pigilin, kontrolin)

▷ 出費を抑える、感情を抑える
しゅっぴ おさ　かんじょう おさ
(mengurangkan perbelanjaan, mengawal emosi／ထွက်ငွေကို ထိန်းချုပ်သည်၊ အာရုံခံစားမှုကို ထိန်းချုပ်သည်။／kontrolin ang gastos, pigilin ang damdamin)

▶ 相手を１点に抑えて、確実に試合に勝った。
あいて てん おさ　　かくじつ しあい か
(Kami berjaya menguasai lawan kami dalam lingkungan satu mata dan memenangi perlawanan dengan sempurna./ပြိုင်ဘက်ကို ၁မှတ်နဲ့ထိန်းချုပ်ပြီး ပြိုင်ပွဲတွင် အပြတ်အသတ်နိုင်ခဲ့သည်။／Napigilan namin ang kalaban sa 1 puntos lang, at natiyak ang panalo namin.)

□ **収まる**
おさ
(muat／အံဝင်ဂွင်ကျသည်။／magkasya)

▶ 荷物はスーツケース１個に収まった。
にもつ　　　　　　　こ おさ
(Semua barang muat dalam satu bagasi./ပစ္စည်းထုတ်သည် ခရီးဆောင်အိတ်တစ်လုံးနှင့် ကွက်တိဖြစ်ခဲ့သည်။／Nagkasya sa isang maleta ang bagahe ko.)

□ **収める**
おさ
(memuatkan／လက်ဝယ်ရရှိသည်။／magpasok, ipasok)

▶ 引き出しに全部収めるのは無理です。
ひ だ　　ぜんぶおさ　　　む り
(Adalah tidak mungkin untuk memuatkan semua ke dalam laci./အံဆွဲထဲမှာ အားလုံးသိမ်းထားဖို့မဖြစ်နိုင်ဘူး။／Imposibleng ipasok lahat sa loob ng drawer.)

□ **衰える**
おとろ
(merosot／ယိုယွင်းလာသည်။／humina, malaos)

□ **衰え**
おとろ
(kemerosotan／ယိုယွင်းသည်။／panghihina)

▶ もう年ですから、最近、体力の衰えを感じます。
とし　　　　さいきん たいりょく おとろ かん
(Saya merasai kemerosotan daya fizikal kebelakangan ini kerana penuaan./အသက်ရလာသောကြောင့်အခုတလော ခွန်အားမရှိတော့သလို ခံစားရသည်။／Matanda na ako, kaya kamakailan, nararamdaman kong humina ang katawan ko.)

□ **及ぼす**
およ
(memberi kesan／သြဇာအာဏာလွှမ်းမိုးသည်။／may impluwensiya)

▶ 冷夏が、野菜の収穫に大きな影響を及ぼした。
れいか　　やさい しゅうかく おお　　えいきょう およ
(Musim panas yang sejuk memberi kesan besar kepada penghasilan sayur-sayuran./အေးမြသောနွေရာသီကဟင်းသီးဟင်းရွက်ရိတ်သိမ်းခြင်းအပေါ်အာဟာရလောက်ရောက်မှုများသည်။／May malaking impluwensiya sa ani ng mga gulay ang malamig na summer.)

□ **帰す**
かえ
(membenarkan (orang) balik／ပြန်စေသည်၊ ပြန်ရန်စေလွှတ်သည်။／pauwiin)

▶ 彼女は熱があるみたいだから、早めに帰したほうがいい。
かのじょ ねつ　　　　　　　　　はや　　かえ
(Nampaknya dia ada demam, lebih baik untuk membenarkan dia balik awal./သူမက အဖျားရှိနေတဲ့ပုံပဲလို့ စောစောပြန်ခိုင်းသင့်သည်။／Mukhang may lagnat siya, kaya mabuting pauwiin mo siya nang maaga.)

□ **返る**
かえ
(pulang／မူလအတိုင်းပြန်လာသည်။ တုံ့ပြန်လာသည်။／bumalik)

▶ 友達に貸した本が返ってこない。
ともだち か　　ほん かえ
(Buku yang saya pinjam kepada kawan tidak dkembalikan./သူငယ်ချင်းထံငှားလိုက်တဲ့စာအုပ်က ပြန်မလာတော့ဘူး။／Hindi pa bumabalik ang mga librong pinahiram ko sa kaibigan ko.)

□ **抱える**
かか
(memeluk／ပွေ့ဖက်သည်၊ ပွေ့ပိုက်သည်။／magkaroon, may)

▶「ボブさんを見なかった？」「大きな箱を抱えてエレベーターの前にいたよ」
み　　　　　　　おお　　はこ かか　　　　　　　　　まえ
("Nampak Bob tak?" "Di hadapan lif, peluk kotak besar."／[Po Pu San ကိုတွေ့မိခဲ့သလား။][ကြီးတဲ့သေတ္တာကိုပိုက်ပြီးဆာဆ်လော့ကားရဲ့အရှေ့မှာ ရှိနေတယ်နော်။] "Hindi mo ba nakita si Bob?" "Nasa harap siya ng elevator, may dalang malaking kahon.")

▷ 悩みを抱える (menghadapi masalah／စိတ်သောကကိုပွေ့ပိုက်သည်။／may problema)
なや かか

☐ **関わる**
かか
(berkaitan／ပက်သက်သည်၊ ဆက်စပ်သည်။
／maapektuhan)

▶ 命に関わるような病気ではないので、安心しました。
いのち かか びょうき あんしん
(Saya berasa lega kerana ia bukan penyakit yang mengancam nyawa.／အသက်နဲ့ဆက်စပ်တဲ့ရောဂါမဟုတ်သောကြောင့် စိတ်ချလိုက်ရပြီ။
／Hindi pala iyon sakit na maaapektuhan ang buhay ko, kaya panatag ako.)

☐ **欠ける**
か
(tidak mencukupi／ကျူးပဲ့သည်။／
kulangin)

▷ 部品が欠ける、常識に欠ける
ぶひん か じょうしき か
(kekurangan komponen, kurang akal／ပစ္စည်းအစိတ်အပိုင်းက ကျူးပဲ့သည်၊ သာမာန်အသိဉာဏ်ကင်းမဲ့သည်။
／kulang sa mga bahagi, kulang sa sentido kumon)

☐ **固まる**
かた
(mengeras／ခဲသည်၊ မာသည်။／
tumigas)

▶ 冷蔵庫で冷やして固まったら、プリンの出来上がりです。
れいぞうこ ひ かた できあ
(Puding akan siap setelah disejukkan dan dikeraskan dalam peti sejuk.／
ရေခဲသေတ္တာဖြင့် အအေးခံပြီး ခဲလာလျှင်ပုဒင်းတင်းစားလို့ရပါပြီ။／Kapag inilagay mo sa refrigerator ang
pudding para lumamig at tumigas, gawa na ito.)

☐ **傾く**
かたむ
(tercondong／တိမ်းစောင်းသည်။／
humilis, kumiling)

▶ 壁の時計がちょっと右に傾いている。
かべ とけい みぎ かたむ
(Jam di dinding tercondong ke kanan sedikit.／နံရံကပ်နာရိက အနည်းငယ် ညာဘက်ကိုစောင်းနေသည်။
／Medyo humihilis sa kanan ang relo sa dingding.)

▷ 気持ちが傾く、経営が傾く
きも かたむ けいえい かたむ
(hati terpikat, perniagaan merosot／ခံစားချက်တိမ်းစောင်းသည်၊ စီမံခွန်ကြီးမှု လွဲမှားသည်။
／kumiling ang pakiramdam sa, nalulugi ang negosyo)

☐ **片寄る**
かた よ
(membias／တစ်ဖက်စောင်းသည်။／
kumiling)

▶ 中の荷物が片寄らないようにうまく詰めて。
なか にもつ かた よ つ
(Sila muatkan barang ke dalam kotak dengan baik supaya isinya tidak berat sebelah.／အထဲကပစ္စည်းထုပ်ကို တစ်ဖက်စောင်းအောင် သေချာထုပ်ပါ။
／Maayos ninyong lagyan ng laman ang loob ng kahon para hindi ito kumiling sa isang gilid.)

☐ **偏る**
かたよ
(menjadi tidak seimbang／
မညီမျှခြင်း။／hindi balanse)

▶ 肉ばかり食べていたら、栄養が偏るよ。
にく た えいよう かたよ
(Nutrisi akan menjadi tidak seimbang jika makan daging sahaja.／အသားချည်းစားရင်အာဟာရ မမျှတားနော်။
／Kapag karne lang ang kinakain ninyo, hindi balanse ang nutrisyon ninyo.)

☐ **兼ねる**
か
(bergabung／ပူးတွဲထမ်းဆောင်သည်။／
pagsamahin)

▶ 新人の歓迎会も兼ねて、花見をします。
しんじん かんげいかい か はなみ
(Kami akan mengadakan majlis sambutan orang baru bergabung dengan piknik Hanami.／
လူသစ်ကြိုဆိုပွဲလုပ်တဲ့အနေဖြင့် ပန်းသွားကြည့်မည်။／Pagsasamahin natin ang welcome party para
sa mga bagong pasok at ang hanami.)

☐ **被せる**
かぶ
(menutupi／ဖုံးအုပ်သည်။／takpan)

▶ 商品が汚れないように上から何か被せてください。
しょうひん よご うえ なに かぶ
(Sila tutup produk dengan sesuatu dari atas supaya ia tidak kotor.／
ကုန်ပစ္စည်းကို မညစ်ပတ်အောင် အပေါ်ကတစ်ခုခုဖြင့် ဖုံးအုပ်ထားပါ။／Pakitakpan ninyo ng kung ano sa
ibabaw ang mga produkto, para hindi marumihan ang mga ito.)

☐ **代わる**
か
(mengambil alih, menggantikan／
အစားထိုးသည်။／humalili, pumalit)

▶ 明日のバイト、代わってくれない？ 急用ができちゃって。
あした か きゅうよう
(Bolehkah kamu mengambil alih kerja sambilan saya esok? Saya ada hal tiba-tiba.／
မနက်ဖြန်ရဲ့ပါတ်ကို အစားထိုးပေးလို့ရလား။ အရေးကြီးကိစ္စပေါ်လာလို့／Puwede ka bang humalili para
sa akin sa part-time job ko bukas? Bigla akong may lakad, eh.)

☐ **関する**
かん
(mengenai／ဆက်စပ်သည်။／
kaugnay)

▶ 講座に関する詳しい情報は、ホームページでも見(ら)れます。
こうざ かん くわ じょうほう み
(Maklumat lebih lanjut mengenai kursus ini juga boleh didapati di laman web.／
သင်တန်းနဲ့ပက်သက်တဲ့အသေးစိတ်အချက်အလက်ကို ဝက်ဘ်ဆိုက်မှာလည်းရနိုင်သည်။／Matatagpuan din
sa website ang karagdagang impormasyon tungkol sa kurso.)

「何」を含む表現 1

前に付く語 2

後ろに付く語 3

いろいろな感じを持つ動詞 4

動詞＋動詞 5

辞書のいろいろな形 6

短い句 7

体に関する慣用句 8

敬語 9

動詞① 10

☐ 消える
き

（hilang, terpadam／မီးၿပိမ်းသည်၊ ပျောက်ကွယ်သည်။／mawala）

▷ 字が消える、音が消える
じ き　おと き

（tulisan hilang, bunyi hilang／အက္ခရာများကပျောက်ကွက်သည်။ အသံကပျောက်ကွက်သည်။／nawala ang letra, nawala ang tunog）

▶ 電気が消えているから、誰もいないと思う。
でんき き　　だれ　　　おも

（Saya rasa tiada orang di rumah kerana lampu terpadam.／မီးပိတ်ထားလို့ ဘယ်သူမှရှိဘူးထင်တာပဲ။／Walang ilaw, kaya wala sigurong tao.）

☐ 切らす
き

（habis／ပြတ်လတ်သည်။／maubusan）

▶ 「砂糖は？」「ごめん、今、切らしているんだ」
さとう　　　　　　　　いま き

（"Mana gula?" "Maaf, kami kehabisan gula sekarang."／[သကြားရော။？] [ေဆာရီး၊ အခု၊ ကုန်သွားပြီ။]／"Ang asukal?" "Pasensiya na, naubusan kami ngayon."）

☐ 区切る
く ぎ

（membahagikan／ပိုင်းခြားသည်။／paghiwalayin, bahagihin）

▶ 文が長い場合は、適当に区切って読んでください。
ぶん　なが　ばあい　　てきとう　く ぎ　　よ

（Jika ayat terlalu panjang, sila bahagikan ke dalam kepanjangan yang sesuai semasa membacanya.／စာကြောင်းရှည်သောအခါတွင် သင့်တော်သလို ခွဲဖြတ်ဖတ်ပါ။／Kung mahaba ang sentence, paghiwalayin ninyo ito nang naaangkop at basahin ninyo.）

☐ 崩れる
くず

（runtuh／ပြိုကျသည်။／bumagsak）

▷ 壁が崩れる、天気が崩れる
かべ くず　　てんき くず

（dinding runtuh, cuaca menjadi buruk／နံရံကပြိုကျသည်၊ ရာသီဥတု အုံ့မှိုင်းနေသည်။／bumagsak ang pader, sumama ang panahon）

☐ 砕く
くだ

（menghancurkan／ထုခွဲသည်။／durugin）

▷ ハンマーで細かく砕く
こま　　くだ

（menghancurkan sesuatu ke dalam kepingan kecil dengan tukul／တူဖြင့် သေးသေးလေးထုခွဲပါ။／durugin nang pino sa pamamagitan ng martilyo）

▶ もうちょっと砕いて説明してくれませんか。
くだ　　せつめい

（Bolehkah anda menerangkannya dengan lebih lanjut sedikit?／နည်းနည်းလောက် အသေးစိတ်ရှင်းပြပေးလို့ရနိုင်ပါလား။／Puwede mo bang paghiwa-hiwalayin iyan at ipaliwanag sa akin?）

☐ 砕ける
くだ

（berpecah／ကြေမွသည်။／hiwalayin）

▶ 仲良くなって、だんだん砕けた話し方になってきた。
なか よ　　　　　　　　くだ　　はな かた

（Hubungan kami menjadi rapat dan cara bercakap menjadi semakin kasual.／ခင်မင်ရင်းနှီးမှုရှိပြီး တဖြည်းဖြည်းနဲ့ ပေါ့ပေါ့တန်နဲ့ စကားပြောပုံ ဖြစ်လာခဲ့သည်။／Naging magkaibigan kami, at unti-unting nawala ang pagiging pormal sa pag-uusap namin.）

☐ 配る
くば

（menyebar／ဝေငှသည်။／ipamahagi）

▷ テストを配る
くば

（menyebar kertas ujian／မေးခွန်းဝေငှသည်။／ipamahagi ang test）

☐ 汲む／酌む
く

（mengambil, memahami／ရေခံသည်။／mag-igib, maintindihan）

▶ ちょっと水を汲んで来てくれない？
みず　く

（Bolehkah kamu pergi mengambil air?／ရေနည်းနည်းလေး ခပ်လာပေးလို့ရလား။？／Puwede ka bang mag-igib ng tubig?）

▶ 向こうも、こちらの気持ちを汲んでくれたようだ。
む　　　　　　　　　きも　　く

（Nampaknya mereka juga cuba memahami perasaan kami.／တခြားဘက်မှာလည်း ဒီလိုခံစားချက်မျိုးရှိပုံတယ်။／Naintindihan din nila ang nararamdaman namin.）

□ 加える
くわ
(menambah／ပေါင်းထည့်သည်။／
magdagdag)

▷ 砂糖を加える、新しいメンバーを加える
さとう　くわ　　　あたら　　　　　　　　　　くわ
(menambah gula, menambah ahli baru／သကြားကိုပေါင်းထည့်သည်။ အဖွဲ့ဝင်အသစ်ကိုပေါင်းထည့်သည်။
／magdagdag ng asukal, magdagdag ng bagong miembro)

□ 凍える
こご
(membeku／
အေးခဲတက်တောင်တင်းသွားသည်။／magyelo)

▷ 昨日の夜は、寒くて凍えそうだったよ。
きのう　よる　　さむ　　　こご
(Malam tadi sangat sejuk sehingga saya terasa saya akan membeku.／မနေ့ညကအေးလွန်းပြီး ခဲတော့မယ်လိုထင်ခဲ့တာ။
／Masyadong malamig kagabi, na para akong namanhid sa ginaw.)

□ こする(擦る)
こす
(menggosok／ပွတ်တိုက်သည်။／
magkuskos, kuskusin)

▷ 眠い目をこすって、最後まで映画を見た。
ねむ　め　　　　　　さいご　　えいが　　み
(Saya menggosok mata saya yang mengantuk dan menonton filem sampai akhir.／အိပ်ငိုက်သော မျက်လုံးကို ပွတ်သပ်ပြီး အဆုံးထိရုပ်ရှင် ကြည့်ခဲ့သည်။／Kinuskos ko ang inaantok kong mga mata at pinanood ko ang sine hanggang sa uli.)

□ こだわる
(memberi perhatian khusus,
mementingkan／စွဲမြဲသည် အစွဲရှိသည်။／
partikular)

▷ 当店では、一つ一つの材料にこだわって料理を作っています。
とうてん　　ひと　ひと　　ざいりょう　　　　　　りょうり　つく
(Restoran kami menyediakan hidangan dengan memberi perhatian khusus terhadap setiap ramuan.／ဒီဆိုင်တစ်ခုချင်းစီရဲ့ ပါဝင်ပစ္စည်းကို အထူးပြုရုပ်နှင့် ဟင်းလျာများကို ချက်ပြုတ်နေသည်။／Sa restawrang ito, gumagawa kami ng mga putahe, habang partikular kami sa bawat sangkap.)

□ こぼす
こぼ
(menumpahkan／ဖိတ်သည်။／
mabuhos)

▷ カーペットにワインをこぼしてしまった。
(Saya menumpahkan wain di permaidani secara tidak sengaja.／
ကော်ဇောမှာ ဝိုင်က ဖိတ်ကျသွားခဲ့သည်။／Nabuhos ko ang wine sa carpet.)

▷ 愚痴をこぼす　(mengeluh, mengadu／ညိုးကြားသည်။／magreklamo)
ぐち

□ こぼれる
(tertumpah／ယိုကျသည်။／
bumuhos)

▷ テーブルを揺らさないで。コーヒーがこぼれちゃう。
ゆ
(Jangan goncang meja, nanti kopi tertumpah.／စားပွဲကိုမလှုပ်ရမ်းပါနဲ့။ ကော်ဖီကဖိတ်ကျတော့မယ်။／Huwag mong galawin ang mesa. Bubuhos ang kape.)

□ こもる
(mengurung／ခိုအောင်းသည်။／
magkulong)

▷ 大雨だったので、その日はホテルにこもるしかなかった。
おおあめ　　　　　　　　ひ
(Saya terpaksa mengurung diri dalam hotel disebabkan hujan lebat.／
မိုးသည်းလွန်းလို့ အဲဒီဟိုတယ်မှာ မိုးခိုခဲ့အခြင်ပြင် မရှိဘူး။／Malakas ang ulan, kaya nagkulong na lang kami sa hotel noong araw na iyon.)

□ 耐える
た
(menahan／သည်းညည်းခံသည်။／
tiisin)

▷ 痛みに耐えられなくて、薬を飲みました。
いた　た　　　　　　　　　くすり　の
(Saya tidak dapat menahan kesakitan, maka saya makan ubat.／နာတာမခံနိုင်တော့လို့ ဆေးသောက်ခဲ့တယ်။
／Hindi ko kayang tiisin ang sakit, kaya uminom ako ng gamot.)

□ 壊す
こわ
(merosakkan／ဖျက်သည်။／sirain,
gibain)

▷ 古い倉庫は壊すことになった。
ふる　そうこ　こわ
(Gudang lama akan diruntuhkan.／ဂိုဒေါင်အဟောင်းကိုဖျက်ရမည်။／Gigibain ang lumang bodega.)

▷ お腹を壊す、体を壊す
なか　こわ　　からだ　こわ
(menyebabkan sakit perut, membahayakan kesihatan／ဝမ်းလျှောသည်။ နေမကောင်းဖြစ်သည်။／masira ang tiyan, sirain ang katawan)

音声
DL
89

□ さかのぼる(溯る)
さかのぼ
(kembali ke／
ဆုံတက်သည် အရင်ဘဝပြန်ရောက်သည်။／bumalik)

▷ 50年前までさかのぼって説明をします。
ねんまえ　　　　　　　　　　せつめい
(Saya akan menjelaskan kisah kembali ke 50 tahun yang lalu.／လွန်ခဲ့သောအနှစ် (၅၀)မတိုင်ခင် အထိ ပြန်သွားပြီးရှင်းပြမည်။／Babalikan ko ang 50 taon ang nakaraan, at ipapaliwanag ko ito.)

「何」を含む表現 1

前に付く語 2

後ろに付く語 3

いろいろな意味を持つ動詞 4

動詞＋動詞 5

慣業のいろいろな形 6

短い句 7

体に関する慣用句 8

敬語 9

動詞① 10

□ **逆らう**
さか

(menentang, melawan／အာခံသည်၊ ဆန့်ကျင်သည်။／
kumontra, lumaban)

▷ 川の流れに逆らう、上司に逆らう
かわ　なが　　さか　　　　じょうし　さか

(menentang arus sungai, melawan bos／မြစ်ရေစီးခြင်းကိုဆန့်ကျင်သည်၊ အထက်လူကြီးကိုအာခံသည်။
／kumontra sa daloy ng ilog, kumontra sa bos)

□ **裂く**
さ

(mengoyak／စုတ်ပြဲသည်၊ ကွဲသိုက်တိုက်သည် ခွဲသည်။／
punitin, sirain)

▷ 紙を裂く、仲を裂く
かみ　さ　　　なか　さ

(mengoyak kertas, memutuskan hubungan／စက္ကူကိုစုတ်ပြဲသည်၊ ခင်မင်ရင်းနှီးမှုကို ခွဲသည်။／punitin
ang papel, sirain ang relasyon)

□ **探る**
さぐ

(mencari／မေးမြန်းစုံစမ်းသည်၊ သဘောင်ခိုက်ကင်သည်။／
maghanap, hanapin)

▷ 原因を探る、可能性を探る
げんいん　さぐ　　　　かのうせい　さぐ

(mencari punca, mencari kemungkinan／အကြောင်းအရင်းကို စုံစမ်းသည်၊ ဖြစ်နိုင်ခြေကို စုံစမ်းသည်။／
hanapin ang pinagmulan, maghanap ng posibilidad)

□ **避ける**
さ

(mengelakkan／တိမ်းရှောင်သည်။／
umiwas, iwasan)

▷ トラブルを避ける、混雑を避ける
さ　　　　　こんざつ　さ

(mengelakkan masalah, mengelakkan kesesakan／
ပြဿနာကိုတိမ်းရှောင်သည်၊ လူစုလူဝေးရှောင်ရှားသည်။／umiwas sa gulo, iwasan ang maraming tao)

□ **支える**
ささ

(menyokong／ထောက်သည်၊ ကူညီထောက်ပံ့သည်။／
suportahan)

▶ この大きな柱一本で天井を支えています。
おお　　　はしらいっぽん　てんじょう　ささ

(Siling disokong oleh tiang besar tunggal ini.／ဒီကြီးမားသော တိုင်တစ်တိုင်ဖြင့် မျက်နှာကျက်ကို ထောက်ထားသည်။
／Sinusuportahan ng isang malaking haliging ito ang kisame.)

□ **刺さる**
さ

(tercucuk／စူးဝင်သည်။／itusok)

▶ その服、針が刺さったままだから、気をつけて。
さ　　　はり　さ　　　　　　　　　き

(Masih ada beberapa jarum tercucuk di baju itu, berhati-hati.／ဟိုအဝတ်မှ အပ်စူးဝင်တုန်းမဲ့လိုရှုနိုင်ပါ။／
Mag-ingat ka, dahil mayroong pang mga nakatusok na karayom sa damit na iyan.)

□ **指す**
さ

(menunjukkan／
ညွှန်ပြသည်၊ လက်ညှိုးထိုးသည်။／
nakaturo, ituro)

▶ 時計が12時を指している。
とけい　　　じ　さ

(Jam menunjukkan pukul 12.／တိုင်ကပ်နာရီက ၁၂ နာရီကို ညွှန်ပြသည်။／Nakaturo ang relo sa
alas 12.)

▶ 先生に突然指されて、慌ててしまった。
せんせい　とつぜんさ　　　　　あわ

(Saya panik apabila ditunjuk oleh guru secara tiba-tiba.／ဆရာထံမှ ရုတ်တရက် လက်ညှိုးထိုးခံရပြီး ထိတ်လန့်သွားခဲ့သည်။／
Bigla akong itinuro ng titser at nataranta ako.)

□ **刺す**
さ

(menggigit, mencucuk／ထိုးသည်။／kumagat)

▶ 虫に刺されたかもしれない。
むし　さ

(Mungkin digigit serangga.／အင်းဆက်ပိုး အကိုက်ခံရတာဖြစ်နိုင်တယ်။／Baka kinagat ako ng insekto.)

□ **去る**
さ

(meninggal.／
ထွက်သွားသည်၊ ထွက်ခွာသည်။／umalis)

▶ 名前を聞いたけど、その人は何も言わずに去って行った。
なまえ　き　　　　　　　　　ひと　　なに　　い　　　　さ　　　い

(Saya menanyakan namanya, tetapi dia tinggal tanpa mengatakan apa-apa.／
နာမည်ကိုမေးခဲ့ပေမယ့် အဲဒီလူသည် ဘာမှမပြောဘဲ ထွက်သွားခဲ့သည်။／Tinanong ko ang pangalan niya,
pero umalis siya nang walang sinasabi.)

▷ この世を去る、去る5月10日
よ　さ　　　　さ　がつ　か

(meninggal dunia, 10 Mei yang lalu／ဒီကမ္ဘာမြေကထွက်သွားသည်၊ ပြီးခဲ့သော ၅ လပိုင်း ၁၀ ရက်။／
umalis sa mundong ito, noong May 10)

□ **騒ぐ**
さわ

(membuat bising／ဆူပူသည်။／mag-
ingay)

▶ 外で人が騒いでるね。何かあったのかな？
そと　ひと　さわ　　　　　なに

(Ada orang membuat bising di luar. Apa yang berlaku?／အပြင်မှာလူတွေ ဆူပူနေတယ်နော်။ တစ်ခုခုဖြစ်ခဲ့တာ လားမသိဘူး။／
／Nag-iingay ang mga tao sa labas. Ano kaya ang nangyari?)

□ 沈める
しず
(menenggelamkan／နစ်မြုပ်စေသည်။
／lumubog)

▶ その刀は、この海に沈められたそうです。
かたな　　　　　うみ　しず
(Pedang itu dikatakan telah ditenggelamkan di laut ini.／ဟိုဓားက ဒီပင်လယ်မှာနစ်မြုပ်ခံခဲ့ရပုံပဲ။／
Lumubog daw iyang espada sa dagat na ito.)

□ 従う
したが
(mengikuti／လိုက်နာသည်။／sumunod)

▷ ルールに従う
したが
(mematuhi peraturan／စည်းကမ်းကို လိုက်နာသည်။／sumunod sa alituntunin)

□ しぼむ
(mengecut／ညှိုးနွမ်းသည်။／malanta,
umimpis)

▷ 花がしぼむ、風船がしぼむ
はな　　　　　　ふうせん
(bunga melayu, belon mengecut／ပန်းကညှိုးနွမ်းသည်၊ ပူဖောင်းကလေလျှော့သည်။／nalanta ang
bulaklak, umimpis ang lobo)

□ 絞る
しぼ
(memerah／ညှစ်သည်။／pigain)

▷ タオルを絞る、知恵を絞る
しぼ　　　　　ちえ　しぼ
(memerah tuala, memerah otak／မျက်နှာသုတ်ပဝါကိုညှစ်သည်၊ အကြံဉာဏ်ကိုဖွစ်ညှစ်ထုတ်သည်။／
pigain ang tuwalya, mag-isip nang mabuti)

□ 示す
しめ
(menunjukkan／ညွှန်ပြသည်။／
magpakita)

▷ 例を示す、興味を示す
れい　しめ　　　きょうみ　しめ
(menunjukkan contoh, menunjukkan minat／ဥပမာပြသည်၊ ဝါသနာကိုပြသည်။／magpakita ng
halimbawa, magpakita ng interes)

□ 占める
し
(meliputi／ရယူသည်၊ နေရာယူသည်။／
buuin, sakupin)

▶ アンケートの結果、賛成が約8割を占めた。
けっか　　さんせい　やく　わり
(Hasil soal selidik menunjukkan bahawa orang yang bersetuju meliputi kira-kira 80%.／
အကြံဘဏ်တောင်းစာရဲ့ရလဒ်အနေဖြင့် ထောက်ခံတာက ၈၀% ဝန်းကျင်ဖြစ်သည်။／Ayon sa resulta ng
survey, binuo ng mga 80% ang sumang-ayon.)

□ しめる(締める)
し
(mengikat, mengetatkan／ချည်သည်။
／i-fasten, itali, higpitan)

▷ ベルトをしめる、ネクタイをしめる
(memakai tali pinggang, mengikat tali leher／ခါးပတ်ကိုပတ်သည်၊ လည်တိုင်ကိုစည်းသည်။／i-fasten
ang seatbelt, higpitan ang kurbata)

□ しゃがむ
(mencangkung／ဆောင့်ကြောင့်ထိုင်သည်။／yumukyok)

□ 生じる/生ずる
しょう　　　しょう
(berlaku／ပေါ်ပေါက်သည်။／
mangyari)

▷ 問題が生じる、変化が生じる
もんだい　しょう　　　へんか　しょう
(masalah berlaku, perubahan berlaku／ပြဿနာပေါ်ပေါက်သည်၊ အပြောင်းအလဲပေါ်ပေါက်သည်။／
nangyari ang problema, nangyari ang pagbabago)

□ 吸う
す
(menyerap, menghirup／
စုပ်သည်၊ ဆေးလိပ်သောက်သည်။／huminga)

▷ 空気を吸う、息を吸う
くうき　す　　　いき　す
(menghirup udara, menarik nafas／လေကိုရှူသည်၊ အသက်ကိုရှူသည်။／huminga ng hangin,
huminga)

音声
DL
90
□ 透き通る
す　とお
(menembusi／ဖောက်တွင်းမြင်ရသည်။
／maging malinaw)

▶ 水が透き通っていて、川底まで見える。
みず　す　とお　　　　　かわぞこ　　み
(Air jernih menembusi sehingga dapat melihat dasar sungai.／ရေကဖောက်တွင်းမြင်ရပြီး မြစ်ရဲ့အောက်ခြေအထိမြင်ရသည်။／
Malinaw ang tubig, at makikita hanggang sa ilalim ng ilog.)

□ 棄てる
す
(membuang／လွှင့်ပစ်သည်။／magtapon, itapon)

□ 済ませる
す
(menghabiskan／အဆုံးသတ်စေသည်။
／magkasya, tapusin)

▶ 時間がなくて、晩ごはんはパン1個で済ませた。
じかん　　　　　ばん　　　　　　こ　す
(Saya tidak ada masa, maka saya hanya makan sekeping roti untuk makan malam.／
အချိန်မရှိ လို့ညစာကို ပေါင်မုန့်တစ်လုံးဖြင့် အဆုံးသတ်ခဲ့သည်။／Wala akong oras, kaya nagkasya na sa
akin ang isang tinapay para sa hapunan.)

256

何／を含む表現 1
前に付く語 2
後ろに付く語 3
いろいろな意味を持つ動詞 4
動詞＋動詞 5
有算のいろいろな形 6
短い句 7
体に関する慣用句 8
敬語 9
動詞① 10

□ 澄む
すむ

（meneluskan／ကြည်လင်သည်။／malinaw）

▶ ここは空気が澄んでいて、気持ちいいね。
くうき　す　　　　　　　　きも

（Udara di sini segar dan jernih, sangat selesa.／ဒီနေရာသည် လေလွန်းဆန်းပြီး စိတ်ကြည်လင်တယ်နော်။／Sariwa ang hangin dito, kaya masarap ang pakiramdam ko.）

□ 刷る
する

（mencetak／ပုံနှိပ်သည်။／ilimbag）

▶ 表紙だけカラーで刷ることにした。
ひょうし　　　　　　　　　　す

（Kami membuat keputusan untuk membuat cetakan warna untuk muka hadapan sahaja.／မျက်နှာဖုံးကိုသာ အရောင်နှင့်ပုံနှိပ်ခဲ့သည်။／Napagpasyahan naming ilimbag na may kulay ang cover lang.）

□ すれ違う
ちが

（berselisih／လွဲချော်သည်၊ ဖြတ်ကျော်သွားသည်။／daanan）

▶ 今すれ違った人、見た？　モデルみたいにきれいだった。
いま　ちが　　　ひと　み

（Nampak tak orang yang berselisih tadi? Cantik macam model.／ခုနက ဖြတ်သွားတဲ့လူကို မြင်ခဲ့လား။ မော်ဒယ်လိုပဲလှတယ်။／Nakita mo ba yung taong nadaanan natin? Napakaganda niya, parang model.）

□ ずれる

（menyisih／ရွဲ့သည်၊ လွဲချော်သည်။／mag-iba, umurong）

▶ 1センチずれる、常識とずれる
じょうしき

（menyisih 1 cm, terkeluar dari akal yang waras／၁ စင်တီမီတာရွဲ့သည်။ သာမန်အသိနှင့်ဆန့်ကျင်ဘက်။／umurong nang 1 cm., iba sa common sense）

▶ 狭いから、もうちょっとそっちにずれてくれない？
せま

（Bolehkah beranjak sedikit ke situ? Sini sempit.／ကျဉ်းလို့ နည်းနည်းလေးဟိုဘက်ရွှေ့ပေးလို့ရလား။／Masikip, kaya puwede ka kayang umurong nang kaunti doon?）

□ 背負う
せお

（memikul di belakang badan／ကျော်ပိုးသည်။／kargahin sa likod, mabigatan）

▶ 彼はけが人を背負って2キロも歩いた。
かれ　　　ひと　せお　　　　　　　ある

（Dia memikul orang yang cedera di belakangnya dan berjalan sejauh 2 km.／သူသည်ဒဏ်ရာရသူကိုကျော်ပိုးပြီး ၂ ကီလိုမီတာ လမ်းလျှောက်ခဲ့သည်။／Kinarga niya sa likod niya ang taong may sugat, at lumakad siya ng 2 kilometro.）

▷ みんなの期待を背負う
きたい　せお

（memikul harapan semua orang／အားလုံးရဲ့မျှော်လင့်ချက်ကို ဆုပ်ကိုင်ထားပါ။／mabigatan sa inaasahan ng lahat）

□ 接する
せっ

（menyentuh, bersentuhan／ဆက်စပ်သည်။／madikit, makitungo）

▶ ソファーは壁に接するように置いてください。
かべ　せっ　　　　　　お

（Sila letakkan sofa sehingga bersentuhan dengan dinding.／ဆိုဖာကိုနံရံမှာထိနေအောင် ထားပေးပါ။／Pakilagay ang sofa sa paraang nakadikit ito sa dingding.）

▶ 外国の人と接すると、ものの見方が広くなる気がします。
がいこく　ひと　せっ　　　　　　　　みかた　ひろ

（Saya rasa saya akan lebih berperspektif luas sekiranya berinteraksi dengan orang asing.／နိုင်ငံခြားသားများနှင့်ဆက်ဆံပြီးမှ ကိုယ့်ရပ်များအပေါ်အမြင်ကျယ်လာခဲ့သည်။／Sa tingin ko, naging mas malawak ang pagtingin ko sa mga bagay-bagay, dahil sa pakikitungo ko sa mga dayuhan.）

□ 迫る
せま

（menghampiri／ချဉ်းကပ်လာသည်။／malapit）

▶ 締め切りが迫ってきて焦る。
し　き　せま　　　　　　あせ

（Tarikh akhir semakin hampir dan saya menjadi panik.／နောက်ဆုံးပိတ်ရက်ကနီးကပ်လာလို့ပူပူယာသတ်သည်။／Nalalapit na ang deadline at natataranta ako.）

□ 添う
そ

（memuaskan, memenuhi／ပူးတွဲသည်။／makatugon, makasapat）

▶ ご期待に添えず、申し訳ありません。
きたい　そ　　もう　わけ

（Maaf kerana tidak dapat memenuhi permintaan anda.／သင်မျှော်လင့်ချက်နှင့်ကိုက်ညီအောင်မလုပ်နိုင်လို့ တောင်းပန်ပါတယ်။／Pasensiya na po at hindi ko natugunan ang inyong inaasahan.）

257

□ 備える
そな
(menyediakan／အသင့်ပြင်ဆင်သည်॥／
maghanda)

▶ 万が一に備えて、一週間分の水と食料を用意している。
まん いち そな いっしゅうかんぶん みず しょくりょう ようい
(Saya telah menyediakan air dan makanan cukup untuk seminggu sekiranya berlaku sesuatu.
／မတော်တဆအခွက်တစ်ပမ်စာရေနှင့် စားစရာကိုပြင်ဆင်ထားသည်॥／Naghanda ako ng pagkain at tubig para sa isang linggo, kung sakaling may mangyari.)

□ 絶える
た
(terputus／ပြီးပြတ်သည်॥／huminto,
tumigil)

▶ 一年以上、彼とは連絡が絶えています。
いちねんいじょう かれ れんらく た
(Sudah lebih dari setahun saya tidak berhubung dengannya.／တစ်နှစ်ကျော်သွန်း အဆက်အသွယ်ပြတ်သည်॥／
Mahigit isang taon na akong walang contact sa kanya.)

□ 倒れる
たお
(jatuh／လဲကျသည်၊ ပြိုကျသည်॥／
matumba)

▶ 風で看板が倒れた。
かぜ かんばん たお
(Papan tanda jatuh kerana angin.／လေတိုက်သောကြောင့် ဆိုင်းဘုတ်လဲကျသည်॥／Natumba ang signboard dahil sa hangin.)

□ 高まる
たか
(meningkat／မြင့်လာသည်॥／tumaas)

▷ 期待が高まる、緊張が高まる
きたい たか きんちょう たか
(jangkaan meningkat, ketegangan meningkat／မျှော်လင့်ချက်မြင့်မားသည်၊ တင်းမာမှုမြင့်မားသည်॥／
tumaas ang expectation, tumaas ang tension)

□ 蓄える
たくわ
(menyimpan／စုဆောင်းသိုလှောင်သည်॥
／mag-ipon)

▷ 力を蓄える、お金を蓄える
ちから たくわ かね たくわ
(menyimpan tenaga, minyimpan duit／အင်အားစုဆောင်းသည်၊ ပိုက်ဆံကိုစုဆောင်းသည်॥／mag-ipon ng lakas, mag-ipon ng pera)

□ 確かめる
たし
(memastikan, mengesahkan／
မှန်မမှန်စစ်ဆေးသည်၊ သေချာအောင်ပြုလုပ်သည်॥
／tiyakin)

▶ 計算が合っているか、ほかの人にも確かめてもらった。
けいさん あ ひと たし
(Saya sudah meminta orang lain mengesahkan bahawa pengiraan adalah betul.
／တွက်ချက်မှုကိုမှန်ညီလဲသားဆိုတာ တစ်ခြားသူများက မှန်မမှန်စစ်ဆေးပေးသည်॥／Nakiusap rin ako sa ibang tiyakin kung tama ang kalkulasyon ko.)

□ 闘う
たたか
(melawan／တိုက်ဖျက်သည်॥／labanan)

▷ 病気と闘う
びょうき たたか
(melawan penyakit／ရောဂါတိုက်ဖျက်သည်॥／labanan ang sakit)

□ 発つ
た
(meninggalkan, bertolak／
ခရီးထွက်သည်၊ ထွက်ခွာသည်॥／umalis)

▶ 今日、日本を発ちます。
きょう にほん た
(Saya akan meninggalkan Jepun hari ini.／ဒီနေ့ဂျပန်ကိုထွက်ခွာသည်॥／Aalis ako sa Japan ngayon.)

□ 溜める
た
(menimbun, melonggok／
စုဆောင်းသည်॥／ipunin)

▶ ストレスを溜めないようにしてください。
た
(Jangan biar tekanan menimbun dalam diri sendiri.／စိတ်ဖိစီးမှုကို မရှိမိအောင်ဂရုစိုက်ပါ॥／Huwag mong hayaang maipon ang stress.)

□ 近づく
ちか
(mendekati／
ချဉ်းကပ်သည်၊ နီးလာသည်॥／lumapit)

▶ 危ないから、火に近づかないで。
あぶ ひ ちか
(Bahaya, jauhkan dari api.／အန္တရာယ်ရှိလို့ မီးနားကို မကပ်ပါနှင့်၊／Huwag kang lumapit sa apoy, dahil mapanganib ito.)

▶ 大会が近づくにつれて、だんだん緊張してきた。
たいかい ちか きんちょう
(Ketika kejohanan semakin hampir, saya semakin gementar.／ပြိုင်ပွဲနီးကပ်လာပြီး တဖြည်းဖြည်း စိတ်လှုပ်ရှားနေသည်॥／Lalo akong kinabahan, nang malapit na ang paligsahan.)

□ ちぎる
(merobek, mengoyak／
ဖဲ့သည်၊ ဆုတ်သည်॥／punitin, pilasin)

▶ レタスは手でちぎって結構ですよ。
て けっこう
(Kamu boleh merobek daun salad dengan tangan.／ဆလတ်ရွက်ကို လက်နှင့် ဖဲ့ခြင်းပြီ॥／Pilasin mo na lang ng kamay mo at letsugas.)

258

☐ 散らす
ち
(menabur, menyebar／ဖြန့်ကြဲသည်။／ikalat)

▶ 一カ所に固めず、適当に散らして置いてください。
いっしょ かた てきとう ち お
(Sila taburkannya secara sembarang tanpa tertumpu di satu tempat.／တစ်နေရာတည်းမှာ အာရုံမထားပဲ သင့်တော်သလို ဖြန့်ကြဲထားပါ။／Ikalat ninyo ito nang hiwa-hiwalay, na hindi naiipon sa isang lugar.)

☐ 捕まる
つか
(tertangkap／ဖမ်းမိသည်။／mahuli)

▷ 泥棒が捕まる
どろぼう つか
(pencuri ditangkap／သူခိုးကိုဖမ်းမိသည်။／mahuli ang magnanakalw)

☐ つかまる
(memegang／လှမ်းကိုင်သည်။／humawak)

▷ 手すりにつかまる
て
(memegang susur tangan／လက်ရန်းကိုလှမ်းကိုင်သည်။／humawak sa hawakan)

☐ つかむ
(mencengkam, menangkap／ဆုပ်ကိုင်သည်။／sunggaban)

▶ うちの猫は、しっぽをつかむと怒ります。
ねこ おこ
(Kucing saya akan marah jika menangkap ekornya.／အိမ်ကကြောင်သည် အမြီးကိုဆုပ်ကိုင်လျှင် စိတ်ဆိုးသည်။／Nagagalit ang pusa namin kung susunggaban ang buntot nito.)

▷ チャンスをつかむ、読者の心をつかむ
どくしゃ こころ
(menangkap peluang, mencengkam hati pembaca／အခွင့်အလမ်းကိုအသုံးချပြီး စာဖတ်စာဖတ်ပရိတ်သတ် ရဲ့စိတ်ကိုသိမ်းယူသည်။／sunggaban ang oportunidad, makuha ang puso ng mambabasa)

☐ 突く
つ
(mencucuk／ထိုးသည်။／tusukin)

▷ 棒で突く、指で突く
ぼう つ ゆび つ
(cucuk dengan tongkat, cucuk dengan jari／တုတ်ချောင်းဖြင့်ထိုးသည်၊ လက်ဖြင့်ထိုးသည်။／tusukin ng patpat, tusukin ng daliri)

☐ 浸ける
つ
(merendam／နှစ်သည်၊ စိမ်သည်။／ibabad)

▶ 洗剤の入ったお湯に浸けておくと、汚れが取れやすくなります。
せんざい はい ゆ つ よご と
(Jika kamu merendamkannya di dalam air panas dengan sedikit bahan pencuci, kotoran akan tanggal dengan lebih mudah.／ဆပ်ပြာမှုန့်ထည့်ထားတဲ့ရေနွေးမှာနှစ်ထားလျှင် အညစ်အကြေးယူရလွယ်သည်။／Madaling matanggal ang dumi kung ibababad mo iyan sa mainit na tubig na may sabong panlaba.)

☐ 漬ける
つ
(menjeruk／နှစ်သည်၊ စိမ်သည်။／mag-atsara, mag-pickle)

▷ 漬け物
つ もの
((makanan) jeruk／ချဉ်ဖတ်။／atsara, pickle)

☐ 伝わる
つた
(menyampaikan／တစ်ဆင့်ပြောခံရသည်၊ သတင်းရသည်။／sabihin, magbigay-alam)

▶ 自分の言いたいことがうまく伝わらない。
じぶん い つた
(Saya tidak dapat menyampaikan apa yang saya ingin katakan.／ကိုယ်ပြောချင်တဲ့အရာတွေကိုတစ်ဆင့်ခံမပြောနိုင်ဘူး။／Hindi ko masabi nang mabuti ang gusto kong sabihin.)

☐ 続く
つづ
(berterusan／ဆက်သည်။／magpatuloy)

▶ 会議はまだ続いている。
かいぎ つづ
(Mesyuarat masih diteruskan.／အစည်းအဝေးသည်လုပ်နေဆဲပါ။／Nagpapatuloy pa rin ang miting.)

☐ 突っ込む
つ こ
(melanggar masuk／ထိုးထွင်းသည်။／bumangga)

▶ カーブを曲がりきれず、車が店に突っ込んだ。
ま くるま みせ つ こ
(Kereta gagal membelok di selekoh dan melanggar masuk ke kedai.／အကွေ့ကိုမကွေ့နိုင်ဘဲ ကားကဆိုင်ကိုဝင်တိုက်ခဲ့သည်။／Hindi nakaikot ang kotse sa kurba, at bumangga ito sa tindahan.)

☐ 努める
つと
(berusaha／ကြိုးစားအားထုတ်သည်။／sikapin)

▶ さらにサービスの向上に努めます。
こうじょう つと
(Kami akan terus berusaha untuk meningkatkan perkhidmatan.／ထပ်ပြီးဝန်ဆောင်မှုကို ပိုမိုကောင်းမွန်အောင် ကြိုးပမ်းသွားမည်။／Sisikapin naming mapabuti ang serbisyo.)

□ **つながる(繋(つな)がる)**
(bersambung／ဆက်စပ်သည်။／humantong, kumonekta)

▶ 毎日(まいにち)の努力(どりょく)がいい結果(けっか)につながった。
(Usaha setiap hari membawa hasil yang baik.／နေ့တိုင်းကြိုးပမ်းမှုများသည်ရလဒ်ကောင်းများရရှိစေသည်။／Humantong sa mabuting resulta ang pang-araw-araw na pagsisikap namin.)

▶ 何度(なんど)かけても電話(でんわ)がつながらない。
(Tidak kira berapa kali saya membuat panggilan telefon, panggilan tidak dapat disambungkan.／ဘယ်နှစ်ကြိမ်ခေါ်ခေါ်ဖုန်းကဆက်သွယ်လို့မရဘူး။／Kahit ilang beses akong tumawag sa telepono, hindi ako makakonekta.)

□ **つなぐ(繋(つな)ぐ)**
(menyambung／ဆက်သည်။／magkabit, maghawakan)

▷ 手(て)をつなぐ、パソコンにケーブルをつなぐ
(memegang tangan, menyambungkan kabel ke komputer／လက်ချင်းချိတ်သည်၊ ကွန်ပျူတာကိုကေဘယ်ကြိုးနှင့် ချိတ်ဆက်သည်။／maghawakan ng kamay, magkabit ng kable ng kompyuter)

□ **つなげる(繋(つな)げる)**
(menghubungkan／ဆက်အောင်လုပ်သည်။／kumonekta)

□ **つぶす(潰(つぶ)す)**
(membuang, membazir, meremukkan／ဖြိုခွဲသည်၊ ဖျက်စီးသည်၊ အသုံးမဝင်အောင်လုပ်သည်။／durugin, mag-aksaya)

▷ チャンスをつぶす、時間(じかん)をつぶす
(membuang peluang, membunuh masa／အခွင့်အရေးကို လက်လွှတ်သည်၊ အချိန်ကိုဖြုန်းသည်။／mag-aksaya ng oportunidad, magpalipas ng oras)

▶ 段(だん)ボール箱(ばこ)はつぶして捨(す)ててください。
(Sila remukkan dan buangkan kotak kadbod.／ကတ်ထူပြားပုံးကို ဖျက်ဆီးပြီးလွှင့်ပစ်ပါ။／Pisain ninyo ang karton at itapon ninyo ito.)

□ **つぶれる(潰(つぶ)れる)**
(remuk, hancur／ပြိုသည်။／magiba, bumagsak)

▷ 箱(はこ)がつぶれる、会社(かいしゃ)がつぶれる
(kotak menjadi remuk, syarikat muflis／သေတ္တာပြိုကျသည်။၊ ကုမ္ပဏီကိုဖျက်သိမ်းသည်။／masira ang kahon, malugi ang kompanya)

□ **つまずく**
(tersandung／ခလုတ်တိုက်သည်။／matisod)

▶ 石(いし)につまずいて、転(ころ)んじゃった。
(Saya tersandung batu dan terjatuh.／ကျောက်တုံးကို ခလုတ်တိုက်ပြီးလဲကျသွားသည်။／Natisod ako sa bato at nadapa.)

□ **詰(つ)める**
(mengasak／အပြည့်ထည့်သည်၊ သွတ်သွင်းသည်။／isiksik)

▶ そんなに詰(つ)めたら、かばんが閉(し)まらないよ。
(Jangan mengasak seperti itu, nanti beg tidak dapat ditutup.／ဒီလောက်တောင်အပြည့်ထည့်ရင် အိတ်ကပိတ်လို့ မရတော့ဘူးနော်။／Kung isisiksik mo ito nang ganyan, hindi mo masasarhan ang bag.)

□ **積(つ)もる**
(menimbun／စုပုံသည်။／mag-ipon, ipunin)

□ **吊(つ)るす**
(menggantung／ချိတ်ဆွဲသည်။／isampay, isabit)

▶ 干(ほ)す場所(ばしょ)がないので、部屋(へや)に洗濯物(せんたくもの)を吊(つ)るした。
(Tidak ada tempat untuk menyidai pakaian, maka saya menggantung cucian di dalam bilik.／အခြောက်လှန်းတဲ့နေရာမရှိသောကြောင့် အခန်းထဲမှာ လျှော်စရာအဝတ်တွေကို ချိတ်ထားသည်။／Walang lugar para magpatuyo, kaya isinampay ko ang labada sa kuwarto.)

音声DL 93

□ **適(てき)する**
(bersesuaian／ကိုက်ညီသည်၊ သင့်လျော်သည်။／umangkop, bumagay)

▶ 山田(やまだ)さんがリーダーに最(もっと)も適(てき)した人(ひと)だと思(おも)う。
(Saya rasa Encik Yamada adalah orang yang paling sesuai untuk menjadi pemimpin.／Yamada San ကခေါင်းဆောင်ဖြစ်ရန် အကောင်းဆုံး သူလို့ထင်တယ်။／Sa palagay ko, si Yamada-san ang pinakaangkop na lider.)

□ **照(て)らす**
(menerangkan／အလင်းပေးသည်။／mag-ilaw, ilawan)

▶ ライトがステージを照(て)らすと、幕(まく)が上(あ)がった。
(Tirai naik ketika lampu menerangi pentas.／အလင်းရောင်ကစင်ပေါ်ကျရောက်သောအခါ ကန့်လန့်ကာအပေါ်တက်သွားခဲ့သည်။／Tumaas ang kurtina noong nag-ilaw sa entablado,)

何を含む表現

前に付く語

後ろに付く語

いろいろな意味を持つ動詞

動詞＋動詞

言葉のいろいろな形

短い句

体に関する慣用句

敬語

動詞①

10

□ **尖る**
とが
(menajam／ချွန်သည်။／maging matalas)

▶ 先の部分が尖っているので、気をつけてください。
さき ぶぶん とが き
(Sila berhati-hati kerana hujungnya tajam.／အဖျားပိုင်းကချွန်နေလို့ ဂရုစိုက်ပါ။／Matalas ang dulo, kaya mag-ingat kayo.)

□ **溶く**
と
(melarutkan／ဖျော်သည်၊ မွေသည်။／matunaw)

▶ 小麦粉を水に溶く
こむぎこ みず と
(melarutkan tepung dalam air／ဂျုံမှုန့်ကို ရေတွင် ဖျော်သည်။／matunaw ang arina sa tubig)

□ **解く**
と
(menyelesaikan／ဖြေရှင်းသည်။／lutasin, hulaan)

▶ 問題を解く、謎を解く
もんだい と なぞ と
(menyelesaikan masalah, menyelesaikan misteri／ပြဿနာကိုဖြေရှင်းသည်၊ ပဟေဠိကိုဖြေရှင်းသည်။／lutasin ang problema, hulaan ang bugtong)

□ **整う**
ととの
(melengkapi／အဆင်သင့်ဖြစ်သည်၊ သပ်သပ်ရပ်ရပ်ဖြစ်သည်။／maghanda)

▶ 準備が整う
じゅんび ととの
(bersiap sedia／အဆင်သင့်ဖြစ်အောင်ပြင်ဆင်သည်။／maghanda)

□ **整える**
ととの
(melaraskan, menyesuaikan／အဆင်ပြေအောင်သည်။／ayusin)

▶ 形を整える、髪を整える
かたち ととの かみ ととの
(melaraskan bentuk, menyesuaikan rambut／ပုံသဏ္ဍာန်ပြင်ဆင်သည်၊ ဆံပင်ကိုပြင်ဆင်သည်။／ayusin ang porma, ayusin ang buhok)

□ **飛ばす**
と
(menerbangkan／ပျံသန်းစေသည်။／lumipad, laktawan)

▶ 風で帽子が飛ばされた。
かぜ ぼうし と
(Topi saya diterbang angin.／လေတိုက်လို့ဦးထုပ်ကလွင့်သွားသည်။／Lumipad ang sombrero dahil sa hangin.)

▶ これは急行だから、その駅は飛ばすと思う。
きゅうこう えき と おも
(Ini adalah kereta api ekspres, saya rasa ia akan melalui stesen itu tanpa berhenti.／ဒီဟာကအမြန်ရထားဖြစ်လို့ ဒီဘူတာရုံကို ကျော်သွားလိမ့်မယ်လို့ထင်တယ်။／Lalaktawan siguro ang istasyong iyan, dahil express train ito.)

□ **留める**
と
(menetapkan／ထိန်းထားသည်။／ayusin, pigilin)

▶ 前髪が長くなったのでピンで留めた。
まえがみ なが と
(Rambut depan sudah panjang, maka saya menetapkannya dengan pin.／အရှေ့ဆံပင်ကရှည်လာသောကြောင့်ကလစ်ဖြင့် ညှပ်ထားလိုက်သည်။／Mahaba na ang bangs ko, kaya nilagyan ko ito ng pin.)

□ **伴う**
ともな
(berserta／အတူပါလာသည်။／kasabay)

▶ 〈天気予報〉強風を伴う雨に注意してください。
てんきよほう きょうふう ともな あめ ちゅうい
(<Ramalan cuaca> Berhati-hati dengan hujan yang disertai angin kencang.／<မိုးလေဝသခန့်မှန်းချက်> လေပြင်းနှင့်အတူ မိုးရွာခြင်းကိုသတိပြုပါ။／(Weather report) Mag-ingat kayo sa malakas na hangin, kasabay ng ulan.)

□ **長引く**
ながび
(berpanjangan／ကြန့်ကြာသည်။／magtagal)

▶ 不況が長引くと、企業の倒産が心配される。
ふきょう ながび きぎょう とうさん しんぱい
(Sekiranya kemelesetan berpanjangan, kemuflisan syarikat akan menjadi sesuatu yang membimbangkan.／စီးပွားရေးကျဆင်းမှုကြန့်ကြာရင် ကုမ္ပဏီတွေ ဒေဝါလီခံရမှာစိတ်ပူရမှာပါ။／Kung magtatagal itong resesyon, inaalang malulugi ang mga kompanya.)

□ **亡くす**
な
(kehilangan (orang)／ဆုံးရှုံးသည်။／mamatay, mawala)

▶ この事故で仲間を一人亡くしたんです。
じこ なかま ひとり な
(Saya kehilangan salah seorang rakan dalam kemalangan ini.／ဒီမတော်တဆမှုကြောင့် အပေါင်းအဖော်တစ်ယောက် ဆုံးရှုံးသွားခဲ့သည်။／Namatay ang isa sa mga kasama namin sa aksidenteng ito.)

□ **殴る**
なぐ
(menumbuk／ထိုးသည်၊ ထုသည်။／manuntok)

▶ 人を殴ったことなんか、一度もありません。
ひと なぐ いちど
(Saya tidak pernah menumbuk seseorang sama sekali.／လူကိုထိုးခဲ့တယ်ဆိုတာ တစ်ကြိမ်မှမရှိဘူး။／Kahit isang beses, hindi pa ako nanuntok ng tao.)

□ 為す
な

(melakukan／ဖြစ်လာသည်။／gawin, tuparin)

▶ 私たちが為すべきことは何なのか、よく考えなければならない。
わたし　　　　な　　　　　　　　　なん　　　　　　　　かんが

(Kita perlu fikir baik-baik mengenai apa yang harus kita lakukan.／ငါတို့ဘာလုပ်သင့်တယ်ဆိုတာစဉ်းစားရမယ်။／Kailangan nating isipin kung ano kailangan nating gawin.)

□ なでる(撫でる)
な

(membelai／ပွတ်သတ်သည်။／hagurin, haplusin)

▶ その時は父が頭をなでてほめてくれた。
とき　ちち　あたま

(Pada masa itu, ayah membelai kepala saya dan memuji saya.／အဲဒီအချိန်ကအဖေကအေက္ခံပြီးချီးကျူးခဲ့တယ်။／Hinagod ng tatay ko ang ulo ko at pinuri ako noong panahong iyon.)

□ 怠ける
なま

(bermalas-malas／အပျင်းထူသည်၊ အချောင်ခိုသည်။／tamarin)

▶ ちょっとでも練習を怠けたら、コーチにものすごく怒られます。
れんしゅう　なま　　　　　　　　　　　　　　　　おこ

(Kami akan dimarah dengan teruk oleh jurulatih walaupun bermalas sedikit dalam latihan.／ခဏလေးဖြစ်ဖြစ်လေ့ကျင့်ခန်းမလုပ်ရင် နည်းပြထံ အရမ်းအဆူခံရမည်။／Kapag tinamad kaming magpraktis kahit kaunti, nagagalit agad ang coach.)

□ 鳴る
な

(berbunyi, mendering／မြည်သည်။／tumunog, dumagundong)

▷ 雷が鳴る、電話が鳴る
かみなり　な　　でんわ　な

(petir bergemuruh, telefon mendering／မိုးကြိမ်းသည်၊ ဖုန်းမြည်သည်။／dumagundong ang kulog, tumunog ang telepono)

□ 成る
な

(menjadi／ဖြစ်လာသည်။／maging)

□ 慣れる
な

(menjadi biasa／ကျင့်သားရသည်။／masanay)

▶ 最近、やっと仕事に慣れてきました。
さいきん　　　　しごと　な

(Akhirnya saya sudah menjadi biasa dengan kerja saya.／အခုတလော နောက်ဆုံးမှာတော့အလုပ်မှာ ကျင့်သားရလာခဲ့သည်။／Sa wakas, nasanay ako sa trabaho ko kamakailan.)

□ 匂う
にお

(berbau／အနံ့ရသည်။／makaamoy)

□ 匂い
にお

(bau／အနံ့ရသည်။／amoy)

□ 逃がす
に

(melepaskan／လွတ်မြောက်စေသည်။／palayain, pakawalan)

▶ あと少しだったのに、警察は犯人を逃がしてしまったようです。
すこ　　　　　　けいさつ　はんにん　に

(Polis sudah hampir dapat menangkap penjenayah, tetapi penjenayah itu berjaya melepaskan diri.／ဖမ်းမိလုနီးပါးဖြစ်မယ့်ရဲကွာ လူဆိုးကို လွတ်သွားစေတဲ့ပုံပဲ။／Kaunti na lang, pero pinalaya daw ng pulis ang kriminal.)

□ にらむ

(menjuling／စောင်ကြည့်သည်၊ စူးစိုက်ကြည့်သည်၊ မုန်းဆသည်။／mandilat)

▶ ちょっとふざけたことを言ったら、先生ににらまれた。
い　　　　　　せんせい

(Saya dijuling oleh guru walaupun bergurau sedikit sahaja.／နည်းနည်းနောက်တဲ့စကားပြောခဲ့သောအခါ ဆရာထံမှစးစိုက်ကြည့်ခံခဲ့ရသည်။／Pinandilatan ako ng titser, noong nagsabi ako ng kaunting kalokohan.)

□ 縫う
ぬ

(menjahit／အပ်ချုပ်သည်။／manahi)

□ 抜く
ぬ

(mencabut／နှုတ်သည်၊ ချွတ်သည်၊ ကျော်သွားသည်။／bunutin)

▶ 虫歯がひどくなったので、抜くことになった。
むしば　　　　　　　　ぬ

(Kerosakan gigi saya menjadi teruk, maka saya membuat keputusan untuk mencabutnya.／သွားပိုးစားတာက ပိုဆိုးလာလို့နှုတ်လိုက်တာတယ်။／Lumala ang butas sa ngipin ko, kaya pinabunot ko na lang ito.)

□ 抜ける
ぬ

(tercabut／ကျွတ်သည်၊ အစဉ်းအဝေးမှအဖာထွက်သည်။／mabunot)

262

何を含む表現 1

前に付く語 2

後ろに付く語 3

いろいろな意味を持つ動詞 4

助詞＋動詞 5

君達のいろいろな形 6

短い句 7

体に関する慣用句 8

敬語 9

動詞① 10

□ ねじる
(memusing／つွန်း့လိမ်သည်။／paikutin, baluktutin)

▶ この腰をねじる体操は、ウエストを細くするのに効果的です。
(Senaman memusing pinggang ini berkesan untuk merampingkan pinggang.／ဒီတင်ပါးဆစ်ရိုးလှည့်လှတ်လေ့ကျင့်ခန်းက ခါးကို သေးသွယ်စေသည်။／Epektibo para sa pagpapaliit ng baywang itong exercise na paiikutin ang balakang.)

□ 狙う
(menyasar／ရည်ရွယ်သည်၊ရည်ရွယ်ယာသည်၊ ထိုးရွယ်သည်။／targetin, puntiryahin)

▶ 次は優勝を狙います。
(Lain kali saya akan menyasarkan kejayaan.／နောက်တစ်ခါင့်သည့်မိုလ်စွဲခြင်းကိုရည်ရွယ်သည်။／Sa susunod, targetin natin ang championship.)

□ 除く
(mengecualikan／ဖယ်ရှားသည်။／alisin)

□ 這う
(merangkak／လေးဖက်သွားသည်၊ တွားသွားသည်။／gumapang)

▶ 腰が痛くて立てなかったので、這ってトイレに行った。
(Saya merangkak ke tandas kerana pinggang saya sakit sehingga tidak dapat berdiri.／ခါးကနာ့ပြီးမတ်တပ်မရပ်နိုင်ခဲ့လို့လေးဖက်ထောက်ပြီး အိမ်သာသွားခဲ့သည်။／Masakit ang likod ko at hindi ako makatayo, kaya gumapang ako papunta sa toilet.)

□ はがす（剥がす）
(menanggalkan／ခွာသည်။／tanggalin, tuklapin)

▷ シールをはがす
(menanggalkan pelekat／စတစ်ကာကိုခွာသည်။／tanggalin ang seal)

□ 吐く
(memuntah, menghembus／ထွေးသည်၊ အန်သည်။／mag-exhale, sumuka)

▶ 大きく息を吸って、はい、吐いてください。
(Tarik nafas dalam-dalam, dan hembuskannya kemudian.／အသက်ကိုပြင်းရှူသွင်းပါ၊ ဟုတ်ပြီ၊ရှူထုတ်ပါ။／Huminga kayo nang malalim, at mag-exhale.)

▶ お酒を飲みすぎて、吐いてしまった。
(Saya muntah kerana terlalu minum arak.／အရက်သောက်တာများ၍ပြီးအန်ထွက်ခဲ့သည်။／Marami akong ininom na alak at sumuka ako.)

□ はさまる（挟まる）
(bersisip／ညှပ်သည်။／maipit)

▶ 本にこんなメモが挟まっていました。
(Nota ini tersisip dalam buku.／စာအုပ်မှာဒီလိုမှတ်စုကိုညှပ်ထားခဲ့သည်။／Naipit ang ganitong note sa libro.)

▶ ドアにスカートが挟まった。
(Gaun saya tersepit di pintu.／တံခါးမှာစကတ်ကညှပ်ခဲ့သည်။／Naipit ang palda ko sa pinto.)

□ はさむ（挟む）
(menyelitkan／အၾကည်ၾကည်ညှပ်သည်။／ipitin)

▶ ドアに指を挟んじゃった。
(Dengan tidak sengaja, saya menyelitkan jari di pintu.／တံခါးမှာလက်ချောင်းနှင်ခဲ့သည်။／Naipit ang daliri ko sa pinto.)

□ 外れる
(terkeluar, tertanggal／ပြုတ်သည်။／matanggal, magkamali)

▷ コンタクトが外れる、予想が外れる
(kanta lekap tertanggal, di luar jangkaan／မျက်ကပ်မှန်ထွက်က်ကျသည်၊ ကြိုတွင်ခန်မှန်းချက်လွဲသည်။／matanggal ang contact lens, magkamali ng akala)

□ 放す
(membebaskan／လွှတ်သည်၊ လွှတ်ချသည်။／pakawalan)

▶ けがが治った鹿を山に放した。
(Kami membebaskan rusa yang telah sembuh lukanya.／ဒဏ်ရာပျောက်ကင်းသွားခဲ့သောသမင်ကိုတောင်မှာ လွှတ်ပေးခဲ့သည်။／Pinakawalan namin ang usang gumaling na ang sugat.)

□ 跳ねる
(melantun, melompat／ခုန်သည်။／tumalon)

▷ 魚が跳ねる、ウサギが跳ねる
(ikan melantun, arnab melompat／ငါးကခုန်သည်၊ ယုန်ကခုန်သည်။／tumalon ang isda, tumalon ang rabbit.)

□ 省く
はぶ
(mengetepikan, menyingkir／ဖယ်ထားသည်၊ ချန်လှပ်ထားသည်၊ အတိုကောက်လုပ်သည်။／hindi isama, laktawan)

▶ 電話番号があれば、住所は省いて結構です。
でんわばんごう　　　　　　じゅうしょ　はぶ　　けっこう
(Jika ada nombor telefon, anda tidak perlu tulis alamat.／ဖုန်းနံပါတ်ရှိလျှင်လိပ်စာချန်လှပ်ထားနိုင်သည်။／Kung may telephone number, puwede nang walang adres.)

▶ 挨拶は省いて、乾杯をしたいと思います。
あいさつ　はぶ　　　　かんぱい　　　　　　　おも
(Biar kita membatalkan ucapan dan teruskan kepada "minum ucap selamat"／မိတ်ဆက်တာကို ဖယ်ထားပြီး Cheer လုပ်ချလိုတယ်လို့ထင်တယ်။／Laktawan na lang natin ang mga pagbati, at magtagay na lang tayo.)

□ はめる
(muat ke dalam／စွပ်သည်၊ ထည့်သွင်းသည်၊ စီချုပ်ထားသည်။／ipasok, magsuot)

▶ 型にはめる、手袋をはめる
かた　　　　　てぶくろ
(muat ke dalam acuan／acuan, memakai sarung tangan／မိထည့်သွင်းသည်၊ လက်အိတ်ကိုစွပ်သည်။／ipasok sa hugis, magsuot ng gloves)

□ 張る
は
(mengeluarkan, memanjang／ဆန့်သည်၊ ဖြန့်သည်။／kumalat, magtayo)

▶ 根を張る、テントを張る
ね　は　　　　　　は
(mengakar, mendirikan khemah／အမြစ်တွယ်သည်၊ ရွက်ဖျင်တဲ့ဆောက်သည်။／kumalat ang ugat, magtayo ng tent)

音声DL
95

□ 控える
ひか
(menahan diri／စောင့်စည်းသည်၊ ရှောင်ရှားသည်။／pigilin)

▶ しばらくは、お酒を控えてください。
　　　　　さけ　ひか
(Sila tahan diri daripada minum alkohol buat masa ini.／အတန်ကြာအောင်အရက်ကိုရှောင်ရှားပါ။／Pigilin ninyo sandali ang pag-inom ng alak)

□ ひねる
(memutar belit／ဆွဲလိမ်သည်။／mapilipit)

▶ 走った時に足をひねったみたいで、痛い。
はし　　とき　あし　　　　　　　　　　　いた
(Saya rasa saya terseliuh kaki semasa belari, sakitnya.／ပြေးခဲ့တုန်းက ခြေထောက်လိမ်သလို ဖြစ်ပြီးနာရှင်က်တာ။／Mukhang napilipit ang paa ko noong tumakbo ako, at masakit ito.)

□ 響く
ひび
(bergaung／ပဲ့တင်သည်၊ မြည်ဟည်းသည်။／umuga, umalingawgaw)

▶ この部屋、トラックとかが通る度に響くんです。
へや　　　　　　　　　　　　とお　たび　ひび
(Bilik ini bergaung setiap kali lori berlalu.／ဒီအခန်း ထရပ်ကားဖြတ်သွားတိုင်းလုပ်ခါသည်။／Umuuga ang kuwartong ito kapag may dumadaang trak.)

□ 深める
ふか
(mendalam／နက်ရှိုင်းစေသည်။／palalimin)

▶ 交流を深める、知識を深める
こうりゅう　ふか　　　　ちしき　ふか
(interaksi mendalam, pengetahuan mendalam／နက်ရှိုင်းစွာလုပ်သည်၊ အသိပညာနက်ရှိုင်းသည်။／palalimin ang exchange, palalimin ang kaalaman)

□ 含む
ふく
(termasuk／အကျုံးဝင်သည်၊ ပါဝင်သည်။／isama)

▶ この値段には消費税も含まれている。
　　　ねだん　　しょうひぜい　ふく
(Harga ini termasuk GST.／ဒီဈေးနှန်းတွင်စားသုံးမှုအခွန်ပါဝင်သည်။／Kasama na ang consumption tax sa presyong ito.)

□ 膨らます
ふく
(mengembungkan／ပွသည်၊ ဖောင်းစေသည်။／palakihin)

▷ 期待で胸を膨らます
きたい　むね　ふく
(membuat hati berdebar dengan penuh harapan／မျှော်လင့်ချက်နှင့်စိတ်လှုပ်ရှားမိသည်။／tumibok ang dibdib niya sa paghihintay)

□ 膨らむ
ふく
(mengembung／ကြွသည်၊ ဖောင်းပွသည်။／tumaas)

▷ 期待が膨らむ
きたい　ふく
(penuh harapan／မျှော်လင့်ချက်ကြီးမားသည်။／tumaas ang expectation)

264

1

2

3

4

5

6

7

8

9

10

「何」を含む表現

前に付く語

後ろに付く語

いろいろな意味を持つ動詞

動詞＋動詞

接薬のいろいろな形

短い句

体に関する慣用句

敬語

動詞①

□ **ふさがる（塞がる）**
(penuh／ပိတ်ဆို့လာသည်။／mapuno, okupado)

▶ 棚が全部塞がっていて、入れる所がない。
たな ぜんぶ ふさ い ところ

(Rak sudah penuh, tidak ada tempat untuk meletakkannya.／စင်ကအားလုံးပြည့်နေပြီးဝင်ဖို့နေရာမရှိဘူး။／Napuno ang lahat ng shelf, at wala nang puwedeng paglagyan iyan.)

▶ 今、手が塞がっているから、後でやる。
いま て ふさ あと

(Saya sibuk sekarang, saya akan buat kemudian.／အခုလက်မအားလို့နောက်မှလုပ်မယ်။／Okupado ako ngayon, kaya mamaya ko na lang iyan gagawin.)

□ **ふさぐ（塞ぐ）**
(menghalang／ပိတ်ဆို့သည်။／humarang)

▶ 大きな車が道をふさいでいて、通れない。
おお くるま みち とお

(Sebuah kereta besar menghalang jalan, kami tidak dapat melaluinya.／ကြီးမားသောကားက လမ်းပိတ်ထားလို့ ငါတို့ဖြတ်လို့မရဘူး။／Hindi kami makadaan, dahil may malaking kotseng nakaharang sa daan.)

□ **ふざける**
(bermain-main／နောက်ပြောင်သည်။／magloko)

▶ ふざけていないで、早く仕事に戻りなさい。
はや しごと もど

(Berhenti bermain-main dan kembali bekerja dengan cepat.／မနောက်ဘဲမြန်မြန်အလုပ်ပြန်လုပ်ပါ။／Huwag kang magloko, at bumalik ka kaagad sa trabaho mo.)

▶ ふざけないでよ。どうして私があなたの仕事をしなきゃいけないの？
わたし しごと

(Jangan merepek. Kenapa aku perlu buat kerja awak?／မနောက်နဲ့နော်။ ဘာကြောင့်ငါကနင့်ရဲ့အလုပ်ကို လုပ်ရမှာလဲ။／Huwag kang magloko. Bakit ako ang kailangang gumawa ng trabaho mo?)

□ **ぶら下がる**
さ
(bergantung ke bawah／တွဲလောင်းကျသည်။／bumitin)

▶ そこにぶら下がっているひもを引くと、カーテンが開きます。
さ ひ ひら

(Tarik tali yang tergantung di situ dan tirai akan terbuka.／ဟိုမှာ တွဲလောင်းကျနေတဲ့ကြိုးကိုဆွဲရင်လိုက်ကာပွင့်မည်။／Kung hihilahin mo ang nakabiting tali riyan, bubukas ang kurtina.)

□ **ぶら下げる**
さ
(menggantung／တွဲလောင်းချိတ်ဆွဲသည်။／ibitin)

▶ キーホルダーをかばんにぶら下げる
さ

(menggantung rantai kunci di beg／သော့ချိတ်ကိုအိတ်တွင်တွဲလောင်းချိတ်ဆွဲသည်။／ibitin ang key chain sa bag)

□ **震える**
ふる
(bergetar／တုန်သည်။／manginig)

▶ 緊張で足が震える。
きんちょう あし ふる

(Kaki bergetar kerana gementar.／စိတ်လှုပ်ရှားမှုကြောင့်ခြေထောက်တုန်သည်။／Nanginginig ang mga paa ko dahil sa nerbiyos.)

□ **振舞う**
ふるま
(berkelakuan, menawarkan／ကျင့်သုံးသည်။／ပြုမူဆောင်ရွက်သည်။／kumilos, handugan)

▶ 大事な席だから、今日だけはまじめに振舞ってよ。
だいじ せき きょう ふるま

(Ini adalah upacara yang sangat penting, tolong bersikap serius demi hari ini.／အရေးကြီးသောနေရာဖြစ်သောကြောင့် ဒီနေ့တစ်နေ့ အလေးအနက်ဆောင်ရွက်ပါလင့်။／Mahalagang upuan ito, kaya ngayong araw lang, kumilos ka nang maayos.)

▶ 見物客にもお酒が振舞われた。
けんぶつきゃく さけ ふるま

(Alkohol juga ditawarkan kepada pengunjung juga.／လူသုံတ်ကြည့်ရှုသည့်သည့်သူများကိုလည်းအရက် စီစဉ်ပေးခဲ့သည်။／Hinandugan din ng alak ang mga nanood.)

□ **触れる** 圆**触る**
ふ さわ
(menyentuh／ကိုင်သည်။ ထိတွေ့သည်။／hawakan, banggitin)

▶ 危険なので、これらの機械には触れないでください。
きけん きかい ふ

(Sila jangan sentuh mesin-mesin ini kerana bahaya.／အန္တရာယ်ရှိသောကြောင့်ဒီစက်တွေကိုမကိုင်ပါနဲ့။／Huwag ninyong hawakan ang mga makinang ito dahil peligroso.)

▶ その話題には触れないほうがいい。
わだい ふ

(Kamu tidak seharusnya menyentuh topik itu.／ဒီအကြောင်းအရာကို အစမပျိုးတာကောင်းတယ်။／Mabuting huwag ninyong banggitin ang paksang iyan.)

□ **放っておく**
ほう

▶ （かまわなくて）いいから、放っておいて。
ほう

(membiarkan／ထားသွားသည်။／hayaan)

((Tidak peduli pun) Tidak apa, biarkan sahaja.／အဆင်ပြေပြီ့လို့ ထားထားခဲ့ပါ။／Okay lang iyon. Hayaan mo na lang.)

★会話では「ほっとく」になることが多い。
かいわ　　　　　　　　　　　　　　　おお

□ **放る**
ほう

▷ 遠くに放り投げる
とお　　ほう　な

(melempar, membaling／ထုတ်လွှင့်သည်၊ ပစ်ပေါက်သည်။／maghagis)

(melempar ke jauh／အဝေးသို့ပစ်သည်။／maghagis nang malayo)

□ **微笑む**
ほほえ

▶ お父さん、記念写真なんだから、もうちょっと微笑んで。
とう　　きねんしゃしん　　　　　　　　ほほえ

(bersenyum／ပြုံးသည်။／ngumiti)

(Ayah, ini gambar peringatan, senyumlah sedikit lagi.／အဖေၚ အမှတ်တရဓာတ်ပုံမို့လို့ နည်းနည်းလောက် ထပ်ပြုံးပါဦး။／Itay, souvenir photo po ito, kaya ngumiti pa kayo nang kaunti.)

□ **微笑み**
ほほえ

(senyuman／အပြုံး။／ngiti)

□ **掘る**
ほ

▷ 穴を掘る
あな　ほ

(mengorek／တူးသည်။／maghukay)

(mengorek lubang／တွင်းတူးသည်။／maghukay ng butas)

□ **混ざる**
ま

▷ 色が混ざる
いろ　ま

(bercampur／ရောနှောသည်။／maghalo)

(warna bercampur／အရောင်ရောနှောသည်။／maghalo ang kulay)

□ **混ぜる**
ま

▷ コーヒーと牛乳を混ぜる
ぎゅうにゅう　ま

(mencampur／ရောစပ်သည်။／ihalo)

(campurkan kopi dan susu／ကော်ဖီနှင့်နွားနို့ကိုရောသည်။／ihalo ang kape at gatas)

□ **交じる** 同**混じる**
ま　　　　　　ま

▶ 主人は子供たちに交じってサッカーをしています。
しゅじん　こども　　　ま

(menyertai, bersama／ရောနှောသည်၊ တူ : ရောနှောသည်။／sumali, sumama)

(Suami saya bermain bola sepak bersama kanak-kanak.／ခင်ပွန်းကကလေးတွေနဲ့ရောပြီး ဘောလုံးကန်နေသည်။／Sumali ang asawa ko sa mga bata at naglaro sila ng soccer.)

□ **回る**
まわ

▶ 〈ダンス〉男性に合わせて回ってください。
だんせい　あ　　　　　まわ

(memusing, mengelilingi／လည်သည်၊ ပတ်ချာလည်သည်။／umikot)

(<Menari> Sila pusing ikut lelaki.／<အက> သူလုပ်သည်အတိုင်းပြန်လှည့်ပါ။／(Sayaw) Sumabay kayo sa mga lalaki at umikot kayo.)

▷ 市内を回る （mengelilingi pusat bandar／မြို့ထဲကိုလည်သည်။／umikot sa loob ng siyudad）
しない　まわ

□ **満ちる**
み

▶ 新しくできた学校は、子供たちの明るい希望に満ちていた。
あたら　　　　　がっこう　こども　　　あか　　きぼう　み

(dipenuhi／ပြည့်လျှံသည်။／mapuno)

(Sekolah baru dipenuhi dengan harapan cerah kanak-kanak.／အသစ်ထွက်ပေါ်လာသည့်ကျောင်းသည် ကလေးတွေရဲ့မျှော်လင့်ချက် အလင်းရောင်နှင့် ပြည့်လျှံခဲ့သည်။／Puno ng masayang pag-asa ng mga bata ang bagong eskuwelahan.)

□ **見つかる**
み

▶ 鍵、見つかった？
かぎ　　み

(jumpa／ရှာတွေ့သည်။／mahanap, matagpuan)

(Dah jumpa kunci?／သော့ရှာတွေ့ ခဲ့သလား။／Nahanap mo ba ang susi?)

□ **実る**
みの
(berbuah／အသီးသီးသည်၊ အောင်မြင်သည်။／magbunga)

▶ 半年後には、この木においしいリンゴが実るはずです。
はんとしご　　　　　き

(Pokok ini mesti menghasilkan epal yang enak 6 bulan kemudian.／နှစ်ဝက်ပြီးရင်ဒီအပင်မှာအရသာရှိတဲ့ ပန်းသီးသီးမှာ။／Dapat magbunga ng masarap na mansanas ang punong ito pagkatapos ng kalahating taon.)

▷ 恋が実る、努力が実る
こい　みの　　どりょく　みの

(cinta berbuah, usaha membuahkan hasil／အချစ်စိတ်အောင်မြင်သည်၊ အားထုတ်မှုအောင်မြင်သည်။／magbunga ang pag-ibig, magbunga ang pagsisikap)

□ **実り**
みの
(buah, hasil／အသီးသီးခြင်း၊ အောင်မြင်ခြင်း／bunga)

□ **巡る**
めぐ
(mengelilingi／လည်ပတ်သည်၊ လည်ပတ်သည်။／umikot)

▶ 船でいろいろな国を巡るのも楽しそう。
ふね　　　　　くに　めぐ　　　たの

(Seronok berkeliling banyak negara dengan menaiki kapal.／သင်္ဘောဖြင့်တိုင်းပြည်များကို လည်ပတ်တာလည်း ပျော်ဖို့ကောင်းမယ့်ပုံ။／Mukhang masaya ang umikot sa iba't ibang bansa sakay ng barko.)

▶ この土地を巡って、両国の間で争いが続いた。
とち　めぐ　　　りょうこく　あいだ　あらそ　　つづ

(Konflik di antara kedua-dua negara mengenai tanah ini berterusan.／ဒီမြေကြီးနှင့် ပတ်သက်ပြီး နှစ်နိုင်ငံအကြားအငြင်းပွားမှ ဖြစ်ပွားခဲ့သည်။／Patuloy ang hidwaan sa pagitan ng dalawang bansa dahil sa lupang ito.)

□ **設ける**
もう
(menyediakan, menubuhkan／တည်ထောင်သည်၊ စီစဉ်ပေးသည်။／magtatag, magbigay)

▷ 機関を設ける、窓口を設ける
きかん　もう　　　まどぐち　もう

(menubuhkan institusi, menyediakan penghubung／စက်ခေါင်းကိုတည်ထောင်သည်၊ ဆက်သွယ် နည်းခံစရာနက် တည်ထောင်သည်။／magtatag ng institusyon, mag-set up ng window)

▶ みんなで集まる機会を設けました。
あつ　　きかい　もう

(Kami telah menyediakan peluang untuk semua orang berhimpun.／အားလုံးစည်းရုံးဖို့အခွင့်အလမ်းကိုစီစဉ်ခဲ့သည်။／Nagbigay ako ng pagkakataong magsama-sama na lahat.)

□ **潜る**
もぐ
(menyelam／ရေငုပ်သည်။／sumisid)

□ **もたれる**
(bersandar／မှီတွယ်သည်၊ အမှီသဟဲပြုသည်။／sumandal)

▷ 壁にもたれる
かべ

(bersandar di dinding／နံရံကိုမှီသည်။／sumandal sa dingding)

□ **用いる**
もち
(menggunakan／အသုံးပြုသည်။／gumamit)

▶ グラフを用いて説明しましょう。
もち　せつめい

(Mari kita terangkan dengan menggunakan graf.／ဂရပ်ဖ် (Graph)ကိုအသုံးပြုပြီးရှင်းပြရအောင်။／Ipaliwanag natin ito gamit ang graph.)

□ **もてなす**
(melayan／ဧည့်ဝတ်ပြုသည်။／asikasuhin)

▶ 大切なお客さんだから、しっかりもてなさないと。
たいせつ　きゃく

(Mereka adalah pelanggan yang sangat penting, kami harus melayan mereka dengan baik.／အရေးကြီးသောဧည့်သည်ပဲဖြစ်လို့သေချာစွာဧည့်ဝတ်ပြုရမယ်။／Mga importanteng kliyente sila, kaya kailangan silang asikasuhin nang mabuti.)

□ **もてなし**
(hospitaliti／ဧည့်ဝတ်ကျေပွန်မှု／pagtanggap)

▷ 温かいもてなしを受ける
あたた　　　　　う

(menerima layanan mesra／နွေးထွေးသောဧည့်ဝတ်ကျေပွန်မှုကိုခံယူသည်။／tumanggap ng maligayang pagtanggap)

□ **もてる**
(popular, digemari／မျက်နှာပန်းပွင့်သည်၊ စွဲသည်၊ စန်းပွင့်သည်။／maging popular)

▶「女性にもてるんじゃないですか」「そんなことないですよ」
じょせい

("Bukankah kamu popular di kalangan wanita?" "Tidak begitu juga."／[အမျိုးသမီးတွေကြားမှာဆန်းပွင့်တယ်မဟုတ်လား။][အဲလိုမဟုတ်ပါဘူး။]／"Hindi ba popular ka sa mga babae?" "Hindi naman.")

□ **基づく**
もと
(berdasarkan／အခြေပြုသည်၊ အခြေခံသည်။／
magbatay)

▶ これは事実に基づいて作られた映画です。
じじつ　もと　　　つく　　　えいが

(Filem ini berdasarkan kisah benar.／ဒီဟာသည်ဖြစ်ရပ်မှန်ကို အခြေခံပြီးထုတ်လုပ်ခဲ့တဲ့ ရုပ်ရှင်ကားဖြစ်သည်။
／Batay sa totoong kuwento ang sineng ito.)

□ **求める**
もと
(meminta／တောင်းဆိုသည်၊ ရှာဖွေသည်။။
／humingi, mangailangan)

▶ お客様が求めるサービスを追求していきます。
きゃくさま　もと　　　　　　　　　ついきゅう

(Kami akan meneruskan perkhidmatan yang diminta oleh pelanggan kami.／စဥ်ဆက်မပြတ်ဖောက်သည်သူများ၏တောင်းဆိုသည့်ဝန်ဆောင်မှုကိုပေးဆောင် သွားပါမည်။
／Susundin namin ang mga serbisyong hinihingi ng mga kustomer.)

□ **物語る**
ものがた
(mengisahkan／ပုံပြင်ပြောသည်၊ ဖော်ပြသည်။။
magsabi)

▶ 職人の手が仕事の大変さを物語っていた。
しょくにん　て　しごと　たいへん　ものがた

(Tangan tukang mengisahkan kesusahan kerja mereka.／
လက်မှုပညာသည်ရဲ့လက်က အလုပ်ရဲ့ပင်ပန်းမှုကို ဖော်ပြနေခဲ့သည်။／Nagsasabi ang mga kamay ng
isang manggagawa kung gaano kahirap ang trabaho nila.)

□ **もむ**
(memicit／နှိပ်နယ်သည်။။／
magmasahe)

▶ 硬くなった筋肉を少しもんだほうがいい。
かた　　　　きんにく　すこ

(Kamu harus memicit otot yang kaku sedikit.／မာလာသွားကြတဲ့သားတွေကို နည်းနည်းနှိပ်ပြန် ပေးတာကကောင်းတယ်။
／Mabuting masahihin mo nang kaunti ang mga naninigas na muscle mo.)

□ **漏らす**
も
(membocorkan／ယိုစိမ့်စေသည်၊ လျှို့ဝက်ချက်
ပေါက်ကြားစေသည်။／magbunyag)

▶ 誰かが情報を漏らした疑いがある。
だれ　　じょうほう　も　　　　うたが

(Kami mengesyaki bahawa seseorang telah membocorkan maklumat tersebut.／
တစ်ယောက်ယောက်က သတင်းအချက်အလက်ကို ပေါက်ကြားစေခဲ့ဟုသံသယရှိသည်။／May hinala na may isang taong nagbunyag ng impormasyon.)

□ **盛る**
も
(menghidang, memasukkan
／စုပုံသည်၊ ဖြည့်သည်။／maglagay,
magpuno)

▶ ご飯はこの丼に盛ってください。
はん　　　どんぶり　も

(Tolong hidangkan nasi dengan mangkuk ini.／ထမင်းကိုဒီပုံးကင်န်လုံးများမှာစုပုံပေးပါ။／Pakilagay ang
kanin sa bowl na ito.)

▷ 大盛りを注文する、山盛りのミカン
おお　　　ちゅうもん　　　やま

(memesan (makanan) saiz besar, limau Mandarin berlonggok／ပုံကြီးသောပွဲကိုမှာယူရန်၊ တောင်လိုစုပြုနေသောလိမ္မော်သီးပုံများ။
／mag-order nang malaking serving, santambak na dalandan)

□ **漏れる**
も
(bocor／ယိုသည်။။／tumulo)

▶ ふたがちゃんと閉まっていなくて、ペットボトルの水が漏れていた。
みず　も

(Penutup tidak ditutup dengan betul dan air di dalam botol plastik bocor.／အဖုံးကိုမိတ်ခိုင်ရှရေတုံးရှရေဟာယိုကျခဲ့တယ်။
／Tumulo ang tubig ng pet bottle, dahil hindi nakasarang mabuti ang takip.)

□ **役立つ**
やくだ
(berguna／အသုံးဝင်သည်။။／
nakakatulong)

▷ 生活に役立つ情報
せいかつ　やくだ　じょうほう

(maklumat berguna untuk kehidupan seharian／နေထိုင်မှုဘဝမှာအသုံးဝင်တဲ့သတင်းအချက်အလက်
／impormasyong nakakatulong sa pang-araw-araw na buhay)

音声
DL
98

□ **役立てる**
やくだ
(menggunakan／အသုံးချသည်။။／
gamitin)

▶ ここでの経験をぜひ仕事に役立ててください。
けいけん　　　　しごと　やくだ

(Sila gunakan pengalaman yang anda peroleh di sini dalam kerjaya anda.／ဒီနေရာရဲ့ အတွေ့အကြုံကို မပြစ်မနေ အလုပ်မှာ အသုံးချပါ။／
Gamitin ninyo ang inyong karanasan rito sa trabaho ninyo.)

□ **やっつける**
(mengalahkan／
ချေမှုန်းသည်၊ ဖျက်စီးသည်။။／talunin)

▶ 今度こそ、必ずやっつけます。
こんど　　　かなら

(Kali ini, saya pasti akan mengalahkannya.／ဒီတခါ ကြိမ်တော့မပျက်မကွက်ချေမှုန်းမည်။／
Siguradong tatalunin ko siya sa susunod.)

□ **破く**
やぶ
(mengoyak／စုတ်ဖြဲသည်။။／punitin)

▶ 大事な書類を破いて捨ててしまった。
だいじ　しょるい　やぶ　す

(Saya mengoyak dokumen-dokumen penting dan membuangkannya.／အရေးကြီးသောစာရွက်စာတမ်းကိုစုတ်ဖြဲပြီး လွှင့်ပစ်ခဲ့သည်။
／Pinunit ko at itinapon ang mga importanteng dokumento.)

「何」を含む表現 1

前に付く語 2

後ろに付く語 3

いろいろな意味を持つ動詞 4

動詞＋動詞 5

基準のいろいろな形 6

短い句 7

体に関する慣用句 8

敬語 9

動詞① 10

□ **譲る**
ゆず

(memberi／လွှဲပြောင်းပေးသည်။／
ibigay,)

▶ お年寄りが立っていたら、必ず席を譲ります。
としよ　　た　　　　　　　かなら　せき　ゆず

(Saya pasti memberi tempat duduk kepada orang tua yang berdiri.／
သက်ကြီးရွယ်အိုကမတ်တပ်မပ်နေရင် မပျက်မကွက် နေရာပေး၏။／Kapag may nakatayong matanda,
lagi kong ibinibigay ang upuan ko.)

▶ このパソコンは友達が譲ってくれたものです。
ともだち　ゆず

(Komputer ini diberikan oleh seorang rakan kepada saya.／ဒီကွန်ပျူတာသည် သူငယ်ချင်းကတစ်ဆင့် ပေးခဲ့တဲ့ဟာဖြစ်သည်။
／Ibinigay ng kaibigan ko itong kompyuter.)

□ **緩める**
ゆる

(melonggarkan／လျှော့စေသည်။／
luwagan)

▶ ベルトを緩める
ゆる

(melonggarkan tali pinggang／ခါးပတ်ကိုလျှော့သည်။／luwagan ang sinturon)

□ **緩む**
ゆる

(melonggar／XXX／lumuwag)

▶ 気持ちが緩む
きも　　ゆる

(perasaan menjadi santai／XXX／lumuwag ang pakiramdam)

□ **揺れる**
ゆ

(bergoncang, bergempa, bergoyang
／လှုပ်ရမ်းသည်။／umuga)

▶ 昨日の地震は揺れたね。
きのう　じしん　ゆ

(Gempa bumi semalam menggegarkan.／မနေ့ကလျှပ်လုပ်ခဲ့တယ်နော်။／Talagang mauga ang
lindol kahapon, ano?)

▶ カーテンが揺れる、船が揺れる、心が揺れる
ゆ　　　ふね　ゆ　　　こころ　ゆ

(tirai bergoyang, kapal bergoyang, hati bergoncang／လိုက်ကာကလှုပ်ရမ်းသည်၊ လှေကလှုပ်ရမ်းသည်၊ စိတ်ကလှုပ်ရှားသည်။
／umindayog ang kurtina, umuuga ang barko, manginig ang puso)

□ **よす（止す）**
よ

(berhenti／ရပ်တန့်သည်၊ ရပ်ဆိုင်းသည်။
／tumigil)

▶ けんかはよしなさい。　回止める
や

(Berhenti bertengkar.／ရန်ဖြစ်တာရပ်ပါ။／Tumigil kayo sa pag-aaway.)

□ **（～に）よる**

(disebabkan／အရ／dahil sa)

▶ 資金不足により、その計画は中止になった。
しきんぶそく　　　　　けいかく　ちゅうし

(Rancangan itu dibatalkan disebabkan kekurangan modal.／အရင်းအနှီးမလုံလောက်မှုခြင်းအရ ဒီစီမံကိန်းကို ရပ်နားခဲ့ရသည်။
／Itinigil ang planong iyan dahil sa kakulangan ng pondo.)

□ **弱る**
よわ

(melemahkan／
အားလျှော့သည် (သက်ရှိ့သတ္တဝါ)၊ ဒုက္ခရောက်သည်။
／malungkot, manghina)

▶ 弱ったなあ。うちのアパートでは猫は飼えないんだよ。
よわ　　　　　　　　　　　　　　ねこ　か

(Alamak, apartmen saya tidak dibenarkan membela kucing.
／ဒုက္ခရောက်ခဲ့တယ်နော်။ ငါတို့တိုက်ခန်းမှာကြောင်မွေးလို့မရဘူး။／Nakakalungkot. Hindi puwedeng
mag-alaga ng pusa sa apartment namin.)

□ **沸かす**
わ

(mendidihkan／ရေနွေးကျိုသည်။／
magpakulo, magpainit)

▶ お湯を沸かす、（お）風呂を沸かす
ゆ　　わ　　　　　ふろ　わ

(mendidihkan air, menyediakan air panas untuk mandi Ofuro／
ရေနွေးကျိုသည်။ ရေချိုးကန်ကိုအပူပေးသည်။／magpakulo ng tubig, magpainit ng ofuro)

□ **湧く**
わ

(terpancut keluar／ဆူပွက်သည်။／
bumukal, makadama)

▶ 湧き水、勇気が湧く
わ　みず　ゆうき　わ

(air mata air, lahir keberanian／ရေပွက်၊ သတ္တိကောင်းသည်။／bukal, maging matapang)

⑪ する（動詞）
どうし

（Kata kerja "suru"／"する"ကြိယာ／Mga Verb na May -suru）

□ **合図（する）**
あいず
(memberi isyarat／အချက်ပြခြင်း／sumenyas)

▶ 手を上げて合図をしたら、始めてください。
て　あ　あいず　　　　　　はじ
(Sila mulakan selepas saya mengangkat tangan dan memberi isyarat.／လက်ကိုအပေါ်မြှောက်ပြီး အချက်ပြရင်စတင်ပါ။／Kapag itinaas ko ang kamay ko at sumenyas ako, magsimula na kayo.)

□ **応用（する）**
おうよう
(mengaplikasikan／အသုံးချခြင်း／i-apply)

▶ この理論は幅広い分野に応用されると思う。
りろん　はばひろ　ぶんや　おうよう　　　おも
(Saya rasa teori ini dapat diaplikasikan dalam pelbagai bidang.／ဒီသဘောတရားသည် အများကျယ်သောနယ်ပယ်တွင် အသုံးချနိုင်သည်ဟုထင်သည်။／Sa palagay ko, puwedeng i-apply ang teoryang ito sa maraming larangan.)

□ **開店（する）**
かいてん
(membuka kedai／ဆိုင်ဖွင့်ခြင်း／magbukas ng tindahan)

▶ 新しいパン屋が昨日開店した。　対 閉店する
あたら　　　　や　きのうかいてん　　　　　　　へいてん
(Kedai roti baru mula berniaga semalam.／ပေါင်မုန့်ဆိုင်သစ်ကို မနေ့ကဖွင့်လှစ်သည်။／Nagbukas kahapon ang bagong bakery.)

▶ この店は毎朝9時に開店します。
みせ　まいあさ　じ　かいてん
(Kedai ini buka setiap pagi pada pukul 9.／ဒီဆိုင်သည်မနက်တိုင်းခုနှစ်ရီမှာဆိုင်ဖွင့်သည်။／Nagbubukas ang tindahang ito uma-umaga ng alas 9.)

□ **開放（する）**
かいほう
(membuka／ဖွင့်လှစ်ပေးခြင်း／magbukas, buksan)

▶ 体育館を市民に開放してバザーが行われた。
たいいくかん　しみん　かいほう　　　　　　　おこな
(Gimnasium dibuka untuk umum dan bazar telah diadakan.／အားကစားရုံကို မြို့သူ မြို့သားတွေအတွက် ဖွင့်လှစ်ပေးပြီး ဈေးပွဲတော်ကိုကျင်းပခဲ့သည်။／Binuksan ang gym para sa publiko at ginanap ang bazaar.)

▶ 強風のため、ドアを開放している。
きょうふう　　　　　　　　　かいほう
(Pintu dibiarkan terbuka kerana angin kencang.／လေပြင်းကြောင့်တံခါးကိုဖွင့်လှစ်နေသည်။／Bumukas ang pintuan, dahil sa malakas na hangin.)

□ **拡充（する）**
かくじゅう
(memperluaskan／တိုးချဲ့ဖြည့်စွက်ခြင်း／magpalawak)

▶ 今後、さらにサービスの拡充に力を入れていきます。
こんご　　　　　　　　　　かくじゅう　ちから　い
(Pada masa akan datang, kami akan terus berusaha untuk memperluaskan perkhidmatan kami.／ဒီနောက်ကြိုမှ ထပ်မံဖြည့်စွက်တဲ့ဝန်ဆောင်မှုမှာ အားထည့်နေသည်။／Nakatuon kami sa pagpapalawak ng serbisyo namin sa hinaharap.)

□ **確定（する）**
かくてい
(menetapkan／သေချာလာသည် အတည်ပြုသည်／magtakda, magkumpirma)

▷ 日にちが確定する、無罪が確定する
ひ　　　　かくてい　　むざい　かくてい
(tarikh telah ditetapkan, ditetapkan tidak bersalah.／နေ့ရက်တွေကို အတည်ပြုသည်၊ အပြစ်ကင်းခြင်းကိုအတည်ပြုသည်။／magtakda ng petsa, magkumpirmang walang kasalanan.)

□ **活用（する）**
かつよう
(mempergunakan／အသုံးချခြင်း／gumamit)

▷ 自然のエネルギーを活用する、動詞の活用
しぜん　　　　　　　　　かつよう　　どうし　かつよう
(mempergunakan tenaga semula jadi, mentasrifkan kata kerja／သဘာဝစွမ်းအင်ကိုအသုံးချသည်၊ ကြိယာတွေကိုအသုံးပြုသည်။／gumamit ng natural energy, conjugation ng verb)

□ **換気（する）**
かんき
(mengalih udara／လေဝင်လေထွက်／pahanginan)

▶ 空気が悪いね。ちょっと換気しよう。
くうき　わる　　　　　　　かんき
(Kualiti udara tidak bagus. Mari kita mengalih udara.／လေမကောင်းဘူးနော်။ ခဏလေး လေဝင်လေထွက်လုပ်ရအောင်／Masama ang hangin, ano? Pahanginan natin ang kuwarto.)

▷ 換気扇　(kipas pengudaraan／ပုံမှန်ထက်အရှိန်ပြင်းသောပန်ကာ／bentilador)
かんきせん

270

□ **観察（する）** かんさつ
(memerhati／ကြည့်ရှုတိုင်းတာခြင်း／mag-obserba, obserbahan)

▶ ヒマワリの成長の様子を観察した。（せいちょう　ようす　かんさつ）
(Kami memerhatikan pertumbuhan bunga matahari.／နေကြာပန်းရဲ့ကြီးထွားမှု အခြေအနေကို ကြည့်ရှုလေ့လာခဲ့သည်။／Inobserbahan ko ang paglaki ng sunflower.)

□ **監視（する）** かんし
(mengawas, memonitor／စောင့်ကြည့်ခြင်း／magsubaybay)

▷ 監視カメラ（かんし）
(kamera pengawasan／စောင့်ကြည့်ကင်မရာ／surveillance camera)

□ **関連（する）** かんれん
(berkaitan／အဆက်အစပ်／kaugnay)

▶ 事故に関連する情報を集めています。（じこ　かんれん　じょうほう　あつ）
(Kami sedang mengumpulkan maklumat yang berkaitan dengan kemalangan.／မတော်တဆမှုနှင့်ဆက်စပ်သော သတင်းအချက်အလက်ကိုစုဆောင်းနေသည်။／Nangongolekta kami ng impormasyong kaugnay sa aksidente.)

□ **機能（する）** きのう
(berfungsi／စွမ်းဆောင်မှု／mag-function)

▶ デザインより機能を優先します。（きのう　ゆうせん）
(Kami mengutamakan fungsi berbanding reka bentuk.／ဒီဇိုင်းထက်စွမ်းဆောင်မှုကိုဦးစားပေးသည်။／Uunahin namin ang disenyo sa function.)

□ **吸収（する）** きゅうしゅう
(meyerap／စုပ်ယူခြင်း／i-absorb)

▶ このシャツは、汗をよく吸収します。（あせ　きゅうしゅう）
(Baju ini menyerap peluh dengan baik.／ဒီတီရှပ်သည်ချွေးကို ကောင်းကောင်းစုပ်သည်။／Inaabsorb nang mabuti ng kamisetang ito ang pawis.)

□ **苦労（する）** くろう
(bersusah payah／ဒုက္ခခံခြင်း၊ ဆင်းရဲပင်ပန်းခြင်း／mahirapan)

▶ 親にはずっと苦労をかけてきました。（おや　くろう）
(Saya menyusahkan ibu bapa saya sepanjang masa ini.／မိဘတွေကိုဆက်တိုက်ဒုက္ခပေးလာခဲ့မိသည်။／Pinahirapan ko nang husto ang mga magulang ko .)

□ **掲示（する）** けいじ
(memapar／ကြေငြာချက်ထုတ်ခြင်း／magpaskil)

▶ 試験の日程表が掲示されていた。（しけん　にっていひょう　けいじ）
(Jadual peperiksaan telah dipaparkan.／စာမေးပွဲအစီအစဉ်ကိုကြေငြာချက်ထုတ်ပြန်ခဲ့သည်။／Nakapaskil ang iskedyul ng test.)

□ **継続（する）** けいぞく
(meneruskan／ဆက်လုပ်မှု／magpatuloy)

▶ 新聞の購読を継続することにした。（しんぶん　こうどく　けいぞく）　同 続ける（つづ）
(Saya membuat keputusan untuk meneruskan langganan surat khabar.／သတင်းစာရဲ့အသင်းဝင်ကြေးပေးခဲ့ပြီးဆက်ယူခဲ့သည်။／Nagpasiya akong ipagpatuloy ang subscription ko ng diyaryo.)

□ **携帯（する）** けいたい
(membawa bersama／လက်ထဲမှာကိုင်ဆောင်ပြီး လမ်းလျှောက်ခြင်း／dalhin)

▶ パスポートを携帯するように言われた。（けいたい　い）
(Saya diberitahu untuk membawa pasport bersama saya.／နိုင်ငံကူးလက်မှတ်ယူဆောင်သွားရန်ပြောခဲ့သည်။／Sinabihan akong dalhin ko ang passport ko.)

□ **攻撃（する）** こうげき
(menyerang／တိုက်ခိုက်ခြင်း／umatake)

▶ 今、攻撃しているのが、うちのチームです。（いま　こうげき）
(Pasukan kami adalah pasukan yang menyerang sekarang.／ယခုတိုက်ခိုက်နေတာက ကျွန်ုပ်တို့အသင်းဖြစ်သည်။／Ang team namin ang umaatake ngayon.)

□ **攻撃的（な）** こうげきてき
(agresif／တိုက်ခိုက်သော／agresibo, mapusok)

□ **貢献（する）** こうけん
(menyumbang／အထောက်အကူပြုခြင်း／magbigay ng kontribusyon)

▶ 会社にどのような貢献ができると思いますか。（かいしゃ　こうけん　おも）
(Pada pendapat anda, bagaimana anda dapat menyumbang kepada syarikat?／ကုမ္ပဏီကို ဘယ်လိုမျိုးအထောက်အကူပြုနိုင်မယ်လို့ထင်ပါသလဲ။／Ano sa palagay mo ang puwede mong ibigay na kontribusyon sa kompanya?)

□ **更新（する）** こうしん
(memperbaharui／အသစ်နှင့်လဲလှယ်ခြင်း၊ သက်တမ်းတိုးခြင်း／mag-renew, mag-update)

▷ 契約を更新する、ブログを更新する（けいやく　こうしん　こうしん）
(memperbaharui kontrak, memperbaharui blog／စာချုပ်ကိုသက်တမ်းတိုးသည်။ ဘလော့ဂ် ကိုအသစ်လဲသည်။／mag-renew ng kontrata, mag-update ng blog)

☐ **構成（する）**
こうせい
(membentuk／ဖွဲ့စည်းမှု／gumawa, magbalangkas)

▶ 論文の構成がやっと固まった。
　ろんぶん　こうせい　　　　かた
(Struktur tesis saya sudah ditetapkan.／စာတမ်း၏ဖွဲ့စည်းမှုက နောက်ဆုံးတွင်သေချာ[ဖြစ်လာခဲ့သည်။／Sa wakas, naayos na ang istruktura ng tesis ko.)

☐ **合流（する）**
ごうりゅう
(bergabung, bertemu／ဖြစ်ဆုံ[ခြင်း／ ပေါင်းစည်း[ခြင်း။ ပေါင်းစပ်[ခြင်း／magtagpo, magsama)

▶ 二つの川はここで合流します。
　ふた　　かわ　　　　　　　ごうりゅう
(Kedua-dua sungai bergabung di sini.／ မြစ်နှစ်ခုသည်ဤနေရာမှာပေါင်းစည်းသည်။／Dito nagtatagpo ang dalawang ilog.)

▶ ほかの人たちとは、新宿で合流することになっています。
　　　　ひと　　　　　しんじゅく　ごうりゅう
(Kami akan bertemu dan menyertai orang lain di Shinjuku.／ တစ်ခြားလူများသည် Shinjuku မှာ ပေါင်းဆုံနေသည်။／ Makikipagtagpo sa atin ang ibang tao sa Shinjuku)

☐ **克服（する）**
こくふく
(mengatasi／အောက်အခြေကျော်လွှားနိုင်ခြင်း／ma-overcome)

▶ 彼はけがを克服して、また試合に出られるようになった。
　かれ　　　　　こくふく　　　　　　しあい　で
(Dia mengatasi kecederaannya dan dapat bermain semula di perlawanan.／သူ့ဒဏ်ရာကို ကျော်လွှားနိုင်ခဲ့ပြီး ပြန်လည်ကစားနိုင် လာခဲ့သည်။／Na-overcome niya ang sugat niya at maglalaro na uli siya.)

☐ **混乱（する）**
こんらん
(berkeliru／ရှုပ်ထွေးခြင်း／mataranta, malito)

▶ 停電が起こり、町は一時、混乱した。
　ていでん　お　　　　まち　いちじ　こんらん
(Bandar menjadi keliru buat seketika kerana bekalan elektrik terputus.／မီးပျက်သွားပြီး တစ်မြို့လုံးအထိတစ်ဖန်လန်[ဖြစ်သည်။／Pansamantalang nataranta ang mga tao sa bayan dahil sa black-out.)

☐ **催促（する）**
さいそく
(menggesa／တိုက်တွန်းမှု၊ နှီးဆော်မှု၊ လှုံ့ဆော်ဆို[ခြင်း／paalalahanan)

▶ 本を早く返すよう、友達から催促された。
　ほん　はや　かえ　　　　　ともだち　　さいそく
(Saya digesa kawan untuk memulangkan buku secepat yang mungkin.／ စာအုပ်ကို[မြန်မြန်ပြန်ပေးရန်နိုင်သူငယ်ချင်းထံမှတောင်းဆိုခဲ့သည်။／Pinaalalahanan ako ng kaibigan kong isauli agad ang libro.)

☐ **支給（する）**
しきゅう
(membekalkan, memberi／ပေးကမ်းသည်။／magbigay)

▶ 営業の人には会社から携帯電話が支給されます。
　えいぎょう　ひと　　かいしゃ　　けいたいでんわ　しきゅう
(Penjual akan diberikan telefon bimbit oleh syarikat.／ အရောင်းဝန်ထမ်းကို ကုမ္ပဏီမှ လက်ကိုင်ဖုန်းပေးသည်။／ Nagbigay ang kompanya ng cellphone sa mga taong nasa sales.)

☐ **持参（する）**
じさん
(membawa／ယူဆောင်လာ[ခြင်း／dalhin)

▶ 飲み物は各自で持参してください。
　の　もの　かくじ　じさん
(Sila bawa minuman masing-masing.／ သောက်စရာကို ကိုယ်စီကိုယ်ငှ ယူဆောင်လာပါ။／Dalhin ninyo ang sarili ninyong inumin.)

☐ **実行（する）**
じっこう
(melaksanakan／လက်တွေ့ကျင့်သုံးခြင်း／magsagawa)

▷ 計画を実行する
　けいかく　じっこう
(melaksanakan rancangan／စီမံကိန်းကို အကောင်အထည်ဖော်သည်။／magsagawa ng plano)

☐ **実施（する）**
じっし
(menguatkuasakan, menjalankan／လက်တွေ့လုပ်ဆောင်ခြင်း／ipatupad)

▶ 調査は来月、実施される予定です。
　ちょうさ　らいげつ　じっし　　よてい
(Tinjauan akan dijalankan bulan depan.／စစ်တမ်းစစ်ဆေးမှုသည် နောက်လတွင်လုပ်ဆောင်မည် အစီအစဉ်[ဖြစ်သည်။／Ipapatupad ang survey sa isang buwan.)

☐ **実践（する）**
じっせん
(mempraktikkan／လက်တွေ့လုပ်ဆောင်မှု／magpraktis, praktisin)

▶ 簡単な体操なので、皆さんもぜひ実践してみてください。
　かんたん　たいそう　　　　みな　　　　　じっせん
(Ini adalah senaman yang senang, semua orang sila cuba praktikkannya.／ လွယ်ကူတဲ့ ကိုယ်လက်လုပ်ငန်းဖြစ်လို့ အားလုံးသည်၊ သေချာပေါ်လက်တွေ့ဆောင်[ကြည့်ပါ။／ Simpleng ehersisyo lang ito, kaya subukan rin ninyong lahat na praktisin ito.)

☐ **実践的（な）**
じっせんてき
(amali, praktikal／လက်တွေ့အသုံးပြုမှု／praktikal)

☐ **指定（する）**
してい
(menetapkan／သွန်[ပြု[မြဲ၊ သတ်မှတ်[ခြင်း／ituro, tukuyin)

▷ 指定席 (tempat duduk tempahan／သတ်မှတ်ထားသောထိုင်ခုံ／reserved seat)
　してい せき

▶ 配達場所を指定しておいた。
　はいたつばしょ　してい
(Saya telah menentukan lokasi penghantaran.／ပို့ဆောင်ရာကိုသတ်မှတ်ထားခဲ့သည်။／Itinuro ko ang lugar ng delivery.)

□ **支配（する）**
しはい
(menguasai／အုပ်စိုးခြင်း၊ အုပ်ချုပ်ခြင်း／magkontrol)

▶ この土地の支配をめぐって、二国間で争いが続いた。
とち　しはい　　　　にこくかん　あらそ　　つづ

(Konflik di antara dua negara berlanjutan kerana isu penguasaan ke atas wilayah ini.／ဒီမြေယာအုပ်စိုးခြင်းနှင့်ပတ်သက်သော် နှစ်နိုင်ငံကြားစစ်ပွဲများ ဆက်လက်ဖြစ်ပွားခဲ့သည်။／Dalawang bansa ang patuloy na naglalaban sa kontrol ng lupang ito.)

□ **充実（する）**
じゅうじつ
(memenuhi／ပြည့်စုံခြင်း／payamanin)

▶ この２年間、充実した毎日を過ごせました。
ねんかん　じゅうじつ　　まいにち　す

(Saya telah menjalani kehidupan yang memuaskan dalam dua tahun ini.／ဒါ့နှစ်အတွင်း အကျိုးရှိခဲ့တဲ့နေ့ရက်တွေတိုင် ကို ဖြတ်သန်းခဲ့သည်။／Nagkaroon ako ng kasiya-siyang buhay nitong huling dalawang taon.)

□ **集中（する）**
しゅうちゅう
(menumpu perhatian／စုရုံးခြင်း၊ ထူထပ်ခြင်း／အာရုံစိုက်ခြင်း／magtuon)

▶ 大臣の発言に、批判が集中した。
だいじん　はつげん　　ひはん　しゅうちゅう

(Kritikan tertumpu pada pernyataan menteri.／ဝန်ကြီးရဲ့ပြောဆိုဆွေးနွေးမှုတွင်ဝေဖန်ချက်ကအာဓိကဖြစ်ခဲ့သည်။／Nakatuon ang mga pagpuna sa sinabi ng ministro.)

□ **循環（する）**
じゅんかん
(beredar／ပတ်ချာလည်ခြင်း／umikot)

▶ このパイプを通って水が循環している。
とお　　みず　じゅんかん

(Air beredar melalui paip ini.／ဒီပိုက်ကနေတာစ်ဆင့်ရေကို ပြန်ဝေနေသည်။／Umiikot ang tubig sa tubong ito.)

▶ このままでは悪循環が続くだけだ。
あくじゅんかん　つづ

(Kitaran buruk akan berterusan sekiranya keadaan berlanjut seperti ini.／ဒီအတိုင်းဆိုရင် ရက်စက်တဲ့သံသရာဆက်ဖြစ်သွားလဲမှာပဲ။／Kung patuloy na ganito, magpapatuloy lang ang sunud-sunod na masamang pangyayari.)

□ **使用（する）**
しよう
(mengguna／အသုံးပြုခြင်း／gamitin)

▶ 現在、２階の女子トイレは使用できません。
げんざい　　かい　じょし　　　　しよう

(Tandas wanita di tingkat 2 tidak dapat digunakan pada masa ini.／လောလောဆယ်ဒုတိယထပ်ရှိအမျိုးသမီးအိမ်သာကို အသုံးပြုလို့မရသေးပါ။／Sa kasalukuyan, hindi pwedeng gamitin ang CR ng mga babae sa 2nd floor.)

□ **証明（する）**
しょうめい
(membuktikan／သက်သေပြခြင်း／magpatunay, patunayan)

▶ 調べた結果、本物であることが証明された。
しら　　けっか　　ほんもの　　　　　　　しょうめい

(Siasatan membuktikan bahawa barang ini adalah barang asli.／စစ်ဆေးခဲ့တဲ့ရလဒ်ကအစစ်အမှန်ဖြစ်ကြောင်းကိုသက်သေပြခဲ့သည်။／Bilang resulta ng pagsisiyasat, napatunayang totoo ito.)

□ **上昇（する）**
じょうしょう
(meningkat／အပေါ်သို့တက်ခြင်း／tumaas)

▷ 気温が上昇する
きおん　じょうしょう

(suhu meningkat／အပူချိန်မြင့်တက်လာသည်။／tumaas ang temperatura)

□ **消耗（する）**
しょうもう
(mengguna, menghabiskan／လျှော့ပါး၊ ကုန်ခမ်းခြင်း／maubos)

▷ 電池を消耗する、体力を消耗する
でんち　しょうもう　　たいりょく　しょうもう

(menghabiskan bateri, menghabiskan tenaga fizikal／ဓာတ်ခဲအားကုန်သည်၊ ခွန်အားကုန်ခမ်းသည်။／maubos ang baterya, maubos ang lakas ng katawan)

▶ インクや紙などの消耗品だけで、月に 10 万円かかる。
かみ　　　　しょうもうひん　　　つき　　まんえん

(Bahan habis pakai seperti dakwat dan kertas sahaja telah memakan perbelanjaan sebanyak 100,000 yen sebulan.／မင်နှင့်စက္ကူစသော ကုန်ပစ္စည်းချည်းပဲဝလမှာလနှစ်သောင်း ကုန်ကျသည်။／Nagkakahalaga ng 100,000 yen sa isang buwan ang mga gamit na nauubos tulad ng tinta at papel.)

□ **制限（する）**
せいげん
(menghadkan／ကန့်သတ်မှု／maglimita)

▷ 食事を制限する、使用を制限する
しょくじ　せいげん　　しよう　せいげん

(menghadkan diet, menghadkan penggunaan／ထမင်းစားခြင်းကိုကန့်သတ်သည်၊ အသုံးပြုခြင်းကိုကန့်သတ်သည်။／maglimita ng pagkain, maglimita ng paggamit)

□ **清書（する）**
せいしょ
(membuat salinan bersih／အချောရေးခြင်း／gumawa ng malinis na kopya)

▶ 下書きをした後、ボールペンで清書した。
したが　　　　あと　　　　　　　　せいしょ

(Saya membuat salinan bersih dengan pen setelah membuat draf.／အကြမ်းရေးပြီးနောက် ဘောပင်ဖြင့်အချောရေးခဲ့သည်။／Pagkatapos ng draft, gumawa ako ng malinis na kopya gamit ang bolpen.)

□ **成立（する）**
せいりつ
(menubuhi, mencapai／ထမြောက်သည်／
maisagawa, maisakatuparan)

▶ 無事、契約が成立した。
ぶじ　けいやく　せいりつ
(Kontrak berjaya ditandatangani tanpa masalah.／အနှရာယ်ကင်းကင်းနှင့် စာချုပ် ချုပ်ဆိုခဲ့သည်။／
Naisagawa ang kontrata nang walang problema.)

□ **接触（する）**
せっしょく
(bersentuh, bertembung／
ထိတွေ့ခြင်း၊ ထိတွေ့ဆက်ဆံမှု／dumiit)

▶ 壁に接触して、車に傷がついた。
かべ　せっしょく　　くるま　きず
(Kereta tergores setelah bersentuhan dengan dinding.／နံရံနှင့်ထိမိပြီးကားတွင်အစင်းရာထင်ခဲ့သည်။／
Dumiit ang kotse sa dingding at nagkaroon ito ng mga gasgas.)

□ **設定（する）**
せってい
(membuat seting／သတ်မှတ်ခြင်း／
itakda)

▶ 100年前の日本という設定でドラマが作られた。
ねんまえ　にほん　　　　　せってい　　　つく
(Seting drama ini adalah zaman Jepun pada 100 tahun yang lalu.／
လွန်ခဲ့သောအနှစ်တစ်ရာကဂျပန်လို့သတ်မှတ်ထားတဲ့ဇာတ်လမ်းကို ထုတ်လုပ်ခဲ့သည်။／Ginawa ang drama
sa setting ng Japan 100 taon na ang nakakaraan.)

□ **選択（する）**
せんたく
(memilih／ရွေးချယ်ခြင်း／pumili)

▶ 選択を誤ると、後で大変なことになる。
せんたく　あやま　　　あと　たいへん
(Kamu akan menghadapi masalah besar nanti jika kamu membuat pilihan yang salah.／ရွေးချယ်မှုမှားယွင်းလျှင် နောင်တွင်အလွန်နက်ခဲ့သည်။
／Kapag nagkamali ka ng pagpili, magkakaroon ng malaking problema pagkatapos.)

□ **操作（する）**
そうさ
(mengoperasi／ကိုင်တွယ်ထိန်းချုပ်မှု／
patakbuhin, paandarin)

▶ 機械の操作を覚えるのに苦労しました。
きかい　そうさ　おぼ　　　　　くろう
(Saya menghadapi banyak masalah untuk mengingati cara operasi mesin.／စက်ရဲ့ကိုင်တွယ်ထိန်းချုပ်ပုံမျက် မှတ်မိဖို့အခက်ခဲခဲ့သည်။／
Nahirapan akong matutunan kung paano patakbuhin ang makina.)

□ **早退（する）**
そうたい
(balik awal／စောစောပြန်အနားယူခြင်း
／umalis nang maaga)

▶ 具合が悪くなって、会社を早退させてもらった。
ぐあい　わる　　　　　　かいしゃ　そうたい
(Saya tidak sihat, maka syarikat membenarkan saya balik awal.／နေမကောင်းဖြစ်လာလို့ ကုမ္ပဏီကစောစောပြန်အနားယူ ခွင့်ပြုခဲ့သည်။／
Masama ang pakiramdam ko, kaya pinauwi ako nang maaga ng kompanya.)

□ **存在（する）**
そんざい
(berwujud／တည်ရှိခြင်း／mabuhay)

▶ 地球には、人間が知らない生物がまだまだ存在する。
ちきゅう　　　にんげん　し　　　　せいぶつ　　　　　そんざい
(Masih terdapat banyak organisma di bumi yang tidak diketahui oleh manusia.／
ကမ္ဘာပေါ်မှာ သားများမသိသေးတဲ့ သက်ရှိသတ္တဝါကအများကြီး ရှိသေးသည်။／Sa mundo, marami pang
mga organism na hindi alam ng tao.)

□ **対応（する）**
たいおう
(menangani, bersesuaian／ရင်ဆိုင်မှု
／tumugon)

▶ 何か問題が起きたら、すぐに対応してください。
なに　もんだい　お　　　　　　　たいおう
(Jika ada masalah, sila atasinya dengan segera.／ပြဿနာတစ်ခုခုဖြစ်ပြီခဲရင် ချက်ချင်းရင်ဆိုင်ပါ။／
Kung magkaroon ng anumang problema, tugunan ninyo ito kaagad.)

▷ 国際化に対応した教育プログラム
こくさいか　　たいおう　　きょういく
(program pendidikan yang bersesuaian dengan isu antarabangsa／နိုင်ငံတကာဆိုင်ရာကိုဖြေရှင်းပေးခဲ့သော ပညာရေးအစီအစဉ်／
pang-edukasyong programa para sa internationalization)

□ **達成（する）**
たっせい
(mencapai／ထမြောက်အောင်မြင်ခြင်း／
matamo, makamit)

▷ 目標を達成する
もくひょう　たっせい
(mencapai matlamat／ရည်မှန်းချက်အောင်မြင်သည်။／matamo ang layunin)

□ **探検（する）**
たんけん
(mengembara／စွန့်စားလေ့လာခြင်း／galugarin)

▷ 探検隊
たんけんたい
(pasukan pengembaraan／စူးစမ်းရှာဖွေရေးအဖွဲ့／ekspedisyon)

□ **断定（する）**
だんてい
(menyimpulkan／
တွေးတောဆုံးဖြတ်ခြင်း／magpasiya)

▶ ビデオが証拠となり、警察は彼を犯人だと断定した。
しょうこ　　　　　けいさつ　かれ　はんにん　　だんてい
(Polis membuat kesimpulan bahawa dia adalah penjenayah berdasarkan bukti video.／
ဗီဒီယိုလိုက်သော့လေအထောက်အထားအရ ရဲအဖွဲ့သည် သူ့ကိုတရားခံလို့ဆုံးဖြတ်ခဲ့သည်။／Batay sa ebidensya
sa video, nagpasiya ang mga pulis na siya ang kriminal.)

274

□ **中止（する）**
ちゅうし
（membatalkan／ရပ်နားခြင်း／kanselahin）

▶ 雨のため、試合は中止になった。
あめ　　　　　しあい　ちゅうし
（Perlawanan dibatalkan kerana hujan.／မိုးရွာသောကြောင့် ပြိုင်ပွဲကိုရပ်နားခဲ့သည်။／Dahil sa ulan, kinansela ang game.）

□ **中断（する）**
ちゅうだん
（menangguhkan／ခဏရပ်စဲခြင်း／ခဏဖြတ်တောက်ခြင်း／suspendihin）

▶ 雨が強くなり、試合は一時、中断された。
あめ　つよ　　　　　　しあい　いちじ　ちゅうだん
（Hujan semakin lebat dan perlawanan ditangguhkan buat sementara waktu.／မိုးကပိုအားကောင်းလာလို့ ပြိုင်ပွဲပြိုင်နေတုန်းခဏဖြတ်တောက်ခဲ့ရသည်။／Pansamantalang sinuspindi ang labanan dahil sa lumakas ang ulan.）

□ **調査（する）**
ちょうさ
（menyiasat, menyelidik／စုံစမ်းစစ်ဆေးမှု／imbestigahin）

▶ 事故の原因を調査する、世論調査
じこ　げんいん　ちょうさ　　よろんちょうさ
（menyiasat punca kemalangan, tinjauan pendapat umum／မတော်တဆဖြစ်ကြောင်းရင်းကို စုံစမ်းစစ်ဆေးသည်။ လူထုသဘောထား စုံစမ်းစစ်ဆေးကောက်ယူသည်။／imbestigahin ang dahilan ng aksidente, public survey）

□ **調整（する）**
ちょうせい
（menyelaras／ညှိခြင်း／mag-adjust）

▶ スケジュールを調整する、意見を調整する
ちょうせい　　いけん　ちょうせい
（menyelaraskan jadual, menyelaraskan pendapat／အချိန်နှင့်ဈယားကိုညှိခြင်း။ ထင်မြင်ချက်ကိုညှိခြင်း။／mag-adjust ng iskedyul, mag-adjust ng opinyon）

□ **追加（する）**
ついか
（menambah／ထပ်ဖြည့်ခြင်း။ ထပ်ပေါင်းခြင်း／magdagdag）

▶ 追加の注文はありませんか。
ついか　ちゅうもん
（Ada pesanan tambahan?／ထပ်မှာကြားဖို့မရှိဘူးလား။／Mayroon pa ba kayong karagdagang order?）

□ **通用（する）**
つうよう
（berfungsi, berkesan／အသုံးဝင်ခြင်း／tanggapin）

▶ そんな甘い考えは、社会に通用しません。
あま　かんが　　　　しゃかい　つうよう
（Pemikiran naif semacam itu tidak akan diterima oleh masyarakat.／ဒီလိုစဉ်းစားတွေးခေါ်မှုကမ္ဘာမှာအတွက်အသုံးမဝင်ဘူး။／Hindi tatanggapin ng mga tao ang ganyang hindi makatotohanang pag-iisip.）

□ **手当（する）**
てあて
（merawat, memberi eaulan／ပြုစု ဆေးကုသခြင်း／gamutin, tratuhin）

▶ 傷を手当する、住宅手当
きず　てあて　　じゅうたくてあて
（merawat luka, elaun perumahan／ဒဏ်ရာကိုဆေးကုသခြင်း။ အိမ်ယာစရိတ်／gamutin ang sugat, housing allowance）

□ **提案（する）**
ていあん
（mencadangkan／အဆိုတင်သွင်းချက်／magmungkahi）

▶ 新しい企画を提案する
あたら　きかく　ていあん
（mencadangkan projek baru／စီမံကိန်းအသစ်ကိုအဆိုတင်သွင်းသည်။／magmungkahi ng bagong plano）

□ **低下（する）**
ていか
（menurun／ကျဆင်းမှု／bumaba, humina）

▶ 人気が低下する、地位が低下する
にんき　ていか　　ちい　ていか
（populariti menurun, kedudukan status menurun／လူကြိုက်များမှုကျဆင်းခြင်း။ ရာထူးအဆင့်ကျဆင်းခြင်း／bumagsak ang popularidad, bumaba ang status）

□ **提供（する）**
ていきょう
（membekalkan, menyediakan／ပေးအပ်ခြင်း ထောက်ပံ့ခြင်း／magbigay）

▶ 情報を提供する、場所を提供する
じょうほう　ていきょう　　ばしょ　ていきょう
（memberi maklumat, menyediakan tempat／သတင်းအချက်အလက်ပေးရန်။ နေရာတစ်နေရာပေးရန်။／magbigay ng impormasyon, magbigay ng lugar）

□ **抵抗（する）**
ていこう
（menentang／ခုခံခြင်း။ ဆန့်ကျင်ချက်သည့်စိတ်／tumutol, lumaban）

▶ 一部の反対議員が抵抗したが、法案は成立した。
いちぶ　はんたいぎいん　ていこう　　　ほうあん　せいりつ
（Beberapa anggota pembangkang menentang rang undang-undang tersebut, tetapi ia telah diluluskan.／အတိုက်အခံအဖွဲ့ဝင်အချို့က တိုက်ခိုက်ခဲ့ပေမယ့် ဥပဒေကြမ်းကိုအတည်ပြုနိုင်ခဲ့သည်။／Tumutol ang ilang kongresista sa oposisyon, pero naipasa ang panukalang batas.）

□ **適用（する）**
てきよう
（menyesuaikan／အသုံးချခြင်း／i-apply）

▶ このルールがすべてに適用されるわけではない。
てきよう
（Peraturan ini tidak akan digunakan untuk semua kes.／ဒီစည်းကမ်းက အားလုံးအသုံးချလို့မရဘူး။／Hind mai-aapply sa lahat ang patakarang ito.）

□ 展示（する）
てんじ
(mempamerkan／ခင်းကျင်းပြသခြင်း／mag-exhibit)

▷ 作品を展示する、展示会
さくひん　てんじ　　　　てんじかい
(mempamerkan karya, pameran／လက်ရာပစ္စည်းများကိုခင်းကျင်းပြသသည်၊ ပြခန်း။／mag-exhibit ng mga likha, exhibition)

□ 統一（する）
とういつ
(menyatukan／စည်းလုံးခြင်း／pag-isahin)

▷ ルールを統一する、国を統一する
　　　　　とういつ　　　　くに　とういつ
(menyatukan peraturan, menyatukan negara／စည်းကမ်းကိုပေါင်းစည်းရန်၊ တိုင်းပြည်ကိုစည်းလုံးညီညွတ်စေရန်／pag-isahin ang mga patakaran, pag-isahin ang bansa)

□ 登場（する）
とうじょう
(muncul／စင်ပေါ်တက်ခြင်း／lumabas)

▶ この映画では、かわいい動物がたくさん登場します。
　　えいが　　　　　　　　　どうぶつ　　　　　　　とうじょう
(Banyak haiwan comel muncul dalam filem ini.／ဒီရုပ်ရှင်မှာချစ်စရာကောင်းတဲ့ တိရစ္ဆာန်တွေအများကြီး နေရာပေးသည်။／Maraming cute na hayop ang lumabas sa pelikulang ito.)

▷ 登場人物　(watak／ဇာတ်ကောင်များ／tauhan)
とうじょうじんぶつ

□ 当選（する）
とうせん
(dipilih／ရွေးကောက်ခံရခြင်း／mahalal, manalo sa eleksiyon)　対 落選（する）
らくせん

□ 等分（する）
とうぶん
(membahagi dengan sama rata／အညီအမျှခွဲဝေခြင်း／hatiin nang pantay-pantay)

▶ ケーキを6等分した。
　　　　　　とうぶん
(Kek dibahagikan kepada 6 bahagian yang sama.／ကိတ်မုန့်ကို 6 စိတ်တွဲခွဲသည်။／Hinati ang keyk sa 6 na pantay-pantay na bahagi..)

□ 得（する）
とく
(beruntung／အကျိုးအမြတ်／magtipid, magtamo)

▶ こっちの店のほうが200円得だ。
　　　　　　みせ　　　　　　　　　　えんとく
(Kedai ini lebih murah 200 yen.／ဒီဘက်ဆိုင်ကယန် ၂၀၀ မြတ်သည်။／Mas mura ng 200 yen sa tindahang ito.)

□ 対 損（する）
そん
(berugi／နစ်နာမှု အရှုံး／malugi, mawalan)

▶ これを知らないと損するよ。
　　　　　　し　　　　　　そん
(Kamu akan rugi jika tidak mengetahui perkara ini.／ဒီဟာကိုမသိလျှင် အရှုံးပဲနော်။／Malulugi ka kung hindi mo ito alam.)

□ 特定（する）
とくてい
(mengenal pasti／သတ်မှတ်ခြင်း／tukuyin, tiyakin)

▶ 火事の原因はまだ特定できていない。
　　かじ　げんいん　　　　とくてい
(Punca kebakaran belum dapat dikenal pasti.／မီးလောင်သောအကြောင်းအရင်းကိုမဖော်ထုတ်နိုင်သေးဘူး။／Hindi pa matukoy ang pinagmulan ng sunog.)

□ 独立（する）
どくりつ
(berdikari／ကိုယ့်ခြေထောက်ကိုယ်ရပ်တည်ခြင်း／magsarili)

▶ 独立して、自分の店を持ちたい。
　どくりつ　　　じぶん　みせ　も
(Saya ingin berdikari dan memiliki kedai sendiri.／ကိုယ့်အားကိုယ် ကိုးပြီး ကိုယ်ပိုင် ဆိုင်ရှိချင်တယ်။／Gusto kong magsarili at magkaroon ng sarili kong tindahan.)

□ 入場（する）
にゅうじょう
(memasuki／ဝင်ခွင့်ခြင်း／နေရာယူခြင်း／pumasok)

▶ これから選手たちが入場します。　対 退場（する）
　　　　せんしゅ　　　　にゅうじょう　　　　　　たいじょう
(Pemain-pemain akan memasuki gelanggang mulai sekarang.／ယခုကစပြီး လက်ရွေးစင်အားကစားသမားများကနေရာယူကြမည်။／Papasok na ang mga manlalaro mula ngayon.)

□ 熱中（する）
ねっちゅう
(menjadi asyik／အာရုံစိုက်ခြင်း／mawili nang husto)

▷ ゲームに熱中する
　　　　　　ねっちゅう
(menjadi asyik dalam permainan／ဂိမ်းတွင်အာရုံစိုက်သည်။／mawili nang husto sa game)

□ 廃棄（する）
はいき
(membuang／စွန့်ပစ်ခြင်း／magtapon)

▷ ごみを廃棄する
　　　　　はいき
(membuang sampah／အမှိုက်ကိုစွန့်ပစ်သည်။／magtapon ng basura)

□ **配布(する)** はいふ
(mengedarkan／ဖြန့်ဖြူးခြင်း၊ ဝေငှခြင်း／mamahagi, mamigay)

▷ 資料を配布する、チラシを配布する　同 配る
（しりょう はいふ　はいふ　くば）
(mengedarkan dokumen, mengedarkan risalah／အချက်အလက်ကိုဝေငှသည်၊ လက်ကမ်းစာစောင်ကိုဖြန့်ဝေသည်။／mamahagi ng mga materyales, mamahagi ng mga leaflet)

□ **発見(する)** はっけん
(menemui／စတင်တွေ့ရှိခြင်း၊ ရှာတွေ့ခြင်း／matuklasan)

□ **発達(する)** はったつ
(mengembangkan／ထွန်းကားခြင်း၊ ဖွံ့ဖြိုးတိုးတက်ခြင်း／magpaunlad, magpasulong)

▷ 産業の発達、発達した高気圧
（さんぎょう はったつ　はったつ　こうきあつ）
(perkembangan industri, peningkatan tekanan tinggi atmosfera／စက်မှုထွန်းကားခြင်း၊ မြင့်မားသောလေဖိအားရပ်ဝန်း／magpaunlad ng industriya, nabuong high atmospheric pressure)

□ **発展(する)** はってん
(membangunkan／ဖွံ့ဖြိုးမှု၊ တိုးတက်မှု／magpaunlad, magpasulong)

▷ 経済の発展、会社の発展
（けいざい はってん　かいしゃ はってん）
(pembangunan ekonomi, pembangunan syarikat／စီးပွားရေးရဲ့ဖွံ့ဖြိုးတိုးတက်မှု၊ ကုမ္ပဏီရဲ့တိုးတက်မှု／pagsulong ng ekonomiya, pag-unlad ng kompanya)

□ **反映(する)** はんえい
(mencerminkan／ရောင်ပြန်ဟပ်ခြင်း／maipakita, mailarawan)

▶ 消費者の意見を反映させて、形を少し変えた。
（しょうひしゃ　いけん　はんえい　かたち　すこ　か）
(Kami mengubah bentuk produk sedikit untuk mencerminkan pendapat pengguna.／စားသုံးသူရဲ့ထင်မြင်ချက်ကိုထင်ဟပ်စေရန်ပုံစံအနည်းငယ်ပြောင်းလဲခဲ့သည်။／Medyo binago namin nang kaunti ang hugis, para maipakita ang opinyon ng mga mamimili.)

□ **判断(する)** はんだん
(menilai, membuat keputusan／တွေးတောဆုံးဖြတ်ခြင်း／magpasya, magdesisyon)

▷ 正しい判断、判断を誤る
（ただ　はんだん　はんだん　あやま）
(pemutusan yang betul, penilaian yang salah／မှန်ကန်သောဆုံးဖြတ်ချက်၊ ဆုံးဖြတ်ချက်မှားယွင်းသည်။／tamang desisyon, magkamali ng desisyon)

□ **比較(する)** ひかく
(membandingkan／နှိုင်းယှဉ်ခြင်း／magkompara, maghambing)　同 比べる（くら）

□ **複写(する)** ふくしゃ
(menyalin／ကူးယူခြင်း၊ မိတ္တူကူးခြင်း／gumawa ng kopya)　※硬い言い方（かた い かた）　同 コピー(する)

□ **負担(する)** ふたん
(menanggung／အကုန်ကျခံခြင်း၊ ဝန်ထုပ်ဝန်ပိုး／magpasan, bayaran)

▶ 送料は買う側が負担することになる。
（そうりょう　か　がわ　ふたん）
(Kos penghantaran akan ditanggung oleh pembeli.／ပို့ဆောင်ခကိုဝယ်သူဘက်မှကျခံရပါမည်။／Babayaran ng taong bumili ang bayad sa pagpapadala.)

▷ 税金の負担、負担を軽くする
（ぜいきん　ふたん　ふたん　かる）
(beban cukai, meringankan beban／အခွန်ဝန်ထုပ်ဝန်ပိုး၊ ဝန်ထုပ်ဝန်ပိုးပေါ့စေသည်။／bayaran ang tax, pagaanin ang pasanin)

□ **変化(する)** へんか
(berubah／အပြောင်းအလဲ／magbago)

▷ ボールが変化する、気温が変化する
（へんか　きおん へんか）
(perubahan bola, perubahan suhu／ဘောလုံးအပြောင်းအလဲ၊ အပူချိန်အပြောင်းအလဲ။／magbago ang bola, magbago ang temperatura)

□ **変換(する)** へんかん
(menukar／ပြောင်းလဲသည်။／mag-convert)

▷ かなを漢字に変換する
（かんじ　へんかん）
(menukar Kana ke Kanji／ခနကိုခန်းဂျီးသို့ပြောင်းသည်။／mag-convert ng Kana sa Kanji)

□ **返却(する)** へんきゃく
(mengembalikan／ပြန်ပေးခြင်း၊ ပြန်အပ်ခြင်း／magsauli, magbalik)

▷ 〈図書館などで〉返却期限
（としょかん　へんきゃく きげん）
(<Di perpustakaan dll> Tarikh pengembalian／< စာကြည့်တိုက် စသည်တို့တွင် > ပြန်အပ်ရမည့်ရက်။／(Sa laybrari at iba pa) deadline sa pagsasauli)

□ **変更(する)** へんこう
(mengubah／ပြောင်းလဲမှု／magbago)

▷ 予定を変更する
（よてい　へんこう）
(mengubah rancangan／အစီအစဉ်ကိုပြောင်းလဲသည်။／magbago ng iskedyul)

□ 防止（する）
ぼうし
（menghalangi, mencegah／အတားအဆီး ကာကွယ်ခြင်း／iwasan, pigilan）

▷ 事故を防止する、感染を防止する
じこ　ぼうし　　かんせん　ぼうし
（mencegah kemalangan, mencegah jangkitan／မတော်တဆမှုကို ကာကွယ်သည်။ ရောဂါကူးစက်ခြင်းကိုကာကွယ်သည်။／iwasan ang aksidente, pigilan ang impeksiyon）

□ 包装（する）
ほうそう
（membungkus／အထုပ်အပိုး／balutin）

▶ 割れやすいので、丁寧に包装してください。
わ　　　　　　　　　ていねい　ほうそう
（Barang ini senang pecah, sila bungkus dengan hati-hati.／ကွဲလွယ်သောကြောင့် ဂရုတစိုက်ထုပ်ပိုးပါ။／Madali pong mabasag iyan, kaya pakibalot po nang mabuti.）

□ マッサージ（する）
（mengurut／နှိပ်နယ်ပေးသည်။／magmasahe）

□ 無視（する）
むし
（mengabaikan／လျစ်လျူရှုခြင်း／huwag pansinin）

▶ 今朝、彼女に挨拶したけど、無視された。
けさ　かのじょ　あいさつ
（Saya menyapa dia pagi ini, tetapi dia tidak menghiraukan saya.／ဒီမနက်သူ့ကိုနှုတ်ဆက်ခဲ့ပေမယ့် လျစ်လျူရှုခံခဲ့ရသည်။／Kaninang umaga, binati ko siya, pero hindi niya ako pinansin.）

▷ 信号無視（melanggar lampu isyarat／မီးပွိုင့်ကို လျစ်လျူရှုသည်။／hindi pagpansin sa traffic light）
しんごう　むし

□ 矛盾（する）
むじゅん
（bercanggahan, bertentangan／အဆီအဆေါင်မတည့်ခြင်း／kumontra, sumalungat）

▶ 犯人が話すことは矛盾だらけだった。
はんにん　はな　　　　　　むじゅん
（Apa yang dikatakan oleh penjenayah itu penuh dengan percanggahan.／တရားခံက စကားကို အဆီအဆောင်မတည့်တာတွေချည်း ပြောခဲ့သည်။／Puro kontradiksiyon ang sinabi ng kriminal.）

□ 優先（する）
ゆうせん
（mengutamakan／ဦးစားပေးခြင်း／unahin）

▷ 安全を優先する、家族を優先する
あんぜん　ゆうせん　　　かぞく　ゆうせん
（utamakan keselamatan, utamakan keluarga／လုံခြုံရေးကိုဦးစားပေးသည်။ မိသားစုကိုဦးစားပေးသည်။／unahin ang kaligtasan, unahin ang pamilya）

□ ゆっくり（する）
（(meluangkan masa untuk) berehat／တဖြည်းဖြည်း／magdahan-dahan）

▶ お茶でも飲んで、ゆっくりしていったら？
ちゃ　　　の
（Minum teh dan berehat sebelum bertolak, jom?／လက်ဖက်ရည်ဖြစ်ဖြစ်သောက်ပြီး အေးအေးဆေးဆေး လုပ်ရင်ရော။／Bakit hindi ka muna uminom ng tsaa at magrelaks?）

□ 要求（する）
ようきゅう
（meminta／တောင်းဆိုချက်／magdemand）

▶ 彼らはA社に対して謝罪を要求した。
かれ　　　　しゃ　たい　　しゃざい　ようきゅう
（Mereka meminta syarikat A meminta maaf.／သူတို့ A ကမ္ပဏီအနေဖြင့် တောင်းပန်တာကို တောင်းဆိုခဲ့သည်။／Nagdemand sila sa Company A na humingi ng tawad.）

□ 予期（する）
よき
（menjangka／ကြိုတင်မှန်းဆချက်／asahan）

▶ あと少しで終わるというところで、予期せぬ問題が起きた。
すこ　　お　　　　　　　　　　　　　　よき　　もんだい　お
（Masalah yang tidak dijangka menimbul ketika acara hampir berakhir.／နောက်နည်းနည်းလေးဆို ပြီးပြီလို့ပြောခါခါ့တွင် မမျှော်လင့်ထားသောပြဿနာဖြစ်ပွားခဲ့သည်။／Isang hindi inaasahang problema ang lumitaw, noong malapit ng matapos ito.）

□ 予想（する）
よそう
（meramal／ကြိုတင်ခန့်မှန်းချက်／hulaan）

▷ 勝敗を予想する、予想どおりの結果
しょうはい　よそう　　　よそう　　　　けっか
（meramalkan kemenangan atau kekalahan, keputusan yang seperti diramal／အနိုင် အရှုံးကို ကြိုတင်ခန့်မှန်းခြင်း။ ကြိုတင်ခန့်မှန်းချက်အတိုင်းရဲ့ရလဒ်／hulaan ang panalo o pagkatalo, tulad ng inaasahang resulta）

□ 予防（する）
よぼう
（mencegah terlebih dahulu／ကြိုတင်ကာကွယ်မှု／iwasan）

▷ 風邪を予防する、予防注射
かぜ　よぼう　　　よぼうちゅうしゃ
（mencegah selsema, suntukan vaksin／အအေးမိခြင်းကို ကြိုတင်ကာကွယ်ခြင်း။ ကာကွယ်ဆေးထိုးခြင်း။／iwasan ang sipon, pagbabakuna）

□ 了解（する）
りょうかい
（memahami／သဘောပေါက်ခြင်း／maintindihan）

▶「では、受付の前で会いましょう」「了解しました」
うけつけ　まえ　あ　　　　　　　　　りょうかい
（"Mari kita berjumpa di kaunter depan." "Baik."／[ဒါဆိုရင် ရှေ့ပိုင့်ကောင်တာရှေ့ မှာတွေ့ရအောင်။]「နားလည်ပါပြီ။」／"Sige, magkita tayo sa harap ng reception." "O, sige."）

278

する（動詞）11

名詞 12

形容詞 13

副詞 14

接続詞 15

ぎおん語ぎたい語 16

カタカナ語 17

文型 18

12 名詞
めいし

(Kata nama／နာမ်／Mga Noun)

□ **悪魔**
あくま
(syaitan／မကောင်းဆိုးဝါး／demonyo)

□ **当たり前**
あ　まえ
▶ 冬なんだから、寒い日が多いのは当たり前です。
ふゆ　　　　　　　　さむ　ひ　おお　　　　　　あ　まえ
(wajar, sudah tentu／
အဆန်းမဟုတ်ခြင်းသဘာဝ／natural)
(Sekarang adalah musim sejuk, sudah tentu bersuhu rendah.／ဆောင်းရာသီမို့ အေးတဲ့နေ့များကတော့ သဘာဝပြစ်သည်။
／Natural lang na maraming malamig na araw, dahil winter.)

□ **あと**
▶ これは手術のあとです。
しゅじゅつ
(tanda, parut／နောက်／peklat)
(Ini adalah parut selepas pembedahan.／ဒီဟာက ခွဲစိတ်ကုသမှုခံယူပြီးနောက်ဖြစ်သည်။／Peklat ito ng operasyon.)

□ **一種**
いっしゅ
▶ こういうのも一種の犯罪だと思う。
いっしゅ　はんざい　　　おも
(sejenis／
တစ်မျိုး၊ အမျိုးအစား၊ တစ်မျိုးစား／isang
klase)
(Saya rasa ini juga sejenis jenayah.／ဒီလိုပြောတာလည်းပဲ ပြစ်မှုတစ်မျိုးလို့ထင်တယ်။／Isang klase rin
ng krimen ang tulad nito.)

▷ 感情表現の一種
かんじょうひょうげん　いっしゅ
(satu cara untuk meluahkan emosi／စိတ်ခံစားမှုဖော်ပြတဲ့အမျိုးအစား／isang klase ng
pagpapahayag ng emosyon)

□ **衛生**
えいせい
▷ 衛生管理、衛生的（な）
えいせいかんり　えいせいてき
(kebersihan／သန့်ရှင်းမှု ဆောင်ကာကွယ်ပေးခြင်း။
ကျန်းမာရေးသိစ်ခြင်း／kalinisan)
(pengurusan kebersihan, (yang) bersih／သန့်ရှင်းမှုကြီးကြပ်မတ်ခြင်း။ ကျန်းမာရေးနှင့်ညီညွတ်သော။
／pamamahala ng kalinisan, malinis)

□ **各々**
おのおの
▶ 各々一つずつ取ってください。
おのおの　　ひと　　と
(masing-masing, setiap／အသီးသီး／
bawat isa)
(Sila ambil satu masing-masing.／အသီးသီးတစ်ခုစီယူပါ။／Kumuha kayo ng isa, ng bawat isa.)

▷ 各々の役割　(peranan setiap orang／အသီးသီးရဲ့လုပ်ငန်းတာဝန်／tungkulin ng bawat isa)
おのおの　やくわり

□ **覚え**
おぼ
▶ 子供は覚えがいいなあ。
こども　おぼ
(ingatan／မှတ်မိခြင်း／memorya)
(Kanak-kanak mempunyai daya ingatan yang baik.／ကလေးတွေက မှတ်ဉာဏ်ကောင်းတယ်နော်<မှတ်ဉာဏ်များ> ／ Magaling ang memorya ng mga bata.)

▶ そんなことを約束した覚えはない。
やくそく　　　おぼ
(Saya tidak ingat membuat janji seperti itu.／ဒီလိုအရာကို ကတိပေးခဲ့တာ မမှတ်မိဘူး။ <မှတ်မိခြင်း> ／
Hindi ko natatandaang nangako ako niyan.)

□ **恩恵**
おんけい
▶ この辺りは、昔から豊かな水の恩恵を受けてきた。
あた　　　むかし　　ゆた　　みず　おんけい　う
(berkat／အကျိုးကျေးဇူး／
pakinabang)
(Kawasan ini telah lama menikmati berkat sumber air yang kaya.／ကျွန်ုပ်တို့သည် ရေကောင်းသည်ကရေပေါများသည့် အကျိုးကျေးဇူးကို ခံစားခဲ့ရသည်။／
Nakikinabang ang lugar na ito sa masaganang tubig mula noon.)

□ **革命**
かくめい
(revolusi／တော်လှန်ရေး／rebolusyon)

□ **陰**
かげ
▶ 陰で人の悪口を言うのはよくない。
かげ　ひと　わるぐち　い
(belakang／နောက်ခံ၊ နောက်ကွယ်／
anino)
(Adalah tidak baik untuk mengatakan perkara buruk di belakang orang.／နောက်ကွယ်မှာတစ်ခြားလူရဲ့အထင်ပြောပြောတာ မကောင်းဘူးနော်။
／Hindi magandang magsalita nang masama tungkol sa iba sa likuran nila.)

▶ いつも陰で妻が支えてくれました。
かげ　つま　ささ
(Isteri selalu menyokong saya di belakang saya.／အမြဲတမ်းနောက်ကွယ်ကနေမိန်းမက ထောက်ပံပေးခဲ့တယ်။
／ Lagi akong sinusuportahan ng asawa ko behind the scenes.)

□ 活気
かっ き
(kesibukan, kemeriahan／
သက်ဝင်လှုပ်ရှားမှု／buhay, sigla)

▶ 駅前にデパートができて、町に活気が出てきた。
えきまえ　　　　　　　　　　　　まち　かっ き　で

(Sebuah pusat membeli-belah dibuka di hadapan stesen, dan bandar menjadi meriah.／
ဘူတာရုံရှေ့မှာကုန်တိုက်ပေါ်လာပြီး၊ မြို့ကသက်ဝင်လှုပ်ရှားလာခဲ့သည်။／Buhay na buhay ang bayan
noong binuksan ang department store sa harap ang istasyon.)

□ 活力
かつりょく
(daya hidup／ခွန်အား／sigla)

▶ 子供たちの笑顔が、町の活力になっている。
こども　　　　えがお　　　まち　かつりょく

(Senyuman kanak-kanak memberi tenaga dan keceriaan kepada bandar.／ကလေးတွေရဲ့အပြုံးက မြို့ရဲ့ခွန်အားဖြစ်လာနေသည်။
／Ang ngiti ng mga bata ang nagbibigay ng sigla sa bayan.)

□ 過程
か てい
(proses／လုပ်နည်းလုပ်ဟန်၊ ဖြစ်စဉ်／
proseso)

▶ 結果だけでなく、それまでの過程も重要です。
けっか　　　　　　　　　　　　　　か てい　じゅうよう

(Bukan sahaja hasilnya, tetapi proses sebelum itu juga sangat penting.／
အကျိုးရလဒ်ချည်းမဟုတ်ဘဲ အဲဒီအထိရဲ့ ဖြစ်စဉ်လည်းပဲအရေးကြီးပါသည်။／Hindi lang ang resulta, pero ang
proseso rin na naging daan nito ay mahalaga.)

**音声
DL
106**

□ 勘
かん
(rasa／ဖြတ်ထိုးဉာဏ်／intuition)

▶ 「私がここにいるのがよくわかったね」「うん、何となく勘で」
わたし　　　　　　　　　　　　　　　　　　　なん　　　　かん

("Bagaimana kamu tahu saya berada di sini?" "Entah bagaimana, mungkin rasa."／
[ကျွန်တော်ဒီမှာရှိနေမယ်ဆိုတာ ကောင်းကောင်း သေတာပေါက်ခဲ့တယ်နော်။] [အင်း ဘိုတိုင်းလေးပဲ။]／"Alam
mong narito ako, ano?" "Oo, intuition lang.")

□ 感覚
かんかく
(perasaan／ထိတွေ့ခံစားမှု／
pakiramdam)

▶ 寒くて、指の感覚がなくなってきた。
さむ　　　ゆび　かんかく

(Saya tidak dapat merasakan jari saya kerana sejuk.／ချမ်းအေးလို့လက်တွေ့ထုံလာခဲ့သည်။／
Malamig at nawalan ng pakiramdam ang mga daliri ko.)

▶ これは主婦の感覚から生まれた商品です。
しゅふ　かんかく　　　う　　　　しょうひん

(Ini adalah produk yang lahir dari kepekaan suri rumah tangga.／ဒီဟာသည်အိမ်ရှင်မရဲ့ခံစားမှုကနေမွေးဖွားခဲ့သည် ကုန်ပစ္စည်းဖြစ်သည်။
／Ito ang produktong ginawa galing sa kaisipan ng isang maybahay.)

□ 間接
かんせつ
(tidak langsung／
သွယ်ဝိုက်ခြင်း၊ တစ်ဆင့်ငင်းခြင်း／indirect)

▷ 間接税 (cukai tidak langsung／သွယ်ဝိုက်အခွန်／indirect tax)　　**対** 直接
かんせつぜい　　　　　　　　　　　　　　　　　　　　　　　　ちょくせつ

□ 間接的（な）
かんせつてき

(secara tidak langsung／တိုက်ရိုက်မဟုတ်သော／indirect)

□ 機関
き かん
(organisasi／အဖွဲ့အစည်း／
organisasyon)

▶ 大きなイベントなので、さまざまな機関の協力が必要です。
おお　　　　　　　　　　　　　　　　　　　き かん　きょうりょく　ひつよう

(Ini adalah acara besar, kami memerlukan kerjasama pelbagai organisasi.／
ပွဲကြီးဖြစ်လို့ အမျိုးမျိုးသောအဖွဲ့အစည်းရဲ့ ပူးပေါင်းပါဝင်မှုက လိုအပ်ပါတယ်။／Napakalaking event ito,
kaya kailangan ang kooperasyon ng iba't ibang organisasyon.)

□ 疑問
ぎ もん
(keraguan／သံသယ／duda,
alinlangan)

▷ 疑問に感じる、疑問を抱く
ぎ もん　かん　　　ぎ もん　いだ

(menjadi ragu, mempunyai keraguan／သံသယကိုခံစားသည်၊ သံသယကိုမွေးပိုက်သည်။／magduda,
may duda)

□ 具体性
ぐ たいせい
(kekhususan／ခိုင်လုံသော／pagiging
konkreto)

▶ 彼の話は具体性に欠ける。
かれ　はなし　ぐ たいせい　か

(Ceritanya kekurangan kekhususan.／သူ့ရဲ့စကားသည်ခိုင်လုံမှုမရှိပါ။／Kulang sa konkretong
detalye ang kuwento niya.)

□ 組/組み
くみ く
(kumpulan／အဖွဲ့／grupo)

▶ 四人一組でグループを作ってください。
よにんひとくみ　　　　　　　　　　つく

(Sila bentukkan kumpulan, empat orang sekumpulan.／လေးယောက်တစ်ဖွဲ့အုပ်စုကိုဖွဲ့။／
Gumawa kayo ng mga grupong may apat na tao sa bawat grupo.)

280

する〔動詞〕 11

名詞 12

形容詞 13

副詞 14

接続詞 15

ぎおん語・ぎたい語 16

カタカナ語 17

文型 18

☐ **契機**
けいき
(peluang, momentum／
အကြောင်းရင်း၊ လမ်းစ။／ pagkakataon,
oportunidad)

▶ この事故を契機に、安全基準が見直されることになった。
このじこ　けいき　　あんぜんきじゅん　みなお
(Dengan kemalangan ini sebagai momentum, standard keselamatan dikaji semula.／
ဒီမော်တော်ဆုံမှုအကြောင်းရင်းမှ ဘေးကင်း လုံခြုံမှု စံညွှန်းကိုပြန်လည်သုံးသပ်ခဲ့သည်။／ Dahil sa
aksidenteng ito, susuriing muli ang mga pamantayan ng kaligtasan.)

☐ **傾向**
けいこう
(kecenderungan／ထွေးချေးသောလက္ခဏာ၊
အလားအလာ／ tendency)

▶ 徐々に回復の傾向が見られる。
じょじょ　かいふく　けいこう　み
(Secara beransur-ansur, kecenderungan pemulihan dapat diperhatikan.／ တစ်ဖြည်းဖြည်းချင်းပြန်လည်နလန်ထူလာတဲ့ အလားအလာကိုမြင်ရသည်။／
Nakikita ang unti-unting tendency ng recovery.)

☐ **結論**
けつろん
(kesimpulan／နိဂုံး／ konklusyon)

▶ 結論はまだ出ていない。
けつろん　　　で
(Masih belum mencapai kesimpulan.／နိဂုံးကမထွက်သေးဘူး။／ Hindi pa lumalabas ang konklusyon.)

☐ **現実**
げんじつ
(realiti／လက်တွေ့ဘဝ၊
လက်ရှိအခြေအနေ／ katotohanan)

▶ 理想と現実は違う。
りそう　げんじつ　ちが
(Ideal dan realiti adalah berbeza.／စိတ်ကူးမျှော်လင့်ချက်နဲ့ လက်တွေ့ဘဝက ကွာခြားသည်။／ Magkaiba
ang ideal at katotohanan.)

☐ **現実的（な）**
げんじつてき
(realistik／လက်တွေ့ဘဝနှင့်လိုက်လျောသော／ makatotohanan)

☐ **現状**
げんじょう
(keadaan semasa／လက်ရှိအခြေအနေ
／ kasalukuyang kalagayan)

▶ 「実現できそうですか」「現状では何とも言えません」
じつげん　　　　　　げんじょう　なん　い
("Adakah ia dapat dicapai?" "Saya tidak dapat mengatakan apa-apa buat masa ini."／
[အကောင်အထည်ပေါ်လာပြီလား။] [လက်ရှိ အခြေအနေ မှာ ဘာမှလည်ပဲ မပြောနိုင်သေးဘူး။]／ "Posible
kaya ito?" "Hindi ko masasabi sa ngayon.")

☐ **光景**
こうけい
(pemandangan／မြင်ကွင်း／ tanawin)

▶ 小さい頃に家族と見たお祭りの光景は、今でもよく覚えています。
ちい　ころ　かぞくみ　　まつ　　こうけい　いま　　おぼ
(Saya masih ingat pemandangan festival yang saya lihat bersama keluarga ketika masih kecil.／
ငယ်ငယ်တုန်းကမိသားစုနဲ့ကြည့်ခဲ့တဲ့ပွဲတော်ရဲ့ မြင်ကွင်းကအခုထိကောင်းကောင်းမှတ်မိနေသည်။／ Natatandaan ko pa
hanggang ngayon ang mga tanawing nakita ko sa piyesta kasama ng mga magulang ko, noong maliit ako.)

☐ **光線**
こうせん
(sinaran cahaya／ရောင်ခြည်／ sinag)

☐ **構造**
こうぞう
(struktur／ဖွဲ့စည်းပုံ／ istraktura)

▶ このビルは構造がしっかりしている。
こうぞう
(Bangunan ini mempunyai struktur yang kukuh.／ဒီအဆောက်အဦးသည် ဖွဲ့စည်းပုံကိုသေသေချာချာ လုပ်နေသည်။
／ Matatag ang istraktura ng bilding na ito.)

☐ **合同**
ごうどう
(bersama／ပူးပေါင်းမှု ထပ်တူညီခြင်း။／
pinagsama)

▶ 合同で調査する、合同チーム
ごうどう　ちょうさ　　ごうどう
(penyiasatan bersama, pasukan bersama／ပူးပေါင်းပြီးစုံစမ်းစစ်ဆေးမှုလုပ်သည်၊ ပေါင်းစပ်အဖွဲ့။／
magkasamang gumawa ng survey, pinagsamang team)

☐ **候補**
こうほ
(calon／ရွေးချယ်ရန်လင့်တော်သည့်နေရာ၊
လူ၊ ပစ္စည်း။／ kandidato)

▷ 会場の候補、候補者
かいじょう　こうほ　　こうほしゃ
(calon tempat, calon／စုဝေးရန်နေရာ၊ ရွေးချယ်ရန်လင့်တော်သည့်လူ။／ mga kandidato sa lugar,
kandidato)

☐ **項目**
こうもく
(item, perkara／
ခေါင်းစဉ်၊ အကြောင်းအရာ／ item)

▷ 検査項目、取り上げる項目
けんさこうもく　と　あ　こうもく
(item pemeriksaan, isu-isu yang perlu dibangkitkan／စစ်ဆေးစမ်းသပ်မှုအကြောင်းအရာ၊ တင်ပြသည့်ခေါင်းစဉ်။／
／ item ng pag-iinspeksyon, mga item na pag-uusapan)

☐ **こつ／コツ**
▷ 金儲けのこつ、こつをつかむ
かねもう
(taktik, kemahiran／အရေးကြီးသောအချက်၊
လုပ်ပုံလုပ်နည်း။／ abilidad)
(taktik menjana wang, menguasai kemahiran／ပိုက်ဆံရှာနည်း။ လုပ်ပုံလုပ်နည်း။／ abilidad kumita
ng pera, masanay)

☐ **再開発**
さいかいはつ
(pembangunan semula／
ြြန်လည်ဖွံ့ြြိုးရေး／muling pag-unlad)

▷ 駅前の再開発計画
えきまえ さいかいはつけいかく
(pelan pembangunan semula depan stesen／ဘူတာရဲ့ရှေ့ရဲ့ ြြန်လည်ဖွံ့ြြိုးရေးစီမံကိန်း။／plano ng muling pagpapaunlad sa harap ng istasyon)

音声
DL
107

☐ **境**
さかい
(batas／နယ်နိမိတ်／hangganan)

▶ 就職を境に会わなくなった友達が大勢います。
しゅうしょく さかい あ ともだち おおぜい
(Saya terputus hubungan dengan kawan-kawan saya sejak mula bekerja.／အလုပ်ြဝင်တဲ့အချိန် မစလုပ်ခဲ့ရတော့ သူငယ်ချင်းအများြြီးဆုံးပါပဲ။／Marami akong kaibigang hindi na nakikita, mula noong nagsimula kaming maghanap ng trabaho.)

☐ **索引**
さくいん
(indeks／အညွှန်းစဉ် အညွှန်း／index)

☐ **差し支え(ない)**
さ つか
(jika diizinkan／အဆင်မေြြရင်။／အခက်အခဲ (မရှိ)／hindi problema)

▶ 差し支えなければ、詳しいお話を伺えますか。
さ つか くわ はなし うかが
(Jika diizinkan, bolehkah anda memberitahu saya secara terperinci／အဆင်ေြြဆိုရင်အသေးစိတ်စကားကိုေြြးလို့ရမလား။／Kung hindi problema, puwede mo bang sabihin sa akin ang mga detalye?)

☐ **雑音**
ざつおん
(bunyi bising／ဆူညံသံ／ingay)

☐ **事実**
じじつ
(hakikat／အြြစ်မှန်／katotohanan)

☐ **事情**
じじょう
(keadaan／အကျိုးအေြြာင်း／sitwasyon, kondisyon)

▶ 事情が変わって、私も式に出席できるようになりました。
じじょう か わたし しき しゅっせき
(Keadaan telah berubah dan saya dapat menghadiri upacara sekarang.／အေြြအေနကေြြာင်းလဲသွားြြိုလို့ ကျွန်တော်လည်း အခမ်းအနားကို တက်ေရာက်လာနိုင်ခဲ့သည်။／Nagbago ang sitwasyon, at makakapunta na ako sa ceremony.)

☐ **姿勢**
しせい
(postur, sikap／အမူအရာ／posture)

▶ 姿勢を良くすると、だいぶ印象が変わります。
しせい い いんしょう か
(Dengan memperbaiki postur badan, imej dapat dipertingkatkan dengan ketara.／ကိုယ်ဟန်အေနအထားကိုေကာင်းေအာင်လုပ်လျ်ှ သိသိသာသာပင်ပုံရိပ်ေြြာင်းလဲနိုင်ပါသည်။／Kapag naging mas maganda ang posture mo, magbabago nang malaki ang impresyon sa iyo ng ibang tao.)

▷ 仕事に対する姿勢
しごと たい しせい
(sikap terhadap kerja／အလုပ်အေပါ်သေဘာထား။／saloobin tungkol sa trabaho)

☐ **事態**
じたい
(situasi／အေြြအေန／sitwasyon)

▷ 最悪の事態を避ける、緊急事態
さいあく じたい さ きんきゅうじたい
(mengelakkan situasi yang paling teruk, keadaan kecemasan／အဆိုးဆုံးအေြြအေနကိုတိမ်းေရှာင်သည်၊ အေရးေပါ်အေြြအေန။／iwasan ang pinakamasamang sitwasyon, emergency)

☐ **質**
しつ
(kualiti／အရည်အေသွး／quality)

▶ 練習時間は減らしましたが、その分、質を良くしました。
れんしゅうじかん へ ぶん しつ い
(Saya telah mengurangkan masa latihan saya, dan kualiti meningkat sebaliknya.／ေလ့ကျင့်ချိန်ေလျှာ့ေပမယ့်အရည်အေသွးေကာင်းလာခဲ့သည်။／Binawasan ko ang oras ng praktis ko, pero kapalit noon, napabuti ko ang quality ng praktis ko.)

☐ **実際**
じっさい
(sebenar／အမှန်တကယ်၊ လက်ေတွ၊ totoo)

▷ 実際の金額、実際の状況
じっさい きんがく じっさい じょうきょう
(harga sebenar, keadaan sebenar／အမှန်တကယ်ကျသင့်ေငွ၊ လက်ေတွ့အေြြအေန။／totoong halaga, totoong kalagayan)

☐ **実際的(な)**
じっさいてき
(praktikal／အမှန်တကယ်ေတာ့／praktikal)

☐ **実物**
じつぶつ
(barang sebenar／မျက်ြြင်ပစ္စည်း／totoong bagay)

▶ 実物は思ったより大きかった。
じつぶつ おも おお
(Saiz barang sebenar lebih besar daripada yang saya jangkakan.／တကယ့်ပစ္စည်းက ထင်ထားတာထက်ပိုြြီးခဲ့သည်။／Mas malaki ang totoong bagay kaysa sa inaasahan ko.)

▷ 実物大の銅像
じつぶつだい どうぞう
(patung gangsa berskala penuh／တကယ့်အရွယ်အစားအရဲ့ေြြးရုပ်ထု။／life-size na rebultong tanso)

□ **実用**
じつよう
(implementasi／လက်တွေ့အသုံးဝင်မှု／praktikal)

▷ 実用化、実用の段階
(implementasi, tahap praktikal／လက်တွေ့အသုံးပြုမှု၊ လက်တွေ့အသုံးပြုသော အဆင့်။／praktikal na pagpapatupad, praktikal na hakbang)

□ **実用的（な）**
じつようてき
(praktikal／လက်တွေ့ကျကျ／praktikal)

□ **実例**
じつれい
(contoh praktikal／ဥပမာ၊ နမူနာ／halimbawa)

□ **しまい**
(tamat, habis／ပြီးဆုံးသည်။／wakas)

▷ 今日の話はこれでおしまいです。
きょう　はなし
(Itu sahaja untuk hari ini.／ဒီနေ့စကားပြောတာဒီမှာပြီးပြီ။／Dito nagwawakas ang kuwento ngayon.)

□ **習慣**
しゅうかん
(tabiat／နေလေ့ထုံးစံ၊／ugali)

▷ 生活習慣
せいかつしゅうかん
(tabiat kehidupan／နေထိုင်မှုနေလေ့ထုံးစံ／lifestyle)

□ **重点**
じゅうてん
(perkara penting／အရေးကြီးသောအချက်／pokus)

▷ 苦手な数学に重点を置いて勉強した。
にがて　すうがく　じゅうてん　お　べんきょう
(Saya memberi perhatian khusus kepada matematik, subjek yang saya tidak mahir.／မကျွမ်းကျင်သောသင်္ချာကို အရေးကြီးတယ်လို့ သဘောထားပြီးလေ့လာခဲ့သည်။／Nakatuon akong nag-aral ng matematika, kung saan hindi ako mahusay.)

□ **条件**
じょうけん
(syarat／သတ်မှတ်ချက်၊ စည်းမျဉ်း／kondisyon)

▷ 取引の条件、結婚相手の条件
とりひき　じょうけん　けっこんあいて　じょうけん
(syarat perdagangan, syarat pasangan untuk berkahwin／ရောင်းဝယ်မှုစည်းမျဉ်း၊ အိမ်ထောင်ဖက်ရဲ့ သတ်မှတ်ချက်။／kondisyon sa transaksiyon, kondisyon ukol sa mapapangasawa)

□ **常識**
じょうしき
(akal budi／သာမာန်အသိပညာ／sentido kumon)

対 非常識（な）
ひじょうしき
(tidak rasional／ရိုးသားဖျောင်းမတ်သော။／walang sentido kumon)

□ **常識的（な）**
じょうしきてき
(masuk akal／သာမာန်အသိပညာဖြစ်သော／makatuwiran)

▷ 常識的な金額だと思う。
じょうしきてき　きんがく　おも
(Saya rasa ini adalah jumlah (wang) yang munasabah.／သင့်တင့်လျောက်ပတ်သောငွေပမာဏလို့ထင်သည်။／Sa palagay ko, makatuwiring halaga iyan.)

□ **しわ**
(kedutan／အရေးတွန့်ခြင်း၊／lukot, gusot)

▷ ズボンがしわだらけだ。
(Seluar penuh dengan kedutan.／ဘောင်းဘီက အရေးတွန့်တွေနဲ့ပဲ။／Lukut-lukot ang pantalon mo.)

□ **芯**
しん
(teras／အနှစ်／gitna, core)

▷ シャーペンの芯、パイナップルの芯
しん　しん
(grafit pensel mekanikal, empulur nanas／ခဲဆံ၊ နာနတ်သီးအူတိုင်။／mechanical pencil, gitna ng pinya)

□ **心理**
しんり
(mental／စိတ်နေစိတ်ထား／pag-iisip)

▷ 私は女だから、男性の心理はよくわからない。
わたし　おんな　だんせい　しんり
(Saya seorang perempuan, maka saya tidak begitu memahami mental lelaki.／ကျွန်မဟာမိန်းကလေးမို့လို့ အမျိုးသားတွေရဲ့ စိတ်နေစိတ်ထားကို ကောင်းကောင်း နားမလည်ဘူး။／Babae kasi ako, kaya hindi ko naiintindihan ang pag-iisip ng mga lalaki.)

□ **心理的（な）**
しんりてき
(psikologi／စိတ်ပညာနဲ့ဆိုင်သော／psychological)

▷ 心理的なストレス
しんりてき
(tekanan psikologi／စိတ်ပညာနဲ့ဆိုင်သော စိတ်ဖိစီးမှု။／psychological na stress)

□ **水分**
すいぶん
(air／ရေငွေ့ဓာတ်၊ ရေပါဝင်ခြင်း။／tubig)

▷ 夏は多めに水分をとったほうがいい。
なつ　おお　すいぶん
(Kamu mesti minum lebih banyak air pada musim panas.／နွေရာသီမှာရေဓာတ်များများယူတာပိုကောင်းသည်။／Mabuting uminom ng maraming tubig kapag summer.)

□ 鈴
すず
(loceng／ချို／bell)

□ 正義
せい ぎ
(keadilan／တရားလမ်းမှန်ခြင်း／hustisya)

□ 性質
せいしつ
(sifat／ပင်ကိုယ်စရိုက်၊ ဂုဏ်သတ္တိ／katangian)

▷ 溶けにくい性質
と　　　　　　せいしつ
(sifat sukar larut／အရည်ပျော်ရန်ခက်ခဲသောဂုဏ်သတ္တိ။／katangiang mahirap na matunaw)

□ 性能
せいのう
(prestasi／စွမ်းရည်／kakayahan)

▶ これまでの製品と比べ、かなり性能がよくなった。
せいひん　くら　　　　　　　　せいのう
(Berbanding dengan produk sebelumnya, prestasi produk ini telah bertambah baik.／ယခင်ထုတ်ကုန်တွေနဲ့နှိုင်းယှဉ်ရင် တော်တော် အရည်အသွေးကောင်းလာခဲ့သည်။／Kung ihahambing sa mga dating produkto, naging napakahusay ng kakayahan nito.)

□ 善
ぜん
(baik／ကောင်းခြင်း／mabuti)

□ 対 悪
あく
(jahat／ပြောင်းပြန် : မကောင်းခြင်း／masama)

□ 相互
そう ご
(saling／အချင်းချင်း／mutual)

▷ 相互の信頼関係、相互に協力し合う
そう ご　しんらいかんけい　そう ご　きょうりょく　あ
(saling percaya, bekerjasama antara satu sama lain／အချင်းချင်းယုံကြည်အားထားးပက်သက်မှု။ အချင်းချင်းကူညီ့ရိုင်းပင်းမှု။／mutual trust, magtulungan)

□ 同 互い
たが
(saling／တူ : အချင်းချင်း／mutual)

□ 体系
たいけい
(sistem／စနစ်／sistema)

▷ 法律体系、体系的に学ぶ
ほうりつたいけい　たいけいてき　まな
(sistem perundangan, belajar secara sistematik／တရားဥပဒေစနစ်၊ စနစ်တကျသင်ယူသည်။／sistema ng batas, matuto nang sistematiko)

□ 段階
だんかい
(peringkat／အဆင့်／stage)

▶ まだ準備の段階です。
じゅんび　だんかい
(Masih dalam peringkat persediaan.／ပြင်ဆင်နေတုန်းအဆင့်ဖြစ်သည်။／Nasa stage pa kami na naghahanda.)

□ 短所
たんしょ
(kelemahan／အားနည်းချက်／depekto, kahinaan)

□ 対 長所
ちょうしょ
(kelebihan／ပြောင်းပြန် : အားသာချက်／kagalingan)

□ 定期
てい き
(tempoh masa yang tertentu／ကောင်းကွက်၊ ကောင်းသောအချိန်／regular)

▷ 定期点検、定期券
てい きてんけん　てい きけん
(pemeriksaan berkala, pas komuter／ကောင်းသောအချက်စစ်ဆေးခြင်း။ လပေးလက်မှတ်။／regular na inspeksiyon, commuter pass)

□ 定期的（な）
てい きてき
(berkala／ပုံမှန်ဖြစ်သော／regular)

□ でこぼこ
(beralun／မညီမညာဖြစ်ခြင်း／baku-bako)

▶ 道がでこぼこしていて、運転しにくい。
みち　　　　　　　　　　　うんてん
(Jalan ini beralun, sukar untuk memandu.／လမ်းကမညီမညာဖြစ်နေပြီး ကားမောင်းရခက်သည်။／Baku-bako ang daan, kaya mahirap magmaneho.)

□ 伝記
でん き
(biografi／အတ္ထုပ္ပတ္တိ／talambuhay)

▶ 子供の頃、ヘレン・ケラーの伝記を読んで、すごく感動しました。
こども　ころ　　　　　　　　　　　　　でんき　よ　　　　　　　かんどう
(Semasa kecil, saya sangat terharu selepas membaca biografi Helen Keller.／ကလေးတုန်းက ဟယ်လင်ကယ်လာရဲ့ အတ္ထုပ္ပတ္တိကို ဖတ်ပြီးတော်တော်စိတ်လှုပ်ရှားခဲ့သည်။／Noong bata ako, binasa ko ang talambuhay ni Helen Keller at talagang na-impress ako.)

284

- □ **典型**　てんけい
(lambang／စံနမူနာ／tipikal)
▷ 無駄遣いの典型　むだづかい　てんけい
(lambang pembaziran／ဖြုန်းတီးခြင်း၏စံနမူနာ။／tipikal na pag-aaksaya)

- □ **典型的(な)**　てんけいてき
(tipikal, lazim／စံနမူနာဖြစ်သော／tipikal)
▷ 典型的なケース　てんけいてき
(kes lazim／ပုံမှန်ကိစ္စ။／tipikal na kaso)

- □ **電流**　でんりゅう
(arus elektrik／ဓာတ်စီးကြောင်း／kuryente)

- □ **動作**　どうさ
(pergerakan／အပြုအမူ／galaw)
▷ ゆっくりとした動作　どうさ
(pergerakan perlahan／နှေးကွေးသောအပြုအမူ။／mabagal na paggalaw)

- □ **同様**　どうよう
(seperti／အတူတူ၊ အလားတူ／katulad, pareho)
▶ 前回と同様、３日間の日程で行います。　ぜんかい　どうよう　かかん　にってい　おこな
(Seperti sebelum ini, acara ini akan diadakan dalam jangka masa 3 hari.／ပြီးခဲ့တဲ့အကြိမ်နဲ့အလားတူ ၃ ရက်ကြာအစီအစဉ်ဖြင့် ကျင်းပသည်။／Tulad ng dati, gagawin ito ng tatlong araw.)

- □ **毒**　どく
(racun／အဆိပ်／lason, nakakasama)
▶ 食べ過ぎは体に毒だよ。　た　す　からだ　どく
(Makan berlebihan tidak baik untuk kesihatan.／အရမ်းစားတာက ခန္ဓာကိုယ်အတွက်အဆိပ်ဖြစ်သည်။／Nakakasama sa katawan ang kumain nang sobra.)

- □ **特徴**　とくちょう
(ciri khas／ထူးခြားချက်／katangian)

- □ **図書**　としょ
(buku／စာအုပ်／libro)
▷ 参考図書　さんこうとしょ
(buku rujukan／မှီငြမ်းကိုးကားသည့်စာအုပ်။／libro, reference books)

- □ **半ば**　なか
(pertengahan／အလယ်၊ လမ်းတစ်ဝက်။／kalagitnaan)
▷ 50代半ばの女性、来週の半ば　だいなか　じょせい　らいしゅう　なか
(wanita berusia pertengahan 50-an, pertengahan minggu depan／၅၀ ~ ၅၉ နှစ်ကြားတစ်ဝက်ရဲ့အမျိုးသမီး၊ နောက်အပတ်ရဲ့အလယ်။／babaeng nasa mid-50s, kalagitnaan ng susunod na linggo)

- □ **謎**　なぞ
(misteri／ပဟေဠိ၊ သံသယဖြစ်မှု။／misteryo)
▷ 謎を解く、謎の人物　なぞ　と　なぞ　じんぶつ
(menyelesaikan misteri, orang misteri／သံသယကိုဖြေရှင်းခြင်း၊ ပဟေဠိဆန်သောလူ။／lutasin ang misteryo, misteryosong tao)

- □ **日常**　にちじょう
(seharian／နေ့စဉ်ဘဝ／araw-araw)
▷ 日常生活、日常会話　にちじょうせいかつ　にちじょうかいわ
(kehidupan seharian, perbualan seharian／နေ့စဉ်နေထိုင်မှုဘဝ၊ နေ့စဉ်သုံးစကားပြော။／araw-araw na pamumuhay, araw-araw na pag-uusap)

- □ **日常的(な)**　にちじょうてき
(harian／နေ့တိုင်း／pang-araw-araw)

- □ **人間性**　にんげんせい
(perikemanusiaan／လူ့သဘာဝ.／pagkatao)
▶ 平気でうそをつくなんて、彼の人間性を疑うよ。　へいき　かれ　にんげんせい　うたが
(Saya meragui perikemanusiaannya kerana dia berbohong tanpa rasa bersalah.／စိတ်ထဲမထားဘဲလိမ်ပြောတာက သူ့ရဲ့စရိုက်ကို သံသယဖြစ်စေသည်။／Walang problema sa kanya ang magsinungaling, kaya pagdududahan mo ang pagkatao niya.)

- □ **濃度**　のうど
(kepadatan, kepekatan／သိပ်သည်းဆ／density)

- □ **灰色**　はいいろ
(warna kelabu／မီးခိုးရောင်／gray)

□ **背景**
はいけい
(latar belakang／နောက်ခံကား၊ နောက်ခံခြင်း။／background)

▷ 背景の描き方、事件の背景
はいけい えが かた じけん はいけい
(cara melukis latar belakang, latar belakang kejadian／နောက်ခံပုံဆွဲနည်း၊ မတော်တဆမှုရဲ့နောက်ခံ။／
paano iguhit ang background, background ng pangyayari)

□ **悲劇**
ひげき
(tragedi／အလွမ်းဇာတ်／trahedya)

▶ このような悲劇はもう二度と起きてほしくない。
ひげき にど お
(Saya tidak ingin tragedi seperti itu berulang lagi.／ဒီလိုမျိုးအဖြစ်ဆိုးကို နှစ်ကြိမ်မဖြစ်စေချင်ဘူး။／
Ayaw naming mangyari uli ang ganitong trahedya.)

□ **皮肉**
ひにく
(ejekan／ခနဲ့ပြောခြင်း။／irony)

▶ 公務員は残業が少なくてうらやましいと、皮肉を言われた。
こうむいん ざんぎょう すく ひにく い
(Saya diejek orang, dikatakan bahawa mereka cemburu kerana pekerja awam tidak perlu bekerja berlebihan
dengan kerap.／အစိုးရဝန်ထမ်းသည် အချိန်ပိုအလုပ်မရှိလို့ အားကျစရာကောင်းတယ်လို့ ခနဲ့ပြောခြင်းခံရတယ်။／Dahil kaunti
lang ang overtime ng mga empleyado ng gobyerno, patuya akong sinabihang naiinggit sila sa akin.)

□ **品**
ひん
(cita rasa, maruah／ကျက်သရေ။／
quality)

▷ 品がいい／悪い、品がある／ない
ひん わる ひん
(anggun／kasar, cita rasa yang baik／buruk／ကျက်သရေကောင်းသော／ဆိုးသော၊ ကျက်သရေရှိသော／မရှိသော။
／magandang/masamang quality, may/walang dignidad)

□ **上品（な）**
じょうひん
(elegan／ကျက်သရေရှိသော၊ ယဉ်ကျေးသော／elegante)

□ 対 **下品（な）**
げ ひん
(bebal／ယုတ်ညံ့သော၊ အောက်တန်းကျသော／bulgar)

□ **付属**
ふ ぞく
(aksesori／တွဲဖက်နေခြင်း။ ကပ်ပါလာခြင်း။
တွဲ့ပါခြင်း။／nakalakip, nakaanib)

▷ 付属のケース（入れ物）、大学付属の病院 (※この場合、「附属」とも書く)
ふ ぞく い もの だいがく ふ ぞく びょういん ばあい ふ ぞく か
(peti aksesori (bekas), hospital universiti／ပူးတွဲပါအမှု (ထည့်စရာပစ္စည်း)၊ တက္ကသိုလ်နှင့်တွဲဖက်ထားသည့်ဆေးရုံ
("ဤကိစ္စတွင်လည်းပူးတွဲပါအဖြစ်ရေးသည်။")／kasamang case, ospital na nakaanib sa unibersidad)

□ **物質**
ぶっしつ
(bahan, material／ရုပ်ဝတ္ထု／sangkap,
materyal)

▷ 有害な物質、物質的な豊かさ
ゆうがい ぶっしつ ぶっしつてき ゆた
(bahan berbahaya, kekayaan material／အန္တရာယ်ဖြစ်စေသောရုပ်ဝတ္ထု၊ အန္တရာယ်နှင့်ဆက်နွယ်သောပေါကြွယ်ဝမှု။／
mapanganib na sangkap, materyal na kasaganaan)

□ **ふり**
(berpura-pura／ဟန်အမူအရာ／
pagpapanggap)

▶ 寝ているふりをして、席を譲らない人がいる。
ね せき ゆず ひと
(Sebilangan orang berpura-pura tidur dan tidak memberi tempat duduk mereka.／အိပ်ချင်ယောင်ဆောင်ပြီးထိုင်ခုံကိုမပေးတဲ့ သူရှိသည်။／
May mga taong nagpapanggap na tulog at hindi nagbibigay ng upuan.)

□ **分布**
ぶん ぷ
(distribusi／ပြန့်ကျဲခြင်း။／
pamamahagi)

▷ 植物の分布
しょくぶつ ぶん ぷ
(distribusi tumbuhan／သစ်ပင် ပန်းမန်ရဲ့ပြန့်ကျဲခြင်း။／pamamahagi ng halaman)

□ **冒険**
ぼうけん
(pengembaraan／စွန့်စားခြင်း။／pakikipagsapalaran)

□ **法則**
ほうそく
(peraturan, hukum／
ဥပဒေသ၊ နိယာမတရား။／batas)

▶ データを分析した結果、ある法則が見えてきた。
ぶんせき けっか ほうそく み
(Sebagai hasil analisis data, kami menemui satu peraturan.／အချက်အလက်တွေကိုခွဲခြမ်းစိတ်ဖြာရဲ့အဖြေအနေနဲ့ တစ်စုံတစ်ရာ ရှိနေသောဥပဒေသကို သိလာခဲ့ရည်။／
Nakita namin ang isang batas, bilang resulta ng pagsusuri ng data.)

□ **本来**
ほんらい
(asal／နဂို၊ ပင်ကိုယ်／orihinal, sa
simula)

▶ 本来なら社長が挨拶に行くべきところ、私が代わりに行きました。
ほんらい しゃちょう あいさつ い わたし か い
(Pengerusi sepatutnya datang untuk memberikan penghormatan, tetapi saya menggantikannya.
／ပုံမှန်ဆိုရင်သူ့ဌေးကနှုတ်ဆက်ရပေမယ့် ကျွန်တော်ကအစားလာခဲ့တာပါ။／Sa simula, ang presidente ng
kompanya ang dapat dumating para bumati, pero ako ang pumunta bilang kapalit niya.)

▷ 本来の目的（ほんらい もくてき）（tujuan asal／မူလရည်ရွယ်ချက်။／orihinal na layunin）

□ 幕（まく）
(tirai／ကန့်လန့်ကာ／kurtina)

▷ 幕が上がる、幕を閉じる（まく あ、まく と）
(tirai naik, menutup tirai／ကန့်လန့်ကာကိုအပေါ်တင်သည်၊ ကန့်လန့်ကာပိတ်သည်။／tumaas ang kurtina, isara ang kurtina)

□ 摩擦（まさつ）
(geseran／ပွတ်တိုက်ခြင်း／alitan)

▷ 経済摩擦（けいざい まさつ）
(geseran ekonomi／စီးပွားရေးအငြင်းပွားမှု။／pang-ekonomiyang alitan)

□ 身（み）
(badan／ကိုယ်ခန္ဓာ／katawan, sarili)

▶ 被害にあった人の身になって考えてみろよ。（ひがい ひと み かんが）
(Cuba anggapkan diri anda sebagai seorang mangsa.／လုပ်ကြံခံရမှုကြုံခဲ့တဲ့လူရဲ့ ခန္ဓာကိုယ်လို သဘောထားပြီးစဉ်းစားကြည့်ရအောင်။／Ilagay ninyo ang sarili ninyo sa lugar ng mga biktima, at isipin ninyo ang nararamdaman nila.)

□ 見かけ（みかけ）
(penampilan luar／အပြင်ပန်း／itsura)

▶ 人は見かけじゃ、わからない。（ひと み）
(Kamu tidak akan tahu orang dari penampilan mereka.／လူကိုအပြင်ပန်းကြည့်ရုံနဲ့မလည့်ခိုင်ဘူး။／Hindi malalaman ang tunay na ugali ng tao sa itsura niya.)

□ 回 見た目、外見（みため、がいけん）
(pandangan luar／အပြင်ပန်း／itsura)

□ 都（みやこ）
(ibu negeri／မြို့တော်／kapital)

▶ その後、京都は長い間、都として栄えた。（ご きょうと なが あいだ みやこ さか）
(Selepas itu, Kyoto makmur sebagai ibu negeri untuk masa yang lama.／အဲ့ဒီနောက်ကျိုတိုသည် နှစ်ပေါင်းစွာ မြို့တော်အဖြစ်တိုးတက်ခဲ့သည်။／Pagkatapos nito, umunlad nang matagal ang Kyoto bilang kapital.)

□ 民族（みんぞく）
(kaum／လူမျိုး／lahi, mga tao)

□ 迷信（めいしん）
(tahayul／အစွဲအလမ်း၊ အယူသည်းခြင်း／pamahiin)

□ 元（もと）
(asas, asal／အခြေခံ／pinagmulan)

▶ この映画は、実際の話を元に作られた。（えいが じっさい はなし もと つく）
(Filem ini dibuat berdasarkan kisah benar.／ဒီရုပ်ရှင်က ဖြစ်ရပ်မှန်ပေါ်အခြေခံပြီး ရိုက်ကူးခဲ့တာပါ။／Ginawa ang pelikulang ito, base sa tunay na buhay.)

□ 物音（ものおと）
(bunyi／ဆူညံသံ／tunog, ingay)

▶ 夜、少し物音がするだけで、目が覚めてしまう。（よる すこ ものおと め さ）
(Saya akan bangun pada waktu malam walaupun terdengar sedikit bunyi sahaja.／ညအချိန် နဲနဲလေး ဆူညံသံကြားရုံနဲ့ နိုးသွားတယ်။／Sa gabi, gumigising ako kapag nakarinig ako ng kahit kaunting ingay.)

□ 物事（ものごと）
(perkara／အကြောင်းအရာ၊ ကိစ္စ／mga bagay)

▶ 物事には順序というものがある。（ものごと じゅんじょ）
(Setiap perkara mempunyai turutannya.／ကိစ္စတိုင်းမှာ အစီအစဉ်လို့ခေါ်တဲ့အရာရှိသည်။／May kaayusan ang mga bagay.)

□ 役（やく）
(watak, peranan／တာဝန်၊ သရုပ်ဆောင်တာဝန်။／papel)

▷ 役を演じる、チームのまとめ役（やく えん やく）
(memainkan peranan, fasilitator pasukan／တာဝန်ကိုထမ်းဆောင်သည်၊ နည်းပြရဲ့ သရုပ်ဆောင်တာဝန်အမျိုးမျိုး။／gampanan ang papel, tagapag-ayos ng team)

□ やりがい
(kepuasan／လုပ်ရကျိုးနပ်သည်။／kapaki-pakinabang)

▶ 今の仕事にやりがいを感じる。（いま しごと かん）
(Saya mendapat kepuasan dari pekerjaan saya sekarang.／ယခုအလုပ်တွင် အလုပ်လုပ်ရကျိုးနပ်သည် ဟုခံစားရသည်။／Nararamdaman kong kapaki-pakinabang ang trabaho ko ngayon.)

□ 要因
よういん
(faktor／အဓိကအကြောင်းအရင်း／kadahilanan)

▷ 経済成長の要因
けいざいせいちょう　よういん
(faktor pertumbuhan ekonomi／စီးပွားရေးကြီးထွန်လာခြင်းရဲ့အဓိက အကြောင်းအရင်း။／mga kadahilanan sa paglago ng ekonomiya)

□ 要素
ようそ
(unsur, elemen／အကြောင်းအချက်／elemento)

▶ 事業を成功させるには、いくつかの要素がある。
じぎょう　せいこう　　　　　　　　　　　　ようそ
(Terdapat beberapa unsur yang terlibat dalam menjayakan perniagaan.／လုပ်ငန်းအောင်မြင်မှုဆိုတာ ဘယ်နှစ်ခုလဲဆိုတဲ့ အကြောင်းအချက်ကလှာသည်။／Mayroong ilang elemento para maging matagumpay ang isang negosyo.)

▷ 不安な要素
ふあん　ようそ
(unsur yang tidak pasti／စိုးရိမ်မှုပန့်ရှိသောအချက်။／nakababahalang kadahilanan)

□ 要点
ようてん
(perkara penting／အဓိကအချက်／pangunahing punto)

▷ 要点をまとめる
ようてん
(merumuskan perkara penting／အဓိကအချက်ကိုစုစည်းသည်။／ibigay ang buod ng mga pangunahing punto)

□ 用途
ようと
(kegunaan／သုံးစွဲရာ／gamit)

▶ このテープはいろいろな用途に使える。圏使い道
ようと　　　　　　　　　　　　　　つか　みち
(Pita ini boleh digunakan untuk pelbagai tujuan.／ဒီတိတ်သည် အမျိုးမျိုးသောသုံးစွဲရာတွင် အသုံးပြုသည်။／Maraming puwedeng paggamitan ang tape na ito.)

□ 要領
ようりょう
(pati, garis besar／အဓိကအချက်၊ သော့ချက်／mahalagang punto)

▶ 彼に仕事の説明をしたけど、要領がわかっていないようだ。
かれ　しごと　せつめい　　　　　　　　ようりょう
(Saya menerangkan tugas-tugas kepadanya, tetapi nampaknya dia tidak faham maksudnya.／သူ့ကိုအလုပ်အကြောင်းရှင်းပြခဲ့ပေမယ့် အဓိကအချက်ကိုနားမလည်တဲ့ပုံပဲ။／Ipinaliwanag ko sa kanya ang trabaho niya, pero mukhang hindi niya naiintindihan ang mga mahalagang punto.)

□ 要領がいい
ようりょう
(berkebolehan／အဓိကအချက်ကောင်းသည်။／matalino)

▶ あの人は要領がいいから、どこでもやっていけるよ。
ひと　ようりょう
(Orang itu berkebolehan, maka dia boleh berjaya di mana-mana sahaja.／ဒီလူသည်အဓိကအချက်ကောင်းလို့ ဘယ်နေရာ မဆိုလုပ်နိုင်သည်။／Mahusay ang taong iyon, kaya pwede siyang magtagumpay kahit saan.)

□ 予備
よび
(ganti／အပို၊ အရန်／nakareserba)

▷ 予備の電池
よび　でんち
(bateri ganti／စာတဲ့အပို။／ekstrang baterya)

□ 世論
よ/せろん
(pendapat umum／ပြည်သူ့ထင်မြင်ချက်။／opinyon ng publiko)

▷ 世論調査
よ/せろんちょうさ
(tinjauan pendapat umum／လူထုထင်မြင်ချက်စစ်တမ်း။／public survey)

□ 落書き
らくが
(grafiti／ရေးခြစ်သည်။／graffiti)

□ 理想
りそう
(ideal／စိတ်ပြ အကောင်းဆုံ။／စိတ်ကူးရေးလင်ချက်။／ideal)

▷ 理想を追う、理想に近い
りそう　お　　りそう　ちか
(mengejar ideal, hampir dengan ideal／မျှော်လင့်ချက်နောက်ကိုပြေးလိုက်သည်၊ မျှော်လင့်ချက်နီးစပ်သည်။／sundin ang ideal, malapit sa ideal)

□ 理想的（な）
りそうてき
(ideal／စံမှုနှာ／ideal)

□ 訳
わけ
(sebab／အကြောင်းအရင်း၊ အကျိုးအကြောင်း။／dahilan)

▶ なんでそんなに怒るの？　訳がわからないよ。
おこ　　　　　わけ
(Kenapa awak marah? Saya tidak faham sebabnya.／ဘာလို့လောက်တောင်စိတ်တိုဆိုးတာလဲ? အကြောင်းအရင်းကိုနားမလည်ဘူးနော်။／Bakit galit na galit ka? Hindi ko naiintindihan.)

▶ どういう訳か、私が代表をすることになりました。
わけ　わたし　だいひょう
(Atas sebab-sebab tertentu, saya dilantik sebagai wakil.／ဘယ်လိုမှုအကြောင်းကြောင့်လဲတော့မသိပေမယ့် ကိုယ်စားလှယ်ဖြစ်လာခဲ့သည်။／Sa kung anong dahilan, ako ang napiling maging kinatawan.)

288

する（動詞） 11

名詞 12

形容詞 13

副詞 14

接続詞 15

ぎおん語・ぎたい語 16

カタカナ語 17

文型 18

⑬ 形容詞
けいようし

（Kata adjektif／နာမဝိသေသန／Mga Adjective）

□ **明らか（な）**
あき

► このビデオが、明らかな証拠だ。
あき　　　　しょうこ

(jelas／ထင်ရှားသော／malinaw)

(Video ini adalah bukti yang jelas.／ဒီဗီဒီယိုက ထင်ရှားသော သက်သေဖြစ်သည်။／Malinaw na ebidensiya ang video na ito.)

□ **荒い**
あら

▷ 波が荒い、息が荒い、人使いが荒い、金遣いが荒い
なみ　あら　　いき　あら　　ひとづか　　あら　　かねづか　あら

(bergelora, kasar／ကြမ်းတမ်းသော／magaspang)

(gelombang bergelora, nafas berat, mengarah orang secara kasar, berbelanja dengan boros／လှိုင်းကြမ်းသော၊ အသက်ရှူသန်ပြင်းသော၊ အလုပ် စီးဆက်ဆံသော၊ ပိုက်ဆံအသုံးကြမ်းသော။／maalon, huminga, pagtrabahuhin ang ibang tao nang sobra, bulagsak sa pera)

□ **粗い**
あら

► 若いからまだまだ粗いところはあるけど、彼はきっといい選
わか　　　　　　　　　あら　　　　　　　　　かれ　　　　　　せん
手になりますよ。
しゅ

(kasar／ကြမ်းတမ်းသော／magaspang)

(Dia masih muda dan banyak yang perlu diperbaiki, tetapi dia pasti akan menjadi atlet yang baik.／ငယ်သေးလို့ကြမ်းတမ်းတဲ့အရာတွေရှိပေမယ့် သူသည်သေချာပေါက် ကောင်းတဲ့ အားကစားသမား ဖြစ်လာမည်။／Marami pa siyang dapat mapabuti dahil bata pa siya, pero sigurardong magiging isang mahusay na manlalaro siya.)

□ **対 細かい**
こま

(halus／သေးနုပ်သော／pino, detalyado)

□ **新た（な）**
あら

► 〈新年の挨拶〉新たな気持ちで頑張りましょう。
しんねん　あいさつ　あら　　き　も　　がんば

(baharu／အသစ်／bago)

(<Salam tahun baru> Mari kita mulakan tahun ini dengan semangat baharu.／< နှစ်သစ်ကိုနှုတ်ဆက်ခြင်း > စိတ်သစ်နဲ့ကြိုးစားရအောင်။／(Pagbati kung Bagong Taon) Gawin natin ang ating makakaya nang may panibagong saloobin.)

□ **哀れ（な）**
あわ

► これは、親を亡くした哀れな子ゾウの物語です。
おや　な　　　　あわ　　　こ　　　ものがたり

(kesian／သနားစရာကောင်းသော／kawawa)

(Ini adalah kisah seekor anak gajah kesian yang kehilangan ibu bapanya.／ဒီဟာသည်မိဘကိုဆုံးရှုံးခဲ့သော သနားစရာ ကောင်းသော ဆင်ကလေးရဲ့ပုံပြင်ဖြစ်သည်။／Kuwento ito ng kawawang batang elepanteng namatayan ng magulang.)

□ **同 かわいそう（な）**

(kesian／သနားစရာကောင်းသော／kawawa)

□ **同 気の毒（な）**
き　どく

(kesian／သနားစရာကောင်းသော／sawing-palad)

□ **安易（な）**
あん　い

► そんな安易な決め方でいいの？　後で後悔するよ。
あんい　き　かた　　　　　　あと　こうかい

(mudah, senang／ပေါ့ဆသော／madali)

(Adakah wajar membuat keputusan semudah itu? Kamu akan menyesal kemudian.／ဒီလောက်ပေါ့ပေါ့လေးဆုံးဖြတ်နည်းနဲ့အဆင်ပြေလား?။ နောက်မှနောင်တရရမယ်နော်။／Okey lang bang gumawa ka nang madaling desisyon? Baka magsisi ka.)

□ **安全（な）**
あんぜん

► 安全のため、必ずシートベルトをつけてください。
あんぜん　　　　かなら
危険（な）
き　けん

(selamat／လုံခြုံမှ၊ လုံခြုံစိတ်ချသော／ligtas, safe)

(Untuk keselamatan anda, pastikan anda mengikat tali pinggang keledar.／လုံခြုံမှုအတွက် မပျက်မကွက်ထိုင်ခုံခါးပတ် ပတ်ပါ။／Para sa safety, dapat ninyong ikabit ang seatbelt ninyo.)

□ **意外（な）**
い　がい

► パーティー嫌いな彼が来たのは、意外だった。
きら　　　かれ　き　　　　　い　がい

(hairan, terkejut／မျှော်လင့်မထားသော／hindi akalain)

(Sungguh hairan kerana dia yang tidak suka parti datang hari ini.／ပါတီကိုမကြိုက်တဲ့သူလာမယ်ဆိုတာ မျှော်လင့်မထားခဲ့ဘူး။／Hindi ko akalaing darating siya, isang taong hindi mahilig sa party.)

□ **異常（な）**
いじょう
(luar biasa, tidak normal／မူမမှန်သော／hindi normal)

▷ 異常な食欲、異常気象
いじょう　しょくよく　いじょうきしょう
(selera makan yang luar biasa, iklim yang tidak normal／ပုံမှန်မဟုတ်သောစားချင်စိတ်၊ ပုံမှန်မဟုတ်သောမိုးလေဝသ။／hindi normal na ganang kumain, hindi normal na panahon)

□ **一般的（な）**
いっぱんてき
(biasa／သามان်ဖြစ်သော၊ ယေဘုယျအားဖြင့်／karaniwan)

▶ お正月は家族が集まるのが一般的です。
しょうがつ　かぞく　あつ　　　　いっぱんてき
(Adalah biasa bagi keluarga untuk berkumpul semasa Tahun Baharu.／နှစ်သစ်ကူးချိန်တွင် မိသားစုတွေတွေ့ဆုံတာက သာမာန်ဖြစ်သည်။／Karaniwan para sa pamilya na magkakasama kung Bagong Taon.)

□ **穏やか（な）**
おだ
(tenang／သိမ်မွေ့သော၊ တည်ငြိမ်သော၊ တိတ်ဆိတ်သော／kalmado, mahinahon)

▷ 穏やかな天気、穏やかな性格
おだ　　　　てんき　おだ　　　　せいかく
(cuaca yang tenang, bersikap tenang／တည်ငြိမ်သောရာသီဥတု၊ တည်ငြိမ်သောအကျင့်စာရိတ္တ။／kalmadong panahon, mahinahong pagkatao)

□ **主（な）**
おも
(utama／အဓိကဖြစ်သော／pangunahin)

▷ 主な産業、主な目的
おも　さんぎょう　おも　もくてき
(industri utama, tujuan utama／အဓိကဖြစ်သောစက်မှုလုပ်ငန်း၊ အဓိကရည်ရွယ်ချက်။／pangunahing industriya, pangunahing layunin)

□ **活発（な）**
かっぱつ
(cergas／သက်ဝင်လှုပ်ရှားမှုရှိသော／masigla, aktibo)

▷ 活発な女の子、活発な議論
かっぱつ　おんな　こ　かっぱつ　ぎろん
(gadis yang cergas, perbincangan yang hangat／သွက်လက်သောကောင်မလေး။ သက်ဝင်လှုပ်ရှားမှုရှိသောဆွေးနွေးမှု။／masiglang batang babae, masiglang diskusyon)

□ **きつい**
(sukar, meletihkan／ပင်ပန်းသော၊ ကျပ်သော／mahirap)

▶ かなりきつい仕事だったけど、お金はよかった。
しごと　　　　　　　　　かね
(Ini adalah kerja yang sukar, tetapi bagus gajinya.／တော်တော်ပင်ပန်းတဲ့အလုပ်ဖြစ်ခဲ့ပေမယ့်လည်း ပိုက်ဆံရေကောင်းခဲ့သည်။／Mahirap na trabaho iyon, pero maganda ang sueldo.)

▶ このふた、きつくて全然開かない。
ぜんぜんあ
(Penutup ini ketat, tidak dapat dibuka sama sekali.／ဒီအဖုံးကျပ်နေလို့ လုံးဝဖွင့်လို့မရဘူး။／Masikip itong takip, hindi ko ito mabuksan.)

▷ きつい一言、きつい匂い
ひとこと　　　　にお
(sepatah yang menyakitkan hati, bau sengit／ကြမ်းတမ်းသောမှတ်ချက်၊ စူးရှသောအနံ့။／masakit na salita, matapang na amoy)

□ **機能的（な）**
きのうてき
(berfungsi, berguna／စွမ်းရည်ဆိုင်ရာ／functional)

▷ 機能的なバッグ
(beg yang berguna／လက်တွေ့အသုံးဝင်သောအိတ်။／functional na bag)

□ **急激（な）**
きゅうげき
(drastik, mendadak／ပြင်းထန်သော／biglaan)

▶ 急激なダイエットは、体に良くありません。
きゅうげき　　　　　　　　からだ　よ
(Diet yang drastik tidak baik untuk kesihatan badan.／ပြင်းထန်သောဝိတ်ချခြင်းသည် ခန္ဓာကိုယ်အတွက်မကောင်းပါ။／Hindi maganda sa katawan ang biglaang pagdidiyeta.)

□ **急速（な）**
きゅうそく
(pesat, deras, cepat／လျင်မြန်သော／mabilis)

▷ 急速な経済発展
きゅうそく　けいざいはってん
(pembangunan ekonomi yang pesat／လျင်မြန်သောစီးပွားရေးဖွံ့ဖြိုးတိုးတက်မှု။／mabilis na pag-unlad ng ekonomiya)

□ **強力（な）**
きょうりょく
(kuat／အားပြင်းသော၊ အားသန်သော／malakas)

▷ 強力なサポート、強力な磁石
きょうりょく　　　　　　きょうりょく　じしゃく
(sokongan yang kuat, magnet yang kuat／အားပြင်းသောထောက်ပံ့မှု၊ အားပြင်းသောသံလိုက်။／malakas na suporta, malakas na magnet)

□ **巨大（な）**
きょだい
(besar／အလွန်ကြီးမားသော／napakalaki)

▶ 駅前のビルに巨大な広告が現れた。
えきまえ　　　　　　きょだい　こうこく　あらわ
(Iklan besar muncul di bangunan hadapan stesen.／ဘူတာရုံအရှေ့ကတိုက်တွင် ကြီးမားသောကြော်ငြာ ထွက်ပေါ်လာခဲ့သည်။／Lumabas ang isang napakalaking advertisement sa bilding na nasa harap ng istasyon.)

□ **気楽（な）**
きらく
(senang hati, santai／စိတ်အေးသော၊ စိတ်သောက
ကင်းသော／walang pakialam, madali)

▷ 気楽な立場、気楽な仕事
きらく たちば　きらく しごと
(jawatan yang senang, kerja yang senang／စိတ်သောကကင်းသောရပ်တည်ချက်၊ စိတ်သောကကင်းသောအလုပ်။
／walang pakialam na posisyon, madaling trabaho)

□ **具体的（な）**
ぐたいてき
(khusus／လက်တွေ့ကျကျ၊ အသေးစိတ်／
kongkreto)

▷ 具体的な例
ぐたいてき　れい
(contoh khusus／လက်တွေ့ကျကျဥပမာ။／kongkretong halimbawa)

□ **暗い**
くら
(gelap, muram／မှောင်သော／
madilim, malungkot)

▷ 暗い部屋、暗い表情　**対**明るい
くら へや くら ひょうじょう　　あか
(bilik yang gelap, berwajah muram／မှောင်သောအခန်း၊ သုန်မှန်သောမျက်နှာထား။／madilim na
kuwarto, malungkot na mukha)

□ **煙い**
けむ
(berasap／မီးခိုးမွန်သော／mausok)

▶ 何か燃やしているのかなあ。煙い。
なに も　　　　　　　　　　けむ
(Adakah sesuatu terbakar? Berasap.／တစ်ခုခုမီးရှို့နေတာလားမသိဘူး။ မီးခိုးမွန်လိုက်တာ။／Mayroon
kayang nasusunog? Mausok.)

□ **険しい**
けわ
(curam, serius／မတ်စောက်သော／
matarik)

▷ 険しい山
けわ やま
(gunung yang curam／မတ်စောက်သောတောင်။／matarik na bundok)

▶ 売上報告を聞いて、社長の顔が少し険しくなった。
うりあげほうこく き　　　　しゃちょう かお すこ けわ
(Wajah pengerusi syarikat menjadi serius setelah mendengar laporan jualan.
／ရောင်းရငွေအစီရင်ခံစာကြားပြီး သူ့ဌေးရဲ့မျက်နှာက နည်းနည်းတင်းမာလာခဲ့သည်။／Naging mabagsik ang
mukha ng presidente ng kompanya, pagkatapos niyang marinig ang report tungkol sa sales.)

□ **細かい**
こま
(terperinci, halus／သေးနုပ်သော／
detalyado)

▶ 彼女は細かいところまでよく気がつくから、助かる。
かのじょ こま　　　　　　き　　　　　　たす
(Dia sangat membantu kerana selalu memberi perhatian kepada perkara-perkara walaupun
butiran yang kecil.／သူမသည် အသေးစိတ်အထိကောင်းကောင်းသတိထားလို့ အကူအညီဖြစ်သည်။／
Napapansin niya ang bawat detalye, kaya malaking tulong ito.)

▷ 細かい計算、細かいお金
こま けいさん こま かね
(penaksiran yang terperinci, duit pecah／အသေးစိတ်တွက်ချက်မှု၊ သေးနုပ်သောငွေအကြွေ။／
detalyadong kalkulasyon, barya)

□ **困難（な）**
こんなん
(sulit, sukar／အခက်အခဲရှိသော／
mahirap)

▷ 困難な状況、困難を乗り越える
こんなん じょうきょう こんなん の こ
(keadaan sulit, mengatasi kesukaran／ခက်ခဲသောအခြေအနေ၊ အခက်အခဲကိုကျော်လွှားသည်။／
mahirap na situwasyon, mapagtagumpayan ang hirap)

□ **コンパクト（な）**
(padat／သိပ်သည်းသော／သေးငယ်ပြီး
လုပ်ဆောင်ချက်များသော／compact)

▶ このバッグは、たたむと、こんなにコンパクトになります。
(Beg ini menjadi padat apabila dilipat.／ဒီအိတ်သည်ခေါက်လိုက်ရင်ဒီလောက်လေးကျစ်ကျစ်လျစ်လျစ်ဖြစ်သွားသည်။
／Nagiging ganito ka-compact itong bag, kapag tiniklop mo.)

□ **幸い（な）**
さいわ
(bertuah／ကံကောင်းထောက်မသော／
suwerte)

▶ 倒れた時、すぐ近くにお医者さんがいて幸いでした。
たお とき　　ちか　　　いしゃ　　　　　さいわ
(Nasib baik ada doktor berada berdekatan semasa saya pengsan.／လဲကျတဲ့အခါနီးနီးလေးမှာဆရာဝန်ရှိလို့ ကံကောင်းသွားခဲ့သည်။
／Suwerte po, dahil may doktor na nasa malapit noong natumba ako.)

□ **騒がしい**
さわ
(bising, riuh-rendah／ဆူညံသော／maingay)

同 **うるさい、**
騒々しい
そうぞう
(bising, hiruk-pikuk／ဆူညံသော／maingay)

□ さわやか(爽(さわ)やか)(な) ▷ さわやかな風(かぜ)、さわやかな青年(せいねん)

(segar／လန်းဆန်းသော／sariwa) (angin yang menyegarkan, pemuda berwajah segar／လန်းဆန်းသောလေ၊ တက်ကြွသောလူငယ်။／sariwang hangin, kaiga-igayang binatilyo)

□ しつこい ▶ あの人(ひと)、一回(いっかい)断(ことわ)っているのに、またしつこく誘(さそ)ってきた。

(degil／နားပူနားဆာလုပ်သော／mapilit) (Saya sudah menolakkannya sekali, tetapi dia masih berdegil mengajak saya.／ဒီလူတစ်ကြိမ်ငြင်းခဲ့တာတောင် ထပ်ပြီးနားပူနားဆာလုပ် ဖိတ်ခေါ်လာခဲ့သည်။／Tinanggihan ko siya minsan, pero inimbita niya uli ako.)

□ 重大(じゅうだい)(な) ▷ 重大(じゅうだい)なミス、重大(じゅうだい)な事故(じこ)

(serius／အရေးကြီးသော／grabe, malubha) (kesalahan serius, kemalangan serius／ကြီးမားသောအမှား၊ ပြင်းထန်သောမတော်တဆမှု။／grabeng pagkakamali, malubhang aksidente)

□ 重要(じゅうよう)(な) ▷ 重要(じゅうよう)な問題(もんだい)、重要(じゅうよう)な会議(かいぎ)

(penting／အရေးပါသော／mahalaga, importante) (isu penting, mesyuarat penting／အရေးပါသောပြဿနာ၊ အရေးပါသောအစည်းအဝေး။／mahalagang problema, importanteng miting)

□ 主要(しゅよう)(な) ▷ 主要(しゅよう)な産業(さんぎょう)、主要(しゅよう)なメンバー

(utama／အဓိကကျသော／pangunahin) (industri utama, ahli utama／အဓိကကျသောထုတ်လုပ်မှုလုပ်ငန်း၊ အဓိကအဖွဲ့ဝင်များ။／pangunahing industriya, pangunahing miembro)

□ 純粋(じゅんすい)(な) ▶ 子供(こども)たちの純粋(じゅんすい)な気持(きも)ちを大切(たいせつ)にしてあげてください。

(murni, tulen／ဖြူစင်သော／puro, dalisay) (Sila hargai perasaan murni kanak-kanak.／ကလေးတွေရဲ့ဖြူစင်သော စိတ်ကိုတန်ဖိုးထားပေးပါ။／Pahalagahan ninyo ang dalisay na damdamin ng mga bata.)

□ 順調(じゅんちょう)(な) ▶「新(あたら)しいお仕事(しごと)はどうですか」「おかげさまで順調(じゅんちょう)です」

(lancar／ချောချောမောမောဖြစ်သော／mabuti) ("Bagaimana pekerjaan baru kamu?" "Syukurlah, lancar."／[အလုပ်သစ်ကဘယ်လိုလဲ။?] [မင်းရဲ့ကျေးဇူးကြောင့် ချောချောမောမောပါပဲ။]／"Kumusta ang bago mong trabaho?" "Mabuti naman, salamat.")

□ 深刻(しんこく)(な) ▶ こんなに深刻(しんこく)な状況(じょうきょう)になっているとは思(おも)わなかった。

(serius／လေးလေးနက်နက်ရှိသော၊ ဆိုးဝါးသော／grabe, malubha) (Saya tidak sangka bahawa keadaan adalah begitu serius.／ဒီလောက်တောင်ဆိုးဝါးတဲ့ အခြေအနေဖြစ်လာမယ်လို့ မထင်ထားခဲ့ဘူး။／Hindi ko akalaing magiging ganito kagrabe ang sitwasyon.)

□ 鋭(するど)い ▷ 鋭(するど)いナイフ、鋭(するど)い意見(いけん)、鋭(するど)い目(め)

(tajam／ထက်မြက်သော／matalas) (pisau tajam, pendapat yang tajam, pandangan mata yang tajam／ချွန်ထက်သောဓား၊ ထက်မြက်သောထင်မြင်ချက်၊ စူးရှသောမျက်လုံး။／matalas na kutsilyo, matalinong opinyon, matalas na mata)

□ 正常(せいじょう)(な) ▶ 体温(たいおん)も血圧(けつあつ)も正常(せいじょう)で、特(とく)に問題(もんだい)はありません。

(normal／ပုံမှန်ဖြစ်သော／normal) (Suhu badan dan tekanan darah adalah normal, tidak ada masalah yang khusus.／အပူချိန်ရောသွေးပေါင်ချိန်ရောပုံမှန်ဖြစ်ပြီး အထူးတလည်ပြဿနာမရှိပါဘူး။／Normal ang temperatura ng katawan at blood pressure mo, at walang partikular na problema.)

□ 精密(せいみつ)(な) ▶ 医者(いしゃ)から精密検査(せいみつけんさ)をするように言(い)われた。

(rapi／စေ့စပ်တိကျသော／detalyado) (Doktor menyuruh saya menjalankan pemeriksaan rapi.／ဆရာဝန်မှအသေးစိတ်စစ်ဆေးမှုများပြုလုပ်ရန်ပြောခဲ့သည်။／Sinabihan ako ng doktor na magpa-check up ako nang detalyado.)

□ 狭(せま)い ▷ 狭(せま)い部屋(へや)、狭(せま)い道(みち)

(sempit／ကျဉ်းမြောင်းသော／maliit, makitid) (bilik sempit, jalan sempit／ကျဉ်းမြောင်းသောအခန်း၊ ကျဉ်းမြောင်းသောလမ်း။／maliit na kuwarto, makitid na daan)

□ 騒々しい（そうぞう）
(bising／ဆူညံသော／maingay)

▶ 外が騒々しいね。何かあったのかな。（そと そうぞう なに）
(Bunyi bising di luar. Apa yang berlaku?／အပြင်ကဆူညံလိုက်တာနော်။ တစ်ခုခုဖြစ်ခဲ့တဲ့ပုံပဲ။／Maingay sa labas. Ano kaya ang nangyari?)

□ 多様(な)（たよう）
(pelbagai, berkelainan／အမျိုးမျိုးသော၊ အမျိုးအစားများသော／iba-iba)

▷ 多様なニーズ（たよう）
(pelbagai keperluan／အမျိုးမျိုးသောလိုအပ်ချက်များ။／iba-ibang pangangailangan)

□ 同 多種多様(な)（たしゅたよう）
(bermacam-macam／ထွေပြားခြင်း၊ အမျိုးအစား／maraming iba-iba)

□ 単純(な)（たんじゅん）
(biasa, senang／သာမာန်ဖြစ်သော၊ ရိုးရှင်းသော／simple)

▷ 単純な計算ミス（たんじゅん けいさん）
(kesilapan pengiraan yang remeh／သာမာန်တွက်ချက်မှုအမှား။／simpleng pagkakamali sa kalkulasyon)

▶ 彼らの言っていることをそのまま信じたの？ 単純だなあ。（かれ い しん たんじゅん）
(Kamu mempercayai semua yang mereka katakan? Betapa naifnya.／သူပြောနေတဲ့အရာတွေကို ဒီအတိုင်းယုံကြည်ခဲ့လား။? ရိုးလိုက်တာနော်။／Naniwala ka lang ba sa sinasabi nila? Napakainosente mo naman.)

□ 対 複雑(な)（ふくざつ）
(rumit／ရှုပ်ထွေးသော／komplikado)

□ 中途半端(な)（ちゅうとはんぱ）
(setengah-setengah／တစ်ဝက်တစ်ပျက်ဖြစ်သော၊ ဆိုင်းတွငံ့／hindi seryoso, hindi kumpleto)

▶ 中途半端な気持ちで続けても、うまくいかないよ。やるなら本気でやらないと。（ちゅうとはんぱ きも つづ ほんき）
(Kamu tidak akan berjaya jika meneruskan sikap setengah-setengah ini. Jika hendak melakukannya, harus bersungguh-sungguh.／တစ်ဝက်တစ်ပျက်စိတ်ဖြင့် ဆက်လုပ်လည်းပဲ ကောင်းကောင်း အလုပ်မဖြစ်ဘူးနော်။ လုပ်မယ်ဆိုရင် တကယ့်စိတ်နဲ့မလုပ်လို့မရဘူး။／Hindi puwede kung hindi ka seryoso. Kung gagawin mo ito, kailangang maging seryoso ka.)

□ 適切(な)（てきせつ）
(sesuai／သင့်လျော်သော／angkop)

▷ 適切な処理、適切な料金　※やや硬い表現（てきせつ しょり てきせつ りょうきん かた ひょうげん）
(pengendalian yang sesuai, bayaran yang sesuai／သင့်တော်သောဖြေရှင်းမှု၊ သင့်တော်သောအခကြေးငွေ။／angkop na pagproseso, angkop na halaga)

□ 対 不適切な（ふてきせつ）
(tidak sesuai／မသင့်လျော်သော／hindi angkop)

▷ 不適切な発言（ふてきせつ はつげん）
(komen yang tidak sesuai／မသင့်လျော်သောပြောဆိုဆွေးနွေးမှု။／hindi angkop na salita)

□ 適度(な)（てきど）
(sederhana, moderat／အသင့်အတင့်ဖြစ်သော／katamtaman)

▶ 健康のために、適度な食事と運動を心がけてほしい。（けんこう てきど しょくじ うんどう こころ）
(Saya berharap kamu dapat memberi perhatian ke atas pemakanan dan senaman sederhana demi kesihatan.／ကျန်းမာရေးအတွက်သင့်တော်သောအစားအစာနှင့် လေ့ကျင့်ခန်းကိုအားစိုက်စေချင်သည်။／Gusto ko sanang tandaan mong kumain nang katamtaman at mag-exercise, para sa kalusugan.)

□ でたらめ(な)
(bukan-bukan／မဟုတ်ကဟုတ်ကလျှောက်ပြောသော／kalokohan)

▶ よくこんなでたらめな記事を書くなあ。うそばっかりじゃないか。（きじ か）
(Dia selalu menulis artikel yang bukan-bukan seperti ini. Semua adalah artikel palsu!／မကြာခဏဒီလိုအရေးမပါသော ဆောင်းပါးကို ရေးတယ်နော်။ လိမ်ပြောတာချည်းပဲ။／Madalas siyang nagsusulat ng mga artikulong puro kalokohan. Hindi ba't kasinungalingan lang ang mga ito?)

□ 透明(な)（とうめい）
(lutsinar／ထိုးဖောက်မြင်နိုင်သော／transparent)

□ **なだらか(な)**

(landai／ပြေပြစ်ချောမောသော／banayad)

▷ なだらかな坂(さか)

(cerun landai／ပြေပြစ်သောကုန်းတက်။／gentle slope)

□ **日常的(な)**（にちじょうてき）

(harian／နေ့စဉ်ဘဝနှင့်ဆိုင်သော／pang-araw-araw)

▶ 初級(しょきゅう)コースでは、主(おも)に、日常的(にちじょうてき)な場面(ばめん)で使(つか)われる表現(ひょうげん)を学(まな)びます。

(Dalam kursus permulaan, kita akan memberi tumpuan kepada ungkapan yang digunakan dalam situasi harian.／အခြေခံအဆင့်သင်တန်းတွင် အဓိကအားဖြင့်နေ့စဉ်ဘဝနှင့် ဆိုင်သောပြကွက်ကိုသုံးပြီး သရုပ်ဖော်တာကိုသင်ရမည်။／Sa beginners' course, pangunahing pag-aaralan natin ang mga ekspresyong ginagamit sa pang-araw-araw na sitwasyon.)

□ 対 **非日常的(な)**（ひにちじょうてき）

(luar biasa／တစ်မူထူးခြားသော／pambihira)

□ **ぬるい**

(suam／နွေးသော၊ မပူသော／maligamgam)

▷ ぬるいお茶(ちゃ)

(teh suam／နွေးသောလက်ဖက်ရည်／maligamgam na tsaa)

□ **望ましい**（のぞ）

(ideal／သင့်လျော်သော၊ လိုလားသော／kanais-nais)

▶ 全員(ぜんいん)で話(はな)すのが望(のぞ)ましいけど、それが無理(むり)なら、いる人(ひと)だけでも話(はな)しましょう。

(Adalah ideal bagi semua orang untuk berbincang bersama, tetapi jika tidak mungkin, mari kita mulakan perbincangan dengan peserta yang berada di sini.／အသင်းဝင်အားလုံးနဲ့စကားပြောတာ လိုလားပေမယ့်ဒီဟာက မဖြစ်နိုင်ဘူးဆိုရင်ရှိ တဲ့လူနဲ့ပဲစကားပြောရအောင်။／Kanais-nais na mag-usap ang lahat, pero kung hindi ito posible, makipag-usap na lang sa mga taong naririto.)

□ **微妙(な)**（びみょう）

(halus, kecil／အနည်းငယ်မျှသာ ကွာခြားသော／bahagya)

▶ この二(ふた)つは一瞬(いっしゅん)、同(おな)じように見(み)えるけど、よく見(み)ると微妙(びみょう)な色(いろ)の違(ちが)いがある。

(Kedua-dua ini kelihatan sama sekali pandang, tetapi terdapat perbezaan warna yang halus selepas melihat dengan teliti.／ဒီနှစ်ခုသည် လျှပ်တစ်ပြက်အတွင်းအတူတူလိုမြင်ရပေမယ့် သေချာကြည့်ရင်အရောင်နည်းနည်းလေးကွာခြားသည်။／Mukhang pareho ang dalawang ito sa biglang tingin, pero kung titingnan silang mabuti, may bahagyang pagkakaiba sa kulay.)

□ **不規則(な)**（ふきそく）

(tidak teratur／စည်းကမ်းမရှိသော／hindi regular)

▶ 不規則(ふきそく)な生活(せいかつ)をしていると、体調(たいちょう)を崩(くず)しやすくなる。

(Sekiranya kamu menjalani kehidupan yang tidak teratur, kamu akan mudah jatuh sakit.／စည်းကမ်းမရှိတဲ့ဘဝနေထိုင်မှုလုပ်ရင် ဖျားနာရန်လွယ်ကူသည်။／Kung mamumuhay ka nang hindi regular, madali kang magkakasakit.)

□ 対 **規則的(な)**（きそくてき）

(teratur／စည်းကမ်းရှိသော／regular)

□ 対 **規則正しい**（きそくただ）

(sistematik／အတုလုပ်ခြင်း／regular)

□ **物騒(な)**（ぶっそう）

(tidak selamat, tidak aman／အန္တရာယ်ဖြစ်နိုင်ဖွယ်ဖြစ်သော／deikado, mapanganib)

▶ また殺人事件(さつじんじけん)？　最近(さいきん)、何(なん)だか物騒(ぶっそう)だね。

(Kes pembunuhan lagi? Agak bahaya kebelakangan ini.／နောက်ထပ်လူသတ်မှုလား။? အခုတလောဘာကြောင့် အန္တရာယ်ဖြစ်နိုင်တာတွေပဲနော်။／May pinatay uli? Nagiging delikado kamakailan, ah.)

□ **不要(な)**（ふよう）

(tidak perlu／မလိုအပ်သော／hindi kailangan)

▷ 不要(ふよう)な説明(せつめい)　対 要(よう)(な)

(huraian yang tidak perlu／မလိုအပ်သောရှင်းပြချက်။／hindi kailangang paliwanag)

する（動詞）11

名詞 12

形容詞 13

副詞 14

接続詞 15

ぎおん語ぎたい語 16

カタカナ語 17

文型 18

□ **不利（な）**
ふり
(rugi／အဆေးမသာသော／hindi kanais-nais)

▶ 中心選手を欠いて不利な状況だったが、何とか勝てた。
ちゅうしんせんしゅ か ふり じょうきょう なん か
(Walaupun mengalami keadaan kekurangan pemain teras yang merugikan, kami menang akhirnya.／အဓိက ကစားသမားမရှိလို့ အဆေးမသာတဲ့အခြေအနေ ဖြစ်ခဲ့ပေမယ့် မဖြစ်ဖြစ်အောင်နိုင်ခဲ့သည်။／Hindi kanais-nais ang kalagayan natin dahil sa wala ang pangunahing manlalaro natin, pero nagawa nating manalo.)

□ **紛らわしい**
まぎ
(mengelirukan／ဆင်တူယိုးမှားဖြစ်သော／nakakalito)

▷ 紛らわしい名前
まぎ なまえ
(nama yang mengelirukan／ဆင်တူယိုးမှားသောအမည်။／nakakalitong pangalan)

□ **貧しい**
まず
(miskin／ဆင်းရဲသော／mahirap)

▷ 貧しい家庭、貧しい心
まず かてい まず こころ
(keluarga miskin, hati yang miskin／ဆင်းရဲသောအိမ်ထောင်၊ ညံ့ဖျင်းသောစိတ်။／mahirap na pamilya, mahirap na puso)

□ **眩しい**
まぶ
(silau／မျက်စိကျိန်းသော／nakakasilaw)

▶ 眩しくて、よく見えない。
まぶ み
(Tidak dapat lihat dengan jelas disebabkan kesilauan.／မျက်စိကျိန်းလို့ကောင်းကောင်းမမြင်ရဘူး။／Nakakasilaw, hindi ako makakita.)

□ **稀（な）**
まれ
(jarang／ရှားပါးသော／bihira)

▶ この店はいつも空いているんですが、稀に混んでいる時があります。
みせ す まれ こ とき
(Biasanya kedai ini kosong, tetapi dalam keadaan jarang berlaku, ia penuh dengan pelanggannya.／ဒီဆိုင်သည် အမြဲတမ်းလူရှင်းပေမယ့် ရှားရှားပါးပါးလူပြည့်နေတဲ့အချိန်ရှိလာည်ရှိသည်။／Laging bakante ang restawrang ito, pero minsan, puno ito.)

□ **醜い**
みにく
(hodoh／ရုပ်ဆိုးသော／pangit)

▶ どんなに年をとっても、人に醜い姿は見せたくない。
とし ひと みにく すがた み
(Tidak kira berapa umur saya, saya tidak ingin kelihatan hodoh di khalayak ramai.／ဘယ်လောက်ပဲအသက်ကြီးနေပေမယ့် လူတွေကိုရုပ်ဆိုးတဲ့ပုံစံမပြချင်ဘူး။／Kahit gaano ako katanda, ayaw kong magmukhang pangit sa mga tao.)

□ **妙（な）**
みょう
(pelik, aneh, ganjil／ထူးဆန်းသော／kakatwa)

▶ 今、妙なかっこうをした人が通り過ぎて行った。
いま みょう ひと とお す い
(Seorang yang berpakaian pelik baru saja lalu.／အခုထူးဆန်းတဲ့ပုံစံရှိတဲ့ ဖြစ်သန်းသွားခဲ့သည်။／Dumaan ngayon ang isang taong kakatwa ang itsura.)

□ 圏 **不思議（な）**
ふしぎ
(pelik, aneh, ganjil／အံ့ဩစရာကောင်းသော／mahiwaga)

□ **無関係（な）**
むかんけい
(tidak berkaitan／မသက်ဆိုင်သော／walang kinalaman)

▶ 海外で起きているこれらの問題は、日本にも無関係ではない。
かいがい お もんだい にほん むかんけい
(Masalah-masalah ini yang berlaku di luar negara bukan apa-apa yang tidak berkaitan dengan Jepun.／နိုင်ငံခြားမှာဖြစ်နေသော ဒီဟာတွေဟာဂျပန်နဲ့မသက်ဆိုင်တာမဟုတ်ဘူး။／May kinalaman sa Japan ang mga problemang nangyayari sa ibang bansa.)

□ **明確（な）**
めいかく
(jelas／ပြတ်သားတိကျသော／malinaw)

▶ 断るのなら、理由を明確にしてほしい。
ことわ りゆう めいかく
(Sekiranya anda menolak, sila bagi alasan dengan jelas.／ငြင်းဆန်မယ်ဆိုရင်တိကျတဲ့အကြောင်းပြချက်ကိုလိုချင်တယ်။／Kung tatanggihan mo ako, gusto kong linawin mo ang dahilan.)

□ **厄介（な）**
やっかい
(leceh, menyusahkan／အလုပ်ရှုပ်သော／mahirap, nakakaabala)

▶ 厄介な仕事を引き受けてしまった。
やっかい しごと ひ う
(Saya kesal mengambil kerja yang leceh.／အလုပ်ရှုပ်သော အလုပ်ကိုလက်ခံခဲ့သည်။／Kinuha ko ang isang mahirap na trabaho.)

形し 3

□ **ややこしい**

▶ ここからちょっと話がややこしくなるので、図で説明します。

(rumit／ရှုပ်ထွေးသော／komplikado)

(Perkara menjadi sedikit rumit selepas ini, maka saya akan memberi penerangan dengan gambar rajah.／ဒီကနေ စကားပြောတာနည်းနည်းလေး ရှုပ်ထွေးလာသောကြောင့် ပုံဖြင့်ရှင်းပြမယ်။／Medyo magiging komplikado ang sasabihin ko, kaya magpapaliwanag ako gamit ang diagram.)

□ **軟らかい**
やわ

▷ 軟らかいベッド、軟らかい言い方 　対 硬い
　やわ　　　　　　　　やわ　　　い　かた　　　　　かた

(lembut／ပျော့ပျောင်းသော／malambot)

(katil lembut, cara pertuturan yang lembut／ပျော့ပျောင်းသောအိပ်ရာ၊ ပျော့ပျောင်းသောစကားပြောနည်း။／malambot na kama, malambot na paraan ng pagsasalita)

□ **憂うつ（な）**
ゆう

▶ 雨の日が続くと、ちょっと気分が憂うつになります。
　あめ　ひ　つづ　　　　　　　　　きぶん　ゆう

(tertekan／စိတ်သောကရှိသော／depressed)

(Sekiranya hari hujan berterusan, saya akan berasa sedikit tertekan.／မိုးရွာတဲ့နေ့ ဆက်တိုက်ဖြစ်လျှင် နည်းနည်းစိတ်သောကဖြစ်လာသည်။／Medyo na-dedepress ako kapag sunud-sunod ang mga araw na umuulan.)

□ **有利（な）**
ゆう り

▶ 外国語ができると就職に有利です。
　がいこくご　　　　　しゅうしょく　ゆうり

(berguna, bermanfaat／အသာရသော／advantageous)

(Kebolehan bertutur bahasa asing adalah berguna semasa mencari pekerjaan.／နိုင်ငံခြားစကားကိုပြောနိုင်လျှင် အလုပ်ဝင်ခြင်းအတွက်အားသာချက်ဖြစ်သည်။／Advantageous sa paghahanap ng trabaho ang marunong magsalita ng salitang banyaga.)

□ 対 **不利（な）**
ふ り

(merugikan／အရေးမသာသော／hindi advantageous)

□ **豊か（な）**
ゆた

▷ 豊かな自然、表情が豊かな人
　ゆた　しぜん　ひょうじょう　ゆた　ひと

(kaya／ပေါကြွယ်ဝသော、ချမ်းသာသော／mayaman, sagana)

(sumber semula jadi yang kaya, ekspresi wajah yang kaya／သဘာဝပေါကြွယ်ဝမှု၊ မျက်နှာထားပြည့်ဝသောသူ။／mayamang kalikasan, taong may mayamang ekspresyon ng mukha)

□ **容易（な）**
よう い

▶ みんなを納得させるのは、容易なことではない。
　　　　なっとく　　　　　よういい

(senang／လွယ်ကူသော／madali)

(Memuaskan kehendak semua orang bukan satu perkara yang senang.／အားလုံးကျေနပ်စေချင်တာက လွယ်ကူတဲ့အရာမဟုတ်ဘူး။／Hindi madaling kumbinsihin ang lahat.)

□ **余計（な）**
よ けい

▶ 大丈夫だから、余計な心配はしないで。
　だいじょうぶ　　　　よけい　しんぱい

(berlebihan, tidak diperlukan／မလိုအပ်သောအရာ／hindi kailangan)

(Tidak apa-apa, jangan risau.／အဆင်ပြေတာကြောင့် မလိုအပ်ဘဲ စိတ်ပူမနေပါနဲ့။／Okey lang ako, kaya huwag kang mag-alala.)

□ **冷静（な）**
れい せい

▷ 冷静な判断
　れいせい　はんだん

(tenang, tenteram, reda／တည်ငြိမ်သော／kalmado)

(pengadilan di bawah keadaan reda／တည်ငြိမ်သော အဆုံးအဖြတ်／mahinahong paghuhusga)

□ **若々しい**
わかわか

▶ さすが女優。80歳なのにすごく若々しい。
　　　　じょゆう　　　さい　　　　　わかわか

(muda／အရွယ်တင်သော／mukhang bata)

(Seperti yang dijangkakan, pelakon wanita tersebut kelihatan sangat muda walaupun berusia 80.／မျှော်လင့်ထားသည့်အတိုင်း ရုပ်ရှင်မင်းသမီး။ အသက် ၈၀ ပေမယ့် တော်တော်အရွယ်တင်သည်။／Tulad ng inaasahan sa isang artista. Kahit na 80 taon siya, mukha siyang bata.)

副詞 ふくし

（Kata sifat kerja／ကြိယာဝိသေသန／Mga Adverb）

□ あいにく

▶「15日、飲み会があるんだけど、来ない？」「その日はあいにく予定があるんです」

(malangnya, kebetulan／ကံမကောင်းစွာနဲ့／sa kasamaang palad)

("Kami akan pergi minum pada 15hb. Jom?" "Kebetulan saya ada rancangan lain pada hari itu."／[၃၅ ရက်နေ့သောက်ပွဲရှိတယ် လာမလား။][အဲ့ဒီနေ့ ကံမကောင်းစွာနဲ့ အစီအစဉ်ရှိတယ်။]／"Mag-iinuman kami sa a-15, gusto mo bang sumama?" "Sa kasamaang palad, mayroon akong lakad sa araw na iyon.")

□ あえて

▶英語で書くほうが楽ですが、あえて日本語で書きました。

(sengaja／ရဲရဲဝင့်ဝင့် အခက်အခဲရှိပေမယ့်／maglakas-loob)

(Adalah lebih senang bagi saya untuk menulis dalam bahasa Inggeris, tetapi saya sengaja menulis dalam bahasa Jepun.／အင်္ဂလိပ်ရေးတာက လွယ်ပေမယ့် ရဲရဲဝင့် ဂျပန်လိုရေးခဲ့သည်။／Mas madaling magsulat sa Ingles, pero naglakas-loob ako at nagsulat ako sa Nihongo.)

□ あくまで（も）

▶これはあくまで推測ですが、A社はさらに安くすると思いますよ。

(hanya／ဆုံးခန်းတိုင်အောင် (လည်း)／lamang)

(Ini hanya dugaan saya, tetapi saya rasa Syarikat A akan menurunkan harga malah lebih murah.／ဒီဟာသည် အစုံးထိအောင် ခန်မှန်းချက်ဖြစ်ပေမယ့် A ကုမ္ပဏီသည်ထပ်ပြီး တော့လျှောပေးမယ်ထင် ထင်ပါတယ်။／Hula lamang ito, pero sa palagay ko, gagawing mas mura ng Company A ang produkto nila.)

□ あっさり

▶今度は勝つつもりだったけど、あっさり負けてしまった。

(dengan mudah／မြန်မြန် အလွယ်တကူ／madali)

(Saya berhasrat untuk menang kali ini, tetapi saya kalah dengan mudah.／ဒီတစ်ကြိမ် နိုင်ဖို့ရယ်ပေမယ့် ထင်ထားခဲ့ပေမယ့် အလွယ်တကူရှုံးသွားခဲ့သည်။／Balak kong manalo sa susunod, pero madali akong natalo.)

□ 改めて あらた

▶さっき簡単に挨拶したけど、改めて自己紹介した。

(semula／ထပ်မံ၊ တဖန်／uli)

(Saya memberi salam secara ringkas tadi, dan kemudian memperkenalkan diri saya semula lagi.／ခုနက လွယ်လွယ်နှတ်ဆက်ခဲ့ပေမယ့် ထပ်မံပြီး ကိုယ့်ဟာကိုယ် မိတ်ဆက်ခဲ့သည်။／Kinumusta ko sila sandali kanina, pero ipinakilala ko uli ang sarili ko.)

□ 案外 あんがい

▶心配してたけど、案外うまくいったんじゃない？

(tanpa disangka-sangka／မျှော်မှန်းသည်ထက်ပို၍／nakakagulat)

(Walaupun agak risau, tetapi ia berjalan lancar tanpa disangka-sangka.／စိတ်ပူခဲ့ပေမယ့် မျှော်မှန်းသည်ထက် ကျွမ်းကျင်စွာ ပြေခဲ့တယ်မဟုတ်လား။／Nag-alala ako, pero hindi ba nakakagulat na naging okey naman?)

□ いきなり

▶いきなりマイクを渡されて困った。

(tiba-tiba／ရုတ်တရက်／bigla)

(Saya bingung apabila mereka tiba-tiba menyerahkan mikrofon kepada saya.／ရုတ်တရက် မိုက်ခွက် အပေးခံပြီး ဒုက္ခရောက်ခဲ့တယ်။／Nataranta ako dahil biglang iniabot sa akin ang mikropono.)

□ いちいち

▶いちいち私に聞かないで、自分で考えてください。

(bertubi-tubi, satu persatu／ထပ်ခါထပ်ခါပြီး တစ်ခုဖြစ်တိုင်း／isa-isa)

(Jangan tanya bertubi-tubi, fikirlah sendiri.／တစ်ခုဖြစ်တိုင် ကျွန်မထံ မမေးး၊ ကိုယ့်ဟာကိုယ်စဉ်းစားးပါ။／Huwag ninyo akong tanungin isa-isa. Mag-isip kayo nang sarili ninyo.)

□ 一応 いちおう

▶合格する可能性はかなり低いけど、一応、試験を受けてみることにした。

(buat sementara ini／လောလောဆယ်／pansamantala)

(Peluang saya lulus adalah sangat nipis, tetapi buat sementara ini saya membuat keputusan untuk mencuba ujian tersebut.／အောင်မြင်ဖို့ ဖြစ်နိုင်ခြေက တော်တော်နိမ့်ပေမယ့် လောလောဆယ်စာမေးပွဲ ဖြေကြည့်ဖို့ဆုံးဖြတ်ခဲ့သည်။／Malabo ang posibilidad na makapasa ako, pero pansamantala, nagpasya akong kumuha ng test.)

する〈動詞〉11
名詞 12
形容詞 13
副詞 14
接続詞 15
ぎおん語・ぎたい語 16
カタカナ語 17
文型 18

297

□ 一段と
いちだん

(lebih／တစ်ဆင့်ထဲထက်ပိုပြီး／lalo)

▶ 彼女、結婚して一段ときれいになったね。
かのじょ けっこん いちだん

(Dia menjadi lebih cantik setelah berkahwin.／သူမလက်ထပ်ပြီးနောက်ပိုလှလာတယ်နော်။／Lalo siyang gumanda pagkatapos mag-asawa.)

□ 一度～したら
いち ど

(setelah sekali／တစ်ကြိမ် ~ လုပ်လျှင်／nang isang beses)

▶ あの特徴のある顔は、一度見たら忘れませんよ。
とくちょう かお いちどみ わす

(Setelah melihatnya sekali, kamu tidak akan melupakan wajahnya yang begitu unik.／ဒီလိုထူးခြားသောမျက်နှာကို တစ်ခါကြည့် မှတ်မိပြင် မမှတ်မှပတ်တဲ့နော်။／Hindi mo makakalimutan ang katangi-tanging mukhang yon, kapag nakita mo iyon nang isang beses.)

□ 一気に
いっ き

(sekali gus／တစ်ချက်တည်း။ တစ်ပြိုင်တည်း／agad)

▶ 一気に飲むと酔っぱらうよ。

(Awak akan mabuk jika minum sekali gus.／တစ်ခါတည်းသောက်ရင်မူးလာမယ်နော်။／Malalasing ka kung iinumin mo ang mga ito agad.)

□ 一旦
いったん

(buat sementara waktu／တစ်ကြိမ်.....မှတော／pansamantala)

▶ 一旦帰りますが、何かあったら携帯に連絡ください。
いったんかえ なに けいたい れんらく

(Saya akan balik buat sementara waktu, tetapi sila hubungi telefon bimbit saya sekiranya berlaku sesuatu.／ခဏတ္တာအိမ်ပြန်ပေမယ့် တစ်ခုခုဖြစ်ရင်ဖုန်းဆက်ပါ။／Uuwi ako pansamantala, pero tawagan ninyo ako kapag may mangyari.)

□ 一般に
いっぱん

(biasanya／သာမာန်／karaniwan)

▶ この薬は一般に、風邪のときに飲まれます。
くすり いっぱん かぜ の

(Ubat ini biasanya dimakan semasa selsema.／ဒီဆေးသည် သာမာန်ဆိုရင် အအေးမိတဲ့အခါသောက်ရသည်။／Karaniwang iniinom ang gamot na ito kung may sipon.)

□ 一般的に
いっぱんてき

(umumnya／သာမာန်ဖြစ်သော／karaniwan)

□ いわば

(dikatakan／ပြောရမယ်ဆိုရင်／matatawag, masasabi)

▶ 今の彼の状況は、いわばかごの中の小鳥のようなものです。
いま かれ じょうきょう なか ことり

(Keadaannya sekarang boleh dikatakan seperti burung di dalam sangkar.／အခုသူ့အခြေအနေပြောရမယ်ဆိုလျှင် လှောင်အိမ်ထဲကငှက်ကလေးလိုပဲဖြစ်သည်။／Ang kanyang sitwasyon ngayon ay matatawag nating parang isang maliit na ibong nasa loob ng basket.)

□ いわゆる

(kononnya／တစ်နည်းအားဖြင့် ပြောရရင်／tinatawag)

▶ 彼女はいわゆる美人ではないが、個性的なかわいい顔をしている。
かのじょ びじん こせいてき かお

(Kononnya dia bukan seorang yang dipanggil "wanita cantik" tetapi dia mempunyai wajah yang unik dan comel.／သူမသည်ပြောရရင်လှပေမယ့် ထူးခြားချစ်စရာကောင်းတဲ့ မျက်နှာရှိသည်။／Hindi siya matatawag na "magandang babae", pero maroon siyang natatanging cute na mukha.)

□ 大いに
おお

(banyak／အလွန်အလွန်၊ ကျယ်ကျယ်ပြန့်ပြန့်／marami)

▶ 今夜は大いに歌って飲もう。
こんや おお うた の

(Mari kita menyanyi dan menari seberapa banyak yang suka malam ini.／ဒီည သီချင်းတွေဆိုပြီး သောက်ကြစို့။／Kumanta tayo at uminom nang marami ngayong gabi.)

□ おそらく(恐らく)
おそ

(mungkin／ခန့်မှန်းခြေအားဖြင့်／siguro)

▶ このままでは、おそらく今日中に終わらないでしょう。
きょうじゅう お

(Kita mungkin tidak akan dapat menyelesaikannya hari ini jika kita teruskan seperti ini.／ဒီအတိုင်းဆို ခန့်မှန်းခြေအားဖြင့် ဒီနေ့အကုန်မပြီးဘူး။／Kung ganito, hindi siguro tayo matatapos ngayong araw.)

□ 思い切って
おも き

(membuat keputusan sepenuhnya／စိတ်ပိုင်းဖြတ်ပြီး／buong tapang)

▶ 高かったけど、思い切って買いました。
たか おも き か

(Walaupun mahal, saya membuat keputusan sepenuhnya dan membelinya.／ဈေးကြီးခဲ့ပေမယ့် စိတ်ပိုင်းဖြတ်ပြီးဝယ်ခဲ့သည်။／Mahal iyon, pero buong tapang ko pa ring binili iyon.)

□ 思い切り
おも　き
(sepenuhnya／တတ်နိုင်သရွေ့／nang husto)

▶ これが最後の試合だから、思い切りやろう。
さいご　しあい　おも　き
(Ini adalah perlawanan terakhir, mari kita keluarkan semua yang kita ada sepenuhnya.／ဒီဟာက နောက်ဆုံးပြိုင်ပွဲမို့လို့တတ်နိုင်သလောက်လုပ်စို့။／Ito ang huli nating laban, kaya ibigay na natin nang husto ang ating makakaya.)

□ 思いっきり
おも
(sekuat yang boleh／တတ်နိုင်သရွေ့／buong lakas)

▶ だめだ、このふた。思いっきり引っ張ったけど、取れない。
おも　ひ　ぱ　と
(Saya tidak dapat membuka penutup ini. Saya sudah menarik sekuat yang boleh, tetapi tidak dapat menanggalkannya.／မရဘူးပဲဒီအဖုံး။ တတ်နိုင်သလောက်ဆွဲခဲ့ပေမယ့်ယူလို့မရဘူး။／Hindi ko mabuksan ang takip na ito. Hinila ko ito nang buong lakas, pero hindi ko ito matanggal.)

□ 思わず
おも
(tidak dapat menahan diri daripada／အမှတ်မထင်／hindi sinasadya)

▶ あまりにすばらしいスピーチだったので、思わず拍手をした。
おも　はくしゅ
(Ucapannya sangat hebat sehingga saya tidak dapat menahan diri daripada menepuk tangan.／အရမ်းပြောင်မြောက်တဲ့ မိန့်ခွန်းဖြစ်ခဲ့သောကြောင့် အမှတ်မထင် လက်ခုပ်တီးခဲ့သည်။／Napakaganda ng speech, kaya hindi ko sinasadyang pumapalakpak.)

□ およそ
(lebih kurang／ခန့်မှန်းခြေအားဖြင့်／mga)

▷ およそ7キロのハイキングコース　同 約
やく
(laluan pengembaraan berjalan kaki yang berjarak lebih kurang 7 km／ခန့်မှန်းခြေအားဖြင့် ၇ကီလိုမီတာ တောင်တက်လမ်းကြောင်း။／mga 7 kilometrong hiking course)

□ かえって
(sebaliknya／ပြောင်းပြန်အားဖြင့်／sa halip)

▶ 子供に毎日勉強しろと言うのはよくないです。かえって勉強嫌いになりますよ。
こども　まいにちべんきょう　い　べんきょうぎら
(Adalah tidak baik untuk berleter memanggil anak belajar setiap hari. Ini akan menyebabkan mereka benci belajar sebaliknya.／ကလေးတွေကိုနေ့တိုင်းစာလုပ်ပါလို့ပြောတာက မကောင်းပါ။ ပြောင်းပြန်အားဖြင့် စာလုပ်တာမုန်းလာလိမ့်မည်။／Hindi magandang sabihan araw-araw ang mga batang mag-aral. Sa halip, baka hindi na nila gustong mag-aral.)

□ 勝手に
かって
(sesuka hati／တဖက်သတ်၊ ခွင့်ပြုချက်မရှိဘဲ／basta-basta)

▶ それ、私のだから勝手に見ないで。
わたし　かって　み
(Ini milik saya, jangan cuba tengok sesuka hati.／ဟိုဟာ ကျွန်မရဲ့ဟာဖြစ်လို့ ခွင့်ပြုချက်မရှိဘဲမကြည့်ပါနဲ့။／Sa akin iyan, kaya huwag mong basta-basta tingnan.)

□ 必ずしも
かなら
(semestinya／အမြဲတမ်းတော့မဟုတ်ဘူး။／kinakailangan)

▶ 正解は、必ずしも一つとは限りません。
せいかい　かなら　ひと　かぎ
(Jawapan tidak semestinya satu sahaja.／အဖြေမှန်သည် အမြဲတမ်းတော့ တစ်ခုထဲမဟုတ်ပါ။／Hindi kinakailangang isa lang ang tamang sagot.)

□ 代わりに
か
(sebagai ganti／အစား／sa halip)

▶ 部長が行けなくなったので、代わりに私が出席した。
ぶちょう　い　か　わたし　しゅっせき
(Pengarah tidak dapat pergi, maka saya hadir sebagai ganti.／ဌာနမှူးက မသွားနိုင်ဖြစ်လာခဲ့သောကြောင့် ကျွန်တော်က အစားတက်ရောက်ခဲ့သည်။／Hindi nakapunta ang manedyer, kaya sa halip, ako ang pumunta.)

□ ぎっしり
(penuh, padat／ကျစ်ကျစ်လျစ်လျစ်၊ သိပ်သိပ်သည်းသည်း／punung-puno)

▶ 来週は予定がぎっしり入っています。
らいしゅう　よてい　はい
(Jadual minggu depan saya penuh.／နောက်တစ်ပတ်သည် အစီအစဉ်တွေပြည့်နေပြီဖြစ်သည်။／Punung-puno ang iskedyul ko sa isang linggo.)

□ くれぐれも
(pastikan／ထပ်ခါထပ်ခါ (တစ်ဖက်လူစိတ်နှလုံးသွင်းပြီး မေတ္တာရပ်ခံသည့်အခါမျိုး)／siguraduhin)

▶ くれぐれも相手に失礼のないようにしてください。
あいて　しつれい
(Pastikan kamu tidak menyinggung perasaan orang lain.／ထပ်ခါထပ်ခါ တစ်ဖက်လူကို မရိုင်းစိုင်းမိအောင်နေပါ။／Siguraduhin ninyong hindi kayo makakasakit ng damdamin ng ibang tao.)

□ さすがに
(seperti yang dijangkakan／မျှော်လင့်သည့်အတိုင်း／tulad ng inaasahan)

▶ さすがにこの大きさではかばんに入らない。
おお　はい
(Seperti yang dijangkakan, saiz ini tidak dapat muat ke dalam beg.／မျှော်လင့်ထားသည့်အတိုင်း ဒီအရွယ်အစားက အိတ်နဲ့မဆန့်ပါ။／Tulad ng inaasahan, hindi kakasya sa bag ang ganito kalaki.)

16

☐ **自然(しぜん)に**
(secara semula jadi／သဘာဝအလျောက်／natural)

▶ 練習(れんしゅう)もしていないのに自然(しぜん)にできるようになった。
(Saya tidak pernah berlatih, tetapi saya berjaya melakukannya secara semula jadi.／မလေ့ကျင့်ခဲ့ပေမယ့်လည်း သဘာဝကျကျလုပ်နိုင်ခဲ့သည်။／Hindi ako nagpapraktis, pero natutunan kong gawin iyon nang natural.)

☐ **事前(じぜん)(に)**
(terlebih dahulu／ကြိုတင်၍／pauna)

▶ 事前(じぜん)に簡単(かんたん)な説明(せつめい)があったので、やりやすかった。
(Ada penjelasan ringkas terlebih dahulu, maka senang dilakukan.／ကြိုတင်၍ လွယ်ကူသောရှင်းပြချက်တွေရှိခဲ့လို့ လုပ်ဖို့လွယ်ကူခဲ့သည်။／Mayroong isang madaling paunang paliwanag, kaya madali iyong gawin.)

☐ **実(じつ)に**
(sebenarnya, benar-benar／အမှန်တကယ်၊ တကယ်ကို／totoo)

▶ うわさには聞(き)いていたけど、これは実(じつ)においしいワインですね。
(Saya pernah mendengar sebelum ini, wain ini benar-benar sedap.／ကောလဟာလကိုကြားခဲ့ရပေမယ့် ဒီဟာက တစ်ကယ်တော့ ကောင်းတဲ့ဝိုင်ဖြစ်တယ်နော်။／Narinig ko ang tungkol dito, pero totoong masarap na wine pala ito.)

☐ **徐々(じょじょ)に**
(bernasur-ansur／တစ်ဖြည်းဖြည်းနဲ့／unti-unti)

▶ 景気(けいき)は徐々(じょじょ)に回復(かいふく)しつつある。 同 だんだん、次第(しだい)に
(Ekonomi beransur pulih.／စီးပွားရေးက တစ်ဖြည်းဖြည်းနဲ့ ပြန်လည်ကောင်းမွန်နေသည်။／Unti-unting bumubuti ang ekonomiya.)

☐ **ずっと／ずうっと**
(sepanjang masa／ဆက်တိုက်／tuluy-tuloy)

▶ 朝(あさ)からずっと立(た)ちっぱなしで、疲(つか)れてきた。
(Saya berdiri sejak pagi tadi dan semakin letih.／မနက်ကနေဆက်တိုက်မတ်တပ်ရပ်နေရပြီး ပင်ပမ်းလာခဲ့သည်။／Nakatayo ako mula kanina pang umaga, kaya pagod na ako.)

☐ **少(すく)なくとも**
(sekurang-kurangnya／အနည်းဆုံး／at least)

▶ ほかの人(ひと)はどうかわからないけど、少(すく)なくとも私(わたし)は賛成(さんせい)です。
(Sata tidak tahu pendapat orang lain, tetapi sekurang-kurangnya saya setuju.／အခြားသူတွေကဘယ်လိုလဲနားမလည်ပေမယ့် အနည်းဆုံးကျွန်တော်ကတော့ သဘောတူသည်။／Hindi ko alam ang iniisip ng ibang tao, pero at least, pumayag ako.)

▶ ２泊(はく)３日(か)だったら、少(すく)なくとも３万円(まんえん)はかかる。
(Harga untuk 2 malam dan 3 hari adalah sekurang-kurangnya 30,000 yen.／၂ညအိပ် ၃ရက်ဆိုရင် အနည်းဆုံးယန်း ၃သောင်းကုန်ကျမည်။／Kung 2 gabi 3 araw ang biyahe, aabutin at least ng Y30,000.)

☐ **せっかく**
(bersusah-payah／တကူးတက／magsikap)

▶ せっかく料理(りょうり)をたくさん作(つく)ったのに、二人(ふたり)来(こ)れなくなって、だいぶ残(のこ)った。
(Saya bersusah-payah menyediakan banyak makanan, tetapi 2 orang tidak dapat hadir dan banyak yang tertinggal.／တကူးတက ဟင်းတွေကို အများကြီးချက်ခဲ့ပေမယ့် နှစ်ယောက်မလာခဲ့လို့ တော်တော်ကျန်ခဲ့တယ်။／Nagsikap akong magluto ng maraming pagkain, pero hindi dumating ang dalawa, kaya maraming natira.)

☐ **せめて**
(setidak-tidaknya／အနည်းဆုံး／at least)

▶ せめて「ありがとう」くらい言(い)ってほしかった。
(Saya berharap kamu mengucapkan terima kasih setidak-tidaknya kepada saya.／အနည်းဆုံး [ကျေးဇူးပါ။] လောက်ပြောစေချင်ခဲ့တယ်။／At least, sana nagsabi ka man lang ng "Salamat".)

☐ **たまたま**
(kebetulan／မမျှော်လင့်ဘဲ／nagkataon)

▶ いつも帰(かえ)りが遅(おそ)いわけじゃありません。その日(ひ)はたまたま残業(ざんぎょう)があったんです。
(Saya tidak balik lewat selalu. Kebetulan saya terpaksa bekerja lebih masa pada hari itu.／အမြဲတမ်းအိမ်ပြန်နောက်ကျတာမဟုတ်ဘူး။ ဟိုနေ့က မမျှော်လင့်ဘဲ အချိန်ပိုဆင်းခဲ့ရလို့ပါ။／Hindi ako laging umuuwi nang gabi na. Nagkataong may overtime ako noong araw na iyan.)

□ **単なる**（たん）

▶ はっきり見たわけじゃありません。単なる想像です。

(hanya／ရိုးရိုးဖြစ်သော／lang, lamang)

(Saya tidak lihat dengan jelas. Ini hanya tekaan saya sahaja.／သေသေချာချာ မြင်ခဲ့တာတော့မဟုတ်ဘူး။ ရိုးရိုးထင်တာပဲဖြစ်မယ်။／Hindi ko ito nakita nang malinaw. Imahinasyon ko lang ito.)

□ **単に**（たん）

▶ 行きたくないんじゃありません。単に忙しいだけなんです。

(cuma／ရုံသာ／lang, lamang)

(Bukan saya tidak mahu pergi. Cuma saya sibuk.／မသွားချင်လို့မဟုတ်ပါဘူး။ အလုပ်များနေလို့ဖြစ်သည်။／Hindi sa ayokong pumunta. Bisi lang ako.)

□ **ちっとも**

▶ 練習しても、ちっともうまくならない。

(langsung／နည်းနည်းမှ／kahit kaunti)

(Walaupun berlatih, tidak ada kemajuan langsung.／လေ့ကျင့်ပေမယ့်လည်း နည်းနည်းမှတော်မလာဘူး။／Kahit ako nagpapraktis, hindi ako nagiging mahusay kahit kaunti.)

□ **ちゃんと**

▶ ちゃんと説明したのに、どうして間違えるの？

(dengan baik／စနစ်တကျ／maayos)

(Saya sudah memberi penerangan dengak baik, kenapa awak buat silap?／သေချာရှင်းပြခဲ့တာက ဘာကြောင့်မှားယွင်းတာလဲ။／Kahit maayos akong nagpaliwanag sa iyo, bakit nagkamali ka pa?)

□ **ちらっと**

▶ ちらっと見えたんだけど、それ、お子さんの写真？

(sepintas lalu, sekali pandang／လျပ်တပြက်／တစ်ချက်ဖျတ်／sa isang sulyap)

(Saya nampak sepintas lalu, adakah itu foto anak kamu?／လျှပ်တပြက်မြင်ခဲ့လို့ ဟိုဟာ မင်းကလေးရဲ့ဓာတ်ပုံလား။／Nasulyapan ko iyan, pero, retrato ba iyan ng anak mo?)

□ 同 **ちらりと**

(sepintas lalu, sekali pandang／အကြည့်တစ်ချက်／sa isang sulyap)

□ **つい**

▶ ダイエット中なのに、甘いものを見るとつい手が出てしまう。

(tanpa kesedaran／အမှတ်တမဲ့／basta)

(Saya sedang menjalani diet, tetapi saya tidak dapat menahan diri untuk mendapatkannya apabila terlihat makanan manis.／ဝိတ်ချနေပေမယ့်လည်း ချိုတဲ့အစားအစာ မြင်ရင် အမှတ်တမဲ့ လက်ကရောက်သွားတယ်။／Kahit nagda-diet ako, kapag nakakita ako ng matamis, basta na lang inaabot ito ng kamay ko.)

□ **ついでに**

▶ 出張のついでに実家に寄った。

(mengambil kesempatan／တစ်လက်စတည်း／sinamantala)

(Saya mengambil kesempatan untuk singgah di rumah ibu bapa saya dalam perjalanan perniagaan.／အလုပ်ကိစ္စနဲ့ခရီးသွားရင်းလက်တစ်လုံးအမိသွားလည်သည်။／Sinamantala kong dumaan sa bahay ng magulang ko, habang nasa business trip ako.)

□ **ついに**

▶ ついに橋が完成した。　同 **とうとう**

(akhirnya／နောက်ဆုံးမှာတော့／sa wakas)

(Akhirnya jambatan itu siap.／နောက်ဆုံးတော့ပြီးစီးသွားသည်။ တူသည် : နောက်ဆုံးတော့／Sa wakas, natapos ang tulay.)

□ **常に**（つね）

▶ このことは常に私の頭の中にあります。※少し改まった表現（すこ あらた ひょうげん）

同 **いつも**

(selalu／အမြဲ／lagi)

(Isu ini selalu ada dalam fikiran saya.／ဒီအရာက အမြဲကျွန်တော်ခေါင်းထဲမှာရှိနေသည်။／Laging nasa isip ko ang bagay na ito.)

□ **点々と**（てんてん）

▶ 雪の上に鳥の足跡が点々と残っていた。

(di sana sini／ကွက်တိကွက်ကျား／dito at doon)

(Terdapat jejak kaki burung di sana sini atas salji.／နှင်းတွေ့ထဲပေါ်မှာ ငှက်ခြေရာက ကွက်တိကွက်ကျား ကျန်နေခဲ့သည်။／May natirang mga bakas ng paa ng ibon dito at doon.)

□ **どうか**

▶ どうかお許しください。（ゆる）

(tolong, harap／ကျေးဇူးပြုပြီး／paki-)

(Tolong maafkan saya.／ကျေးဇူးပြုပြီးခွင့်လွှတ်ပေးပါ။／Patawarin niyo po ako.)

▶ どうか試験に受かりますように。
（Saya berharap dapat lulus peperiksaan.／ကျေးဇူးပြုပြီး စာမေးပွဲအောင်ပါစေ။／Sana pumasa ako sa test.）

□ **どうせ**
（walau bagaimanapun／ဘယ်လိုပဲဖြစ်ဖြစ်／sabagay）

▶ どうせ間に合わないから、ゆっくり行きましょう。
（Walau bagaimanapun kita tidak akan sempat, mari kita pergi perlahan-lahan.／ဘယ်လိုပဲဖြစ်ဖြစ်မမှီတော့လို့ ဖြည်းဖြည်းပဲသွားရအောင်။／Sabagay hindi tayo aabot, kaya magdahan-dahan na lang tayo.）

□ **どうにか**
（mesti ada／တစ်နည်းနည်းနဲ့／kahit paano）

▶ 心配しないで。どうにかなるよ。
（Jangan risau. Mesti ada jalan.／စိတ်မပူနဲ့ တစ်နည်းနည်းနဲ့ ဖြစ်လာမှာပေါ့။／Huwag kang mag-alala. Kahit paano, makakaraos din tayo.）

□ **とっくに**
（sudah／ပြီးတာကြာပြီ။／na）

▶ 「早くお風呂に入ったら？」「もうとっくに入ったよ」
（"Cepat-cepat mandi dan tidur." "Saya sudah mandi."／[မြန်မြန်ရေချိုးခဲ့ရင်ရော။？][ဝင်ပြီးကြာပြီ။]／"Maligo ka kaya nang maaga.." "Tapos na ako.")

□ **どっと**
（sekali gus／တစ်ပြိုင်နက်／sabay-sabay）

▶ 新宿駅で、乗客がどっと降りた。
（Penumpang turun di stesen Shinjuku sekali gus.／Shinjuku ဘူတာမှာတစ်ပြိုင်နက်တည်း ခရီးသည်တွေဆင်းသွားခဲ့သည်။／Sa Shinjuku station, sabay-sabay na bumaba ang mga pasahero.）

□ **とにかく**
（bagaimanapun／ဘာပဲဖြစ်ဖြစ်／anyway）

▶ 人から聞いただけじゃわからないから、とにかく本人と会って話そう。
（Kamu tidak akan faham sepenuhnya dengan hanya mendengar cakap orang lain. Bagaimanapun, mari kita berjumpa dan berbincang dengannya.／လူတစ်ဆင့်ကြားခဲ့တာက နားမလည်လို့ ဘာပဲဖြစ်ဖြစ်ယက်ရင်ခံစာနဲ့တွေ့ဖို့ စကားပြောရမယ်။／Wala tayong naiintindihan kung naririg lang natin mula sa ibang tao. Anyway, makipagkita tayo at makipag-usap sa kanya.）

□ **ともかく**
（bagaimanapun／ဘာပဲဖြစ်ဖြစ်／anyway）

▶ 大変な状況なので、ともかくすぐ来てください。
（Keadaan sekarang sangat serius. Bagaimanapun, sila datang segera.／ခက်ခဲတဲ့အခြေအနေနဲ့ပဲ ဘာပဲဖြစ်ဖြစ်လာပါ။／Mahirap na situwasyon iyan. Anyway, pumunta ka agad dito.）

▶ 見た目はともかく、味はおいしいんです。
（Tidak kira bagaimana rupanya, rasanya memang sedap.／အပြင်ပန်းအသွင်အပြင်ဘာပဲဖြစ်ဖြစ် အရသာကစားလိုကောင်းသည်။／Kahit ganyan ang itsura, masarap iyan.）

□ **とりあえず**
（buat sementara／လောလောဆယ်／muna）

▶ 「ご注文は？」「とりあえずビールをお願いします」
（"Apakah pesanan anda?" "Tolong beri saya bir buat sementara ini."／[ဘာသုံးဆောင်မှာလဲ။？][လောလောဆယ်ဘီယာပေးပါ။]／"Ano ang order ninyo?" "Bir muna.")

□ **なるべく**
（(seboleh) yang mungkin／တတ်နိုင်သမျှ／hangga't maaari）

▶ なるべく早めに来てください。
（Sila datang secepat yang mungkin.／တတ်နိုင်သမျှ မြန်မြန်လာပါ။／Hangga't maaari, pumunta ka rito nang maaga.）

□ **はたして**
（habis／ထင်တဲ့အတိုင်း／kung sabagay）

▶ はたして自分の選択は正しかったのだろうか。
（Habis, adakah pilihan saya betul?／ထင်တဲ့အတိုင်းငါရွေးချယ်မှုကတာ အမှန်ဖြစ်ခဲ့သလား။／Kung sabagay, tama siguro ang pinili ko）

する（動詞） 11
名詞 12
形容詞 13
副詞 14
接続詞 15
ぎおん語・ぎたい語 16
カタカナ語 17
文型 18

□ **ひとまず**
(buat masa ini／လောလောဆယ်／pansamantala)

▶ 最初の試合に勝てて、ひとまずほっとした。
さいしょ　しあい　か

(Saya berasa lega buat masa ini selepas memenangi perlawanan pertama.／ပထမဆုံးပြိုင်ပွဲမှာနိုင်ခဲ့လို့ လောလောဆယ်စိတ်အေးခဲ့ရသည်။／Nanalo kami sa unang game, at pansamantala kaming nakahinga.)

□ **ひょっとしたら**
(mungkin／မဟုတ်မှလွဲရင်／siguro)

▶ ひょっとしたら、会場で彼女に会えるかもしれない。
かいじょう　かのじょ　あ
ひょっとして、ひょっとすると

(Mungkin saya boleh bertemu dengannya di tempat itu.／မဟုတ်မှလွဲရင် စုဝေးရာနေရာတွင် သူမနဲ့တွေ့နိုင်တယ်။／Siguro, baka makita mo siya sa venue.)

□ **再び**
ふたた
(semula／တစ်ဖန်／uli)

▶ 10年経って、再びここで働くことになるとは思わなかった。
ねん た　　ふたた　　　　　　はたら　　　　　　　　　おも

(Saya tidak sangka bahawa saya akan bekerja di sini semula selepas 10 tahun.／၁၀ နှစ်ကြာခဲ့ပြီးမှ တစ်ဖန်ဒီနေရာမှာအလုပ်ပြန်လုပ်ရမယ်လို့ မထင်ထားခဲ့ဘူး။／Hindi ko akalaing magtatrabaho uli ako rito, pagkalipas ng 10 taon.)

□ **ふと**
(secara kebetulan／အမှတ်တမဲ့／mapa-)

▶ ふと窓の外を見ると、雪が降っていた。
まど　そと　み　　　　　　ゆき　ふ

(Kebetulan ketika saya melihat ke luar tingkap, saya nampak salji turun.／အမှတ်တမဲ့ပြတင်းပေါက်ပြင်ဘက်ကိုကြည့်လိုက်တော့ နင်းကျနေခဲ့သည်။／Noong napatingin ako sa labas ng bintana, nag-iisno.)

□ **別々で**
べつべつ
(berasingan／တစ်သီးတစ်ခြားဖြင့်／hiwalay)

▶ 会計は別々でお願いします。
かいけい　べつべつ　　ねが

(Sila asingkan pembayaran.／ငွေရှင်းတာကို သတ်သတ်စီလုပ်ပေးပါ။／Hiwalay po kaming magbabayad.)

□ **ぼんやり（と）**
(samar-samar／တွေဝေးရိုင်းခြင်း／wala sa isip)

▶ ぼんやりと考え事をしながら歩いていたら、人にぶつかってしまった。
かんが　ごと　　　　　　　ある　　　　　　ひと

(Ketika saya berjalan sambil berfikir samar-samar, saya terlanggar seseorang.／မရေရာတဲ့အတွေးတွေကိုတွေးရင်းလမ်းလျှောက်နေရင်း တစ်စုံတစ်ယောက်နဲ့ ဝင်တိုက်မိခဲ့တယ်။／Nabangga ko ang isang tao, habang lumilipad ang isip kong naglalakad.)

□ **まさか**
(tidak sangka bahawa／မယုံနိုင်လောက်အောင်／mahutmyalworao／hindi ako makapaniwala)

▶ けんかばかりしていたあの二人がまさか結婚するなんて、想像もしなかった。
ふたり　　　けっこん　　　　　　そう
ぞう

(Saya tidak pernah membayangkan bahawa kedua-dua yang selalu bertengkar itu akan berkahwin.／ရန်ချည်းလိုဖြစ်နေခဲ့တဲ့နှစ်ယောက်က မယုံနိုင်လောက်အောင် လက်ထပ်ဖြစ်မယ်လို့ စိတ်တောင်မကူးမိခဲ့ဘူး။／Hindi ko akalaing mag-aasawa silang dalawa, na laging nag-aaway.)

□ **真っ先に**
ま　さき
(pertama／ဦးစီးများများ／una)

▶ 合格を知った時は、真っ先に親に知らせた。
ごうかく　し　　とき　　ま　さき　おや　し

(Apabila saya mengetahui bahawa saya sudah lulus, pertama saya memberitahu ibu bapa saya.／စာမေးပွဲအောင်မြင်တာကိုသိတာအမိဘ အရင်ဆုံးမိဘကို ပေးသိခဲ့သည်။／Noong malaman kong pumasa ako, una kong sinabihan ang mga magulang ko.)

□ **間もなく**
ま
(tidak lama lagi／မကြာခင်အရှိန်အတွင်း／sandali)

▶ 〈放送〉間もなく3番線に列車が参ります。
ほうそう　ま　　　　　ばんせん　れっしゃ　まい

(<Pengumuman> Kereta api akan tiba tidak lama lagi di platform 3.／မကြာခင်အရှိန်အတွင်း နံပါတ် ၃ မျဉ်းကို ရထားရောက်ရှိမည်။／Darating na sa ilang sandali ang train sa platform 3.)

□ **万（が）一**
まん　いち
(sekiranya／အကယ်၍များ／မတော်တဆဆ္ချ်များ／kung sakali)

▶ 万が一、私が行けなくなっても、代わりの者を行かせます。
まん　いち　わたし　い　　　　　　　　　か　　　もの　い

(Sekiranya saya tidak dapat pergi, saya akan menghantar seseorang sebagai pengganti saya.／အကယ်၍များ ငါမသွားနိုင်ဖြစ်လာခဲ့လည်းပဲ လူစားသွားခိုင်းမည်။／Kung sakaling hindi ako makakapunta, magpapapunta ako ng kapalit ko.)

☐ **むしろ**

(sebaliknya／ဒါထက်ပိုပြီး／sa halip)

▶ 暖かい季節が好きな人が多いけど、私はむしろ冬が好きなんです。
あたた きせつ す ひと おお わたし ふゆ す

(Ramai orang yang suka musim yang lebih panas, tetapi saya suka musim sejuk sebaliknya.／နွေးတဲ့ရာသီဥတုကိုကြိုက်တဲ့သူများပေမယ့် ကျွန်မက ဒါထက်ပိုပြီးဆောင်းရာသီကိုကြိုက်တယ်။／Maraming taong gusto ng mainit na panahon, pero ako, mas gusto ko ng winter.)

☐ **めっきり**

(secara drastik (dengan jelas)／တော်တော် (အပြောင်းအလဲများတာ ကိုဖော်ပြသည်)／talaga)

▶ 最近、めっきり寒くなりましたね。
さいきん さむ

(Cuaca menjadi sejuk secara drastik kebelakangan ini.／အခုတလော တော်တော်အေးလာတဲ့တယ်နော်။／Kamakailan, talagang naging malamig, ano?)

☐ **もしかすると**

(barangkali／အကယ်၍များ၊ မဟုတ်မလွဲရော／siguro)

▶ もしかすると、それは本当かもしれない。圓 もしかしたら
ほんとう

(Barangkali itu benar.／မဟုတ်မလွဲရော ဟိုဟာက တကယ်ဖြစ်နိုင်တယ်။ တူသည် : မဟုတ်မလွဲရော၊ Siguro, totoo iyan.)

☐ **もしも**

(Jikalau／အကယ်၍／kung)

▶ もしもあの時、先生に会わなかったら、普通に就職していたと思います。
とき せんせい あ ふつう しゅうしょく

(Jikalau saya tidak berjumpa dengan guru pada masa itu, saya mungkin akan mengambil pekerjaan biasa.／အကယ်၍အဲဒီအချိန်မှာဆရာနဲ့မတွေ့ခဲ့ရင် ရိုးရိုးအလုပ်ပဲ လုပ်နေပြီလို့ထင်တယ်။／Kung noong panahong iyon hindi ko nakita ang titser, baka nakakuha ako ng normal na trabaho.)

☐ **わざと**

(sengaja／တမင်သက်သက်／sadya)

▶ もちろん、相手が子供の場合は、わざと負けてあげます。
あいて こども ばあい ま

(Sudah tentu, jika lawan saya adalah kanak-kanak, saya akan kalah kepada mereka dengan sengaja.／အသေအချာပဲ၊ ပြိုင်ဘက်က ကလေးကက ကလေးဖြစ်နေသောအခါ တမင်သက်သက် အရှုံးပေးသည်။／Siempre, kung bata ang kalaban ko, sadya akong magpapatalo.)

☐ **わざわざ**

(khas kepada／တကူးတက／magpakahirap)

▶ わざわざ遠くからお越しいただいて、ありがとうございます。
とお こ

(Terima kasih kerana sudi melawat saya dari jauh.／တကူးတက အဝေးကနေလာခဲ့ပေးဖို့ကျေးဇူးတင်ပါတယ်။／Maraming salamat at nakarating kayo rito sa amin.)

☐ **割と／割に**
わり わり

(agak／ထင်တာထက်／medyo)

▷ 割と面白い、割と近い
わり おもしろ わり ちか

(agak menarik, agak dekat／ထင်တာထက်ပို စိတ်ဝင်စားဖို့ကောင်းသည်၊ ထင်တာထက်ပိုနီးစပ်သည်။／medyo maganda, medyo malapit)

15 接続詞（せつぞくし）

(Kata penghubung／စကားဆက်／Mga Conjunction)

□ **あるいは**

(atau／သို့မဟုတ်／o)

▶ 卒業後は、大学院に行くか、あるいは、留学するかのどちらかです。

(Selepas tamat pengajian, kamu ingin menyambung pelajaran pada peringkat sarjana atau belajar di luar negara?／ဘွဲ့ရပြီးရင်ဘွဲ့လွန်တက်ရမလား၊ သို့မဟုတ် နိုင်ငံခြားကျောင်းသွား တက်ရမလား၊ ဘယ်ဟာဖြစ်မလဲမသိဘူး။／Pagkatapos kong gumradweyt, magma-master's course ako o mag-aaral sa ibang bansa.)

□ **および**

(serta／နှင့်／kasama)

▶ 社員およびその家族は、これらのスポーツ施設を割引で利用できます。

(Pekerja dan keluarga mereka boleh menggunakan kemudahan sukan ini dengan diskaun.／ဝန်ထမ်းနှင့်သူတို့မိသားစုများသည် ဒီအားကစားအဆောက်အအုံကို လျှော့စျေးဖြင့်အသုံးပြုနိုင်သည်။／Puwedeng gumamit ng sports facility ang mga empleyado, kasama ang pamilya nila, nang may discount.)

□ **けれども**

(tetapi／ဒါပေမယ့်လည်း／pero)

▶ 安全だと言われました。けれども事故は起きたんです。

(Saya diberitahu bahawa ini adalah selamat. Tetapi kemalangan berlaku.／လုံခြုံစိတ်ချရတယ်လို့ပြောခဲ့တယ်။ ဒါပေမယ့်လည်း မတော်တဆမှုဖြစ်ခဲ့သည်။／Sinabi nila na safe ito. Pero nangyari ang aksidente.)

□ **けれど**

(tetapi／ဒါပေမယ့်／pero)

▶ 旅行に行くのは賛成だよ。けれど、休みが取れるの？

(Saya bersetuju untuk pergi melancong. Tetapi bolehkah kamu mengambil cuti?／ခရီးသွားဖို့သဘောတူခဲ့တယ်။ ဒါပေမယ့်ခွင့်ယူလို့ရလား။?／Pumayag akong pumuntang magbiyahe. Pero, makakakuha ka ba ng bakasyon?)

□ **すなわち**

(iaitu／တစ်နည်းအားဖြင့်／tinatawag)

▶ 世間の常識が、すなわち、正しいこととはいえないと思う。

(Saya rasa apa yang disebut oleh masyarakat kita sebagai pengetahuan umum tidak semestinya betul.／လူ့လောကရဲ့ သာမာန်အသိပညာဖြစ်ပေမယ့် တစ်နည်းအားဖြင့် မှန်တဲ့အရာလို့မပြောနိုင်ဘူးထင်တယ်။／Hindi ko masasabing ang tinatawag na common sense ng mundo ang tama.)

□ **すると**

(kemudian, selepas itu／ထိုအခါ／tapos)

▶ 店の入口を明るくしたんです。すると、お客さんが増え始めたんです。

(Saya menerangkan pintu masuk kedai. Jumlah pelanggan mula meningkat selepas itu.／ဆိုင်ရဲ့ဝင်ပေါက်ကို လင်းအောင်လုပ်ခဲ့သည်။ ထိုအခါ၌သည် စများလာခဲ့သည်။／Ginawa kong maliwanag ang entrance ng tindahan. Tapos, nagsimulang dumami ang mga kustomer.)

□ **そのうえ**

(selain itu／ဒီအပြင်／bukod diyan)

▶ 出かける時に忘れ物をしたんです。その上、バスも遅れて。

(Saya terlupa sesuatu ketika saya meninggalkan rumah. Selain itu, bas juga terlewat.／ထွက်တဲ့အချိန်မှာ ပစ္စည်းမေ့ခဲ့သည်။ အဲဒီအပြင် ဘတ်စ်ကားလည်း နောက်ကျသွားပြီ။／Noong umalis ako, may nakalimutan ako. Bukod diyan, na-late din ang bus ko.)

□ **そのため**

(akibatnya／ဒီအတွက်／kaya)

▶ 6～7月は天気の悪い日が続いた。そのため、野菜の値段が上がっている。

(Cuaca buruk berterusan dari Jun hingga Julai. Akibatnya, harga sayur-sayuran meningkat.／၆ ~ ၇ လများတွင်ရာသီဥတုဆိုးဝါးခဲ့သည်။ ဒီအတွက် ဟင်းသီးဟင်းရွက်ရဲ့စျေးနှုန်းကတက်နေသည်။／Sunud-sunod ang mga maulang araw noong Hunyo at Hulyo. Kaya tumaas ang presyo ng mga gulay.)

□ それでも

▶「このまま試合に出続けると、もうサッカーができなくなるかもしれませんよ」「それでもいいんです」

(namun begitu／အဲဒါတောင်မှ／ayos lang)

("Sekiranya kamu masih bermain perlawanan secara berterusan, kamu mungkin tidak akan dapat bermain bola sepak lagi." "Namun begitu, saya hendak main juga."／[ဒီအတိုင်းပြိုင်ပွဲတွေကို ဆက်ပြိုင်နေရင် ဘောလုံးကစားနိုင်မှာ မဟုတ်ဘူးနော်။] [အဲဒါတောင်မှ အဆင်ပြေပါတယ်။]／"Kung ganitong magpapatuloy kang maglaro tulad nito, baka hindi ka na makapaglaro ng soccer." "Ayos lang iyan sa akin.")

□ それと

▶卵買ってきて。あ、それと牛乳もお願い。

(dan juga／ပြီးတော့／at)

(Beli telur. Oh, dan juga susu.／ကြက်ဥဝယ်လာပါ။ ဟိုလေ၊ ပြီးတော့နွားနို့လည်းဝယ်လာပေးပါ။／Bumili ka nga ng itlog. At bumili ka rin ng gatas.)

□ それとも

▶パンにする？ それともご飯にする？

(ataupun／ဒါမှမဟုတ်ရင်／o)

(Mahu roti? Ataupun mahu nasi?／ပေါင်မုန့်လား။ ဒါမှမဟုတ်ရင် ထမင်းလား။／Tinapay ba ang kakainin natin? O kanin?)

□ それなのに

▶練習は毎日やっています。それなのに、あまり上達しないんです。

(walaupun begitu／အဲဒါတောင်မှ／pero, kahit)

(Saya berlatih setiap hari. Walaupun begitu, kemahiran saya tidak berapa meningkat.／လေ့ကျင့်ခန်းကိုနေ့တိုင်းလုပ်နေသည်။ အဲဒါတောင်မှ သိပ်ပြီးတိုးတက်မလာဘူး။／Nagpapraktis ako araw-araw. Pero, hindi pa rin ako nagiging mahusay.)

□ それなら

▶今週は忙しいの？ それなら、その次にしようか。

(kalau begitu／အဲဒါဆိုရင်／kung ganoon)

(Adakah awak sibuk minggu ini? Kalau begitu, lain kali sajalah.／ဒီတစ်ပတ်အလုပ်များများလား။ အဲဒါဆိုရင် နောက်မှလုပ်ရအောင်။／Bisi ka ba ngayong linggo? Kung ganoon, sa isang linggo na lang kaya.)

音声 DL 121

□ それにしては

▶彼、まだ大学生？ それにしては落ち着いているね。

(bagi itu, memandangkan itu／ဒါပေမယ့်လည်း／kung iisipin)

(Adakah dia masih pelajar universiti? Bagi itu, dia nampak matang.／သူက္ကတ္တသိုလ်ကျောင်းသားပဲလား။ သေးတော့လား။ ဒါပေမယ့်လည်းရင့်ကျက်တယ်နော်။／Estudyante pa ba siya? Kung iisipin, matured siya para sa edad niya, ano?)

□ それにしても

▶「林さんの遅刻はいつものことですよ」「それにしても遅くない？ 何もなければいいけど」

(walaupun begitu／ဖြစ်သော်ငြားလည်း／kahit)

("Cik Hayashi selalu lewat." "Walaupun begitu, lambatnya kali ini. Harap tidak ada apa yang terjadi padanya."／[Hayashi San နောက်ကျတာဘဲ ပုံပဲပေါ့။] [သို့သော်ငြားလည်း မျိုးစုံလား။ ဘာမှမဖြစ်ရင်တော့ကောင်းပေမယ့်။]／"Laging late si Hayashi-san." "Kahit na, hindi ba sobra na ito? Sana, walang nangyari sa kanya.")

□ だからといって

▶私一人の力ではどうにもならないけど、だからといって、何もしないわけにはいかない。

(tetapi ia tidak bermaksud／သို့ပေမယ့်／pero hindi ibig sabihin)

(Saya faham bahawa usaha saya tidak cukup untuk menjayakannya. Tetapi ia tidak bermaksud bahawa saya akan membiarkannya.／ငါတစ်ယောက်တည်းပဲအင်အားနဲ့ဆိုတော့ ဘယ်လိုမှမဖြစ်လာနိုင်ပါ။ သို့ပေမယ့် ဘာမှမလုပ်ပဲနိုင်ဘူးဆိုတာတော့မဟုတ်ဘူး။／Wala akong magagawa kung mag-isa lang ako, pero hindi ibig sabihin na wala akong gagawin.)

□ ただ

▶すごくいいホテルでした。ただ、駅からちょっと遠かったです。

(hanya, tetapi／သို့သော်လည်း／kaya lang)

(Hotel yang sangat bagus. Tetapi, agak jauh dari stesen.／အရမ်းကောင်းတဲ့ဟိုတယ်ပဲ။ သို့သော်လည်း ဘူတာရုံကနေ အနည်းငယ်ဝေးသည်။／Napaganda ng hotel! Kaya lang, medyo malayo mula sa istasyon.)

する（動詞）11
名詞 12
形容詞 13
副詞 14
接続詞 15
ぎおん語・ぎたい語 16
カタカナ語 17
文型 18

□ **ただし（但し）**
(tetapi／ခြင်းချက်အနေဖြင့်／pero)

▶ 第三月曜日はお休みです。ただし、祝日の場合は営業します。

(Isnin ketiga adalah cuti. Tetapi, kedai akan dibuka sekiranya hari tersebut adalah hari cuti umum.／
တတိယလတ် တနင်္လာနေ့သည် အားလပ်ရက်ဖြစ်သည်။ ခြင်းချက်အနေဖြင့် အစိုးရရုံးပိတ်ရက်တွေမှာ အလုပ်လုပ်မည်။／
Sarado kami tuwing ikatlong Lunes ng buwan. Pero kung piyesta opisyal ang araw na ito, bukas kami.)

□ 語 **だったら**
(jika macam itu／
စကားပြော：အဲဒီလိုဆိုရင်／kung ganoon)

▶ 明日、休みなの？　だったら、一緒に映画見に行かない？

(Adakah esok cuti? Jika macam itu, pergi menonton wayang bersama?／
မနက်ဖြန်အားလပ်ရက်လား?! အဲဒီလိုဆိုရင် အတူတူရုပ်ရှင်ကြည့်ဖို့ မသွားဖူးလား?!／Bakasyon mo ba bukas? Kung ganoon, manood kaya tayo ng sine.)

□ **つまり**
(pendek kata／တစ်နည်းအားဖြင့်／sa madaling salita)

▶ 電話で問い合わせると、さまざまな部署にまわされました。つまり、前例がなく、どこで担当するかわからなかったようです。

(Panggilan saya disambung ke pelbagai jabatan semasa saya membuat pertanyaan. Pendek kata, tidak ada kes duluan sebelum ini dan tidak tahu jabatan mana yang harus menguruskan kes ini.／
ဖုန်းပြန်ဆက်မေးမြန်းတော့ ဌာနအမျိုးမျိုးကို ဖုန်းလွှဲခဲ့သည်။ တစ်နည်းအားဖြင့် အရင်ကမပေးဖူးလို့ဘယ်မှာတာဝန်ယူပေးရမှာ မသိသလိုပဲ။／Noong nagtanong ako sa telepono, pinagpalipat-lipat ako sa iba'ibang department. Sa madaling salita, walang precedent, at mukhang hindi nila alam kung sino ang in-charge..)

□ **ですから**
(oleh itu／ဒါကြောင့်／kaya)

▶ 作業は一人でできるそうなんです。ですから、私が行きます。

(Nampaknya kerja itu dapat dilakukan oleh satu orang. Oleh itu, saya akan pergi dari sini.／
လုပ်ငန်းကိုတစ်ယောက်တည်း လုပ်နိုင်တဲ့ပုံပဲ။ ဒါကြောင့် ကျွန်မသွားမည်။／Mukhang magagawa na ng isang tao ang trabaho. Kaya, aalis na ako.)

□ **では**
(jadi／ဒီလိုဆိုရင်／sige)

▶ では、授業を始めましょう。

(Jadi, mari kita mulakan pembelajaran.／ဒီလိုဆိုရင် သင်ခန်းစာ စကြစို့။／Sige, magsimula na tayo ng leksiyon.)

□ **なお**
(sebagai tambahan／ဒါထက် ဒီအပြင်／bilang karagdagan)

▶ 会議は予定どおり行います。なお、資料は当日、お配りします。

(Mesyuarat akan diadakan seperti yang dijadualkan. Sebagai tambahan, dokumen-dokumen akan diedarkan pada hari tersebut.／
အစည်းအဝေးကို စီစဉ်ထားသည့်အတိုင်းကျင်းပမည်။ ဒီအပြင် စာရွက်စာတမ်းကို အဲဒီနေ့တွင်ဝေငှပေးမည်။／Magmimiting tayo ayon sa iskedyul. Bilang karagdagan, ipapamahagi ang mga dokumento sa araw na iyon.)

□ **なぜなら**
(kerana／ဘာကြောင့်လဲဆိုတော့／kasi)

▶ 宇宙から見ると地球は青い星です。なぜなら、地球の表面の大部分が水だからです。　語 なぜならば

(Dari angkasa, bumi adalah bintang biru. Ini adalah kerana sebahagian besar permukaan bumi adalah air.／
အာကာသကနေကြည့်လျှင် ကမ္ဘာသည် အပြာရောင်ကြယ်ပါဖြစ်သည်။ ဘာကြောင့်လဲဆိုတော့ ကမ္ဘာမျက်နှာပြင်ရဲ့အများစုက ရေဖြစ်သောကြောင့်ဖြစ်သည်။／Kulay asul ang mundo kung titingnan mula sa space. Kasi, tubig ang malaking bahagi ng ibabaw ng mundo.)

□ **もしくは**
(atau／သို့မဟုတ်／o)

▶ 来週の水曜、もしくは木曜までにご連絡ください。

(Sila hubungi kami selewat-lewatnya pada hari Rabu atau Khamis.／
နောက်တစ်ပတ် ဗုဒ္ဓဟူးနေ့ သို့မဟုတ် ကြာသပတေးနေ့အထိ ဆက်သွယ်ပေးပါ။／Pakikontak po kami hanggang sa Miyerkoles o Huwebes sa isang linggo.)

⑯ ぎおん語・ぎたい語

(Bahasa ajuk, Bahasa mimik／မြည်သံစွဲစကား／Onomatopeia, Pag-uulit ng Salita)

□ **うろうろ(する)**

▶ さっきからお店の前をうろうろしている人がいるけど、何か用があるのかなあ。

(merayau-rayau／ရစ်သီရစ်သီလုပ်သည်။／pagala-gala)

(Ada seorang merayau-rayau di hadapan kedai sejak tadi lagi, entah apa halnya.／ခုတုန်းကဆိုင်ရှေ့မှာရစ်သီရစ်သီလုပ်နေတဲ့လူရှိနေလို့ တစ်ခုခုကိစ္စရှိလားမသိဘူး။／May isang taong pagala-gala sa harap ng tindahan mula kanina. Ano kaya ang kailangan niya?)

□ **キラキラ／きらきら(する)**

▶ 空を見上げると、たくさんの星がきらきらと輝いていた。

(bersinar／မှိတ်တုတ်မှိတ်တုတ်／kumikislap, kumikinang)

(Saya memandang ke langit, dan nampak banyak bintang bersinar terang.／ကောင်းကင်ကိုမော့ကြည့်ရင်ကြယ်တွေ မှိတ်တုတ်မှိတ်တုတ်နဲ့တောက်ပနေခဲ့သည်။／Noong tumingin ako sa langit, nakita ko ang maraming kumikislap na bituin.)

□ **ぐんぐん**

▶ 日当たりがよく、水も毎日あげたので、芽がぐんぐん伸びていった。

(berkembang pesat／တဖြည်းဖြည်း／tuluy-tuloy)

(Disebabkan cahaya matahari yang mencukupi, dan penyiraman air setiap hari, pucuknya berkembang pesat.／နေရောင်ခြည်ကောင်းကောင်းရပြီး ရေလည်းနေ့တိုင်းလောင်းခဲ့သောကြောင့် အညွန့်ကတဖြည်းဖြည်းရှည်ထွက်လာခဲ့သည်။／Naarawan nang mabuti at dinidiligan ko ang mga ito araw-araw, kaya tuluy-tuloy na lumalaki ang usbong.)

□ **ごちゃごちゃ(する)**

▶ 子供が散らかすもので……。ごちゃごちゃしていて、すみません。

(kacau-bilau／ဖွသည်။／magulo)

(Kanak-kanak membuang barang di merata-rata tempat... Maaf kerana kacau-bilau.／ကလေးကရှုပ်ပွစေသောကြောင့်.........။ဖွထားလို့တောင်းပါတယ်။／Kalat ito ng mga bata... Pasensiya na at magulo ang kuwarto.)

□ **ころころ**

▶ 部長の意見はころころ変わるから困る。

(sering berubah／မကြာခဏပြောင်းသည်။／pabago-bago)

(Bos saya sering berubah fikiran, maka saya keliru.／မန်နေဂျာရဲ့ထင်မြင်ချက်များမကြာခဏပြောင်းနေလို့ ဒုက္ခရောက်သည်။／Naguguluhan ako kasi pabago-bago ang isip ng boss ko.)

□ **どんどん**

▶ さっきから、ドアをどんどんと叩く音がする。

(bunyi hentakan, semakin／မြန်မြန်ဆန်ဆန်／patuloy)

(Ada bunyi hentakan di pintu sejak tadi lagi.／ခုနတုန်ကကို မြန်မြန်ထုတဲ့အသံရှိခဲ့သည်။／Mula kanina, patuloy ang tunog ng katok sa pinto.)

▶ 遠慮しないでどんどん食べて。

(Jangan segan, makan sebanyak yang boleh.／အားမနာဘာမြန်မြန်ဆန်ဆန်စားပါ။／Huwag kang mahihiya, kumain ka lang nang kumain.)

□ **ぶかぶか(する)**

▶ 〈靴、ズボン、帽子など〉1つ上のサイズだと、ぶかぶかだった。

(longgar／ချောင်သော／malaki, maluwang)

(<Kasut, seluar, topi, dan lain-lain> Satu saiz lebih besar daripada ini terlalu longgar.／<ဖိနပ်၊ ဘောင်းဘီ၊ ဦးထုပ် စသဖြင့်> ၁ဆိုဒ်ကြီးရင်ချောင်သည်။／Sapatos, pantalon, sombrero, atbp.) Masyadong maluwang kung isa pang size na mas malaki.)

□ **ぶつぶつ** ▶ ぶつぶつ言わないで、文句があるならはっきり言ったら？

(merungut／ပွစ်ပွစ်／bumulong-bulong)

(Jangan merungut, jika ada sungutan, kenapa tidak beritahu dengan jelas?／ပွစ်ပွစ်မပြောဘဲ မကျေနပ်တာရှိရင် ပွတ်ပွတ်သားသား ပြောရင်ရော။／Huwag kang bumulong-bulong diyan. Kung may reklamo ka, bakit hindi mo sabihin nang maayos?)

□ **ぼろぼろ** ▶ このぼろぼろのジーンズ、まだ履くの？

(lusuh／ဆုတ်ပြဲသည်။／sira-sira)

(Seluar Jeans ini sudah lusuh, masih hendak memakainya?／ဒီဆုတ်ပြဲနေတဲ့ဂျင်းဘောင်းဘီဝတ်တုန်းလား။／Isusuot mo pa ba itong sira-sirang jeans?)

名詞 12
形容詞 13
副詞 14
接続詞 15
ぎおん語・ぎたい語 16
カタカナ語 17
文型 18

⑰ カタカナ語 (ご) （Kata Katakana／"カタカナ"စကား／Mga Salita sa Katakana）

☐ アイドル ▷ 人気アイドル (にんき)
(idola／idol（လူကြိုက်များ）／idolo)　(idola popular／လူကြိုက်များသော idol／popular na idolo)

☐ アウトドア (luar／အပြင်ဘက်／sa labas)

☐ アレンジ（する） ▷ 50年前のヒット曲を現代風にアレンジしてみました。(ねんまえ)(きょく)(げんだいふう)
(menggubah／စီစဉ်သည်။／ayusin)　(Saya cuba menggubah lagu popular 50 tahun yang lalu kepada gaya moden.／နှစ် ၅၀ မတိုင်ခင်က ရိုက်ခတ်တဲ့တေးသွားကို အခုခေတ်စတိုင် စီစဉ်ခဲ့သည်။／Sinubukan kong ayusin ang isang popular na kanta 50 na ang nakakaraan, sa isang makabagong arrangement.)

☐ イコール ▷ AとBは、ほとんどイコールです。
(sama dengan／ညီမျှသည်။／magkapareho)　(A hampir sama dengan B.／A နှင့် B သည်အားလုံးနီးပါးညီမျှသည်။／Halos magkapareho ang A at B.)

☐ インフォメーション ▷ インフォメーションカウンター
(maklumat／သတင်း／impormasyon)　(kaunter maklumat／ပြန်ကြားရေးကောင်တာ／information counter)

☐ オイル (minyak／ဆီ／langis)

☐ カルチャー ▷ カルチャー教室 (きょうしつ) (kelas budaya／ယဉ်ကျေးမှုစာသင်ခန်း／culture class)
(budaya／ယဉ်ကျေးမှု／kultura)
▷ 日本で初めてお風呂に入った時は、カルチャーショックを受けました。(にほん)(はじ)(ふろ)(はい)(とき)(う)
(Semasa saya mandi di Jepun buat pertama kali, saya terkejut dengan budaya tersebut.／ဂျပန်မှာ ပထမဆုံးရေရေချိုးတဲ့အခါမှာ ယဉ်ကျေးမှုအရ ထိတ်လန့်ခဲ့သည်။／Noong una akong nag-ofuro sa Japan, nagkaroon ako ng culture shock.)

☐ キャップ ▷ カチッと音がするまでキャップを回してください。(おと)(まわ)
(penutup／အဖုံး အစွပ်／takip)　(Sila putar penutup sehingga kamu terdengar bunyi klik.／ချွမ်လို့အသံကြားတဲ့အထိ အဖုံးကိုလှည့်ပါ။／Ikutin ninyo ang takip hanggang sa makarinig kayo ng click.)

☐ キャラクター ▷ キャラクター商品 (しょうひん)
(akhlak, watak, karakter／ဇာတ်ကောင်／tauhan, pagkatao)　(produk karakter／ဇာတ်ကောင် ထုတ်ကုန်ပစ္စည်း။／character goods)
▷ 彼は面白いキャラクターをしているね。(かれ)(おもしろ)
(Dia mempunyai akhlak yang menarik.／သူသည်စိတ်ဝင်စားစရာကောင်းသောဇာတ်ကောင်လုပ်နေသည်။／Nakakatuwa ang pagkatao niya.)

☐ コントロール（する） ▷ ときどき自分の感情をコントロールできなくなる。(じぶん)(かんじょう)
(mengawal／ထိန်းချုပ်သည်။／magkontrol)　(Kadang-kadang saya tidak dapat mengawal emosi saya.／တစ်ခါတရံကိုယ့်ရဲ့စိတ်ခံစားမှုကိုထိန်းချုပ်ခြင် ဖြစ်လာသည်။／Paminsan-minsan, hindi ko makontrol ang damdamin ko.)

☐ システム ▷ 流通システム (りゅうつう)
(sistem／စနစ်／sistema)　(sistem pengedaran／ကုန်ပစ္စည်းလည်ပတ်မှုစနစ်／distribution system)

☐ シフト ▷ アルバイトの勤務シフト (きんむ)
(shif／ပြောင်းသည်။／shift)　(shif kerja sambilan／အချိန်ပိုင်းအလုပ်ရဲ့ပြောင်းလဲမှု／shift ng pagtatrabaho sa part-time job)

する（動詞）11

名詞 12

形容詞 13

副詞 14

接続詞 15

ぎおん語・ぎたい語 16

カタカナ語 17

文型 18

□ ジャンル　(jenis／အမျိုးအစား／genre)

□ ショッピング　(beli-belah／ဈေးဝယ်ထွက်ခြင်း／shopping)

□ シングル　▶ シングルの部屋を予約した。
(tunggal／တစ်ယောက်တည်း／single)　(Saya menempah satu bilik tunggal.／တစ်ယောက်ခန်းကိုကြိုတင်မှာခဲ့သည်။／Nag-reserba ako ng single room.)

□ スクール　▶ 週に1回、英会話スクールに通っています。
(sekolah, kelas／ကျောင်း／school)　(Saya pergi ke kelas perbualan bahasa Inggeris seminggu sekali.／တပတ်တစ်ကြိမ်အင်္ဂလိပ်စကားကျောင်းကိုတက်နေသည်။／Pumapasok ako sa isang English school, isang beses sa isang linggo.)

□ スト／ストライキ　(mogok／သပိတ်မှောက်သည်။／welga)

□ ストーリー　▶ 絵を見るだけでストーリーが浮かんでくる。
(cerita, kisah／ပုံပြင်／kuwento)　(Saya dapat membayangkan semua kisahnya hanya dengan melihat lukisan tersebut.／ပန်းချီကိုကြည့်ရုံနဲ့ ပုံပြင်ပေါ်လွင်လာစေသည်။／Pumapasok sa isip ko ang isang kuwento, sa pamamagitan lang ng pagtingin sa peynting.)

□ スマート（な）　▶ スマートな体、スマートな対応
(langsing, segak／စမတ်ကျသော／smart)　(badan yang langsing, layanan yang fleksibel／စမတ်ကျသောခန္ဓာကိုယ်၊ စမတ်ကျကျအခြေအနေအလိုက်တုံ့ပြန်သည်။／balingkinitang katawan, matalinong sagot)

□ スマートフォン／短 スマホ　(telefon pintar／လက်ကိုင်ဖုန်း／cellphone)

□ スムーズ（な）　▶ 今のところ、仕事はスムーズにいっています。
(lancar／ချောမောသော／maayos)　(Setakat ini, kerja berjalan lancar.／အခုလောအလုပ်သည်ချောမွေ့ သွားနေသည်။／Sa ngayon, maayos naman ang trabaho ko.)

□ センター　▶ ショッピングセンター
(pusat／စင်တာ／center)　(pusat membeli-belah／ဈေးဝယ်စင်တာ／shopping center)

□ タイミング　▶ タイミングが合わなくて、彼とはなかなか会えません。
(pemasaan／အချိန်နေယား／timing)　(Saya tidak dapat berjumpa dengannya kerana masalah pemasaan.／အချိန်ကိုက်လို့သေးတော့ တော်တော်နဲ့ မတွေ့ရ။／Hindi tumatama ang timing, kaya mahirap kaming magkita.)

□ ダイヤル（する）　▶ 1をダイヤルすると、フロントにつながります。
(mendail／ဖုန်းခေါ်သည်။／idayal)　(Sila dail 1 untuk disambung ke kaunter depan.／၁ ကိုခေါ်လျှင် ၡည်ကြိုကောင်တာကိုဆက်သည်။／Kung idadayal ninyo ang 1, makokonekta kayo sa front desk.)

□ ダブル　▶ 今買うと、ダブルでポイントが付く。
(berganda／နှစ်ဆ／doble)　(Anda akan mendapat mata berganda sekiranya anda membeli sekarang.／အခု ဝယ်လျှင် point နှစ်ဆရမည်။／Kung bibili ka ngayon, doble ang point na makukuha mo.)

□ ダブる　▶ リストを見直したら、一部ダブっていた。
(bertindih／နှစ်ခါထပ်သည်။／mag-overlap)　(Terdapat beberapa pertindihan ketika saya menyemak senarai itu semula.／စာရင်းကိုပြန်စစ်ဆေးကြည့်တော့ တစ်စိတ်တစ်ပိုင်း နှစ်ခါထပ်နေခဲ့သည်။／Noong tiningnan ko uli ang listahan, nag-overlap ang ibang bagay.)

□ ツイン（ルーム）　(bilik kembar／အမွှာ／twin room)

311

□ デモ

▷ 値上げ反対のデモ

(tunjuk perasaan, demonstrasi／ဆန္ဒပြပွဲ／welga)

(tunjuk perasaan terhadap kenaikan harga／ဈေးမြှင့်ခြင်းကိုဆန့်ကျင်သည့်ဆန္ဒပြပွဲ／welga laban sa pagtaas ng presyo)

□ テンポ

▷ テンポの速い曲

(tempo, irama／အသံ／tempo)

(lagu bertempo laju／အသံမြန်သောတေးသွား／kantang may mabilis na tempo)

□ ドライ（な）

▷ ドライな性格

(bestari／ခြောက်သွေ့သော／walang kasigla-sigla)

(berkeparibadian bestari／ခြောက်သွေ့တဲ့ကိုယ်ရည်ကိုယ်သွေး／pagkataong walang kasigla-sigla)

音声DL 124 □ ネットワーク

▶ いろいろな人と交流して、ネットワークを広げましょう。

(jaringan／ချိတ်ဆက်ထားသော／network)

(Mari kita berinteraksi dengan pelbagai orang untuk memperluaskan jaringan.／လူအမျိုးမျိုးနှင့်ပေါင်းသင်းဆက်ဆံ၍ချိတ်ဆက်မှုကိုချဲ့ရအောင်။／Makipag-ugnay tayo sa iba't ibang mga tao, at palawakin natin ang network natin.)

□ ハード（な）

▷ ハードな練習

(susah, payah／အပြင်းအထန်／mahirap)

(latihan yang payah／ပြင်းထန်သောလေ့ကျင့်ခန်း／mahirap na praktis)

□ ハーフ

▷ ハーフサイズ、ハーフタイム

(separuh／တစ်ဝက်／kalahati, half)

(separuh saiz, separuh masa／အရွယ်အစားတစ်ဝက်၊ အချိန်တစ်ဝက်／half-size, halftime)

□ パスワード

(kata laluan／စကားဝှက်／password)

□ パターン

▶ この病気の症状には３つのパターンがあります。

(corak／ပုံစံ／pattern)

(Penyakit ini terdapat tiga corak gejala.／ဒီရောဂါရဲ့ ရောဂါအခြေအနေမှာသုံးမျိုးရှိသည်။／May tatlong pattern ang mga sintomas ng sakit na ito.)

□ バランス

▷ 栄養のバランス、バランスをとる

(imbangan／ဟန်ချက်／balanse)

(imbangan pemakanan, mencapai keseimbangan／အာဟာရရဲ့မျှတမှု၊ ဟန်ချက်ညှိသည်။／balanse sa sustansiya, mag-balanse)

□ ピーク

▶ 混雑のピークは６時頃です。

(puncak／အထွတ်အထိပ်／peak)

(Puncak kesesakan adalah sekitar pukul 6.／လူအရှုပ်ဆုံးသည် ၆ နာရီလောက်ဖြစ်သည်။／Alas seis ang peak ng kasikipan ng mga tao.)

□ ヒント

▶〈クイズ〉何かヒントをください。

(petunjuk, kunci／အရိပ်အမြွက်／hint)

(<Kuiz> Tolong beri saya petunjuk.／<ပဟေဠိ> တစ်ခုခုအရိပ်အမြွက်ပေးပါ။／(Quiz) Magbigay naman kayo ng hint.)

□ ブーム

▶ 最近、ジョギングがブームです。

(demam, kegemaran sementara／လူကြိုက်များသည့်／boom)

(Kebelakangan ini, joging telah menjadi trend terkini.／အခုတလောအနေးလမ်းလျှောက်ခြင်းသည် လူကြိုက်များသည်။／Kamakailan, may boom sa pag-jojogging)

□ プライバシー

▷ プライバシーを守る

(privasi／ကိုယ်ပိုင်လွတ်လပ်ခွင့်／privacy)

(melindungi privasi／ကိုယ်ပိုင်လွတ်လပ်ခွင့် ကိုကာကွယ်သည်။／protektahan ang privacy)

□ プライベート（な）

▶ プライベートな質問には答えられません。

(peribadi／ကိုယ်ရေးကိုယ်တာ／private)

(Saya tidak akan menjawab soalan peribadi.／ကိုယ်ရေးကိုယ်တာမေးခွန်းများကိုမဖြေနိုင်ပါဘူး။／Hindi ko sasagutin ang mga private na tanong.)

する（動詞）11

名詞 12

形容詞 13

副詞 14

接続詞 15

ぎおん語・ぎたい語 16

カタカナ語 17

文型 18

□ プラン
(pelan／အစီအစဉ်／plano)

▷ 旅行プラン
りょこう
(pelan melancong／ခရီးအစီအစဉ်／plano ng biyahe)

□ フリー（な）
(bebas／လွတ်လပ်သော／freelancer)

▶ 以前は会社に勤めていましたが、今はフリーです。
いぜん　かいしゃ　つと　　　　　　　いま
(Sebelum ini saya bekerja di sebuah syarikat, tetapi saya bekerja bebas sekarang.／အရင်ကကုမ္ပဏီမှာ အလုပ်လုပ်ခဲ့ပေမယ့် အခုသည်လွတ်လပ်လုပ်သည်။／Nagtrabaho ako sa isang kompanya noon, pero ngayon, freelancer ako.)

□ ホームレス
(gelandangan／အိမ်မဲ့ရာမဲ့／homeless)

▶ 少しずつだが、ホームレスが減っている。
すこ　　　　　　　　　　　　　　　へ
(Sedikit demi sedikit, jumlah gelandangan semakin berkurangan.／နည်းသည်ထိစပ်သေးမဲ့အိမ်ရာမဲ့（လူတွေ့အစရှိ့ယ်က လျော့ကျနေသည်။／Unti-unting nababawasan ang bilang ng mga homeless.)

□ マスター（する）
(menguasai／ကျွမ်းကျင်သည်။／makabisado)

▶ 何か一つ、外国語をマスターしたい。
なに　ひと　　　がいこくご
(Saya ingin menguasai salah satu jenis bahasa asing.／ဘာတစ်ခုဖြစ်ဖြစ် နိုင်ငံခြားဘာသာစကားကို ကျွမ်းကျင်ချင်ပါတယ်။／Gusto kong makabisado ang isang banyagang wika.)

□ ムード
(suasana／စိတ်နေစိတ်ထား／mood)

▶ 地元のチームが優勝して、町全体がお祝いムードです。
じもと　　　　　　　ゆうしょう　　　　まちぜんたい　　　いわ
(Pasukan tempatan memenangi kejuaraan dan suasana seluruh bandar menjadi meriah.／ဒေသခံအသင်းကနယ်ပြိုင်ပွဲယူဆုကိုအနိုင်ရခဲ့ရှိပြီးတစ်မြို့လုံး အောင်ပွဲခံသည်။／Nanalo ang lokal na team, at napakasaya ng mood ng buong bayan.)

□ メーカー
(pembuat／ထုတ်လုပ်သူ／tagagawa)

▷ 部品メーカー
ぶひん
(pembuat komponen／အရံပစ္စည်းထုတ်လုပ်သူ／tagagawa ng mga parte)

□ ランニング（する）
(joging／ပြေးသည်။／tumakbo)

▶ 週末は川沿いをランニングしています。
しゅうまつ　かわぞ
(Saya joging di sepanjang sungai pada hujung minggu.／စနေ တနင်္ဂနွေနေ့မှာ မြစ်တဖေလျှာက်ကိုပြေးသည်။／Tumatakbo ako sa tabi ng ilog tuwing weekend.)

□ リード（する）
(mendahului, memimpin／ဦးဆောင်သည်။／manguna, mamuno)

▶ 2対0で中国がリードしている。
たい　　ちゅうごく
(Negara Cina mendahului dengan 2-0.／၂-၀ ဖြင့် တရုတ်က ဦး ဆောင်နေသည်။／Nangunguna ang China ng 2-0.)

▶ 鈴木さんがチームをうまくリードしてくれました。
すずき
(Encik Suzuki memimpin pasukan dengan baik.／Suzuki San က အသင်းကိုကျွမ်းကျင်စွာ ဦး ဆောင် ပေးခဲ့သည်။／Mahusay na namuno ng team si Suzuki-san.)

□ レース
(perlumbaan／ပြိုင်ပွဲ／karera)

▶ 予想通り、激しいレースになった。
よそうどお　　　はげ
(Seperti yang dijangkakan, perlumbaan menjadi sengit.／ကြိုတင်ခန့်မှန်းထားသည်အတိုင်းပြင်းထန်သောပြိုင်ပွဲ ဖြစ်လာသည်။／Tulad ng inaasahan, naging matinding karera ito.)

□ ロマンチック（な）
(romantik／စိတ်ကူးယဉ်ဆန်သော／romantiko)

▶ ロマンチックな雰囲気
ふんいき
(suasana romantik／စိတ်ကူးယဉ်ဆန်သောအနေအထား／romantikong kapaligiran)

音声DL 125

18 文型(ぶんけい) (Pola ayat／ဝါကျတည်ဆောက်ပုံ／Mga Sentence Pattern)

□ ～かけ

▷ 飲(の)みかけのお茶(ちゃ)、読(よ)みかけの本(ほん)

(teh yang sedang diminum, buku yang tengah dibaca／သောက်လက်စလက်ဖက်ရည်၊ ဖတ်လက်စစာအုပ်။／hindi naubos na tsaa, hindi natapos na libro)

□ ～がてら

▶ 散歩(さんぽ)がてら、郵便局(ゆうびんきょく)に行(い)ってきた。

(Saya singgah di pejabat pos sambil berjalan-jalan.／လမ်းလျှောက်လက်စနဲ့ စာတိုက်သွားပြီးလာခဲ့သည်။／Sa paglalakad ko, pumunta ako sa pos opis.)

□ ～気(き)がする

▶ 今度(こんど)は負(ま)ける気(き)がしない。

(Saya rasa kita tidak akan kalah lain kali.／ဒီတစ်ကြိမ် ရှုံးမယ်လို့စိတ်ကူးတောင်မရှိဘူး။／Sa pakiramdam ko, hindi tayo matatalo sa susunod.)

□ ～きる

▶ 最後(さいご)まで走(はし)りきった。

(Saya berlari hingga akhir.／နောက်ဆုံးအထိအစွမ်းကုန်ပြေးခဲ့သည်။／Tumakbo ako hanggang sa katapusan.)

□ ～込(こ)む

▶ 何(なに)をそんなに考(かんが)え込(こ)んでるの？

(Apa yang kamu fikirkan sehingga begitu terpesona?／ဘာတွေကိုဒီလောက်တောင်စဉ်းစားနေတာလဲ။／Ano ba ang pinag-iisipan mo nang mabuti?)

□ ～たて

▷ 焼(や)きたてのパン、炊(た)きたてのご飯(はん)

(roti yang baru dibakar, nasi yang baru dimasak／ကင်ပြီးစပေါင်မုန့်၊ ကျက်ခါစထမင်း။／bagong bake na tinapay, bagong saing na kanin)

□ ～た途端(とたん)

▶ 会(あ)った途端(とたん)、その人(ひと)が好(す)きになりました。

(Sebaik sahaja saya bertemu dengannya, saya suka kepadanya.／တွေ့လိုက်တာနဲ့ဒီလူကကြိုက်လာခဲ့တယ်။／Pagkakita ko lang sa kanya, nagustuhan ko na siya.)

□ ～度(たび)に

▶ 甥(おい)は会(あ)う度(たび)に大(おお)きくなっている。

(Anak saudara lelaki saya semakin besar setiap kali saya berjumpa dengannya.／တူလေးသည်တွေ့တဲ့အခါတိုင်းထွားလာနေသည်။／Tuwing nakikita ko ang pamangkin ko, lumalaki siya.)

□ ～だらけ

▷ 傷(きず)だらけの机(つくえ)、間違(まちが)いだらけの文章(ぶんしょう)

(meja yang penuh dengan calar, karangan yang penuh dengan kesilapan／အနာအဆာချည်းပဲရှိသောစားပွဲ၊ အမှားချည်းပဲရှိသောစာကြောင်း／desk na maraming gasgas, sentence na maraming mali)

□ ～っぽい

▷ 男(おとこ)っぽい女性(じょせい)、子供(こども)っぽい服(ふく)

(perempuan yang seperti lelaki, pakaian seperti kanak-kanak／ယောကျ်ားပုံစံလိုအမျိုးသမီး၊ ကလေးပုံစံလိုအဝတ်အစား／babaeng parang lalaki, damit na pambata)

□ ～づらい

▷ 歩(ある)きづらい道(みち)、見(み)づらい本(ほん)

(jalan yang sukar dilalui, buku yang sukar dibaca／လမ်းလျှောက်ရခက်သောလမ်း၊ ကြည့်ရခက်သောစာအုပ်／kalyeng mahirap lakaran, librong mahirap basahin)

☐ ～として

▶ 10年前は、留学生として日本に来ました。
ねんまえ　りゅうがくせい　にほん　き
(10 tahun yang lalu, saya datang ke Jepun sebagai seorang pelajar asing.／
၁၀ နှစ်မတိုင်ခင်က ပညာတော်သင်ကျောင်းသားအနေဖြင့်ဂျပန်ကိုလာခဲ့သည်။／Pumunta ako sa Japan bilang exchange student 10 taon na ang nakakaraan.)

☐ ～とは限らない
かぎ

▶ 相手はプロだけど、負けるとは限らない。
あいて　ま　かぎ
(Lawan saya adalah seorang yang profesional, tetapi belum tentu lagi siapa yang akan kalah.／
တစ်ဖက်သူက ကျွမ်းကျင်ကစားသမားဖြစ်ပေမယ့် ရှုံးမယ်လို့မဆိုလိုပါ။／Propesyonal ang kalaban ko, pero hindi ibig sabihin na matatalo ako.)

☐ ～と見なす
み

▶ ここにサインがあれば、同意したとみなされます。
どうい
(Sekiranya terdapat tandatangan di sini, anda akan dianggap bersetuju.／
ဒီမှာလက်မှတ်ထိုးလျှင် သဘောတူခဲ့တယ်လို့ မှတ်ယူရမည်။／Kung may pirma rito, ipinalalagay na pumapayag ka rito.)

☐ ～なんて

▶ 結婚なんて、まだ考えてない。
けっこん　かんが
(Saya belum fikir tentang perkahwinan.／လက်ထပ်တာဘာလို့မစဉ်းစားသေးတာလဲ။／Hindi pa ako nag-iisip tungkol sa kasal.)

☐ ～において

▶ 今日の社会において、高齢化は大きな問題です。
こんにち　しゃかい　こうれいか　おお　もんだい
(Penuaan adalah masalah besar dalam masyarakat kini.／
ယနေ့ခေတ်လူ့ဘောင်အဖွဲ့အစည်းတွင် အသက်အရွယ်ကြီးလာခြင်းက ကြီးမားသောပြဿနာဖြစ်သည်။／Isang malaking problema ang pagtanda sa lipunan ngayon.)

☐ ～に応じて
おう

▶ 予算に応じてホテルを紹介します。
よさん　おう　しょうかい
(Kami akan memperkenalkan hotel mengikut bajet anda.／ဘတ်ဂျက်ငွေအပေါ်မူတည်ပြီး ဟိုတယ်ကိုမိတ်ဆက်ပေးမည်။／Magrerekomenda kami ng hotel, depende sa badyet ninyo.)

☐ ～に過ぎない
す

▶ これは原因の一つに過ぎない。
げんいん　ひと　す
(Ini hanya adalah salah satu sebabnya.／ဒီဟာသည်အကြောင်းအရင်းတစ်ခုလွဲပြီးမရှိဘူး။／Isa lang ito sa mga sanhi.)

☐ ～に沿って
そ

▶ 国の方針に沿って、新しい道路が建設される。
くに　ほうしん　そ　あたら　どうろ　けんせつ
(Jalan baru akan dibina selaras dengan polisi negara.／တိုင်းပြည်ရဲ့လမ်းစဉ်တစ်လျှောက်ကားလမ်းအသစ်များကိုဆောက်လုပ်ပေးသည်။／Itatayo ang bagong daan, alinsunod sa patakaran ng bansa.)

☐ ～に対して
たい

▶ 年上の人に対して、ああいう言葉遣いはよくない。
としうえ　ひと　たい　ことばづか
(Kata-kata seperti itu tidak bagus semasa bercakap kepada orang yang lebih tua daripada kamu.／
အသက်ကြီးတဲ့သူတွေကို ဒီလိုစကားအသုံးအနှုန်းမသုံးသင့်ပါ။／Hindi magandang gamitin ang ganoong klase ng salita sa mga nakatatanda.)

☐ ～に対する
たい

▶ その話を聞いて、彼に対する見方が変わった。
はなし　き　かれ　たい　みかた　か
(Pandangan saya terhadap dia berubah selepas mendengar cerita itu.／
ဒီစကားကိုကြားပြီးသူ့ရဲ့အမြင်ပြောင်းသွားသည်။／Nagbago ang pagtingin ko sa kanya, pagkatapos kong marinig iyang kuwento.)

☐ ～に違いない
ちが

▶ 彼女なら、きっと知っているに違いないよ。
かのじょ　し　ちが
(Dia pasti tahu mengenainya.／သူမဆိုရင်သေချာပေါက်သိနေမှာ သေချာသည်။／Siguradong alam niya iyon.)

☐ ～にとって

▶ 日本人にとって、お風呂は欠かせないものです。
にほんじん　ふろ　か
(Bagi orang Jepun, mandi merendam adalah sesuatu yang sangat diperlukan.／
ဂျပန်လူမျိုးအတွက်တော့ရေချိုးကန်သည်အရေးပါသည်။／Para sa mga Hapon, kailangan nila ng ofuro.)

□ ～によって

▶ 調査(ちょうさ)によって新事実(しんじじつ)が明(あき)らかになった。

(Fakta baharu didedahkan melalui siasatan.／စုံစမ်းစစ်ဆေးမှုအရ ဖြစ်ရပ်မှန်အသစ်ကထင်ရှားလာခဲ့သည်။／Napag-alaman ang isang bagong katotohanan dahil sa survey.)

□ ～によると

▶ 新聞報道(しんぶんほうどう)によると、景気(けいき)はよくなっているようです。

(Menurut laporan media, ekonomi bertambah baik.／သတင်းစာကြေငြာချက်အရစီးပွားရေးအခြေအနေကောင်းလာတဲ့ပုံပဲ။／Ayon sa report sa diyaryo, bumubuti na raw ang ekonomiya.)

□ ～まみれ

▷ 泥(どろ)まみれの靴(くつ)

(kasut yang penuh dengan lumpur／ရွှံ့ပေနေသောဖိနပ်／putikang sapatos)

□ ～を通(つう)じて

▶ 彼(かれ)とは、共通(きょうつう)の知人(ちじん)を通(つう)じて知(し)り合(あ)いました。

(Saya bekenalan dengannya melalui seorang kenalan biasa.／သူနဲ့ကတူညီတဲ့အသိမိတ်ဆွေကတစ်ဆင့်သိခဲ့ရသည်။／Nakilala ko siya sa pamamagitan ng isang taong kaibigan naming pareho.)

□ ～を通(とお)して

▶ この島(しま)は、一年(いちねん)を通(とお)して温暖(おんだん)な気候(きこう)です。

(Pulau ini mempunyai iklim yang panas sepanjang tahun.／ဒီကျွန်းသည် ၁ နှစ်ပတ်လုံး ပူနွေးသောရာသီဥတုရှိသည်။／Mainit ang panahon buong taon sa islang ito.)

□ ～を通(とお)して

▶ ボランティア活動(かつどう)を通(とお)して、多(おお)くのことを学(まな)びました。

(Saya banyak belajar melalui aktiviti sukarela.／စေတနာ့ဝန်ထမ်း လုပ်ရှားမှုကတစ်ဆင့်အများကြီးသင်ယူခဲ့ရသည်။／Marami akong natutunan, sa pamamagitan ng mga volunteer activities ko.)

□ ～を問(と)わず

▶ このバンドは、男女(だんじょ)を問(と)わず、人気(にんき)がある。

(Kumpulan ini popular di semua kalangan, tidak kira lelaki atau wanita.／ဒီတီးဝိုင်းသည် ဘယ်အမျိုးသား/ အမျိုးသမီး မဆို လူကြိုက်များသည်။／Popular ang bandang ito, sa mga babae at lalaki.)

□ ～をはじめ

▶ 北海道(ほっかいどう)をはじめ、全国(ぜんこく)を回(まわ)りました。

(Saya mengembara ke seluruh Jepun, termasuk Hokkaido.／ဟိုကိုင်းဒိုကစပြီး တစ်ပြည်လုံးလှည့်ခဲ့သည်။／Umikot kami sa buong bansa, kasama ang Hokkaido.)

□ ～を経(へ)て

▶ 半年(はんとし)の研修(けんしゅう)期間(きかん)を経(へ)て、社員(しゃいん)になりました。

(Selepas tempoh latihan selama setengah tahun, saya menjadi pekerja syarikat.／နှစ်ဝက်သင်တန်းတက်ပြီးနောက်ကုမ္ပဏီဝန်ထမ်းဖြစ်လာခဲ့သည်။／Naging regular na empleyado ako, pagkatapos ng kalahating taong training.)

□ ～を巡(めぐ)って

▶ 増税(ぞうぜい)を巡(めぐ)って、さまざまな意見(いけん)が出(で)ている。

(Terdapat pelbagai pendapat mengenai masalah kenaikan cukai.／အခွန်တိုးမြှင့်တာနဲ့ပက်သက်ပြီး အမျိုးမျိုးသောထင်မြင်ချက်တွေ ထွက်လာခဲ့သည်။／May lumalabas na iba't ibang opinyon tungkol sa pagtaas ng tax.)

さくいん (indeks／အညွှန်း／Index)

333

●著者

倉品さやか（くらしな さやか）

筑波大学日本語・日本文化学類卒業、広島大学大学院日本語教育学修士課程修了。
スロベニア・リュブリャーア大学、福山 YMCA 国際ビジネス専門学校、仙台イ
ングリッシュセンターで日本語講師を務めた後、現在は国際大学言語教育研究
センター准教授。

DTP	平田文晋
レイアウト	ポイントライン
カバーデザイン	滝デザイン事務所
カバーイラスト	ⓒ iStockphoto.com/Colonel
翻訳	Lew King Foong ／ Kyi Han ／ Cherry Marlar Thwin ／ Amiways Company Ltd. ／ Leith Casel Schuetz
編集協力	高橋尚子

マレーシア語・ミャンマー語・フィリピノ語版
日本語単語スピードマスター　INTERMEDIATE2500

令和3年（2021年）　7月10日　初版第1刷発行
令和6年（2024年）　8月10日　　　第2刷発行

著　者　倉品さやか
発行人　福田富与
発行所　有限会社　Jリサーチ出版
　　　　〒166-0002東京都杉並区高円寺北2-29-14-705
　　　　電話　03(6808)8801(代)　FAX　03(5364)5310
　　　　編集部　03(6808)8806
　　　　https://www.jresearch.co.jp
印刷所　株式会社シナノ パブリッシング プレス

──音声ダウンロードのご案内──

STEP1. 商品ページにアクセス！　方法は次の3通り！

- QRコードを読み取ってアクセス。
- https://www.jresearch.co.jp/book/b583123.html を入力してアクセス。
- Jリサーチ出版のホームページ (https://www.jresearch.co.jp/) にアクセスして、「キーワード」に書籍名を入れて検索。

STEP2. ページ内にある「音声ダウンロード」ボタンをクリック！

STEP3. ユーザー名「1001」、パスワード「25212」を入力！

STEP4. 音声の利用方法は2通り！　学習スタイルに合わせた方法でお聴きください！

- 「音声ファイル一括ダウンロード」より、ファイルをダウンロードして聴く。
- ▶ボタンを押して、その場で再生して聴く。

※ダウンロードした音声ファイルは、パソコン・スマートフォンなどでお聴きいただくことができます。一括ダウンロードの音声ファイルは .zip 形式で圧縮してあります。解凍してご利用ください。ファイルの解凍が上手く出来ない場合は、直接の音声再生も可能です。

音声ダウンロードについてのお問い合せ先:toiawase@jresearch.co.jp(受付時間:平日9時〜18時)